학습자와 교수자 모두를 위한 영문법지침서

영문법 대계

A Compendium of English Grammar

김강석 지음
영문학박사 이정희 감수

II

영문법 주요 개념부터 용어까지 올바른 정의
기초에서 고급까지 문법사항의 체계적·유기적 서술
풍부한 예문을 통한 문법·독해·작문 동시학습
연습문제를 통한 완벽한 복습

밥북

머리말 ■

영어를 익히기 위해서 기본적으로 공부해야 하는 것이 영문법이라고 할 수 있다. 영문법은 바로 영어의 듣기, 읽기, 쓰기, 말하기를 위한 규칙이자 원리이기 때문이다. 우리가 영문법을 공부하는 목적은 영문법 그 자체를 잘 알기 위해서라기보다는 영어를 더 잘 듣고, 읽고, 쓰고, 말할 줄 알기 위해서이다. 그러므로 영문법에 관한 책은 단지 영문법을 위한 영문법만을 서술해서는 안 되며 또한 특정 시험을 위한 문법공식을 나열한 것이어서도 안 된다.

진정한 영문법서란 그 안에 듣기, 읽기, 쓰기, 말하기에 대한 규칙과 기본용법에 대한 설명이 모두 들어있어야 한다. 그러므로 영문법은 그렇게 간단하거나 쉽다고 할 수가 없다.

학창시절 영어 포기자였던 나는 학교를 졸업 후 수험과 문학 공부를 위해 영어공부를 다시 시작했다. 하지만 기존의 영문법 학습서들을 통하여 영어를 공부하면서 수많은 시간을 들여도 시험성적은 크게 나아지지 않았고 영문학 원서를 제대로 읽을 수 있는 수준에는 결코 도달할 수가 없었다. 그리하여 직접 영어를 찾아 나서기로 작정하였다. 먼저 나 자신이 쉽게 알아볼 수 있는 영문법 정리 노트를 만들어 보기로 하고 국내외의 이론서, 논문, 잡지, 사전 등을 참조하여 영문법을 총정리하여 보았다. 그리고 본격적으로 영어를 연구하고 가르치면서 기존의 영어학습서를 통해서는 일반 학습자가 영문법을 제대로 이해하는 데 한계가 있을 수밖에 없음을 알았다. 또 영어를 가르치는 분들도 그 학습서들의 한계를 넘어서지 못하는 경우가 많음을 알 수 있었다. 정리 노트의 분량이 차츰 늘어가면서 문득 나와 같은 처지에 있는 모든 영어학습자들이 보이지 않는 그 한계를 넘어 포기하지 않고 끝까지 읽어낼 수 있는 영문법 책이 있으면 좋겠다는 생각을 하게 되었다. 그리고 이제 그 오래고 숨이 가빴던 영어를 찾아가는 여정의 상세한 기록을 본서에 담아 내놓는다.

본서의 특징으로는 다음과 같은 것들이 있다.

첫 번째로, 본서는 영문법의 주요개념과 용어의 정확하고 바른 정의 내지 개념 정립을 하고자 노력하였다. 즉, 영어공부에 가장 기본이 되는 것임에도 불구하고 기존의 대부분의 영문법 학습서들이 놓치거나 잘못 설명하고 있는 영문법의 주요개념과 용어의 뜻을 바르고 정확하게 서술하여 학습자들이 영문법의 주요개념이나 용어로 인한 혼란에서 벗어날 수 있도록 하였다.

두 번째로, 올바른 개념·용어 속에서 이끌어낸 세부 문법사항들을 기초에서 고급까지 체계적이고도 유기적으로 서술하여 누구라도 바르고 쉽게 영문법(영어)을 이해할 수 있도록 하였다. 본서의 효율적인 활용을 위해 영어 초심자로서 본서를 처음 읽을 때는 우선 본문만을 읽고, 어느 정도의 영어 실력을 갖추었거나 본서를 2회 이상 읽을 때는 '덧붙임' 부분과 '참고' 부분까지 읽기를 권한다.

세 번째로, 문법사항과 관련한 글말(문어) 및 입말(구어)의 예문을 풍부히 싣고 충실한 해석을 달아 예문을 통해서 읽기, 쓰기, 그리고 말하기까지도 한꺼번에 익힐 수 있도록 하였다.

네 번째로, 각 장의 뒤에 둔 복습용 연습문제(REVIEW EXERCISES) 부분에서는 본문의 내용을 복습, 정리하는 것은 물론, 여러 시험유형을 익힐 수 있도록 수능, 대학편입, 대학원, 고시, 공무원시험의 기출문제 및 문법 관련 토익(TOEIC) 유형의 문제를 엄선하여 본문을 토대로 하여 상세한 해설과 해석을 붙였다.

절대 적지 않은 분량의 원고를 꼼꼼히 살펴보아 주시고 고귀한 조언의 말씀과 격려를 해주신 존경하는 이정희 박사님께 머리 숙여 감사를 드린다. 그리고 본서를 멋진 모습으로 출간해 주신 밥북 주계수 대표와 편집·교정하느라 많은 고생을 하신 편집부 윤정현 과장님 등 출판사 직원께 깊은 감사를 드린다. 끝으로 독자 여러분의 많은 지도와 편달을 부탁드리는 바이다.

2017년 새로운 봄에

김 강 석

외국어(영어)를 습득하는데 제일 좋은 방법은 바로 습득하고자 하는 나라에 가서 생활하며 공부하는 것이다. 왜냐하면 외국어 공부는 첫째 듣기(listening)부터 해야 하기 때문이다.

말을 알아듣게 되면 말하기(speaking)는 쉽게 배울 수가 있다. 듣기와 말하기가 되면 읽기(reading)를 하게 되는데 이는 글자를 배우는 순서이다. 글자를 알고 나면 쓰기(writing)를 하게 된다. 즉 말로 하는 것을 문장으로 기록하는 작문이 필요하게 된다. 그러나 누구나 다 외국에 직접 가서 외국어를 공부하기는 어렵다. 그리고 원어민이 아닌 이상 우리는 외국인으로서 우리만의 방법으로 필요한 만큼의 외국어를 배우면 된다 할 것이다. 우리의 외국어 공부는 읽기와 쓰기가 선행되는 것이 보통이므로 올바른 읽기와 쓰기를 위해서 문법적 지식은 필수적이다. 읽기와 쓰기가 완벽하게 된다면 듣기와 말하기는 약간의 실전 훈련만 있다면 쉬이 해낼 수가 있기 때문이다.

그렇다면 우리는 영어를 습득하기 위해 영문법을 어떻게 배워야 할 것인가. 영문법 원서를 볼 것인가, 그 번역서를 볼 것인가, 아니면 우리가 직접 만든 영문법 책을 통하여 배울 것인가. 이제 막 영어를 배우려는 사람에게 영문법 원서를 보라는 것은 어불성설이 될 것이며 또, 명성 있는 영문법 원서들을 아무리 잘 번역한다고 하여도 한국인인 우리가 외국인으로서 영어를 배우는데 있어서 어려워하는 점을 속 시원하게 설명해주지도 못한다 할 것이다. 이것이 바로 한국어를 사용하는 우리에게 알맞은 영문법 지침서가 달리 필요한 이유라고 할 것이다. 번역서이든, 직접 쓴 것이든 아직껏 우리는 제대로 된 영문법 지침서를 갖지 못했다. 그만큼 시중에는 수많은 영문법 학습서들이 있지만 초급에서 고급을 아우르면서도 이해도가 높은 책을 찾기가 어렵다는 말이다. 그러던 차에 김강석 선생의 원고를 읽어가면서 그 내용의 폭과 질 면에서 우리의 좋은 영문법 지침서가 될 만하다고 생각되었다. 이에 몇 군데를 보완하여 출판을 격려하였다.

본서의 저자인 김강석 선생은 영어를 전공하지는 않았다. 그저 자신이 좋아하는 문학을 하면서 영문학에도 관심을 가지게 되어, 오랫동안 영어를 공부해오면서 효율적으로 영어를 완성하는 방법을 터득한 경우이다. 그것은 바로 영문법의 바른 숙지를 통해서라고 그는 단호히 말한다. 그리하여 김강석 선생은 영어공부에 어려움을 느끼는 사람들이 영문법을 바르고 쉽게 이해하고 활용할 수 있도록 이 책 '영문법 대계'를 내놓았다. 어려운 연구 여건 속에서 이처럼 훌륭한 책을 완성하기까지의 노고를 치하하는 바이다. 국내의 어떤 다른 영문법 학습서보다 독학은 물론 영어 실력[읽기, 쓰기, 말하기]을 증진시킬 수 있는 가장 효율적인 책이라고 확신한다. 중학생, 고등학생, 대학생, 수험생과 일반인은 물론 영어를 가르치는 선생님들께도 필독서로 추천한다.

2017년 5월

감수자 영문학박사 이정희

1. 본서에서는 기존의 한자 문법용어를 되도록 이면 우리말로 바꾸거나 겸용했다.

예) 구어 → 입말 문어, 문장어 → 글말 구어체 → 입말체 문어체 → 글말체

* '일상어'는 입말의 의미로 '일상체'는 입말체의 의미로 사용하기도 했다.

도치 → 어순 바꿈 삽입어구 → 끼움어구

2. 약어

본서에서 사용된 약어로는 다음과 같은 것들이 있다.

cf.: 라틴어 confer (비교·참조하시오) etc.: 라틴어 et cetera (기타 등등)

ex: example (예, 보기)

opp.: opposite (반대말, 반의어) syn.: synonym (같은 말, 동의어)

v.: verb (동사) vi.: intransitive verb (자동사) vt.: transitive verb (타동사)

n.: noun (명사) pron.: pronoun (대명사) int.: interjection (감탄사)

a. 또는 adj.: adjective (형용사) ad.: adverb (부사)

S 또는 s: subject (주어) O 또는 o: object (목적어) C 또는 c: complement (보어)

D.O: Direct Object (직접목적어) I.O: Indirect Object (간접목적어)

O.C: Objective Complement (목적격보어)

p.: page(페이지, 쪽) pp.: p.의 복수 (복수의 페이지)

p.p.: past participle (과거분사)

〈영〉 또는 (영): 영국 **〈미〉** 또는 (미): 미국 **〈법〉**: 법률 〈약〉: 약어, 약자

3. [ ] 안의 숫자는 본권(제1권) 외의 권의 수를 표시한다.

예) 380[1] 〈제1권의 380쪽〉, 26[2] 〈제2권의 26쪽〉, 365[3] 〈제3권의 365쪽〉

4. 참고문헌

· Hornby, Albert Sydney. Guide to patterns and usage in English. London. Oxford University Press. 1975

· Randolph Quirk, Sidney Greenbaum, Geoffrey Leech, and Jan Svartvik. A Comprehensive Grammar of The English Language. London & New York. Longman. 1985

· Martin Hewings. Advanced Grammar in Use. Cambridge university Press. 1999

· Raymond Murphy. Grammar in use. New York. Cambridge university. 1994

· Swan, Michael. Practical English Usage. Oxford. Oxford university Press. 1995

· Strumpf, Michael. Douglas, Auriel. 2004. The Grammar Bible. Henry Holt & Co.

· 동아출판사 출판부. 영어정설. 서울. 동아출판사. 1962

· 안현필. 삼위일체 강의. 서울. 대영당. 1984

· 장재진. MAN to MAN 종합영어. 서울. 도서출판 맨투맨. 1994

· 한국비교언어학연구소. 국어로 배우는 영어. 서울. 우리말. 1992

· 이재옥. 고급영문법. 서울. 소망. 1994.

· 구희산. 영어음성학. 서울. 한국문화사. 1998

· 김영석. 영어형태론. 서울. 한국문화사. 1998

· 문용. 영어품사론. 서울. 한국문화사. 1998

· 정국. 영어음운론. 서울. 한국문화사. 1998

· 류진. 영어구문론. 서울. 백만사. 2004

· 박태호. 정문고시영어. 서울. 정문사. 1992

· 성기근. 프린시피아 고시영문법. 서울. 유풍출판사. 2000

· 송수찬. 꼭 알아야 할 고급영어문법. 서울. (주) 아이비김영·도서출판 Kim & Book. 2009
· 김규진. 영어합성어 구문연구. 성균관대 대학원 석사학위논문. 2003
· 김혜경. 영어의 합성어 형성 -하이픈 연결 합성어를 중심으로- 단국대대학원 박사학위논문. 2004
· 임홍빈 외. 바른 국어생활과 문법. 서울. 한국방송통신대학교출판부. 2005
· Longman. Longman Dictionary of Contemporary English. Longman. 1998
· Hornby, A. S., Wehmeier, Sally. Oxford Advanced Learner's Dictionary. Oxford University Press. 2000.
· 시사영어사 사전편찬실. 시사엘리트 영한사전. 서울. 시사영어사. 1999
시사엘리트 한영사전. 서울. 시사영어사. 1999
· 민중서림편집국. 엣센스 영한사전. 서울. 민중서림. 1996
엣센스 한영사전. 서울. 민중서림. 1996
· 금성출판사 사전팀. 뉴에이스 영한사전. 서울. 금성출판사. 2006
· 두산동아사서편집국. 프라임영한사전. 서울. 두산동아. 2004
· 국립국어연구원. 표준국어대사전. 서울. 두산동아. 1999

차례

제10장 명사(Noun)

제11장 한정사(Determiner)

제12장 대명사(Pronoun)

제13장 형용사(Adjective)

제14장 부사(Adverb)

제15장 비교 변화와 비교 구문

제10장

명사(Noun)

1. 앞말

(1) 뜻

명사(名詞)는 사람이나 사물, 사람의 생각 속에 존재하는 것, 사람이 느끼는 감정 등에 붙인 이름을 나타내는 단어의 갈래(품사)이다. 영어 문장에서 명사는 기본적으로 주어, 보어, 목적어로 쓰이며, 전치사와 결합하여 전치사구를 형성하기도 한다.

(2) 명사의 종류

영어 상의 명사는 보통 크게 나누어서 **셀 수 있는 명사**(countable noun)와 **셀 수 없는 명사**(uncountable noun)로 구분한다. 셀 수 있는 명사는 다시 **보통명사**와 **집합명사**로 구분하며, 셀 수 없는 명사는 다시 **고유명사**, **물질명사**, **추상명사**로 구분한다.

■ 명사의 구분

A. 셀 수 있는 명사(Countable Noun)

하나, 둘, 셋, ...하고 그 수를 헤아릴 수 있는 명사를 말한다. 보통명사와 집합명사가 있다.

※ 일반적으로는 셀 수 있는 명사로 쓰이는 것들이라도 그 특성, 속성 등을 나타내어 셀 수 없는 명사로 쓰이기도 한다.

(A) 보통명사 (Common Noun)

같은 부류의 사람, 같은 종류의 유형·무형의 사물에 공통적으로 붙인 이름을 말한다.

ex) mother, father, boy, girl, student, teacher, dog, fish(물고기), apple, book, flower, house, table, hour, day, week, month, year, kilometer, method, question(질문, 문제), suggestion, etc.

(B) 집합명사(Collective Noun)

개개의 사람, 사물이 모여 이룬 집합체를 나타내는 것을 말한다.

ex) family, class, people, audience, police, cattle, etc.

※ 집합명사 중에 furniture, clothing, mail, equipment, merchandise, machinery, produce, game, baggage, luggage, poetry, scenery 등은 셀 수 없는 명사로 보아 물질명사의 용법에 따른다.

B. 셀 수 없는 명사(Uncountable Noun)

하나, 둘, 셋,… 하고 그 수를 헤아릴 수 없는 명사를 말한다. 고유명사, 추상명사, 물질명사가 있다.

※ 일반적으로는 셀 수 없는 명사로 분류되는 것들이라도 구체적인 것, 특정한 것을 나타낼 경우 셀 수 있는 명사로 쓰이는 경우가 많다.

(A) 고유명사(Proper Noun)

특정한 사람이나 사물의 고유한 이름을 말한다.

ex) Yi Sun-shin, Korea, Tom, Jane, May, Sunday, etc.

(B) 물질명사(Material Noun)

특정한 물건으로 구분할 수 없는 단계에 있는 (원료·재료가 되는) 사물 (물질)에 붙인 이름을 말한다.

ex) water, air, gold, stone, sugar, paper, wood, money, etc.

(C) 추상명사 (Abstract Noun)

사람의 생각 속에서만 존재하는 것에 붙인 이름을 말한다.

ex) time, peace, love, truth, beauty, virtue, philosophy, sorrow, etc.

(3) 셀 수 있는 명사와 셀 수 없는 명사의 쓰임상의 특성

1) 셀 수 있는 명사 (= 가산명사)

① 단수, 복수의 구분이 있다.

ex) book 〈단수〉/ books 〈복수〉, chance 〈단수〉 / chances 〈복수〉

② 단수에는 부정관사 a나 an을 붙인다.

※ 명사의 발음이 모음으로 시작되는 경우에 an을 붙인다.

ex) a book, a year, an apple, an hour[áuər]

③ 수사의 직접수식을 받을 수 있다.

ex) two girls, three books, four hours

④ 복수에는 many, few, some, any 등 복수의 의미를 나타내는 한정사가 붙을 수 있다.

ex) many books, few friends, some students, any questions

2) 셀 수 없는 명사 (= 불가산명사)

① 원칙적으로 복수형이 없다.

ex) gold, money, love, peace

② 부정관사를 붙이지 않는다.

ex) a water (x), a peace (x)

③ 수사의 직접수식을 받을 수 없다.

ex) two papers (x) → two pieces of paper (o) 종이 두 장

④ 양의 다소는 much, little, some, any 등 양을 나타내는 한정사를 사용하여 나타낼 수 있다.

much snow [rain] 많은 눈 [비]　　for some time 얼마 동안

There is little **water** in the bottle.　병에 물이 거의 남아 있지 않다.

I need some **information** about the office.

나는 그 회사에 관한 정보가 좀 필요합니다. (그 회사에 관해 안내를 좀 받고 싶습니다.)

Did you have any **trouble** finding us?　이곳을 찾느라 고생하셨죠?

2. 각 명사의 쓰임새

(1) 보통명사 (Common Noun)

1) 의의

같은 부류의 사람, 사물에 공통적으로 붙인 이름을 나타내는 말을 가리킨다. 유형적으로 존재하는 사물뿐만 아니라 시간, 거리, 무게, 기회, 방법 등 무형적으로 존재하는 것들도 구체화 될 수 있는 것은 보통명사로 취급한다.

■ 보통명사의 종류

- **사람:** mother, father, boy, girl, student, teacher, pianist, doctor 등
- **동물, 사물:** fish (물고기), sheep, tiger, book, flower, tree 등
- **무형의 것:** hour, day, week, season, chance, idea, plan, method, job, skill 등

2) 쓰임새

① 관사나 복수형 굴절접사(-s), 소유격, 기타 한정사가 붙는다.

I have **a** book. 나는 책 한 권을 갖고 있다.

She has **two** books. 그녀는 책 두 권을 갖고 있다.

I have **three** ideas. 내게 세 가지의 방안이 있다.

They are **my** friends. 그들은 내 친구들이다.

Everyone has **his own** drawbacks. 누구나 결점들은 가지고 있다.

② 대표단수

단수 명사를 써서 종류 전체를 나타내는 것(총칭)을 대표단수라고 한다. 대표단수는 'a [an] + 단수보통명사' 또는 'the + 단수보통명사'로 나타낸다.

A tiger is a fierce animal. 호랑이는 맹수이다.

= **The tiger** is a fierce animal.

■ 덧붙임

1. 복수보통명사를 사용하여 종류 전체를 나타내기도 한다. 이 경우는 복수 형태로 종류 전체를 나타내므로 대표복수라고 한다. 동·식물의 총칭은 일상적으로는 대표복수로 나타낸다.

Dogs are faithful **animals**. 개는 충직한 동물이다.

Roses are my favorite **flowers**. 장미는 내가 가장 좋아하는 꽃이다.

2. man이 인간, 인류, 남성의 뜻으로, woman이 여성의 뜻으로 대표단수가 되었을 때는 아무런 관사 없이 쓴다.

Man is mortal. 인간은 죽게 마련이다.

Man thinks with the head, **woman** with the heart.
남자는 머리로 생각하고 여자는 가슴으로 생각한다. (남자는 이성적이고 여자는 감성적이다.)

---

③ 'the + 단수보통명사'가 추상명사의 뜻으로 쓰이는 경우가 있다.

이를 보통명사의 추상명사로의 전용(轉用)이라고 한다.

the friend 우정	the poet 시심(詩心), 시정(詩情)	the heart 감정, 애정
the mother 모정(母情), 모성애	the father 부성애	the patriot 애국심
the scholar 학자적 기질	the schoolboy 학생 기질	the actor 배우 기질
the beggar 거지 근성	the judge 법관의 직분, 법적 판단력	
the cradle 유년시절	the grave 말년, 죽음의 시기	
the pen 문장(文章), 글의 힘	the sword 무력, 폭력	

The pen is mightier than **the sword**. 글의 힘은 무력보다 더 강하다.

He forgot **the judge** in **the father**.
부성애 때문에 그는 법관의 직분을 망각했다. (법적 판단력을 잃었다.)

When she saw the child, she felt **the mother** rise in her heart.
그녀는 그 아이를 보자 가슴속에 모성애가 솟아오르는 것을 느꼈다.

When a man is reduced to poverty, **the beggar** will come out.
사람이 가난에 빠지게 되면 거지 근성이 나오게 돼 있다.

The scenery excited **the poet** in me. 그 풍경은 내 안의 시심을 자극했다.

What is learned in **the cradle** is carried to **the grave**.

어린 시절에 배운 것이 죽을 때까지(평생을) 간다. [세 살 버릇 여든까지 간다.]

④ **보통명사** (A) + of a(n) + **보통명사** (B)

프랑스에서 온 표현으로 앞의 보통명사가 형용사와 같은 쓰임을 갖는 경우로서 **보통명사의 형용사 대용(代用)이라**고 한다. 〈A와 같은 B (= B like A)〉

an angel of a wife 천사 같은(착한) 아내 (= a wife like an angel)

a brute of a man 짐승 같은 (포악한) 사내; 짐승만도 못한 놈

a fine figure of a man [a lady] 풍채가 당당한 남자 [몸매가 수려한 여자]

a fool of a man 바보 같은 (어리석은) 사람

a hut of a house 오막살이 같은 (누추한) 집

a mere [living, walking] skeleton of a man 해골 같은 (피골이 상접한) 사람

a mountain of a wave 산더미 같은 (거대한) 파도

an oyster of a man 굴 같은 (말이 없는, 입이 무거운) 사람

a palace of a house 대궐 같은 (으리으리한) 집

a scamp of a husband 개구쟁이 같은 (철없는, 장난기 심한) 남편

the devil of a temper 악마 같은 (몹시 사나운) 성질

He lived in a hut of a house with an angel of a wife.

그는 오막살이 같은 집에서 천사같이 착한 부인과 같이 살았다.

Sam-sik is an oyster of a man. 삼식은 입이 무거운 (말이 없는) 사람이다.

■ 덧붙임

1. 고유명사의 경우에도 위와 같은 표현이 가능하다.

that fool of a Jack 저 바보 같은 잭

2. 기타

a man of one's word 신의를 잘 지키는 사람

a man of the world 세상 일에 밝은 사람

⑤ **'the + 형용사'가 보통명사로 사용되는 경우**

'the + 형용사 (분사형 형용사가 보통임)'가 명사적으로 쓰일 수 있다. 이를 형용사의 명사적용법이라 고도 한다.

❶ 단수보통명사로 쓰이는 경우

the accused 피고인(들), 피의자(들) **〈단수, 복수로 모두 쓰인다.〉**

the assured 피보험자(들), 보험금수취인(들) **〈단수, 복수로 모두 쓰인다.〉**

the blind 시각장애인(들) **〈단수, 복수로 모두 쓰인다.〉**

the beloved 사랑하는 사람 **the condemned** 사형수 **the enclosed** 동봉된 것

the pursued 쫓기는 자 **the unexpected** 예기치 않은 일

the unknown 미지의 것 [사람] **the unusual** 이상한 물건, 생소한 것

The accused was sentenced to life imprisonment. 피고는 무기형을 선고받았다.

The unexpected always happens. 예기치 않은 일은 언제나 일어나기 마련이다.

Starting his own business was a lurch into **the unknown**.

그가 사업을 시작한 것은 미지의 세계로 가보고 싶은 강한 충동 때문이었다.

❷ 복수보통명사로 쓰이는 경우

the dead (= the departed) 죽은 사람들

the deceased 죽은 사람들 **〈the dead보다 더 형식적인 말이며 주로 법률용어에 사용〉**

the deaf 귀먹은 사람들 **the deaf and dumb** 농아들 **the disabled** 장애인들

the distressed 절망에 빠진 사람들, 궁핍한 사람들

the old 노인들 **the dying** 죽어가는 사람들; 빈사자들 **the elderly** 나이 먹은 사람들

the good 좋은 사람들, 좋은 것들 **the handicapped** 장애인들

the living 살아있는 사람들 **the missing** 행방불명자들 **the poor** 빈자들

the rich 부자들 **the sick** 병자들, 환자들 **the unemployed** 실업자들

the weak 약자들 **the wounded** 부상자들 **the young** 젊은이들

The dead are silent. (= Dead men tell no tales.) 죽은 사람은 말이 없다.

※ 비밀을 아는 사람은 죽여야 한다는 무서운 뜻.

The rich will look down **the poor.** 부자들은 빈자들을 깔보게 돼있다.

The wounded and **the dying** were lying about.

부상자들과 빈사자들이 여기저기 누워 있었다.

The young should respect **the old.** 젊은 사람들은 노인들을 존중해야 한다.

⑥ **보통명사가 사람이나 사물의 일반적 속성을 나타낼 때는 물질명사로 취급한다.**

He gave me **a lemon.** 〈a lemon(한 개의 레몬): 보통명사〉

그가 내게 레몬 한 개를 주었다.

She likes **lemon** in her tea. 〈lemon(레몬 향 [맛]): 물질명사〉

그녀는 차에 레몬 향이 들어가는 것을 좋아한다.

(2) 집합명사 (Collective Noun)

1) 의의

하나하나의 개체(사람, 동물, 사물)가 모여서 이루어진 하나의 집합체의 이름을 나타내는 말을 가리킨다.

2) 분류

① **단·복수가능 집합명사 (= 일반집합명사):** 집합체 자체를 한 단위로 하는 명사

※ 단수형과 복수형이 있으며 단수형은 단수 동사로, 복수형은 복수 동사로 받는다.

② **복수취급 집합명사 (= 군집 명사):** 개개의 독립된 구성원 (요소)들로 이루어진 하나의 집합체를 나타내는 명사

※ 형태는 단수형이지만 개개의 독립된 구성원의 집합을 나타내므로 복수취급을 한다.

③ **단수취급 집합명사 (= 집합적 물질명사):** 일반집합명사 중에 단수로만 쓰이는 명사

3) 유형별 집합명사의 쓰임새

① 단·복수가능 집합명사(family형 집합명사)

단·복수가능 집합명사(= 일반집합명사)는 단체 전체를 한 단위로 볼 때는 단수로 취급하고, 단체가 두 개 이상일 때는 복수로 취급하며, 단체구성원 각자를 나타낼 경우에도 복수로 취급한다. 'family형 집합명사'라고도 한다.

ex) army, attendance, audience, band, class, club, committee, council, crew, crowed, faculty, family, fleet, government, group, nation, orchestra, public, staff, team, etc.

He has a large family. **〈일반집합명사(단수)〉** 그의 집은 대가족이다.

※ 가족 (family)의 많고, 적음은 large, small로 나타낸다.

Three families live in this house. **〈일반집합명사 (복수)〉** 이 집에는 세 가구가 산다.

How are your family? **〈군집 명사(복수)〉** 가족분들은 잘들 계시죠?

The audience was a large one. **〈일반집합명사 (단수)〉** 청중이 많았다.

※ 청중(audience)의 많고, 적음은 large, small로 나타낸다.

The audience were deeply moved by his lecture. **〈군집 명사 (복수)〉**

청중(청중 각자)은 그의 강연에 깊이 감동했다.

The committee is comprised of nine members. **〈일반집합명사 (단수)〉**

그 **위원회**는 9명으로 구성되어 있다.

The committee were divided on the question. **〈군집 명사 (복수)〉**

그 문제에 관해서 **위원들**의 의견은 갈라졌다.

The class is having a lesson. **〈일반집합명사 (단수)〉**

그 학급은 수업 중이다.

The class are all hard-working. **〈군집 명사 (복수)〉**

그 학급 학생들은 모두 열심히 공부한다.

The staff is working overtime. (전체) 직원은 시간 외 근무를 하고 있다.

The staff are working overtime. 직원들은 시간 외 근무를 하고 있다.

② 복수취급 집합명사의 용법으로만 쓰이는 것

❶ 의의

복수취급 집합명사[= 군집 명사 (noun of multitude)]로 쓰이는 명사들은 집합의 구성원이 각각 독립성을 갖고 구성되고 있음을 나타내며, '~들, ~떼'로 해석된다. 복수로 취급하여 복수형의 동사나 복수의 의미를 나타내는 한정사를 붙인다.

❷ 종류

i. 「the + 명사」 형태의 복수취급 집합명사(police형 집합명사)

▶ 'the + 명사' 형태의 소위 'police형 집합명사'는 형태는 단수형으로 쓰나 복수취급을 한다.

ex) the aristocracy, the bar(법조계), the bourgeoisie, the clergy, the elite, the gentry, the intelligentsia, the jury, the leadership, the military, the nobility, the peasantry, the press, the proletariat, the police, the rank and file(군졸, 민중)

The police <u>are</u> on the murderer's track. 경찰이 살인자의 뒤를 쫓고 있다.

The peasantry <u>are</u> opposed to the international agreement.

농민들은 그 국제협약에 반대하고 있다.

■ 덧붙임

1. 만약, 이 유형 집합명사의 구성원 각자를 표시하려면 family형처럼 같은 형태를 쓰지 않고 다음과 같이 나타낸다.

the police **경찰(들)**: a policeman 한 명의 경관 – policemen 경관들 (각자)
the clergy **성직자들**: a clergyman 한 명의 성직자 – clergymen 성직자들 (각자)
the press **언론계**: a pressman 한 명의 신문기자 – pressmen 기자들, 보도진
the peasantry **농민(들)**: a peasant 한 명의 농부 – peasants 농민들 (각자)

2. 집합명사 gang의 쓰임

(1) 무리, 집단; 일당의 뜻으로 쓸 경우에는 단·복수로 다 쓸 수 있다.

The whole gang **was** arrested. 그 일당은 모두 검거되었다.
A gang of boys **are** playing soccer on the playground.
일단의 소년들이 운동장에서 축구를 하고 있다.

(2) **범죄자 집단 (일당), 폭력단 (깡패집단)의 뜻으로 쓸 때는 복수 취급하는 것이 보통이다. 이때 깡패 한 사람을 가리킬 때는 a gangster, 깡패 각각의 복수는 gangsters를 쓴다.**

The gang **were** holed up in the building. 그 폭력단들은 그 건물에 몸을 숨기고 있었다.

The gangster milked her dry. 그 깡패는 그녀로부터 돈을 우려냈다.

ii. 단수형 그대로 복수 취급하는 집합명사(cattle형 집합명사)

▶ **집합의 한계가 없으며 부정관사를 붙이지 못하고 복수형이 따로 없다. 다만, 특정되거나 한정 받는 경우에는 정관사를 붙일 수 있다.**

ex) cattle, folk, game(야생조류)**, people, nation, poultry, swine, vermin, etc.**

(The) **Cattle are** grazing in the pasture. 소들이 목장에서 풀을 뜯고 있다.

Some **folk** are walking in the park. 몇몇 사람들이 공원에서 산책하고 있다.

※ folk가 사람들 (= people)의 뜻으로 쓰일 경우 미, 일상에서는 folks의 형태도 쓴다. 현재는 folk 대신에 people을 쓰는 것이 보통이다.

Many **poultry** are being raised in this district.

이 지역에서는 많은 가금류가 사육되고 있다.

※ poultry는 '음식 (고기)'으로서의 가금류 (고기)라고 말할 때는 단수로 한다.

The **poultry** was expensive during this Christmas season.

이번 성탄절 기간에는 가금류 고기가격이 비쌌다.

(The) **People are** waiting in line. 사람들이 줄을 서서 기다리고 있다.

■ 덧붙임

1. people에 부정관사를 붙이거나 복수 형태로 쓰면 보통명사로서 '민족'이나 '국민'을 뜻한다.

a people 하나의 민족 [국민] / two peoples 두 민족 [국민]

a warlike people 호전적인 민족 / the peoples of Africa 아프리카의 민족들

2. nation은 국민의 뜻으로 쓰일 때는 집합명사이고, 국가, 민족의 뜻으로 쓰일 때는 보통명사이다. nation이 집합명사('국민'의 뜻)로 쓰일 경우 단수, 복수로 모두 쓸 수 있다.

The whole nation **is** [are] anxious for reunification of North and South (Korea).

온 국민이 남북(한)통일을 열망하고 있다.

an advanced nation 선진국
a developing nation 개발도상국
the United Nations 국제연합[UN] **〈단수취급〉**
the Western nations 서방국가들 **〈복수취급〉**

③ 단수취급 집합명사의 용법으로만 쓰이는 것

❶ 뜻

가구류, 의류, 기계류, 보석류, 문구류, 식탁용구류, 과일, 농산물, 상품, 우편물, 시(詩)류 등 사물의 집합체를 나타내는 말로서 원칙적으로 단수로 취급하여 물질명사의 용법에 따른다. 주로 사물의 집합체를 의미하므로 **집합적 물질명사**라고도 한다. army, navy 등 사람의 집합체를 나타내는 것도 이와 같은 용법으로 쓰는 것이 있다.

ex) furniture, clothing, equipment, machinery, weaponry, jewelery, stationery, cutlery, food(음식, 식량), produce(농산물), fruit(과일), merchandise, mail, hair(머리카락), game, baggage, luggage, poetry, scenery, army, navy, etc.

❷ 용법

i. 원칙적으로 단수로 취급한다.

The clothing is stacked up. 옷이 수북이 쌓여 있다.

My favorite **food** is kimchi. 내가 좋아하는 음식은 김치이다.

Fruit is being picked at the orchard. 과수원에서 과일을 따고 있다.

※ fruit는 과일 전체를 나타내거나 식품으로서의 과일은 단수 집합명사로, 과일의 종류를 나타낼 때는 보통명사로 취급한다.

much [plenty of] fruit 많은 과일 many fruits 많은 종류의 과일들

Fresh fruit is good for our health. 신선한 과일은 건강에 좋다.

Their diet includes a lot of fruits and vegetables.

그들의 식이요법 음식에는 많은 종류의 과일(류)과 채소(류)가 들어가 있다.

All the furniture glistens from constant care.

지속적으로 손질을 잘해서 모든 가구가 윤기가 반질반질하다.

Her **hair** comes to her back. 그녀의 머리(카락)는 등 뒤에까지 늘어져 있다.

※ hair가 머리카락 전부를 의미할 경우에는 단수집합명사로 쓰이고, 가닥 가닥의 머리카락을 의미할 경우에는 보통명사 (단.복수 가능)로 쓰인다.

His hairs **have** fallen. 그의 머리카락들이 빠졌다.

She pulled out one [two] white hair[hairs].

그녀는 흰 머리카락 한 [두] 가닥 (올)을 뽑았다.

Our **equipment** is all outdated. 우리의 장비(들)는 모두 구식이다 [낡았다].

Is this all the **baggage** you have? 당신이 가진 짐은 이것이 전부입니까?

ii. 부정관사를 붙일 수 없으며, 복수의 접미사 -s도 붙이지 않는 것이 원칙이나 종종 -s를 붙이기도 한다.

ex) furnitures, mails, equipments, merchandises, etc.

iii. many, few는 쓸 수 없고 much, little 등으로 그 양을 표시한다.

There is **little** furniture in his room. 그의 방에는 가구가 거의 없다.

Their job is to move as **much** merchandise as they can as quickly as possible. 그들의 직업은 가능한 한 빨리 많은 상품을 이송하는 일이다.

iv. 수량을 셀 때는 a piece of, an article of, a basket of, a lot of, various kinds of, an item of 등을 사용한다.

an article [item] of clothing

a piece [an article] of furniture

two baskets of fruit

ten pieces of furniture

several pieces of clothing

a few sticks of furniture

two pieces of baggage

various kinds of mail

v. 이 유형의 집합명사에는 그 집합체를 구성하는 개체를 가리키는 명사가 따로 있다.

clothing 의류 – clothes 옷 (한 점)

machinery 기계류 – a machine 기계 (한 점)

poetry 시 – a poem 시 한 편

scenery 전체풍경 (장면) – scene 개개의 풍경 (장면)

■ **보통명사 및 집합명사의 특수한 수량표시**

a herd of cattle[horses] (한 무리의) 소 떼 [말 떼]

five herd of cattle [horses…] 다섯 무리의 소 떼 [말 떼]

※ **head는 집합명사(복수 명사)와 같이 쓰여 짐승의 마릿수를 나타낸다.**

two head of cattle 소 두 마리(= two cattle)

two head of oxen 수소 두 마리(= two oxen)

a flock of sheep [birds] 양 떼, 새떼 a shoal [school] of fish 물고기 떼

a swarm of bees [butterflies, insects] 벌 [나비, 곤충] 떼

a clump of trees 덤불(숲) (하나) a galaxy of stars (한 개의) 은하

a pair of trousers[pants] 바지 한 벌 a pair of shoes 신발 한 켤레

two pairs of socks [shoes] 양말[신발] 두 켤레

a pair of spectacles [scissors] 안경 [가위] 한 벌 a suit of clothes [clothing] 옷 한 벌

two pairs of spectacles [scissors, trousers] 안경 [가위, 바지] 두 벌

a basket of strawberries 딸기 한 바구니 two baskets of strawberries 딸기 두 바구니

a dozen of eggs 달걀 한 타 (다스) two dozen of eggs 달걀 두 타 (다스)

※ **'a [two] dozen of eggs'보다는 'a [two] dozen eggs'와 같이 쓰는 것이 일반적이다.**

a score of ships 한 개의 선단 two score of ships 두 개의 선단

(3) 고유명사 (Proper Noun)

1) 의의

특정한 사람, 사물 또는 장소 등의 그 고유한 이름을 나타내는 말을 가리킨다.

■ **고유명사의 분류**

· **인명:** Abraham Lincoln, Tom, Jane….

· **대륙, 나라, 지명:** Asia, Africa, America, Europe, Korea, Australia, New York….

· **책 이름, 신문, 잡지:** Romeo and Juliet, London Times, People (피플지)….

· **공공시설물, 선박:** the White House, The Mayflower….

· **종교, 정당:** Buddhism, the Democratic Party (민주당, 미국)….

· **천체:** Venus, Mars, Jupiter, Galaxy···.
· **요일, 달 (월), 명절, 축제일:** Monday, January, Thanksgiving (Day), Halloween···.

2) 용법

① 원칙적으로 관사를 붙이지 않고 복수형도 없으며, 첫 글자는 항상 대문자로 쓴다.

Margaret goes to bookstore every **Saturday**. 마거릿은 매주 토요일에 서점에 간다.

Canberra is the capital of **Australia**. 캔버라는 오스트레일리아 (호주)의 수도이다.

The Thames flows through **London**. 템스 강은 런던을 관통하여 흐른다.

※ 고유명사에 정관사가 붙는 경우 → 아래 ③이나 제11장의 관사 부분 참조

▷ 달과 지구, 해는 보통명사로 취급하여 대문자로 쓰지 않으며 the를 붙여 쓰는 것이 보통이다.
Which is bigger, the sun or the earth? 해와 지구 중에 어느 것이 더 큰가?

② 고유명사에 정관사(the)를 붙여 쓰는 예외의 경우

▶ 고유명사 앞에는 원칙적으로 정관사(the)를 붙일 수 없으나, p. 111의 ⑤와 같은 경우에는 예외적으로 정관사를 붙여 쓰고 있다.

③ 고유명사의 보통명사화: 부정관사 (혹은 정관사) + 고유명사/ 고유명사 +s

▶ 고유명사는 셀 수 없는 명사이므로 (부정) 관사를 붙일 수 없고 복수형도 쓸 수 없는 것이 원칙이나, 다음과 같은 경우에는 예외적으로 관사를 붙이거나 복수 형태로 써서 보통명사로 사용하기도 한다. 이처럼 고유명사에 관사가 붙거나, 복수 형태가 될 경우 보통명사가 되는 현상을 '고유명사의 보통명사화'라 한다.

❶ 국민 한 사람을 나타낼 때

I am **a Korean**. 나는 **한국사람** [한국 국민]입니다.

❷ ~이라는 사람 (= a certain ~)

A Mr. Kim Sam-sik wants to see you. **김 삼식 씨라는 분**이 당신을 뵙고자 합니다.

❸ 고유명사의 동일한 다수

There are many Kims in Korea. 한국에는 **김 씨 성**이 많다.

❹ 가족, 가문, 집안 [부부, 부자(父子) 등]을 나타낼 때

He is **a White**. 그는 **화이트 가문**이다.

The Greens called on me yesterday. **그린 씨 부부**가 어제 나를 방문했다.

❺ 제품, 작품

I bought **a Benz**. 나는 벤츠(**자동차 브랜드**) 한 대를 샀다.

There are **Rodins** in the gallery. 그 화랑에는 **로댕의 작품들**이 있다.

❻ ~과같이 위대한 (유명한) 사람 [것]

I want to be **a Shakespeare**. 나는 셰익스피어 같은 사람(**위대한 작가**)이 되고 싶다.

He is said to be **the Homer** of the age. 그는 당대의 호머(**위대한 시인**)라고 일컬어진다.

Yeosu is called **the Naples** of Korea.

여수는 한국의 나폴리(**아름다운 항구도시**)라고 불린다.

(4) 물질명사 (Material Noun)

1) 의의

특정한 물건으로 구분할 수 없는 단계에 있는 사물 (물질)에 붙인 이름을 말한다. 즉, 물, 공기, 흙 등과 같은 자연 상태의 물질이거나 목재, 석재 등 일정한 가공이 있더라도 특정 물건이 되기 전 상태의 원료, 재료나, 완성품이라도 물리, 화학적 변화 가능성이 다분한 물건을 물질명사로 본다.

■ 물질명사의 종류

· **액체, 기체**: air, gas, smoke, water, wine, oil….
· **금속, 화학 원소**: iron, gold, silver, copper, oxygen….
· **재료**: paper, wood, glass, stone, silk, wool….
· **식품**: bread, beef, fish(음식으로서의 생선), jam, rice, meat, milk, salt, sugar, wheat….
· **기타 (자연물 등)**: light, rain, snow, wind, money….

2) 용법

특정된 형태가 없고 개수를 셀 수 없다고 봄으로 부정관사를 붙이지 않고, 복수형도 쓰지 않으며, 물질명사가 주어가 되는 경우 동사는 단수 동사를 취한다.

We cannot live without **air** and **water**. 우리는 공기와 물이 없이는 살 수 없다.

Oil and **water** will not mix. 기름과 물은 섞이지 않는다.

This **water** is strongly impregnated with iron. 이 물은 철분을 강하게 함유하고 있다.

3) 물질명사의 수량표시

① 부정(不定)량의 표시: some, any, no, much, (a) little 등 + 물질명사

Can you lend me **some money**? 돈 좀 빌려줄 수 있니?

There is **no wind** today. 오늘은 바람 한 점 없다.

There is **little water** in the bottle. 병에 물이 거의 남아 있지 않다.

Much cry and **little wool**.
양 울음은 많고 양털은 적다. [태산 명동에 서일필, 소문난 잔치에 먹을 것 없다.]

② 특정 양의 표시: 수사 + 단위 명사 (단수, 복수) + of + 물질명사

물질명사의 수량표시는 그것을 담는 용기나, 그 형태를 나타내는 명사, 계량의 단위 등을 사용한다. 즉, 물질명사의 단수.복수의 표시는 그것을 담는 용기, 그 형태를 나타내는 명사, 그것의 계량 단위의 단·복수에 의한다.

❶ 담는 용기 (그릇)을 나타내는 명사를 사용하는 경우

a glass of water 물 한 잔 two glasses of water 물 두 잔

a cup of coffee 커피 한 잔 two cups of coffee 커피 두 잔

a bottle of beer 맥주 한 병 two bottles of beer 맥주 두 병

a tube of toothpaste 치약 한 통 two tubes of toothpaste 치약 두 통

▷ 일상 (입말)에서는 coffee, tea, beer 등은 용기를 나타내는 명사를 쓰지 않고 흔히 「수사 + coffee, tea, beer 등」의 형태로 쓴다.

Three coffees(teas, beers), please! 커피(차, 맥주) 석 잔(병) 주세요.

❷ 그 형상을 나타내는 명사를 사용하는 경우

an **armful** [heap] of wood 나무 한 아름

a **bolt** [crack, peal] of thunder (한 번의) 천둥의 울림

a **cake** of soap [ice] 비누 [얼음] 한 덩이 two **cakes** of soap [ice] ~ 두 덩이

a **cloud** of dust 많은 먼지 a **cut** of meat 고기 한 덩이[한칼]

a **ear** of corn 옥수수 한 알 two **ears** of corn 옥수수 두 알

a **flash** of lightning (한 번의) 번갯빛 (섬광)

a **grain** of salt [sand] 소금[설탕] 한 알 a **handful** of sand 모래 한 줌

a **lump** of lead 납 한 덩이 a **piece** of chalk 분필 한 자루

a **sheet[piece]** of paper 종이 한 장 a **shower** of rain 한줄기 소나기

a **slice** [piece, bit, loaf] of bread [toast, cheese] 빵 [토스트, 치즈] 한 조각

a **speck** of dirt 먼지 [때, 얼룩] 한 점 a **speck** of cloud 구름 한 점

a **spoonful** [lump] of sugar 설탕 한 숟가락[조각]

two **spoonfuls** of sugar ~ 두 숟가락

several **pieces** of furniture 여러 점의 가구

a **strip** of cloth [paper, land] 천 [종이, 땅] 한 조각

❸ 그 계량 단위를 나타내는 명사를 사용하는 경우

a(one) acre of land 1에이커의 땅	two **acres** of land 2에이커의 땅
a gallon of gasoline 1갤런의 휘발유	two **gallons** of gasoline 2갤런의 휘발유
a pint of milk 1파인트의 우유	two **pints** of milk 2파인트의 우유
a pound of beef 1파운드의 소고기	two **pounds** of beef 2파운드의 소고기
a suit of clothing[clothes] 옷 한 벌	two **suits** of clothing[clothes] 옷 두 벌

▷ **명사의 특정 양의 표시가 비유적으로 사용되는 경우**

cup of tea 좋아하는 것 (취향); 고려해야 할 일; 어떤 부류의 사람

a handful of 한 줌의, 소수의, 약간의 **a piece of cake** 식은 죽 먹기; 누워서 떡 먹기

with a grain of salt 줄잡아; 에누리해서

This is not my **cup of tea**. 이것은 나의 취향이 아니다.

The movie was originally screened in just **a handful of** theaters.

그 영화는 단지 소수의 상영관에서만 상영되었다.

It's **a piece of cake**. 그건 아주 쉬운 일이다. (식은 죽 먹기이다.)

You must always take his stories **with a grain of salt**.

그의 이야기는 언제나 에누리해서 (그러려니 하고) 들어야 한다.

4) 집합적 물질명사 ☞ 단수집합명사(p. 24 참조)

5) 물질명사의 보통명사화

물질명사가 개체, 제품, 종류, 한정된 것을 나타낼 때는 보통명사로서 관사나 복수의 굴절접사 -(e)s를 붙인다. 이처럼 물질명사에 관사나 복수의 굴절접사가 붙을 경우 보통명사로 쓰이는 것을 물질명사의 보통명사화라 한다. [부정관사 + 물질명사/ the + 물질명사/ 물질명사 + s]

① 개체화된 것, 만든 것 (제품)을 나타낼 때

The house is built of **stone**. **⟨stone(돌, 석재): 물질명사⟩** 그 집은 석재로 지어졌다.

A little boy tossed **a stone into the stream**. **⟨a stone (돌멩이 한 개): 보통명사⟩**

한 꼬마 아이가 돌멩이 하나를 시냇물에 던졌다.

Glass is apt to break. **〈glass(유리): 물질명사〉** 유리는 깨지기가 쉽다.

There is **a glass** on the table. **〈a glass(유리컵 한 개): 보통명사〉**

탁자 위에 유리컵 하나가 있다.

Iron is a mineral. **〈iron(철): 물질명사〉** 철은 광물이다.

A brand was a mark of ownership burned into the hide of an animal with **a hot iron**. **〈an iron(인두, 다리미): 보통명사〉**

낙인은 뜨거운 인두로 짐승의 가죽을 지지는 소유권의 표시였다.

No smoke without **fire**. **〈fire(불): 물질명사〉**

불이 없다면 연기는 나지 않는다. [아니 땐 굴뚝에 연기 나랴.]

The fire fighter saved the child from **the fire**. **〈the fire(화재): 보통명사〉**

그 소방관이 그 아이를 화재에서 구해냈다.

② 종류를 나타낼 때

I like **tea** better than **coffee**. **〈tea(홍차), coffee(커피): 물질명사〉**

나는 커피보다 홍차를 좋아한다.

This is **an excellent tea**. **〈an excellent tea(우수한 차): 보통명사〉**

이것은 아주 우수한 차(종류)이다.

They sell **teas** and **coffees** at that store. **〈teas, coffees(차, 커피 종류): 보통명사〉**

저 상점에서는 차류와 커피류를 판다.

③ 한정된 물질명사를 나타낼 때: the + 물질명사

Water always flows downward. **〈water: 물질명사〉** **물**은 항상 낮은 곳으로 흐른다.

The water in the bath is slopping from side to side. **〈the water: 보통명사〉**

욕조 안의 물이 이리저리 출렁인다.

※ 물질명사에 부정관사나 –s가 붙는 경우 보통명사로 쓰이는 것

물질명사	보통명사
coffee 커피	a coffee 커피 모임, 다과회
glass 유리	a glass 유리잔, 거울
light 빛	a light 빛 한줄기, 전등, 신호등
stone 돌, 석재	a stone, stones 구체적인 돌멩이, 기념비, 보석
straw 밀짚	a straw 밀짚모자, 빨대, 낱낱의 지푸라기
tin 주석	a tin 깡통
drink 술, 알코올음료	drinks 마실 것, 음료, 한 잔
food (일반의) 식품, 식량	foods (특정 대상의) 식품, 음식
wine 포도주	wines 술 일반
rain 비	rains 강우, 장마, 장마철
sand 모래	sands 모래밭, 사막
silk 비단	silks 비단옷
snow 눈	snows 적설(량), 설원
water 물	waters 바다; 강; 호수

(5) 추상명사 (Abstract Noun)

1) 뜻

사람의 생각 속에서만 존재하는 것에 붙인 이름을 말한다. 보통 사람이나 사물의 성질, 감정, 상태 그리고 동작, 작용이나 학문 등의 이름을 나타낸다.

■ 추상명사의 의미에 따른 분류

A. 성질, 감정, 상태 〈대개가 형용사로부터 만들어짐〉

ex) affection, anger, beauty, boldness, boyhood, bravery, childhood, diligence, falsehood, freedom, friendship, grief, happiness, health, honesty, infancy, kindness, joy, length, marriage, necessity, passion, pleasure, slavery, sorrow, vacancy, wealth, wisdom, etc.

B. 동작, 작용 〈대개가 동사로부터 만들어짐〉

ex) action, advice, applause, attention, bother, company, death, decision, deed, dream, experience, failure, hope, invention, laughter, life, love, memory, movement, research, sense, speech, success, thought (사상), trouble, understanding, work, etc.

C. 개념, 학문

ex) information, knowledge, luck, news, theft, truth, will, youth, art, botany, chemistry, literature, mathematics, philosophy, zoology, etc.

2) 용법

셀 수 없는 명사로서 물질명사의 용법과 대동소이하다. 즉, 원칙적으로 관사를 붙일 수 없고 복수형으로도 하지 못하며, 동사는 단수를 취한다. 또, many, few로 수식하지 못하고 much나 little 등으로 수식한다.

① 셀 수 없는 명사로서 원칙적으로 무관사의 단수형으로 쓴다.

Art is long, **life** is short. 예술은 길고 인생은 짧다.

Bad **luck** often brings good **luck**. 불운은 종종 행운을 데리고 온다. [전화위복(轉禍爲福)]

Justice will assert itself. 정의는 스스로를 내세운다. [사필귀정(事必歸正)이다.]

② 원칙적으로 관사를 붙일 수 없으나 'the + 형용사 (또는 형용사와 같은 형태의 추상명사)' 의 형태로 쓰는 경우거나 한정되는 경우에는 the가 붙는다.

ex) the true, the good, the beautiful, the humorous, the rich, the graceful, the right, the wrong, the false, the sublime

He has no sense of **the humorous**. 그는 유머 (익살스러움)가 없다.

The good and **the beautiful** do not always go together.

선과 미가 언제나 공존하는 것은 아니다.

She envied **the wealth** of her friends. 그녀는 친구들의 부(富)를 부러워했다.

He has **the wisdom** of Solomon. 그는 솔로몬의 지혜 (올바른 판단력)를 가졌다.

③ **셀 수 없는 명사로서 물질명사와 같이 some, any, no, much, (a) little 등으로 수식하며 many, few로는 (직접) 수식하지 못한다.**

I'll give you **some information** about it? 내가 그것에 대한 정보를 좀 줄게.

Do you have **much experience** in sales? 당신은 판매에 경험이 많으십니까?

Little knowledge is a dangerous thing.

얕은 지식은 위험한 물건이다. [선무당이 사람 잡는다.]

④ **수(數)적인 개념을 나타내는 경우에는 다음과 같은 형식을 사용한다.**

a fit of anger 한 차례 화냄 a fit of fever 한차례의 열 발작

a fit of passion 한차례의 격정 a piece[bit, item, word] of advice 한마디 충고

a piece [bit, item, word] of good luck [nonsense] 한차례의 행운 [허튼소리 한마디]

a piece [bit, item, word] of news [information] 한편의 소식 [정보]

a piece [bit, item, word] of research 한편의 연구

a roar of laughter 한차례의 왁자한 웃음 a round of applause 한바탕의 박수갈채

a spot of trouble [bother] 약간의 시끄러운 일 [골칫거리]

a stroke [piece] of luck 한 차례의 행운, 뜻밖의 행운.

two [some] pieces of information 두 [몇] 편 [건]의 정보 (= some information)

several cases of theft 몇 건의 절도

He gave me many pieces of information. 그가 내게 많은 건의 정보를 주었다.

That's a stroke of luck. 운이 좋군요.

She has not a bit of common sense. 그 여자는 상식이 조금도 없다

3) 추상명사의 보통명사화

추상명사로 쓰이는 명사가 종류, 구체적인 행위, 특수한 성질의 사람·사물을 나타낼 경우에는 보통명사로 취급하여 보통명사의 용법에 따른다. 즉, 부정관사를 붙일 수 있고, 복수형을 쓸 수도 있다.

She unites **beauty** and intelligence. 〈beauty (미모): 추상명사〉

그녀는 미모와 지성을 겸비했다.

She is **a** very striking **beauty**. 〈a beauty (미인): 보통명사〉 그녀는 아주 눈에 띄는 미인이다.

His success brought great **comfort** to her. 〈comfort (위안, 위로): 추상명사〉

그의 성공은 그녀에게 큰 위안을 (가져다) 주었다.

Literature was **a comfort** to him. 〈a comfort (위안거리): 보통명사〉

문학이 그에게는 **위안거리였다.**

Marriage is the second beginning of life. 〈marriage (결혼): 추상명사〉

결혼은 인생의 두 번째 시작이다.

Mary had **a** happy **marriage**. 〈a marriage (결혼생활): 보통명사〉

메리는 행복한 결혼생활을 하였다.

Failure is but a stepping stone to success. 〈failure (실패): 추상명사〉

실패는 성공에 이르는 데 필요한 디딤돌에 지나지 않는다. [실패는 성공의 어머니이다.]

He is **a failure** as a statesman. 〈a failure (실패한 사람): 보통명사〉

그는 정치가로서는 실패한 사람이다.

All great **minds** think alike. 모든 **위인들**의 생각은 모두가 같다.

action 행위 → an action 소송, actions 소행
art 예술 → an art 기술
convenience 편리 → a convenience 편리한 것
failure 실패 → a failure 실패자
mind 마음 → a mind, minds 인물
necessity 필요(성) → a necessity 필수품
pity 유감 → a pity 유감스러운 일
success 성공 → a success 성공한 사람
truth 진리, 진실 → a truth 진실한 것

4) '전치사 + 추상명사'의 용법

① 'of + 추상명사'가 형용사적으로 쓰일 경우

❶ 명사, 대명사를 뒤에서 수식하는 용법으로 쓰이는 경우 (한정적 용법)

of courage 용기 있는 (= courageous) of distinction 뛰어난 (= distinguished)

of interest 흥미 있는 (= interesting) of learning 박식한 (= learned) of talent 재능이 있는 (= talented) of use 쓸모 있는, 유용한 (= useful)

of value 소중한 (= valuable) of age 성년의, ~살의 (= old)

of wisdom 현명한, 지혜로운 (= wise)

Did the burglars take anything **of value**? 도둑들이 귀중품들을 가져갔나요?

There's nothing **of interest** in the movie. 그 영화는 아무런 흥미 거리가 없다.

He is a man **of wisdom**. 그는 지혜로운 사람이다.

She was a woman **of** immense **courage**. 그녀는 대단한 강단을 지닌 여인이었다.

❷ 주격 보어로 쓰일 경우 (서술적 용법)

The book is **of use** to beginners. 그 책은 초보자에게 유용하다

The matter is **of importance**. 그 문제는 중요하다.

It is **of** no **use [importance]** to me. 그것은 내게 쓸모없다.

(= It is useless [unimportant]to me.)

The matter is **of** great **moment**. 그 문제는 매우 중요하다.

The matter is **of** little [no] **moment**. 그 문제는 별로[전혀]중요하지 않다.

This jewel is **of** great **value**. 이 보석은 대단히 가치가 높다.

His remark is **of** little [no] **value**. 그의 말은 들을 가치가 별로[전혀] 없다.

The matter is **of** no [little] **significance**.

그 일은 전혀 [그리] 의미가 없다. (중요하지 않다.)

■ 참고

1. 명사 (사람) + of + 추상명사 《~한 사람 (= 형용사 + 명사)》

a man of ability 재능 있는 사람 (= an able man)

a man of benevolence 인정 많은 사람 (= a benevolent man)

a man of courage 용기 있는 사람 (= a courageous man)

a man of experience 경험이 많은 사람 (= an experienced man)

a man of importance 중요한 사람(중요 인물) (= an important man)

a man of learning 학식이 있는 사람 (= a learned man)

a man of sense 지각(사리분별) 있는 사람 (= a sensible man)
a man of use 쓸모 있는 사람 (= a useful man); 훌륭한 사람
a man of value 귀한 (소중한) 사람 (= a valuable man)
a man of virtue 덕망이 높은 사람 (= a virtuous man)
a man of wisdom 지혜로운 사람 (= a wise man)

2. 명사 (사람) + of one's + 추상명사 《~만큼(one) … (추상명사) 한 사람》

He is a man **of your experience** in this field.
그는 이 분야에서 당신만큼이나 경험이 많은 사람이다.

② '전치사 + 추상명사'가 부사구가 되는 경우

❶ at + 추상명사

at liberty 자유로 (= freely)
at leisure 차분히, 한가한 시간이 있는
at length 드디어, 마침내 (= finally)
at random 되는 대로, 무작위로, 함부로
at stake 위태로운, 시급한,
at will 마음 내키는 대로 (= freely)

You are **at liberty** to take it. 너는 그것을 마음대로 가져도 좋다.

We received several answers, and we picked one **at random**.
우리는 몇 가지 답변을 받았고 그 중에서 무작위로 하나를 뽑았습니다.

The control of thought which wanders **at will** is good.
마음대로 헤매는 생각을 억제한다는 것은 훌륭한 일이다.

They found their way to the place **at length**. 그들은 드디어 목적지에 닿았다.

❷ by + 추상명사

by chance 우연히, 공교롭게 (= incidently, accidentally)
by compulsion 강제로
by design [intention] 고의로 (= compulsorily)
by force 힘으로, 우격다짐으로
by luck(= luckily) 다행히, 운 좋게
by mistake 실수로, 잘못하여
by [of] necessity 필연적으로, 부득이 (= necessarily)
by stealth 몰래, 비밀리에 (= stealthily)
by accident 우연히 (= accidently)

It came to my ears **by chance.** 그 말이 언뜻 내 귀에 들려왔다.

She could take the train **by luck.** 다행히도 그녀는 그 기차를 탈 수 있었다.

He went abroad **by stealth.** 그는 비밀리에 외국으로 갔다.

❸ in + 추상명사

in abundance 풍부하게 in comfort 편안하게, 안락하게 (= comfortably)

in confidence 비밀로, 극비로 in earnest 진지하게, 진심으로 (= earnestly)

in haste 바삐, 서둘러 (= hastily) in particular 특히, 상세히 (= particularly)

in private 비공식으로, 내밀히 (= privately) in poverty 가난하게 (= poorly)

in principle 원칙적으로, 대체로 in reality 실제로는, 정말로 (= really)

in safety 안전하게 (= safely) in succession 계속하여, 연달아 (= successively)

in triumph 의기양양하여 (= triumphantly)

Everyone wants to live **in comfort.** 누구든지 편안하게 살고 싶어 한다.

I told you all these things **in confidence.** 내가 너에게 모두 비밀로 이야기한 거였다.

I am speaking **in earnest.** 내가 진심으로 [진지하게] 말하는 거야.

Are you looking for anything **in particular**? 특별히 무얼 찾는 게 있으세요?

I'd like to have a word with you **in private.** 당신과 개인적으로 얘기하고 싶군요.

My car looks very new, but **in reality** it's quite old.

내 차는 아주 새것처럼 보이지만 사실은 꽤 오래된[낡은] 것이다.

Both of the hits occurred **in succession** in the fourth inning.

4회에 연달아 2개의 안타가 나왔다.

The soldiers is marching through the street **in triumph.**

군인들이 의기양양하게 거리를 행진해 지나가고 있다.

❸ on + 추상명사

on business 업무로 on occasion 때때로 (= occasionally), 이따금 (= sometimes)

on purpose 일부러 (= purposely) on principle 주의(主義)상, 일정한 법칙에 따라

I didn't do it **on purpose.** 제가 일부러 그런 것이 아닙니다.

On occasion, I am having a bad dream. 이따금 나는 악몽을 꾼다.

❹ to + 추상명사

to [in] excess 지나치게 (= excessively)

to the purpose 적절히, 요령 있게

to perfection 완전히, 완벽하게 (= perfectly)

My sister's clothes fit me **to perfection.** 내 언니의 옷은 내게 꼭 맞는다.

He is drinking **to excess.** 그는 지나치게 술을 마신다.

❺ with + 전치사

with calmness 침착하게 (= calmly)

with care 조심해서, 주의 깊게 (= carefully)

with confidence 자신[확신]을 가지고

with difficulty 겨우, 간신히 (= difficultly)

with ease 쉽게 (= easily)

with eloquence 달변으로 (= eloquently)

with fluency 유창하게 (= fluently)

with kindness 친절히, 우대하여 (= kindly)

with patience 인내심을 갖고서

with rapidity 빠르게 (= rapidly)

with safety 안전하게 (= safely)

Handle **With Care.** 취급주의

I helped an old lady mount the stairs **with difficulty.**

나는 계단을 간신히 오르시는 한 노부인을 도와 드렸다.

He was gifted **with eloquence.** 그는 말재주가 있었다.

She can speak Korean **with fluency.** 그녀는 한국말을 유창하게 할 줄 안다.

This eating house treats students **with kindness.** 이 식당은 학생들을 우대한다.

The flames spread **with alarming rapidity.** 불길은 놀랍도록 급속하게 번졌다.

Our government had rescued the hostages **with safety.**

우리 정부는 인질들을 안전하게 구출해 냈다.

❻ without + 추상명사

without doubt 의심할 여지없이, 틀림없이 (= doubtlessly)

without fail 틀림없이, 반드시 (= surely)

without hesitation 주저하지 않고, 즉각 (= unhesitatingly)

He is a man who keeps his promise **without fail**.

그는 틀림없이 약속을 지키는 사람이다.

Truth is beautiful **without doubt**, and so are lies. – Emerson –

진실은 물론 아름답다. 또한 거짓말도 그러하다.

She answered honestly **without hesitation** or equivocation.

그녀는 주저하거나 얼버무리지 않고 정직하게 대답했다.

5) S + have + the + 추상명사 + to 부정사《대단히 ~ (추상명사) 해서 …(to 부정사) 하다./ 대단히 ~ (추상명사) 하게도 …(to 부정사) 하다.》

She had the kindness to show me the way.

그녀는 대단히 친절하게도 나에게 길을 안내해 주었다.

(= She was kind enough to show me the way.)

He didn't have the courage to refuse it at all.

그는 용기 있게 그것을 거절하지를 전혀 못 했다.

6) all + 추상명사《대단히 ~(추상명사)한》

= 추상명사 + itself / full of + 추상명사 / very, exceedingly, extremely + 형용사

all attention 매우 주의 깊은

all astonishment 매우 놀란

all beauty 매우 아름다운

all kindness 매우 친절한

all discretion매우 사려 깊은 (= very discreet)

all life 매우 쾌활한

all obedience 매우 순종적인 (= very obedient)

all pleasure 매우 기쁜, 대단히 반가운

He is all attention. 그는 매우 주의 깊다.

(= He is attention itself. / He is very attentive. / He is full of attention.)

She is all kindness. 그녀는 매우 친절하다.

(= She is kindness itself. / She is very kind.)

I am all astonishment. 난 정말 놀랐어. (= I am very astonished.)

I am all pleasure to see you. 만나서 대단히 반갑습니다. / 잘 오셨습니다.

(= I am very pleased to see you.)

3. 복합명사 (Compound Noun)

(1) 뜻

넓은 의미로는 품사와 상관없이 두 개 이상의 단어로 이루어진 명사를 말하고, 좁은 의미로는 둘 이상의 명사로 이루어진 명사를 말한다. 일반적으로 복합명사란 넓은 의미의 경우를 가리킨다.

(2) 형태

영어의 복합명사는 '명사 + 명사'의 형태를 비롯하여 거의 모든 품사의 단어들이 합쳐져서 이룰 수 있다. 이때 복합명사를 형성하는 단어들을 결합시키는 방법으로는 보통 다음 네 가지의 방법을 사용하고 있다. 즉, 관련 단어들을 그대로 나열하는 경우(AB 형, open 형), 속격의 형태로 나타내는 경우(A's B 형), 단어와 단어 사이를 하이픈(-)으로 연결하는 경우(hyphenation 형), 그리고 관련 단어를 하나로 합쳐버리는 경우(AB 형, solid 형)가 그것이다. 단어의 형성과 발전은 앞의 열거한 순서에 따른다는 견해가 지배적이다.

1) 명사 + 명사

'명사 + 명사'를 복합명사로 만드는 방법에도 다음과 같은 세 가지가 있다.

① 단순 나열형 (A B의 형태, open형)

▶ A B형의 A와 B의 관계는 보통 '전체 + 부분·구성물', '일반 시간 + 명사', '재료·수단 + 결과물·목적' '앞 명사가 뒤 명사의 위치를 나타내는 경우' 등을 나타낸다.

a boy [girl] friend a river bank guitar strings hog meat

chicken soup vegetable soup calf skin a fox fur olive oil

a stone wall a gold medal a book store baby clothes

night clothes a bath towel a gear lever a goods train

a kitchen table a city street a country lane nine o'clock news

a birthday party Sunday paper 일요일자 신문

a Summer holiday 여름휴가 water power 수력

② 속격의 형태로 하는 경우 (A's B의 형태)

▶ 'A's B'형태로 하는 복합명사의 명사 사이에는 보통 다음과 같은 관계를 갖는다.

❶ 소유, 사용, 수용 관계

the lions' share 가장 큰 몫

a cashier's check 자기앞 수표

ladies' [women's] wear 여성복

men's wear 남성복

ladies' [women's] room 여자 화장실

men's room 남자 화장실

children's wear 아동복

girl's blouse 여성용 블라우스

a girl's school 여학교

a women's university 여자대학교

❷ 동물에서 부가적으로 생산하는 것

cow's milk goat's cheese sheep's wool deer's horn

❸ 특정 시간 (시점) + 명사

yesterday's paper 어제 [지난] 신문 yesterday's fashions 지나간 유행의 옷

yesterday's talk 어제 한 얘기 today's paper 오늘의 신문 today's weather

③ 하이픈[-]으로 연결하는 경우

▶ 일반적으로 기존 단어와 다른 뜻임을 나타내거나, 뒤의 명사가 앞 명사의 주체가 되는 경우

a chain-smoker duty-free 면세품 a man-eater a shoe-maker

a tooth-brush a tooth-pick a water-cannon a woman-writer

④ 명사를 합쳐 한 단어로 쓰는 경우 (AB형, solid형)

▶ 명사가 서로 합쳐져서 이루어지는 것이거나 관계, 작용, 행위자 등 불가분의 관계를 갖는 경우가 보통이다.

an armchair a bighead a blackboard a bookstore [= bookshop]

a brainworker a briefcase a cupboard fireworks healthcare

a housekeeper a jellyfish a landlord a landlady a pacemaker

a peacock a peahen a policeman a policewoman

seasickness a schoolboy a schoolgirl sportswear

2) 동명사 + 명사

accounting department 회계부서 answering machine 전화 자동응답기

a looking glass an operating manual a parking lot a shopping street

a sightseeing tour swimming suite a turning-point

3) 명사 + 동명사

handwriting money-making life-saving 인명구조

risk-taking 위험부담 well-doing 선행

4) 대명사 + 명사

a she-cat a he-cat a he-goat a she-goat

5) 형용사 + 명사

a blackboard　fast-food　a forerunner　a greenhouse

a highway　a new town　a nobleman　software

6) 명사 + 형용사

an Attorney General 법무장관　a court-martial 군법회의

God Almighty 전능한 신　the heir apparent 법정추정상속인

the sum total 총액　time immemorial 태고

7) 명사 + 동사

birth control　make do 임시변통의 것; 일시적 대용품　a nosebleed

self-service 자급식　self-support 자활　sunshine　phytoncide

8) 동사 + (대)명사

breakfast　cure-all 만병통치약　a pickpocket

9) 부사/전치사 + 명사

afterheat 〈핵물리〉 여열(餘熱)　a by-stander

in-crowd 파벌　out-party 야당　upgrade

10) 명사 + 부사

a chin-up　a hanger-on　a looker-on　a passer-by　a runner-up

11) 동사 + 동사

a go-go　a stop-go　make-believe　make-work

12) 부사 + 동사

income　outcome　an upstart 벼락부자; 건방진 녀석

13) 동사 + 부사

add-up　a break-in　a breakdown　a comeback

a go-between　a pullout　a push-up　a sit-up

14) 어군(語群)

a commander-in-chief　a father-in-law　a forget-me-not

a good-for-nothing　a love-in-a-mist　a merry-go-round

a mother-in-law　a son-in-law　a tug-of-war　a touch-me-not

15) 구나 절을 하이픈으로 연결한 복합명사

do-it-yourself　fly-by-night　might-have-been　pay-as-you-go

what-do-you-call-it [them, her, him] 그 무엇이라고 하는 것 [사람]

※ 이름을 모르거나, 잊었거나 사용하고 싶지 않을 때에 쓰는 말이다.

what-is-it 소용이 없는 것(일)

16) (대)문자-단어로 이루어진 복합명사

A-bomb(= atomic bomb)　B-test　E-mail[e-mail](= electronic mail)

H-bomb(= hydrogen bomb)　O-ring　T-shirt(= tee shirt)　U-turn

■ 참 고- 단어 사이에 하이픈 (-)을 넣는 경우 (hyphenation형)에 대하여

단어들을 그대로 결합시킬 시 생길 수 있는 표기상, 의미상의 혼란, 혼동을 피하기 위해 단어들 사이에 하이픈(-)을 넣는다. 현재 복합어 [복합명사]를 만드는 가장 일반화된 방법이라고 할 수 있다. 복합명사의 단어들 사이의 하이픈은 흔히 생략한다. 다만, 하이픈의 유무에 따라 서로 다른 뜻이나 품사로 쓰는 것도 있으므로 무조건 생략할 수 있는 것은 아님에 주의해야 한다. 명사와 형

용사 등 서로 다른 품사로 쓰일 수 있는 복합어의 경우, 명사로 쓰일 경우에는 하이픈을 하지 않고 형용사 등 다른 품사로 쓰일 경우에는 하이픈을 하는 것이 보통이다.

re-creation 재창조, 개조 recreation 휴양, 기분전환, 오락
re-count: n. 재계산, 재검표. vt. 다시 세다, 다시 계산하다.
recount: vt. 자세히 말하다; 이야기하다; 열거하다.
full time: n. 전(全) 근무 [근로] 시간; 기준 근로시간 / full-time: a. 상근의, 전임의
old age: n. 노년, 노령 old-age: a. 노년의, 노년을 위한
cat foot: n. 짧고 포동포동한 발
cat-foot (미) v. 살그머니 나아가다, 살금살금 걸어가다.

(3) 복합명사의 복수형 ☞ p. 59에서

4. 명사의 복수형

(1) 뜻

동사가 주어의 인칭, 수의 변화에 맞추거나 시제, 법, 태 등을 나타내기 위하여 그 형태의 변화를 갖게 되는 데 반해, 명사는 수(數) 또는 성(性)을 나타내기 위해 그 형태변화를 갖게 된다. 다만, 성을 나타내기 위해 형태 변화하는 경우는 극히 한정적인 경우이고, 보통은 수를 나타내기 위해 형태변화를 한다고 할 수 있다. 명사는 보통 그 기본형 [단수형]에 복수의 접미사 [-(e)s]를 붙이거나 모음을 변화시키는 등으로 복수형을 만든다. 명사의 복수형은 셀 수 있는 명사만이 갖는 것은 아니고 셀 수 없는 명사 (고유명사, 물질명사, 추상명사)도 그 복수형태를 갖는다. 다만, 셀 수 없는 명사가 복수형태로 쓰일 때는 보통명사가 되는 것이 보통이며, 복수의미의 보통명사가 되기도 하지만 복수형 자체가 단수의미의 보통명사가 될 경우도 있다. 명사의 복수형을 만드는 방법에는 그 단수형에 복수의 접미사 -(e)s를 붙여 만드는 **규칙복수형(regular** plural)과 -(e)s이외의 접미사를 붙이거나 모음을 변화시키는 등의 규칙복수형과는 다른 방법으로 복수형을 만드는 **불규칙 복수형**(irregular plural)이 있다.

(2) 규칙(변화) 복수형 (regular plurals)

1) 단수형에 -s를 붙인다. (일반적인 복수형)

▶ [s]로 발음한다.

book - books brother - brothers 형제(들) cup - cups

dog - dogs friend - friends month - months

2) 단수형이 -s, -se, -ss, -ch, -sh, -dge, -x, -z로 끝날 때는 -es를 붙인다.

▶ [iz]로 발음된다.

bus - buses rose - roses horse - horses

※ horse가 '말(馬)'을 뜻할 때의 복수형은 horses, '기마병'일 때의 복수형은 horse이다.

class - classes glass - glasses bench - benches watch - watches

bush - bushes dish - dishes bridge - bridges ax - axes

quiz - quizzes

▷ -ch로 끝나는 단어라도 발음이 [tʃ]가 아니면 -es를 붙이지 않고 -s만 붙인다.
stomach[stʌ́mək] - stomachs monarch[mɑ́nərk/ mɔ́nərk] - monarchs
epoch[épək/íːpɔk] - epochs patriarch[péitriɑ̀ːrk] - patriarchs

3) 단수형이 「자음 + o」일 때에는 대개 -es를 붙인다.

▶ [z]로 발음된다.

echo - echoes hero - heroes motto - mottoes

potato - potatoes tomato - tomatoes negro - negroes

■ 덧붙임

1. 단수형이 「자음 + o」 일 때 -s를 붙이는 것

※ [z]로 발음된다.

auto – autos curio – curios memo – memos piano – pianos

photo – photos solo – solos soprano – sopranos

2. 단수형이 「자음 + o」 일 때 -es 또는 -s를 붙이는 것

archipelago – archipelago(e)s banjo – banjo(e)s buffalo – buffalo(e)s

cargo – cargo(e)s commando – commando(e)s ghetto – ghetto(e)s

halo – halo(e)s mosquito – mosquito(e)s tobacco – tobacco(e)s

tornado – tornado(e)s volcano – volcano(e)s zero – zero(e)s

4) 단수형이 「모음 + o」일 때에는 -s만을 붙인다.

bamboo – bamboos cuckoo – cuckoos embryo – embryos

radio – radios studio – studios zoo – zoos

5) 단수형이 「자음 + y」로 끝날 때에는 y를 i로 고치고 -es를 붙인다.

▶ [iz]로 발음된다.

army – armies baby – babies city – cities

family – families lady – ladies

6) 단수형이 「모음 + y」일 때에는 그대로 -s를 붙인다.

▶ [z]로 발음된다.

boy – boys chimney – chimneys day – days

key – keys monkey – monkeys toy – toys

▷ 단수형이 -quy로 끝나는 것은 발음이 [kwi]로 나므로 「자음 + y」로 취급되어 y를 i로 바꾸고 -es를 붙인다. [iz]로 발음된다.

colloquy – colloquies soliloquy – soliloquies

7) 고유명사의 경우에는 항상 -s만을 붙인다. 다만, 고유명사의 끝 글자가 s로 끝나면 원칙에 따라 -es를 붙인다.

Toms 톰이라는 이들　two Marys 두 사람의 메리　the Johnses 존스 부부[집안, 가족]

▷ 다음 말들은 복수형 그 자체가 고유명사이다.

Athens 아테네　Brussels 〈벨기에의 수도〉 브뤼셀　Wales 〈영〉 웨일스 (지방)

the Canaries 카나리아제도　the Rockies 로키산맥　the West Indies 서인도제도

8) 단수형이 -f, -fe로 끝날 때에는 f, fe를 v로 고치고 -es를 붙인다.

※ [z]로 발음된다.

calf - calves　half - halves　knife - knives　leaf - leaves

thief - thieves　wife - wives　wolf - wolves

▷ 주의

(1) 단수형이 -f, -fe로 끝날 때 단수형에 -s만 붙이는 경우

※ [s]로 발음

belief - beliefs　chief - chiefs　cliff - cliffs

cuff - cuffs　grief - griefs　gulf - gulfs

mischief - mischiefs　proof - proofs　roof-roofs

safe - safes　strife - strifes

(2) 단수형이 -f로 끝날 때 -s만 붙이거나 v로 고치고 -es를 붙일 수 있는 경우)

※ [vz]로 발음

dwarf - dwarfs, dwarves　handkerchief - handkerchiefs, handkerchieves

hoof - hoofs, hooves　scarf - scarfs, scarves　turf - turfs, turves

wharf - wharfs, wharves

■ 참고- 복수의 접미사 (=복수의 굴절접사) -(e)s의 발음

1. 단수형의 발음이 무성음 [p, t, k, f, ɵ]로 끝나는 경우 -s를 붙인다. [s] (스)로 발음된다.

ex) book[buk] - books[buks], cat[kæt] - cats[kæts], death[deɵ] - deaths[deɵs] deck[dek] - decks[deks], map[mæp] - maps[mæps]

monarch[mánərk/ mɔ́nərk] - monarchs[mánərks/ mɔ́nərks]

patriarch[péitriὰ:rk] - patriarchs[péitriὰ:rks]

2. 단수형의 발음이 [s, z, ʃ, tʃ,dʒ]로 끝나는 경우 -es를 붙인다. [iz](이즈)로 발음된다.

ex) ass[æs] - asses[æsiz], bench[bentʃ] - benches[bentʃiz]

breeze[bri:z] - breezes[bri:ziz], box[bɑks/ bɔks] - boxes[bɑksiz/ bɔksiz]

bus[bʌs] - buses [bʌsiz], class[klæs/klɑ:s] - classes[klæsiz/ klɑ:siz]

church[tʃə:rtʃ] - churches[tʃə:rtʃiz], dish[diʃ] - dishes[diʃiz]

rose[rouz] - roses[rouziz], glass[glæs/ glɑ:s] - glasses[glæsiz/ glɑ:siz]

3. 1, 2의경우를 제외한 나머지의 경우에 유성음[b, d, g, v, ð]으로 끝나는 경우 -s를 붙인다.

[z]로 발음된다.

ex) hand[hænd] - hands[hændz], dog[dɔ(:)g/dɑg] - dogs[dɔ(:)gz/dɑgz]

boy[bɔi] - boys[bɔiz], pen[pen] - pens[penz], city[síti] - cities[sítiz]

4. 단수형이 -th로 끝나는 경우

(1) 단모음 + ths: [θs](쓰스)로 발음된다.

ex) myth[miθ] - myths[miθs], month[mʌnθ] - months[mʌnθs], death[deθ] - deaths [deθs]

(2) 장모음, 이중모음 + ths: [ðz](드즈)로 발음된다.

ex) path[pæ:θ] - paths[pæðz], bath[ba:ð] - baths[ba:ðz], mouth[mauθ] - mouths[mauðz]

(3) 〈예외〉 장모음 + r + ths: [θs]로 발음된다.

ex) earth[ə:rθ] - earths[ə:rθs], birth[bə:rθ] - births[bə:rθs], hearth[hɑ:rθ] - hearths[hɑ:rθs]

9) 문자, 숫자, 약어의 복수형

's를 하거나 그냥 s만을 붙이기도 한다.

A: A's, As 에이자들　　t: t's 티자들　　8: 8's, 8s 8자들

Mr.: Messrs.　　Mrs.: Mrs. ※ 변함없다.　　Dr: Drs. 박사들

yes's yes들

M.P.(Member of Parliament): M.P.'s, MP's, MPs 〈영〉 하원의원들

If you get all A's on the final, I'll buy you new computer.

네가 기말고사 때 전 과목 A를 맞으면 내가 새 컴퓨터를 사주마.

You should always dot your i's and cross your t's.

i자에는 언제나 점을 찍어야 하고, t자에는 언제나 가로 획을 그어야 한다. (신중히 해라.)

Mind the Ps and Qs.

p자와 q자를 혼동하지 마라. (일을 신중히 해라.)/ 예의에 맞게 굴어라./ 당신 일에나 신경 써라.

Your 3's looks like 8's. 네가 쓴 3자들은 8자들처럼 보인다.

I am tired of your "yes's". 나는 네가 항상 "그래, 그래" 하는 것에 질렸어.

Three Conservative MPs went over to the Liberals.

3명의 보수당의원이 자유당으로 건너갔다.

▷ **page의 약자인 p.의 복수는 pp.이다.**

See infra p. 100. 뒤의 100쪽을 보시오.

See infra pp. 120~123. 뒤의 120쪽에서 123쪽을 보시오.

See supra p. 1. 앞의 1쪽을 보시오.

See supra pp. 1~3. 앞의 1에서 3쪽을 보시오.

(3) 불규칙(변화) 복수형(irregular plurals)

1) 모음이 변해서 만들어지는 복수형

man – men [men] woman – women [wimin] foot – feet [fiːt]

※ foot가 '발'을 뜻할 때의 복수형은 feet, '보병'의 뜻일 때의 복수형은 그대로 foot이다.

tooth – teeth goose [guːs] – geese [giːs] mouse – mice

louse [laus] – lice [lais]

2) 단수형에 –en, –ren을 붙이는 경우

ox – oxen child – children

▷ **주의**

brother – brethren 동포, 같은 교회단원 ※ 모음변화와 불규칙변화를 함께 갖는다.

3) 단수, 복수가 같은 명사

barracks [bǽrək] bison [báisən/ –zən] carp [kɑːrp]

corps [kɔːrz] deer [diər] fish [fiʃ] moose [muːs]

salmon [sǽmən] series [síəriːz] sheep [ʃiːp] species [spíːʃi(ː)z]

swine [swain] trout [traut] Chinese [tʃainíːz/ –s]

Japanese [dʒæ̀pəníːz/ –s] Swiss [swis]

■ 덧붙임

1. deer, trout는 복수형으로 –s를 붙일 수도 있다.

2. 물고기의 '마릿수'를 나타낼 때의 fish의 복수형은 단수형과 동일한 fish이고, 물고기의 '종류'를 가리킬 때의 fish의 복수형은 fishes이다. 종류의 표현은 three fishes라고 하기보다는 three kinds of fish처럼 쓰는 것이 보통이다.

He catched three **fish**. 그는 물고기 세 마리를 잡았다.

How many **fishes** live in this river? 이 강에는 몇 종류의 물고기가 서식합니까?

There are **three kinds of fish** in this pond. 이 연못에는 세 종류의 물고기가 있다.

3. corps 단·복수의 형태가 같으나 복수의 발음은 달리한다.

corps [kɔːr] (단수) 군단; 특수부대; 단체 / corps [kɔːrz](복수) 군단들; 단체들

4. British, English, Dutch, French, Irish, Spanish, Welsh 등은 그 앞에 the를 붙여 복수형을 나타낸다.

the Dutch 네덜란드인(들) the French 프랑스인(들)

■ 참고– 국민 전체와 국민 개인을 나타내는 방법

1. 국민 전체(~국민들, ~사람들)의 표현

(1) the + 고유형용사 + s

ex) the Koreans, the Americans, the Egyptians, the Germans, the Greeks, the Italians, the Mexicans, the Persians, the Russians, etc.

(2) the + 고유형용사

-ss, -ese, -sh, -ch로 끝나는 고유형용사에는 s를 안 붙이고 그대로 복수 동사를 취한다.

ex) the Swiss; the Chinese; the Japanese, the Portuguese; the English, the Irish, the Spanish; the Dutch, the French

(3) 기타

ex) the Turks, The Spaniards

2. 국민 개개인의 표현

(1) 국민 개개인(한 명의 어느 나라 사람)

1) 부정관사 (a, an) + 고유형용사

ex) a Korean (한국인, 한국국민), an American, an Egyptian, a German, an Italian, a Russian, a Mexican, a Persian, a Chinese, a Japanese, a Portuguese, a Greek

2) 고유형용사 + man

ex) an Englishman, an Irishman, a Frenchman, a Dutchman

3) 기타

ex) a Turk, a Spaniard

(2) 국민 개개인들 (복수의 어느 나라 사람)

1) 고유형용사 + s

ex) Koreans(한국인들, 한국민족), Americans, Egyptians, Germans, Greeks, Italians, Mexicans, Russians

2) 고유형용사 + men

ex) Englishmen, Irishmen, Frenchmen, Dutchmen

3) 고유형용사를 그대로 쓰는 경우

ex) Chinese, Japanese, Portuguese

4)기타

ex) Turks, Spaniards

(4) 영어 상의 외래어의 복수형

1) Latin (라틴어)계 명사의 복수형

① −um으로 끝나는 명사

s를 붙이는 것과 −um을 −a로 고치는 것, 그리고 이 둘 다 가능한 것이 있다.

❶ s를 붙이는 것

an album: albums　　a chrysanthemum: chrysanthemums

a museum: museums

❷ −um을 −a로 고치는 것

a bacterium: bacteria　datum: data **〈미국에서는 종종 단수 취급〉**

an erratum: errata　　a stratum: strata　　an ovum: ova

❸ s를 붙이거나 −um을 −a로 고치는 것이 모두 가능한 것

agendum: agendums 또는 agenda **〈단수 취급하는 것이 보통〉**

an aquarium: aquariums 또는 aquaria

a bacterium: bacteriums 또는 bacteria

a curriculum: curriculums 또는 curricula

forum: forums 또는 for　　a medium: mediums 또는 media

a memorandum: memorandums 또는 memoranda

a stadium: stadiums 또는 stadia　　a stratum: stratums 또는 strata

a symposium: symposiums 또는 symposia

an ultimatum: ultimatums 또는 ultimata

② −us로 끝나는 명사

−es를 붙이는 것과 −us를 i로 고치는 것, 그리고 이 둘 다 가능한 것이 있다.

❶ −es를 붙이는 것

a bonus: bonuses　　a campus: campuses　　a chorus: choruses

a virus: viruses

❷ −us를 −i로 고치는 것

an alumnus[əlʌ́mnəs]: alumni[−nai]　　locus: loci

a stimulus[stímjələs]: stimuli[−lài]

❸ −es를 붙이거나 −us를 −i로 고치는 것이 모두 가능한 것

a cactus: cactuses 또는 cacti [kæktai]

a focus: foci [fóusai, −kai] 또는 focuses

a fungus [fʌ́ŋgəs]: funguses 또는 fungi [fʌ́ndʒai, fʌ́ŋgai]

nucleus: nucleuses 또는 nuclei [njú:kliài]

a radius: radiuses 또는 radii [réidiài]

a syllabus: syllabuses 또는 syllabi [síləbài]

a terminus: terminuses 또는 termini [tə́:rmənài]

a thesaurus: thesauruses 또는 thesauri [θisɔ́:rài]

③ −a로 끝나는 명사

−s를 붙이는 것과 −ae로 바꿀 수 있는 것, 그리고 이 둘 다 가능한 것이 있다.

❶ s를 붙이는 것

an area: ares　　an arena: arenas　　a dilemma: dilemmas

a diploma: diplomas　　a drama: dramas　　lava: lavas

❷ −a를 −ae로 바꾸는 것

an alumna:　　alumnae [ə|lʌmnni:]

❸ –s를 붙이거나 –ae로 바꾸는 것이 모두 가능한 것

an antenna: antennas

a formula: formulas, formulae(수학용어에 사용)

a vertebra: vertebras, vertebrae

④ –ex, –ix로 끝나는 명사

–ex, –ix를 –ices로 바꾸는 것과 –es를 붙이거나 –ices로 바꾸는 것이 모두 가능한 것이 있다.

❶ –ex, –ix를 –ices로 바꾸는 것

a codex: codices

❷ –es를 붙이거나 –ices로 바꾸는 것이 모두 가능한 것

an apex: apexes 또는 apices

an appendix: appendixes 또는 appendices

an index: indexes 색인, indices 지수 a matrix: matrixes 또는 matrices

2) Greek(그리스어)계 명사의 복수형

① –sis로 끝나는 명사는 –ses로 바꾼다.

analysis: analyses basis: bases a crisis: crises

diagnosis: diagnoses an ellipsis: ellipses a hypothesis: hypotheses

an oasis: oases a parenthesis: parentheses a synopsis: synopses

synthesis: syntheses a thesis: theses

▷ axis: axes metropolis: metropolises

② –on으로 끝나는 명사

s를 붙이는 것과 –on을 –a로 바꾸는 것, 그리고 이 둘 다 가능한 것이 있다.

❶ -s를 붙이는 것

a demon: demons　　an electron: electrons　　a neutron: neutrons

❷ -on을 -a로 고치는 것

a phenomenon: phenomena

❸ -s를 붙이거나 -on을 -a로 바꾸는 것이 모두 가능한 것

a criterion: criterions 또는 criteria

an automaton: automatons 또는 automata

3) French(프랑스어)계 명사

① -e(a)u로 끝나는 명사는 -s나 -x를 붙인다.

adieu: adieus 또는 adieux　　beau: beaus 또는 beaux

a bureau: bureaus 또는 bureaux　　a plateau: plateaus 또는 plateaux

② 기타

madam: madams 또는 mesdames

monsieur [məsjə́ːr]: messieurs [məsjə́ːrz] 또는 messrs [mésərz]

4) Italian(이탈리아어)계 명사

a bandit: bandits 또는 banditti　　a dilettante: dilettantes 또는 dilettanti

a libretto: librettos 또는 libretti　　a solo: solos 또는 soli

tempo: tempos 또는 tempi　　a virtuoso: virtuosos 또는 virtuosi

(5) 복합명사의 복수형

1) '명사 + 명사' 형태의 복합명사는 보통 뒤에 오는 명사에 -s를 붙인다.

a college student: college students

a job seeker: job seekers

a goose egg: goose eggs

a fountain pen: fountain pens

an office worker: office workers 회사원들, 사무직원들

a benefits package: benefits packages 복리후생 제도들

a sports complex: sports complexes 종합운동시설들

2) 가장 중심적인 뜻을 나타내는 단어 (특히 명사)에 -s를 붙인다.

a looker-on: lookers-on

a by-stander: by-standers

a passer-by: passers-by

a forerunner: forerunners

a dropper-in: droppers-in

a grant-in-aid: grants-in-aid 국고 보조금

a father-in-law: fathers-in-law

a mother-in-law: mothers-in-law

a stepmother: stepmothers

a son-in-law: sons-in-law

a tooth-brush: tooth-brushes

a tooth-pick: tooth-picks

a tug-of-war: tugs-of-war

a commander-in-chief: commanders-in-chief

an editor-in-chief: editors-in-chief

a hanger-on: hangers-on 부하들, 추종자들

a man-of-war: men-of-war 전함들

3) 명사나 중요한 말이 없는 복합어는 끝말에 -s를 붙인다.

a forget-me-not: forget-me-nots

a touch-me-not: touch-me-nots

a merry-go-round: merry-go-round(s)

a good-for-nothing: good-for-nothings 쓸모없는 사람들

the have-not: the have-nots 못가진 자들 (무산자들)

※ the have: the haves 가진 자들 (유산자들)

a chin-up: chin-ups   a cure-all: cure-alls   a push-up: push-ups
a sit-up: sit-ups

4) 'man, woman +명사'의 경우 모두 복수형태로 해준다.

a man-servant: men-servants   a woman-teacher: women-teachers

■ 참고

1. boy [girl] student는 boy, girl과 student에 모두 s를 붙이고 한 단어로 쓰는 boyfriend와 girlfriend의 복수형은 boyfriends와 girlfriends이다.

a boy student: boys students   a girl student: girls students

2. 다음의 경우는 뒤의 명사만 복수 형태로 해준다.

a man-eater: man-eaters   a lady guest: lady guests
a maid-servant: maid-servants

3. 기타

Lord Chancellor(영, 대법관): Lords Chancellors
bridesmaid(신부들러리): bridesmaids / groomsman(신랑들러리): groomsmen
※ bridesmaid와 groomsman은 복합명사를 만들 때 bride나 groom에 -s를 붙여 복합명사를 만든다.

5) 다음의 것들은 앞말이나 뒷말 중의 하나를 복수형태로 할 수 있다.

a court-martial: courts-martial 또는 court-martials

a postmaster-general: postmasters-general 또는 postmaster-generals

a lock-out(직장폐쇄): locks-out 또는 lock-outs

a runner-up(차점자, 입상자) → runners-up 또는 runner-ups

(6) 상시복수 명사

상시복수 명사란 항상 복수형태로 쓰는 명사를 가리킨다. 절대복수 명사라고도 한다.

1) 짝을 이루는 의류, 기구 등

▶ **다음과 같은 항상 복수 형태로 쓰는 명사들은 복수로 취급하여 동사도 복수형을 취한다.**

ex) bellows, binoculars, boots, braces, briefs, chopsticks, clippers, compasses, drawers, fetters, forceps, glasses, gloves, jeans, knickers, nippers, pajamas, pants, pincers, pliers, scales, scissors, shears, shoes, shorts, slacks, socks, spectacles, stockings, suspenders, tights, tongs, trousers etc.

These trousers **are** a bit tight around my waist. 이 바지는 허리가 좀 낍니다.

Glasses **are** used to see better. 안경은 사물을 더 잘 보기 위해 사용된다.

The compass **have** a northwest reading. 나침반은 북서쪽을 가리키고 있다.

These scissors **are** not sharp. 이 가위는 잘 들지 않는다.

2) 학문 명

다음의 학문의 이름을 나타내는 복수형태의 명사들은 단수 동사를 취한다.

ex) athletics, atomics, economics, esthetics, ethics, linguistics, mechanics, mathematics, phonetics, physics, `politics, statistics, gymnastics, etc.

Economics is a social science. 경제학은 사회과학이다.

Statistics is a branch of mathematics. 통계학은 수학의 한 분야이다.

Gymnastics is my favorite sport. 체조는 내가 제일 좋아하는 운동이다.

■ 덧붙임

1. 학문 명이 단수 형태인 것

arithmetic, music, logic, rhetoric

2. 학문 명이 아닌 의미가 확대된 다른 뜻으로 쓰일 경우 복수 동사를 취하는 것

economics (경제상태, 경제성, 경제력), mathematics (계산, 수학적 처리)

politics (정치활동; 정책, 정략, 정치적 목적), statistics (통계, 통계자료)

The economics of our country are in poor order. 우리나라의 경제상태가 어려운 상황에 있다.

His politics are rather liberal. 그의 정책은 다소 진보적이다.

My mathematics are weak. 나는 계산을 잘 못 한다.

The statistics show that his theory is based on unsound assumptions.
그 통계는 그의 이론이 불합리한 가정에 근거하고 있다는 것을 보여준다.

3) 기타

① 복수형 형태로 쓰이되 단수로 취급되는 것들

billiards　brains(두뇌, 지력)　checkers　customs(세관, 통관절차)
darts　dominoes　fives(파이브스 경기)　headquarters
measles　news　outskirts　suburbs(주변, 주위)　works(공사, 공장)

※ news, blues(우울증), links(골프장) 등은 단수, 복수 어느 것으로도 모두 쓴다.

② 복수형 형태로 복수로 취급되는 것들

arms　archives　auspices(후원, 보호)　ashes(잿더미)　belongings(재산)
clothes　the Commons(영국의 하원)　damages(손해배상금)　doings
dregs　earnings　eatables(음식물)　goods　lodgings　looks(외관, 용모)
means　manners(예절; 풍습)　the middle ages　odds(승세, 승산; 가능성)
proceeds(수익금)　provisions(식량)　remains　regards(전언, 안부 인사)
riches(부, 재산)　ruins(폐허)　savings 저축(액)　securities(유가증권)
spirits(기운, 활력)　talks(회의, 협의)　thanks　valuables(귀중품)
victuals(음식물, 양식)　wages(임금, 급여)

These goods are mine. 이 물건은 내 것이다.

The odds are in your favour [against you]. 형세가 당신에게 유리하다 [불리하다].

Riches have wings. 돈(부)에는 날개가 있다. (쉽게 사라진다.)

His wages are one million won a month. 그의 임금은 한 달에 백만 원이다.

My earnings are not adequate to my needs.
나의 수입은 내가 생활해 나가는 데 충분치 않다.

Provisions have given [run] out. 식량이 떨어졌다.

The proceeds were divided equally among us.

그 수익금은 우리들 사이에 공평하게 분배되었다.

Her savings have become more and more. 그녀의 저축은 점점 늘었다.

The talks are expected to resume after the holiday.

회담은 휴일 이후에 재개될 것으로 예상된다.

Wages are usually paid once a month. 급여는 보통 한 달에 한 번 지급된다.

> **▷ means가 '재산, 수입'의 뜻으로 쓰일 때는 복수로, '수단, 방법'의 뜻으로 쓰일 때는 문맥에 따라서 그 수가 결정된다.**
>
> His **means** are small. 그의 수입 (재산)은 얼마 안 된다.
>
> There is(또는 are) no **means** of getting there. 그곳에 도달할 방법이 없다.

(7) 이중 복수 명사(differential plurals)

이중 복수 명사란 두 개 이상의 복수 형태를 갖는 명사를 말한다. 전혀 다른 형태의 복수형은 뜻도 전혀 다르게 나타난다.

an antenna: antennas 안테나, 공중선	antennae [ænténi:] 촉각, 더듬이
a brother: brothers 형제들	brethren [bréðrən] 동포
cloth (천): cloths 옷감들	clothes [klouðz] 의복
a die: dies 철인, 낙인	dice 주사위
genius: geniuses 천재들	genii [dʒíːniài] 수호신, 악귀
an index: indexes 색인, 찾아보기	indices [índisìːz] 지수(指數), 지표
a penny: pennies 동전들	pence 가격
a staff: staffs 직원들, 참모들	staves [steivz] 지팡이들, 막대기들

(8) 분화복수 명사 (differentiated plurals)

분화복수 명사란 단수형에서 파생되었지만 복수형으로 쓰일 경우에는 완전히 다른 뜻을 갖는 복수형태 (절대 복수)의 명사를 말한다.

advice: **advices** (통지) air: **airs** (건방진 태도) an arm: **arms** (무기)

an asset (유리한 것): **assets** (자산, 재산) ash: **ashes**

apprehension: **apprehension (s)** (염려, 걱정) authority: **authorities** (당국)

belonging (부속물, 속성): **belongings** (소유물) a brain: **brains** (지력, 두뇌)

color: **colors** (군기, 국기) confidence (신용): **confidences** (비밀)

content (만족 (감)): **contents** (목차, 내용) copper (구리): **coppers** (잔돈)

a custom (관습): **customs** (세관, 관세) damage : **damages** (손해배상금)

earning: **earnings** (소득, 임금) effect (결과, 효과): **effects** (물건, 동산)

fitting (정비, 입혀보기): **fittings** (용구, 설) force: **forces** (군대)

good: **goods** (상품) ground (땅, 토지): **grounds** (기초, 동기)

a hand: **hands** (소유; 지배; 권력) honor (명예): **honors** (훈장)

humanity (인류. 인간성, 박애): **humanities** (인간의 속성; 자선행위)

invitation: **invitations** (초청장) a look **〈봄 (視)〉**: **looks** (용모)

a letter (편지, 문자): **letters** (문서, 문학) a manner (태도): **manners** (예의)

negotiation (교섭, 협상): **negotiations** (협상을 위한 회담)

number: **numbers** (시, 산수) odd 여분의 것, 기묘한 일: **odds** 가능성; 확률; 차이

a pain: **pains** (수고, 노력) paper (종이, 신문; 답안지): **papers** (문서)

a part: **parts** **〈기관, 지역; 재능 (abilities)〉**

a particular (개개의 일; 특색): **particulars** 〈상세 (한 내용), 명세〉

a proceeding (행위; 조처): **proceedings** (소송 절차, 변론; 의사록)

provision (준비): **provisions** (식량) a quarter (1/4, 방위): **quarters** (막사, 본부)

reading (읽기, 독서; 지식): **readings** **〈문선 (文選)〉**

regard (주목, 존경; 관계): **regards** (전언, 안부 인사) return: **returns** (반품, 보수)

relation (관계, 관련): **relations** (이해관계; 국제 관계) ruin (파산, 몰락): **ruins** (폐허)

sand: **sands** (사막) saving (절약; 구조): **savings** **〈저금, 저축 (액)〉**

scale (눈금, 척도): **scales** (저울) sorrow (슬픔): **sorrows** **〈불행 (misfortune)〉**

a step 걸음, 걸음걸이: **steps** 계단; 발판

spirit (정신): **spirits** (경향, 기분; 활기) a talk (이야기): **talks** (의논; 회담)

trimming (정돈, 다듬질): **trimmings** (장식; 곁들인 음식)

a troop (무리): **troops** 군대 trouble (불편; 걱정): **troubles** (분쟁; 내분)

want **〈부족; 필요 (need)〉**: **wants** (필수품, 욕심나는 것)

wit (재치): **wits** (지혜; 제정신) writing (쓰기, 문서): **writings** (저작, 작품)

Don't leave any of your belongings behind. 소지품을 두고 가지 않도록 잘 챙기십시오.

The judge ordered him to pay her 100 dollars in damages.

판사는 그에게 손해배상금으로 그녀에게 100달러를 지불하라고 명령했다.

A thousand invitations to the wedding were sent out.

결혼청첩장 1000장을 발송했다.

Low savings rate has negative effects both on each household and our overall economy. 낮은 저축률은 각 가계뿐 아니라 우리나라 전체의 경제에 부정적인 영향을 미친다.

(9) 상호복수 명사(plurals of reciprocity)

상호복수 명사란 어떤 행위를 함에 있어서 반드시 둘 이상이 필요한 경우에 복수형을 사용하는 명사를 말한다.

change buses [trains] 다른 버스 [열차]로 갈아타다.

cross swords with ~: ~와 싸우다, 논쟁하다.

(ex) change wons for dollars 원을 달러로 교환하다.

exchange letters [blows, greetings, tickets, words] with ~

: ~와 편지 [주먹, 인사, 표, 말]를 주고받다.

exchange places [seats] with ~: ~와 자리 [좌석]를 바꾸다.

exchange views 의견을 교환하다.

be [keep, make] friends with ~: ~와 친하다 [사귀고 있다, 친해지다].

be on good[bad] terms with ~: ~와 친한 [나쁜] 사이이다, ~와 사이가 좋다 [나쁘다].

take turns ~ (in ~ / to do ~): 교대로 (돌아가면서) ~을 하다.

He changed trains at Daejeon for Gunsan. 그는 대전에서 군산 행 열차로 갈아탔다.

They shook hands with each other. 서로 악수 했다.

He made friends with her. 그는 그녀와 사귀었다. / 그는 그녀와 친해졌다.

I am on good terms with my neighbors. 나는 이웃들과 좋은 사이로 지낸다.

The birds accepted the egg immediately and took turns in incubating it with their body heat. 그 새들은 즉시 알을 받아들여서 돌아가면서 체온으로 알을 품었다.

(10) 복수형 어미의 생략

명사가 다음의 경우와 같이 쓰이는 경우 단수형을 쓰고, 주어인 경우 그 동사도 단수를 취한다.

1) '수사 + 명사'가 다시 명사를 수식하여 형용사적으로 쓰일 때의 명사는 복수형으로 하지 않는다. [복수 수사 + 단수 명사 + 명사]

※ 이때 복수 수사와 단수 명사 사이에는 하이픈(-)을 넣는 것이 보통이나 때로는 넣지 않고 쓰기도 한다.

a two-**hour** exam 2시간의 시험 a two-**horse** carriage 쌍두마차

a three-**act** drama 3막의 연극

a ten-**part** television series 10부작 텔레비전시리즈

The three-**power** conference 3강(국) 회담

a hundred-**page** book 1000쪽짜리 책 three-**story** building 3층짜리 건물

a five-**volume** novel 다섯 권짜리 소설 a ten-**year**-old boy 열 살 소년

two thirteen-**year**-old girls 13살짜리 소녀 두 명

a ten-**minute** conversation 10분간의 대화 a ten-**dollar** bill 10달러짜리 지폐

one-**hundred meter** race 100m 경주 a ten-**mile** walk 10마일 걷기

a 200-**mile** train journey 200마일의 기차여행

a two-**liter** bottle 2리터들이 병 a six-**penny** novel 6페니 소설, 싸구려 소설

a four-**star** general 4성 장군 a six-**cylinder** car 6기통 자동차

a seven **foot** high player 7피트(약 214cm) 키의 선수

> ▷ 시간에 관한 표현은 소유격 형태의 복수형의 사용도 가능하다.
> seven days' journey 7일간의 여행

2) pair, couple, yoke는 단수형과 복수형이 다 가능하나, brace, head는 복수 수사 다음에 올지라도 단수형만을 쓴다.

a **pair** of shoes 구두 한 켤레 two **pair(s)** of shoes 구두 두 켤레

a **couple** of hounds 사냥개 한 쌍 four **couple(s)** of hounds 사냥개 네 쌍

a **yoke** of oxen 황소 한 쌍 two **yoke(s)** of oxen 두 쌍의 소

a **brace** of ducks 오리 한 쌍 three **brace** of ducks 세 쌍의 오리

ten **head** of oxen[sheep, cattle] 황소[양, 소] 열 마리

3) 「복수 수사 + 시간, 거리, 가격, 중량을 나타내는 명사」가 특정 단위로 사용될 때는 단수 취급한다.

Five miles **is** a good distance for me to run in a day.

5마일이 내가 하루 달리기에 적당한 거리다.

Ten dollars a day **is** a good pay for you. 하루 10달러는 너에게 좋은 보수다.

Five million dollars **was** stolen in the robbery. 그 강도사건에서 500만 달러가 털렸다.

4) 복수 명사형의 서적이름도 형태는 복수이나 하나의 책의 이름이므로 단수 동사를 쓴다.

The Arabian Nights' Entertainments(= The Thousand and One Nights) **is** usually placed in the genre of Arabic epic literature along with several other works. 천일야화는 보통 몇몇 다른 작품과 함께 아라비아 서사문학의 장르에 놓인다.

5) hundred, thousand, million(s), dozen, score, percent 등의 명사가 수사 다음에 올 때는 수사가 복수일지라도 단수형을 쓴다.

▶ million은 단수, 복수가 모두 가능하다.

five hundred years　five thousand people　five million(s) inhabitants

two dozen eggs　three score years　5 percent interest

Seoul has over ten million(s) people.　서울은 인구가 천만이 넘는다.

▷ 위의 명사들이 막연한 다수(多數)를 나타낼 때 복수형을 쓴다.

hundreds [thousandss, millions] of people 수백[수천, 수백만] 명의 사람들

dozens of books 수십 권의 [수많은] 책들

scores of reporters 수많은 기자　scores of times 몇 번이고

■ 참 고

1. 「half, the, a lot, lots of, most, the majority, a variety + of」는 of 다음의 수에 따라 동사의 단수, 복수가 결정된다.

The rest of the **boys** **are** playing baseball. 그 나머지 소년들은 야구를 하고 있다.

Half of my **income** **was** saved for the future. 내 수입의 반을 미래를 위해 저축했다.

2. 연령대, 연대 표시의 복수형

근접(근사)의 수를 나타내므로 근사복수 (Plural of approximation)라고도 한다.

one's twenties (~의) 20대에　one's thirties (~의) 30대에

one's early twenties (~의) 20대 초반에　one's middle thirties (~의) 30대 중반에

one's late forties (~의) 40대 후반에

nineteen nineties(90s) 1990년대에　two thousands (2000s) 2000년대에

the early nineties 90년대 초반(기)에　the middle nineties 90년대 중반(기)에

the late nineties 90년대 후반(기)에

3. 관용적으로 쓰이는 복수형

if's or but's / ifs and [or] buts / ifs, ands, or buts 이유, 핑계, 구실

no (ifs, ands, or) buts about it 의심의 여지가 없는

the dos [do's] and don'ts [don't's] 해야 할 것과 해서는 안될 것; 규칙 [관례]

ins and outs 구석구석; 굽이굽이; 자초지종 (details); 여당과 야당

pleases and thank yous 예의범절, 올바른 언행

Carry out your promise right now without any **if's or but's**

어떠한 핑계도 대지 말고 당장 네 약속을 이행해라.

There are three **dos and don'ts** that you must follow.
네가 지켜야 하는 세 가지의 해야 할 것들과 해서는 안 될 것이 있다.
I don't know **the ins and outs** of their quarrel.
나는 그들이 싸우게 된 자세한 사정은 모른다.
Mind your **pleases and thank yous**. 예의범절을 지켜라; 언행을 조심해라.

5. 명사의 성 (Gender)

영어에서는 모든 사람, 사물을 나타내는 명사는 그 성(性)도 함께 나타내는 것이 보통이다. 특히, 물건을 나타내는 명사나 추상명사까지도 그 성을 구분하여 남성이나 여성의 대명사로 받기도 한다. 이는 성에 따르는 영어 굴절의 예이다.

(1) 성의 분류

영어에서 명사의 성은 여성, 남성, 중성, 통성의 4가지로 분류한다. 중성은 남성에도 여성에도 속하지 않는 것을 가리키며, 통성은 남성과 여성이 함께 포함되어 있는 것을 가리킨다.

■ 성(性)의 분류

· 남성(masculine gender): he(주격), his(소유격), him(목적격)으로 받는다.
ex) man, father, grandfather, boy 등
· 여성(feminine gender): she(주격), her(소유격), her(목적격)로 받는다.
ex) woman, mother, grandmother, girl 등
· 통성(common gender): he, she, it으로 받는다.
ex) parents, baby, child, teacher, professor, student, friend 등
· 중성(neuter gender): it으로 받는다.
ex) air, water, sun, moon, star, dog, cat, tree 등

(2) 성을 표시하는 방법

1) 남성과 여성을 나타내는 말이 전혀 다른 경우

bachelor: spinster bridegroom: bride

(male) dog(수캐): bitch(암캐; 암 여우) boar,(male) hog: sow, female hog

bull: cow cock: hen (male) dog: bitch earl: countess

horse: mare husband: wife king: queen

jackass(수당나귀): jenny donkey, jennet(암당나귀)

lad(청년): lass(젊은 여자) lord: lady male: female

man: woman monk: nun nephew: niece

son: daughter widower: widow wizard: witch

2) 특정 명사에 성을 표시하는 말(명사, 대명사)을 붙이는 경우

landlord: landlady male nurse: nurse

boyfriend: girlfriend schoolboy: schoolgirl

male cousin: female cousin manservant: maidservant

bull-calf: cow-calf he-goat: she-goat, nanny goat

he(tom, male)-cat: she(tabby, female)-cat pea-cock: pea-hen

3) 남성명사에 여성을 나타내는 접미사를 붙이는 경우: 남성명사 + -ess, -ine

actor: actress author: authoress poet: poetess

God: Goddess count: countess duke: duchess

emperor: empress master: mistress heir: heiress[ɛ́əris]

hero: heroine host: hostess Negro: Negress [ní:gris]

prince: princess sculptor: sculptress steward: stewardess

waiter: waitress warder: wardress tiger: tigress lion: lioness

▷ –man 형태의 직업을 나타내는 명사나 '남성명사 + ess'를 붙여 여성명사를 만드는 방식, 그리고 –woman, –wife 형태의 말들도 여성 차별적 발상에서 생성된 것이라 보아 더 이상 쓰지 않는 경향이고 (특히 미국), 기존의 그러한 단어들도 통성적인 단어로 대체하여 쓰려는 경향이다.

ex) advertising man → advertising agent
anchorman, anchorwoman → anchor
chairman → chairperson　congressman → Member of Congress
fireman → fire-fighter　fisherman → fisher　hostess → host
housewife → housemaker　mailman → mail carrier
man-made → artificial　policeman → police
officer security man → security officer　spokesman → spokesperson
steward, stewardess → flight attendant　usherette → usher

(3) 통성명사 / 중성명사

1) 통성은 남성과 여성이 모두 포함되어 있는 명사를 가리킨다.

ex) baby, child, doctor, friend, monarch, parents, person, relative, spouse, student, professor, teacher, etc.

parent: father, mother　person: man, woman
spouse: husband, wife　child: son, daughter
friend: boyfriend, girlfriend　monarch: king, queen

2) 통성명사를 받는 대명사

① 보통 he 또는 'he or she'로 받는다. 다만, 그 성을 알 경우에는 그 성에 해당하는 he나 she로 받는다.

If the person has not much money, **he or she** will not have luxurious wedding or birthday party.

그 사람이 돈이 많지 않다면 그나 그녀는 사치스런 결혼식이나 생일잔치를 벌이지 않을 것이다.

If a friend calls on me, tell **him**[him or her] I'm out.

친구가 저를 찾아오면 제가 밖에 나갔다고 하세요.

A child and **her** friend are playing in the garden.

한 여자아이와 그 애 친구가 뜰에서 놀고 있다.

② **baby, infant, child 등은 보통 it으로 받는다. 다만, 그 성별을 알 때는 he, she로 구분하여 받는다.**

A baby cries when **it** is hungry. 아기는 배가 고프면 운다.

The baby and **its** [**his, her**] sister. 아기와 그 애 [그 여자애]의 누나 [언니]

"What's the name of your baby?" 댁의 아기 이름이 무엇인가요?

– "**Her** name is Kim Sam-sun." 아기 이름은 김삼순이에요.

▷ **성별을 분명히 모르는 경우에도 it을 사용하기도 한다.**
I think **it** to be the person responsible for the incident.
나는 그 사람이 그 사건의 장본인이라고 생각한다.

3) 중성명사를 받는 대명사

영어에서 중성명사란 무생물과 같이 성을 구분할 수 없는 명사를 말한다. 동·식물은 일반적인 경우에는 중성으로 간주한다.

① **원칙적으로 it으로 받는다.**

A puppy came running towards me, wagging **its** tail.

강아지 한 마리가 꼬리를 흔들면서 나를 향해 달려왔다.

The car is proud of **its** powerful engine. 그 차는 강력한 엔진을 자랑한다.

Youth does not mind where **it** sets foot.

젊음은 자신의 발을 어디에 두고 있는지를 신경 쓰지 않는다. (젊은 시절은 무모한 일이라도 서슴지 않고 하는 때이다.)

② **bike, motorcycle, car, ship, plane 등의 기기류는 여성으로 받는 경우가 많다.**

Nice car, how much did **she** cost? 차 좋은데, (그녀를) 얼마 줬어?

The ship is proud of **her** beautiful figure.

그 배는 (그녀의) 아름다운 모습을 자랑한다.

The plane crashed into the sea with all **her** crew and passengers.

그 비행기는 (그녀의) 전 승무원과 승객들을 태운 채로 바다로 추락했다.

③ 국가나 도시는 경제, 사회, 문화적 측면에서 받을 때는 she로, 국토, 지리적인 측면에서 받을 때는 it로 받기도 하나, 현대영어에서는 모두 it으로 받는 것이 보통이다.

I love Korea. **Its** [Her] history, **its** [her] culture.

나는 한국을 사랑한다. 그 역사, 그 문화를 사랑한다.

England is justly proud of **her** [its] great poets.

영국은 자국의 위대한 시인들을 당연한 듯이 자랑한다.

Swiss is famous for **its** scenery. 스위스는 (국토의) 아름다운 풍광으로 유명하다.

■ 참 고

1. 중성명사, 추상명사를 의인화할 때의 성

중성명사, 추상명사를 의인화할 경우 보통 다음과 같은 관점에서 그 성을 취한다.

남성 (he): 강함, 거침, 웅장함, 분노, 죽음 등의 느낌 (이미지)을 갖는 명사

ex) **sun, ocean, dog, lion, war, winter, day, death, fear, anger, cruelty, mountain, law, etc.**

여성 (she): 약함, 아름다움, 온화함, 자비, 사랑, 평화 등의 느낌 (이미지)을 갖는 명사

ex) **moon, earth, cat, fox, spring, nature, ship, fortune, justice, liberty, art, mercy, charity, love, peace, etc.**

2. 추사명사를 의인화 할 때 it을 쓴 예

Youth does not mind where **it** sets foot.

6. 명사의 속격 (Genitive Case)

(1) 뜻

속격(屬格)이란 명사에 's 또는 '(apostrophe, 어깨 점)를 붙여 뒤 명사를 수식하여 소유자, 행위자, 용도나 목적 등을 나타내거나 'B of A'의 형태로 's(또는 ')와 같은 관계를 나타내는 것을 말한다.

(2) 속격의 의미(역할)

1) 소유, 소속관계

my grandfather's stick 나의 할아버지의 지팡이(할아버지가 가지고 다니는 지팡이)

my uncle's house 나의 아저씨의 집(아저씨가 소유하고 있는 집)

the legs of the table 그 탁자의 다리(탁자에 달린 다리)

his son's school 그의 아들의 학교(그의 아들이 다니는 학교)

2) 저자, 발명자, 기원·출처

Shakespeare's plays 셰익스피어의 희곡(셰익스피어가 쓴 희곡)

Newton's law of gravitation 뉴턴의 중력법칙(뉴턴이 발견한 중력법칙)

Edison's gramophone 에디슨의 축음기(에디슨이 발명한 축음기)

King Sejong's Hangeul 세종대왕의 한글(세종대왕이 발명한 한글)

the boy's story 소년의 이야기(소년이 한 이야기)

an orange of California growth

캘리포니아 산 오렌지(캘리포니아 지역에서 재배한 오렌지)

3) 대상, 용도(~을 위한)

children's clothes [wear](= clothes [wear] for children) 아동복

children's hospital(= hospital for children) 어린이 병원

children's song(= song for children) 동요

a girls' school(= a school for girl) 여학교

a women's university(= a university for women) 여자대학교

4) 주격 관계

Tom's success	톰의 성공(**톰이** 성공하다.)
the hero's death	영웅의 죽음(**영웅이** 죽다.)
Tom's rescue of the girl	톰의 소녀 구출(**톰이** 그 소녀를 구출하다.)
mother's love for children	어머니의 자식 사랑(**어머니가** 자식을 사랑하다.)

5) 목적격 관계

rescue of the poor man	가난한 사람들의 구제(가난한 **사람들을** 구제하다.)
the lost child's search	미아의 수색(**미아를** 수색하다.)
education of children	자녀교육(**자녀를** 교육하다.)

6) 동격 관계

life's journey 삶의 여정(삶이라는 여행) Rome's Empire 로마제국(로마라는 제국)

the city of Gongju 공주시(공주라는 도시)

(3) 속격의 형태

1) A's B의 형태: 생물의 속격(사람, 동물의 소유, 부분, 인척 관계 등)

Tom's house a police officer's hat a rabbit's ear the cat's eye

the dog's tail giraffe's neck Mr. Kim's son (김 씨의 아들)

2) B of A의 형태: 무생물의 속격 (사물의 부분, 소속, 동격관계 등)

the windows of the building the roof of that house

the legs of the table   the books of the library   the value of money

the city of Seoul(= Seoul city) 서울시

■ 덧붙임

1. 생물이라도 소유관계가 아닐 때는 「B of A」의 형태로 쓸 수 있다.

Tom's arrival (o) ⇒ the arrival **of** Tom (o) 톰의 도착

other people's pain (o) ⇒ the pain **of** other people (o) 다른 사람들의 아픔

2. 무생물이라도 다음과 같은 경우 A's B의 형태도 가능하다.

중요한 것, 무생물의 의인화, 지명, 지역(국가), 천체, 주요기관·건물, 탈 것 등의 경우

the importance **of** the plan (o)   the plan's importance(o) 그 계획의 중요성

the economic policy **of** the government (o)   the government's economic policy (o)

the title **of** the book (o)   the book's title (o)

the future **of** Asia (o)   the Asia's future (o)

the report's conclusions 그 보고서의 결론

the earth's surface   the worlds' population

Nature's law[lessons]   science's influence   truth's triumph 진실의 승리

Heaven's will 신의 의지   Fortune's smile 행운의 미소

my life's goal 내 인생의 목적   the mind's eye

the committee's report 위원회의 보고   The United States' attitude

Korea's history (= the history of Korea) 한국의 역사, 한국사(= Korean history)

France's system of government 프랑스의 정부구조

the car's bumper 그 자동차의 완충 대(범퍼)   the train's window 그 열차의 창

3. 특정의 시간, 거리, 가격, 무게를 표시 할 때에도 A's B의 형태로 쓸 수 있다. A가 복수형일 경우 에는 그 복수형에 아포스트로피 (')만을 한다.

a day's work 하루의 일 [업무]   today's menu [paper]

a two hours' delay(= a two-hour delay) 2시간의 지체

twenty minutes' walk 20분간의 도보[산보]   eight hours' sleep

a month's vacation 한 달간의 방학   two months' vacation 두 달간의 방학

ten miles' distance   forty two kilometers' distance   two dollars' price

a pound's weight   ten pounds' weight   eighty kilograms' weight

4. (생물이 아닌 경우라도) 관용적으로 A's(또는 As') B의 형태를 쓰는 경우

for conscience' sake(= for the sake of the conscience) 양심상
for convenience' sake(= for the sake of the convenience) 편의상
for mercy's [heaven's, god's, goodness', pity's] sake 제발, 아무쪼록, 부디
to ones' heart's content 마음껏, 만족할 때까지
at one's fingers' ends 정통한   at one's wit's [wits'] end 어쩔 줄 모르고
within a stone's throw of 가까운 거리에
I wish him to go for mercy's [heaven's, god's, goodness', pity's] sake. 제발 가주기 바랍니다.
You can run **to your heart's content**. 네 맘껏 달려 봐라.
She was **at wit's end** to know what to do with her son.
그녀는 자기 아들을 **어찌해야 할지 몰라** 갑갑해 했다.
He lived within **a stone's throw of** our school.
그는 우리 학교에서 **아주 가까운 거리**에 산다.

(4) 명사의 형태에 따른 속격으로의 전환방법

1) 단수 명사 (사람, 생물명사)의 속격

사람이나 생물 명사에 's를 붙인다.

my grandfather's stick   Tom's desk   elephant's nose
woman's heart(= the heart of a woman) 여자의 마음

■ 덧붙임

1. 's의 발음은 예외는 있지만 기본적으로 아포스트로피가 없는 일반복수형과 같게 발음한다.

boy's [bɔiz] / cat's [kæts]

2. wife의 복수형은 wives로서 [waivez]로 발음하지만 그 속격인 wife's는 [waifs]로 발음된다.

2) 복수 명사(사람, 생물)의 속격

① –(e)s로 끝난 복수 명사에는 아포스트로피(')만 붙인다.

a girls' high school(= a high school for girls) 여고

a ladies' room 여성용 화장실　　a teachers' college 교육대학

my sisters' room 내 누이들의 방

② -s이외로 끝나는 복수 명사에는 's를 붙인다.

men's clothes 남성복　men's toiletries 남성화장품

women's dress [wear] 여성복　women's problem 여성문제

women's [ladies'] magazine　children's toys 어린이용 장난감; 어린이들의 장난감

3) 고유명사의 속격

① s로 끝나지 않은 것에는 's를 붙인다.

Mr. Kim's wife 김 씨의 아내　Jane's bag 제인의 가방

② 주로 현대의 영미인(英美人)의 이름인 경우에는 s로 끝나면 아포스트로피 (')만을 붙이거나 's를 붙일 수 있다. 's를 붙이는 것이 더 전통적이며 문법규칙에 합당하다고 본다.

Johns'(s) house 존스의 집　Dickens'(s) novel 디킨스의 소설

■ 덧붙임

1. 고대인 특히, Socrates, Aristoteles, Jesus, Moses, Columbus 등의 고유명사는 s로 끝나도 '(아포스트로피)만을 붙인다. 기타의 경우 유명한 역사적 인물이라도 's를 한다.

Aristoteles' Ethics　Moses' Ten Commandments

2. s로 끝나는 사람 이름(또는 단수 명사)에 's를 붙일 경우 그 발음은 1음절어일 경우에는 es를 붙인 것과 마찬가지로 발음하고, 2음절어 이상인 경우에는 's는 발음하지 않는다.

class's → **classes** [klæsiz]로 발음　Dickens's → **Dickens** [díkinz]로 발음

4) 복합명사, 어군의 속격

마지막 단어에 's를 붙인다.

a woman-writer's work 여류작가의 작품

half an hour's exercise 30분간의 운동

The President of State's visit 미국 대통령의 방문

the king of England's palace 영국 왕의 궁전

5) 동격 명사의 속격

일반적으로 뒤의 동격 명사에 's를 붙인다.

my friend Maeng-gu's house 내 친구 맹구의 집

Sam-dol carpenter's son 목수 삼돌의 아들

6) 각자의 소유와 공동의 소유

① 각자의 소유 (관계): A's and B's (A의 것과 B의 것)

▶ **A와 B 각각의 소유·관계·일을 나타내며, 복수 명사를 수반한다.**

Tom's and Mary's computers 톰의 컴퓨터와 메리의 컴퓨터

Jack's and Bill's fathers 잭의 아버지와 빌의 아버지

② 공동의 소유 (일, 행위): A and B's (A와 B의 것); the one's ~ (아무개 부부의 ~)

▶ **A와 B 공동의 소유·관계·일을 나타내며, 뒤에 단수 명사나 복수 명사가 수반된다.**

Tom and Jane's computer 톰과 제인 공동의 컴퓨터

Jack and Bill's father 잭과 빌 형제의 아버지

John and Ann's children 존과 앤 부부의 아이들

Sam-sik and Geum-sun's wedding 삼식과 금순의 결혼

the Toms' house(= Mr. and Mrs. Tom' house) 톰 씨 부부의 집

(5) 독립속격 (Independent Genitive)

독립속격이란 속격 다음의 명사가 생략되어 속격 단독 [명사 + 's]으로 사용되는 경우를 말한다. 절대 속격(absolute genitive)이라고도 한다.

1) 서로 아는 것을 말하거나 명사의 반복을 피하기 위하여 생략하는 경우

Is that book **Tom's** (book 생략) or **Jane's** (book 생략)?

저 책은 톰의 것 (책)이냐 제인의 것 (책)이냐?

The car is his **friend's**. 그 자동차는 그의 친구의 것이다.

> **▷ 특정의 것을 나타내므로 부정의 수량을 나타내는 명사를 독립속격의 주어로 할 수 없다.**
> A book is Tom's. (x) The book is Tom's. (o)
> Some books are Tom's. (x) The books are Tom's. (o)

2) 잘 알려져 있는 속격 뒤의 장소(place)나 건물(house, shop, store, church, cathedral, school), 사무실(office) 등을 나타내는 명사는 생략된다.

ex) friend's 친구의 집(사무실 등), baker's, butcher's, book-seller's, grocery's, barber's, chemist's, dentist's, shoe-maker's

St. Paul's (cathedral) 성 바오로 대성당

He is staying at his friend's (house 생략). 그는 그의 친구의 집에 머물고 있다.

I bought it at the grocery's (store 생략). 나는 그것을 잡화점에서 샀다.

(6) 이중 속격(double genitive)

원칙적으로 한정사로서의 명사의 속격이나 대명사의 소유격은 같은 순위의 한정사인 부정관사나(a, an), 지시형용사(this, that, these, those, such 등), 부정형용사(some, any, another, each, no, every 등), 의문형용사(what, which) 등과 연속하여 쓸 수가 없는데, 특히 소유격(my, our, your, his, her, its, their, Tom's 등)과 이러한 말들을 같이 써야 할 필요가 있을 때에는 앞의 한정사는 그대로 두고 소유격·속격을 명사 뒤로 돌려 독립속격 또는 소유대명사의 형태로 바꿔 **'한정사 + 명사 + of + 독립속격 [또는 소유대명사]'**의 형태로 쓰는데, 이때 **속격의 of**와 **독립속격** 또는 **소유대명사**에서 이중으로 속격의 의미를 나타낸다고 하여 이 명사구를 이중속격 또는 이중소유격 (double possessive)이라고 부른다.

■ 이중속격(일반론)

a, an, this, these, that, those, such, some, any, each, every, no, another, which, what 등 + 명사 + of + 사람명사의 독립속격 [또는 소유대명사]

〈이중속격〉

※ 사견으로는 속격의 of에 이어 거듭 속격의 뜻을 나타내는 독립속격이나 소유대명사 자체를 이중 속격이라고 부르고 명사구 전체는 이중 속격구라고 부르는 것이 타당하다고 본다.

a my friend (x) → a friend of mine (o) 〈상대방이 모르는〉 나의 친구

cf.) my friend 〈특정된 사람, 곁에 있는 친구를 가리킬 때〉 내 친구

a your pen (x) → a pen of yours (o) 네가 갖고 있는 펜

a her book (x) → a book of hers (o) 그녀가 갖고 있는 책; 그녀가 쓴 책

a his friend (x) → a friend of his (o) 그의 친구

a Mr. Green's daughter (x) → a daughter of Mr. Green's (o) 그린 씨의 딸

※ 여기서 Mr. Green's는 속격을 나타내는 전치사(of)의 목적어 자리에 오고 있으므로 명사형이 되어야 한다. 그러므로 Mr. Green's는 단순한 속격의 형태가 아닌 그 뒤에 명사가 생략된 독립속격의 형태이다.

my this book (x) → this book of mine (o) 나의 이 책

this Tom's camera (x) → this camera of Tom's (o) 톰이 소유한 이 사진기

this boy's book (x), this book of boy's (x) → this book of a[the] boy's (o) 한[그] 소년의 이 책

※ 이중 속격 상의 독립속격이나 소유대명사는 특정인을 전제로 한다. 그러므로 특정인을 나타내지 않는 보통명사의 속격은 오지 못한다.

some my friend's books (x) → some books of my friend's (o) 내 친구의 몇 권의 책

some my books (x) → some books of mine (o) 내 책 몇 권(= some of my books)

some her friends (x) → some friends of hers (o) 그녀의 친구 몇 명

another his book (x) → another book of his (o) 그의 다른 책

every my brother's friend (x) → every friend of my brother's (o) 내 형이 사귀는 모든 친구

no your business (x) → no business of yours (o) 당신이 관여할 일이 아닌 것

what Tom's book (x) → what book of Tom's (o) 톰이 갖고 있는 무슨 (어떤) 책

which your friend's book (x) → which book of your friend's (o) 네 친구가 갖고 있는 어떤 책

※ 이중 속격구를 사용하는 것은 한정사가 속격과 연속으로 놓여 같은 명사를 수식할 수 없기 때문일 뿐이며 한정사가 뒤에 오는 소유격 (속격의 명사)을 수식하는 경우는 「한정사 + 속격 (소유격) + 명사」의 형태로 쓰는 것은 상관없다.

my brothers' room (o) 내 남동생의 방 / this boy's story (o) 이 소년의 이야기

■ 덧붙임

1. 정관사 the도 원칙적으로 속격과 연속으로 놓여 명사를 수식할 수 없다. 또한, 그것을 이중 속격의 형태로 바꿔 쓰지도 못한다. the와 소유격은 모두 '특정'의 의미를 나타내므로 둘을 같이 쓰면 중복이 되기 때문이다. 다만, 명사를 수식하는 절 (관계대명사절)이 따를 경우에는 명사에 the를 붙여 이중 속격의 형태로 쓸 수 있다.

the my book (x), my the book (x) → **the** book of mine (x)

the book **of** mine that I was looking for (o) 내가 찾고 있던 나의 책

the my friend's son (x) → **the** son of my friend's (x)

the son **of** my friend's who wants to see my daughter (o)

내 딸을 만나고 싶어 하는 내 친구의 아들

the baby's mother (o) 그 아기의 엄마

※ 여기서 the는 mother를 수식하는 것이 아니라 baby를 수식한다.

2. 사람 사이의 관계를 나타낼 경우 종종 이중 속격의 독립 속격에서 's 또는 '를 생략하여 목적격 형태 (명사형 그대로)로 쓰기도 한다.

He's a cousin of **Jane**. 그는 제인의 사촌이다.

She's a girlfriend of **my friend**. 그녀는 내 친구의 여자 친구이다.

3. 「~ of + 소유격 + own」의 형태로 이중속격과 유사하게 쓰는 경우도 있다. 이때 own은 강조적으로 쓰인다.

I'd like to have a house of my own. 내 소유의 집을 갖고 싶다.

He's(= has) got no ideas of his own. 그는 자신만의 독특한 생각(아이디어)이 없다.

She is stuck in a world of her own. 그녀는 혼자만의 세계에 몰입해 있다.

Everyone has some abilities of his own. 모든 사람은 각각 자신의 고유한 재능들을 갖고 있다.

7. 동격 (Apposition)

(1) 의의

동격(同格)이란 어떤 말이 이름, 칭호, 직업명·직함, 특성, 실례(實例), 부연 등을 나타내어 앞

에 오는 말 (명사 또는 명사 상당어구가 보통)과 문법적으로 동일한 역할을 하면서 앞의 말과 설명·수식하는 관계로 놓이는 말을 가리킨다. 그리고 이러한 동격 관계로 놓이는 말을 **동격어** (appositive)라고 한다.

■ 동격어구와 형용사구

동격어(구)도 하나의 형용사구로 파악될 수 있으나 형용사구는 수식하는 말과 equal 관계가 성립하지 않는다는 점에서 다르다.

He has but **one aim** in life, to make money. **〈동격명사구〉** ※ one aim = to make money

그는 인생에 단지 하나의 목적을 갖고 있는 데 그것은 바로 돈을 버는 것이다.

He is **a man** of ability. **〈형용사구〉** ※ a man ≠ ability 그는 유능한 사람이다.

cf.) I know **the man** who stole the money. **〈형용사절〉** 나는 그 돈을 훔친 남자를 알고 있습니다.

(2) 동격의 종류

1) 완전 동격

명사와 동격어 둘 중에 어느 것을 생략해도 문장이 성립하는 경우.

My friend **Sam-sik** has just come.

2) 불완전 동격

명사와 동격어 중 어느 하나를 생략 시 한 경우에만 문장이 성립하지 않는 경우

I know a girl named Jane; **she is very pretty.**

※ 여기서 Jane을 생략하면 문장이 성립하지 않는다.

3) 동일형 동격

명사와 동격어의 문법적 구조가 같은 경우

Sam-wol, **my best friend,** is a very shy girl. **〈명사 + 명사(구)〉**

4) 이질형 동격

명사와 동격어의 문법적 구조가 다른 경우

The fact that the earth rotates is apparent to everybody. 〈명사(구) + 명사(절)〉

5) 제한적 동격과 비제한적 동격 ☞ 아래에서

(2) 제한적 동격과 비제한적 동격

1) 제한적 동격

콤마를 사용하지 않는 경우로서 뒤에 오는 동격 어구가 앞 어구의 **의미를 제한**한다. 이때의 동격 어구는 생략할 수 없다.

My friend **Sam-sik** has just come. 내 (여러) 친구 (중에) 삼식이가 방금 왔다.

※ 여기서 동격어 Sam-sik은 여러 친구들 중에서 Sam-sik이라는 친구로 그 의미를 제한하고 있다.

2) 비제한적(= 서술적) 동격

콤마를 사용하여 부연, 설명하는 경우로서 뒤에 오는 동격 어구가 앞 어구의 **의미를 제한하지 않는다.** 둘 중 어떤 어구를 생략해도 괜찮다.

My friend, **Dol-soe**, is working in the field.

내 (유일한) 친구 돌쇠는 들에서 일하고 있다.

※ 여기서 동격어 'Dol-soe'는 곧 My friend'를 나타내어 'Dol-soe'가 'My friend'의 의미를 제한하지 않고 있다.

cf.) Dol-soe, he, is working in the field. (x)

※ 이처럼 명사 다음에 인칭대명사를 나열하는 것은 동일한 어구의 반복일 뿐 동격으로 보진 않으며 문법적으로도 틀린 것으로 본다.

Mr. Kim Sam-sik, **the president of the company**, is my best friend.

김삼식 씨는 그 회사의 사장으로 나의 제일 친한 친구입니다.

※ 동격어는 비제한적용법의 관계사절로 나타내지 않는다.

Mr. Kim Sam-sik, who is **the president of the company**, is my best friend. (x)

Sam-wol, **(that is to say) my best friend**, is a very shy girl.

삼월은 (즉,) 나의 제일 친한 친구인데 매우 수줍음이 많은 소녀입니다.

Dol–soe, **the farmer**, is very diligent. 돌쇠는 농부인데 매우 부지런합니다.

※ **동격 어구 (비제한적, 제한적 불문)가 앞말 (사람)의 직업명·직함을 나타내는 경우 직업명, 직함 앞에 정관사 (the)를 붙인다.**

(3) 동격어가 되는 것

1) 명사/재귀대명사

Your friend **Mr. Kim Cheol–su** has just telephoned.

당신 친구 김 철수 씨가 방금 전화했었습니다.

We **students** should do our best in study.

우리 학생들은 학업에 최선을 다해야 한다.

I **myself** wrote this book.(= I wrote this book myself.) 나 자신이 직접 이 책을 썼다.

The dirty beggar was the king **himself**. 그 더러운 거지는 바로 왕 자신이었다.

I saw Mrs. Smith **herself**. 나는 스미스 부인 본인을 만났다.

2) that절

answer, doubt, fact, hope, idea, proposition, remark, reply 등 대부분의 추상명사는 **that절**을 동격절로 취할 수 있다.

The fact **that the earth rotates** is apparent to everybody.

지구가 자전한다는 사실은 누구에게나 명백하다.

There is no doubt **that he is a good person**.

그가 착한 사람이라는 것은 의심의 여지가 없다.

▷ that 이하가 '주어와 목적어가 있는 완전한 절'이 아니면 동격절이 아니다. 즉, 주어가 없으면 that은 주격 관계대명사이고, 목적어가 없으면 that은 목적격 관계대명사다.

Do you know the news that he brought? 당신은 그가 가져온 소식을 압니까?

※ **여기서 that 이하가 '주어 + 타동사'로 되어 있고 목적어가 없으므로 that은 목적격 관계대명사다.**

3) 의문사절

who, which, what, how, when, where, wether 등의 의문사 절이 동격어로 올 수 있다.

I have no idea (as to) what we should do. 나는 우리가 어떻게 하면 좋을지를 모르겠다.

I haven't the slightest idea where he is. 나는 그가 어디에 있는지 전혀 모르겠다.

4) to 부정사

to 부정사를 동격어로 하는 말들은 대체로 관념적 의미 (의지)를 갖는 것들로 어떤 사건에 대한 주관적 판단을 나타내는 명사가 대부분이다.

ex) agreement, desire, decision, determination, inclination, invitation, permission, plan, promise, proposal, readiness, refusal, resolution, will, wish, willingness, etc.

I have no desire to see him. 나는 그를 만나볼 생각이 없다.

Her fathers permission (for her) to do the job is wrong.

그녀가 그 일을 하는 것을 그녀의 아버지가 허락한 것은 잘못이다.

They made plans to live in the country. 그들은 시골에서 살 계획들을 세웠다.

I have no wish to quarrel with you. 나는 당신과 말다툼할 생각이 없소.

5) of + 동명사

사고, 판단, 가능, 경향 등을 나타내는 (추상) 명사의 동격어로 'of + 동명사'를 쓸 수 있다.

ex) certainty, chance, conclusion, doubt, evidence, fact, habit, hope, impression, intention, memory, method, news, objection, opinion, possibility, probability, prospect, purpose, question, report, risk, rumor, suggestion, thought, etc.

There is no certainty of his complying with my request.

그가 나의 부탁을 들어 줄지는 확실치 않다.

There is no doubt of his being a good person.

그가 착한 사람이라는 것은 의심의 여지가 없다.

He is in the habit of sitting up late. 그는 밤늦게까지 자지 않는 버릇이 있다.

I went there in the hope of meeting some friends.

나는 몇몇 친구들을 만날 기대를 가지고 그곳에 갔다.

She has no intention of marrying yet. 그녀는 아직 결혼할 의사가 없다.

Is there any possibility of his recovering? 그가 회복할 가능성이 있습니까?

6) 명사 + 문장

I know a girl named Jane; she is very pretty.

나는 제인이라는 한 소녀를 알고 있는데 그녀는 매우 예쁘다.

My friend Jack told me good news; (namely) the test is to be canceled.

내 친구 잭이 내게 좋은 소식을 알려주었다. 말인즉, 시험이 취소될 거란다.

■ 참고

1. 동격어 앞에 사용되어지는 전치사

ex) of, at, in

Any attempt at leaving is against regulation. 떠나려고 하는 어떤 시도도 규칙에 반한다.

I have found a friend in Mary. 나는 메리라는 한 친구를 알게 되었다.

※ 예외가 있기는 하지만, 월(月), 나라, 도시의 동격 표시는 of를 사용한다.

the month of the march 3월 / the city of Seoul 서울시

cf.) the year 2017: 2017년 / New York city 뉴욕시

2. 동격의 of

일정 어구 사이에 of가 사용되어 동일한 것 (동격)을 나타내는 경우를 말한다. '~이라고 하는; ~인; 즉; 다시 말하면 (= that is)' 등의 뜻을 갖는다.

an angel of a girl 천사와 같은 소녀 the city of Gong 공주시

the name of Sam-sik 삼식이라는 이름

the fact of my having seen him 내가 그를 만났다는 사실

the five of us 우리들 5명 the continent of Africa 아프리카 대륙

the crime of murder 살인(이라는)죄 in the month of May 5월에

※ 동격의 of와 이중 속격의 of

동격의 of의 전후에는 명사가 오며 두 명사는 동일한 것을 나타내는 데 대하여, 이중 속격의 of의

경우는 그 앞에 부정관사, 부정형용사가 있는 명사가 오고 of의 뒤에는 절대 속격이나 소유대명사가 온다.

a picture **of** my friend **〈동격의 of〉** 친구를 그린 그림 ※ a picture = my friend

a picture **of** my friend's **〈이중 속격의 of〉** 내 친구가 소유하고 있는 그림 하나 ※ a picture ≠ my friend's

a friend **of** mine **〈이중 속격의 of〉** 나의 한 친구 ※ a friend ≠ mine

3. or, — (대시), namely, in other words, that is, viz, for example(instance), particularly, that is to say 등도 동격 어구 앞에 사용될 수 있다.

He has been studying astronomy, **or** the study of stars.

그는 천문학 즉, 별에 관한 학문을 공부해 오고 있는 중이다.

Only one boy was absent, **namely** Jack. 오직 한 아이가 결석했다. 바로, 잭이다.

Japanese tourists visited several cities, **for example** Gongju and Buyeo.

일본 관광객들은 여러 도시를 방문했다. 예를 들면 공주와 부여.

4. 동격 어구를 강조하기 위해 문장 뒤에 둘 경우도 있다.

He has but one aim in life, **to make money**.

Only one boy was absent, **namely** Jack.

5. 부정사나 「전치사 (of) + 동명사」를 모두 동격어로 취하는 추상명사

ex) aim, chance, freedom, intension, necessity, need, obligation, opportunity, plan, possibility, impossibility, power, responsibility 등

The possibility for man to coexist with man is slight.

(= **The possibility** of (their or them) coexisting is slight.)

사람이 사람과 더불어 공존할 가능성은 희박하다.

I regret that I won't have the **opportunity** to meet you again.

당신을 다시 만날 기회가 없을 것 같아 유감입니다.

(= I regret that I won't have the **opportunity** of meeting you again.)

- REVIEW EXERCISES -

1. 다음의 '전치사 + 추상명사'와 같은 뜻의 형용사나 부사를 쓰시오.

(A) of courage (　　　) (B) of interest (　　　) (C) of value (　　　)

(D) by accident (　　　) (E) by luck (　　　) (F) in comfort (　　　)

(G) in haste (　　　) (H) in particular (　　　) (I) in private (　　　)

(J) in safety (　　　) (K) in succession (　　　) (L) on purpose (　　　)

(M) to perfection (　　　) (N) with care (　　　) (O) with ease (　　　)

(P) with safety (　　　) (Q) without doubt (　　　)

2. 다음 명사의 복수형을 쓰시오.

(1) dish(　　　) (2) ax(　　　) (3) quiz(　　　) (4) stomach(　　　)

(5) curio(　　　) (6) memo(　　　) (7) photo(　　　) (8) solo(　　　)

(9) colloquy(　　　) (10) belief(　　　) (11) proof(　　　) (12) safe(　　　)

(13) class(　　　) (14) path(　　　) (15) mouth (　　　) (16) goose (　　　)

(17)salmon (　　　) (18) species (　　　) (19) swine (　　　)

(20) bonus (　　　) (21) campus (　　　) (22) analysis (　　　)

(23) basis (　　　) (24) crisis (　　　) (25) diagnosis (　　　)

(26) hypothesis (　　　) (27) looker-on (　　　) (28) synopsis (　　　)

(29) bridesmaid (　　　) (30) synthesis (　　　)

3. 어법상 가장 어색한 것을 고르시오. [공무원 7급]

It seems to me that I can (A) hardly pick up a magazine nowadays (B) without encountering someone's views on our colleges. (C) Most of the writer are critical; they contend that the colleges are not doing a good job, and they question the value of a college education. (D) Less often, a champion arises to argue that a college degree is worthwhile.

4. 아래 밑줄 친 것 중 문법적으로 틀린 것은? [공무원 7급]

The (A) average salt (B) content of seawater is (C) more than three (D) per-cents.

5. Choose the sentence that is grammatically correct.

(A) Tom bought several furnitures for his younger brother.

(B) Tom bought expensive book for his younger brother.

(C) Tom had important evidence supporting his hypothesis.

(D) Tom believes that Japanese are thrifty.

※ Which is the most suitable for the blank? [6~8] (어느 것이 빈칸에 가장 알맞은가?)

6. "Where are you going to?" — "I am going to the ______."

(A) book's store (B) books store (C) book store (D) book's stores

7. Although the hurricane swept this town, ____ was done.

(A) a little damage (B) a few damages (C) few damages

(D) little damage (E) small damages

8. Mr. Kim spends a rather ______ of hours a week studying. [행시]

(A) much large (B) many (C) large amount (D) large number

(E) large time

※ Choose the ungrammatical one among the underlined parts. [9~12]

(밑줄 친부분들 중에서 비문법적인 하나를 고르시오.)

9. Introduced(A) to the joys of life on the waters(B) during summer vacations(C) at a Minnesota lake, Mr. Giardini joined(D) the Navy after high school.

10. Sometimes the United States are(A) attacked for(B) failing to promote human rights; sometimes for wanting to impose the American way of life on(C) all people without respect for(D) their cultures. [대학편입]

11. There is plenty of(A) evidences(B) that(C) late children often have problems that(D) other kids do not face.

12. It cost the company $10,000(A) to equip their 3,000-square-feet home(B) with all the wiring(C), 15 or so(D) phone jacks, alarm systems and a central-distribution panel fed by high-speed cable.

= 해설·정답 =

1. 〈정답〉

(A) courageous (B) interesting (D) valuable (D) accidently (E) luckily

(F) comfortably (G) hastily (H) particularly (I) privately (J) safely

(K) successively (L) purposely (M) perfectly (N) carefully (O) easily

(P) safely (Q) doubtlessly

2. 〈정답〉

(1) dishes (2) axes (3) quizzes (4) stomachs (5) curios (6) memos

(7) photos (8) solos (9) colloquies (10) beliefs (11) proofs (12) safes

(13) classes (14) paths (15) mouths (16) geese (17) salmon (18) species

(19) swine (20) bonuses (21) campuses (22) analyses (13) bases

(14) crises (25) diagnoses (26) hypotheses (27) lookers-on (28) synopses

(29) bridesmaids (30) syntheses

3. 【해설】

지문은 'it seem + (to sb) + that절(~)'형태의 문장이다. (~인 것으로 보인다.)

(A) hardly는 빈도를 측정할 수 없는 부사로서 보통 be동사, 조동사의 뒤, 일반 동사의 앞에 온다.

(B) 전치사의 뒤에 동명사가 올 수 있다.

(C) most of의 뒤에는 '복수대명사'나 '한정사 + 명사 (불가산명사, 복수 가산명사)'가 와야 하므로 writer를 writers로 고쳐야 한다.

(D) less often (덜 잦은, 자주 있는 일이 아닌)은 알맞다. a champion (우승자, 옹호자).

[해석] 우리 대학들에 대한 누군가의 의견과 마주치지 않는 한, 요즘 나는 잡지를 집어 드는 일이 거의 없는 것 같다. (= 나는 요즘 잡지를 집어 들 때마다 우리 대학들에 관한 누군가

의 의견과 거의 마주치게 된다.) 대부분의 필자들은 비판적이다. 즉, 그들은 대학들이 일을 잘못하고 있다고 주장한다. 그리고 대학교육의 가치를 의문스러워한다. 덜 잦은 경우지만 옹호자들은 대학의 학위가 그만한 가치 있다고 반박한다.

〈정답〉 (C)

4. 【해설】

(A) average (평균의)

(B) '함유량'의 뜻으로는 불가산명사이므로 단수형이 맞다. 동사도 단수의 is가 오고 있다.

(C) more than + 수사/ 명사 (~보다 많이, ~이상(의)), 여기서 than은 전치사.

(D) percent는 백분 (%)의 뜻으로는 항상 단수형 (percent)으로 쓴다.

[해석] 바닷물의 평균 염분함유량은 3% 이상이다.

〈정답〉 (D)

5. 【해설】

(A) furniture는 단수 취급 집합명사로서 그 수량은 'several pieces of furniture'와 같이 나타낸다. 그는 남동생에게 주려고 몇 점의 가구를 샀다.

(B) book은 보통명사이므로 단수의 경우에는 반드시 관사나 한정사를 붙여야 한다. 'an [the, that 등] expensive book'

(C) evidence는 추상명사로서 부정관사나 복수형을 쓰지 않는다. '톰은 그의 가설을 뒷받침하는 중요한 증거를 가지고 있었다.'

(D) Japanese, Chinese, English, French, Spanish, Portuguese등은 the와 함께 쓰여 국민 전체를 나타낸다. the Japanese로 고친다. '톰은 일본국민은 검소하다고 생각한다.'

〈정답〉 (C)

6. **【해설】** '~ (판매대상) 상점 (store)'은 '명사 + 명사'의 복합명사 형태로 쓴다.

〈정답〉 (C)

7. **【해설】**

damage(피해, 손해)는 불가산명사 (추상명사)이므로 직접 복수접미사 -s를 붙일 수 없고 그 대소의 표현에는 many, few로 수식하지 못하고 much나 little로 수식한다. although가 역접, 양보의 접속사이므로 내용상으로 '피해가 거의 없었다.'의 뜻을 나타내는 (D)가 적합하다.

[해석] 허리케인이 이 도시를 휩쓸고 지나갔지만 피해는 거의 없었다.

〈정답〉 (D)

8. **【해설】**

hour는 가산명사 (보통명사)이므로 그 크기를 나타낼 경우 many나 large로 수식한다. of 앞에는 명사가 와야 하므로 (A), (B)는 탈락. (E)는 의미상 통하지 않으며, (C), (D) 중에 가산명사의 수적 크기를 나타내는 (D)가 적합하다.

[해석] 김 군은 일주일에 상당히 많은 시간을 공부하면서 지낸다.

〈정답〉 (D)

9. **【해설】**

(A) 수동태의 때를 나타내는 부사절 (After [When] he was introduced to ~ waters) 분사구문으로 고친 것. 여기서 introduce는 '처음으로 경험하다.'의 뜻.

(B) the waters(많은 물, 강, 호수, 바다)

(C) (특정인의) 여름방학 동안 : during the [his] summer vacation

(D) 여기서 join은 '입대하다.'의 뜻. 시점이 과거이므로 과거형이 적당하다.

[해석] 여름방학 동안 물위에서의 삶의 즐거움을 처음으로 경험한 뒤, 자르디니 (Giardini) 는 고교졸업 후에 해군에 입대했다.

〈정답〉 (C)

10.【해설】

(A) the United States는 단수 취급하므로 are를 is로 바꿔야 한다.

(B) 이유를 나타내는 전치사로 쓰였다.

(C) 'impose + 목적어 + **on** ~' (~에게 목적을 강요 [강제]하다.)

(D) without respect **for** their cultures (그들의 문화에 대한 존중 없이)

[해석] 미국은 때로는 인권증진에 실패하는 것 때문에, 때로는 모든 사람들에게 그들의 문화에 대한 존중 없이 미국적 생활방식을 강요하고자 하는 것 때문에 비난받고 있다.

〈정답〉 (A)

11.【해설】

(A) plenty of ~ (많은 ~). 이때의 명사로는 가산명사, 불가산명사가 모두 올 수 있다.

(B) plenty of evidences가 'there be ~' 구문의 주어이다. 이때 be동사는 주어의 수에 따르는데 앞에 단수 is가 오고 있으므로 단수형 명사가 와야 한다. 여기서 evidence는 '증거'의 뜻으로 추상명사로 쓰이고 있으므로 -s를 붙일 수 없다.

(C) '<u>that</u> ~ problems'는 evidence의 동격절.

(D) 목적격 관계대명사. problems를 수식한다.

[해석] 늦되는 아이들은 다른 (그렇지 않은) 아이들이 직면하지 않는 문제들을 종종 겪는다는 많은 증거가 있다.

〈정답〉 (B)

12.【해설】

주어인 to 부정사를 가주어 it을 두고 문장의 뒤로 돌린 구문이다.

(A) cost는 두 개의 직접목적어를 취하는 동사로 the company와 $10,000는 모두 직접목적어이다. '그 회사는 만 달러가 들었다.'

(B) '복수수사 + (형용사 +) 명사'가 형용사적으로 쓰일 때 명사는 복수형으로 하지 않는다. feet를 foot로 고친다.

(C) 그 모든 배선

(D) ~ or so (~쯤, ~정도, ~가량)

[해석] 그 회사는 그들의 3천 평방피트의 집에 그 모든 배선과 15개 정도의 전화 잭, 경보장치 그리고 고속 케이블이 들어가는 중앙배전반을 갖추는데 1만 달러가 들었다.

〈정답〉 (B)

제11장

한정사(Determiner)

1. 앞말

(1) 한정사의 개념

한정사(限定詞)란 명사를 수식하여 그 명사의 뜻과 범위를 한정 짓는 말을 이른다. 넓게는 형용사를 포함하여 명사를 수식하는 모든 말을 한정사라고 할 수 있으나, 영문법상에서 한정사란 보통 특정, 지시, 소유, 수량 등을 나타내어 일반형용사보다 더욱 제한된 용법으로 명사를 앞에서 수식하는 것만을 가리킨다.

(2) 한정사의 종류

명사를 수식하는 위치 (거리)에 따라 전치한정사, (중치)한정사, 후치한정사로 나눌 수 있다.

1) 전치한정사(predeterminer)

한정사 중에서 제일 앞에 와서 명사를 수식하는 말을 가리킨다. all, both, half와 once, double, twice, three times 등의 배수사를 전치한정사로 분류할 수 있다.

ex) all, both, half, once, double, twice, three times, etc.

All the children are healthy. 아이들이 모두 건강하다.

I like **both** these books. 나는 이 두 권의 책이 다 맘에 든다.

I walked for about **half** an hour. 나는 약 30분 동안을 걸었다.

I had to pay **double** the usual price. 나는 통상가격의 두 배나 지불해야 했다.

2) (중치) 한정사

명사를 앞에서 수식하는 것(형용사) 중에서 특정, 지시, 소유, 수량 등을 나타내어 명사의 뜻과 범위를 한정 짓는 말을 가리킨다.

① 관사

명사 앞에 놓이며, 특정한 것, 불특정한 것, 일반적인 것을 모두 가리킬 수 있다.

a, an, the

② 지시한정사 (지시사)

특정한 것[명사]을 가리켜 명사를 앞에서 수식하는 말을 가리킨다.

ex) this, that, these, those, etc.

③ 소유한정사 (소유격)

소유 관계를 나타내어 명사를 앞에서 수식하는 말을 가리킨다.

ex) my, your, his, her, our, their, its, whose, etc.

④ 부정(不定) 한정사

특정되지 않은 것을 나타내어 명사를 앞에서 수식하는 말을 가리킨다.

ex) some, any, no, another, either, neither, each, every, etc.

⑤ 부정수량(不定數量) 한정사

불특정 수량의 다소를 나타내어 명사를 앞에서 수식하는 말을 가리킨다.

ex) many, much, more, most, few, little, several, etc.

⑥ 의문한정사

형용사로서 의문의 뜻을 나타내어 명사를 앞에서 수식하는 말을 가리킨다.

ex) which, what, whose

⑦ 관계한정사 (관계사)

형용사의 역할을 하면서 두 문장을 이어주는 역할을 하는 말을 가리킨다.

ex) which, whose, what, whichever, whosever, whatever

3) 후치한정사

(중치) 한정사의 뒤에 위치하여 명사를 수식하는 말을 가리킨다.

① 위치, 시간의 전후 관계, 유사관계 등을 나타내는 한정사

다음의 단어들은 후치한정사로서 (중치)한정사 뒤에 쓰이기도 하고, 일반형용사로서 모든 한정사의 뒤에 위치하기도 한다. 반한정사(半限定詞)라고도 부른다.

ex) only, same, other, certain, entire, former, latter, last, next, following, left, right, middle, front, previous, past, etc.

He is an only son. 그는 (무녀독남의) 외아들이다.

cf.) He is the only son. 그는 (딸은 둘 이상 있지만) 유일한 아들이다.

the previous five years 지난 5년

two previous occasions 이전 두 번(차례, 경우)

> ▷ **only는 (초점) 부사로 한정사 (관사) 앞에 쓸 수도 있다. (p. 470 참조)**
> He is only a child. **〈부사〉** 그는 단지 어린아이에 지나지 않는다.

② 수(數) 한정사

명사 앞에 놓여 수량이나 순서 자체를 나타내는 말을 가리킨다.

> **■ 기수사와 서수사** ☞ pp. 372 ~ 373
> A. **기수사:** 개수나 양을 나타내는 수사
> ex) one, two, three…
> B. **서수사:** 순서를 나타내는 수사
> ex) the first, the second, the third…

※ 본 장에서는 전치한정사와 관사만을 한정사로 다루기로 하고, 지시한정사, 소유한정사, 부정한정사, 수량한정사, 의문한정사는 대명사의 장 (제12장)에서, 관계한정사는 관계사의 장 (제16장)에서, 수사로서의 한정사는 형용사의 장 (제13장)에서 각각 다루기로 한다.

(3) 한정사의 어순

1) 전치한정사 [all, both, half, once, twice 등] → 한정사 [관사, 지시한정사, 소유한정사 등] → 후치한정사 [수사 (서수 → 기수)]의 순으로 놓인다.

☞ 한정형용사의 일반적 어순 (p. 295) 참조

all the year 연중, 일 년 내내　　all my friends 모든 나의 친구들

once a month 한 달에 한 번　　the first ten days 첫 열흘

She is content to stay here **all the** year.

그녀는 1년 내내 이곳에서 지내는 것에 만족하고 있다.

All (of) **my** friends are good fellows.　　내 친구들은 다 좋은 녀석들이다.

I go to the movies **once** a month.　　나는 한 달에 한 번 영화를 보러 간다.

These are for **the last three** months.　　이것들이 지난 석 달 동안의 것들입니다.

The fitness center is open to the public for free for **the first ten** days of its opening.　　이 체력 단련장 (헬스클럽)은 개관 후 10일 동안은 일반인들에게 무료로 개방됩니다.

2) 전치한정사끼리는 같이 놓이지 못한다.

all both (x)　　both all (x)

3) 전치한정사 all, both, half는 수량표시 한정사인 every, either, neither, each, some, any, no, enough, most 등과 같이 놓이지 못한다.

all every (x)　　every all (x)　　all most (x)　　most all (x)

4) 일반 한정사끼리는 원칙적으로 같이 놓이지 못한다. 그 경우 이중 속격의 형태로 나타낼 수 있다.

a my friend (x); my a friend (x) → a friend of mine (o) 나의 한 친구

the my book (x); my the book (x) → my book (o) 나의 책

this Tom's camera (x); Tom's this camera (x) → this camera of Tom's (o) 톰의 이 사진기

John's that big house (x); that John's big house (x)

→ that big house of John's (o) 존의 그 큰집

her that pride (x); that her pride (x) → that pride of hers (o) 그녀의 교만

some her friends (x); her some friends (x)

→ some friends of hers (o) 그녀의 몇 명의 친구들

■ 덧붙임

1 부정관사 (a, an)와 소유격은 나란히 같이 쓸 수 없는 것이 원칙이나, a가 수사 one을 뜻하는 경우나 's가 소유의 의미가 아니라 대상, 용도의 의미로 쓰일 때는 부정관사와 같이 쓸 수 있다.

a boy's [Tom's] book (x)

a dollar's worth of candy (o) 사탕 1달러어치

a girls' high school (o) 여고

a teachers' college (o) 교육대학

2. 정관사 the는 인칭대명사나 고유명사의 소유격과는 같이 쓰지 못하나, 보통명사의 소유격과는 같이 쓸 수 있다. 이 경우 the는 소유격인 명사를 수식하기 때문이다.

the his book (x); his the book (x) → his book (o) 그가 소유 [점유]한 책; 그가 쓴 책

the Tom's book (x); Tom's the book (x)

→ Tom's book (o) 톰이 소유한 책; 톰이 쓴 책; 톰의 얘기를 쓴 책

the boy's book (o) 그 소년(소유)의 책

3. 소유격끼리는 함께 쓸 수 있다.

my brother's friends (o) 내 형의 친구들

a friend of my brother's (o) 내 형의 (한) 친구

Tom's parent's car (o) 톰의 부모님의 자동차

5) 한정사로서 수사는 서수, 기수를 같이 쓸 수 있으며, 같이 쓸 경우 서수, 기수의 순으로 쓴다.

I read only **the first three** pages of the book. 나는 그 책의 처음 세 쪽만을 읽었다.

I had a hard time running my own business during **the second six** months of the previous year. 지난해 두 번째(하반기) 6개월 동안 나는 사업경영에 곤란을 겪었다.

2. 전치한정사 (Predeterminer)

한정사 앞에서 (다시) 한정사를 수식 (한정)하는 말을 가리킨다.

※ all, both, half를 비롯하여 once, double, twice, three times…(배수사) 등을 전치 한정사로 볼 수 있다.

(1) all이 시간명사와 결합 시 그 명사는 관사 없이 쓰는 것이 보통이다.

all (the) day(= all day long; all the day long; all through the day) 하루 종일

all (the) morning 오전 내내

all night(= all night long; all the night through; through the night) 밤새도록

all (the) year (round) 연중; 일 년 내내

※ all the time 그간 줄곧; 항상

(2) all, both, half는 한정사와 함께 쓸 경우 of를 붙여 대명사로 쓸 수도 있고 of를 생략하여 전치 한정사로 쓸 수도 있다. 다만 it, us, you, them과 같이 쓰일 때는 of를 생략하여 쓰지 못한다.

all of my friends 〈**대명사**〉 내 친구들 모두 all my friends 〈**전치 한정사**〉 모든 나의 친구들

both (of) these plans 이 두 방안　　half (of) the time 반 시간

half (of) the students 그 학생들의 반 (수)

all of us (o); all us (x)　　both of them (o); both them (x)

half of them (o); half them (x)

All (of) the boys were present. 그 소년들 모두가 출석했다.

Both (of) the girls are my acquaintances. 그 두 소녀 모두 내가 아는 사람이다.

Half (of) the time has passed. 반 시간이 지나갔다.

You can fool all the people some of the time, and some of the people all the time, but you cannot all the people all the time. – Abraham Lincoln –

모든 국민을 잠시 속일 수 있고, 일부 국민을 언제나 속일 수는 있겠지만 모든 국민을 언제나 속일 수는 없다.

> ▷ **전치 한정사 double, twice(= two times), three times 등은 of 구조로 쓰지 못한다.**
> I had to pay double the usual price. 나는 통상가격의 두 배나 지불해야 했다.
> He receive twice my salary. 그는 내 봉급의 2배를 받는다.
> Government ministries bought equipment such as computers and furniture for as much as three times their market worth.
> 정부 부처들은 컴퓨터와 사무집기 같은 비품들을 시가의 세 배나 주고 구입했다.

(3) all, both는 동격의 형태로 쓸 수 있다.

All of them → They all 〈**주격의 동격**〉; them all 〈**목적격의 동격**〉 그들 모두

Both of us → We both 〈**주격의 동격**〉; us both 〈**목적격의 동격**〉 우리 둘 다

Both of them → They both 〈**주격의 동격**〉; them both 〈**목적격의 동격**〉 그들 둘 다

They all enjoyed themselves at the party. 그들 모두는 그 파티에서 즐거운 시간을 보냈다.

I'm just sorry I couldn't help **them all.** 제가 그들 모두를 도울 수 없어 미안할 따름입니다.

We [They] both love baseball. 우리 [그들] 둘 다 야구를 좋아한다.

He gave **us [them] both** a rollicking. 그는 우리 [그들] 둘 다를 나무랐다.

(4) all, both는 명사 뒤는 물론 be동사 뒤, 조동사와 본동사 사이에도 올 수 있다.

The students **all** [**both**] passed their exams. 그 학생들은 모두 [둘 다] 시험에 합격했다.

They were **all** dressed in red. 그들은 모두가 빨간색 옷을 입고 있었다.

We have **both** a car. 우리는 둘 다 자동차를 가지고 있다.

They had **both** arrived at the same conclusion. 그들은 둘 다 같은 결론에 도달했다.

(5) once, double, twice, three times 등은 다음과 같은 한정사 앞에 와서 시간 표시 명사를 수식할 수 있다. [once 등 + a, every, each + 시간 표시 명사 (day, month, decade 등)]

once every other day 이틀에 한 번　　once a month 한 달에 한 번

once every three years 3년에 한 번　　twice every month 매달 두 번

double every decade 십 년마다 2배

have my hair cut **once a** month. 나는 한 달에 한 번 이발을 한다.

He visits his parents **twice every** month. 그는 매달 2번씩 부모님을 방문한다.

Maintaining such growth would make the chinese economy **double every** decade. 이와 같은 성장을 유지한다면 중국 경제는 10년마다 2배가 될 것이다.

3. 관사 (Article)

(1) 뜻

명사 앞에 놓여 그 명사의 의미나 범위를 제한하는 기능을 하는 a, an, the를 가리켜 관사(冠詞)라 한다. a, an은 '불특정'의 의미를 나타내어 명사 앞에 붙는다 하여 부정관사(不定冠詞, indefinite article)라 하고, the는 '특정'의 의미를 나타내어 명사 앞에 붙는다 하여 정관사(定冠詞, definite article)라 한다.

※ **관사는 그 명칭이 그리스어 arthron(결합, 연결고리)에서 유래하였듯이, 그것 자체로서는 독립할 수 없고 다른 말과 결부되어 작용한다. 다시 말해서 관사는 그다음에 오는 명사의 수(數)·성(性)·격(格)에 제한되면서 그것과 일체화한다. 관사는 형용사의 일종으로 영어에서 셀 수 있는 명사에 관사를 붙임으로써 특정·유일한 것을 나타내거나(정관사), 무한 다수 중 일정한 부분으로의 범위제한(부정관사)의 기능을 한다.**

(2) 관사의 위치

관사는 전치 한정사의 뒤에 위치하며 일반형용사의 앞에 위치한다. 다만 특정한 형용사나 부사가 올 때 그 뒤에 오는 경우가 있다.

1) 관사의 일반적인 위치

「관사 + (부사) + (형용사) + 명사」의 순서로 놓인다.

a [the] girl　　　a [the] pretty girl　　　a [the] very pretty girl

Jennifer is a very pretty girl.　　　제니퍼는 매우 예쁜 소녀이다.

2) 기타 위치

① 전치 한정사(all, both, half, double, twice, three times 등) + the + (형용사) + 명사

All the children are healthy.　　　모든 아이들이 건강하다.

Both the armies suffered heavy losses in the battle.

양쪽 군대 모두 전투에서 많은 손실을 입었다.

She paid **double the** price (that) I formerly did.

그녀는 내가 이전에 치른 값의 두 배를 치렀다.

This house is about **twice the** size of my old one.

이 집은 나의 옛집보다 약 두 배 크다.

Half the work is already finished.　　　그 일은 이미 절반이 마쳐졌다.

② many, such, quite, rather, what, whatever + a [an] + 형용사 + 가산명사

Many a person read his novel. 수많은 사람이 그의 소설을 읽는다.

It is **such a** fine day today. 오늘은 날씨가 아주 좋다.

She is **quite a** pretty girl. 그녀는 꽤 예쁜 소녀이다.

It seems **rather a** good idea. 그건 꽤 괜찮은 생각 같다.

What a wonderful idea! 정말 멋진 생각이다!

Good acts are **whatever a** good person does.

선량한 사람은 무엇을 하든지 선행을 한다.

> ▷ **quite, rather의 경우 부정관사는 이들의 앞·뒤에 모두 사용될 수 있다. 부정관사를 앞에 두는 것은 주로 미국 입말(체)에서이다.**
>
> She is quite a pretty girl.
>
> ⇒ She is **a quite** pretty girl. (○) **〈주로 미, 입말체〉**
>
> It seems rather a good idea.
>
> ⇒ It seems **a rather** good idea. (○) **〈주로 미, 입말체〉**

■ **참고**

1. many a + 단수 명사 + 단수 동사

= many + 복수 명사 + 복수 동사

Many a student was present. 많은 학생들이 결석했다.

(= Many students were present.)

2. even, only, exactly + 관사 + 명사

Even a child can do it. 아이라도 그 일을 할 수 있다.

He is **only a child**. 그는 단지 어린아이에 불과하다.

③ so, as, too, how, however + 형용사 + a [an] + 명사

It was **so** difficult a problem that I could not solve it.

그 문제는 너무 어려워서 내가 풀 수 없었다.

It is **so** fine a day today. 오늘은 날씨가 아주 좋다.

Such a work cannot be done in **so** short a time.

그와 같은 일은 그 같은 짧은 시간에 할 수 없다.

He is **as** good a student as I have ever met.

그는 내가 이제껏 만나 본 학생 중 가장 훌륭한 학생이다.

It is **too** cold a day to go out. 외출하기에는 너무 추운 날이다.

How cold a day today it is! 오늘은 날이 정말 춥구나!

However great a setback he suffered, he never gave up.

아무리 큰 좌절을 겪더라도 그는 결코 포기하지 않았다.

▷ **'so + 형용사 + 단수 명사 (관사 + 명사)'의 형태로 사용되며 'so + 형용사 + 복수 명사'의 형태로는 쓰지 않는다. 다만, 'so many + 복수 명사'의 형식은 사용한다. 복수 명사를 수식하고자 할 경우에는 대신 such를 사용하여 'such + 형용사 + 복수 명사'의 형태로 쓴다.**

I never had so bad headaches as I do now. (x)

→ I never had **such** bad **headaches** as I do now. (o)

나는 지금과 같은 심한 두통은 전혀 겪어 본 일이 없다.

They not were so innocent children as I had thought. (x)

→ They not were **such** innocent **children** as I had thought. (o)

그 애들은 내가 생각했었던 만큼 순박한 아이들은 아니었다.

4. 관사의 용법

(1) 정관사 (definite article)

1) 앞에

정관사 the는 본래 지시형용사 that에서 나온 것으로 부정관사(a, an)와 더불어 명사 앞에 붙는 특수한 한정사의 하나이다. 보통 특정된 것, 특별한 것, 아는 것, 이미 언급된 것 등을 가리킬 때 그 명사 앞에 붙여 쓴다. 모든 명사 및 단수, 복수에 모두 쓰인다.

※ **자음 앞에서 [ðə] (더), 모음 앞에서 [ði] (디)로 발음하나, 강조할 때는 자음·모음 앞 관계없이 [ði:] (디–)로 발음한다.**

2) 정관사(the)를 쓰는 경우

① 앞에 나온 명사를 받거나, 앞에 나온 명사에 관련되거나, 문맥이나 그 밖의 요소에 비춰 보아 명백할 때

❶ 이미 앞에 나온 명사 (부정관사 + 명사)나 그것의 일부를 가리킬 때 《그 ~》

He gave me a flower, **the** flower is very pretty.

그는 나에게 꽃 한 송이를 주었는데 그 꽃은 매우 예쁘다.

He built a house and painted **the** roof green.

그는 집을 짓고 그 지붕을 녹색으로 칠했다.

❷ 〈주위 정황·문맥으로 보아〉 서로 알거나 일반적으로 알 수 있는 것에

Pass me **the** salt please. (그) 소금 좀 건네주세요.

Let's go for a walk to **the** park. (그) 공원에 산책하러 가자.

> **▷ 화자가 특히 알거나, 일반적으로 알 수 있는 관공서, 공공의 장소·건물·단체, 특정 직업의 사람에는 the를 붙인다.**
> **ex) the post office, the city hall, the fire department, the bank, the station, the airport, the park, the hospital, the doctor, the dentist, the lawyer, etc.**
> She went to **the bank** to change some money.
> 그녀는 얼마의 돈을 환전하기 위하여 은행에 갔다.
> I took a taxi to **the station**. 나는 역까지 택시를 타고 갔다.
> Because Tom was ill, he went to **the doctor**. 톰은 몸이 아파서 병원에 갔다.

② 명사 뒤에 수식어(어·구·절)가 와서 특정된 것 (사람·사물)을 나타낼 때

the memories of my childhood 나의 어린 시절의 기억들

the childhood of each member of the group 그 단체 각 구성원의 어린 시절

the child in yellow 노란색 옷을 입은 아이

the house I live in now 내가 지금 살고 있는 집

Seoul is **the** capital of Korea. 서울은 한국의 수도이다.

He is not **the** man to betray a friend. 그는 친구를 배신할 그런 사람이 아니다.

The girl I met at the bookstore yesterday is pretty.

내가 어제 서점에서 만난 소녀는 예쁘다.

■ 덧붙임 (주의)

1. 명사가 수식 어구에 의해 한정되었을지라도 완전히 특정되지 않는 경우에는 the를 붙이지 않는다.

A teacher of our school went to Africa. 우리학교의 선생님 한 분이 아프리카에 가셨습니다.

2. 물질명사, 추상명사, 고유명사는 정관사를 붙일 수 없으나, 구나 절 등의 수식어구로 수식을 받을 때는 반드시 정관사를 붙여야 한다.

The water in the bottle is not good to drink. 그 병 속의 물은 마시기에 부적합하다.

Democracy means respecting **the** wisdom of all people.

민주주의는 모든 사람의 지혜를 존중하는 것을 의미한다.

The fire of anger 분노의 불길; 불붙은 분노

③ 형용사의 최상급, 서수, only, last, same, very 등이 붙은 명사에

Baekdusan is **the highest** mountain in the Korean peninsula.

백두산은 한반도에서 제일 높은 산이다.

This is **the most** fantastic movie I've ever seen.

이것은 내가 본 것 중 제일로 환상적인 영화다.

Autumn is **the best** season for reading. 가을은 독서하기에 가장 좋은 계절이다.

The first term begins in March. 1학기는 3월에 시작한다.

She was **the only** one who trusted him. 그녀는 그를 신뢰한 유일한 사람이었다.

He has **the same** trouble as I had. 그는 내가 겪었던 것과 같은 문제를 겪고 있다.

She is **the very** woman that I am looking for.

그녀는 내가 찾고 있는 바로 그 여인이다.

When was **the last** time you had the oil changed?

마지막으로 (엔진)오일을 간 게 언제였습니까?

Interest among new college freshmen in pursuing business careers continued to decline for **the fourth** consecutive year.

대학 신입생들 사이에서 직장 이력을 쌓는 것에 대해 가지는 관심이 4년 연속 계속해서 하락했다.

■ 덧붙임

1. 서술적으로 쓰인 최상급에서 the는 생략된다. 즉, 최상급 뒤에 명사가 전제되지 않을 경우 the는 생략할 수 있다.

I am happiest when I am left alone. 나는 혼자 있을 때 가장 행복하다.

※ 여기서는 happiest 뒤에 man, woman과 같은 명사가 반드시 올 필요가 없으므로 the를 생략할 수 있다.

cf.) Bhutan is a poor country, but it is the happiest in the world.

부탄은 가난한 나라이지만, 세계에서 가장 행복한 나라이다.

※ 여기서는 the happiest 뒤에는 원래 country가 와야 하지만 생략된 것으로 간주되므로 the를 써야 한다.

2. First Avenue, Second Avenue, … (The) Fifth Avenue…와 같이 서수가 고유명사로 쓰이는 경우 the를 붙이지 않는다.

④ 유일의 사물·특정시간·특정계절 (시기)·방위나 가장 중요하여 고유명사화한 사물을 가리키는 명사에

the universe the world the sun the earth the moon the sky
the ground the sea the air the horizon the zenith
the Almighty the Bible the Devil the rainy season
the four seasons the blooming season (개화기)
the season of harvest (수확기) the east the west the left
the right the City (런던의 도심부) the River (템스 강)
the equator (적도) the principal in the spring of 2016 (2016년 봄에)
the baseball season (야구 철) the 9:30 a.m. train (오전 9시 30분 발 열차)

The sun rises in **the east** and sets in **the west**. 해는 동쪽에서 뜨고 서쪽으로 진다.

The kite plunged to **the ground**. 연이 땅으로 곤두박질쳤다.

The baseball season has set in. 야구 철 (시즌)이 시작되었다.

■ 덧붙임

1. 위의 명사들도 형용사와 같이 쓸 때는 종종 부정관사를 붙이기도 한다.

a calm sea 잔잔한 바다　a cloudy sky 흐린 하늘　a full moon 보름달

2. rain, snow가 일반적인 경우의 비, 눈을 말할 경우는 관사를 붙이지 않으나, 구체적인 경우의 것을 가리킬 때는 the를 붙인다.

Rain falls mainly in the summer. 비는 주로 여름에 내린다.

The rain is pouring down. (지금) 비가 퍼붓고 있다.

Snow dissolves into water. 눈이 녹으면 물이 된다.

The snow is thirty centimeters deep. 눈이 30센티미터나 쌓였어요.

3. 사계절의 이름은 특정한 해의 철을 가리키거나 한정될 경우에는 the를 붙이고, 일반적인 철을 나타낼 때는 the를 붙이지 않는 것이 원칙이다.

I haven't seen him since **the winter** before last.
나는 지지난 겨울 이후로 그를 보지 못했다.

The summer of 2015 was a very hot. 2015년의 여름은 매우 더웠다.

Spring is the season of love. 봄은 사랑의 계절이다.

The swallow is a sign of **summer**. 제비는 여름의 전조이다.

4. 대문자로 시작되는 천체의 옛 이름에는 the를 붙이지 않는다.

Mercury 수성, Venus 금성, Earth (천체로서) 지구, Mars 화성, Jupiter 목성, Saturn 토성, Uranus 천왕성, Neptune 해왕성

⑤ 다음과 같은 고유명사 앞에

❶ 다음과 같은 특정 지역, 특정 도시(The Hague, the Argentine), 회귀선, 특정한 시기, 특정 당파의 이름에

the Far East 극동	the Middle East 중동
the Tropic of Capricorn 남회귀선	the Tropic of Cancer 북회귀선
The Hague 〈네덜란드〉 헤이그	the Middle Ages 중세
the Democratic Party 〈미〉 민주당	the Republican Party 〈미〉 공화당
the Socialist 사회주의자	the Riviera 리비에라 해안 지역

the north of France(= northern France) 프랑스 북부

the south of Spain(= southern Spain) 스페인 남부

❷ 복수형태의 국가 명, 공화국, 연방(연합)국, 왕국에

the Netherlands　　the Philippines　　the Republic of Korea

the Republic of Ireland　the Federal Republic of Germany 독일연방공화국

the People's Republic of China 중화인민공화국

the United Arab Emirates 아랍에미리트 연합국

(the) Russian Federation 러시아연방

the United States of America 아메리카 연방국 (미국)

the United Kingdom (of Great Britain and Northern Ireland) 연합왕국; 영국

❸ 복수형의 산맥·섬 (군도)·특정한 나라 이름에

the Alps　　the Andes　　the British isles 영국 제도

the Philippines 필리핀 군도　　the West Indies 서인도 제도

the Netherlands 네덜란드　　the Virgin Islands 버진 제도

the Bahamas 바하마　　the Rocky Mountains(= the Rockies)

the Canaries(= the Canary Islands) 카나리아 제도

> **▷ 하나의 산 이름이나 섬 이름에는 the를 붙이지 않는 것이 보통이다.**
> Mt. Everest 에베레스트 산　Mt. Baikdu 백두산　Easter Island 이스터 섬
> Sicily 시칠리아 섬

❹ 반도; 해양·해류 (멕시코 만류)·해협·만·운하; 강; 사막; 도로의 고유한 이름에

the Korean peninsula　the Crimea 크림반도　the Pacific (Ocean)

the Indian Ocean　the Atlantic (Ocean)　the Mediterranean (Sea)

the Red Sea 홍해　the Gulf Stream 멕시코 만류

the Korean straits 대한 해협　the English Channel 영국 해협

the Gulf 페르시아(아라비아) 만(= Persian [Arabian] Gulf)

the Gulf of Mexico 멕시코 만　the Bay of Naples 나폴리 만

the Panama Canal 파나마 운하　the Suez Canal 수에즈 운하

the Nile　the Amazon　the Mississippi　the Rhine

the Yellow River 황하 (= the Hwang Ho)　the Thames

the Han River 한강　the Geum River 금강

the Sahara (Desert)　the Gobi (Desert) 고비사막　the Silk Road 비단길

❺ 배, 함대; 항공, 철도, 궁전, 대통령 관저, 탑; 요새의 이름에

▶ of 수식 형태의 장소, 건물명에는 일반적으로 the를 붙인다.

the Queen Mary　the Mayflower　the Titanic

(the) Flying Dutchman 플라잉 더치맨 **〈희망봉 근해에 출몰한다하는 네덜란드의 유령선〉**

the Invincible **〈스페인〉** 무적함대

the American Airlines **〈미〉** 아메리칸 항공 (AA항공)　the British Airlines 영국 항공

the Pullman 풀만 열차 (고급침대차 이름)

the Trans-Siberian Railway 시베리아 횡단철도

the Kyungbu Line 경부선철도　the Vatican 바티칸 궁전

the Alhambra **〈스페인〉** 알람브라 궁전　* Buckingham Palace **〈영국〉** 버킹엄 궁전

the Bank of Korea　the White House　the Tower (of London)

the Eiffel Tower

the University of London　the University of Oxford (= Oxford University)

the University of Seoul (= Seoul University)

cf.) Harvard University　Cambridge University

the British Museum 대영박물관

the Metropolitan Museum **〈뉴욕〉** 메트로폴리탄 박물관

the Louvre **〈파리〉** 루브르 박물관　the National Gallery **〈런던〉** 국립미술관

the House of Parliament **〈영국〉** 국회의사당　the Capitol **〈미국〉** 국회의사당

the Empire State Building 〈뉴욕〉 엠파이어스테이트 빌딩

the Washington Monument 워싱턴 기념비

(the) Lincoln Memorial 〈워싱턴〉 링컨기념관

(the) European Union 유럽연합 (= EU)　the Red Cross Society 적십자사

the Great Wall of China 중국장벽[만리장성]　the Maginot Line 마지노선

the Hilton Hotel　the Ritz 리즈 호텔　the Bombay Restaurant 봄베이 식당

> ▷ **호수, 다리, 거리, 공원, 광장 등의 고유한 이름 앞에는 the를 쓴 [쓰는] 경우가 드물다.**
> Lake Victoria 빅토리아 호수　Salt Lake 소금 호수　Lake Paldang 팔당호
> London Bridge　(the) Golden Gate Bridge　Broadway 〈뉴욕〉 브로드웨이 거리
> Times Square 〈뉴욕〉 타임스 스퀘어　Pagoda Park 파고다 공원
> Central Park 〈뉴욕〉 센트럴파크　Hyde Park 〈런던〉 하이드파크
> (the) Red Square 〈모스코바〉 붉은 광장　Piccadilly Circus 〈런던〉 피커딜리 원형광장

❻ 특정의 학회·협회; 당파; 다음과 같은 사전·신문·잡지의 고유한 이름에

the Royal Society (영국) 왕립협회　the Royal Academy (영국) 왕립학술원

the Democratic Party 〈미〉 민주당　the Republican Party 〈미〉 공화당

The Times 〈영〉 더 타임스지　The Economist 〈영국〉 이코노미스트지

The New York Times 뉴욕타임스지　The Washington Post 워싱턴포스트지

The Reader's Digest 리더스 다이제스트지

The Oxford English Dictionary 〈영국〉 옥스퍼드 영어사전

the British Broadcasting Corporation 영국방송협회 ※ BBC (BBC방송국)

※ New English Dictionary(영국), Daily Mail(영국), Time(미국 시사주간지) 등에는 the를 붙이지 않는다.

❼ 특정인(고유명사)에게 붙이는 칭호, 작위 앞에

the poet Rilke 시인 릴케　William the Conqueror 〈영국〉 정복왕 윌리엄

Sejong **the Great** 세종대왕　Alfred the Great 〈영국〉 앨프레드 대왕

❽ ambitious, cruel, famous, late, mighty 등의 형용사가 사람 이름 앞에 쓰일 때

the ambitious Caesar 야심 찬 카이사르(시저)

the late Mr. Brown 고(故) 브라운 씨

the mighty Chingiz Khan 위대한 칭기즈칸

> ▷ 사람 이름 앞에 dear, good, great, poor, little, old, young 따위의 형용사가 붙으면 the를 붙이지 않는다. 즉, the가 붙으면 객관적 표현이 되고 the가 없으면 감정적 색채를 나타낸다. 그리고 Queen Elizabeth second처럼 칭호 등의 직후에 성명이 오는 경우 the는 생략된다.
>
> dear Mary 사랑하는 메리　little Sam 귀여운 샘　poor Ann 가엾은 앤
>
> young John 젊은 존　Queen Elizabeth (the) second 엘리자베스 여왕 2세
>
> King George V 〈영국왕〉 조지 5세

❾ 고유명사가 형용사구·절에 의해 한정될 때

the Europe <u>of the 18th century</u> 18세기의 유럽

the Korea <u>of 1950(the nineteen fifties)</u> 1950년대의 한국

❿ 성씨가 집안·가족·부부 등의 의미를 나타낼 때

the Kims 김 씨 부부 [집안, 가족]

the Kimses 김 씨 부부 [집안, 가족]들 ※ the Kims의 복수형

⑥ 공공건물 (경찰서, 시청 등), 공공장소 (역, 공항, 병원, 우체국, 은행, 영화관 등)에

the police station	the city hall	the station
the hospital	the post office	the bank
the airport	the movies/ the theater	

> **▷ 공공건물, 공공장소명 앞에 지명이나 인명이 사용될 때 the를 붙이지 않는다.**
>
> Seoul Station　Busan Harbor　Sydney Harbor
>
> Incheon International Airport　Kennedy Airport

⑦ 칭호, 직책 앞에

the King　the Queen　the President

■ 덧붙임

1. 칭호, 직책 뒤에 성이나 이름이 올 때는 칭호, 직책 명에 관사를 붙이지 않는다. 다만 Emperor, Empress, Czar [Tsar]가 고유명사 앞에 올 때는 the를 붙이는 것이 보통이다.

King Sejong	President Roh Moo-Hyun	Queen Elizabeth
the Emperor Nero	the Empress Elizabeth	the Czar Nicholas I

2. 지위, 직책을 나타내는 명사가 보어, 동격으로 사용될 경우 신분, 자격의 뜻이 부각되어 종종 관사 없이 쓰인다.

He became **President** in 2002. 그는 2002년에 대통령이 되었다.

⑧ 발명품·기계·악기 이름에

ex) **the telephone, the radio, the bicycle, the piano, etc.**

talk over the telephone 전화로 이야기하다.

listen to the radio 라디오를 듣다.

play the piano [guitar, violin] 피아노 [기타, 바이올린]를 연주하다.

The telephone was invented by Alexander Graham Bell in the 1870s.
전화기는 1870년대에 알렉산더 그레이엄 벨에 의해 발명되었다.

I heard the news on the radio. 나는 라디오에서 그 뉴스를 들었다.

▷ television(TV) 앞에는 the를 붙이지 않는 것이 보통이다. 다만, 특정 TV를 지시할 때는 the를 붙인다.

I often watch television. 나는 텔레비전을 자주 본다.

I watched the news on T.V. 나는 TV에서 그 뉴스를 보았다.

Could you turn **the** television down please? 그 TV 소리 좀 줄여주시겠어요?

⑨ 특정 병명에

현대영어에서는 이때의 the를 흔히 생략한다.

the chicken pox 수두

the dumps [blues] 우울증

the measles 홍역

the palsy 중풍

the piles 치질

the rheumatism 류머티즘

the small pox 천연두

▷ **anaemia, cancer, cholera, diabetes, diarrhea, influenza, pneumonia, tuberculosis, typhoid, appendicitis 따위 병명은 무관사로 쓰며, cold, fever, headache, plague, temperature 등의 병명에는 부정관사 (a, an)를 붙여 쓴다.**

⑩ 전형·대표로서 강조의 뜻을 나타내어 《진짜의; 최고의; 일류의, 최고급의; 출중한》

▶ **강조를 나타낼 경우 [ðíː]로 강하게 발음한다.**

This is **the** life. 이것이 바로 인생이다.

He is quite **the** gentleman. 그는 정말 최고의 신사다.

Beer is **the** drink for hot weather. 더운 날씨에는 맥주가 최고의 음료다.

He is **the** pianist of the day. 그는 당대의 제일 가는 피아니스트이다.

⑪ 보통명사 또는 추상명사 앞에서 such (a), so, enough의 의미로

He is not **the** man to do a dishonest thing.

그는 부정한 일을 할 **그런** 사람이 아니다.

She didn't have **the** courage to leave her husband.

그녀는 남편을 떠날 (**만큼의**) 용기가 없었다.

I haven't got **the** time to answer these letters.

나는 이들 편지에 답장을 쓸 겨를 (**충분할 만큼의** 시간)이 없다.

⑫ 단수의 가산명사와 같이 써서 그 명사가 나타내는 종류(종족) 전체를 나타낼 경우

▶ **「관사 + 단수 가산명사」의 형태로 종류 또는 종족 전체를 나타내는 것을 대표단수 [또는 총칭적 단수]라 하고, 가산명사의 복수형으로 종류 (또는 종족) 전체를 나타내는 것을 대표복수 [또는 총**

칭적 복수]라 한다. 대표복수의 형태로 종류 [또는 종족] 전체를 표시하는 것이 일상적이다.

The dog is a faithful animal. 〈대표단수〉 개는 충직한 동물이다.

= A dog is a faithful animal. 〈대표단수〉

Dogs are faithful animals. 〈대표복수〉 ※ 일상에서 가장 많이 쓴다.

> ▷ 'the + 복수보통명사'는 특정집단 전체를 나타낸다.
> These are **the students** of our school. 이들이 우리 학교의 학생들 전부이다.
> These are **students** of our school. 이들은 우리 학교 학생들의 일부이다.

⑬ 단수의 보통명사 앞에 붙여 그것으로 상징되는 특색, 성질, 직업, 기능 등을 나타내어

the pen 글의 힘, 문(文) the sword 칼의 힘, 무(武) the mother 모정(母情)

the father 부정(父情) the poet 시심(詩心) the cradle 유아기

the grave 죽음, 종말 the heart 애정 the eye 보는 것

the beggar 거지 근성 the exception 예외가 있는 것 the rule 규칙이 있는 것

the bar 변호사의 직; 법조계 the bench 판사의 직; 법관 전부

the pulpit 목사; 종교계 the stage 무대, 연극; 연극계 the plow 농경

The pen is mightier than **the sword.** 글의 힘은 칼의 힘보다 강하다.

The goods instantly appealed to **the eye.** 그 상품은 즉시 눈길을 끌었다.

The exception proves the rule. 예외가 있다는 것은 규칙(일반성)이 있다는 증거이다.

He forgot **the judge** in **the father.** 그는 부정(父情) 때문에 판사의 직분을 망각했다.

My family is at **the plow.** 우리 가족은 (모두) 농업에 종사한다.

the brute in man 인간의 야수성 **the poet** in him 그의 가슴속의 시심 (詩心)

⑭ 국가, 국민, 계급, 성 씨 등을 나타내는 복수 명사 또는 집합명사에 붙여 그 구성원 전부를 나타낼 경우

the Americans 미국인(들) the aristocracy 귀족(계급)

the Koreans 〈총칭〉 한국인(= a Korean; Koreans); 한국인들; 한국 국민[민족]

the Kims 김 씨 집안(의 사람들); 김 씨 가족; 김 씨 부부

⑮ 연대 따위의 특정 부분 또는 기간을 나타내는 명사에

in the seventies 1970년대에
about this time of the year 매년 이맘때쯤
books of the month 이달의 책들
a match of the day 오늘의 경기

She is in the[or her] thirties. 그녀는 30대이다.

※ 개인의 나이를 가리킬 때는 소유격을 쓰는 것이 보통이다.

His grade was in the nineties. 그의 점수는 90점대였다.

⑯ 형용사, 분사에 붙여 [the + 형용사] ☞ p. 401 참조

❶ 복수보통명사의 대용 《~하는 사람들》

▶ 'the + 형용사'가 복수 보통명사와 같이 사용되는 경우를 말한다.

the able 유능한 사람들
the able-bodied 강건한 사람들
the blind 눈을 못 보는 사람들 (= blind people)
the deaf 듣지 못하는 사람들 (= deaf people)
the British [French] 영국 [프랑스] 사람들 [= (the) British (French) people]
the dead 죽은 자들, 고인 (= the deceased)
the happy 행복한 사람들
the homeless 집 없는 사람들
the living 산자(들)
the missing 실종자들
the old 노인들
the poor 가난한 사람들
the rich 부자들
the sick 환자들
the strong 강자들
the unemployed 실업자들
the unhappy 불행한 사람들
the weak 약자들
the young 젊은이들
the wounded[injured] 부상자들 (= wounded[injured] people)

■ 덧붙임

1. 위 (❶)와 같은 식으로 쓰이는 형용사·분사로는 이밖에 brave, disabled, dumb, elderly, foolish, guilty, ignorant, industrious, innocent, learned, sick, wealthy, wise 따위가 있다.

2. the accused, the deceased, the pursued (추적 받고 있는 사람) 따위는 종종 단수로 쓰인다.

3. the English, the British, the Spanish, the Dutch, the Irish, the Swiss, the Chinese, the Japanese 등은 「the + 국적의 형용사」의 형태로 국민전체를 나타내나, 기타 국가는 「(the) + 국가[인종] 명 + s」의 형태로 국민 [인종]전체를 나타낸다.

the Koreans 한국인(들)　the Americans (= the U.S.) 미국인(들)

the Arabs 아라비아인(들)　the Germans 독일인(들)　the Greeks 그리스인(들)

4. (both) young and old 따위에서는 관용적으로 the를 생략하여 쓴다.

---

❷ 추상명사 대용

▶ 'the + 형용사'가 추상명사와 같이 사용되는 경우를 말한다. 단수 취급한다.

the true (= truth)　the good (= goodness)　the beautiful (= beauty)

the false (= falsehood)　the right (= rightness)

the wrong (= wrong)　the actual (= actuality)

the graceful (= gracefulness)　the humorous (= humor)

the sublime (= sublimity)

the unknown(= what is unknown) 미지의 것

the unexpected(= what is unexpected) 예기치 않은 일

The unexpected is bound to happen.　예기치 않은 일은 일어나기 마련이다.

The sublime is found in a little flower.　숭고함은 작은 꽃에서도 찾을 수 있다.

❸ **형용사, 부사의 비교급 앞에 두어 지시부사로서《그만큼; 오히려; 더욱 더》**

He began to work **the** harder, because his salary was raised.

급료가 올랐으므로 그는 더욱 더 열심히 일하기 시작했다.

I like him all **the** better for his faults. 나는 그가 결점이 있기에 오히려 더 좋아한다.

❹ **상관적으로 형용사, 부사의 비교급의 앞에 두어《…하면 그만큼 ~한; …하면 할수록 ~한》**

The more, **the** better. 많으면 많을수록 좋다.

The higher you go up the mountain, **the** colder it becomes.

산에 높이 오르면 오를수록 추워진다.

❺ **the + 고유형용사(나라) + language: ~국가의 언어**

▶ **어느 나라의 언어 (국어)를 말할 때 the Korean [English, French] language는 Korean [English, French]보다 딱딱한 표현이다.**

the Korean language	the German language
the French language	the Japanese language
the Chinese language	(the) English (language)

⑰ **by + the + 거리, 시간, 무게, 수량 등의 단위표시 명사에《~의 단위로; ~개 씩》**

We measure distance by the mile and yard.

거리를 재는 데는 마일과 야드를 사용한다.

I am paid by the week. 나는 주급을 받고 있다.

The vegetables are sold by the pound. 그 채소들은 파운드 단위로 팔린다.

by the dozen[hundred, thousand] 몇 십 [백, 천] 개씩

⑱ **앞서 언급한 사람의 신체의 일부를 나타내는 명사에 [전치사 + the + 신체부위]**

▶ **소유격을 대신한다. (소유격 대용)**

❶ S +vt. (catch, grab 등) + 사람 + by + the + 신체부위

ex) **catch, grab, gripped, grasp, hold, seize, take, push, pull, etc.**

I catched [held, took 등] him **by the** arm [wrist].

나는 그의 팔 [손목] (부분)을 붙들었다.

※ 그를 붙들었는데 그 붙든 부분이 팔 [손목]이었다는 뜻.

I gripped [grasped] her **by the** hand. 나는 그녀의 손을 꽉 잡았다.

He grabbed [grasped, seized] me **by the** collar. 그가 내 멱살을 움켜잡았다.

She pulled me **by the** sleeve. 그녀가 내 소맷자락을 잡아당겼다.

He pushed me **by the** back. 그가 내 등을 밀쳤다.

> ▷ 「catch 등 + 사람 (대명사) + by the + 신체 부위」는 '사람 자체'에 초점을 두는 표현이다. 단지 어느 '신체 부위'를 붙잡는다는 뜻은 「catch 등 + one's + 신체 부위」로 나타낸다.
> I catched [held, took 등] his arm(hand, neck). 나는 **그의 팔(손, 목)**을 붙잡았다.

❷ S + vt. (beat, strike 등) + 사람 + on + the + 신체 부위

ex) **beat, hit, kiss, pat, slap, strike, tap, touch, etc.**

Tom beat Jack **on the** back of his head. 톰이 잭의 뒤통수를 후려쳤다.

A block hit him **on the** shoulder. 벽돌 하나가 그의 어깨를 때렸다.

He kissed me **on the** cheek. 그가 나의 뺨에 입 맞추었다.

I slapped him **on[in] the** face. 나는 그의 귀싸대기를 갈겼다.

She touched me **on the** arm. 그녀가 내 팔을 건드렸다.

> ▷ **give + 사람 (대명사) + 직접목적어 (tap, pinch, blow 등) + on the + 신체 부위**
> He gave her a little tap **on the** arm. 그가 그녀의 팔을 톡톡 쳤다.
> She gave him a sharp pinch **on the** arm. 그녀가 그의 팔을 세게 꼬집었다.
> I gave [dealt, landed] him a blow **on[in] the** face. 나는 그의 얼굴에 일격을 가했다.

❸ S + vt. (look, gaze, stare 등) + 사람 + in + the + 신체 부위

ex) **look, gaze, stare, etc.**

I looked her full **in the** face. 나는 그녀의 얼굴을 정면으로 응시했다.

She stared [gazed] me **in the** eye[face]. 그녀는 나의 눈[얼굴]을 빤히 바라보았다.

⑲ **다음과 같은 관용구에서**

at the full 한창때에 by the way 그런데 in the distance 멀리에

the contrary 반대로 in the end 결국 (= after all)

in the main 주로 on the increase 증가하고 있는

on the spot 바로 그 자리에서, 현장에서 on the way 도중에서

on the whole 전반적으로, 대체로

to the point 요령 있는 through the night 밤새도록

on the right [left] 오른쪽에 [왼쪽에] ※ in the right [wrong] 옳은 [틀린]

(2) 부정관사 (indefinite article)

1) 앞에

① **의의**

부정관사 a, an은 정관사 the와 더불어 명사 앞에 붙는 특수한 한정사의 하나이다. 부정관사는 일반적으로 불특정의 것, 보통의 것(단수 보통명사 앞에는 반드시 붙인다), 모르는 것, 처음 언급되는 것 등을 나타내는 명사 앞에 붙여 쓴다.

② **a와 an의 구분 사용**

뒤에 오는 단어 (명사를 수식하는 후치 한정사나 부사, 형용사 등의 수식어가 오는 경우 명사가 아니고 그 후치 한정사나 부사, 형용사)의 발음 (철자가 아님)이 모음으로 시작되는 경우에는 an을 사용한다.

a European[jùərəpíːən] a university [jùnːəvəːrsəti]

a year [jiər/ jəːr] a useful [júːsfəl] information

a very [véri] important information

an apple [ǽpl]
an egg [eg]
an engineer [èndʒəníər]
an heir [ɛər]
an hour [áuər]
an honor [ɑ́nər/ ɔ́nər]
an I.Q. [aikjuː]
an M.P. [émpíː]
an X-ray [éksrèi] examination
an only [óunli] son
an honest [ɑ́nist/ ɔ́nist] boy

③ a와 an의 발음

강조하여 말할 경우에는 [ei](에이), [æn](앤)으로 강하게 발음하고, 그 밖의 경우에는 [ə] (어), [ən] (언)으로 발음한다.

'A'[ei] is an[ən] article. A는 관사이다.

2) 쓰임새

① a, an + 단수 가산명사

❶ (같은 종류의 것 중의) '어떤 하나[한 사람]'의 뜻으로

▶ 이러한 뜻으로 쓰일 경우에는 우리말로 해석할 필요가 없는 경우가 많다.

a man a woman a student
a teacher a flower a book

She has a book. 그녀는 책을 한 권 가지고 있다.

He is an engineer. 그는 기술자이다.

❷ one의 뜻으로 《(단) 하나의, (단) 한 사람의》

a day [week, month, year] 1일 [1주, 한 달, 1년]

in a minute(= in [within] minutes) 즉각, 당장

to a man 한 사람도 빠짐없이

within a week(= inside of a week) 일주일 내에

half an hour 한 시간의 반 (30분) half a mile 1마일의 반 [반 마일]

half a dozen 한 타(다스)의 반 [반 타(다스)]

One at a time, please. 한 번에 한 사람씩 (= 차례대로) 해 주세요.

They will stay there a day or two. 그들은 하루나 이틀을 그곳에 머물 것이다.

We walked half a mile half an hour. 우리는 30분 동안 반 마일을 걸었다.

There are twelve months in a year. 1년은 열두 달이다.

A bird in the hand is worth two in the bush.

Rome was not built in a day.

■ 참 고– a [an]와 one

1. '하나의'라는 뜻을 강조할 경우에는 a [an] 대신 one을 쓴다.

one thousand 일천 a thousand 천

2. 금액을 나타낼 때에는 one을 쓰는 것이 보통이다.

This cost me **one** thousand won. 나는 이것을 천 원 주고 샀다.

3. a와 one을 쓰는 데에 따라 뜻이 달라지는 경우

(1) as a man 한 인간으로서; 일개 남자로서; 일치단결하여(= as one man)

as one man 일치단결하여; 다함께, 일제히

I respect him **as a man**. 나는 한 인간으로서(의) 그를 존경한다.

We have done it **as one man**. 우리는 일치단결하여 그 일을 해냈다.

(2) a fine morning 어느 화창한 아침

one fine morning 〈입말체〉 어느 날 아침 (= one morning)

※ 이때의 fine은 날씨와는 상관없이 별다른 의미 없이 일상에서 습관적으로 쓰며 과거와 미래에 모두 사용한다.

one day 〈과거나 미래의〉 어느 날, 언젠가는 one fine day 일간, 언제든 한 번

Come to see me **one fine day**. 일간 한번 날 찾아오너라.

(3) at a time 한번 [1회]에; 동시에, 한꺼번에 (= at the same time, at one time)

at one time 한때는, 일찍이; 동시에

Take two pills at a time daily after meals. 매일 식사 후에 1회에 두 알씩 복용하세요.

Don't ask too many questions at a time. 한꺼번에 너무 많은 질문을 하지 마라.

He was at one time a member of the National Assembly. 그는 한때 국회의원을 지냈다.
It had a great vogue at one time. 그것은 한때 대유행이었던 적이 있다.

❸ 부류의 일원(= a kind, member of), 직업

I am **a** Korean. 〈여기서의 korean은 명사로서 '한국인, 한국 국민'의 뜻〉

나는 한국인 (국민의 한사람)입니다.

cf.) I am Korean. 〈여기서의 korean은 형용사로 '한국인의, 한국 국적의' 뜻〉

나는 한국 (국적의) 사람입니다.

I am **a** teacher. 나는 교사입니다.

You are **a** student. 너는 학생이다.

She is **a** bank manager. 그녀는 은행원이다.

❹ 가산명사가 나타내는 종류(종족) 전체를 나타내어 (대표단수) 《모든 ~; ~이라는 것; 어느, 어느 것이나 (= any, every)》

A tiger is a fierce animal.(= The tiger is a fierce animal.) 호랑이는 맹수이다.

A child needs love. 어느 아이에게나 사랑이 필요하다. / 모든 아이는 사랑을 필요로 한다.

(= Any child needs love. / All children need love.)

❺ 'a certain'의 뜻으로 《어떤, 어느》

A man came to see you during your absence.

어떤 사람이 당신 부재중에 찾아왔었습니다.

He came back on **a** my birthday. 그는 내 생일 날에 돌아왔다.

It was on **a** Spring's day. 어느 봄날이었다.

In a sense, life is only a dream. **어떤 의미로 보면** 인생은 한낱 꿈일 뿐이다.

▷ a certain ~ 《(어떤) 일정한, 어떤 정해진; (막연히) 어떤; 어느 정도의, 다소의》
at a certain place 일정한 곳에(서) on a certain day 어떤 정해진 날에
receive a certain percentage of the profit 이익의 일정률을 받다

for a certain reason 어떤 이유로　　a certain gentleman 어떤 신사
a certain reluctance 다소 마음이 내키지 않음
to a certain extent 어느 정도(까지)
I felt a certain anxiety. 나는 어딘지 모르게 불안감이 들었다.
It does not have to be a certain date. 어떤 특정한 날이어야 할 필요는 없다.
There are certain problems involved, you know.
아시다시피 관련된 어떤 문제들이 있습니다.

❻ some의 뜻으로 《얼마간의 ~; 어느 정도의; 약간의》

▶ **특히, 부정관사가 time, minute, while, distance, degree 등의 시간, 거리, 정도 등을 나타내는 명사와 함께 쓰일 경우 이와 같은 뜻으로 쓰인다.**

at **a** distance 얼마간의 거리를 두고, 좀 떨어져서
cf.) at **a** distance of ~: ~의 거리에
for **a** time 한동안은, 잠시; 임시로　　for **a** [one] while 잠시(동안), 일시
for **a** long time 오랫동안　　in **a** degree 조금은
to **a** degree **〈입말체〉** 대단히, 매우; 어느 정도, 약간

She was speechless **for a time.** 그녀는 **한동안** 말이 없었다.

I thought of it **for a while.** 나는 **잠시 동안** 그것을 생각했다.

The picture looks to advantage **at a distance.**
그 그림은 **좀(적당히) 떨어져서** 보는 것이 좋다.

They sit **at a distance** from one another. 그들은 서로 **거리를 두고** 앉아 있다.

You must stand **at a distance of** 3 paces from each other.
서로 **3보 간격**으로 서도록 하세요.

❼ 전치사 per의 뜻으로 《~당; 한 ~에; 매 ~에 (얼마)》

▶ **이 경우 a, an은 전치사의 역할을 겸하고 있으므로 전치사 없이 쓰인다.**

once **a** day 하루에 한 번　　twice **a** week 1주일에 두 번
three times **a** month 한 달에 세 번　　$10 **an** ounce 1온스당 10달러

We walked at the rate of five miles **an** hour.

우리는 시간당 5마일의 속도로 걸었다.

Ordinarily, a lunar eclipse happens twice **a** year.

통상적으로 월식은 일 년에 두 번 발생한다.

❽ about의 뜻으로 《대략》

This hotel holds **a** thousand guests. 이 호텔은 손님을 대략 천 명 정도를 들일 수 있다.

② a [an] + 고유명사

❶ ~이라는 사람; ~집안 [가문]의 사람; ~이라고 할 만한 사람; ~와 같은 사람

I met **a** Mr. Kim. 나는 **김 씨라는** 사람을 만났다.

He is **a** Kennedy. 그는 **케네디 가문사람**이다.

He is **an** Edison. 그는 **에디슨과 같은 대발명가**다.

❷ ~의 작품 [제품]

a Rodin 로댕의 작품 a Ford 포드회사 제품 (자동차)

③ a [an] + 불가산명사

❶ 추상명사의 보통명사화 ☞ **p. 35 참조**

Temperance is **a virtue**. 극기는 **미덕의 하나**이다.

Geum-sun had a happy **marriage**. 금순은 행복한 **결혼생활**을 하였다.

Would you do me **a favor**? 부탁 **한 가지** 들어 주시겠습니까?

❷ 물질명사의 보통명사화 ☞ **p. 31 참조**

There is **a glass** on the table. 탁자 위에 컵이 하나 있다.

Give me **a coffee**. 커피 한 잔 주세요.

④ 한정어구와의 결합 시

❶ 유일한 자연물의 양태를 나타낼 때

a crescent moon 초승달 a full moon 보름달

a waning [an old] moon 하현달

❷ 수량형용사, 수사 따위와 결합하여 하나의 총체적인 의미를 나타낼 때

a dozen times 12회

A three years is not so long. 3년이란 (기간은) 그다지 긴 세월이 아니다.

❸ 명사를 수식하는 형용사의 최상급 앞에

It was **a most** beautiful sight. 그것은 무척 아름다운 광경이었다.

❹ 형용사의 최상급이나 서수와 그 수식을 받는 명사가 밀접하게 결합되어 있는 어구 앞에

a best seller 베스트셀러 **a** first-nighter 첫날의 단골손님 [관객]

⑤ 기타 쓰임새

❶ of a [an] ~ 《동일한 (= the same)》

We are all **of an** age [a mind, a humor]. 우리는 모두 나이[마음, 성격]이 같다.

You and Tom are two **of a** kind. 너와 톰은 서로 비슷한 사람이다.

Birds **of a** feather flock together. 같은 깃털의 새들끼리 무리 짓는다.(= 유유상종이다.)

Two **of a** trade seldom agree. 같은(이) 장사를 하는 두 사람의 뜻이 맞기란 어렵다.

❷ a [an] … of a ~ 《…와 같은 ~》

an angel **of a** woman 천사와 같은 여자

an oyster **of a** man 굴 같은 사람(말이 없는 사람)

❸ **근사한, 멋진** ※ [ei] (에이)로 발음한다.

He has **a** voice. 그는 멋진 목소리를 가졌다. (그는 노래를 참 잘 부른다.)

❹ **관용구 (숙어)에서**

a kind [sort, type] of 일종의 a little [few] 약간, 조금

all of a sudden 갑자기 as a rule 일반적으로 in a hurry 급히

on an average 평균하여 once upon a time 옛날 옛적에, 먼 옛날에

be at a loss 당황하여 come to an end 끝나다.

cost an arm and a leg 터무니없이 큰돈이 들다(비싸다).

go on a picnic [trip, errand] 소풍 [여행, 심부름]을 가다.

have an eye for ~: ~에 대한 안목이 높다, ~을 볼 줄 안다.

have a head for ~: ~에 재주가 있다. have a fancy for ~: ~을 좋아하다.

make a long face 우울한 얼굴을 하다.

(3) 관사를 붙이지 않는 경우(zero article)

셀 수 없는 명사 (고유명사, 추상명사, 물질명사)와 복수 명사에는 관사를 붙이지 않고, 셀 수 있는 명사 (보통명사, 집합명사)에는 관사를 붙이는 것이 원칙이다. 그러나 셀 수 있는 명사라도 다음과 같은 경우에는 관사를 붙이지 않는다.

1) man이 인간, 남성을, woman이 여성 (여자)을 의미하는 경우

Man is mortal. 사람은 죽게 마련이다.

Man differs from **woman** in many respects. 남성은 여러 면에서 여성과 다르다.

Woman is weak, but mother is strong. 여자는 약하나, 어머니는 강하다.

2) 호격(呼格)

Father, I love you. 아버지! 사랑합니다.

Can I help you, **madam**? 무얼 도와 드릴까요, 부인?

Keep the change, **cab.** 잔돈은 그냥 두세요. (택시)기사님.

3) 가족, 친척 등의 칭호

▶ 일종의 고유명사로 보아 대문자로 시작하는 것이 보통이다.

ex) **father, mother, baby, brother, husband, wife, aunt, uncle 등**

Mother wants you. 어머니가 너를 찾으셔.

Uncle gave me this bicycle. 삼촌이 이 자전거를 나에게 주셨다.

> ▷ **자기의 가족의 일원임을 나타내는 경우 정관사 the를 붙이기도 한다.**
> I have to consult **the husband.** (제) 남편과 의논해 봐야겠어요.
> **The children** have gone to play with their friends. (우리) 아이들은 친구들과 놀러 나갔어요.

4) 신분, 관직을 나타내는 명사와 함께

① 신분, 관직이 고유명사 [인명(人名)]의 앞에 붙는 경우

President Barack Hussein Obama

Minister Kim 김 장관

Judge Marshall 마셜 판사

Professor Carpenter 카펜터 교수

② 고유명사의 뒤에 동격으로 쓰이는 경우

<u>Antoine de Saint-Exupery</u>, **aviator** and **author** of 'The Little Prince,' died in a plane crash. 비행사이자 어린 왕자의 작가 생떽쥐페리는 비행기 추락사고로 사망했다.

<u>Yi Sun-Sin</u>, **Admiral** of Korea, was a great person.

한국의 해군 제독 이순신은 위대한 사람이었다.

> ▷ **명사 뒤에 이중 속격이 동격으로 올 때는 관사를 생략하지 못한다.**
> Mr. Kim Sam-sik, **a** friend of mine, is a farmer. 김삼식은 내 친구인데 농부이다.

5) 명사 보어(주격 보어, 목적격 보어)로서 다음과 같은 경우에

① 보어인 명사가 형용사적으로 쓰이는 경우

He is **merchant** through and through. 그는 철두철미한 장사꾼이다.

② 보어로 되는 명사가 최고·한자리뿐인 관직, 직위, 직책 등을 나타내는 경우

He became **Prime Minister.** 그는 총리[수상]가 되었다.

Mr. Green is **principal** of our school. 그린 씨는 우리 학교의 교장선생님이다.

He was elected **chairman.** 그가 의장으로 선출되었다.

③ 관직, 직책 등을 나타내는 명사가 elect, appoint, nominate 등의 목적격 보어일 때

They elected her (as, to be) **major** of the city.

그들은 그녀를 그 시의 시장으로 선출했다.

The president appointed Mr. Kim (as, to be) **manager.**

사장은 김 씨를 지배인으로 임명했다.

The President nominated her as **Secretary** of State.

대통령은 그녀를 국무장관으로 임명했다.

6) 계절, 식사, 운동(경기), 질병, 학문의 이름을 나타낼 때

- **계절:** spring, summer, autumn, fall, winter
- **식사:** breakfast, lunch, dinner, supper
- **운동경기:** soccer, football, baseball, basketball, handball, volleyball, tennis, table, tennis, boxing, cycling, golf, fencing, archery, equestrian, rowing, sailing, shooting, weight lifting, wrestling, etc.
- **질병:** anaemia, appendicitis, cancer, cholera, consumption, diabetes, diarrhea, fever, influenza, pneumonia, neuralgia, tuberculosis, typhoid, etc.
- **학문:** mathematics, economics, politics, physics, phonetics, statistics, ethics, semantics, anthropology, archaeology, biology, ecology, geology, physiology psychology, sociology, zoology, architecture, medicine, engineering, business, administration, Korean history, English literature, physical education, science of nursing, music,

art, chemistry, history, geography, military science, jurisprudence, astronomy, botany, science, philosophy, etc.

Summer is a hot season 여름은 더운 계절이다.

Breakfast can be had at seven. 아침 식사는 7시에 드실 수 있습니다.

Cancer took him. 그는 암으로 죽었다.

They are playing **football**. 그들은 축구를 하고 있다.

He majors in **Korean literature**. 그는 한국문학을 전공하고 있다.

cf.) She majors in **the** French literature of the 19th century.

그녀는 19세기 불문학을 전공한다.

※ 학문 명이 수식어구로 한정될 때는 the가 붙는다.

■ 덧붙임

1. -ache가 들어가거나 가벼운 병명에는 부정관사를 붙인다.

I have a headache(stomachache, toothache). 나는 머리(배, 이)가 아프다.

2. '식사하다.'의 뜻으로 meal을 쓸 때는 부정관사를 붙이며, 식사 이름 앞에 수식어구가 붙으면 관사를 붙인다.

We had **a meal** in chinese restaurant. 우리는 중국 음식점에서 식사를 했다.

I had **a heavy** [**big**] **breakfast**. 나는 아침을 많이 먹었다.

My Mother made me **a good lunch**. 어머니가 나에게 맛있는 점심을 만들어 주셨다.

3. 계절 이름 앞에는 정관사를 붙이기도 한다. 한정될 때는 the가 붙는다.

In Korea it's very hot in (**the**) summer and very cold in (**the**) winter.

한국은 여름에는 날이 매우 덥고, 겨울에는 날이 매우 춥다.

The summer of 2002 was very hot one. 2002년 여름은 매우 뜨거웠다.

7) 건물, 장소를 나타내는 '전치사 + 명사'에서 명사가 본래의 목적, 기능이나 직업, 신분을 나타내는 경우

학교(school): 수업, 학업	절(temple), 교회(church): 수양
감옥(prison): 수감	병원(hospital): 치료
바다(sea): 선원	시장(market: 장보기
침대(bed): 잠	사무실(office): 근무

He went to sea [prison]. 그는 선원이 [죄수가] 되었다.

He went to (the) hospital. 그는 입원했다. ※ 미국에서는 이·경우 the를 쓰기도 한다.

She went to bed. 그녀는 잠자리에 들었다.

In Korea, the president's term in office is five years.

한국에서 대통령의 임기는 5년입니다.

He is at school. 그는 수업 중 (재학 중)이다.

They are at (the) table. 그들은 지금 식사를 하고 있는 중이다.

※ 미국에서는 이 경우 the를 쓰기도 한다.

> **▷ 건물, 장소를 나타내는 명사가 특정의 건물, 장소 그 자체를 나타낼 때는 관사를 붙인다.**
> His wife went to **the prison** to see him. 그의 아내는 그를 만나러 교도소 (건물)에 갔다.
> I like swimming in **the sea**. 나는 바다에서 수영하는 것을 좋아한다.
> He is at **the table**. 그는 식탁에 앉아있다.
> She went to **the bed**. 그녀가 침대로 갔다.

8) 「by + 이동로 (여행로), 이동 (여행)·통신의 수단」을 나타낼 때

by land [air, sea] 육로로 [공로로, 해로로]

by car [bus, taxi, airplane, train, ship, cable (케이블카로)]

by telephone [cell(ular) phone, mail (= post), letter, internet]

by hand 인편으로

by word of mouth 구두로

■ 참고

1. 교통편을 나타낼 때 by대신에 in이나 on이 쓰이면 관사를 붙인다.

He went to school **on a bicycle**. 그는 자전거를 타고 학교에 다녔다.

She came home **in a taxi**. 그녀는 택시를 타고 집에 돌아왔다.

Geum-sun went to Daejeon **on the train**. 금순이는 기차를 타고 대전에 갔다.

2. by + 단수 명사 = in, on (미) + a [an] + 단수 명사 / in + 복수 명사

by bus = in a bus [on a bus (미)] = in buses 버스로, 버스를 타고

3. e-mail [email] the message to him. 그에게 E메일로 전언 (메시지)을 보내다.

9) 단수적 의미의 한정사(a, the, this 등) + kind [sort, type] of + (무관사) + 단수 가산명사 또는 불가산명사 《일종의 ~, ~의 일종; 그 [이]와 같은 (종류)》

▶ 여기서 단수 가산명사 앞에 관사를 두지 않는 것은 '한정사 + kind [sort, type] of'는 그대로 '한정사(관사) + 형용사'와 같은 역할을 하므로 다시 관사를 붙일 필요가 없기 때문이다.

I am not **a kind of person** who danced to a person's piping.

나는 남의 장단에 춤추는 그런 부류의 사람이 아니다.

It's **a kind of game** that keeps me on the edge of seat.

그것은 손에 땀을 쥐게 하는 경기이다.

I prefer **this kind of hat**. (= a hat of this kind). 나는 이와 같은 모자를 좋아한다.

He is **a sort of pedant**. 그는 일종의 현학자다.

That's **the sort of thing** I want. 그것이 내가 원하는 종류의 것이다. (그러한 것이 필요하다.)

I like **that type of girl**. 나는 그런 유형의 여자를 좋아한다.

■ 참고

1. 복수적 의미의 한정사 [복수 수사, theses 등] + kind(s) [sort(s), type(s)] + of + 가산명사 (단·복수)/불가산명사

이때 kind 등을 단수 형태로 쓰는 것은 입말체이다. 이는 kind 등을 형용사로 보거나 단수형과 복수형이 같은 명사로 보았던 것에서 연유한다. kind를 명사로 생각하고 수의 일치 원칙에 따라

「**복수의미의 한정사 + kinds 등 of + 복수 명사**」**로 쓰는 것이 원칙**이다. (글말체)
three kinds of apple; three kinds of apples; three kind of apples 세 종류의 사과
many kinds of apples 많은 종류의 사과들
these kind of apples 이런 종류의 사과들 **〈한 종류〉**
all kinds of books(= books of all kinds) 모든 종류의 책들
these kind(s) of people(= this kind of people) 이러한 부류의 사람들
these [those] kind(s) of things 이러한 [그러한] 것
(= things of this [that] kind/ this [that] kind of things)
She can cook all kinds of dishes. 그녀는 모든 종류의 음식을 요리할 수 있다.
He always resorts to all kinds of excuses. 그는 항상 온갖 종류의 핑계들을 댄다.
Those kinds of fruit do not grow well here. 그런 과일류는 이곳에서는 잘 자라지 않는다.
There are many kinds of fish in this pond. 이 연못에는 많은 종류의 물고기가 있다.
I hate these kind of moves. 나는 이런 유형의 영화들을 싫어한다.
Are you in some kind of trouble? 무슨 걱정이 있으세요?
Several types of hats are treated by the store.
그 가게는 여러 종류의 모자를 취급한다.

2. 입말체에서는 「kind [sort] + of + a(an) + 단수 명사」를 쓰기도 한다.
What **kind of a man** is he? 그는 어떤 (부류의) 사람인가?
He is **a** funny **sort of a man**. 그는 재미나는 부류의 사람이다.

3. 입말체에서는 「kind [sort] + of + 동사/형용사」와 같이 부사적으로 쓰기도 한다. 《그저, 좀, 비슷하게》
I **kind of** expected it. 나는 조금은 예상하고 있었다.
He **kind of** smiled at us. 그는 우릴 보고 그저 웃었다. (비웃는 듯 했다.)
It's **kind of** good. 그저 괜찮은 편이다.
"Are you through with lunch?" 점심식사 하셨습니까? – "**Sort of**, yes." 조금은요.

10) 보어인 명사가 문두에 오는 양보구문에서 [명사 + as [though] + s + v] 《비록 ~일지라도》

Child as she is, she is very prudent. 그녀는 비록 어리지만 매우 사려 깊다.

Coward as he was, he could not bear such an insult.
그가 비록 겁쟁이였을지라도 그와 같은 모욕을 참을 수가 없었다.

11) 동일인, 동일 물이 아니지만 불가분의 관계를 이루고 있는 다음과 같은 경우의 뒤 명사에는 관사를 붙이지 않는다.

이들은 그것이 동일인(물)으로 취급되느냐 별개의 것으로 취급되느냐에 따라 그 수가 결정된다. 예를 들어 사람의 관계인 'a doctor and nurse'는 당연히 복수이므로 동사는 복수 동사로 해야 하고, 이를 받을 때는 복수 인칭대명사로 받아야 한다. 그러나 사물이 긴밀하게 결합된 것들은 이를 동일 물로 보는 것이 합당한 경우가 많으므로 'a watch and chain'의 경우에서와같이 동일 물로 보아 단수 동사나 단수 지시대명사를 취하는 경우가 많다.

a doctor and nurse **〈복수〉** 의사와 간호사　　the king and queen **〈복수〉** 국왕 부처

the body and mind 심신 **〈복수〉**　　a knife and fork **〈단수〉** 나이프와 포크

a cup and saucer **〈단수〉** 받침 접시를 받친 잔

a horse and cart **〈단수〉** 말 마차　　a needle and thread **〈단수〉** 실을 꿴 바늘

a watch and chain **〈단수〉** 시계 줄이 달린 시계

The king and queen invited the noblemen to the palace.

국왕 부처는 귀족들을 궁에 초대했다.

She bought **a cup and saucer.**　　그녀는 잔과 받침 한 벌을 샀다.

A horse and cart is traveling down the road.　말 마차 한 대가 길을 따라 달려가고 있다.

12) 대구(對句)적 표현에서

상대적 의미를 갖는 명사를 접속사로 연결하거나, 동일명사를 전치사로 연결하여 강조적인 의미를 나타낼 때

father and mother　man and wife　father and son　mother and child

brother and sister　body and soul　hand and foot　young and old

master and pupil　friend and foe　rich and poor　pen and ink

knife and fork　east and west　night and day

arm in arm 팔짱을 끼고　　day by [after] day 날마다

face to face 정면으로　　from door to door 집집마다

from hand to hand 이 손 저 손으로, 여러 사람을 거쳐

from hand to mouth 그날 벌어 그날 먹는 생활로

from head to foot 머리부터 발끝까지, 온몸에, 완전히

from morning till night 아침부터 밤까지

from time to time 때때로 hand in hand 손에 손을 잡고

head to head 맞대면하여; 정면으로 night after night 매일 밤

side by side 나란히 step by step 한걸음 한 걸음

year after year 해마다 word for word 한 마디 한 마디; 문자 그대로

Now they are **man and wife.** 이제 그들은 부부이다.

The man and woman are walking **arm in arm.** 남녀가 팔짱을 끼고 걸어가고 있다.

We discussed the problem **head to head.** 우린 그 문제에 대해 직접 대면하여 논의했다.

Friend and foe lay down **side by side.** 동지와 적이 나란히 누웠다.

You must not translate the English sentence **word for word.**

그 영어문장을 글자 그대로 번역 (직역)해서는 안 된다.

13) 다음과 같은 관용구에서

at hand 가까이에, 가까운 장래에 at heart 진심으로, 진심은 by design 고의로
by hand 손으로, 자필로 by name 이름으로; ~라는 이름으로
by surprise 불시에, 느닷없이 by sight 얼굴은, 얼굴만은, 눈으로 보아서
catch hold of ~: ~을 붙잡다. catch sight of ~: ~을 발견하다; ~을 힐끔 쳐다보다.
have fun 재미있게 놀다; 흥겨워하다.
keep house 살림을 하다; 살림을 꾸려 나가다.
in brief 말하자면, 요컨대 in case 만일에 대비하여: ~하면 안 되므로
in case of ~: ~의 경우에는 (= in the event of), ~을 생각해서
※ in case of need 만일의 경우에는, 어려울 때
in case of emergency 위급 시에 (= in an emergency)
in fact 사실은 in name (only) 명목상
in order 질서 있는, 순서대로, 정돈되어
in private 은밀히, 남몰래 (secretly)
in public 공공연히; 사람들 앞에서

live from hand to mouth 그날 (하루) 벌어 그날 (하루) 먹는
make room for ~: ~을 위해 자리 [장소]를 만들다 [비키다, 내어주다, 양보하다.]
on account of ~: ~ 때문에 on foot 걸어서
with child 아이를 밴, 임신 중 인(pregnant)

He isn't a bad man at heart. 그는 내심 (바탕)이 나쁜 사람은 아니다.

Man-su caught hold of me by the collar. 만수가 내 멱살을 잡았다.

The teacher mentioned each pupil by name.

선생님은 학생 한 명 한명의 이름을 불렀다.

Let's wait another ten minutes in case. 만약을 생각해서 10분 더 기다려보자.

(4) 관사의 임의적 생략

관사를 써야 하지만 일상의 대화, 메모, 광고문구, 공고문, 신문·잡지의 표제 등 시간상, 지면상 가급적 신속·간결함이 요구되는 곳에서 관사를 생략하여 쓰는 경우를 말한다.

"(A) Happy New Year!" 행복한 새해가 되세요!(새해 복 많이 받으십시오!)

– "(The) Same to you." 당신도요.

(It's a) Great game, isn't it? 멋진 경기로구나, 그렇지 않니?

She'll be home (the) day after tomorrow. 그녀는 모레 집에 있을 거야.

(The) Fact is, he was murdered, he didn't commit suicide at all.

사실, 그 남자는 피살되었다. 결코 자살한 것이 아니다.

Cut along (the) dotted line. 점선을 따라 자르세요.

Wanted. – (A) Man to wash dishes. 사람구함 (구인) – 접시 닦기 할 남자 한 명.

(The) Lift (is) out of order. 승강기 고장.

(The) Number of (The) Unemployed Falls 실업자 수 감소하다

(5) 관사의 반복

두 개 (이상)의 명사가 동일한 사람이나 사물을 나타내거나, 두 개 (이상)의 형용사가 한 사람이나 한 사물을 나타내는 명사를 수식하는 경우 관사는 첫째 번의 명사나 형용사에만 붙이고, 두 개 (이상)의 명사가 각각 다른 사람이나 사물을 나타내거나 두 개 (이상)의 형용사가 수식하는 보통명사가 각기 다른 사람이나 사물을 가리킬 경우에는 원칙적으로 각각의 명사나 형용사 앞에 관사를 붙인다.

1) 동일 [단일]한 사람·사물을 나타낼 때에는 하나의 관사만을 사용한다.

- **관사** + 명사 + and + 명사 + 단수 동사
- **관사** + 형용사 + and + 형용사 + 명사 + 단수 동사

He is **a** poet and teacher. 그는 시인이면서 교사이다.

There is **a** green and red apple on the table.

탁자 위에 초록색과 붉은색이 나는 사과 한 개가 있다.

2) 다른(별개의) 사람이나 사물을 나타낼 때에는 원칙적으로 관사를 각각 사용한다.

- **관사** + 명사 + and + **관사** + 명사 + 복수 동사
- **관사** + 형용사 + and + **관사** + 형용사 + 명사 + 복수 동사

They are **a** poet and **a** teacher. 그들은 시인 한명과 교사 한 명이다.

There are **a** green and **a** red apple on the table.

탁자 위에 초록색 사과 한 개와 붉은 색 사과 한 개가 있다.

(6) 관사가 없는 경우와 있는 경우 서로 다른 뜻이 되는 경우 및 정관사와 부정관사가 붙는 경우 다른 뜻으로 쓰이는 경우

1) of great moment 중요한, 중대한 (= momentous, of account)

of the moment 현재의 가장 중요한; 순간의, 덧없는 (= momentary, temporary)

of little(no) moment 별로 [조금도] 중요하지 않은

It is the matter of great moment. 그것은 대단히 중요한 일이다.

the man of the moment 현재(당대의) 가장 유명한 사람

2) behind time 늦은(= late), 지각하여

behind the times 시대에 뒤진, 낡은 (= out of date, out of mode, obsolete)

The bus was twenty minutes behind time. 버스가 20분 늦었다.

I read the newspaper every day in order not to fall behind the times.

나는 시대에 뒤떨어지지 않기 위해 매일 신문을 읽는다.

3) **take place** 발생하다 (= happen, occur, break out, come, come to pass), 개최하다

take the place 대신하다 (= be substituted for); 대리하다

The event will take place at 2:00 p.m. 행사는 오후 2시에 열립니다.

No one could take the place of my wife. 아무도 나의 아내를 대신할 수는 없다.

4) **keep house** 살림을 꾸려나가다 (= manage household tasks), 일가를 이루다

keep (to) the house 두문불출하다 (= stay indoors).

She keeps house in the parent-in-law's house. 그녀는 시집살림을 하고 있다.

He keeps to the[his] house. 그는 집에 처박혀 있다.

5) **in course of ~:** ~ 중에 있는 (= under)

in the course of ~: ~동안에 (= during), ~사이에

in course of writing 집필 중인

a house in course of construction 건축 중인 집

The building is in course of construction. 그 건물은 건축 중이다.

in the course of the week 이번 주 중에, 이번 주 안에

in (the) course of time 시간이 지나면, 언젠가는, 머지않아

Don't be disappointed and bob up again. In the course of time, a good opportunity occurs for you again.

실망하지 말고 다시 기운차게 일어서야지. 머지않아 좋은 기회가 너에게 다시 찾아올 거야.

– REVIEW EXERCISES –

1. 빈칸에 알맞은 관사나 한정사 또는 전치사를 넣어라. (무관사인 경우에는 ×)

(1) 나는 이 두 권의 책이 다 맘에 든다.

→ I like (   ) these books.

(2) 나는 통상가격의 두 배나 지불해야 했다.

→ I had to pay (   ) the usual price.

(3) 나는 그 책의 처음 3쪽만을 읽었다.

→ I read only (   ) (   ) three pages of the book.

(4) 그 두 소녀 모두 내가 아는 사람이다.

→ Both (of) (   ) girls are my acquaintances.

(5) 그는 매달 2번씩 부모님을 방문한다.

→ He visits his parents twice (   ) month.

(6) 그 일은 이미 절반이 마쳐졌다.

→ (   ) the work is already finished.

(7) 그 문제는 너무 어려워서 내가 풀 수 없었다.

→ It was (   ) difficult a problem that I could not solve it.

(8) 아무리 큰 좌절을 겪더라도 그는 결코 포기하지 않았다.

→ However great (   ) setback he suffered, he never gave up.

(9) 그녀는 30대이다.

→ She is in (   ) thirties.

(10) 나는 주급을 받고 있다.

→ I am paid (   ) (   ) week.

(11) 나는 그녀의 손을 꽉 붙잡았다

→ I grasped her (   ) (   ) hand.

(12) 그가 나의 뺨에 입을 맞추었다.

→ He kissed me (   ) (   ) cheek.

(13) 손안에 있는 새 한 마리가 수풀 속에 있는 새 두 마리의 가치가 있다.

→ (   ) bird in (   ) hand is worth two in (   ) bush.

(14) 그들은 서로 거리를 두고 앉아 있다.

→ They sit (   ) (   ) distance from one another.

(15) 나는 어느 정도는 그의 처지를 이해한다.

→ I understand his position (   ) (   ) degree.

(16) 그녀는 아주 눈에 띄는 미인이다.

→ She is (   ) very striking beauty.

(17) 부탁 한 가지 들어 주시겠습니까?

→ Would you do me (   ) favor?

(18) 나는 아침을 많이 먹었다.

→ I had (   ) heavy[big] breakfast.

(19) 그는 자전거를 타고 학교에 갔다.

→ He went to school (   ) (   ) bicycle.

(20) 나는 남의 장단에 춤추는 그런 부류의 사람이 아니다.

→ I am not a kind of (   ) person who danced to a person's piping.

(21) 그는 거짓말을 할 위인이 아니다.

→ He is not the sort of (   ) man to tell a lie.

(22) 그는 항상 온갖 종류의 핑계들을 댄다.

→ He always resorts to (   ) kinds of excuses.

(23) 우린 그 문제에 대해 직접 대면하여 논의했다.

→ We discussed the problem (   ) head to head.

(24) 그는 내심(바탕)이 나쁜 사람은 아니다.

→ He isn't a bad man at (   ) heart.

(25) 이 옷들은 유행에 뒤떨어진다.

→ These clothes are behind (   ) times.

2. **Which is the most suitable for the blank?**

"What is your nationality?" — "I am ________."

(A) Korean (B) a Korean (C) the Korean (D) Korea

3. **Choose the answer that best complete B sentence.**

A: Where should they be planted? [토익 유형]

B: ________ should planted in the shade.

(A) These kinds of flowers (B) This kind of flower

(C) These kind of flowers (D) This kind flower

4. **문법적으로 옳은 것은? [공무원 7급]**

(A) Bush was elected the President of the United States.

(B) He caught me by my arm.

(C) It has passed three years since my father died.

(D) The concert is on channel 6 live from Carnegie Hall.

5. **다음 글의 밑줄 친부분 중 옳지 않은 것을 고르시오.**

Now, however, (A) <u>the energy risks so apparent</u> in the aftermath of hurricane Katrina have created both the urgency and the political opportunity (B) <u>for the nation's leaders to respond</u> appropriately. The government must (C) <u>capitalize on the end of the era of</u> perpetually cheap gas, and it must do so (D) <u>in a way such that makes America less vulnerable to</u> all manner of threats.

6. 아래 주어진 문장에서 문맥을 고려하여 괄호 안의 어구들을 가장 적절히 나열한 것은? [공무원 7급]

It is very unusual for services (be paid / such / not / to / as / gas and electricity) by the host family in each case, but any extra expenses should be settled up before the end of the holiday.

(A) such as gas and electricity to not be paid

(B) as gas and electricity such not to be paid

(C) as such gas and electricity not to be paid

(D) such as gas and electricity not to be paid

7. Choose the wrong sentence.

(A) That fool of a John has forgotten to clean my shoes.

(B) The old villain of a landlord made her go there alone.

(C) He gave up the pen for plough.

(D) Without his rescue, I should have been drowned.

(E) No questions were asked of us.

8. 다음 밑줄 친부분 중 어법상 올바른 것은?

Her arms (A) <u>were embraced him</u>, and by the shaking of her body he could feel that she was sobbing. She might have been a suppliant crying for mercy. He (B) <u>patted her shoulder</u>, then got up, (C) <u>disengaging himself of</u> her embrace. He left her (D) <u>still crouching</u> on the floor beside the chair (E) <u>which he had been sitting</u>.

= 해설·정답 =

1. 〈정답〉

(1) both (2) double (3) the, first (4) the (5) a (6) half (7) so (8) a (9) the (or her) (10) by, the (11) by, the (12) on, the (13) a, the, the (14) at, the (15) to, a (16) a (17) a (18) a (19) on, a (20) × (21) × (22) all (23) × (24) × (25) the

2. 【해설】

'I'm Korean.'에서 'Korean'은 형용사로서 국적을 나타낸다. 'I'm a Korean.'에서 'a Korean'은 명사로서 국민의 한 사람을 나타낸다.

〈정답〉 (A)

3. 【해설】

'단수 의미의 한정사[a, the, this 등 + kind of + (무관사) 단수 가산명사/불가산명사'의 형태나 '복수의미의 한정사(복수수사, theses) + kinds + of + 복수 가산명사/불가산명사'의 형태로 쓰는 것이 원칙이다 (글말체). (A) 원칙적으로 가장 적당하다. (B) 문법적으로는 틀리지 않으나 질문에 복수 (they)를 쓰고 있으므로 답이 되지는 못한다. (C) 입말체에서는 '복수의미의 한정사 + kind of + 복수 명사'와 같은 형태로도 쓰나 공식시험에서는 글말(체)을 원칙으로 하므로 (C)는 답이 되지 못한다.

[해석] A: 그것들을 어디에 심어야 했을까?

B: 이런 종류의 꽃들은 그늘에 심어야 했다고.

〈정답〉 (A)

4. 【해설】

(A) 고유한 직책 명을 그 직책의 사람과 한 문장에 쓸 경우에는 무관사로 쓴다. the를 없

앤다. '부시는 미국의 대통령으로 선출되었다.'

(B) 앞서 언급한 사람의 신체 일부를 나타내는 명사에는 정관사 the를 사용한다. '사람(대명사) + 전치사 + the + 신체 부위'는 신체 부위 자체가 아니라 사람 자체에 초점을 두는 표현이다. 단지 어느 '신체 부위'를 붙잡다 등의 뜻은 「catch 등 + one's + 신체 부위」로 나타낸다. 이 경우 사람(me)이 나왔으므로 my가 아니라 the로 해야 한다. '그가 내 팔(부분)을 잡았다.'

(C) '~한 이래로 …의 시간이 지났다.'는 'it is [has been] + 시간 + since + s + v (과거)'나 '시간 + have passed + since + s + v(과거)'로 표현한다. 'It is [has been] three years since my father died.'나 'Three years have passed since my father died.'로 해야 한다. '아버지가 돌아가신 이후로 3년이 지났다.'

(D) 여기서 on은 be동사 is와 함께 형용사적으로 쓰여 '방송되다.'의 뜻을 나타낸다. live는 부사 (생중계로). 인명이 쓰인 공공장소 (건물)에는 the를 붙이지 않는다. Carnegie Hall은 적당하다. '그 음악회는 채널 6에서 카네기홀로부터 생중계로 방송되고 있다.'

〈정답〉 (D)

5. 【해설】

(A) so 앞에 'which are'가 생략됨. the energy risks (which are) so apparent(너무나 명백한 에너지 위기)

(B) for the nation's leaders는 to respond의 의미상의 주어로 적절하다.

(C) capitalize on ~ (~을 이용하다.)

(D) 한정사 such는 부정관사 앞에 온다. in such a way로 고친다.

[해석] 그러나, 이제 허리케인 카트리나가 지나간 직후에 너무나 명백해진 에너지 위기는 이 나라의 지도자들이 적절히 대응해야 할 위급상황과 동시에 정치적 기회를 만들어 냈다. 정부는 영속적으로 값싼 가솔린 시대의 종말을 이용하여야만 하는데, 그것은 미국을 모든 방식의 위협들에 덜 취약하게 하는 방법으로 그렇게 해야만 한다.

〈정답〉 (D)

6. 【해설】

'it be + 서술 형용사 + for 목적 + to 부정사' 구문임을 알 수 있다. 괄호 안에서 to 부정사구를 찾아보면 'to be paid'가 있다. 나머지 어구들을 엮어보면 'such as gas and electricity (가스나 전기 같은)'의 형용사구가 만들어짐을 알 수 있다. 이는 services를 수식하므로 그 뒤에 두어야 한다. 이때 such는 형용사, as는 전치사로 볼 수 있다. 또한, not은 부정사 앞에 두므로 (D)가 알맞다. 'be settled up' (지불되어지다).

[해석] 각각의 경우에 가스와 전기 같은 서비스들이 주인 가정에 의해서 지불되지 않는 것은 매우 이상하다. 하지만, 부대비용들은 어떤 것이라도 휴일이 끝나기 전에 지불되어야만 한다.

〈정답〉 (D)

7. 【해설】

(A) fool이 형용사적으로 쓰인 경우로서 보통명사의 형용사 대용의 경우이다. '보통명사 + of a(n) + B (보통명사/고유명사) (A와 같은 B). That fool of a John (저 바보 같은 존). '저 바보 같은 존이 내 구두를 닦아놓는 것을 까먹었다.'

(B) That old villain of a landlord (그 악당 같은 주인). '그 악당 같은 주인이 그녀를 그곳에 혼자 가게 했다.'

(C) 'the + 보통명사'의 용법이다. the pen (글 쓰는 일, 글의 힘), the plough (농사일, 농사). '그는 농사 일을 하기 위해 글 쓰는 일을 그만두었다.

(D) without이 가정법 과거완료 구문의 전제절 역할을 하고 있는 경우이다. Without his rescue (= If it had not been for his rescue), '그가 구해주지 않았더라면 나는 익사하고 말았을 것이다.

(E) 'They asked us no questions.'의 수동태문. '우리는 아무 질문도 받지 않았다.'

〈정답〉 (C)

8. **【해설】**

(A) 그녀의 팔이 그를 껴안는 것이므로 능동태가 되어야 한다. embraced him으로 고친다.

(B) 앞서 언급한 사람의 신체 일부를 나타내는 경우에는 '전치사 + the + 신체 부위'의 형태로 쓴다. 동사 pat는 'on the + 신체 부위'의 형태를 쓴다.

(C) '~에서 떨어지다, ~을 풀어내다.'의 뜻은 'disengage oneself from'이다. 'disengaging himself from her embrace'(그녀의 포옹을 풀면서)는 부대 상황(동시 동작)을 나타내는 분사구문이다.

(D) '여전히 그녀가 웅크리고 있는 채로 두고' 여기서 현재분사 crouching은 left의 목적격 보어로서 목적어 (her)의 능동적 동작을 나타내고 있다. 문법적으로 이상이 없다.

(E) '의자에 앉다'는 sit on이므로 which he had been sitting은 on which he had been sitting이나 which he had been sitting on으로 해야 한다.

[해석] 그녀의 팔이 그를 안았다. 그는 그녀의 몸이 흔들거리는 것을 통해 그녀가 흐느끼고 있음을 알았다. 그녀는 자비를 애원하며 울고 있었을 것이다. 그는 그녀의 어깨를 다독이다가 그녀의 팔을 풀면서 일어났다. 그는 자신이 앉아 있던 의자 옆 바닥에 그녀가 웅크리고 있는 것을 내버려 둔 채 그녀를 떠났다.

〈정답〉 (D)

제12장

대명사(Pronoun)

1. 뜻

대명사(代名詞)는 명사를 대신하여 쓰거나 인물, 사물, 장소 등을 직접 지시하는 기능을 갖는 단어의 갈래 (품사)이다.

2. 종류

(1) 인칭대명사(人稱代名詞)

사람을 가리켜 쓰는 대명사를 말한다. 다만, 3인칭은 사물도 가리킨다.

ex) I, you, he, she, it, we, they

(2) 지시대명사(指示代名詞)

어떤 문맥이나 상황 속에서 구체적인 어떤 것을 가리켜 쓰는 대명사를 말한다.

ex) this, that, these, those, such, so, it, etc.

(3) 부정대명사(不定代名詞)

특정한 어떤 것이라고 정하여 지지 않은 것을 가리켜 쓰는 대명사를 말한다.

ex) one, other, another, some, any, no, few, little, many, much, etc.

※ **不定(부정, uncertainty): 특정한 어떤 것이라고 정하여지지 않음.**
否定(부정, denial or negation): 어떠한 것을 거부하거나, 인정하지 아니함.

(4) 의문대명사(疑問代名詞)

알지 못하는 어떤 것을 가리켜 명사를 대신하여 쓰는 말을 말한다.

ex) who, which, what, whom, whose

(5) 소유대명사(所有代名詞)

명사의 소유 상태를 나타내는 대명사를 말한다.

ex) mine, ours, yours, his, hers, theirs

(6) 재귀대명사(再歸代名詞)

주어(명사, 대명사)가 한 동작의 결과를 주어 스스로가 받는 관계를 나타내는 대명사를 말한다.

ex) myself, yourself, herself, themselves, itself, oneself

(7) 관계대명사(關係代名詞)

형용사절 내에서 대명사로 쓰이면서 형용사절을 이끌어 주절에 연결하는 기능을 하는 대명사를 말한다.

ex) who, which, that, what, whom, whose

3. 쓰임새

(1) 인칭대명사 (personal pronoun)

1) 뜻과 종류

인칭(grammatical person, 人稱)이란 문법상으로 사람을 가리켜 부르는 말을 뜻한다. 인칭에는 1인칭, 2인칭, 3인칭의 세 가지가 있다. 1인칭은 말하는 본인(speaker, 화자)을 가리키며, 2인칭은 듣거나 읽게 되는 상대방(hearer, 청자)을 가리키며, 3인칭은 화자와 청자 사이에서 얘기되는 다른 사람을 가리키는 말을 이른다. 이처럼 각 인칭을 나타내는 구체적인 사람의 이름 (명사) 대신에 그것을 일반화하여 부르는 말을 인칭대명사(人稱代名詞)라고 한다.

■ 인칭대명사의 종류 (주격)

- **1인칭:** I (단수), we (복수)
- **2인칭:** you (단·복수 동일)
- **3인칭:** he (남성), she (여성), it (중성), they (3인칭의 복수)

2) 인칭대명사의 격(Case)

인칭대명사가 문장 속에서 다른 말(동사, 주어, 명사, 전치사)에 대하여 가지는 자격을 격(格)이라 한다. 인칭대명사 역시 대명사의 한 종류이므로 문장에서는 명사와 마찬가지로 주어나 주격 보어로 쓰이는 경우의 **주격(主格)**, 소유관계를 나타내어 명사를 수식하는 경우의 **소유격(所有格)**, 동사의 목적어나 목적격 보어, 전치사의 목적어로 쓰이는 경우의 **목적격(目的格)**이 있다.

① 인칭대명사의 격의 종류

❶ 인칭대명사 주격(nominative case)

문장에서 인칭대명사가 동사에 대하여 주체적 대상의 자격을 가지는 경우를 말한다. 주어나 주격 보어 자리에 쓰인다.

He, not **she**, is in the wrong. 〈주어〉 그녀가 아니고 그가 잘못이다.

He hoped the passenger would be Mary and indeed it was **she**. 〈주격 보어〉

그는 그 승객이 메리이길 바랐고, 정말로 그녀였다.

❷ 인칭대명사 소유격 (possessive case)

인칭대명사가 명사에 대한 소유관계의 자격을 가지는 경우를 말한다. 특정한 형태로 명사를 앞에서 수식한다.

This is **my** book. 이것은 내 책이다.

Which is **your** book? 어느 것이 네 책이냐?

A koala is carrying **its** baby on **its** back. 코알라는 등에 새끼를 업고 다닌다.

❸ 인칭대명사 목적격 (objective case)

인칭대명사가 동사나 전치사에 대하여 목적하는 대상의 자격을 가지는 경우를 말한다. 특정 한 형태로 동사의 목적어나 목적격 보어, 전치사의 목적어 자리에 쓰인다.

I love **her** very much. 〈목적어〉 나는 **그녀를** 매우 사랑한다.

He gave **me** a present. 〈간접목적어〉 그가 **나에게** 선물을 주었다.

I believed the author **her**. 〈목적격 보어〉 나는 그 저자를 **그녀인 것**으로 생각했다.

Everyone is ready except **you**. 〈전치사의 목적어〉 **너 빼고** 모두가 준비되어 있다.

② 인칭대명사의 격의 변화

인칭대명사가 격의 종류 따라 그 형태가 변하는 것을 인칭대명사의 격의 변화라 한다.

▶ 인칭대명사 1, 2, 3인칭은 모두 단수, 복수의 구별이 있고, 성(性)은 3인칭 단수에서만 남성, 여성, 중성의 구별이 있다.

■ 인칭대명사의 격변화표

			주 격	소유격	목적격
1인칭	단수		I	my	me
	복수		we	our	us
2인칭	단수		you	your	you
	복수		you	your	you
3인칭	단수	남성	he	his	him
		여성	she	her	her
		중성	it	its	it
	복 수		they	their	them

3) 인칭대명사의 쓰임새

① we, you, they, one이 일반 인칭으로 쓰일 경우

❶ we, you, they, one이 일반인을 가리키는 경우를 총칭 인칭 (the generic person) 또는 일반 인칭이라고 한다. 우리말 해석은 '사람은'으로 하거나 해석하지 않아도 괜찮다.

We have had much rain this year. 금년에는 비가 많이 왔다.

You never can tell what will happen in future. (you = anyone)
아무도 미래에 무슨 일이 생길지 말할 수 없다.

One is apt to forget one's [his] own faults.
사람은 자기 자신의 과오를 망각하기 쉽다.

They say that he is honest. 사람들은 그가 정직하다고 말한다.

■ 참고

1. we는 위엄이나 겸양, 친밀감 등의 표현으로 I 나 you 대신에 쓰는 경우가 있다.

(1) Royal의 We[왕의 We 또는 Plural of Majesty (위엄의 복수)]

영국에서 왕이 스스로를 칭할 때는 I가 아니고 We라고 한다. 우리말로는 '짐, 과인'이라고 할 수 있다.

We are pleased with your faithful services. 짐은 경들의 노고를 흡족하게 여기노라.

We do not wear this crown without humility. 과인은 언제나 겸허한 마음으로 이 왕관을 쓰오.

(2) Editorial의 we[편집자의 we 또는 Plural of Modesty (겸양의 복수)]

신문, 잡지의 사설이나 단체, 회사의 강연 등에서 사설의 내용이나 강연의 요지가 논설인 내지 신문, 잡지사나 단체, 회사, 강연자의 일방적 견해가 아니라 구독자들이나 청중들의 생각도 함께 대변함을 나타내어 일체감과 유대감을 진작시키려는 표현이라고 할 수 있다.

We always make it **our** object to guide the public opinion.
저희는 언제나 여론을 지도해 나가는 것을 목적으로 합니다.

As **we** said earlier, the government lacks consistency in its educational policies.
앞서 말씀드렸듯이 정부의 교육정책은 일관성이 없습니다.

as **we** have already reported **〈신문, 방송 등에서〉** 본보 [본사]가 이미 보도해 드린 바와 같이

(3) Paternal의 we [아버지의 we 또는 Patronizing we(보살핌의 we)]

아버지와 아이, 선생과 제자, 의사와 환자 등의 사이에서 친밀감, 격려, 위로, 부드러운 분위기 조성 등을 나타낼 때 you 대신 쓰는 we를 말한다. 이 we는 때로 나무라거나 빈정대는 투로 말할 때도 쓰기도 한다.

How are **we**(= you) feeling today? **〈의사 등이 환자에게〉** 오늘은 기분이 어때요?

It's time **we**(= you) took our medicine. **〈간호사 등이 환자에게〉** 자, 우리 약 먹을 시간이에요.

Aren't **we** looking cute? **〈부모 등이 어린아이에게〉** 우리 아기 착하게 놀아야지.

We(= You) know that's nought, don't we? 얘야, 그건 못된 짓이야, 알겠니?

Can **we** (= you) afford this? **〈빈정대는 경우〉** 우리가(→ 네가) 이걸 살 여유가 있긴 하니?

2. he는 글말이나 격언·속담, 격식을 차린 글에서 관계대명사의 선행사로 쓰여 일반 사람을 나타내기도 한다.

He who sows little reaps little. 뿌리는 것이 적은 사람은 수확도 적게 한다. – 속담 –

He who is born a fool is never cured. 타고난 바보는 고칠 수 없다. – 속담 –

② 주의를 요하는 인칭대명사의 격

❶ 주격 보어인 인칭대명사는 주격을 쓰는 것이 원칙이지만, 입말체에서는 목적격을 많이 쓴다.

"Who is it (there)?" (거기) 누구세요?

– "It's **me** (I), Sam-sik." **〈me는 입말체〉** 접니다, 삼식이.

What would do if you were **her**? **〈입말체〉** 네가 그녀라면 무엇을 하겠니?

"Who made it?" 그것을 누가 만들었니? – "**Me.**" 내가.

※ 이와 같은 생략문에서는 주격대신 목적격만을 쓴다. 만약, 주격을 쓸 경우에는 "I did."와 같이 동사까지 써 주어야 의미가 통한다.

❷ 인칭대명사가 동명사의 의미상의 주어인 경우에는 소유격을 쓰는 것이 원칙이지만, 입말에서는 보통 목적격을 쓴다.

Please excuse my [me 〈입말〉] coming late. 늦어서 죄송합니다.

Do you mind my [me 〈입말〉] smoking? 담배를 피워도 괜찮겠습니까?

❸ 입말체에서는 접속사 as, than의 뒤에 인칭대명사가 오는 경우 목적격을 쓰는 것이 보통이다.

She is as tall as **me** [I (am) 〈글말체〉]. 그녀는 키가 나와 같은 정도다.

He is taller than **me** [I (am) 〈글말체〉]. 그는 나보다 키가 크다.

❹ 아직 소유하지 못한 것에는 소유격을 쓰지 못한다.

He is badly in need of **his** job. (x)

※ 아직 일자리를 갖지 못한 것이므로 소유격을 쓸 수 없다.

→ He is badly in need of **a** job. (o) 그는 일자리를 몹시 필요로 하고 있다.

❺ 'It is ~ that…'강조구문에서 강조어가 되는 인칭대명사의 격은 It is와 that을 제외시켰을 때 나머지 문장 속에서 강조어가 어떠한 역할을 하느냐에 따라 그 격이 결정된다.

It was **he** [**him** (x)] that broke the window.

그 유리창을 깬 사람은 그였다. (그가 유리창을 ~)

It was **her** [**she** (x)] who I met in town yesterday.

어제 시내에서 내가 만났던 사람은 그녀이다. (나는 어제 시내에서 그녀를 ~)

I thought it was **he** [**him** (x)] who went with her.

나는 그녀와 함께 간 사람이 그라고 생각했다.

※ thought의 목적어로 강조구문인 절이 온 경우이다.

■ 참고– 인칭대명사의 나열 순서

1. 단수의 경우

3인칭 → 2인칭 → 1인칭 또는 2인칭 → 3인칭 → 1인칭의 순서로 쓴다. 즉, 1인칭 (I)을 제일 나중에 쓴다. 이는 겸손함의 표현이다.

He, you and I are friends. 걔, 너, 나는 친구(들)이다.

You, he and I are friends. 너, 걔, 나는 친구(들)이다.

2. 복수의 경우

1인칭 → 2인칭 → 3인칭의 순서로 쓰는 것이 보통이다.

We, you and they are friends. 우리, 너희, 걔네들은 모두 친구(들)이다.

(2) 지시대명사(demonstrative pronoun)

1) 뜻

지시대명사(指示代名詞)란 어떤 문맥이나 상황 속에서 구체적인 어떤 것(사람·물건·곳·방향 등)을 가리키는 말이다.

2) 지시대명사(this)

▶ **복수형은 these이다.**

① 가까이 있거나, 지금 제시하고자 하는 사람, 사물, 장소를 가리켜 《이 사람; 이것; 이 일; 이곳 등》

This is Mr. Kim. 이 분이 김 선생님입니다.

I like **this** better than that. 나는 저것보다 이것이 더 좋다.

Are **these** your shoes? 이것이 당신의 구두입니까?

I'll say **this**. 이것을(= 다음과 같이) 말하고자 합니다.

"Hello, is **this** [that] Sam-sun?" **〈전화하면서〉** 여보세요, (거기) 삼순 씨 되십니까?

– "Yes, **this** is she." **〈전화 받으며〉** 예, 제가 그녀(삼순)입니다.

This is Kim Sam-sik speaking. **〈전화하거나 받으며〉** 저는 김삼식입니다.

② **지금까지 말한 것 (앞에 나온 문장), 지금부터 하려는 말 (뒤에 나올 문장), 지금부터 제시하려는 일이나 사물을 가리킬 때**

He stole the money, **this** is true. 그가 그 돈을 훔쳤다. 이것은 사실이다.

We are equal in **this**, that we all have twenty four hours a day.

우리 모두 하루에 24시간을 산다는 면에서는 똑같다.

What I want to say is **this**: Man is selfish by nature.

내가 말하려는 것은 이것이다. 즉, 인간은 본래 이기적이라는 것이다.

③ **때를 나타내어 《지금, 현재; 이때, 이날; 오늘; 이번》**

This is an era of the internet. 지금은 인터넷의 시대다.

This is the first of May. 오늘은 5월 1일이다.

> **▷ this는 전치사 (after, before, by 등) 뒤에 쓰여 '현재'의 의미를 나타내기도 한다.**
>
> **after this** 이후는; 지금부터(는) **before this** 지금까지, 방금까지; 이보다 전에
>
> **by this** 지금까지; 지금쯤은; 이미
>
> I will be more careful **after this.** 지금부터는 (이후로는) 더욱 주의하겠습니다.
>
> I was on the phone **before this.** 난 지금까지 통화했다.
>
> Racism has not been obliterated **by this.** 인종차별은 지금까지도 없어지지 않고 있다.

④ **that과 상관적으로 쓰일 때**

▶ this는 this의 바로 앞에 것 (즉 후자)을 지시하고, that은 먼저 나온 것 (즉 전자)을 지시한다.

Work and play are both good for the health; **this** gives us rest, and **that** gives us energy. 〈this = play, that = work〉

일하는 것과 노는 것은 모두 건강에 좋다. 즉, 후자(노는 것)는 우리에게 휴식을 주고, 전자(일)는 우리에게 활력을 준다.

■ 참고

1. 한정사 (지시형용사) this / these

가까이 있는 것을 지시하거나, 현재와 접한 시간 등을 나타낸다.

this country of ours 우리나라

this time tomorrow [yesterday] 내일 [어제]의 이맘때

this day week 지난주 오늘; 다음 주 오늘

※ this day week이 과거 동사와 함께 쓰이면 '지난주 오늘'의 뜻을 미래 동사와 함께 쓰이면 '다음 주 오늘'의 뜻을 갖는다.

I met him **this day week**. **나는 지난주 오늘** 그를 만났다.

I will see you again **this day week**. **다음 주 오늘** 다시 뵙죠.

by this time 이때까지는; 지금쯤은 (벌써)　　this [these] thirty minutes 이 30분간

for this once [time] 이번만은　　this many a day 오랫동안

2. 지시부사 this

형용사, 부사 앞에 와서 '이만큼 ~, 이정도로 ~'의 뜻을 나타낸다.

It was **this** big. 그것은 이 정도의 크기였다.

I didn't expect it to be **this** complicated. 나는 그 일이 이렇게 복잡하리라고는 예상치 못했다.

this much 이만큼; 이 정도(는); 이것만큼

Can you afford this much? 네가 이만큼 많이 낼 형편이 되냐?

I know this much, that the thing is absurd. 나도 그것이 어리석은 일이란 것쯤은 알고 있다.

This much is certain. 이것만큼은 확실하다.

3) 지시대명사 that

▶ 복수형은 those이다.

① this와 대조적으로 그것보다 멀리 떨어져 있는 사람, 사물, 장소, 시간 등을 가리킬 때 《저 사람, 저것, 저곳, 그때》

That is Sam-sik.　　재가 삼식이야.

That was the best time of my life.　　그때가 내 인생의 최고의 시기 [시절]이었다.

He was a policeman before **that**.　　그는 그 전에는 경찰관이었다.

▷ **that이나 this가 주어가 아닌 경우는 그 자체로서 사람을 지시할 수 없다.**

He is going to marry that [this]. (x)

→ He is going to marry that [this] girl. (o) 그는 제[이] 여자와 결혼하려고 한다.

② 앞서 나온 단수 명사의 반복을 피하기 위해 [those는 복수 명사] 《그(들), 그것(들)》

The population of Japan is much larger than **that** of Korea.

일본의 인구는 한국보다 많다.

Her eyes are like **those** of a fawn. 그녀의 눈은 새끼 사슴의 눈을 닮았다.

③ 앞에 나온 (다른 사람의) 말(구·절)을 받아

▶ this는 뒤에 나올 문장도 가리킬 수 있으나 that은 앞서 나온 구·절만을 받을 수 있다.

"He is talkative." 그는 말이 많다.

– "**That**'s what I want to say." 그것이 바로 내가 말하려는 것이다.

I tried to read it through, but **that** was not easy.

나는 그것을 다 읽으려 (또는 완벽히 이해하며 읽으려) 했으나 그것은 쉽지 않았다.

To be or not to be; **that** is the question. 살 것이냐 죽을 것이냐, 그것이 문제로다.

④ 앞의 나온 말(어, 구, 절)을 강조하며

"Is Mr. William Tomson capable?" 윌리엄 톰슨 씨는 유능한가요?

– "He's **that**." 그렇고말고요.

※ 'Yes, he is.'나 'So he is.'보다 더 강조적이다.

You must see a doctor, **and that** immediately.

너는 의사의 진찰을 받아야 한다, 그것도 즉시.

⑤ this / these와 상관적으로 쓰여 먼저 말한 것(the former)을 가리켜

Health is above wealth; **this** does not give so much happiness as **that**.

건강이 재산보다 위다 (중하다), 후자 (재산)는 전자 (건강)만큼 행복을 주지 못하기 때문이다.

Dogs are more faithful animals than cats; **these** attach themselves to places, and **those** to persons.

개는 고양이보다 충직한 동물이다. 후자 (고양이)는 장소에 애착을 갖고, 전자 (개)는 사람에게 애착을 갖는다.

⑥ 관계대명사 which의 선행사로 쓰여

That which is bought cheap(ly) is the dearest.

싸게 사는 것이 제일 비싼 것이다. [싼 것이 비지떡이다.]

※ 싸구려는 제값도 안 되는 것이 많으므로 이를 사면 돈만 버린다는 뜻이다.

Never put off till tomorrow **that** which you can do today.

오늘 할 수 있는 것을 내일까지 미루지 마라.

■ 덧붙임

1. those는 people의 뜻으로 관계대명사의 선행사로 쓰인다. 《~하는 사람들》

Those who are poor shall be blessed. 가난한 사람들이 복을 받을 것이다.

Heaven helps **those** who help themselves. 하늘은 스스로 노력하는 사람을 도와준다.

(= Heavens help those who help themselves.)

Those (who were가 생략됨) present were very glad at the news.

참석한 사람들은 그 소식을 듣고 매우 기뻐했다.

2. those of us [you] who 《〈입말체〉 우리들 [너희들] 중에 ~하는 사람들》

Those of us **who** know him will deeply regret his death.

우리 중에서 그를 알고 있는 사람들은 그의 죽음을 깊이 애도할 것입니다.

For **those** of you **who** don't know me, let me introduce myself for a while.

여러분 중에 저를 모르시는 분들을 위해서 잠시 제 소개를 하도록 하겠습니다.

⑦ 기타 (관용어구)

- **and that** 게다가, 그것도; ~따위; 기타

She speaks Korean, **and that** fluently. 그녀는 한국말을 한다. 그것도 유창하게.

That store sells groceries, fruits **and that**. 저 가게에서는 식료품, 과일 따위를 판다.

- **at that** 그대로, 그 정도로; 여러모로 생각해봐도, 그럼에도 불구하고; 게다가, 더구나

Let it go **at that**. 〈미, 입말체〉 그것으로 됐다고 하자; 그쯤 해두자.

The house is very good, and the rent is low **at that**.

그 집은 아주 좋다, 게다가 집세도 싸다.

• (and 또는 so) **that's that** 그것으로 끝; 이상으로 끝

I won't go and **that's that.** 내가 안 간다면 그게 다야 (안가는 줄 알아).

He refused it, so **that's that.** 그가 그것을 거절했어. 그것으로 끝이야.

• (just) **like that** 그렇게, 그와 같이, 저런 식으로; **〈입말체〉** 문제없이, 아주 간단히

Don't talk **like that.** 그런 식으로 말하지 마라.

You can't turn me down just **like that.** 그렇게 간단히 내가 물러날 줄 알아?

He did the job just **like that.** 그는 그 일을 아주 간단하게 해치웠다.

• **That'll be the day!** 어림도 없는 소리!

• **That'll be** [That comes to] one hundred won. **〈물건값을 말하며〉** 천원 되겠습니다.

• **with that** 그리하여; 그렇게 말하고; 그 뒤에

"May you be very happy!" she said, and with that she left.

"행복을 빌어요!"라고 말하고 그녀는 떠났다.

• **That's all for today.** 오늘은 이것으로 끝이다.

■ 참고

1. 한정사(지시형용사) that / those

먼 것을 지시하거나 현재와 격리된 시간을 나타낸다. 《그, 저, 저쪽의, 그날의, 그곳의》

at that time 그때(에) in those days 그 당시(에)

What do you think of **that** new computer? 그 새 컴퓨터는 잘 되니?

What about **that** five pounds you? **〈흥정〉** 5파운드면 어때요?

2. 지시부사 that

형용사, 부사의 앞에 와서 '그렇게, 그만큼'의 뜻을 나타낸다.

He was **that** drunk he can could hardly stand. 그는 일어설 수 없을 만큼 술에 취했다.

I only know **that** much. 나는 그 정도밖에 몰라요.

3) 지시대명사 such

① **앞서 나온 명사나, 앞 문장(의 내용)을 받아 앞서 말한 사람, 물건 및 수량, 성질, 상태 따위를 가리킨다. 단수, 복수에 모두 쓴다.**

Such is the case with me. 이것이 저의 실정입니다.

People kill one another; **such** [또는 **that**] is life.

사람들은 서로를 죽인다. 그런 것이 인생이다.

I may have hurt your feelings but **such** [또는 **that**] was not my intention.

제가 당신의 감정을 상하게 했다면 그건 제 의도가 아니었습니다.

② **as such의 형태로 앞서 나온 명사나 앞 문장(의 내용)을 받아 《그러한 것으로서; 그것만으로; 그런 자격으로》**

I am **an adult**, and I will be treated **as such**.

나는 성인이니 성인으로 대우해주길 바랍니다.

As **such** was the case, they had to put off their departure.

일이 그렇게 되었으므로 그들은 출발을 미뤄야 했다.

③ **such that의 형태로 앞의 명사를 받아 《~와 같은 (종류, 성질의) 것》**

His behavior was **such that** she disliked him.

그의 행동은 그녀가 싫어하는 그런 것이었다.

The facts are **such that** the plan has had to be postponed.

사실은 그 계획을 연기하지 않을 수 없게 되었다는 것이다.

> ■ 참고
>
> **1. 한정사(지시형용사) such**
>
> **(1) 한정사 such의 용법**
>
> 1) 앞에 나온 것과 비교하여: 그러한, 이러한; 그와 같은, 그와 비슷한
>
> **Such** a thing is dangerous. 그런 일은 위험하다.

Such father, **such** son. 그 아버지에 그 아들 [부전자전(父傳子傳)]

2) 형용사를 수반하는 명사 앞에서: 그렇게, 이렇게; 그와 같이, 이와 같이; 〈입말체〉 대단히

You can't master English in **such** a short time. 그렇게 단기간에 영어를 익힐 수는 없다.

We had **such** a good time of it at the seaside. 우리는 해변에서 매우 즐거운 시간을 보냈다.

3) 명사를 수식하여 강조의 뜻을 나타내어: 그렇게 좋은 [나쁜], 멋진, 아주 좋은; 지독한

We had **such** fun at the party. 우리는 파티에서 아주 신나게 놀았다.

Did you ever see **such** weather? 이렇게 좋은 [지독한] 날씨를 지금까지 본 일이 있느냐?

4) such (~) that; such ~ as to; such as to의 형태로: ~할 만큼의, ~할 정도의; 매우 ~하므로

His anger was **such that** he lost control of himself.

그의 노여움은 너무나 격렬하여서 이성을 잃고 말았다.

I had **such** a fright **that** I could not speak. 나는 너무 놀란 나머지 말이 나오지 않았다.

He is not **such** a fool **that** he cannot tell that. 그는 그것을 모를 정도로 바보는 아니다.

(= He is not such a fool **but** he can tell that.)

※ 주절에 부정어가 있는 경우 'that ~ not' 대신 but을 쓰기도 한다. (글말체)

I am not **such** a fool **as to** make an enemy of him. 나는 그를 적으로 만들 만큼 바보는 아니다.

His insolence was **such as to** make all the persons present angry.

그의 거만한 태도는 그곳에 있던 모든 사람을 화나게 할 정도였다.

5) 선행하는 형용사의 반복을 피하여: 그와 같은

He is not <u>happy</u>, only he seems **such**. 그는 행복하지는 않다, 다만 그렇게 (행복하게) 보일 뿐이다.

Never accept things as <u>true</u> because they appear to be **such**.

진실인 것처럼 보인다고 해서 진실이라고 받아들여서는 안 된다.

6) 기타 (관용어구)

• **no such thing** 그런 것은 아니다, 그런 일은 없다; 전혀 ~하지 않다, 당치도 않다.

He did no such thing. 그는 그런 일을 하진 않았다.

They think him honest, no such thing! 그들은 그를 정직하다고 생각하는데 당치도 않다.

• **such as it is [they are]** 이런 것이지만; ~이라고 할 정도의 것은 아니지만; 변변치 못하지만

You can use my car, such as it is. 변변치 못하지만 제 차를 쓰십시오.

• **There is such a thing as ~**: ~한 일도 있을 수 있으니까.

There is such a thing as misunderstanding. 오해라는 것도 있을 수 있으니까 말입니다.

• **such another [other]** 그런 다른 것 [사람]

He will not easily get such another. 그가 그런 다른 것을 구하기는 쉽지 않을 것이다.

(2) 한정사 (형용사) such의 위치

1) 한정사(형용사)로서 such는 단수가산명사를 한정하는 경우에는 부정관사 앞에 온다.

such a person 그와 같은 사람 **such** a thing 그와 같은 일

2) 형용사 such가 다른 형용사와 함께 쓰일 때 형용사는 'such a(n)'과 명사의 사이에 놓인다. [such + a(n) + (형용사) + 명사]

such a good man 그와 같이 좋은 사람 **such a** short time 그 같은 짧은 시간

3) 형용사 such가 all, any, another, other, each, many, no, some, 수사 등과 같이 쓸 때는 그 뒤에 온다. [all, another, … + such + 명사]

※ 이때는 뒤에 오는 명사가 단수형의 가산명사일 때에도 부정관사는 사용하지 않는다.

all **such** men 그러한 사람은 모두 any **such** man 누군가 그런 사람

4) 대명사 another, others와 같이 쓸 경우에는 그 앞에 온다.

such another 그와 같은 것 [사람] **such** others 그와 같은 다른 것들 [사람들]

2. such ~ as와 such ~ that

(1) such ~ as는 종류를 나타내며, as는 관계대명사이므로 뒤에 주어와 타동사가 오더라도 목적어는 필요로 하지 않는다.

This book is written in **such** plain [simple] English **as** beginners can understand.

이 책은 초보자도 이해할 수 있을 정도의 쉬운 영어로 쓰여 졌다.

(2) such ~ that는 결과 또는 정도를 나타내고, that는 접속사이기 때문에 뒤에 주어와 타동사가 오면 목적어 [대명사]를 필요로 한다.

This book is written in **such** plain [simple] English **that** beginners can understand it.

이 책은 쉬운 영어로 쓰여져서 초보자라도 이해할 수 있다.

3. such A as B 또는 A such as B: B와 같은 A (= A like B); B와 같은 대단한 A

Such generals **as** Yi Sun-Shin are rare.(= Generals **such as** Yi Sun-Shin are rare.)

이순신 같은 (위대한) 장군은 드물다.

I never had **such** bad things **as** I do now.

나는 지금과 같이 이렇게 안 좋은 일들을 겪어 본 일이 없다.

Make friends **such** men **as** benefit you. 너에게 도움이 되는 그런 사람을 사귀어라.

※ 'such as ~'는 '~같은(= example)', '~하는 사람들 (= those who ~)'의 뜻을 가질 때도 있다.

He cultivates many kinds of vegetables; **such as** cabbages, radishes, lettuces, and so on. 그는 많은 종류의 채소를 재배한다. 예를 들어 양배추, 무, 상추 등과 같은.

Such as have little money want for friends. 재산이 적은 사람들은 친구도 적다.

4. such ~ that과 so ~ that

'such ~ that'에서 such의 뒤에는 명사(가산명사, 불가산명사 모두)가 오지만, 같은 정도, 결과를 나타내는 'so ~ that'의 so 뒤에는 형용사, 부사가 온다.

He is **such** an honest boy **that** he doesn't tell a lie.

(= He is **so** honest a boy **that** he doesn't tell a lie. / He is **too** honest a boy **to** tell a lie.)

그는 대단히 정직한 소년이라서 거짓말을 하지 않는다.

He teaches with **such skill that** the students make remarkable progress.

(= He teaches **so skillfully that** the students make remarkable progress.)

그는 아주 잘 가르쳐서 학생들은 놀랄만한 성취를 낸다.

4) 지시대명사 so

① 선행하는 구, 절을 대신하여 do, believe, call, expect, fear, guess, hear, hope, imagine, say, speak, suppose, tell, think, be afraid 등의 목적어로서

"I think that he is honest."

나는 그가 정직하다고 생각한다. (제가 보기에 그는 정직합니다.)

– "I think **so**." 나도 그렇게 생각합니다. (= I think he is honest.)

"I don't believe [suppose, think] **so**." 나는 그렇게 생각지 않습니다.

He was asked to leave the room, but he refused to do **so**.

그는 방에서 나가 달라고 요구를 받았으나 그는 그러기를 거부했다.

※ 'do so'는 '동작'의 뜻을 갖는 동사 이하를 대신할 때 사용한다.

"Do you think that he will succeed?" 그가 성공할 거라고 생각하십니까?

– "Yes, I hope **so**." 예, 그럴 거라고 생각합니다.

"No, I am afraid (he will) **not** (succeed)." 아니요. 아무래도 성공 못할 것 같습니다.

"Will he come today?" 그가 오늘 올까요?

– "I expect [don't expect] **so**." 올 [안 올] 겁니다.

"Will it rain tomorrow?" 내일 비가 올까요?

– "I hope **so**. (= I hope that it will rain tomorrow.)" 그럴 것 같습니다.

"I hope **not**. (= I hope it will not rain tomorrow.)" 그럴 것 같지 않습니다.

② **believe, hear, say, tell, understand 등의 목적어로서 글머리에 쓰여 앞의 구·절을 대신 하여**

▶ **여기의 so는 접속사의 역할도 겸하고 있어 ①의 뒤에 두는 so보다 뜻이 강해진다.**

"Geum-sun is getting married." 금순이가 결혼한대.

– "**So** I heard." 그것을 [그렇다고] 나도 들었어.

"He is innocent." 그는 죄가 없습니다.

– "**So** I believe." 그것은 나도 같은 생각입니다.

③ **앞의 명사, 형용사를 받아 동사 appear, seem, be, become, find, keep, remain 등의 주격 보어, 목적격 보어로 쓰여 《그러하여, 그런 것 같아.》**

"I've been out in the rain." 나는 지금껏 밖에서 비를 맞았다.

– "It seems **so**." (= **So** it seems.) 그런 것 같구나.

"Is Jeom-sun pretty?" 점순이는 예쁘니?

– "Yes, (she is) immensely **so**." 그럼, 무척 예뻐.

The building is broken and has long been **so**.

그 건물은 파손되어 오랫동안 **그대로** (파손된 채로) 있다.

He became my close friend in elementary school days and remained **so**.

그는 초등학교 시절에 나의 절친한 친구가 되었는데 그 후에도 내내 그랬다.

It is easy to make a man one's friend, but hard to keep him **so**.

친구를 사귀는 일은 쉬우나 친구 (관계)를 지속하는 일은 어렵다.

④ 앞의 어, 구, 절, 문장을 받는 동시에 그것을 강조하기 위해 be동사, do동사, 조동사의 앞에 놓여

▶ 이때 so는 be, do 또는 생략된 본동사의 보어나 목적어로 보아 대명사로 보기도 하고, also, too나 yes, indeed의 의미를 나타내는 부사로 보기도 한다(부사로 보는 것이 일반적). 본서에서는 대명사로 파악하기로 한다.

❶ so + be동사, do동사, 조동사 (will, have, can, must, should 등) + S

《(상대방이나 자신의 긍정적 진술에 대해 긍정의 뜻을 덧붙여) S 또한 [역시] 그렇다.》

▶ S (주어)를 강조하는 표현이며 보통 so와 주어에 강세를 둔다.

"I am hungry." 나는 배가 고프다.

– "**Só am Í.**" (= I am hungry, too; I am too.) 나도 역시 그렇다.

"She is very pretty." 그녀는 예쁘다.

– "**Só are yóu.**" [= You are (also) pretty, (too); You are too] 너도 예뻐.

"She likes black coffee." 그녀는 블랙커피를 좋아한다.

– "**Só do Í.**" (= I like it, too; I do, too.) 나도 (역시) 그렇다.

"You must go to bed now." 넌 지금 자야만 해.

– "**Só must yóu.**" 너도 (역시) 그래야만 해.

(= You must go to bed, too; You must too.)

"He worked very hard when young." 그는 젊었을 때 매우 열심히 일했다.

– "**Só did Í.**" (= I did too.) 나도 그랬다.

If he is going, then **so am I.** 그가 간다면 나도 또한 가겠다.

Angela can speak Spanish, and **so can I.**

안젤라는 스페인어를 할 줄 안다. 그리고, 나도 또한 할 줄 안다.

Times have changed and **so have I.** 시대(세상)가 변했고 나 또한 변했다.

He should leave early and **so should I.** 그는 일찍 떠나야 하고 나도 또한 그렇다.

❷ 「so + S (대명사) + be동사, do동사, 조동사(will, have, can, must, should 등)」의 형태로 강한 동의·승낙의 뜻을 나타내어 《(그래) S는 (정말로) 그렇다; 참으로; 실제로; 그렇고 말고; 틀림없이》

▶ 상대방이나 자신이 한 진술에 대한 동의·승낙의 기분을 강하게 나타내며, so와 뒤의 동사 [조동사]에 강세를 둔다.

"You look happy." 너 행복해 보이는구나.

– "**Só** I **ám**." (= Yes, I am happy) 그래 난 (정말) 행복해. / 행복하고말고요.

"You worked very hard when young." 당신은 젊었을 때 열심히 일하셨군요.

– "**Só** I **díd**." 그랬습니다.

"Sam–sun is very pretty." 삼순이는 매우 예쁘다.

– "**Só** she **ís**." 그래 그녀는 정말 예뻐.

※ 이 구문에서 고유명사는 대명사로 받는다.

"It is raining outside." 밖에 비가 내리고 있네요. – "**Só** it **ís**." (정말) 그렇군요.

cf.) "It is not raining outside." 밖에 비가 오고 있지 않아요.

– "So it is." 아녜요, 오고 있어요.

"You must go to bed now." 넌 지금 자야 해. – "**Só** I **múst**." 정말 그래야겠다.

You said it was good, and **so** it is. 네가 좋다고 말하더니 정말로 좋구나.

I said I would come, and **so** I will. 내가 갈 것이라고 말했고, 나는 정말로 갈 것이다.

■ 참고

1. I hope so. / I hope not. / I'm afraid so. / I'm afraid not.

Q: Will it rain tomorrow? 내일 비가 올까요?

A: I hope so. 난, 그러길 (비가 오길) 바라요. (= I hope that it will rain tomorrow.)

I hope not. 난, 비가 안 오길 바라요. (= I hope it will not rain tomorrow.)

I'm afraid so. **〈비가 안 오길 바라는 마음이 있음〉** 아무래도 그럴 것 같아요.

(= I'm afraid that it will rain tomorrow.)

I'm afraid not. **〈비가 오길 바라는 마음이 있음〉** 아무래도 그렇지 않을 것 같아요.

(= I'm afraid that it will not rain tomorrow.)

2. So am I. / Neither am I.

(1) so + be동사, do동사, 조동사 [can, will 등] + 주어(S) 《S 역시 [또한] ~하다.》

"I am a high school student." 저는 고등학생입니다.

– "Só am Í." 나도 그래. (= I am a high school student, too.)

"I like the singer." 나는 그 가수를 좋아해.

– "Só do Í. 나도 그래. (= I do, too. / Me, too.)

(2) Neither [Nor] + be동사, do동사, 조동사 (can, will 등) + 주어(S) 《S도 역시 그러하지 않다.》

"I am not hungry." 나는 배가 고프지 않다. – "Neither [Nor] am I." 나 역시도 배가 안고파.

"I don't like it at all." 나는 그것이 전혀 마음에 안 든다.

– "Neither [Nor] do I." 나 역시도 그래. (나도 그것이 전혀 마음에 안 들어.)

"I can't understand a word of it." 나는 그것을 한마디도 알아듣지 못하겠다.

– "Neither can I." 나도 역시 그래. (나도 그것을 한마디도 알아듣지 못하겠어.)

5) (지시) 대명사 same

① 보통 the same의 형태로 쓰여 '같은 것 [물건, 사람]; 마찬가지의 것'의 뜻을 나타내어

The same was true of the images of black American, as TV borrowed the movie stereotypes of shiftless handymen and relentlessly cheerful maids.

미국 흑인의 이미지에 있어서도 마찬가지였는데, TV가 빌려온 무능한 잡역부들과 물색없이 쾌활한 하녀들이라는 영화의 판에 박힌 모습들 그대로였다.

※ 뒤의 as는 양태 부사절을 이끄는 종속접속사이다.

He is ever **the same.** 그는 언제나 한결같다. (한결같은 사람이다.)

The same goes for you. 똑같은 일이 너에게도 해당된다.; 너도 마찬가지다.

I'll have **the same.** (주문할 때에) 저도 같은 것으로 하겠습니다.

"A Happy New Year, Tom!" 행복한 새해가 되길 바라, 톰아!

– "**The same** to you." 너도. (= I wish you **the same.**)

② the same as + ~ (단어, 구, 절) 《~과 같은》

My opinion is **the same as** yours. 내 생각도 너와 같다.

Our compensation is **the same as** that of other companies.

우리 회사의 보수는 다른 회사와 같은 수준입니다.

I think **the same as** you do about that. 그것에 대해 나도 당신과 똑같이 생각한다.

③ all the same

《아주 같은; 아무래도 좋은; 그럼도 불구하도; 그래도 역시 (= nevertheless)》

The teacher treated his pupils **all the same.**

그 교사는 학생들을 모두 똑같이 대했다.

You stay here or go away; it is **all the same** to me.

네가 여기 있든지 가버리든지 내게는 아무래도 좋다 [아무 상관이 없다].

He has some defects, but I like him **all the same.**

그는 결점이 좀 있다. 그래도 나는 그를 좋아한다.

④ much [about] the same 《대체로 [거의] 같은》

They are all **much the same** in height. 그들은 모두 키가 비슷비슷하다.

The patient is **much the same** this morning. 환자의 상태는 오늘 아침 그만하다.

⑤ just the same 《꼭 같은; 마찬가지로; 그래도 역시 (= all the same)》

Everyone is **just the same.** 누구나 마찬가지다; 모두가 하나같이 똑같다.

He's not very reliable, but I like him **just the same.**

그는 믿음직스럽지 않다, 그럼에도 불구하고 나는 그를 좋아한다.

⑥ 관용어구

(The) Same here. 〈동의하며〉 나도 마찬가지다; 〈주문 시〉 같은 것으로 주세요.

(The) Same to you. 〈축하 인사에〉 당신도 그러하시기를; 〈반발〉 너야 말로 그래.

■ 참고- (the) same의 형용사적 용법

1. (질, 양, 정도, 종류 등이) 같은, 똑같은; 일치하는; (성격·상태 등이 이전과) 같은, 변함없는

She and I are the same age. 그녀와 나는 동갑이다.

She is **the same** beautiful woman. 그녀는 여전히 아름다운 여인이다.

2. this, these, that, those와 같이 쓰여 《그러한; 저, 바로 그; 앞서 말한》

I am fed up with **that same** old sermon of her. 나는 그녀의 그러한 잔소리에 진절머리가 난다.

Later **that same** boy became president. 나중에 바로 이 소년이 대통령이 되었다.

This same man is my friend. 앞서 말한 이 사람이 나의 친구입니다.

3. the same ~ as + 어, 구, 절/ the same ~ + 관계사절

He made **the same** mistake **as** last time. 그는 지난번과 똑같은 잘못을 저질렀다.

This is **the same** book **as** I have lost. 이것은 내가 잃어버린 것과 같은 (종류의) 책이다.

This is **the same** book (**that**) I lost the other day.

이것은 일전에 내가 잃어버린 것과 꼭 같은 책이다

The same man **that** [**who**] came yesterday is here again. 어제 왔던 사람이 여기 또 와 있다.

4. 관용어구

- **at the same time** 동시에; 그런 반면에(= however)

His jokes are insulting, but, at the same time, very funny.

그의 농담은 무례하지만, 동시에 아주 웃기기도 한다.

- **come [amount] to the same thing** 결국 마찬가지가 되다.

What you and he say come to the same thing.

네가 하는 말이나 그가 하는 말이나 결국 마찬가지다.

- **in the same breath** 동시에; 한편으로; 〈상반되는 두 가지 내용이〉 잇따라

They are not to be mentioned in the same breath. 그것들은 동시에 논할 것이 아니다.

- **one and the same** 동일한, 똑같은

The evening star and the morning star are one and the same star.

초저녁별(개밥바라기별)과 새벽 별(샛별)은 같은 별이다.

- **same difference** 아무 차이가 없음

There are same difference between two things. 두 물건 사이에는 아무 차이가 없다.

- **the same old** 흔히 있는, 흔해 빠진; 낡아빠진

He always gives the same old excuse. 그는 맨 날 흔해빠진 변명을 한다.

The same old game! 여전히 그 수법이로군!

> • the very same 똑같은; 바로 그
>
> This is the very same book that I lost. 이것이 내가 잃어버린 바로 그 책이다.

(3) 부정대명사(indefinite pronoun)

부정대명사(不定代名詞)란 특정한 어떤 것 [사람, 사물] 자체나 수량이 특정되지 않은 것을 가리켜 쓰는 말을 말한다.

1) 하나 (one)와 그 나머지를 나타내는 부정대명사

① 부정대명사 one

▶ one은 'a + 명사'의 결합 형태로서 **불특정의 가산명사를 대신하며** 불가산명사는 대신할 수 없다. one을 받는 대명사는 영국에서는 one및 그 변화형 (one's, oneself)을 쓰고, 미국에서는 he, she, it 및 그 변화형을 쓴다.

※ 복수형: ones　주격, 목적격: one　소유격: one's　재귀대명사: oneself

❶ 「one of + 한정사 (the, these, those, 소유격 등) + 복수 명사」의 형태로 쓰여 특정한 것 [사람] 중의 하나를 나타낸다.

▶ 「one of + 한정사 + 복수 명사」가 주어일 경우 동사는 단수를 취한다.

one of those people 그 사람들 중의 한 명　　one of the dogs 그 개들 중의 한 마리

one of his books 그의 책 중의 한 권

They treated me as one of their family. 그들은 나를 가족의 한 사람으로 대우했다.

One of my pigs wags her [its] tail whenever I look at her [it].

우리 돼지 중의 한 마리는 내가 쳐다볼 때마다 꼬리를 흔든다.

❷ 앞서 말한 복수 가산명사 중의 하나 (복수도 가능)를 가리킬 때 또는 앞서 말한 가산명사의 반복을 피하기 위한 경우에도 쓴다.

There are some books. You may take **one**.

책이 몇 권 있다. 너는 그중 한 권을 가져가도 좋다.

I have three dogs: a [= one] black **one** and two yellow **ones**.

내게 강아지가 세 마리 있다. 한 마리는 검정색이고 두 마리는 노란색이다.

An old fool is infinitely more tiresome than a young **one**.

어리석은 늙은이는 어리석은 젊은이보다도 지극히 성가신 존재이다.

"Can you lend me a pen?" 펜 좀 빌릴까요?

– "Sorry, I haven't got **one**." 미안하지만 펜을 갖고 있지 않습니다.

■ 덧붙임

1. 'a + 단수보통명사'는 one으로 받고 (같은 종류), 'the, this, that + 단수 보통명사(동일한 것)' 는 it으로 받는다.

If you need a hat, I will give you **one**. 네가 모자가 필요하다면 내가 하나 줄게.

I bought the fountain pen, but I lost **it**. 내가 만년필을 샀는데 그것을 잃어버렸다.

2. 선행하는 복수 보통명사는 ones로 받을 수 있으나, 성질·상태·지시형용사 없이 단독으로는 받지 못한다.

These shoes are too expensive. Show me less expensive **ones**.

이 구두는 너무 비쌉니다. 덜 비싼 것을 보여주세요.

There will be another 3 questions when you finish these **ones**.

이 질문들을 마치고 난후 또 다른 세 가지 질문이 있을 것이다.

※ some은 형용사 없이 단독으로 불특정 수의 명사나 (일정량의) 불가산명사를 가리킬 수 있다.

If you like roses, I will give you **some** [ones (x)]. 네가 장미를 좋아한다면, 내가 줄게.

"Do you want any tea?" 차를 좀 드릴까요? – "Yes, give me **some**". 예, 주십시오.

3. 수식어구를 동반하여 the one/ the ones(복수)의 형태로 앞서 나온 가산명사를 대신하거나 사람을 나타낼 수 있다. 《그 것, 그(런) 사람》

This house is bigger than **the one** I had lived in before.

이 집은 내가 이전에 살았던 집보다 크다.

My favorite books are **the ones** written by Hemingway.

내가 좋아하는 책들은 헤밍웨이가 쓴 것들이다.

This is **the one** I mean. 이 사람이 제가 말씀드린 사람입니다.

These students are **the ones** who were late for school. 이 학생들이 지각한 애들입니다.

4. 수식어구를 동반하더라도 one이 총칭적인 명사를 받거나 (불특정의)'사람'의 뜻을 나타낼 경우에는 the one(s)의 형태를 쓰지 못한다. 입말체에서는 '사람'의 뜻을 나타내는 이때의 one 대신에 a man, a person을 쓰는 것이 보통이다.

A house built of earth is more healthful than **one** built of cement.

흙으로 지은 집은 시멘트로 지은 집보다 더 건강에 좋다.

One [또는 A person, Those] who goes to Gongju never fails to visit the Tomb of King Muryeong.

공주에 가는 사람(들)은 반드시 무령왕릉을 찾는다.

She is not **one [또는 a person]** to complain. 그녀는 불평해대는 사람이 아니다.

He is **one [또는 a person, a man]** who never tell a lie.

그는 결코 거짓말을 하지 않는 사람이다.

---

❷ 일반 사람을 가리킬 때

i. we, you, they, people처럼 일반 사람을 가리킬 수 있다. (총칭적 인칭) 이 경우에는 단수 취급한다.

※ 이를 받는 대명사로는 one, one's, oneself를 쓰는 것이 원칙이지만, 미에서는 they, their, them, themselves나 he, his, him, himself를 많이 쓴다. 복수형 (ones)은 쓰지 않는다.

One must keep **one's** [his] word. (사람들 사이의) 약속은 지켜져야 한다.

One cannot have one's cake and eat it.

과자를 갖고 있기도 하고 먹기도 할 수는 없다. (한 번에 할 수 없는 두 가지 일은 한 쪽을 희생하지 않으면 안 된다.)

(= One cannot eat one's cake and have it.)

ii. 총칭적 (일반) 인칭으로서 one의 부정형으로는 no one과 none을 쓰며 no one은 단수로, none은 복수로 취급한다.

No one knows that fact. 아무도 그 사실을 모른다.

None of them were present at the party. 그들 누구도 그 모임에 참석하지 않았다.

■ 참고

1. 입말의 부가의문문에서는 일반 사람의 뜻으로 one 대신에 you, we를 쓰는 경우가 있다.

One can't be too careful, can **you**? 사람은 아무리 주의를 기울여도 지나치는 법이 없지요?

2. one이 막연한 사람을 가리키지 않고 한 사람을 가리킬 때는 him, his, himself 등으로 받는다.

One did the work for **himself** and the other did the work for others.
한 사람은 자신의 위해 그 일을 했고, 다른 한 사람은 다른 사람들을 위해 그 일을 했다.

3. 동물이나 신과 구별하여 '인간'을 나타내는 경우는 one이 아니라 man을 쓴다.

Man is a social animal. 인간은 사회적 동물이다.

4. 나, 자신 (I, me)의 뜻으로 쓰이는 one

〈특히, 영국〉 겸손을 표하거나 점잔빼는 어투이다.
One is rather busy now. 제가 좀 바쁘거든요.
Why, may **one** ask? 실례하지만, 이유가 무엇인지요?
to press **one's** own claim 감히 내 자신의 요구를 말씀 드리자면

iii. **한정어구(**any, every, no, some, the, this, that, which, many a, such a, the only, **소유격 등 + 형용사 등)와 함께 특정, 불특정의 사람 (**person**)이나 사물 (**thing**)을 나타내기도 한다.**

my dear [loved] ones 내 사랑하는 아이들
my little [young] ones 내 자식들
the absent one 가족 [구성원] 중 없는 사람
the young [little] ones 그 어린 것들
such a one 그와 같은 사람
many a one 많은 사람

Which one do you prefer? 어느 쪽을 고르시겠습니까?

Many a one was present at the demonstration. 많은 사람이 그 시위에 참석했다.

You're **the only one** that really understands me.
나를 진정으로 알아주는 사람은 너뿐이다

▷ a one: 〈입말체〉 열광자, 별난 사람, 재미있는 사람

He is a one for football. 그는 축구라면 열광하는 사람이다.

You are a one. 너는 별난 놈이다.

He is a one to do such a thing! 그런 짓을 하다니 그는 웃기는 사람이군.

❷ one을 쓸 수 없는 경우 및 생략할 수 있는 경우

i. 불가산명사를 대신하지는 못한다.

I like red wine better than white (one ×). 나는 백포도주보다 적포도주를 좋아한다.

cf.) I like a red rose better than a white one. (= rose)

If you need money, I will lend you some (one ×).

네가 돈이 필요하면 내가 좀 빌려줄 수 있다.

cf.) Gamblers are pursuing money, and most of them lose **it** instead. (o)

노름꾼들은 돈을 얻고자 쫓아다니지만, 그들 중의 대부분은 반대로 돈을 잃고 만다.

※ 셀 수 없는 명사를 대신하는 it은 사용이 가능하다.

This baggage is the same weight as that (one ×).

이 수화물은 저것과 무게가 같다.

ii. 명사나 대명사의 소유격 다음이나 '소유격 + own' 다음에는 one을 사용치 않는다.

My hat is smaller than your one. (×)

※ 소유격 다음에서는 수식어가 붙지 않는 한 one을 쓰지 않는다.

→ My hat is smaller than your **new** one. (o) 내 모자는 네 새 모자보다 작다.

This book is my own (one ×). 이 책은 내 것이다.

If you need a bike, I will give you my **old** one. (o)

자전거가 필요하면 내 헌 것을 줄게.

iii. 기수사(基數詞) 다음에는 one이나 ones를 사용치 않는다. 서수사 다음에는 단수 명사를 대신하는 one은 생략이 가능하나 복수 명사를 대신하는 ones는 생략하지

않는다.

She has many hats; I have only two (ones ×).

그녀는 모자를 많이 갖고 있지만, 나는 단지 두 개를 갖고 있다.

As I have finished reading the first volume, I will read the second (one).

(나는) 그 첫 권을 다 읽었으므로 두 번째 권을 읽을 것이다.

Of the cast the first **ones** were interesting.

출연자들 중에서 처음 번 사람들이 재미있었다.

※ 서수 뒤에서 복수 명사를 대신하는 ones는 생략하지 않는다.

iv. 앞에 나온 명사와 동일한 것을 받거나, 앞에 나온 명사가 그 종류 전체를 대표하고 있을 경우에는 one을 쓸 수 없다.

He gave me a pen but I lost it [one ×].

그가 나에게 펜 한 자루를 주었는데, 나는 그것을 잃어버렸다.

v. 최상급이나 this [these], that [those], which, either, neither와 같은 한정사 다음의 one은 흔히 생략한다.

I think he is the fastest (one) in our school.

나는 그가 우리학교에서 가장 빠르다고 생각한다.

"Which one would like?" 어느 것을 드릴까요? – "That (one)." 저거요.

Do you like these apples or those (ones)?

이 사과들이 맘에 드십니까 아니면 저 사과들이 맘에 드십니까?

vi. of 앞의 형용사의 비교급, 최상급 다음의 one은 생략한다.

He is the faster (one ×) **of** the two. 그 둘 중 그가 더 빠르다.

He is the fastest (one ×) **of** them all. 그들 모두 중에 그가 가장 빠르다.

❸ 관용어구

• I owe you one. 〈one = a favor〉 당신께 신세지는 군요.

• **be a new one on ~**: ~으로는 처음이다; ~은 지금까지 몰랐던 것이다.

Dol-soe's illness **is a new one on** me. 돌쇠가 아프다니 나는 금시초문이다.

• **one another** 〈보통 셋 이상 사이에〉 서로서로

※ each other(둘 이상)와 구별 없이 사용하는 것이 보통이며, one other도 each other도 주어로는 사용치 않는다.

All three hated **one another** [each other (○)]. 세 사람은 모두 서로를 미워했다.

They are talking seriously to **one another.**

그들은 진지하게 서로 이야기를 나누고 있다.

• **one after another** 〈셋 이상이〉 차례차례(로), 잇따라

The planes took off **one after another.** 비행기들이 차례로 (잇따라) 이륙했다.

I saw the fire engines go past [by] **one after another.**

나는 소방차들이 잇따라 지나가는 것을 보았다.

• **one ~ after another** 하나 또 하나의 ~; ~이 하나씩 하나씩

One star **after another** was covered by the cloud.

별이 하나씩 하나씩 구름에 덮이어 갔다.

• **one after the other** 교대로, 번갈아; 차례로, 순차적으로

She raised her hands **one after the other.** 그녀는 손을 번갈아 들었다.

The police cars arrived **one after the other.** 경찰차들이 차례로 (연이어) 도착했다.

• **one with another** 평균하여; 대체적으로

He earns one million won a month **one with another.**

평균해서 그는 한 달에 백만 원을 번다.

• **taking [taken] one with another** 이것저것 합쳐 생각해 보면; 통틀어 말하면

That's the most reasonable way **taking one with another.**

것저것 생각해보면 그것이 가장 합리적인 방법이다.

• **tell one from the other** 둘을 구별하다.

I can not **tell one from the other.** 나는 양자를 구별하지 못하겠다.

• **the one that got away** 〈입말체〉 애석하게도 놓친 것[사람, 기회]

I need a hook so you won't be **the one that got away.**

내게 갈고리가 필요해요. 그럼 당신을 애석하게 놓치진 않겠지요.

– 영국가수 Natasha Anne Bedingfield의 'The One That Got Away' 중에서 –

② 부정대명사 other / another

❶ other

▶ **'다른 것 [사람]'의 의미로 보통 the other나 others (복수) 형태로 사용된다. 다만, any, one, some 을 동반할 때에는 other도 사용한다.**

i. other: 다른 (딴) 것 [사람]

These glasses don't suit me, do you have any **other(s)**?

이 안경은 내게 어울리지 않는군요. 또 다른 것은 없나요.

He's a professor of **something or other** at Seoul University.

그는 서울대학교 교수인가 무언가 하는 사람이다.

ii. the other: (둘 중) 다른 하나 (사람, 사물), (둘 이상 중) 나머지 (다른) 하나

This desk is mine and **the other** is my friend Man-su's.

이 책상은 내 것이고 다른 하나는 내 친구 만수의 것이다.

He has two sons; **one** is a lawyer, **the other** a farmer.

그에게는 두 아들이 있는데, 한 사람은 변호사이고 다른 한 사람은 농부이다.

Show me **the other.** 나머지 다른 하나를 보여주세요.

▷ **the other가 '반대(의 것)'의 뜻을 가질 때도 있다.**

Hate is **the other** of love. 증오는 사랑의 반대가 되는 것이다.

iii. others

ⓐ (임의의 수의) 다른 사람[것]들

▶ **막연한 다수 중에서 불특정한 여럿을 가리킨다.**

I don't care for this hat. Show me some **others**.

이 모자는 맘에 안 드네요. 다른 것들을 좀 보여주세요.

Some are kind, and **others** are unkind.

어떤 사람들은 친절하고, 다른 어떤 사람들은 불친절하다. → 친절한 사람이 있는가 하면 불친절한 사람들도 있다

ⓑ 타인들, 남들 (= other people)

Never depend on **others**. 남에게 기대지 마라.

Do to **others** as you would be done by.

네가 남에게 대접을 받고자 하는 것과 같이 남을 대접하라.

iv. the others: (특정한 것의 나머지) 다른 것[사람]들, 기타

Three of them are mine; **the others** are Sam-sik's.

그중 세 개는 내 것이고 그 나머지 것들은 삼식의 것이다.

When he left, **the others** did too. 그가 떠나자 나머지 사람들도 떠났다.

Show me **the others**. (나머지) 다른 것들을 보여 주세요.

v. 관용어구

- **among others** 그중의 하나[한 사람]로서, 그 속에 끼여; 여럿 중에서; 특히

Ten of them were saved, Donald **among others**.

그들 중 열 명이 구출되었는데 도널드도 그중의 한 명이었다.

Sara, **among others**, was there. (다른 사람들도 있었지만) 세라도 거기 있었다.

- **of all others** 그중에서도; 특히; 하필이면

You are the one **of all others** I have wanted to see.

당신이야말로 내가 만나고 싶어 했던 사람입니다.

- **on that day of all others** 하필이면 그 날에

It happened **on that day of all others.** 하필이면 그날에 그 일이 일어났다.

- **some day [time] or other** 언젠가, 후일 (= some or other day[time])

Some day or other you will have to repent of it.

언젠가 너는 그 일을 후회할 날이 있을 것이다.

■ 참고- 한정사 (형용사) other

1. 복수 명사나 불가산명사를 직접 수식하거나, some, any, no, one, the 등을 동반하여 단·복수 명사를 수식하여 《다른, 그 밖의, 딴》 (단수 가산명사를 직접 수식할 때에는 another를 쓴다.)

other things being equal 다른 조건이 같다면

some other time 언젠가 또; 나중에 다시

he and one other person 그와 또 다른 한 사람

three other girls 다른 세 소녀; 그 밖의 소녀 셋

Other times, other manners. 시대가 다르면 풍습도 다르다.

I have some other things to do. 나는 그밖에 할 일이 몇 가지 있다.

There is no other use for it. 그것 외에는 다른 쓸모가 없다.

2. other (명사) than ~ 《(성질·종류가) ~와 틀리는; ~이외의; ~하지 않은; ~이 아닌(= not)》

a capital other than Seoul 서울과는 다른 수도

some other book than a comic 만화책 이외의 다른 책

I would not have him **other than** he is.

나는 지금과 다른 그의 모습은 원치 않는다. (지금의 그로서 만족한다.)

The result was **quite other than** what they expected. 결과는 그들의 기대와는 전혀 달랐다.

The boy is **other than** honest. 그 소년은 정직하지 않다.

She did it for **no other reason than** sheer jealousy.

그녀는 다른 어떤 이유도 아닌 순전한 질투에서 그 일을 하였다.

3. 기타

- among other things[= among others] 많은 가운데; 그중에서도 특히; 한패가 되어

Among others there was Miss. Kim. 그중에 김 양도 있었다.

- **every other ~**: 다른 모든 ~; 하나 ~ 걸러서

Every other child was safe. 다른 모든 아이는 무사했다.

- **a meeting every other day [week]** 하루 [일주일] 걸러서의 만남
- **the other day** 일전에(일전: 일주일 이내)
- **in other days[times]** 이전(에는), 옛날에는; 미래에는
- **in other words** 바꿔 말하면
- **on the other hand** 한편으로는; 이와는 달리, 반면에

❷ another

▶ 'an (= one) + other'의 결합 형태로 '다른(a different), 또 하나의(an additional)'의 뜻을 나타낸다. 원칙적으로 단수 취급하며 a [an], the, this, that, my, your, his 등의 한정사를 붙이지 않는다.

i. 또 하나; 또 한 사람; 하나 더 (= one more)

I ate a jajangmyeon and ordered **another**.

나는 자장면 한 그릇을 먹고서 한 그릇 더 주문했다.

ii. 다른 것 (= different one), 다른 사람

I don't like this one; show me **another**.

이것은 마음에 들지 않아요, 다른 것을 보여 주세요.

Some said one and some said **another**.

어떤 사람은 이렇게 말하고, 또 어떤 사람은 저렇게 말했다.

iii. 비슷한 것, 같은 것 [사람], 역시 같은 사람 (= also one, a similar one)

I've never seen such **another**. 그와 같은 것 [사람]을 본 적이 없다.

If I am a fool, you are **another**. 내가 바보라면 너도 마찬가지다.

iv. 관용어구

- A is **one thing and** B is **another**. A와 B는 다른 것이다.

Saying is **one thing** and doing is **another**.

말로만 하는 것과 실천하는 것은 다른 것이다.

- **Ask another!** 길가는 사람을 잡고 물어봐라. (당치 않은 소리 마라.)
- **Ask me another!** 내가 알 게 뭐야.
- **like another** 흔히 있는; 특별히 다를 바도 없는
- **one way or another** 어떻게든 해서, 이럭저럭

■ 참 고– 한정사 (형용사) another

1. 단수 명사를 직접 수식하여: 또 하나 [한 사람]의 (one more)

Have **another** cup. 한 잔 더 하세요.

He is **another** Einstein. 그는 또 한 명의 아인슈타인이다. (그는 아인슈타인에 필적하는 사람이다.)

2. 다른, 딴

That is quite **another** matter. 그것은 전혀 별개의 문제다.

One man's meat is **another** man's poison.

어느 사람에게 약이 되는 것이라도 다른 사람에게는 독이 될 수 있다.

3. 수사와 함께: 다시[또] ~(개)의; 또 다른 (개)의

I earned **another** hundred dollars. 나는 다시 또 100달러를 벌었다.

Another six months is[are] required to master English.

영어를 마음대로 구사하려면 앞으로 6개월이 더 필요하다.

※ **'another + 복수의 명사'는 한 단위로 취급하여 단수 취급하는 것이 보통이나 복수로 쓰기도 한다.**

4. 관용어구

such another 그와 같은 또 하나 [한 사람]의 **before we speak another word** 즉석에(서)

③ 기타(관용적 표현)

❶ one ~ (,) the other … 《하나는 ~ (,) 또 하나는 …》

▶ **둘에 대하여 순서 없이 말할 때 쓴다.**

He has two sons; **one** is a judge, **the other** (is) a farmer.

그에게는 아들이 둘 있다. 한명은 판사이고 다른 한명은 농부이다.

She carried a book in **one** hand and a cup of coffee in **the other**.

그녀는 한 손에는 책을 들고 있고, 다른 한 손에는 커피 잔을 들고 있다.

❷ the one ~ (,) the other (…) 《전자는 ~ 후자는 (…); 하나는 ~, 다른 하나는…》

▶ **보통은 둘 중 순서대로 말할 때 써서 the one은 '전자 (앞서 말한 것)'를, the other가 '후자 (뒤에 말한 것)'를 가리키나, 경우에 따라서는 the one이 후자, the other가 전자를 가리키는 것으로 쓰기도 하며, 순서개념 없이 'one ~, the other'의 뜻으로 쓰기도 한다.**

Health is better than wealth; **the one** gives us more happiness than **the other**.

건강이 재산보다 낫다. 전자 [건강]는 후자 [재산]보다 우리에게 더 많은 행복을 주기 때문이다.

Virtue and vice are before you; **the one** leads to misery, **the other** to happiness.

미덕과 악덕이 네(눈) 앞에 있다. 하나는 사람을 불행으로, 또 다른 하나는 행복으로 이끈다.

※ 이 문장은 'the one'을 '후자' (악덕)의 의미로, 'the other'를 '전자' (미덕)의 의미로 보아 '미덕과 악덕이 눈앞에 있다. 후자는 사람을 불행으로, 전자는 사람을 행복으로 이끈다.'로 해석하는 것도 가능하다.

❸ one ~ (,) another … 《하나는 ~ 또 하나는 …》

▶ **여럿 (셋 이상) 중에 둘만을 가리킬 때 쓴다.**

Of every three dollars a person earns, **one** goes for taxes and **another** for housing.

한 사람이 버는 3달러마다 하나 (1달러)는 세금에, 또 하나 (1달러)는 주거비에 들어간다.

❹ one ~ (,) the others … 《하나는 ~, 그 나머지 전부는….》

▶ 특정된 여럿 (셋 이상)을 둘로 나누어 나타낼 때 쓴다.

I have five colored pencils; **one** is red and **the others** are blue.

나는 색연필 다섯 자루를 갖고 있는데, 한 개는 빨간색이고 그 나머지는 파랑색이다.

❺ One ~, another (= a second) ~, (and) the other (= the third) ~ 《하나는 ~, 또 하나는 ~, (그리고) 나머지 하나는 ~》

▶ 3인(개)을 순서 없이 나열할 때 쓴다.

He has three sons, **one** is a lawyer, **another** (is) a teacher, and **the other** (is) a farmer.

그는 세 아들이 있는데 한 아들은 변호사이고, 또 한 아들은 교사이고, 나머지 한 아들은 농부이다.

❻ One ~, another ~, a third ~, the other (= the fourth) ~ 《하나는 ~, 또 하나는 ~, 세 번째는 ~, 나머지 하나는 ~》

▶ 4인(개)을 순서 없이 나열할 때 쓴다.

I have four friends; **one** is a doctor, **another**, a professor, **a third**, a police man, **the other** (또는 **the fourth**), a farmer. **〈is를 생략하고 대신 콤마를 쓴 문장〉**

내게는 친구가 네 명이 있다. 한 명은 의사이고, 또 한 명은 교수이고, 세 번째는 경찰관이며 나머지 한 명은 농부이다.

❼ some ~, others … 《어떤 사람 [것]들은 ~, 또 어떤 사람 [것]들은 …》

▶ 집단의 한계가 불명확한 것을 대조적으로 나타낼 때 쓴다. others가 나머지 전부를 나타내지는 않는다.

Some like rose, but **others** don't.

어떤 사람들은 장미꽃을 좋아하지만, 어떤 사람들은 좋아하지 않는다.

To **some** life means pleasure, to **others** suffering.

어떤 사람들에게는 인생은 기쁨을 뜻하고 또 어떤 사람들에게는 괴로움을 뜻한다.

❽ some ~, the others … 《얼마는 ~, 그 나머지는 ….》

▶ 집단의 한계가 명확한 경우의 것을 대조적으로 나타낼 때 쓴다. the others는 나머지 전부를 나타낸다.

There are thirty students in the classroom. **Some** are dozing off, but **the others** are studying hard.

교실 안에는 30명의 학생이 있다. 몇 명이 꾸벅꾸벅 졸고 있지만, 그 나머지는 열심히 공부하고 있다.

■ each other와 one another

1. 모두 '서로 (서로)'라는 뜻을 가지며, each other는 두 사람에, one another는 세 사람 이상에 쓴다고는 하지만, 실상에서는 그렇게 엄밀히 구분하여 쓰고 있지는 않다.

We [They] love **each other**. 우리는 [그들은] 서로 (서로) 사랑한다.

We [They] helped **one another**. 우리는 [그들은] 서로 도왔다.

2. each other도 one another도 주어로는 쓰지 않으며, 소유격이나 목적격으로만 쓴다.

They visit **each other's [one another's]** house. 그들은 서로의 집을 방문하며 지낸다.

We helped **one another**. 우린 서로(를) 도왔다.

We shook hands with **each other**. 우린 서로 악수했다.

3. each other, one another의 소유격은 각각 each other's와 one another's이다.

The two persons [people] avoided **each other's** eyes. 그 두 사람은 서로의 눈길을 피했다.

We often wear **one another's** clothes. 우리는 종종 서로의 옷을 입는다.

4. 일반적 진술의 '서로(를)'의 뜻으로는 'one another'이다.

It is good to help **one another**. 서로(를) 돕는 것이 좋다.

2) 다수나 특정집단 전체를 나타내는 부정대명사

① 부정대명사 all

〈opp.〉 none (사람)/ no one (사물)

❶ all이 사람을 나타내는 경우는 복수로, 특정한 물건의 '전체, 전부'를 뜻하는 경우에는 단수로, 복수의 물건의 '모두, 전부'의 뜻을 나타낼 때에는 복수로 취급한다. 사람을 나타낼 경우 셋 이상을 가리킨다.

All are agreed. 모두가 찬성이다. ※ 모든 사람을 가리키면 일상적으로는 everybody를 쓴다.

All are well in my family. 우리 가족 모두 평안하다.

All is silent. 모든 것이 (온 세상이) 고요하다.

❷ all을 대명사로 쓸 경우 단독으로 쓰거나 「all of + (복수)대명사」, 「all of + 한정사 + 복수가산명사/ 불가산 명사」, 「인칭대명사 + all」 등의 형태로 쓴다.

▶ 'all of + (복수)대명사'나 '한정사 + 가산명사/불가산 명사'가 주어일 때 복수대명사나 복수가산명사가 오는 경우에는 복수 동사를, 불가산 명사가 오는 경우에는 단수 동사를 쓴다.

All of us <u>have</u> to do it. 우리 모두는 그것을 해야 한다.

All of them <u>are</u> of the same age. 그들은 모두 같은 또래다.

We all know now that the earth is round. 〈we와 all은 동격〉

지구가 둥글다는 것은 이제 누구나 알고 있는 사실이다.

Are you all ready? 〈you와 all은 동격〉 (너희) 모두들 준비가 되었니?

❸ 관용어구

- all in all 〈보통 말머리에서〉 대체로; 대강 말하면; 전부 해서; 가장 소중하여

All in all, it was a nice movie. 대체로 그것은 좋은 영화였다.

There are seven **all in all**. 통틀어서 일곱 개가 있다.

※ 이 뜻으로 〈미〉에서는 'in all'을 쓰는 것이 일반적이다.

That makes[comes to] 10000 won in all. 그것 전부 다해서 만 원입니다.

You are **all in all** to me. 당신은 내게 가장 소중한 사람입니다.

- **at all** **〈평서문〉** 어쨌든; **〈의문문〉** 도대체; **〈조건문〉** 기왕 ~할 바엔; **〈부정문〉** 전혀 ~아니다.

I am surprised that he succeed **at all.** 어쨌든 그가 성공했다는 것이 놀랍다.

Do you believe it **at all**? 도대체 너는 그것을 믿느냐?

If you do it **at all**, do it well. 기왕 할 것이라면 잘하도록 해라.

I don't know him **at all**. 나는 그를 전혀 모른다.

- **all or nothing** 타협의 여지가 없는, 예스냐 노냐(로); 이판사판으로

- **and all** 그 밖의 모든 것; ~등; (불만의 투로) ~따위를 …하다니

You are sick with flu, **and all.** 너는 감기까지 들어서 그러냐.

- **once (and) for all [= once and all]** 단 한 번만, 한 번뿐; 이번만; 단호하게

Tell him so once for all. 그에게 단호하게 그렇게 말해라.

■ 덧붙임

1. 인칭대명사와 부정대명사 all

(1) '인칭대명사 + all (동격어)' 또는 'all of + 복수인칭대명사'의 형태로 쓴다.

We all (o), They all (o) All we (x), All they (x)

We all have to go. 우리 모두는 가야만 한다.

= **All of us** have to go. 또는 We all of us have to go.

We all opposed his suggestion. 우리 모두가 그의 제안에 반대했다.

※ All we opposed his suggestion. (x)

Let **us all** do our best. 우리 모두 최선을 다하자.

(2) all of 뒤의 명사가 복수이면 복수 동사, 단수이면 단수 동사로 받는다.

1) 수를 표시할 때는 복수 동사로, 양을 표시할 때는 단수 동사로 받는다.

All (of) the defendants **were** proved guilty. 피고인들 전원이 유죄 판결을 받았다.

All (of) the doors **are** closed. 모든 문은 닫혀 있다.

All **of** us **are** going. 우리는 모두 갈 것이다.

※ 'all of us[them]'처럼 복수 인칭대명사 앞에서는 of를 생략할 수 없다.

All (of) his money **is** gone. 그의 돈은 모두 날아갔다.

2) all이 주어와 동격으로 쓰일 경우 all은 일반 동사의 앞, be동사나 조동사의 뒤에 온다.

We **all** know now that the earth is round.

We are **all** of one mind. 우리는 모두 한 마음이다.

His fingers are **all** thumbs. 그의 손가락은 모두가 엄지이다. → 그는 손이 매우 무디다.

Are you **all** ready?

They can **all** speak Korean well. 그들은 모두 한국말을 잘 할 수 있다.

3. 대명사 all이 단수로 쓰일 때 (관용어) 《모든 것(일)》

All is lost. 만사가 다 틀렸다. Is that **all**? 그것뿐인가?

All's (= is) well that ends well. 끝이 좋으면 모두 좋다.

All that glitters is not gold. (= **All** is not gold that glitters.)

번쩍인다고 해서 모두 금은 아니다. – 속담 –

4. 대명사 all의 일부 부정과 전부 부정

all이 부정어 not과 함께 쓰일 경우, 일부 부정(부분부정)이 되는 수가 많다.

I don't know **all** of them. 내가 그들을 모두 알고 있는 것은 아니다.

All that he says is **not** true. 그가 말하는 것이 모두 다 사실인 것은 아니다.

※ 이 문장은 '그가 말하는 것은 모두 사실이 아니다.'로도 해석이 가능하다. 이러한 오해를 피하기 위해서는 일부 부정에는 not (~) all, not ever를 전부 부정에는 none, nobody, nothing, not any 등을 사용하는 것이 좋다.

Not all of them are happy. 그들 모두가 행복한 것은 아니다.

↔ **None** of them are happy. 그들 누구도 행복하지 않다.

I didn't eat **all** of the cakes. 내가 그 과자들을 다 먹지는 않았다.

↔ I didn't eat **any** of the cakes. (= I ate none of the cakes.)

나는 그 과자 중의 어느 것도 먹지 않았다.

5. all of + 한정사 (the, this, that, 소유격 등) + 복수가산명사, 불가산 명사

all of, both of, each of, either of, neither of, none of, most of, many of, much of 등이 명사 앞에 올 때는 이들과 명사 사이에 반드시 한정사 (the, this, that, 소유격 등) 가 있어야 한다.

all of friends (x) → all of my friends (o)

none of information (x) → none of the information (o)

All (of) my friends are good fellows. 나의 친구는 다 좋은 녀석들이다.

All (of) his money is gone. 그의 돈은 모두 날아갔다.

None of the books are interesting. 그 책들은 어느 것도 재미없다.

■ 참고

1. 한정사(형용사) all

(1) 단수 명사 앞에 와서 《전체의; 전부의; 전 ~》

all the world 전 세계(의 사람) all Korea 전 한국(의 사람) all (the) day (long) 하루 종일

※ 〈미〉에서는 all the day, all the morning, all the night, all the year 경우에 the를 흔히 생략한다.

all (the) morning 오전 내내 all (the) night (through) 밤새도록

all (the) year (round) 연중; 일 년 내내

It rained all day long today. 오늘은 하루 종일 비가 내렸다.

all the way 도중 내내; 먼 길을 무릅쓰고; 〈미〉 ~의 범위 내에; 〈미〉 언제라도; 무조건으로

(2) 복수 명사 앞에 와서 《모든, 모두》

all kinds[sorts] of things 각양각색의 것 in all directions 사방팔방으로

in all respects 모든 점에서 all the students of the school 그 학교의 모든 학생

※ 특정된 집단 전부를 나타낼 때는 그 집단을 나타내는 명사 앞에 한정사 (the, 소유격 등)를 붙여야 한다.

all the people present 모든 참석자 all my friends 모든 나의 친구들

(3) 성질·정도를 나타내는 추상명사를 수식하여 《최대한의; 최대의; 최고의》

in all haste 황급히 in all truth 진정으로; 틀림없이 in all sincerity 성심성의껏

with all one's might 온 힘을 기울여 with all speed 전속력으로

(4) 부정적 뜻의 동사나 전치사 뒤에서 《일체의; 아무런, 전혀(any)

He denied **all** knowledge of the case in question.

그는 문제의 그 사건에 대해 아는 것이 전혀 없다고 말했다.

in spite of **all** opposition 어떤 반대에도 불구하고

(5) 강조적 표현으로 추상명사나 신체부위 (복수형이 보통임)를 수식하여 《대단히 ~인; 온몸이 ~인》

She is **all kindness**. 그녀는 매우 친절하다.

They are **all eagerness** to go there. 그들은 몹시 거기에 가고 싶어 한다.

We mustered (up) **all our courage [strength]**. 우리는 있는 용기를 [힘을] 다 불러 일으켰다.

I was **all ears [all eyes and ears]** as he told his story.

나는 그가 이야기하는 동안 열심히 귀 기울였다 [온 신경을 집중하였다.].

The boy was **all skin and bones**. 그 아이는 피골이 상접해 있었다.

(6) ~뿐; 오로지; 언제나 ~인》

She is always **all** smiles. 그녀는 언제나 생글생글 웃는다.

He was **all** tears. 그는 하염없이 눈물을 흘렸다.

All work and no play makes Jack a dull boy. 공부만 하고 놀지 않으면 아이는 바보가 된다.

(7) 기타 (관용어구)

- **all the go [rage]** 대단한 인기로, 대유행으로
- **and all that** ~하며 …하며; ~니 어쩌니; (감사·축하에) 진심으로; 내내, 부디부디

Do you really believe in a ghost and all that? 너는 정말로 귀신이니 뭐니 하는 것을 믿느냐?

There we can see dolphins and sharks and all that. 그곳에서 돌고래, 상어 등등을 볼 수 있다.

Very many happy returns of the day, and all that.

오래오래 행복하십시오; 오래오래 사십시오.

- **of all ~**: 많은 ~가운데서; 하필이면 ~

of all people[persons] 하고많은 사람 중에 of all days 하고많은 날 가운데

of all places 하고많은 곳 중에

It is raining today of all days. 날도 많으련만 하필이면 오늘 비가 오는 거야.

Why ask me to help, of all people? 하고많은 사람 중에 하필이면 왜 나에게 도움을 청하냐?

2. 부사 all《완전히, 모조리, 전적으로; 오로지 ~만; 양편이 모두다》

She spends her income **all** on clothes. 그녀는 수입을 모조리 옷을 사는 데 써버린다.

What **all** have you been doing? 대체 너는 무엇을 하고 있었느냐?

The score is two **all**. 점수는 양편이 모두다 2점이다. (2대2이다.)

all through the night 밤을 꼬박 새워 **all too late** 너무도 늦어서

all alone 홀로; 혼자서, 남의 도움 없이 **all along** 내내, 처음부터

- **all but** 거의 (= almost, nearly); ~을 제외한 전부

He is all but dead. 그 사람은 죽은 거나 마찬가지다.

Her heart all but stopped at the news. 그 소식을 듣고 그녀의 심장은 거의 멎는 것만 같았다.

The members were present all but one. 한 사람을 빼고는 회원들이 전부 출석했다.

- **all for** 대찬성인

I'm **all for** your offer. 나는 너의 제안에 대찬성이다.

- **all over** 도처에, 온 몸에; 완전히 끝나서; 전혀, 완전히 (thoroughly); 홀딱 반하여; 애지중지하여

We traveled all over Jejudo. 우리는 제주도의 이곳저곳을 두루 여행했다.

It's all over. 다 끝났다; 끝장이다.

She is her mother all over. 그녀는 어머니를 빼닮았다.

- **all that** **〈부정·의문문에서 형용사 등의 앞에 놓여〉** 그토록, 그다지

My opinion is not all that different from yours. 내 생각도 너와 그다지 다르지 않다.

• **all together** 다 함께; 전부, 합계

Let's go all together. 다 같이 갑시다.

There are one hundred books all together. 책이 전부 100권이 있다.

② 부정대명사 ~one / ~body

some, any, no, every에 −one, −body가 붙어 만들어진 대명사이다. 사람을 대신하여 쓰인다. 단수로 취급하고 형용사적 용법은 없다.

※ −one이 −body에 비해 보다 글말 적이며, 〈미〉에서는 −body를 많이 쓴다.

❶ someone / somebody

i. someone: 누군가; 어떤 사람

▶ somebody와 같은 의미로 쓰인다. somebody가 입말체에서 더 많이 쓰이는 반면에 글말체에서 더 많이 쓰인다. somebody는 명사로도 쓰나 someone은 명사로는 쓰지 않는다.

• **someone else** 누군가 딴 사람

Will **someone** please explain what's going on?

누군가 뭐가 어떻게 된 일인지 좀 설명해 주시겠어요?

Someone accosted me on the street.

어떤 사람이 길에서 나에게 다가와 말을 걸었다.

I don't want to eat **someone else's** dust. 나는 남에게 지고 싶지 않다.

Someone of the boys ran to me. 그 소년들 중 누군가가 내게로 달려왔다.

※ 'somebody of the boys'와 같이는 쓰지 않는다.

▷ some óne은 '누군가, 무엇인가; 한 사람; 어떤 하나'의 뜻으로 사람, 물건에 대해 다 쓰며 뒤에 of가 오는 경우가 많다.

Some one of them had to do the work. 그들 중 누군가는 그 일을 해야 했다.

ii. somebody

ⓐ 대명사: 누군가, 어떤 사람 (= someone)

• **somebody else** 누군가 다른 사람

Somebody seems to be pulling the wires behind him.

누군가가 뒤에서 그를 조종하고 있는 것처럼 보인다.

Nobody has the right to take **somebody else's** life.

그 누구도 다른 사람의 생명을 앗아갈 권리는 없다.

ⓑ 명사: 높은 사람, 대단한 인물

▶ **somebody가 명사로 쓰일 경우 부정관사를 붙여도 무방하며, 복수형도 있다. (somebodies)**

There were **somebodies** and nobodies at the party.

그 모임에는 지체 높은 사람들과 보잘것없는 사람들이 함께 있었다.

He acts as if he were **somebody**.

그는 마치 자기가 대단한 사람이나 되는 양 행동한다.

❷ anyone / anybody

▶ **모두 사람에 대해 쓰는 부정대명사로서 단수 취급한다.**

i. anyone: 〈긍정문〉 누구든지; 〈부정문〉 아무도; 〈의문문, 조건문〉 누군가(= anybody)

Anyone can do the work. 누구든지 그 일을 할 수 있다.

I don't think **anyone** could understand the meaning.

나는 아무도 그 뜻을 이해 못 했다고 생각한다.

Anyone could have told you that. 그런 것쯤은 아무에게 물어보아도 알았을 터인데.

ii. anybody

ⓐ 대명사: **〈긍정문〉** 누구든지; **〈부정문〉** 누구도, 아무도; **〈의문문, 조건문〉** 누군가

Anybody can do that. 누구든지 그것을 할 수 있다.

That's **anybody's** guess. 누구든 제멋대로 생각할 수는 있다. (아무도 모른다.)

Don't say anything to **anybody** about the affair.

그 일에 대해서는 아무한테도 아무 말 하지 마세요.

Is there **anybody** here? 여기 누구 있어요?

If **anybody** comes, tell him [them] to wait. 누구든 오면 기다리라고 하세요.

※ 대명사 anybody는 단수 취급하나, 때로는 복수대명사 (they, their, them)로 받기도 한다.

ⓑ 명사: 〈부정·의문·조건문에서〉 어엿한 [버젓한] 인물; 지체 있는 사람; **〈긍정문에서〉** 하찮은 사람; 보통 사람

I am afraid he will hardly be **anybody**.

내가 보기에 그는 큰 인물이 될 것 같지는 않다

Is he **anybody**? 그는 좀 알려진 인물인가?

If you wish to be **anybody**, work hard now.

어디에다 명함이라도 내밀 만한 사람이 되고 싶다면 지금 열심히 일 [공부]해라.

■ 참고– anyone / any one / anybody

1. anyone은 사람에 대해 쓰는 부정대명사로 개별성을 강조하여 나타내는 경우에는 any one과 같이 띄어서 쓰기도 한다. anyone은 범위가 없는 불특정인을 가리킬 때 쓰는 것에 대하여 any one은 일정 범위 내의 특정 사람이나 사물을 가리킬 때 쓴다. any one의 뒤에는 of를 수반하는 것이 보통이다.

Anyone could solve the problem. 그 문제는 누구든지 풀 수 있을 것이다.

Let **any one** come, I am his man. 누구든 와 보라고 해라, 내가 상대해 주지.

Any one of the students in the class could solve the problem.

그 학급의 학생들 누구라도 그 문제를 풀 수 있을 것이다.

2. any one은 any와 one에 모두 강세를 주는 경우에는 one은 수사(數詞)로서 주로 사물에 대해 쓴다.

I couldn't understand **any one** of his words. 나는 그의 말을 한마디도 알아들을 수가 없었다.

3. 관계사절의 수식을 받는 경우에는 입말이든 글말이든 anyone을 쓰는 것이 보통이다.

Don't **anybody** move! 다들 꼼짝 마라!

Hands up, **anyone** who knows the answer. 답은 아는 사람은 누구든지 손들어보세요.

He distrusts **anyone** who thinks differently to him.

그는 자신과 의견이 다른 사람은 누구든 불신한다.

4. anyone, anybody는 단수로 취급하므로 주어가 되는 경우 단수 동사를 취한다. 그리고 이를 대명사로 받는 경우에도 단수형 대명사(he, his, him 등)로 받는 것이 원칙이나, 복수의 뜻을 강조적으로 나타낼 경우에는 복수형 (they, their, them)을 받기도 한다.

If **anybody** comes, tell him [them] to wait. 누구든 오면 기다리라고 하세요.

5. anyone, anybody 모두 뒤에 부정어구를 쓸 수 없다.

Anyone [Anybody] can**not** do the work. (x)

→ **No one** can do the work. (o) 아무도 그 일을 할 수 없다.

❸ everyone / everybody

everybody가 everyone보다 입말 적이다.

i. everyone: 모든 사람; 너나 할 것 없이, 누구나 다 (= everybody)

ⓐ 문법적으로는 단수 취급하므로 이를 받는 대명사는 단수형을 써야 하지만 특별히 he나 she 등으로 받아야 할 경우 이외에는 복수형을 쓰는 것이 일반적이다. 단, 동사는 단수로 하는 것이 보통이다.

Everyone has their [his 또는 her 〈격식체〉] own ideas about it.

누구나 그것에 대한 자기 생각을 갖고 있다.

Everyone stopped what they were doing and looked at it.

모든 사람이 하던 일을 멈추고 그것을 바라보았다.

Does **everyone** know how to get to the restaurant?

그 음식점에 가는 길을 모두가 알고 있나요?

ⓑ everyone은 everybody와 같은 뜻일 때는 한 단어로, 각자나 낱개에 중점을 둘 때는 every one과 같이 두 단어로 쓴다.

Everyone is kin to the rich man.

사람은 누구나 부자의 친척이다. (부자에게는 사람이 많이 모인다). – 속담 –

Those familiar words are in the mouth of **every one**.

그런 흔한 말은 누구나 다 한다.

His books are very interesting, I've read **every one** of them.

그의 책들은 매우 재미있다. 나는 그것들 모두를 읽었다.

ⓒ one 다음에 'of + 복수대명사/ (한정사) 복수 명사'가 계속될 경우 one은 수사의 뜻을 가지며 항상 every one의 형태로 띄어 쓴다. 이 경우에는 사람뿐 아니라 물건에도 쓴다.

Every one of them has their[his] dreams.

그들 한 사람 한사람 모두는 자신의 꿈을 가지고 있다.

Every one of his sons is a teacher. 그의 아들들은 모두가 교사이다.

Every one of the things was in its right place. 그것들은 전부 제자리에 있었다.

ii. everybody: 모든 사람; 누구나 다; 누구든지 (= everyone)

ⓐ 단수 취급하여 주어일 경우 단수 동사를 쓴다. 대명사로 받을 경우에는 everyone과 마찬가지로 복수대명사로 받는 경우가 많다.

Everybody has **his** weak side. 사람은 누구나 다 약점을 가지고 있다.

Everybody must do **his** best. 모든 사람은 최선을 다해야 한다.

Everybody dresses in **their** best dresses. 사람들은 누구나 자신을 돋보이고자 한다.

ⓑ 관용어구

- **everybody and his brother** 어중이떠중이 모두; 개나 걸이나 모두

Everybody and his brother think that the government should reform the economy. 개나 걸이나 모두가 정부는 경제개혁을 해야 한다고 생각한다.

• everybody else 다른 모든 사람

Everybody thinks he is different from **everybody else**.

모든 사람이 그는 다른 사람들과는 다르다고 생각한다.

• Everybody's business is nobody's business.

모든 사람의 책임은 아무의 책임도 아니다. [공동 책임은 무책임]

> ▷ **everyone이나 everybody는 not과 함께 쓸 경우 일부 부정을 나타낸다.**
> **《모두가 [누구든지] ~인 것은 아니다.》**
> **Everyone** cannot do it.(= **Not everyone** can do it.) 모두가 그것을 할 수 있는 것은 아니다.
> **Everybody** cannot be an artist.(= **Not everybody** can be an artist.)
> 누구나 다 예술가가 될 수 있는 것은 아니다.

③ 부정대명사 -thing

❶ something

i. 무엇인가, 어떤 물건 [일]

▶ **보통 something은 긍정 평서문에, anything은 의문문, 부정문, 조건문에 쓰이지만, 대화(체)에서 긍정의 답을 기대하는 경우나 권유·의뢰의 의미를 갖는 'Will [Could] you ~?'형식의 의문문에서는 something을 쓰는 것이 보통이다.**

Something went wrong with this car. 이 자동차는 어딘가 고장이다.

(= There is something wrong with this car.)

Could you show me something cheaper? 좀 더 싼 것을 볼 수 있을까요?

> ▷ **something을 수식하는 형용사나 to 부정사는 something의 뒤에 온다. 형용사와 to 부정사 둘 다 올 경우에는 「something + 형용사 + to do」의 어순으로 쓴다.**
> Would you like **something** to drink? 마실 것 좀 드릴까요?
> Is there **something** special to unwind? 기분전환 할 만한 무언가 특별한 일이 없을까요?

ii. 관용어구

• make something of ~: ~을 활용하다; ~을 중요시하다; ~을 출세 [성공] 시키다.

He really wants to make something of his life.

그는 정말로 성공 [출세]하고 싶어 한다.

• ~ or something: ~인지 무엇인지; 뭐라더라.

He is a teacher or something. 그는 선생인지 무언 지이다.

He turned dizzy or something and fell out.

그는 현기증인가 무엇인가가 나서 낙오했다.

• something over [under] ~: ~보다 얼마간 많은 [적은] 양 [수]

It cost something over $10. 그것에 10달러 좀 더 들었다.

• What the something(= devil) are you doing here?

너는 도대체 여기서 무엇을 하고 있느냐?

• Something's got to give. 지금 당장 결단을 내려야 한다; 사태가 매우 급하다.

■ 참고

1. 명사 something : 어떤 것; 중요한 인물, 훌륭한 사람; 마실 것, 먹을 것

A wonderful **something** was about to take place. 무엇인가 놀라운 일이 벌어지려고 하고 있었다.
Money is not everything, (but,) still, it's **something**. 돈이 전부는 아니지만 그래도 중요하다.
He thinks he is **something**. 그는 자기를 대단한 사람이라고 생각하고 있다.
Let's have a glass of **something**. 한 잔하는 게 어때?

2. 부사 something : 〈입말체〉 꽤, 대단히 (very)

It rained **something** awful last night. 어젯밤에 비가 꽤 내렸다.

❷ anything

i. 〈긍정문〉 무엇이든; 〈부정문〉 아무것도; 〈의문문, 조건절〉 무언가

I would do **anything** for you. 너를 위해서라면 난 무엇이든 할 거야.

You haven't seen **anything** yet. 이것은 아직 아무것도 아니야. (이건 약과야)

Do you have **anything** to declare? 신고하실 것이 있습니까?

(= Anything to declare?)

Let's see if **anything** can be done for it.

무언가 그것을 해결할 수는 방법을 생각해 보자.

ii. 관용어구

- **anything but ~**: ~이외는 무엇이든지; 〈be 등의 다음에서〉 결코 ~은 아니다.

I would give you **anything but** life. 제발 목숨만은 살려 주십시오.

He is **anything but** a hero. 그는 결코 영웅은 아니다. (그가 영웅이라니 어림없다.)

He is **anything but** poor. 그는 결코 가난하지 않다.

- **anything like** 조금은, 좀; 〈의문문, 부정문〉 조금이라도, 조금도 ; ~따위는 도저히

Is she **anything like** pretty? 그녀는 조금은 예쁜 편인가?

You cannot expect **anything like** perfection.

너에게 완벽 따위는 도저히 기대할 수가 없다.

- **anything of** 〈부정문에서〉 조금도, 〈의문문에서〉 조금은

I have not seen **anything of** Sam-sun lately.

나는 요즈음 삼순이를 전혀 만나지 못했다.

Is he **anything of** a gentleman? 그는 좀 신사다운가?

- **Anything you say.** 말씀하시는 대로 하겠습니다.
- **for anything** 〈부정문에서〉 별별 것을 다 준대도.

I would not go **for anything.** 그 어떤 것을 다 준대도 나는 가지 않겠다.

- **not come to anything** 실패로 끝나다; 헛수고가 되다; 수포로 돌아가다.

His plan did **not come to anything.** 그의 계획은 수포로 돌아갔다.

- **~ or anything** 〈의문문·부정문·조건문에서〉 ~나 (그밖에) 뭔가; ~하거나 뭔가.

Have you got any knives **or anything**? 칼이나 뭐 그런 것 가지고 있느냐?

- **too ~ for anything** 몹시 ~한; 굉장히 ~한

The bus was **too** crowded **for anything.** 그 버스는 굉장히 붐볐다.

• Anything is better than nothing. 무엇이든지 있는 편이 없는 것보다 낫다. – 속담 –

■ 덧붙임

1. anything을 수식하는 형용사는 뒤에 놓인다.

Is there **anything** interesting in today's paper?
오늘 신문에 무언가 재미있는 것이 있[났]습니까?

2. anything을 부정문의 주어로 쓸 수 없다.

Anything that a man does cannot be perfect. (x)
→ Nothing that a man does can be perfect. (o)
인간이 하는 것으로서 완전한 것은 있을 수 없다.

■ 참고

1. 명사 anything: (어떤) 것 [일]; 중요한 사람 [것]

He's [= has] no job, no money, no **anything**. 그는 직업도 돈도 어떤 것도 없다.
He isn't **anything** in the play. 그는 그 연극에서 중요인물은 아니다.

2. 부사 anything: (보통 부정문·의문문·조건문에서) 얼마간이라도, 조금이라도; 적어도

Is she **anything** like her mother? 그녀는 그녀의 어머니를 좀 (조금이라도) 닮았습니까?
If he is **anything** young, I could employ him. 적어도 그가 젊다면 그를 고용할 텐데요.

❸ everything

i. 대명사 everything: 모든 것, 무엇이든지, 만사

▶ **사물에 쓰며 단수로 취급한다.**

Everything was in its place. 모든 것이 자리가 잡혔다.
(= Everything is under control.)

Everything is not pleasant in life. 인생에서 모든 것이 즐거운 것은 아니다.

※ **not과 함께 쓰면 일부 부정을 나타내어 '모든 것이 ~한 것은 아니다.'의 뜻을 갖는다.**

Everything is running [going on] well. 만사가 잘되어 간다.

There is a time for **everything**. 세상 모든 일은 때가 있는 법이다.

ii. 명사 everything: 가장 중요 [소중]한 것/사람; 가장 핵심적인 것

▶ be의 보어 또는 mean의 목적어로써 쓰이는 경우이다.

Money is not **everything** to us. 우리에게 돈이 가장 중요한 것은 아니다.

This book means **everything** to me. 이 책은 내게 무엇보다도 중요한 의미를 갖는다.

iii. 관용어구

- **above everything** (else) 우선 첫째로; 무엇보다도 먼저
- **before everything** (else) 무엇보다 (우선)
- **Is that everything?** 그게 다인가요?; 그 밖에는 요?; 다른 주문은 없습니까?
- **like everything** 전력으로; 열심히; 맹렬히

I ran like everything. 나는 전력을 다해 뛰었다.

■ 참고– 한정사 (형용사) every

1. 앞말

every는 '모든 ~'의 뜻으로 단수 가산명사 앞에서만 쓰이는 한정사(형용사)의 용법밖에 없다. each가 전체와는 관계없이 각각의 구성요소를 나타내는 반면에, every는 개개의 구성요소를 가진 전체를 나타낸다. all은 복수의 구성요소를 포괄하여 나타내는 것으로 복수로 쓰고, every는 전체 중의 하나하나에 중점을 두므로 단수취급 한다. every가 보통은 3개 이상의 구성요소에 쓰인다 하나 2개에도 잘 쓴다.

2. every + 단수 명사

(1) every는 한정사 (형용사)로만 쓰이고 대명사로는 쓸 수 없으며 그 뒤에는 반드시 관사가 없는 단수 명사가 와야 한다.

Every boy **likes** it. 모든 소년이 그것을 좋아한다.

cf.) All boys **like** it. 모든 소년이 그것을 좋아한다.

Every boy and (every) girl **is** excited. 모든 소년과 소녀들이 신 났다.

(2) every of us, every of them과 같이 대명사의 형태로 못 쓰고, every one of us, every one of them과 같이 한정사의 형식으로 써야 한다.

Every of us wants to go on a picnic. (x)

→ **Every one of us** wants to go on a picnic. (o) 우리는 모두 소풍 가기를 바란다.

Every word of it is false. 그 말 하나하나가 모두 거짓이다.

(3) every가 수식하는 명사는 보통 단수 대명사로 받지만 입말체에서는 복수대명사로도 받는다.

Every student was expected to turn in his [their (입말체)] paper this Friday.

모든 학생이 과제물을 이번 금요일에 제출하는 것으로 되어 있었다.

(4) every 뒤에 명사가 둘 이상 계속되어도 단수로 취급한다.

Every man and woman **likes** it. 모든 남녀가 그것을 좋아한다.

Every man, woman, and child **has**[have×] been evacuated.

모든 남자와 여자, 그리고 어린이가 피신 되어졌다.

(5) every의 앞에는 관사는 쓰지 못하지만 소유격은 쓸 수 있다.

She listened to my **every** word. 그녀는 나의 말 하나하나에 귀를 기울였다.

3. 추상명사 (chance, confidence, intention, kindness, reason, respect, success, sympathy 등)를 수반하여 《가능한, 온갖, 충분한》

John has **every** confidence in him. 존은 전폭적으로 그를 신뢰하고 있다.

There is [또는 We have] **every** reason to believe that he has finished the work.

그가 그 일을 해냈다는 것을 믿을 만한 충분한 이유가 있다.

I wish you **every** success. 아무쪼록 성공하시기를 바랍니다.

I feel **every** respect for him. 나는 그분을 진심으로 존경한다.

4. 수사 [서수 + 단수 명사; 기수 + 복수 명사], other, few 앞에서 《~ 걸러, ~에 한 번씩; ~ 간격으로; 매 ~마다》 ※ 부사구로 매우 많이 쓰인다.

every few days [years] 며칠[몇 해]마다

every fifth day (= every five days) 5일마다, 4일 걸러

every other day (= every second day, every two days) 하루걸러, 이틀마다

Every third family has a luxury car. 세 집에 한 집은 고급자동차를 가지고 있다.

This medicine has to be taken every twelve hours. 이 약은 12시간마다 복용해야 합니다.

5. not과 함께 일부 부정을 나타내어 《누구나 다 ~인(한) 것은 아니다; 언제나 ~하다고는 할 수 없다.》

Every man can**not** be a poet. 누구나 시인이 될 수는 없다.

Not every man can be a genius. 누구나 천재가 될 수 있는 것은 아니다.

6. 관용어구

- **every bit** 어디까지나; 어느 모로나 (= every inch); 아주

He is **every bit** a scholar. 그는 어디까지나 학자다.

- **every now and again [then]** 때때로; 가끔
- **every so often** 때때로, 이따금
- **every time ~:** ~할 때마다; **〈대화 (입말체)〉** ~할 때는 언제나 (= whenever); 예외 없이

Every time I see Sam-sun, I remember her mother.

삼순이를 볼 때마다 나는 그녀의 어머니가 기억난다.

Every time I go to his house, he's out. 내가 그의 집을 찾아갈 때면 언제나 그는 외출하고 없다.

- **every Tom, Dick, and Harry:** 보통 사람들 모두; 아무나; 어중이떠중이

That club is very exclusive. It won't let every Tom, Dick, and Harry join.

그 동호회[클럽]는 아주 배타적이다. 그곳은 아무나 들어갈 수가 없다.

④ 부정대명사 each

❶ 앞말

each는 두 사람이나 두 물건 이상의 것에서 낱낱의 것을 말하여 대명사, 형용사, 부사로 쓰인다. every가 하나하나를 가리키면서 동시에 전체를 종합하여 생각하는 데 대하여 each는 전체와는 관계없이 개개의 것을 하나하나 들어서 말하는 경우에 쓴다.

《저마다, 각각, 각기》

❷ 쓰임새

i. each는 단수 대명사이므로 주격으로 쓰일 때는 원칙적으로 단수로 취급한다.

Each loves the other. 그 둘은 서로를 사랑한다.

Each of the workers has received a hundred dollars.

그 일꾼들은 각자 100달러씩 받았다.

(= The workers have each received a hundred dollars.)

※ 입말체에서는 복수로 취급하는 경우가 많다.

Each of them **have** their cars. 그들 각자가 자신들의 자동차를 가지고 있다.

ii. each 앞에는 정관사, 소유격 등의 수식어가 오지 못한다. 그리하여 특정한 것의 각각을 가리킬 때는「each of + the, these, my, his, their 등 + 복수 명사」의 형식을 취한다. 이때의 동사는 단수를 취한다.

Each of us has **his** own opinion. 우리들 각자는 자신의 의견을 가지고 있다.

※ each [every ×] of us 우리들 각자 (= every one of us)

Each of the flowers has **its** own color and smell.

꽃들은 제각각 나름의 색깔과 향기가 있다.

iii. each가 복수주어의 동격어로 쓰일 경우에는 주어에 일치시켜 복수로 취급한다.

We **each** have our own opinions. 우리들은 각자가 자신의 의견들을 갖고 있다.

The girls **each** have a room. 그 여자애들 각자가 방을 가지고 있다.

※ 이 경우 each와 have의 순서를 바꾸면 each는 부사가 된다.

The girls have **each** a room. 그 소녀들은 제각기 방이 있다.

iv. 직접목적어가 복수일 경우에 each는 직접목적어 뒤에서 동격어의 구실을 할 수 없다. 그러나 간접목적어의 경우는 가능하다.

Our teacher loved us each. (x)

→ Our teacher loved each of us. (o) 선생님은 우리들 한 명 한 명을 사랑하신다.

Their teacher brought them **each** a book. (o)

선생님은 그들 각자에게 책 한 권씩을 주셨다.

v. each는 단수로 취급되어 보통 he, his, him으로 받지만, 여성들을 가리키는 내용일 때에는 she, her로 받는다. 의미적으로 복수의 뜻이 강할 경우 입말체에서는 보통

they, them, their로 받는다.

Each of the students has her own room. 그 여학생들 각자가 자기 방을 가지고 있다.

Each has received his [their (입말체)] duty. 그들 각자가 자신의 임무를 부여받았다.

vi. 'A and B each'는 복수 취급하는 것이 보통이나, A, B를 개개로 보는 뜻이 강할 경우 단수로 취급한다.

The boys and girls **each** have a room.(o) 그 소년들과 소녀들은 각각 방을 가지고 있다.

The boys and girls **each** has a room. (o) 그 소년들과 소녀들 각자가 방을 가지고 있다.

vii. 대명사 each는 부정어를 수반하는 동사와는 함께 쓰이지 않는다. each의 부정에는 neither, no one, not every one 등을 쓴다.

■ 참고

1. 한정사 (형용사) each

형용사 each는 'each + 단수 명사'의 형태로 '저마다의, 각각의, 개개의, 각 ~'의 뜻을 나타낸다.

(1) 무관사의 단수 명사를 수식하여 '각자의, 각각의, 각기의, 각 ~'의 뜻을 갖는다.

Each man has his own habit. 사람은 저마다 자신만의 습관을 가지고 있다.

Each one of us has his[her] room. 우리들은 각자 방이 있다.

※ 단수취급을 원칙으로 하지만 입말체에서는 복수로 취급하기도 한다.

Each one of us have our rooms.

(2) 형용사 each 앞에는 동급의 한정사 즉, the, 소유격, 기타의 수식어가 오지 못한다. 수식어를 동반할 경우는 「each of + 수식어 + ~」의 형식을 쓴다. 이때의 each는 대명사이다.

my each friend (x) → each of my friends (o) 내 친구들 각자

his each book (x) → each of his books (o) 그의 책들 각각

(3) each 뒤에 명사가 둘 이상 연속되어도 원칙적으로 단수취급을 한다.

Each boy and girl **has** the book. 소년과 소녀가 각기 그 책을 갖고 있다.

(4) 형용사 each도 대명사 each와 마찬가지로 부정어(否定語)와는 함께 쓰지 않는다.

2. 부사 each

(1) 부사 each는 주어를 수식할 경우 보통 be동사나 조동사의 뒤, 그리고 일반 동사의 앞에 쓰인다. 때로는 문미에 위치하여 주어를 수식하기도 한다. 〈각각, 각기, 한 개에 대하여〉

The men were **each** dressed neatly. 그 남자들은 각각 말끔하게 차려입고 있었다.

They cost a dollar **each**. 그것들은 한 개에 1달러이다.

※ 여기서 each는 목적어 'a dollar'를 수식하는 것이 아니라 주어 'They'를 수식하고 있다.

The entrance tickets are 5000 won each. 그 입장권은 한 장에 5,000원이다.

(2) 부사 each는 목적어를 수식할 경우 그 뒤에 쓴다. 다만, 3형식의 경우 목적어 뒤에 직접 쓰지 않는 것이 보통이며, 4형식에서는 간접목적어 뒤에 직접 쓰거나 직접목적어 뒤에 놓을 수 있다.

Tom hit them each. (x) → Tom hit each of them. (o) 톰은 그들을 각각 때렸다.

I sent them **each** a present. (o) 나는 그들 각자에게 선물을 보냈다.

Tom gave them a present **each**. (o) 톰은 그들에게 각각 선물을 주었다.

3. 형용사 each와 every의 비교

(1) 둘 다 단수적 의미를 갖는 점에서 복수적 의미를 갖는 all과 대비된다. each는 개별적 의미를, all은 포괄적 의미를, every는 each와 all의 의미를 함께 지닌다.

Each student in the class has a nickname. 그 반의 학생은 각자 별명을 갖고 있다.

All students must keep quiet in the library. 모든 학생은 도서관에서는 조용히 해야 한다.

Every student in the class passed the examination. 그 반의 모든 학생이 그 시험에 합격했다.

(2) 미에서는 every time, every day 대신 each time, each day를 쓰기도 한다.

(3) each and every: (every의 강조형) 어느 것이나 [어느 누구도] 모두

Each and every student was present. 어느 학생이나 모두 출석해 있었다.

4. each other와 one another

(1) 모두 '서로 (서로)'라는 뜻을 가지며, each other는 두 사람에, one another는 세 사람 이상에 쓴다고는 하지만, 실제로는 그렇게 엄밀히 구분하여 쓰고 있지는 않다.

We [They] love **each other**. 우리는 [그들은] 서로 (서로) 사랑한다.

We [They] helped **one another**. 우리는 [그들은] 서로 도왔다.

(2) each other도 one another도 주어로는 쓰지 않으며, 소유격이나 목적격으로만 쓴다.

They visit **each other's** [**one another's**] house. 그들은 서로의 집을 방문하며 지낸다.

We helped **one another.** 우린 서로(를) 도왔다.

We shook hands with **each other.** 우린 서로 악수했다.

(3) each other, one another의 소유격은 각각 each other's와 one another's이다.

The two persons [people] avoided **each other's** eyes. 그 두 사람은 서로의 눈길을 피했다.

We often wear **one another's** clothes. 우리는 종종 서로의 옷을 입는다.

(4) 일반적 진술의 '서로(를)'의 뜻으로는 'one another'이다.

It is good to help **one another.** 서로(를) 돕는 것이 좋다.

⑤ 부정대명사 both

▶ **both는 '양쪽, 둘 다, 두 사람 다'의 뜻으로 대명사로 쓰인다.**

❶ 단독으로 쓸 수 있으나, 보통 'both of + 복수대명사'나 'both of + 한정사 + 복수 명사'의 형태로 쓰인다.

Both are young. 둘 다 젊다.

If the blind lead the blind, **both** shall fall into the ditch.

맹인이 맹인을 길을 인도하면 둘 다 개울에 빠진다.

Both of us are students. (= We both are students.) 우리는 둘 다 학생이다.

▷ **'both of + (대)명사'의 of는 생략할 수 있으나, of 뒤에 인칭대명사가 올 경우에는 of를 생략하지 않는다. 만약, 생략할 경우에는 동격어로서 both를 인칭대명사의 뒤에 둔다.**

Both (of) my friends like reading. (o) 내 친구는 둘 다 책 읽기를 좋아한다.

I saw **both of** them. (o) 나는 그들 두 사람을 다 보았다.

I saw both them. (x) → I saw them **both.** (o)

❷ 동격어로 쓰여

▶ **동격어 both와 대명사, 명사의 어순은 보통 다음과 같은 형식으로 쓰며, Both we나 both them처럼은 쓰지 않는다. 동격어로 쓰이는 both는 강조적인 의미를 갖는다. 《양쪽[둘] 다》**

We **both** had the same idea. **〈주어인 대명사, 명사의 바로 뒤〉**

우린 둘 다 같은 생각을 갖고 있었다.

I saw **them both**. **〈목적어인 대명사, 명사의 바로 뒤〉** 나는 그들 두 사람을 다 만났다.

These books are **both** interesting. **〈be동사의 뒤〉** 이 책은 둘 다 재미있다.

The people seem **both** happy. **〈불완전 자동사 seem의 뒤〉** 그 두 사람은 다 행복해 보인다.

We can **both** speak English. **〈조동사의 뒤 일반 동사의 앞〉** 우린 둘 다 영어를 말할 줄 안다.

He and I both like baseball. 그와 나는 둘 다 야구를 좋아한다.

※ 복합 어구 뒤에 both가 동격어로 올 수 있을 때는 그 복합 어구가 주어로 쓰일 때뿐이다.

❷ not과 같이 쓰면 일부 부정이 된다.

Both are not young. 두 사람 모두 젊은 것은 아니다.

I don't know both of them. **〈일부 부정〉** 내가 그들을 둘 다 아는 것은 아니다.

cf.) I don't know either of them. (= I know neither of them.) **〈전부 부정〉**

나는 어느 한 사람도 모른다.

Both of them did not come. **〈일부 부정〉** 그들 둘 다 온 것은 아니었다.

cf.) Neither of them came. **〈전부 부정〉** 그들 중 아무도 오지 않았다.

■ 참고

1. 한정사(형용사) both

(1) 한정사(형용사)로서 '양쪽의, 양인의, 쌍방의' 뜻을 나타낸다.

the buildings on **both** sides of the street 도로의 양편에 있는 건물들

have it both ways (논의 등) 양다리 걸치다; 모순된 두 가지 일을 동시에 한다.

I don't know his real opinion since he **has it both ways**.

그는 두 가지 모순된 얘기를 동시에 하므로 그의 진짜 의견이 무엇인지 나는 알 수가 없다.

(2) 형용사 both는 정관사(the), 지시형용사(these, those 등), 인칭대명사의 소유격(my, his 등) 과 함께 쓰일 때는 이것들 앞에 놓인다.

Both (the) boys are so bright.그 소년들은 둘 다 매우 영리하다.

(= Both of the boys are so bright.)

※ 정관사와 함께 쓰일 경우 the를 생략하거나 'both of the ~'의 형태로 써도 된다.

I don't know **both** those students. 〈일부 부정〉

나는 저 학생들을 둘 다 아는 것은 아니다. (한 학생만 안다.)

It was the happiest time of **both** their lives.

그때는 그들 두 사람의 생애에서 가장 행복한 때였다.

2. 부사 both ☞ p. 112[3] 참조

등위접속사 and와 상관적으로 쓰인다.

I can speak **both** English **and** French. 나는 영어와 불어를 다 할 수 있다.

He was **both** tired **and** hungry. 그는 피로하기도 하고 배도 고팠다.

⑥ 부정대명사 few

부정대명사로서 few는 소수(少數)의 사람, 물건을 가리킨다. 복수 취급한다. '~중의 소수'의 의미 나타낼 때는 '(a) few of + 복수대명사'나 '(a) few of + 한정사 + 복수 명사'의 형태를 쓴다.

❶ few의 형태로 부정적인 용법에서 《소수의 것 [사람]들; 극히 ~밖에 안 되는 사람 [것]들》

Very few understand what he said. 그가 한 말을 이해하는 사람은 극히 드물다.

Few of the guests arrived on time. 제시간에 도착한 손님은 얼마 없었다.

❷ a few의 형태로 긍정적 용법에서 《소수의 것들, 소수의 [몇 명의] 사람들; 몇 잔 술》

I have a few, but not many. 나는 조금은 있지만 많지는 않다.

A few of them know it. 그들 중의 몇몇은 그것을 알고 있다.

We went into a pub and had a few. 우리는 술집에 가서 몇 잔 마셨다.

❸ 관용어구

- **but a few** 아주 조금

We remained but a few minutes longer. 우리는 몇 분 안 돼서 자리에서 일어났다.

- **but few** 〈글말체〉 단지 조금뿐(only a few); 아주 조금의 (= but a few)

A pilot earns a high income and travels across the world, and thus the occupation is highly sought after, but few women have entered this field.

항공기 조종사는 높은 수입을 얻고 세계 각국을 누빈다. 따라서 매우 선호되는 직업이지만 아직까지 이 분야의 여성의 진출은 아주 적다.

- not a few 꽤 많은 수

Not a few of the members were absent. 꽤 많은 수의 회원이 불참했다.

- quite a few 〈입말체〉 상당수 (= a good few); 다수

There were quite a few who doubted it. 그것을 의심한 사람이 다수 있었다.

Quite a few of them agreed. 그들 중 상당수가 찬성했다.

- some few 소수; 〈미. 입말체〉 꽤 많은 수

Some few of the members present agreed to our proposal.

참석한 회원의 소수만이 우리의 제안에 동의했다.

- very few 극소수의 사람 [물건]

Very few can equal him. 그의 힘을 당할 사람은 거의 없다.

■ 참고

1. 명사 few: (다수에 대하여) 소수(少數)의 사람; 소수파; 특권층 〈the few의 형태〉

〈opp.〉 the many 다수, 다수파; 서민, 대중

to **the** happy **few** 행복한 소수자에게

sacrifice **the few** for [to] the many 다수를 위해 소수를 희생하다.

It is a policy not for the many but for **the few**.

그것은 다수자 [서민]를 위한 것이 아니라 소수자 [특권층, 부유층]를 위한 정책이다.

2. 부정대명사 fewer: 소수의 사람 [것] * 복수 취급한다. 〈few의 비교급 형태〉

Fewer have come than we hoped. 예상보다 적은 사람들이 왔다.

Fewer than 30 percent of victims survive. 피해자의 회생 가능성은 30%도 안 된다.

There are **fewer** than 11,000 rhinos left in the world.

세계적으로 남아 있는 코뿔소는 만천 마리가 안 된다.

⑦ 부정대명사 little

▶ 부정대명사 little은 '조금, 소량'의 뜻을 나타낸다. '~중의 소량'의 의미를 나타낼 때는 '(a) little of + 단수 대명사'나 '(a) little of (단수적 의미의 한정사) + 불가산 명사'의 형태로 쓴다.

❶ a가 붙지 않는 부정적 용법으로 《〈정도·양이〉 조금(밖에 ~않다); 소량(밖에 ~않다.)》

〈opp.〉 much

Little remains to be said. 빠뜨리고 안 한 말은 거의 없다. (더 할 말은 거의 없다.)

There is **little** of the woman in her. 그녀는 여자다운 데가 거의 없다.

I have **little** to do with the matter. 나는 그 일과 별 관련이 없다.

❷ a가 붙는 긍정적 용법으로 《〈정도·양〉 조금(은), 얼마쯤[간]: 〈시간·거리〉 잠깐, 잠시》

Many **a little** makes a mickle. 작은 것이라도 많이 모이면 큰 것을 이룬다.

There is **a little** of it left. 그것이 조금은 남아 있다.

The master will be back **in a little**. 조금만 있으면 주인이 돌아올 것이다.

❸ 〈참고〉 명사 the little 《얼마 안 되는 것 (모두); 최소한의 것; 하찮은 사람들》

He did **the little** he could. 그는 미력이나마 전력을 다했다.

❹ 관용어구

• **little by little [by little and little (영)]** 조금씩; 점차로, 차츰; 서서히 (= gradually)

The water level rose little by little. 수위는 점점 높아졌다.

• **make little of ~**: ~을 얕 [깔]보다 (depreciate); ~을 거의 이해 못하다.

I can make little of what he says. 나는 그가 하는 말을 거의 이해 할 수가 없다.

• **not a little** 적잖은 양 [물건, 일]; 상당한 양(의 것)

Not a little has been said about that. 그것에 관해선 여러 가지로 말이 많았다.

• **only a little** 단지 조금; 조금뿐 (의 물건·일)

Korean students were shown to spend a majority of their time studying and only a little bit of time on extracurricular activities.

한국 학생들은 대부분의 시간을 공부하는 데 보내고 단지 약간의 시간을 과외활동하는데 보내는 것으로 나타났다.

- quite a little 〈미, 입말체〉 다량; 많이; 풍부

He knew quite a little about it. 그는 그것에 관해서 꽤 많이 알고 있었다.

- think little of ~: ~을 경시하다; ~을 주저하지 않다, ~을 서슴지 않다.

You shouldn't think little of even the smallest of life.

아무리 작은 생명일지라도 하찮게 여겨서는 안 된다.

■ 참고

1. 한정사 (형용사) little ☞ p. 363 에서 더 자세히

little은 크게 볼 때 '크기가 작은'의 뜻과 '양이 적은'의 뜻을 나타낸다. '크기가 작은'의 의미로는 형용사로만 쓰이며 그 반의어는 big이나 large이고, '양이 적은'의 의미로는 형용사, 부사, (대)명사로 쓰이며 그 반의어는 much이다.

(1) 가산명사(보통명사, 집합 명사)를 직접 수식하거나, 서술적으로 쓰여

1) 〈모양·규모〉 작은(↔ big, large)

a little bird 작은 새 a little village 작은 마을

2) (수가) 적은, 소수의(↔ large)

a little group of people 인원수가 적은 단체 a little household 적은 식구

3) 어린, 나이가 적은(young); 새끼의

a little girl 어린 소녀 our little ones 우리 집 아이들

4) 사랑스러운; 귀여운; 가련한

my little darling 나의 사랑하는 사람

Bless your little heart! **〈감사·위로〉** 아, 이거 참 고마워서!; 거참 딱하구먼!

5) 〈시간·거리 등이〉 짧은, 잠시의(brief)

a little distance 짧은 거리 our little life 우리들의 짧은 목숨

6) 〈목소리·말·웃음 등이〉 힘이 없는, 약한

a little voice 가는 목소리　a little smile 엷은 미소

7) 사소한, 하찮은, 보잘것없는; 세력이 미미한, 지위가 낮은

a little fault 사소한 실수　a little problem 사소한 문제

8) 어린애 같은, 유치한; 편협한, 옹졸한

a little mind 옹졸한 마음　a little soul 소인배　a little coward 쩨쩨한 겁쟁이

(2) 불가산 명사(추상명사·물질명사)를 수식하여

1) a little의 형태로 긍정적 용법으로: 조금은 (있는), 다소간의, 약간의

a little time [money] 약간의 시간 [돈]

a little food [water, rain] 조금밖에 안 되는 음식 [물, 비]

2) a를 붙이지 않고 부정적 용법으로: 조금밖에 없는, 거의 없는; 아주 적은

have little water [money, hope] 물 [돈, 희망]이 거의 없다

2. 부사 little ☞ p. 366 에서 더 자세히

(1) a를 붙이지 않고 부정적 용법으로

1) 거의 ~이 아니다; 거의 ~하지 않다.

She was **little** surprised. 그는 거의 놀라지 않았다.

I slept **very little** last night. 나는 지난밤에 거의 잠을 자지 못했다.

2) believe, care, dream, expect, know, realize, suppose, suspect, think, understand 등의 동사 앞이나 글머리에 와서: 전혀 [조금도] ~아니다 [않다](= not at all).

I **little** dreamed that I should never see her again.

나는 그녀를 다시 보지 못하리라는 것은 꿈에도 생각지 않았다.

(= Little did I dream that I should never see her again.)

(2) a little의 형태로 긍정적 용법으로: 〈때때로 비교급의 형용사·부사와 함께〉 조금, 약간, 다소

He is **a little** better today. 그는 오늘 몸이 다소 좋아졌다.

⑧ 부정대명사 many

▶ 부정대명사로서 many는 '다수'의 뜻을 가지며 항상 복수 취급한다. many와 대명사를 함께 쓸 때는 전치사 of를 쓴다. [many of + (복수)대명사 / many of + 한정사 (the, these, those, 소유격 등) + 복수 명사]

❶ (막연히) 많은 사람; (막연히) 많은 것[일]

Many were unable to attend. 많은 사람들이 참석할 수 없었다.

There are **many** who dislike beans. 콩을 싫어하는 사람들이 많이 있다.

Many of us disagreed with his ideas.

우리 중 많은 사람은 그와 의견을 달리하고 있다.

❷ 〈참고〉 명사 many: 〈the many의 형태로〉 대다수 (majority); 서민, 대중

Do the many have to labor for the few in your country?

당신네 나라에서는 다수가 소수를 위해 일해야 합니까?

the rights of the many 대중의 권리

■ 참고– 한정사(형용사) many ☞ p. 357 참조

1. 복수 명사 앞에 쓰여: 많은; 다수의; 여러

2. many a(an)에 단수형 명사를 수반하여: 〈단수취급〉 여러, 많은; 수 없는, 허다한

⑨ 부정대명사 much

부정대명사로서의 much는 불가산 명사를 대신하여 쓰인다. 단수 취급한다.

❶ 다량, 다액, 많음

Much will have more. 많음은 더 많은 것을 갖고 싶어 한다. [말 타면 경마 잡히고 싶어 한다.]

Too much is as bad as too little.

너무 많은 것은 너무 적은 것만큼이나 나쁘다. [과유불급(過猶不及)]

We learn **much** from experience. 우리는 경험에서 많은 것을 배운다.

Much of his words were unreliable. 그가 하는 말의 상당수가 믿을 수 없었다.

❷ how, too, as, so 등을 앞에 두어 《~만큼; ~정도》

How much do you want? 얼마나 원하십니까?

Take **as much** as you need. 당신이 필요한 만큼 가지세요.

❸ much of + 단수 대명사 / much of + 한정사 (the, this, that, 소유격 등) + 단수 명사 《~의 대부분》

▶ 주어일 경우 동사는 단수를 취한다.

I still remember much of it in some detail.

나는 아직도 그것의 상당 부분을 자세하게 기억하고 있다.

Much of his story is not true. 그의 이야기 대부분은 사실이 아니다.

He owed much of his success to his wife.

그의 성공의 대부분은 부인의 내조에 힘입은 바 컸다.

❹ 부정문, 의문문에서 be동사의 보어로서 《중요한 일 [것]; 대단한 일 [것]》

Money is **much**, but it is not everything.

돈은 중요한 것이기는 하나 그것이 제일로 소중한 것은 아니다.

This is not **much**, but I hope you will like it.

이거 대단한 것은 못 됩니다만 마음에 드시면 다행이겠습니다.

❺ 관용어구

- **come [amount, lead] to much** 대단한 일 [것]이 되다.

The small donation from each of you will come to much.

여러분 각자의 작은 기부가 대단한 것이 될 것입니다.

- **It's nothing much.** 그것은 별것 아니다; 그것은 대단치 않다.
- **make much of ~:** ~을 중히 여기다; 귀여워하다; 잘 대접하다; **〈부정문〉** ~을 잘 이해하다.

He makes much of money. 그는 돈을 중히 여긴다.

She made much of the visitors. 그녀는 그 손님들을 정중히 대접했다.

I couldn't make much of what he said. 그가 말한 것을 잘 이해할 수가 없었다.

- **not much of a ~:** 대단한 ~이 아닌; ~이 별로 많지 않은

She is not much of a singer. 그녀는 대단한 가수는 아니다.

(= There is not much of the singer about her.)

There was not much of a breeze. 바람기가 별로 없었다.

- **not A (동사) much of B:** B를 자주 A않다.

I have not seen much of him lately. 나는 요새 그를 별로 만나지 않았다

- **not much to look at** 보기에 대단치 않은; 하잘 것 없는; 돋보이지 않는

His features is not much to look at. 그의 용모는 보기에 그리 대단치는 않다.

- **see much of ~:** ~을 자주 만나다; ~을 많이 겪다.

I don't see much of him these days. 요새 그의 얼굴을 볼 수가 없다

She has already seen much of life. 그녀는 이미 고생을 많이 했다.

- **so much for ~:** ~은 그만큼 (하여 두다); ~하면 그런 일을 당한다; ~은 그런 것이다.

So much for this subject. 이 문제 [주제]에 대해서는 이쯤 해두자.

So much for today! (= Let's call it a day.) 오늘은 그만하자!

So much for his learning. 그의 학식은 그저 그 정도다.

- **there is nothing [not] much in ~:** ~에는 별로 신통한 것이 없다. [이렇다할만한 것이 없다.]

There is nothing [not] much in the movie. 그 영화에는 특별히 봐 줄 만한 것이 없다.

- **too much:** **〈입말체〉** 너무 심하다, 못 견디다; **〈미, 속어〉** 멋지다, 훌륭하다; **〈보통 for one과 함께〉** 힘에 겨운; 이해가 안 되는

This is too much (for me). 이건 (내게) 너무 심하다; 이래서는 (내가) 견딜 수 없다

This book is too much for me. 이 책은 나에게는 너무 벅차다. (너무 어렵다.)

- **too much of a good thing** 너무 좋아 해가 되는 [난처한, 싫증 나는] 것 [일]

One [You] can have too much of a good thing.

너무도 좋은 것은 해가 되기에 십상이다.

• without so much as ~ing (= without even ~ing) ~조차도 없이 ; ~도 없이

He left without so much as saying good-bye. 그는 안녕이라는 말조차 없이 떠났다.

■ 참고

1. 한정사 (형용사) much ☞ p. 360 참조

much는 부정(不定)의 수량을 나타내며, 반의어 little과 함께 양을 나타내는 데 쓴다.

2. 부사 much ☞ p. 494 참조

부사 much는 일반적으로 부정문이나 부정적인 말, 의문문에 사용된다.

⑩ 부정대명사 more

much나 many의 비교급의 형태로서 (대)명사로 쓰일 경우 다음과 같은 뜻을 나타낸다.

❶ 그 이상(의 것[양, 수]); 부가하는 것

More cannot be said. (= No more can be said.) 더 이상은 말씀드릴 수 없습니다.

Tell me a little more of the story. 그 이야기를 조금만 더 해 주세요.

❷ 더 많은 것 [양, 수, 정도]

More is expected of him. 그에게는 더 많은 기대가 걸려 있다.

You have more than enough. 너는 필요 이상의 것을 갖고 있다.

The cold is almost more than I can bear. 추위가 거의 참을 수 없을 정도이다.

❸ 'more of + 대명사'나 'more of + 한정사 + 복수 명사, 불가산 명사'의 형태로 《~의 (대)다수; 더 많은 것 [사람]들》

▶ 이 형태가 주어일 경우 복수대명사나 복수 명사이면 복수 동사, 불가산 명사면 단수 동사이다.

More of them are yet unmarried. 그들의 (대)다수가 아직 미혼이다.

I'm not taking any more of your insults! 난 네 모욕을 더 이상 참지 않겠다!

Can we get any more of these? 이거 좀 더 살 수 있을까요?

❹ 〈참고〉 명사 more: 더 중요한 사람 [물건]; 더 가치 있는 것

the more and the less 신분이 높은 사람과 낮은 사람

More is meant than meets the ear. – John Milton –

귀에 들리는 것보다 더 중요한 뜻이 있다. (귀에 들리는 것이 다가 아니다.)

❺ 관용어구

more of A than B: B라기보다 A다.

He is more of a poet than a teacher. 그는 선생이라기보다 시인이다.

■ 참고

1. 한정사(형용사) more ☞ p. 569

(1) 형용사 many 또는 much의 비교급으로: 더 많은, 더 큰: 더욱 훌륭한; 한층 높은

(2) 종종 수사, any, no 등의 뒤에 쓰여: 더 이상의; 여분의; 덧붙인

2. 부사 more ☞ p. 569

(1) 부사 much의 비교급으로: 더 많이, 한층 더

(1) 형용사·부사의 비교급을 만들어: 더욱, 한층

⑪ 부정대명사 most

❶ (the) most 단독으로

i. 대다수의 사람, 대개의 사람

▶ 이 뜻으로는 무관사로 쓰고 복수 취급한다.

Most were from Korea. 대다수의 사람이 한국인들이었다.

Most are aging and in ill health. 대다수가 고령화되고 있고 건강이 안 좋은 상태이다.

ii. 〈보통 the most의 형태로〉 최다수, 최대량, 최고액, 최대한도

This is **the most** (that) I can do. 이것이 내가 할 수 있는 최대한의 것이다.

The most this auditorium will seat is 3000.

이 강당의 최대 수용 한도는 3,000명이다.

iii. 〈미국 입말체, the most의 형태로〉 최고 [최상, 최신]의 것 [사람]

Her song is **the most.** 그녀의 노래는 최고이다.

The movie was **the most.** 그 영화는 최고였다.

❷ (보통 무관사) most + of + 대명사 (복수) / most + of + 한정사 + 명사 (불가산 명사, 복수가산 명사) 《~의 대부분, 대다수의 사람》

▶ 주어일 경우 동사의 수는 of 이하의 수에 따른다.

most of the people (= most people) 대부분의 사람; 그 사람들 대부분

most of those people 저 사람들 대부분

most of my work 내 일의 대부분

Most of what he says is true. 그가 말하는 것은 대체로 사실이다.

He spends most of his time reading. 그는 대부분의 시간을 독서로 보낸다.

❸ 관용어구

- **at (the) most; at the very most** 많아야, 기껏해야

There were three or four at most who gathered up for meeting.

모임에 모인 사람들은 기껏해야 서너 명 밖에 안 되었다.

- **get the most out of ~:** ~을 최대한으로 활용하다.

If you want to succeed, get the most out of time given to you.

성공하고 싶다면 당신에게 주어진 시간을 최대한 활용하십시오.

- **make the most[best] of ~:** ~을 최대한으로 활용하다;~을 가장 좋게 말하다;

~을 가장 중시하다; ~을 최상의 상태로 만들다.

Make the most of the [what] time you have.

네가 가진 시간을 최대한으로 활용하라.

I hope you make the most of your time at the university.

대학에서 시간을 잘 활용하길 바란다.

They made the most of the land. 그들은 그 땅을 최상의 상태로 만들었다.

■ 참고

1. 한정사 (형용사) most ☞ p. 571

(1) 한정사 many 또는 much의 최상급으로

〈보통 the most의 형태로; 수량·액수·정도 따위가〉 가장 큰[많은]; 최대 [최고]의

(2) 〈보통은 관사없이〉 대부분의; 대개(의)

2. 부사 most ☞ p. 571

(1) 부사 much의 최상급으로

(2) 2음절 이상의 형용사·부사의 앞에 놓여 최상급을 만들어: 〈보통 the most로〉 가장, 제일

(3) 형용사를 강조하여 very의 뜻으로: 매우(= very), 대단히

3. almost와 most의 비교

(1) almost는 '거의'의 뜻으로 부사로만 쓰이므로, 원칙적으로 명사를 수식하지 못하고, 형용사, 동사, 부사를 수식한다. ☞ 부사 almost (p. 508) 참조

Almost all the people objected to his proposal. 〈형용사 (all) 수식〉

거의 모든 사람이 그의 제안에 반대했다.

Dinner is **almost** ready. 〈형용사 (ready) 수식〉 저녁 식사가 거의 준비가 되었다.

I **almost** died of embarrassment. 〈동사 (died) 수식〉 난 당황스러워 죽을 뻔했다.

We have **almost** finished our work. 〈동사 (finished) 수식〉 우리는 일을 거의 끝냈다.

He **almost** always arrives late. 〈부사 (always) 수식〉 그는 거의 언제나 늦는다.

(2) almost는 명사를 바로 수식하지는 못하나 all, every, any, no 등의 한정사를 동반한 명사를 수식할 수 있고, 또, all, every-, any-, no- 등의 부정대명사를 직접 수식할 수 있다. 다만, 글말체에서는 '거의 ~ 이라고 해도 좋을 정도로'의 뜻으로 명사를 바로 수식하는 용법으로 쓰기도 한다.

almost (the) people (×) → **most people** (○)

※ **a [an], the, some, 소유격 등의 한정사가 붙은 명사라도 같이 쓰지 못한다.**

almost anyone[anybody] 거의 누구라도

almost everyone[everybody] 거의 한 사람 남김없이

almost nothing 거의 ~않다; 거의 ~없다.

almost all (of) **the people**(= most of the people; most people) 거의 모든 사람

I like almost any kind of music. 나는 거의 모든 종류의 음악을 좋아한다.

This illness in almost all cases is fatal. 이 질병은 거의 모든 경우에 있어서 치명적이다.

Almost all the people objected to his proposal.
거의 모든 사람이 그의 제안에 반대했다.

Mom, almost everyone in my class has a smartphone.
엄마, 우리 반에 거의 모든 애가 스마트폰을 가지고 있어요.

There was almost nothing left. 거의 아무것도 남아 있지 않았다.

cf.) Such advice as he was given proved **almost worthless.** **〈글말체〉**
그가 받은 그런 충고는 거의 쓸모가 없는 것으로 드러났다.

He is **almost a professional.** **〈글말체〉** 그는 거의 전문가에 가깝다.

(3) most는 (대)명사, 형용사, 부사로 쓰일 수 있다. 특히 형용사 most는 any, no, every, all 등의 한정사나, 이들이 포함되어 있는 any−, every− no−, all 등의 부정대명사와 같이 쓰지 못한다.

most any people (×)	most every people (×)	most all the people (×)
most of all the people (×)	**most of the people** (○)	most anyone (×)
most everyone (×)	most none (×)	

(4) almost는 부사이므로 「almost of + 한정사 + 명사」의 형태로 쓰지 못한다. 즉, (대)명사로 쓰지 못한다.

almost of the people (×) → **most of the people** (○)

3) 부분(部分)을 나타내는 부정대명사

① 부정대명사 some

부정대명사 some은 불특정 수의 사람이나 사물의 수, 양을 나타내는 긍정 평서문에 쓰인다. 부정대명 사로서의 some은 단독으로 쓰일 수 있으나 보통은 'some of + 복수대명사'나 'some of + 한정사 + 복수가산 명사/불가산 명사'의 형식으로 쓰인다. some이 단독으로 쓰일 경우 수를 나타내면 복수로, 양을 나타내면 단수로 취급하고, 'some of ~'의 형태로 쓰일 경우에는 of 이하의 수에 따라 복수 또는 단수 취급한다.

❶ 불특정 수의 사람·사물의 불특정한 수나 양 《몇 명[사람]은; 얼마간, 다소, 약간》

Some of us are wrong. 우리들 중의 몇 명은 잘못이다.

"Do you want any tea?" 차를 드릴까요? – "Yes, give me **some**." 예, 주세요.

I should like to have **some** of your patience.

내가 너 같이 참을성이 좀 있었으면 좋겠다.

The dispute also surrounds Japan's new textbooks, **some** of which the Korean government said have worsened the distortion, such as by containing a picture of Dokdo and describing it as Japan's territory.

※ 'the Korean government said'는 끼움절이다.

분쟁은 또한 일본의 새 교과서를 둘러싸고 (벌어지고) 있는데, 그것들 중 일부가 독도의 사진을 싣고 또 그것을 일본 영토라고 기술하는 등 왜곡을 심화하고 있다고 한국정부는 주장했다.

❷ 뒤의 others, some, the rest 등과 대조적으로 《어떤 사람들, 어떤 물건; ~한 사람 [것]들 (도 있다.)》

Some say one thing and others another.

어떤 사람들은 이렇다 말하고 또 다른 사람들은 저렇다 말한다.

Some are good, and **some** are bad, and others are indifferent.

일부는 좋은 것도 있고, 나쁜 것도 있으며, 또 어떤 것들은 그저 그런 것도 있다.

Some find it difficult to make a living however hard they (may) work.

아무리 열심히 일한다 해도 생계를 유지하기 어려운 사람들도 있다.

❸ 관용어구

- **and then some** 〈미〉 그뿐이 아닌; ~에다 더하여

He give me **some** money and **then some**. 그는 나에게 얼마의 돈까지 더 주었다.

- **some of these days** 가까운 장래에; 조만간에, 금명간에

She will be home **some of these days**. 그녀는 조만간에 집으로 올 것이다.

■ 참고

1. 한정사 (형용사) some

(1) 긍정문에서 복수 명사 또는 단수 불가산 명사와 함께 《얼마간의, 약간의, 다소의》

for some time 얼마 동안 to some extent 어느 정도

in some way (or other) 어떤 점에서는; 어떻게 해서라도; 어떻게든

in some ways 몇 가지(여러 가지) 점[면]에서

You can trust him to some extent. 너는 어느 정도까지는 그를 믿어도 된다.

They had some little difficulty in understanding each other.

그들은 서로를 이해하는 데 약간의 어려움이 있었다.

(2) 단수 명사와 함께 《(분명히 알 수 없는 사람·물건 등을 가리켜) 어떤, 무슨; 누군가의; 어딘가의》

이 경우의 some이 모르거나 특정되지 않은 사람이나 사물을 가리킬 때 사용되는 것에 비하여, 비슷한 의미의 a certain은 알고 있으면서 일부러 말하지 않는 경우, 때로는 경멸하여 그 이름을 들지 않으려 할 때 사용한다.

There must be some reason for it. 그렇게 된 데는 반드시 무슨 이유가 있다.

He went to Seoul with some Sun-young. 그는 선영인지 누군지 하는 여자와 서울에 갔다.

Put it away in some secret place. 그것을 어딘가 은밀한 곳에 치워 두어라.

(3) 뒤에 some, the other[또는 others], the rest나 대명사를 수반하여 대조를 나타내어 《… 중에는 ~도 있다; ~하는 것도 있다.》

Some birds cannot fly. 새 중에는 날지 못하는 것도 있다.

Some days I feel good, but some days I feel bad.
어떤 날은 내가 기분이 좋기도 하고 어떤 날은 기분이 나쁘기도 하다.

(4) 수사 앞에서 《약; ~정도의, ~쯤의 (about)》

▶ about이 보다 입말 적이다.

some hundred books 백 권 정도 되는 책
some hundreds of books 수 [몇] 백 권쯤 되는 책
We were some 20 in all. 우리는 모두 합쳐 20명쯤 되었다.
He stayed there some seven days. 그는 7일가량 그곳에 체류했다.

(5) 입말(체)에서 《꽤 많은(= considerable), 상당한; (성질 따위, 비꼬아) 대단한, 굉장한》

a man of some experience 상당한 경험을 가진 사람
I needed some courage to do this. 제가 이것을 하는 데는 상당한 용기가 필요했습니다.
My house is (at) some distance from here. 우리 집은 이곳에서 상당히 먼 거리에 있다.
Some friend you were! 자넨 참 대단한 친구였지. (아주 지독한 친구였다.)
"Can you finish it by Friday?" 금요일까지는 끝낼 수 있겠습니까?
- "Some chance!" 도무지 그럴 가망이 없군요.

(6) 기타

Lend me **some** books. 책을 몇 권 빌려다오.
Lend me **some** book. 어떤 책이든 빌려다오.

2. 부사 some

(1) 얼마간, 다소 (= somewhat); 조금은

I feel some better today. 오늘은 다소 기분이 좋다.
He seemed embarrassed some. 그는 다소 당황해하는 것 같았다.

(2) 크게; 몹시, 꽤, 대단히(= very), 상당히(= considerably); 대단히 빨리; 대단히 긴 시간 동안

He got some scared. 그는 완전히 겁을 먹었다.
"Do you love Jane?" 너 제인을 사랑하니? – "Some!" 대단히 (사랑해).
She seems to have some cultural background. 그녀는 꽤나 교양이 있어 보인다.
That's going some! 그거 꽤나 좋구나!; 그거 굉장한 속도군!
"How do you feel?" 몸 상태가 좀 어떻니? – "I hurt some." 몹시 아파.

② **부정대명사 any**

부정대명사 any는 부정평서문, 의문문, 조건문에 some 대신으로 쓰거나 긍정 평서문에 쓰여 불특정의 수나 양을 나타낸다. any가 대명사로서 사람을 뜻할 때는 보통 복수로 취급한다. 또, 'any of ~'가 주어가 되었을 경우에는 동사의 수는 of 다음의 (대)명사의 수에 일치시킨다. some과 마찬가지로 any of 뒤에는 명사 단독으로 올 수는 없고 한정사나 소유격 등이 붙은 명사가 온다.

[any of + 복수대명사; any of + 한정사 + 복수가산명사·불가산명사]

❶ 부정문에서 'any of ~'의 형태나 이미 나온 명사의 생략 형태로 《아무것도, 아무도; 조금도》

I cannot find any of them. 그들 중 누구도 [아무도] 찾을 수 없다.

I don't understand any (of this)! (이것을) 하나도 모르겠어요!

❷ 의문문, 조건절에서 'any of ~'의 형태나 이미 나온 명사의 생략 형태로 《어느 것인가, 무언가, 누군가; 얼마쯤, 다소》

Do any of you know anything about it?
너희 중에 그것에 대해 무엇이라도 아는 게 있느냐?

If I had any of his courage, I would try it.
나도 그 사람만큼의 용기라도 있다면 그걸 해볼 텐데.

Do you need any (of these clothes)? (이 옷 중) 어느 것을 원하세요?

❸ 긍정문에서 'any of ~'의 형태나 앞선 명사의 생략 형태로 《누구든지; 어느 것이라도》

Any of my teachers are honorable. 우리 선생님들은 누구나 훌륭하시다.

Choose any (of these books). (이 책 중에서) 어느 것이든 골라라.

■ 참고

1. 한정사(형용사) any

형용사 any는 원칙적으로 부정문, 의문문, 조건절에 쓰인다. 'any +가산명사 단수형'에서는 any의 뜻 이 강하고 (하나라도, 한사람이라도, 조금이라도), 'any +가산명사 복수형'에서는 뒤의 명사에 중점 (무슨 ~)이 있다.

(1) 의문문, 조건절에서: 무슨, 어떤, 무엇인가; 누구든; 얼마든(지)

Do you have any questions? 무슨 질문이 있습니까? (= Have you any questions?)

If you have any pencils, will you lend me one?

혹시 연필을 갖고 계시면 하나 빌려주시겠습니까?

(2) 부정문에서 'not ~ any'의 형태로: 아무것도, 어느 것도; 아무도; 조금도~않다.

I haven't [or don't have] any questions. 아무 질문도 없습니다.

"Is there any water in the bottle?" 병에 물이 좀 있습니까?

- "No, there isn't any." 아니요, 조금도 없습니다.

The boy refused to read any book. 그 아이는 책을 읽으려 하지 않았다.

※ not이 없어도 내용상 부정문에 준하는 경우에는 any를 쓴다.

(3) 긍정문에 《(단수 명사 앞에 써서 강조적으로) 어떤 ~라도(양보); 무엇이든지, 누구든지; 언제라도》

I will help you in any way I can. 내가 할 수 있는 한 어떤 식으로든 너를 돕겠다.

Any time is no time. 언제라도 할 수 있다고 생각하면 결국 못하게 된다. – 속담 –

(4) 관용어구

• any but ~: ~ 이외에는 모두

Any but he would have refused. 그 사람이 아니라면 누구라도 거절했을 것이다.

• any (old) how 되는 대로, 적당히, 아무렇게나

Write neatly, not just any (old) how. 깨끗하게 글을 써라, 아무렇게나 쓰지 말고.

• not having [taking] any 딱 질색이어서; **〈미, 입말〉** 이젠 충분하여, 아주 만족하여

She's too officious. I am not having any. 그녀는 너무나도 간섭이 심하다. 난 딱 질색이다.

Thank you, but I'm not having any. 고맙습니다만 이제 됐습니다. (많이 먹었습니다.)

2. 부사 any

(1) 형용사, 부사의 비교급 및 different, too 앞에서 《〈의문〉 조금; 〈조건〉 조금이라도; 〈부정〉 조금도》

Do you feel **any better**? 기분이 좀 좋아졌나요?

A man may get rich, and yet not be **any the happier** for it.

사람이 부자가 되고도 그로 인해 조금도 더 행복해지지 않는 수가 있다

Your idea isn't **any different** from mine. 너의 생각은 내 생각과 별로 다르지 않다.

He didn't cook **any too** well. 그는 요리를 조금도 잘하지 못했다.

(2) 동사를 수식하여 《〈미, 입말〉 조금은, 약간은; 조금이라도》

Last night I didn't sleep **any**. 지난밤에 나는 한잠도 못 잤다.

That won't help us **any**. 그것은 우리에게 조금도 도움이 안 된다.

The situation has not improved **any**. 상황은 조금도 나아지지 않았다.

(3) 관용어구

- **not ~ any longer** 이제 더 이상은 ~않다.

I cannot stick it out any longer. 나는 더 이상 참을 수가 없다.

- **not ~ any more** 이 [그] 이상 ~않다; 이젠 ~않다.

I will not meet her any more. (= I will meet her no more.)

나는 이제 그녀를 만나지 않을 것이다.

3. some과 any

(1) 둘 다 수, 양에 다 쓸 수 있으며, 대명사일 경우 수를 나타내면 복수 취급, 양을 나타내면 단수 취급 한다.

(2) 원칙적으로 어떤 품사로 쓰이든지 간에 some은 긍정문에, any는 의문문, 부정문, 조건문에 쓴다.

"Do you need any money?" 돈이 필요하니?

– "No, I don't need any (money)." 아니 (조금도) 필요하지 않아.

If you need any money, I will lend you some. 돈이 필요하면 내 얼마쯤 빌려주지.

(3) 의문문, 부정문, 조건문에도 some을 쓰는 경우

1) 의문문이라도 상대방으로부터 긍정의 대답을 기대할 때나 권유, 부탁을 나타낼 때

"Aren't there **some** letters for me?" 제게 온 편지가 없나요(= 있습니까)?

– "Yes." 있습니다.

Would you like **some** coffee? 커피 좀 드실래요?

2) 부정문이라도 특정된 사람 [물건]들 중의 불특정한 일부

I do<u>n't</u> know <u>some of his friends</u>. 나는 그의 친구 중 몇 명은 모른다.

cf.) I don't know any of his friends. 나는 그의 친구들을 아무도 모른다.

3) 조건절이라도 긍정적인 기대와 예측이 내포된 경우
I wonder if Tom would lend me some money. 톰이 내게 돈을 좀 빌려줄는지(도) 모르겠다.
cf.) I wonder if Tom would lend me any money. 〈기대나 예측이 부정적일 때〉
톰이 내게 돈을 빌려주기나 할지 모르겠다.

③ 부정대명사 either

부정대명사 either는 '둘 중 어느 하나'를 가리키며 원칙적으로 단수로 취급한다. either가 부정대명사로 쓰일 때는 some이나 any와 마찬가지로 「either + of + 인칭대명사, 소유격 등의 한정사가 붙은 명사」의 형태로 쓴다.

❶ 긍정문에서 《둘 중의 어느 한쪽; 어느 쪽도, 어느 쪽이든》

Either will do. 어느 쪽이든 좋다.

Either (one) of you is right. 너희 둘 중 한쪽이 옳다.

There's tea or coffee, you can have **either**.
홍차나 커피가 있으니 어느 것을 드셔도 됩니다.

※ either가 둘 중 하나를 의미하는 반면에 둘 이상은 any를 사용한다.
I haven't read **either** book. 나는 (책 두 권 중) 어느 한 권도 읽어보지 못했다.
(= I have read neither book.)
I haven't read **any** book. 나는 (둘 이상의 책 중) 어떠한 책도 읽어보지 못했다.
(= I have read no book.)

Either of them is [are(입말체)] good enough. 그 둘 중 하나는 [어느 쪽도] 좋다.

※ either는 단수취급 하는 것이 원칙이나, **입말체에서는** of 다음에 복수(대) 명사가 올 경우 복수로 취급할 때가 많다. 이 경우 의미의 차이를 보이기도 한다.
Either is [or are] correct. 둘 다 다 맞다.
Either of you is [are] to go there. 너희 둘 중 하나는 [누구든] 거기에 가야 한다.

❷ 의문문, 조건문에서 《(둘 중) 어느 쪽인가; 어느 쪽이든》

Do you like either of the books? 그 책 두 권 중 어느 쪽이 마음에 드십니까?

Is either of the books available? 그 책 중 어느 쪽이든 구할 수 있습니까?

❸ 부정문에서 《(둘 중) 어느 쪽[것]도 (~ 아니(하)다); 둘 다 (아니다, 않다.)》

I don't like either of them. 나는 그 어느 쪽도 마음에 들지 않는다.

(= I like neither of them.)

Either of the plans won't do. 2개의 제안 중 어느 쪽도 안 되겠다[좋지 않다].

I won't buy either of them. 그 둘 어느 것도 사지 않겠다.

> **▷ 「not + 대명사 either」의 형태로는 쓰지 못하고 대신 neither를 사용한다.**
> Not either of them came. (×) → Neither of them came. (○) 둘 다 오지 않았다.

■ 참고

1. 한정사(형용사) either: either + 단수 명사

형용사 either는 무관사의 단수 명사와 결합한다.

(1) (둘 중) 어느 한쪽의

1) 긍정문에서 《어느 것이든, 어느 쪽 ~이라도》

Either book is interesting. 두 책 어느 것도 재미있다.

You can take either book. (둘 중) 어느 책이든 가져도 된다.

2) 의문문·조건문에서 《어느 쪽이건 한쪽의》

Did you see either person? 어느 [어느 쪽] 사람이건 한 사람은 만나 보셨습니까?

If you like either book, I'll give you it. 어느 쪽 책이건 마음에 드신다면 제가 드리겠습니다.

3) 부정문에서: 어느 쪽 ~도 (않다).

I don't know either person. 나는 어느 사람도 모른다.

No word was said on either side. 어느 쪽도 말 한마디 하지 않았다.

(2) (둘 중) 어느 쪽의 ~도; 양쪽(의); 각각(의)

이 뜻의 either는 side, end, cheek, hand처럼 짝을 이루는 것에 쓰는 것이 보통이다. (이때 either는 each의 의미) 그 밖의 경우에는 'each + 단수 명사'나 'both + 복수 명사' 쪽을 많이 쓴다.

Either day is OK. (양일 중) 어느 날이든 좋습니다.

Take either book. (둘 중) 어느 책이든 가져라.

Telegraph poles stand on **either side [both sides]** of the road.

길 양쪽에는 전신주들이 서 있다.

※ either side와 both sides는 뜻은 같지만 both sides는 복수, either [each] side는 단수이다.

He had books in either hand. 그는 양쪽 손에 책을 들고 있었다.

2. 부사 either

(1) 절 뒤에서 and, or, nor와 호응하여, 또는 부정의 종속절 뒤에서 《~도 또한 (~이 아니다); ~과 같은 정도로 (~않다.)》

▶ 긍정문에서는 이 뜻으로 too, also를 쓴다.

I don't like a freshwater fish. I dont' like a saltwater fish, **either.**

나는 민물고기를 좋아하지 않는다. 바닷물고기도 또한 좋아하지 않는다.

She is not fond of dogs, **and** I am not **either.**

그녀는 개를 좋아하지 않는다, 나도 또한 마찬가지다.

I am not clever **or** beautiful **either.** 나는 머리도 좋지 않고 예쁘지도 않다

"I can't do it!" 난 그걸 할 수 없어.

– "I can't, **either!**" 나도 못해. (= Neither can I! / Me, neither!)

"I haven't done my homework yet." 나는 아직 숙제를 끝내지 못했어.

– "Nor I **either.**" 나도 마찬가지야.

If you do not go, I shall not **either.** 네가 안 간다면 나도 가지 않겠다.

(2) 긍정절 뒤에서 《~이라고는 하지만 (…은 아니다); 뿐만 아니라 (~않다); 또한 (~않다.)》

It is a very beautiful place, and not too far from here, **either.**

그곳은 매우 아름다운 곳이다. 게다가 여기서 너무 멀지도 않다.

She is very pretty and doesn't have no brains **either.**

그는 매우 예쁜 데다가 머리도 나쁘지 않다.

(3) 〈입말체에서〉 부정문, 의문문, 조건문의 강조 《게다가, 또한, 역시》

He's no saint, but he's no villain **either.** 그는 성자가 아니며 또한 악한도 아니다.

"You know it." 넌 알고 있지.

– "I don't, **either!**" 나도 역시 몰라. (내가 뭘 알아.)

Do you want that one **either?** 당신은 그것도 원하십니까.

If you had worked hard or I **either,** we could have passed the examination.

나도 역시 마찬가지지만 너도 좀 더 열심히 공부했더라면 우린 그 시험에 붙을 수 있었을 텐데.

3. 접속사 either

'either ~ or …'의 형태로 《~거나 …거나 (어느 하나가)》

Either you **or** he is to go. 너나 그 사람 중 한 사람은 가야 한다.

Either you are lying, **or** I am dreaming.

네가 거짓말을 하고 있거나, 그렇지 않으면 내가 꿈을 꾸고 있거나 둘 중(의) 하나다.

4) 부정(否定)을 나타내는 부정대명사(不定代名詞)

① 부정대명사 none

none은 no와 one이 결합된 형태로서 'no one'의 뜻 (아무(것)도 ~않다.)을 나타낸다. 사람, 사물에 모두 쓰고, 수와 양 어느 쪽으로도 쓰인다. none은 전체성의 의미가 강하며 양을 나타내는 경우를 제외하고는 복수 취급한다. no one은 개별성의 의미가 강하며 항상 단수 취급한다.

❶ 단독으로 쓰거나 'none of ~'의 형태로 쓸 수 있다.

None have arrived. (= No one has arrived.) 아무도 도착하지 않았다.

None are so blind as those who won't see.

보려고 하지 않는 사람처럼 장님인 사람은 없다. – 속담 –

There were none present. 출석한 사람은 아무도 없었다.

None of this concerns me. 이것은 나와 아무런 관계가 없다.

Jack of all trades is the master of none.

만물박사는 어느 한 가지 달인도 아니다. – 속담 –

❷ none of + 한정사 (the, this, 소유격 등) + 단수 명사 + 단수 동사 《조금도 ~않다; 어느 [어떤] 부분도~않다.》

None of the information is useful to me. 그 정보는 내게 하나도 쓸모가 없다.

※ 「none of + 한정사 (the, this, 소유격 등) + 단수 명사」가 주어일 경우 동사는 단수를 취한다.

There was none of the money left. 돈은 한 푼도 남지 않았다.

She has none of her mother's beauty.

그녀는 어머니의 미모를 물려받은 데가 전혀 없다.

It is none of your business. 네가 상관할 일이 아니다.

❸ none of + 복수대명사 (또는 the, these, 소유격 등 + 복수 명사) 《〈단·복수〉 아무(것)도 ~않다.》

I am none of those who will find fault with others.

나는 남의 흠을 들추어내는 따위의 사람은 아니다.

None of them know [knows] anything about it yet.

그들은 아무도 아직 그 일에 대해 모르고 있다.

※ 「none of + 복수대명사 (또는 the, these, 소유격 등 + 복수 명사)」가 주어일 경우 동사는 단수, 복수가 모두 가능하다. 다만, 공식시험에서는 복수를 우선으로 하는 경향이다.
None of the books are [is] any use. 그 책들은 모두 아무짝에 쓸모가 없다.

❹ 'no + 명사' 대신으로 《〈단·복수〉 조금도 [누구도, 전연, 결코] ~않다.》

You still have money but I have none left.

너는 아직 돈이 있겠지만 나는 한 푼도 안 남았다.

Half a loaf is better than none. 반 조각의 빵이라도 전혀 없는 것보다는 낫다. – 속담 –

If a walking dictionary is wanted, I am none.

만물박사가 필요하시다면, 저는 결코 아닙니다.

❺ 기타

i. none + 형용사, 부사의 비교급 + than ~ 《~보다 …한 사람은 아무도 없다.》

He ran fast, and none faster than he.

그는 빨리 달렸으며 그보다 빠른 사람은 한 사람도 없었다.

ii. none of the + 최상급 《전혀 ~아니다; 결코 ~않다.》

His understanding is none of the cleverest. 그의 이해력은 결코 뛰어나지 않다.

iii. be second to none 《아무에게도 뒤지지 않는다; 최고(급)이다.》

He is second to none in his field. 그는 그의 분야에서 최고의 사람이다.

This wine is second to none. 이 포도주는 최고급품이다.

iv. none but 《〈복수 취급〉 …외에는 아무도 ~않다. (= only)》

None but Yi Sun-Sin could have done it.

이순신이 아니고서는 아무도 그런 일을 할 수 없었을 것이다

None but the brave deserve(s) the fair. - John Dryden -

용감한 자 외에는 누구도 미인을 얻을 자격이 없다.

※ 원문에서는 단수 동사 (deserves)를 쓰고 있으나 인용할 때에는 원칙대로 복수 동사(deserve)를 쓰는 것이 보통이다.

None but fools have ever believed it. 바보가 아닌 이상 아무도 그것을 믿는 사람은 없다.

v. None of ~! 《~은 인제 그만해라; ~은 사절한다.》

▶ 종종 'It is' 뒤에 쓰여 위와 같은 뜻을 나타내기도 한다.

None of your impudence! 건방진 소리 그만해라.

None of your nonsense! 허튼수작 마라.

vi. none other than ~ 《다름 아닌 바로 ~인》

His teacher was none other than Aristotle.

그의 스승은 다름 아닌 아리스토텔레스였다.

■ 참고

1. 한정사 (형용사) none 《(옛말) 조금도 [아무것도] ~않는 (= no)》

They gave me none other answer. 그들은 나에게 아무런 다른 대답을 주지 않았다.

Gold and silver have I none. 금과 은은 내게 없노라.

※ 명사를 글머리로 내보내고 주어와 동사가 서로 자리를 바꾼 경우이다.

2. 부사 none

(1) the + 비교급; so; too와 함께 《조금도 [결코] ~않다. (= to no extent, not at all)》

I was none the wiser for his explanation. 그의 설명을 들었어도 나는 여전히 알지를 못했다.

She is none so fond of me. 그녀는 나를 조금도 좋아하지 않는다.

He came in none too soon. 그는 마침 알맞게 들어왔다.

His pay is none too high. 그의 봉급이 결코 많은 것이 아니다.

(2) 단독으로 쓰여 《조금도 [결코] ~ 않다.》

I slept none last night. 나는 어젯밤에 한잠도 못 잤다.

She hasn't changed none in all that time.

그녀는 그만큼 세월이 지났는데도 조금도 변하지 않았다.

※ in all that time 그 시기 내내 동안; 그만큼의 시간(세월)이 흐르는 동안에

(3) none the better[worse] for 《~이라(한다) 해도 전혀 좋아(나빠)지지 않다.》

She is none the better for a change of air. 그녀는 전지 요양을 했으나 전혀 차도가 없다.

I am none the worse for a single failure. 나는 한 번 정도의 실패로는 아무렇지도 않다.

(4) none the less [= not the less; no less] 《그럼에도 불구하고; 그래도》

He has some faults, but I love him none the less.

그에게는 더러 결점도 있으나 그래도 나는 그를 사랑한다.

② 부정대명사 neither

부정대명사 neither는 '(둘 중의) 어느 쪽도 ~아니다. (= not either)'의 뜻을 갖는다. 단독으로 쓰거나, 'neither + of + 복수대명사 [한정사 + 복수가산명사]'의 형태로 쓸 수 있다.

❶ 주어로 쓰일 경우 원칙적으로 단수 취급한다. 다만 입말체에서는 복수 취급하기도 한다.

Neither is [are 〈**입말체**〉] to be trusted. 어느 쪽도 신뢰할 수 없다.

I waited for him to agree or go out, but he did neither.

나는 그가 동의하거나 아니면 나가기를 기다렸으나, 그는 어느 쪽도 하지 않았다

Neither of them has [have] a car. 그들 중 누구도 자동차를 가지고 있지 않다.

Neither of his sisters likes me. 그의 두 자매 모두 나를 좋아하지 않는다.

❷ neither는 둘에 대한 전부 부정어이므로 셋 이상의 전부 부정에는 none을 쓴다.

Neither of us knows him. 우리 둘 다 그를 모른다.

cf.) None of us knows him. 〈3인 이상〉 우리 중 아무도 그를 모른다.

I know none of the three men. 나는 그 세 사람 중 아무도 모른다.

❸ 동격으로 쓰일 때

We were neither of us content with the result.

우리는 어느 쪽도 그 결과에 만족하지 않았다.

(= Neither of us was content with the result.)

They neither of them had girlfriends. 그 두 사람 어느 쪽도 여자 친구가 없었다.

■ 참고

1. 한정사(형용사) neither

《(단수 명사를 수식하여) (둘 중의) 어느 쪽의 …도 ~아닌》

Neither child paid attention to what I said. 어느 아이도 내 말에 주의를 기울이지 않았다.

On neither side of the road were there any trees. 그 길의 어느 쪽에도 나무라고는 없었다.

2. 부사 neither

(1) nor와 상관적으로 《…도 ~도 아니다; …도 아니고 ~도 아니다; 어느 쪽도 ~이 아니다.》

They have **neither** a knowledge **nor** an understanding of Korea.

그들은 한국에 관해서는 지식도 없고 이해도 없다.

I have **neither** talent, good luck, **nor** money. 나는 재능도, 운도, 돈도 없다.

* 때로는 이와 같이 셋 이상의 요소에 쓰기도 한다.

I have **neither** time, **nor** the inclination, **nor** the right to do that.
나는 그것을 할 만한 시간도, 마음도 그리고 권한도 없다.

(2) 부정문·절에 이어서 〔neither + 조동사 [be, do (does, did), have, will, can 등] + S〕《S 도 역시 그렇지 않다. [= S + don't (isn't, 기타 조동사의 부정형) + either]》

"I am not tired." 난 피곤하지 않다. – "**Neither** am I." 나도 역시 피곤하지 않아.
"I don't like rock (and roll) music." 나는 록 음악을 좋아하지 않는다.
– "I don't like rock (and roll) music, either." 나도 역시 록 음악을 좋아하지 않는다.
(= **Neithe r[Nor]** do I. / Me **neither.**)
If you do not go, **neither** shall I [= I shall not, either]. 당신이 가지 않는다면 나도 안 가겠다.
I don't smoke, (and) **neither** do I drink. 나는 담배도 피우지 않으며 술도 마시지 않는다.
If she doesn't want it, **neither** do I. 그녀가 그것을 원치 않는다면 나도 원치 않는다.

(3) 관용어구

- **neither more nor less than** ~(= exactly): 정확히 ~인; ~와 아주 (똑)같은

There were neither more nor less than a hundred persons in the room.
그 방안에는 정확히 100명의 사람이 있었다.
It is neither more nor less than foolish. 그것은 정말 어처구니없는 일이다.

- **neither off nor on** 우유부단한; 마음 변하기 쉬운; 미결정의
- **neither here nor there** 문제 밖인; 요점에서 벗어난

③ 부정대명사 no one / nobody

❶ no one

▶ 항상 사람을 가리키며 단수 취급한다. 《아무도 ~않다; 한 사람도 ~않다.》

No one can stand up to his scathing tongue. 그의 독설에 당해낼 사람은 없다.

cf.) No one man can do it. **그 누구도 혼자서는** 그것을 할 수 없다.

Ignorance of the law excuses no one.
그 누구도 법의 무지를 변명하지는 못한다. (법을 몰랐다고 해서 죄를 면할 수는 없다.)

❷ nobody

i. 대명사 nobody 《아무도~않다; 한 사람도 ~않다. (= no one)》

▶ no one보다 입말 적이다. 언제나 단수 취급하며, 대명사로 받을 경우 글말체에서는 me, he, she 등을 쓰나 입말에서는 they [their, them]를 쓰는 것이 보통이다.

Nobody takes the initiative in working. 중심이 되어 일할 사람이 아무도 없다.

Nobody left on base. 〈야구〉 잔루 없음(공격이 끝났을 때 루 상에 남은 주자 없음)

A friend to everybody is a friend of nobody.

모든 이에게 친구는 아무에게도 친구가 아니다(팔방미인은 믿을 수 없다). – 속담 –

It's an ill wind that blows nobody (any) good.

아무에게도 득이 되지 않게 부는 바람은 정말 고약한 바람이다. (손해 보는 사람이 있으면 이득을 보는 사람도 있다.) – 속담 –

ii. 명사 nobody: 보잘것없는 [하찮은] 사람; 이름 없는 사람

She has married a nobody. 그 여자는 보잘것없는 사람과 결혼했다.

There were somebodies and nobodies at the party.

그 모임에는 유명, 무명의 사람들이 있었다.

③ nothing

단수 취급하며 nothing을 수식하는 형용사는 뒤에 온다.

《아무것 [일]도~없음 [하지 않음]; 전혀 ~않음 [아님]》

Nothing is more precious than time. 시간보다 귀중한 것은 없다.

Nothing great is easy. 위대한 어떤 일도(위대한 일치고) 수월한 것은 없다. – 속담 –

I have nothing to say. 나는 할 말이 없다.

※ 입말체에서는 목적어로 nothing 대신에 'not anything'을 즐겨 쓰는 편이다.

I don't want **anything**. 나는 아무것도 원치 않는다. (= I want nothing)

He **didn't** say **anything**. 그는 아무 말도 하지 않았다. (= He said nothing.)

■ 참고

1. 명사 nothing

(1) 영(0); 무(無, naught); 〈숫자 다음에서〉 꼭

Nothing from nine leaves nine. 9 빼기 0은 9이다.

Nothing comes out of nothing. 무(無)에서는 아무것도 나오지 않는다.

She is five feet **nothing**. 그녀는 키가 꼭 5피트이다.

(2) 쓸모없는 것 [사람], 보잘것없는 것 [사람]

We regard him as **a nothing**. 우리는 그를 별것도 아닌 사람으로 생각한다.

I am **nothing** without glasses. 나는 안경을 끼지 않으면 아무것도 하지 못한다.

He has **nothing** in him. 그는 보잘것없는 하찮은 인물이다. (= He is a nothing.)

(3) 관용어구

- **come to nothing** 실패로 끝나다, 헛수고가 되다, 수포로 돌아가다.
- **for nothing**(= in vain) 공짜로, 무료로; 헛되이, 부질없이

I got it for nothing. 나는 공짜로 그것을 얻었다.

I have endured it for nothing. 나는 그것을 참아 왔지만 헛일이었다.

- **good for nothing** 아무짝에도 쓸모없는

I am a pathetic, poor, good for nothing human.
나는 한심하고 가난하고 아무짝에도 쓸모없는 인간이다.

- **have nothing of ~**: ~을 상대하지 않다; ~와 아무 관련도 갖지 않는다.

I have nothing of that accident. 나는 그 사고와 아무 관련도 갖고 있지 않다.

- Here goes nothing.: **〈미, 입말〉** 하는 데까지 해보자; 밑져야 본전이다.
- in nothing flat 재빨리, 순식간에

I will go there in a hurry. I'll be there in nothing flat.
제가 서둘러 그곳에 가겠습니다. 금방 그곳에 도착할 겁니다.

- **make nothing of ~**: ~을 하찮게 보다, ~을 아무렇지도 않게 보다; 〈can[could]과 함께〉 ~을 조금도 이해하지 못하다.

She makes nothing of wasting 100,000 (one hundred thousands) won a day.
그녀는 하루에 10만 원을 쓰는 것쯤이야 아무렇지도 않게 생각한다.

I can make nothing of his words. 나는 그가 말하는 것이 무엇인지 전혀 알 수가 없다.

- **nothing but; nothing else but**: 단지 ~뿐; ~에 지나지 않다.

Nothing but endeavor can solve the problem. 오로지 노력만이 그 문제를 해결할 수 있다.

- **nothing(,) if not**: **〈형용사 앞〉** 아주, 무엇보다도; **〈명사 앞〉** 순전한, 전형적인

She is nothing if not cautious. 그녀는 아주 조심스러운 사람이다.

He is nothing if not a businessman. 그는 전형적인 장사꾼이다.

- **nothing much** 매우 적다; 〈인사말〉 그저 그래

I did nothing much all day. 나는 하루 종일 별로 한 게 없다.

- **nothing of ~:** 전혀 ~이 아니다.

He is nothing of a student. 그는 학생다운 데가 조금도 없다.

She has seen nothing of life. 그녀는 정말 철부지 같다.

- **nothing of the kind [sort]** 전혀 다른 [별개의] 것 [사람]; (대답) 결코 그런 것이 아니다.

People had told me he was very honest but he's nothing of the kind.

사람들은 내게 그가 매우 정직한 사람이라고 했지만 그는 결코 그런 사람이 아니다.

- **There is nothing** (else) **for it** (but to do). ~하는 수밖에 달리 어쩔 수가 없다.

There is nothing else for it but to give up the plan.

그 계획을 포기하는 수밖에 다른 도리가 없었다.

- **There is nothing like ~:** ~처럼[만큼] 좋은 것은 없다; ~에 견줄 만한 것이 없다.

There is nothing like trying it. 직접 해 보는 것만큼 좋은 방법은 없다.

Think nothing of it! **〈감사·사죄에 대해〉** 천만에요!; 무슨 말씀을!

You ain't seen nothing yet!

너는 아직 아무것도 보지 못했어. (정말 재미있는 것은 이제부터다.)

2. 부사 nothing

(1) 조금도 [결코] ~아니다 [않다].

She cares nothing for sports. 그녀는 운동경기에는 전혀 관심이 없다.

He is nothing wiser than before. 그는 그전보다 조금도 현명해진 것이 없다.

The money will avail you nothing after you are dead.

네가 죽은 후에 그 돈은 아무 쓸모가 없을 것이다.

(2) 〈미, 입말체〉 ~이라니 말도 안 되다.

"You have a nice wife." 좋은 부인을 두셨군요.

– "Nice wife nothing." 좋은 부인이라니요, 말도 안 되는 소리요.

(4) 의문대명사 (interrogative pronoun)

1) 앞말

① 뜻

의문대명사(疑問代名詞)란 알지 못하는 어떤 것을 가리켜 명사를 대신하여 쓰는 말을

말한다.

■ 의문사(Interrogative)

A. 의의

문장 안에서 의문의 뜻을 나타내는 말을 의문사라 한다. 의문사에는 세 가지 종류가 있다.

B. 종류

(A) 의문대명사(Interrogative Pronoun)

의문을 나타내는 대명사 [who, whose, whom, which, what]를 말한다.

Who is she? 그녀는 누구죠? Whose are the books? 그 책들은 누구의 것입니까?

What's the date today? 오늘은 며칠입니까?

Which is your book? 어느 것이 당신 책입니까?

※ where, when도 전치사의 목적어로 올 경우 의문대명사라고 할 수 있다. 다만, 이 한정된 경우에만 대명사로 쓰이므로 의문대명사로는 분류하지 않기로 한다.

Where do you come from? 고향이 어디입니까? (= Where are you from?)

Where have you come from? 어디서 왔습니까? (지금까지 있었던 곳은 어디입니까?)

From when does it date? 언제부터 그 날짜를 기산합니까?

Since when has he been away? 언제부터 그는 집에 없었나요.

Until when will you stay here? 당신은 언제까지 이곳에 계실 겁니까?

(B) 의문형용사(interrogative adjective)

의문문에서 의문사가 명사를 수식하여 형용사로 쓰이는 것을 말한다. [which, what, whose]

Which one is cheaper? 〈직접의문문에서〉 어느 것이 더 쌉니까?

What sports do you like? 〈직접의문문에서〉 어떤 운동경기를 좋아하십니까?

Whose book is this? 〈직접의문문에〉 이것은 누구의 책입니까?

I don't know what plans he has. 〈간접의문문에서〉 ☞ p. 332[3] (간접의문문) 참조

나는 그가 어떤 계획들을 가졌는지 모른다.

Do you know which way is north? 〈간접의문문에서〉 어느 쪽이 북쪽인지 아세요?

Do you know whose book it is? 〈간접의문문에서〉 너는 그것이 누구의 책인지 알고 있니?

(C) 의문부사 (interrogative adverb)

의문문에서 의문사가 시간, 장소, 방법, 정도, 이유 등을 나타내는 부사로 쓰이는 것을 말한다. [when, where, how, why]

When can you come? 당신은 언제 올 수 있습니까?

Where shall we meet? 우리 어디서 만날까요?
How did you come to know her? 당신은 어떻게 해서 그녀와 알게 되었습니까?
Why did you do so? 너는 왜 그랬냐?

② 의문대명사의 종류

who, which, what이 있다.

■ 의문대명사의 격변화

	주격	소유격	목적격
사람	who (누구)	whose (누구의)	whom
사람·사물	what (무엇)	없음	what
사람·사물	which (어느 것)	없음	which

③ 의문대명사의 기능(역할)

❶ 대명사적 기능

의문사가 주어, 보어, 목적어로 쓰일 때를 말한다.

Who made this books? 〈주어〉 누가 이 책을 저술했습니까?

※ 의문대명사가 주어일 때는 조동사 do, does, did를 쓰지 않는다.
Who went there? (o) 누가 거기에 갔습니까?
→ Who did go three? (x)

Who(m) did Tom marry last year? 〈목적어〉 톰은 작년에 누구와 결혼했나요?

What are those? 〈보어〉 저것들은 무엇인가?

Which do you want to eat? 〈목적어〉 어떤 것을 먹고 싶습니까?

Who(m)'s the letter from? 〈전치사의 목적어〉 그 편지는 누구한테서 온 거예요?

❷ 한정사적 기능

의문사가 형용사적 용법 (= 수식용법)으로 쓰일 때를 말한다.

What fruits do you like best? 무슨 과일을 제일 좋아하세요?

Which books do you like best? (이 책 중) 어떤 책을 가장 좋아하느냐?

(= Which of these books do you like best?)

※ which는 한정된 수에서의, what은 부정수 가운데서의 선택을 뜻한다. 또, which가 다른 한정사와 함께 놓이게 될 경우 of 구조를 만들 수 있으나, what에는 이러한 용법이 없다.

④ 의문대명사의 위치

❶ 의문대명사가 전치사의 목적어일 경우 그 전치사는 문장의 맨 앞이나 맨 끝에 온다.

Who(m) are you looking at? 누구를 보고 있습니까?

(= At whom are you looking?)

What are you looking at? 무엇을 보고 있느냐?

※ what이 전치사의 목적어인 경우에 전치사는 문장 끝에 오고 강세를 두는 것이 보통이다.

❷ 직접의문문과 간접의문문의 형태

i. 직접의문문: 의문사 + 동사 + 주어?

Who is that man? 저 사람은 누구죠?

ii. 간접의문문의 간접의문절: 의문사 + 주어 + 동사 ☞ p. 332[3] (간접의문문) 참조

※ 간접의문문이란 직접의문문이 어느 문장의 일부분 (주어, 목적어, 주격 보어, 동격)이 되어 쓰이는 경우를 말한다.

I don't know who that man is 나는 저 사람이 누구인지를 모른다.

> ▷ 주절의 동사가 think, suppose, guess, imagine, believe 등인 경우 간접의문절의 의문사는 글머리로 나간다.
>
> Where do you think you lost your purse? 너는 네 지갑을 어디에서 분실했다고 생각하니?

⑤ 의문대명사와 조동사

의문대명사가 주어이면 그 앞에 조동사를 쓰지 않는다.

Who broke the cup? (o) 누가 그 유리잔을 깨뜨렸습니까?

Did who break the cup? (x)

cf.) Did Tom break the cup? (o)

Who can solve this problem? (o)

누가 이 문제를 풀 수 있을까? (아무도 못 푼다.) / 누가 이 문제를 풀어 보겠습니까?

Can who solve this problem? (x)

cf.) Can you solve this problem? (o) 당신은 이 문제를 풀 수 있습니까?

2) 의문대명사의 용법

① 의문대명사 who

사람에 한해서만 쓰는 의문대명사로 의문대명사 중에서 유일하게 격변화를 한다. who(주격), whose(소유격), whom(목적격)이 있다. ☞ **관계대명사 who에 대하여는 p. 27[3]을 참조**

❶ 주격 (who)

주어나 주격 보어로 쓰이는 경우이다. 《누구, 어느 사람, 어떤 사람》

i. 주어로 쓰일 경우

▶ **주어로 쓰일 때는 의문사가 곧 주어이므로 의문문이라도 주어와 동사의 순서를 바꾸지 않는다.**
〈주어: Who + v ~? / 보어: Who + be + s?〉

Who ever told you that? 도대체 누가 너에게 그렇게 말했어?

Who knows? **〈수사의문문에서〉** 누가 알겠습니까? (아무도 모른다. = Nobody knows.)

It depends <u>on</u> <u>who wants him</u>? 그것은 누가 그를 필요로 하느냐에 달려 있다.

※ **이때의 who는 전치사의 목적어인 절의 주어로 쓰인 경우로서 절 전체가 전치사 on의 목적어이고 who만이 전치사의 목적어가 되는 것이 아니므로 목적격 whom을 쓰지는 못한다.**

ii. 보어로 쓰일 경우

Who are you? 당신은 누구요?

"Who is it?" (서로 보지 못하는 상황에서) 누구세요? (= Who's there?)

– "It's me [또는 I]." 접니다; 나야.

Who is this? (전화 받을 때 상대방에게) 누구시죠? (= Who's calling 또는 speaking?)

It depends on who it is. 그것은 그게 누구냐에 달려 있다.

※ 여기서 who는 전치사의 목적어절의 보어로 쓰인 경우로 절 전체가 전치사 on의 목적어이고 who 만이 전치사의 목적어가 되는 것이 아니므로 목적격 whom을 쓰지는 못한다.

Who is the writer who influenced you most strongly? 〈뒤의 who는 주격 관계대명사〉
당신에게 가장 크게 영향을 준 작가는 누구입니까?

■ 참고

1. 의문대명사 who가 목적격으로 사용될 경우

(1) 대화체에서 whom을 대신하여 《누구를 [에게]; 어떤 사람에게 [을]; 누구와 》

Who do you mean? 누구 말씀입니까?

Who did you meet? 〈'Whom did you meet?'는 딱딱한 표현〉 당신은 누구를 만났습니까?

Who(m) do you suppose I got it from? 내가 그것을 누구에게서 얻었다고 생각하나요?

I told him who to look for. 나는 찾아야 할 사람이 누구인지를 그에게 말했다.

"He's (= is) playing tennis." 그 사람이 테니스를 하고 있군.

–" Who with?" 〈'Who is he playing with?'를 단축한 형태〉 누구하고?

(2) 흔히 문미에서, 되묻는 의문문에서 상대의 말에 대한 놀람·확인에

You said who? 〈올림조〉 누구라고 말씀하셨죠? (= Who did you say?)

What happened to who? 〈올림조〉 누구에게 무슨 일이 일어났다고?

2. who가 들어가는 관용어구

- who does what 누가 무엇을 할 것인가; 역할 분담
- decide who does what 역할 분담을 정하다.
- Who goes there! 〈보초의 수하〉 누구냐!
- Who me? 〈상대가 자신에 대해 말하고 있는지의 여부를 묻는 표현〉 나 [저] 말입니까?

❷ 소유격 (whose)

소유자를 묻는 데 쓰인다. 'whose + 명사'의 '누구의~'을 뜻하는 형용사적 용법과 whose 단독으로 '누구의 것'을 뜻하는 소유대명사적 용법 두 가지가 있다.

"Whose book is this?" 〈소유격〉 이것은 누구의 책입니까? (= Whose is this book?)

– "(It's) Mine." 제 것입니다.

Whose is this? 〈소유대명사〉 이건 누구의 것입니까?

I wonder **whose** this is. 나는 이것이 누구의 것인지 모르겠다.

❸ 목적격 (whom)

타동사와 전치사의 목적어로 쓰인다. 《누구를, 누구에게》

i. 타동사의 목적어

▶ 글말체에서는 whom, 입말체에서는 who를 쓴다.

Who(m) did you see at the party? 당신은 그 모임에서 누구를 만났나요?

Who(m) do you want to see right now? 당신은 당장 누구를 만나기를 원합니까?

ii. 전치사의 목적어

▶ 글말체에서는 whom을 그대로 쓰며, 입말에서는 전치사와 분리될 경우 who를 쓴다.

Who(m) did you buy it for? 당신은 누굴 위해 그것을 샀나요?

(= For whom did you buy it?)

Who(m) are you speaking of? 당신은 누구를 얘기하고 있나요?

(= Of whom are you speaking?)

Who(m) did you give it to? 당신은 그것을 누구에게 주었나요?

(= To whom did you give it?)

Who(m) do you intend to travel with? 당신은 누구하고 여행할 작정입니까?

(= With whom do you intend to travel?)

> **▷ who가 전치사의 목적어로서 전치사의 바로 뒤에 놓일 때는 목적격 whom을 쓰는 것이 원칙이나 단순히 놀람·확인·반문을 나타낼 경우에는 전치사 바로 뒤라도 흔히 whom 대신 who를 쓴다.**
>
> What happened to who? 누구에게 무슨 일이 일어났다고?
>
> "Do you want to hear some news?" 소식 좀 듣고 싶지 않니?
>
> – "About who?" 누구 소식?

② which

한정된 것에서의 선택에 쓰이며, 사람, 사물의 단수, 복수에 다 쓰인다. 단독으로 쓰이거나, 'which + of ~'의 형태로 쓰인다. ☞ **관계대명사 which에 대하여는 p. 33[3]을 참조**

❶ 문두에 쓰여 선택을 나타내는 의문문을 만들어 《어느 쪽, 어느 것; 어느 쪽 사람》

i. 주어로 쓰일 경우

주어와 동사의 어순은 평서문과 같다.

Which is a popular book for students? 학생들에게 인기 있는 책은 어떤 것입니까?

Which of you will go with me? 너희 중 누가 나와 함께 갈래?

ii. 보어로 쓰일 경우

Which is yours [= your book]? 어느 것이 당신 것 [당신 책]인가요?

Which of them are your daughters? 그들 중 어떤 애들이 당신의 딸들인가요?

iii. 목적어로 쓰일 경우

Which do you like better, tea or coffee? 홍차와 커피 중 어느 것을 더 좋아하시죠?

Which of these do you want? 이것들 가운데 어느 것을 원하세요?

❷ 간접의문문에서 to 부정사나 명사절을 이끌거나, 문미에 쓰여 되묻는 의문문을 만들어

I didn't know **which** to buy. 나는 어떤 것을 사야 할지 몰랐다.

Will you tell me **which** to choose? 어느 쪽을 택해야 할지 가르쳐 주시겠습니까?

I wonder **which** of the teams will win. 어느 팀이 이길까.

You like **which**? 네가 어느 것을 좋아한다고? **〈상대방에 대한 놀람·확인에 쓴다.〉**

■ 참고

1. 의문형용사 which

의문사 which가 명사를 수식하는 경우이다. 《어느 쪽의, 어느, 어떤》

Which horse came in first? 어느 말이 1등을 했나요?

Which one do you mean? 어느 것을 말씀하십니까?

Ask which way to take? 어느 쪽 길로 가야 할지 물어봐라.

2. 관용어구

• **which is which** 어느 것이 어느 것인지, 누가 누군지

The two brothers are so much alike that you cannot tell which is which.

그 두 형제는 하도 닮아서 누가 누군지 모를 정도다.

• **every which way** 사방팔방으로; 모든 면에서; 모든 방법을 다하여

③ what

주격(주어, 주격 보어), 목적격(목적어)이 같고, 소유격이 없다.

❶ 문장 (의문문)의 앞에서 주어, 보어, 목적어, 전치사의 목적어로 쓰여 《무엇, 무슨 일, 어떤 것(일)》

i. 주어로 쓰일 경우

What's(= is) the matter with you? 무슨 일이 있습니까?

(= 〈미, 일상어〉 What's up with you?)

What has become of her? 그녀는 어떻게 되었습니까?

ii. 보어로 쓰일 경우

What is he? 그의 직업은 무엇입니까? (= What does he do?)

※ what이 사람을 지칭할 경우 상황에 따라 그 사람의 직업, 지위, 국적 등을 뜻한다. 상대방의 직업을 물을 경우에는 다음과 같이 한다.

What do you do? / What's your occupation? 당신의 직업은 무엇입니까?

What is tomorrow? 내일은 며칠[또는 무슨 요일]이죠?

What [or How much] does it cost? 그것은 얼마입니까?

iii. 목적어로 쓰일 경우

What do you mean (by that)? (그건) 무슨 뜻인가?

What do you say to going for a walk? 산책하는 게 어떨까요?

What can he not do? 그가 하지 못하는 일이 무엇이 있을까?

iv. 전치사의 목적어로 쓰일 경우

What does he look like? **〈몸집, 옷차림 등을 물을 때〉** 그는 어떻게 생겼나요?

What is he like? 그는 어떤 성격의 사람인가요?

What are you looking for? 무엇을 찾고 있습니까?

What are you talking about? (도대체) 무슨 얘기를 하고 있는 겁니까?

What is this thing for? 이 물건은 무엇에 쓰는 건가요?

❷ 간접의문절 (명사절)이나, 'what + to do'(명사구)의 형태로 쓰여

What do you suppose this is? 이것이 무엇이라고 생각하세요?

Do you know what it looks like? 그것이 어떤 모양인지 알고 계세요?

I don't know what to say about the matter.

나는 그 문제에 대해 무슨 말을 해야 할지 모르겠다.

He asked me what to do. 그는 나에게 어떻게 해야 할지를 물었다.

❸ 수사의문문, 감탄문에서 《얼마만큼 (how much); 무엇도; 정말이지》

What he has suffered! 그는 얼마나 고통스러웠을까!

What wouldn't I do for her! 그녀를 위해서라면 내가 무엇인들 못 하겠는가!

What it must cost! 정말이지 돈이 엄청나게 드는구나!

❹ 〈입말체에서〉 문미에 놓여 되묻는 의문문을 만들어 《뭐라고?; 뭐가 어째!; 이봐!; 그거 있잖아!》

▶ 상대방에 대한 놀라움·반문·확인에 쓴다. 흔히 올림 조가 된다.

"Here comes she." 그녀가 온다.

– "What?" 뭐라고. / 누구라고. (= I beg your pardon?)

"I've been reading a novel." 나는 소설을 읽고 있었어.

– "Reading what?" 무엇을 읽고 있었다고.

"Open the door with this pin." 이 핀으로 그 문을 열어라.

– "With what?" 무엇으로 열라고? ※ this pin의 확인

cf.) "Open the can." 그 깡통을 따라.

– "What with? 무엇으로 딸까?

You told her what? 그녀에게 뭐라고 말했다고? (네가 그녀에게 엄한 소리를 했구나.)

You know what? 자, 있잖아! / 너, 그거 알아? / 넌 그걸 어떻게 생각해?

❺ what이 들어가는 관용적 의문문

- **What about ~?** ~하는 게 어떤가?; ~ (비난) ~은 어찌 되었나?

What about coming with us? 우리와 함께 가는 게 어때?

What about your manners! 예절은 어디 갔지. (예절은 엿 바꿔 먹었느냐?)

- **What ever ~?** 도대체 무슨 ~인가?

What ever happened? 대체 무슨 일이 일어났는가?

- **what (~) for?** 무엇 때문에, 왜(why); 무슨 용도로, 무엇에 쓰이어

What are you doing that for? 무엇 때문에 그런 짓을 하고 있는 겁니까?

What's this tool for? 이 연장은 무엇에(= 어디에) 쓰이는 것인가요?

- **What if ~?** (= What though~?) ~이라면 어찌 되는가?; ~한들 무슨 상관인가?

What if it is true? (= What will happen if it is true?)

그것이 사실이라면 어쩌지?

What if [What though] I am poor? 내가 가난한들 무슨 상관이랴?

- **What in the world ~? [= What on earth ~?/ What the devil ~?]** 도대체 ~

What in the world is the matter? 도대체 무슨 일인가요

• **What is it to you?** 너는 무엇 때문에 그 일에 관심을 가지는 거냐?; 그것이 너와 무슨 상관이냐?; 네가 그것을 알아서 무엇하겠다는 거냐?

• **What ~ like?** 어떠한 사람 [것, 일]인가?, 어떠한 기분일까 [인가]?

What's your new president like? 새 사장은 어떠한 사람이냐?

What's the weather like there? 그곳 날씨는 어떻습니까?

What's it like going there with her? 그녀와 함께 그곳에 가는 것이 어떤 기분이냐?

• **What of it?** 그것이 어쨌단 말인가; 상관없지 않은가.

• **What's new?** 무어 색다른 일 없어?; 어떻게 지내?

※ **보통 'How are you?'나 'How are you doing?'을 대신해 쓴다.**

• **What's up?** 〈인사말로〉 무슨 일이야?; 어떻게 지내나?

• **What's up with that?** 그게 어찌 된 일인가?; 그게 말이나 되나?

• **What's up with you?** 무슨 일이야? (고민이 있으면 말해 보렴?)

• **What will people say?** 세상 사람들이 무엇이라(고) 할 것인가?

■ 참고

1. 의문형용사 what

의문대명사 what 다음에 명사가 오면 what은 의문형용사가 된다.

(1) 명사와의 사이에 a, an 없이 《무슨; 어떤; 어느 (which); 얼마만큼의》

What day (of the week) is this? (= What day is (it) today?) 오늘은 무슨 요일이지요?

What time do you have? (= What time is it?, What's the time?) 몇 시죠?

What trade are you engaged in? 당신은 무슨 일을 하십니까?

What flower is that? (= What kind of flower is that?) 저것은 무슨 종류의 꽃인가요?

(2) 간접의문절을 이끌어 《무슨; 어떤; 얼마만큼의》

I don't know what plans he has. 나는 그가 어떤 계획을 하고 있는지 모른다.

Do you know what time the bus will arrive? 버스가 몇 시에 도착하는지 아십니까?

(3) 감탄문을 이끌어 《(what 다음의 명사가 단수가산명사이면 a[an]를 그사이에 둠) 정말이지, 얼

마나》

What a beautiful day (it is)! (= How beautiful this day is!) 날씨 참 좋기도 하다.

What a man! 허, 그 사람 참!

What a nuisance! 얼마나 어이없는 (귀찮은) 일인가?

2. 의문부사 what 《어떻게 (= how); 얼마만큼》

What do you think of her? 당신은 그녀를 어떻게 생각해요?

What does it matter? 그것이 어쨌다는 건가?; 아무래도 상관없지 않은가?

What is the price of this book? (= How much is this book?) 이 책값이 얼마나 하나요?

What a laugh we had! 우리가 얼마나 웃었던지.

(5) 소유대명사 (possessive pronoun)

1) 뜻

소유대명사(所有代名詞)란 '~의 것'이란 뜻의 각 인칭대명사의 소유상태를 나타내는 말로서 「인칭대명사의 소유격 + 명사」를 독립된 하나의 단어로 표현한 것을 가리킨다. 독립소유격 (absolute possessive case)라고도 한다. 명사의 경우에 있어서의 독립속격에 해당한다.

■ 소유대명사의 형태

- 1인칭: mine(나의 것) ours(우리의 것)
- 2인칭: yours(너의 것; 너희의 것)
- 3인칭: his(그의 것) hers(그녀의 것) theirs(그들의 것)

			주격	소유격	목적격	소유대명사
1인칭	단수		I	my	me	mine
	복수		we	our	us	ours
2인칭	단수		you	your	you	yours
	복수		you	your	you	yours
3인칭	단수	남성	he	his	him	his
		여성	she	her	her	hers
		중성	it	its	it	(its)
	복수		they	their	them	theirs

※ 3인칭 it의 소유대명사는 쓰지 않는다.

2) 소유대명사의 쓰임새

① 명사의 반복을 피하기 위한 경우나 이중 속격에 쓰인다.

my book → mine　　your friend → yours

a friend of mine 나의 (한) 친구　　this book of mine 나의 이 책

these books of theirs 그들의 이 책들

Which of these books is yours?　이 책 중 어떤 게 당신 거죠?

His book is easier than hers.　그의 책은 그녀의 책보다 더 쉽다.

He's a good friend of mine.　그는 저의 친한 친구입니다.

② 소유대명사는 명사나 일반대명사와 마찬가지로 주어, 보어, 목적어로 사용된다.

Mine is a large family. 〈주어〉　우리 가족은 대가족이다.

Yours works better than. 〈주어〉　네 것이 내 것보다 잘 작동한다.

This book is **mine**; that book is **yours**. 〈보어〉　이 책은 내 것이고 그 책은 네 것이다.

It is **yours** to do the work. 〈보어〉　그 일을 하는 것은 네[너희들]의 몫이다.

I like **hers [her novel]**. 〈목적어〉　나는 그녀의 것 [그녀의 소설]을 좋아한다.

③ 단수, 복수의 구별 없이 한 형태로 쓴다. 그러므로 정황이나 문맥으로 그 수를 파악해야 한다.

Mine is an iron axe.　제 것은 쇠도끼입니다.

Mine are golden axes.　나의 것들은 금도끼들입니다.

Are these **yours**?　이것들이 네 것 [또는 너희들 것]이냐?

④ 'of + 소유대명사 또는 인칭대명사'는 관용적으로 쓰일 때가 많다.

It's no concern of mine.　그것은 내가 알 바 아니다.

It's no business of yours! (= Mind your own business!)　참견하지 말아라!

You will be the death of me!　네놈 때문에 내가 못 살겠다!

I don't like the look of him.　그의 상판대기는 보기도 싫다.

▷ **이중 속격** ☞ p. 80 참조

속격에 의해 수식되는 명사 (A's B)를 관사나 지시대명사, 부정대명사 등의 한정사로 다시 한정하려면 '한정사 + B(명사) + of + A's (소유격) [또는 소유대명사]'의 형태로 한다. 이와 같이 속격 관계 (소유의 의미)를 of와 A's에서 2중으로 나타낸다고 하여 이를 '이중 속격 (또는 이중 소유격)'이라 한다.

[a(an), this, these, that, those, some, any, each, every, no, another, which, what, such, 수사 등 + 명사 + of + 명사의 소유격, 소유대명사]

this my father's car (x) → this car of my father's. (o) 우리 아버지의 이 자동차

It's **no business of yours!** 참견하지 마라!

(6) 재귀대명사 (reflexive pronoun)

1) 뜻

재귀대명사(再歸代名詞)란 어떤 동작의 결과를 그 자신(자체)이 받음을 나타내는 말로서, 인칭대명사의 소유격 (1, 2인칭)이나 목적격 (3인칭)에 -self (단수), -selves (복수)를 붙여 '~자신 [자체]'이란 뜻을 나타내는 대명사를 가리킨다.

■ **재귀대명사의 형태**

· 1인칭: myself **〈단수〉** 나 자신 ourselves **〈복수〉** 우리 자신
· 2인칭: yourself **〈단수〉** 당신 자신 yourselves **〈복수〉** 당신들 자신
· 3인칭: himself **〈단수〉** 그 사람 자신 herself **〈단수〉** 그녀 자신
themselves **〈복수〉** 그들 자신
itself **〈단수〉** 그것 자체 itself **〈복수〉** 그것들 자체

			주격	소유격	목적격	재귀대명사
1인칭	단 수		I	my	me	myself
	복 수		we	our	us	ourselves
2인칭	단 수		you	your	you	yourself
	복 수		you	your	you	yourselves
3인칭	단수	남 성	he	his	him	himself
		여 성	she	her	her	herself
		중 성	it	its	it	itself
	복 수		they	their	them	themselves

2) 재귀대명사의 용법

① 재귀용법(reflexive use)

주어의 목적 (동작)의 대상이 주어 자신인 경우를 나타내기 위하여 동사의 목적어로 재귀대명사를 사용하는 용법을 말한다.

I absented **myself** from school.

나는 학교로부터 나 자신을 부재하게 했다. → 나는 학교에 결석했다.

We enjoyed **ourselves** at the party.

우리는 그 파티에서 우리 자신들을 즐겁게 했다. → 우린 그 파티에서 흥겹게 놀았다.

He killed **himself**. 그는 자신을 죽였다. → 그는 자살했다.

I can't make **myself** understood in English.

나는 영어로 나 자신을 남에게 이해하도록 만들 수 없다. → 나는 영어로 타인과 의사소통을 하지 못한다.

He presented **himself** as a witness.

그는 자기 자신을 증인으로 출석하게 했다. → 그는 (직접) 증인으로 출두했다.

She prided **herself** on her wealth.

그녀는 자신의 부에 대해 스스로를 자랑한다. → 그녀는 자기가 부자인 것을 자랑한다.

History repeats **itself**. 역사는 스스로를 되풀이한다. → 역사는 반복된다.

I did not know where to seat **myself**.

나는 나 자신을 어디에 앉게 해야 할지를 몰랐다. → 나는 어디에 앉아야 할지를 몰랐다.

She woke up to find **herself** in the hospital.

그녀는 눈을 떠서 병원에 있는 자신을 발견했다. → 그녀가 눈을 떠보니 병원이었다.

burn oneself 데이다　cut oneself 다치다　dress oneself 옷을 입다; 몸치장하다

enjoy oneself 즐거운 시간을 보내다　exert oneself 노력하다

hide oneself 숨다　hurt oneself 다치다; 부상하다　kill oneself 자살하다

make oneself 이해시키다; 알게 하다　present oneself 앞으로 나오다; 본인이 출두하다

seat oneself 착석하다, 앉다　trouble oneself 걱정하다

▷ **주어와 일치하는 대명사가 주어의 동작 대상이 아니라 공간적 관계를 나타내는 전치사구의 목적어가 되었을 때는 원칙적으로 인칭대명사를 쓴다.**

I looked about **me**. 나는 내 주변을 둘러보았다.

The students placed their paper in front of **them**.

학생들은 자신들의 앞에 숙제를 놓았다.

Have you got any money on **you**? 돈 좀 가진 것 있으세요?

Jack brought the book with **him**. 잭은 그 책을 가져왔다.

② 강조 용법

주어의 바로 뒤나 문장의 끝에 놓아 주어를 강조하거나, 보어나 목적어 뒤에 써서 보어나 목적어를 강조하는 경우의 쓰임새를 말한다. **《스스로, 직접; 아무개 본인》**

※ 이때 재귀대명사는 명사, 대명사의 동격어가 되며 강세를 둔다. 이 용법의 재귀대명사는 생략할 수 있다.

I **myself** saw it. **〈주어 강조〉** 그것을 나 자신이 직접(내 눈으로) 보았다.

(= I saw it myself.)

Did he **himself** say so? **〈주어 강조〉** 그 사람 본인이 그렇게 말을 했습니까?

The dirty beggar was the king **himself**. **〈보어 강조〉** 그 더러운 거지는 바로 왕이었다.

I want to see the manager **himself**. **〈목적어 강조〉** 지배인 본인을 직접 만나고 싶군요.

③ 관용적 용법

❶ 전치사 + 재귀대명사

i. for oneself 혼자 힘으로 (= without other's help); 자기 자신을 위하여 (= for one's sake)

She makes a living **for herself**. 그녀는 혼자 힘으로 생계를 꾸려나가고 있다

He is unworthy to live who lives only **for himself**.

자신만을 위해 사는 사람은 살 가치가 없다.

ii. by oneself 혼자, 홀로(= alone); 자기 힘으로(= for oneself)

She lives in that house **by herself**. 그녀는 그 집에서 홀로 살았다.

This information **by itself** is of little significance.

이 정보 자체로는 별로 중요하지 않다.

He insists that I must do it **by myself**.

그는 내 스스로의 힘으로 그것을 해야 한다고 주장한다.

iii. of itself 저절로(= naturally, spontaneously)

Suddenly the light flashed on **of itself**. 갑자기 전등이 저절로 켜졌다.

iv. in itself [themselves] 그 자체로; 본래, 본질적으로

The brain **in itself** feels no pain. 두뇌 그 자체는 아무런 통증을 느끼지 못한다.

These substances are not poisonous **in themselves**.

이 물질들은 본래 유독한 것이 아니다.

v. beside oneself 제정신이 아닌, 미친(= insane, mad, out of one's senses)

I feel **beside myself**. 내가 제정신이 아닌 것 같다.

She was **beside herself** with joy. 그녀는 좋아서 어쩔 줄을 몰라 했다

vi. in spite of oneself 자기도 모르게, 무의식적으로(= unconsciously)

She found herself smiling **in spite of herself**.

그녀는 자기도 모르게 자신이 미소를 짓고 있음을 알았다.

vii. between ourselves 우리끼리 얘기지만(= between you and me)

Between ourselves he is a notorious womanizer.

우리끼리 이야기지만 그 사람은 소문난 바람둥이야.

This story is **between ourselves**. 이 얘기는 우리끼리만의 얘기다.

viii. to oneself 자신에게, 혼자(서); 자기 혼자에게만; 혼자되어

She said **to herself**, "I shall buy it."

그녀는 "나는 그걸 사고 말 거야."라고 혼자 중얼거렸다.

※ **say to oneself 스스로 다짐하다; 마음속에 생각하다; 혼잣말하다.**

This is personal **to myself**. 이것은 내 자신만의 문제다.

I'd prefer to have this room **to myself**. 나는 이 방을 나 혼자 쓰고 싶은데요.

When she was left **to herself**, she started to cry.

그녀는 혼자 남겨지자, 갑자기 울기 시작했다.

■ 덧붙임

come to oneself (= become conscious) 의식을 회복하다.
have A to oneself (= monopolize) A를 독점하다, A를 독차지하다.
keep A to oneself A를 비밀로 해두다; A를 혼자 간직하다.
She kept the secret to herself. 그녀는 그 비밀을 혼자 간직했다.
leave A to oneself A를 홀로 내버려 두다.

❷ 재귀대명사 + 전치사

- **absent oneself from ~**: (= stay away from) ~에 결석하다.; ~을 비우다.
- **accustom oneself to ~**: ~에 잘 적응하다.
- **apply oneself to ~**: ~에 열심히 종사하다; ~에 전력을 다하다; ~에 전념하다.

On New Year's day I decided to apply myself harder to my business.

설날에 나는 더욱더 열심히 내 일에 전념하기로 결심했다

- **avail oneself of ~**: ~을 잘 이용하다.

He availed himself of that opportunity. 그는 그 기회를 잘 이용했다.

- **dress oneself up** 옷을 차려입다. (성장 [정장]하다.)

dress oneself up smartly 옷을 말쑥하게 차려입다.

dress oneself up as a woman 여자로 분장하다.

- **help oneself to ~**: ~을 마음대로 집어먹다; 착복 [횡령]하다.

He helped himself to company funds. 그는 회사 돈을 착복하였다.

• **make oneself at home** 느긋하게 쉬다; 편하게 지내다.

• Make yourself at home while you are here. 여기에 계시는 동안 편히 지내세요.

• **prepare oneself for ~:** ~을 준비하다, ~에 대비하다, ~할 각오를 하다.

She prepares herself for studying in the United States.

그녀는 미국유학을 준비하고 있다.

I prepare myself for her refusal of my proposal of marriage.

나는 그녀가 나의 청혼에 거절할 것을 각오하고 있다.

• **pride oneself on ~:** ~에 대해 ~인 것을] 자랑하다.

She prides herself on her skill in cooking. 그녀는 자신의 요리 솜씨를 뽐낸다.

(= She is proud of her skill in cooking.)

• **revenge oneself on ~:** ~에게 복수하다.

• **subject oneself to ~:** ~을 받다 당하다, ~을 감당해내다.

subject oneself to ridicule 조롱을 받다.

subject oneself to be tortured 고문을 당하다.

■ 참고

1. 재귀동사(reflexive verb)

주로 재귀대명사만을 목적어로 취하는 동사가 있는데 이를 재귀동사라고 부르기도 한다.

avail oneself (of) ~을 이용하다, ~을 적절히 사용하다, ~을 틈타다

apply oneself to ~에 전념하다 behave (oneself) 점잖게 [조신하게] 행동하다

content oneself with ~: ~에 만족해하다 overdrink oneself 과음하다

overeat (oneself) 과식하다 oversleep (oneself) 지나치게 오래 자다; 늦잠을 자다

overwork (oneself) 과로하다 take oneself off 떠나다, 달아나다

When hard pressed he availed himself of all the properties he could lay his hands on.

압박을 받게 되자 그는 손을 댈 수 있는 재산은 모두 이용했다.

You can't just take yourself off when you feel like it.

네가 그러고 싶다고 해서 그냥 자리를 뜰 수는 없다.

He took himself off from us for good. 그는 영원히 우리에게서 떠나갔다.

2. 상호대명사 (reciprocal pronoun)

둘 이상 사이의 서로 간의 관계를 나타내는 대명사를 말한다. 즉, each other와 one another를 가리 킨다. each other는 보통 둘 사이에서 '서로'의 뜻을, one another는 보통 셋 이상 사이에서 '서로서로'의 뜻을 나타낸다고 하나 each other는 입말체에 많이 쓰이고, one another는 글말체에 많이 쓰인다는 것에 차이가 있을 뿐 둘을 구별 없이 사용하고 있다.

Sam-sik and Geum-sun like each other one another]. 삼식과 금순은 서로(를) 사랑한다.

Sam-dol and Sam-sun kissed (each other). 삼돌과 삼순이 (서로) 입맞춤했다.

Two dragonflies were chasing one another.

잠자리 두 마리가 앞서거니 뒤서거니 하며 날고 있었다.

They were shaking hands and greeting one another [each other].

그들은 악수하면서 서로 인사를 하고 있었다.

※ 상호대명사의 소유격은 's로 표현한다.

The students borrowed **one another's** notes.

그 학생들은 서로서로(의) 공책을 빌렸다.

(7) 관계대명사 (relative pronoun) ☞ 제16장에서

대명사의 역할을 하는 동시에 접속사의 기능을 하면서 형용사절을 이끄는 말을 관계대명사(關係代名詞)라고 한다.

ex) **who, which, that, what, whom, whose**

(8) 대명사 it

it은 앞서 말한 사물 또는 앞이나 뒤에 나올 어·구·절을 가리키는 지시대명사로서의 용법과 강조 구문을 포함하여 뒤의 주어를 대신하는 가주어 용법 및 날씨, 시간 따위에 쓰는 비인칭 대명사의 용법이 있다.

※ 소유격: its | 목적격: it | it is, it has의 간략형: it's | 복합인칭대명사: itself

1) 중성의 3인칭 단수를 나타내는 대명사로서 보통 사물, 동물, 어린아이에 쓴다.

"What's <u>that book</u>?" 그 책은 무슨 책인가?

– "It's a book of English grammar." 영어 문법책입니다.

The mother took the baby and gave **it** suck. 그 엄마는 아기를 안고 젖을 물렸다.

The child lost **its** [his, her] way. 그 아이는 길을 잃었다.

The dog came wagging **its** [his] tail. 개가 꼬리를 치면서 왔다.

※ 동물은 흔히 he[his, him](으)로 받는다.

2) 정체 (신원)를 알지 못하는 사람을 가리킬 경우에 쓴다.

"Who is that man over there?" 저기 저 남자는 누구냐?

– "**It**'s my friend." 제 친구입니다. / "I suppose **it** is Mr. Kim." 김 군일 겁니다.

3) 앞에 나온 (때로는 뒤따르는) 명사(명사구, 명사절 포함)나 앞(또는 뒤) 문장 전체를 받는다.

Where is my book? Have you seen **it**? 내 책이 어디 있지? 너 그것을 본 적 있니?

If you find **it** in the classroom, bring me the book.

교실에서 발견하면 그 책을 내게 가져와라.

I tried to get up, but found **it** impossible.

나는 일어나려고 애썼지만 일어날 수 없었다.

※ 여기서 it은 'to get up'을 받아 5형식 문의 목적어로 쓰이고 있다.

"I don't feel like working today." 나는 오늘 일하고 싶지 않다.

– "I don't feel like **it**, either." 나도 역시 일하고 싶지 않다.

※ 여기서 it은 동명사구 (working today)를 받고 있다.〉

I'm a cantankerous old man and I know **it**.

난 성질이 고약한 늙은이고 그걸 내가 안다.

※ 여기서 it은 'I'm a cantankerous old man'을 받아 3형식 문의 목적어로 쓰이고 있다.

I did not know **it** at the time, but he saved my life.

그때는 몰랐지만, 그가 내 생명을 구해 주었던 것이다.

※ 여기서 it은 뒤에 오는 'he saved my life.'을 가리키고 있다.

▷ it는 이미 언급된 [때로는 뒤따르는] 특정된 단수 명사 즉, 「the, this, that, my 따위 + 단수보통명사」를 가리키므로 특정되지 않은 이미 언급된 [때로는 뒤따르는] 단수 명사를 가리킬 때는 one을 쓴다. 단, 주어인 경우에는 it을 쓴다.

"Have you a pen?" 펜을 가지고 있니? – "Yes, I have **one**." 응 (그래), 갖고 있어.

"Won't a pencil do?" 연필은 안 되겠니? – "Yes, **it** will do." 응 (그래), 그것도 돼.

4) 비인칭 대명사(impersonal pronoun)로 사용된다.

it이 특정한 것을 가리키지도 않고 그 실질적인 의미도 갖지 않으면서 특정한 문장을 성립시키기 위해 형식상의 주어나 목적어로 쓰이기도 하는데 이를 비인칭대명사(非人稱代名詞) 또는 허사(虛辭, expletive) it이라고도 한다.

① 시간, 계절, 날씨, 온도, 명암, 거리 등을 막연히 가리키면서 주어로 사용된다.

▶ 이때의 it을 비 인칭 주어로서의 it이라고 한다. 우리말로 해석하지는 않는다.

"What time is **it** now?" 지금 몇 시죠? – "**It** is half past ten." 열 시 반입니다.

"What day is **it** today?" 오늘은 무슨 요일이죠?

– "**It** is Sunday today." 일요일입니다.

It is (now) three years since she leaved me. 그녀가 나를 떠난 지 이제 삼 년이 된다.

It snowed hard [heavily] last night. 지난밤에 큰 눈이 내렸다.

(= We had a heavy snow last night.)

It is warm for this time of the year. 이맘때치고는 따뜻하다.

It was growing light in the east. 동녘이 밝아오고 있었다.

How far is **it** from here to your house? 이곳에서 당신 집까지 얼마나 멉니까?

It is fifteen minutes' walk from here to the station.

여기서 정거장까지 걸어서 15분 거리다.

② 막연한 상황의 주어 및 막연한 상황의 목적어 (전치사의 목적어 포함)로 사용된다.

▶ 이때의 it는 인칭, 성, 수와 관계없이 화제에 오른 사람.사물을 막연히 가리키면서 형식적으로 주어나 목적어로 쓰인다. 특별한 의미를 갖지는 않으므로 우리말로 해석하지 않아도 무방하다.

❶ 막연한 상황의 주어 it

"Who's **it** [there]?" (거기) 누구요? – "It's me [I]." 접니다; 나야.

How is [goes] **it** with your family? 가족분들은 잘 지내시지요?

How is **it** with your business? 하시는 일은 잘되나요?

(= How is **it** in the market?)

It is all over with him now. 그 사람은 이제 끝장이다.

As **it** happens. 공교롭게도.

How is **it** going in there? 거기서 어떻게 지냅니까?

How comes **it**? 어째서 그런 건가요? It's your turn. 네 차례다.

I don't know what **it**'s all coming to. 내가 앞으로 어떻게 될지 아무것도 모르겠다.

It is very dangerous here in Baghdad. 이곳 바그다드는 매우 위험합니다.

❷ 막연한 상황의 목적어 it

I will fight **it** out. 나는 끝까지 싸우겠다. You got **it**? 이해했니?

Legend has **it** that it originally was the site of an old castle of King Onjo, the founder of the Baekje Kingdom.

전설에 의하면 그것은 (남한산성) 원래 백제왕조의 시조 온조왕의 옛 궁궐터라고 한다.

※ legend [rumor] has it that ~: **전설 [소문]에 의하면 ~이라고 한다.**

What time shall we make **it**? 몇 시로 약속 시간을 정할까요?

I can't make **it**. 나는 약속할 수 없다.; 시간을 지킬 수 없다.

You can help **it**. 별도리가 없다. I don't get **it**. Why? 이해가 안 돼요, 왜죠?

At last we've made **it**. 결국 우리가 성공했다. Let's walk **it**. 걸어가자.

Let's call **it** quits. 이제 그만하자.

Rumor has **it** that they are getting divorced. 그들이 이혼한다는 소문이 있다.

The boy kinged **it** over his friends. 그 아이는 친구들 사이에서 왕 노릇을 했다.

Now that you put **it** that way, I see your point. ※ put it: 말하다.

네가 그렇게 말하니까 무슨 말인지 알겠다.

Don't take **it** so seriously. 그렇게 심각하게 받아들이지는 마라.

Take **it** easy. 편히 쉬어라. (안녕).

I had a good time of **it**. 〈전치사의 형식 목적어〉 나는 즐거운 시간을 보냈다.

I'm feeling rather off **it** today. 오늘은 내 기분이 별로다.

Depend upon **it**, you are wrong. 〈전치사의 형식 목적어〉 확실히, 네가 잘못이다.

Let's get to **it**. 〈전치사의 형식 목적어〉 어서 시작합시다. Go for it. 잘해봐라.

Oh, the pity of **it**! 〈전치사의 형식 목적어〉 어머, 가엾어라!

Stick to **it**. 〈전치사의 형식 목적어〉 단념치 마라.

4) 가주어(형식 주어), 가목적어 (형식 목적어)로 사용된다.

① 가주어 it

주어가 목적어, 수식어구 등을 갖는 부정사구, 동명사구 또는 절일 때는 구조상 복잡해 보이고 불안정한 느낌을 줄 수 있을 뿐만 아니라 문장 전체의 의미를 파악하는 데도 어려움을 줄 수가 있다. 이에 문장의 간결함과 균형감 및 강조(의미의 명확한 전달)를 위하여 '무거운 것은 뒤에'(end-weight)라는 영문법의 원칙에 의해 긴 주어 대신 it을 쓰고, 구나 절 등 긴 본래의 주어는 문의 뒤로 돌릴 수가 있는 데 이때의 it을 가주어 또는 형식 주어(formal subject) it이라고 한다. 가주어 it을 두고 긴 주어를 뒤로 돌리는 것 자체를 '외치 변형(extra position)'이라 하는데, 이를 외치 변형의 문장(외치 구문)의 의미로도 사용한다.

❶ 부정사구, 동명사구를 대신하는 경우

To know oneself is difficult. 자신을 아는 것은 어렵다.

→ **It** is difficult **to know oneself**.

For me to have such good friends is fortunate .

→ **It** is fortunate **for me to have such good friends**.

Trying to catch the bus wouldn't be only good.

그 버스를 잡으려고 해봤자 소용없는 일이다.

→ It wouldn't be only good **trying to catch the bus.**

It is no use crying over spilt milk. **〈관용적 표현〉**

엎질러진 우유를 두고 울어봤자 소용없다.

❷ 명사절을 대신하여 쓰이는 경우

That he will succeed is certain. → It is certain that he will succeed.

그가 성공할 것이 확실하다.

Who you are or where you live doesn't matter.

네가 누구고 어디에 사느냐는 중요치 않다.

→ It doesn't matter who you are or where you live.

Whether he'll be able to attend the concert is doubtful.

그가 음악회에 참석할 수 있을지 어떨지는 확실치가 않다.

→ It's doubtful whether he'll be able to attend the concert.

Whether we go or not depends on you.

우리가 가느냐, 안 가느냐는 당신에게 달렸다.

→ It depends on you whether we go or not.

② 가목적어 it

목적어가 길 경우에도 'end-weight' 원칙에 의해 it을 가목적어로 하여 진목적어 자리에 놓고, 진목적어는 문장의 뒤로 돌린다. 형식 목적어(formal object) it이라고도 한다.

❶ 부정사, 동명사 대신 놓이는 경우

I believed **it** right to do that. 나는 그렇게 하는 것이 옳다고 믿었다.

We must leave **it** to your conscience to decide what to choose.

무엇을 택해야 하는가를 정하는 것은 당신 양심에 맡기지 않을 수 없습니다.

I wouldn't put **it** past him to do such a thing.

나는 그가 그런 짓을 하고도 남을 사람이라고 생각한다.

I found **it** difficult working on board. 나는 뱃일을 하는 것이 어렵다는 것을 알았다.

I think **it** dangerous your going there alone.

나는 네가 혼자 그곳에 간다는 것은 위험하다고 생각한다.

❸ 명사절 대신 놓이는 경우

▶ 3형식의 목적절인 that절 앞에 가목적어를 둘 수 있는 경우는 that절의 내용이 서로 인지된 확정된 일이어야 한다.

I found **it** true that he had said so. 나는 그가 했던 말이 사실이라는 것을 알았다.

I took **it** that that was my last chance. 나는 그것이 나의 마지막 기회라고 생각했다.

We took **it** for granted that you would agree.

우리는 네가 동의하는 것이 당연하다고 생각했다.

We owe **it** to you that no one was hurt in the accident.

그 사고에서 부상자가 나오지 않은 것은 당신 덕분입니다.

Let's keep **it** secret that they got married. 그들이 결혼한 것은 비밀로 해두자.

❹ 전치사의 가목적어

▶ 절을 목적어로 하는 전치사 중에는 it을 가목적어로 둔 다음 절을 취하는 것들이 있다.

See to **it** that the parcel will reach her by next monday.

그 소포가 다음 주 월요일까지는 그녀에게 꼭 도착할 수 있게 해주시오.

I'll see to **it** that there is no such mistake. 어떠한 실수도 없도록 하겠습니다.

You may depend upon **it** that he will succeed this time.

분명히 그는 이번에 성공할 것이다.

■ 덧붙임

1. 전치사 but, except, in은 그 목적어로 that절을 받고 it을 받을 수 없다.

I don't doubt [There is no doubt] **but** (that) you will achieve it.

당신이 그것을 해낼 것을 믿어 의심치 않는다.

Who knows **but** that he may be right? 어쩌면 그가 옳을지도 모른다.

That will do **except** that it is too short. 그것은 너무 짧은 것이 흠이지만 그냥 쓸 만하다.

The conclusion is wrong **in** that it is based on false premises.
잘못된 전제에 근거하고 있다는 점에서 그 결론은 틀렸다.

2. 가목적어를 취하는 제5형식 동사

ex) believe, consider, feel, find, guess, imagine, make, suppose, take, think, etc.

I never believed **it** possible to love and grieve like this.
나는 이처럼 사랑하고 슬퍼하는 것이 가능할 거라고는 결코 믿지 않았다.
Muslims consider **it** sacrilege to wear shoes inside a mosque.
이슬람교도들은 사원 내부에서 신발을 신는 것을 신성모독이라 여긴다.
Crying when you're sad or stressed out will make **it** possible for you to be healthier than holding it back. 슬프거나 스트레스받을 때 우는 것은 참는 것보다 훨씬 더 건강하게 해 줄 수 있다.
Don't you think **it** insensible to hold a meeting on saturday of all days?
허구한 날 가운데서 토요일에 회의를 갖다니 이해할 수 없다고 생각지 않아요?

---

5) 'It ~ that …' 형식의 강조 구문 ☞ p. 370[3] 참조

문장 안의 주어, 목적어, 부사(구) 등을 강조하여 'that 이하 한 것은 바로 ~이다.'의 뜻을 나타낸다. 강조하고자 하는 말(focus)을 It is[was]와 that 사이에 둔다. 분열문(cleft sentence)이라고도 한다. [It is [was] + 강조어 + that + 나머지 부분]

He met her three years ago. 그는 3년 전에 그녀를 만났다.

⇒ **It was** he **that** [who] met her three years ago. 〈he의 강조〉

3년 전에 그녀를 만난 사람은 바로 그 사람이다.

It was her **that** he met three years ago. 〈her의 강조〉

그가 3년 전에 만난 사람은 바로 그녀이다.

It was three years ago **that** he met her. 〈three years ago의 강조〉

그가 그녀를 만난 때는 바로 3년 전이다.

6) 「It seems [appears, happens] that + s + v」 구문에 쓰인다.

☞ p. 74[1], 88[1], 89[1] 참조

– REVIEW EXERCISES –

1. 괄호 안에 알맞은 말을 넣어라. (본문 참고)

(1) 나는 지난주 오늘 그를 만났다.

→ I met him ( ) day week.

(2) 그녀는 예쁘다. – 너도 예뻐.

→ She is very pretty. – ( ) are yóu.

(3) 별이 하나씩 하나씩 구름에 덮이어 갔다.

→ ( ) star after another was covered by the cloud.

(4) 이것저것 생각해보면 그것이 가장 합리적인 방법이다.

→ That's the most reasonable way ( ) one with another.

(5) 나는 지금과 다른 그의 모습은 원치 않는다. (지금의 그로서 만족한다.)

→ I would not have him ( ) than he is.

(6) 나는 그가 이야기하는 동안 열심히 귀 기울였다. (온 신경을 집중하였다.)

→ I was ( ) ears as he told his story.

(7) 그는 하염없이 눈물을 흘렸다.

→ He was ( ) tears.

(8) 그 소식을 듣고 그녀의 심장은 거의 멎는 것만 같았다.

→ Her heart ( ) but stopped at the news.

(9) 답을 아는 사람은 누구든지 손들어보세요.

→ Hands up, ( ) who knows the answer.

(10) 누구나 다 예술가가 될 수 있는 것은 아니다.

→ ( ) cannot be an artist. / Not ( ) can be an artist.

(11) 꽃들은 제각기 나름의 색깔과 향기가 있다.

→ ( ) of the flowers has ( ) own color and smell.

(12) 이 문제 [주제]에 대해서는 이쯤 해두자.

→ So (　　　　　) for this subject.

(13) 그 영화에는 특별히 봐 줄 만한 것이 없다.

→ There is nothing[not] (　　　　　) in the movie.

(14) 이것을 좀 더 살 수 있을까요?

→ Can we get any (　　　　　) of these?

(15) 성공하고 싶다면 당신에게 주어진 시간을 최대한 활용하십시오.

→ If you want to succeed, get (　　　　　) out of time given to you.

(16) 그는 거의 아무것도 먹지 않았다.

→ He ate almost (　　　　　).

(17) 너는 어느 정도까지는 그를 믿어도 된다.

→ You can trust him to (　　　　　) extent.

(18) 그 두 사건이 어떤 식으로든 관련된 것은 틀림없다.

→ There is no doubt that the two incidents are connected in (　　　　　) way.

(19) 너희 중에 누군가 그것에 대해 무엇이라도 아는 게 있느냐?

→ Do (　　　　　) of you know anything about it?

(20) 나는 한 번 정도의 실패로는 아무렇지도 않다.

→ I am (　　　　　) the worse for a single failure.

(21) 그녀는 혼자 힘으로 생계를 꾸려나가고 있다

→ She makes a living (　　　　　).

(22) 무엇을 택해야 하는가를 정하는 것은 당신 양심에 맡기지 않을 수 없습니다.

→ We must leave (　　　　　) to your conscience to decide what to choose.

(23) 나는 그것이 나의 마지막 기회라고 생각했다.

→ I took (　　　　　) that that was my last chance.

(24) 분명히 그는 이번에 성공할 것이다.

→ You may depend upon (   ) that he will succeed this time.

2. Choose the one which is grammatically incorrect.

(A) This book is written in such simple English as beginners can understand.

(B) This book is written in such simple English that beginners can understand.

(C) He is so honest a boy that he doesn't tell a lie.

(D) He possesses such patience that he never gets angry.

(E) He teaches so skillfully that the students make remarkable progress.

3. 다음 밑줄 친 부분이 어법상 틀림이 없는 것은?

(A) "Can you lend me a pen?" – "Sorry, I haven't got it."

(B) If you need a hat, I will give you one.

(C) I bought the fountain pen, but I lost one.

(D) These shoes are too expensive. Show me less expensive one.

(E) If you like roses, I will give you ones.

4. Choose the one which is grammatically correct.

(A) I like red wine better than white one.

(B) Gamblers are pursuing money, and most of them lose it instead.

(C) My hat is smaller than yours one.

(D) She has many hats; I have only two ones.

(E) He is the taller one of the two.

5. 다음 글 중 어법상 틀린 것은? [수능]

I wonder how many people give up just when success is almost within reach. They endure day after day, and just when they're about (A) to make it, decide they can't take any more. The difference between success and failure is not (B) that great. Successful people have simply learned the value of staying in the game until it (C) is won. Those who never make it (D) are the ones who quit too soon. When things are darkest, successful people refuse to give up because they know they're almost there. Things often seem at (E) its worst just before they get better. The mountain is steepest at the summit, but that's no reason to turn back.

6. 다음 밑줄 친부분 중 문법상 어색한 것은?

Toy-related injuries for last year (A) are estimated at about two million. This is bad news, but, there is good news. Part of good news is that this estimate was about one percent less than (B) those for the previous year. The other good news is that (C) less than three percent of these injuries required emergency room visits. However, (D) this would suggest millions of these injuries were serious.

※ Choose the one word or phrase that best completes the sentence. [8~10]

7. The welfare state in the United States has also been troubled by racial problems which began with black slavery before the Civil War of the 1860s and continued with racial segregation in South until 1960s. Segregation made it difficult for black Americans ________ into the larger middle-class culture and its values. [공무원 7급]

(A) assimilate (B) becoming assimilated (C) assimilating

(D) to become assimilated

8. We must all mistakes, but the great man ________ who corrects his mistakes more rapidly than others.

(A) stands (B) is he (C) is (D) is none

※ Choose the one which is grammatically incorrect among the underlined parts.
(밑줄 친부분들 중에서 문법적으로 틀린 것을 고르시오.) [9 ~11]

9. Neither(A) of the three applicants meets(B) the requirements(C) for this position, so we have decided(D) to leave it open.

10. The workers weren't satisfied with(A) their wages, and when they were asked(B) to work long hours, they(C) added fuel to the flames(D).

11. He considers that the dispensation(A) of wealth for the benefit of society must never(B) be in the form of free charity but rather must be(C) as a buttress to the community's responsibility for their(D) own people.

12. Choose the best translation of the following Korean sentence.

「어느 한쪽도 다른 한쪽의 협조 없이는 일을 크게 진행할 수 없다.」

(A) One cannot get little done without the cooperation of the other.

(B) Neither can get much done without the cooperation of the other.

(C) Neither can get little done without the cooperation of the other.

(D) Neither can get much done with he cooperation of the other.

= 해설·정답 =

1. 〈정답〉

(1) this (2) Só (3) One (4) taking (5) other (6) all (7) all (8) all (9) anyone (10) Everybody, everybody (11) Each, its (12) much (13) much (14) more (15) the most (16) nothing (17) some (18) some (19) any (20) none (21) for herself (22) it (23) it (24) it

2. 【해설】

(A) 'such ~ as'에서 as는 관계대명사이므로 뒤에 주어와 타동사가 오더라도 타동사의 목적어를 필요로 하지 않으나, (B) 'such ~ that'에서 that은 접속사이기 때문에 뒤에 주어와 타동사가 오면 그 목적어를 필요로 한다. 따라서 understand의 목적어가 필요하다. 여기서는 This book을 받을 수 있는 지시대명사 it가 필요하다. (C), (D), (E)는 모두 문법적으로 올바른 문장이다.

〈정답〉 (B)

3. 【해설】

'a + 단수보통명사'는 one으로 받고(같은 종류), 'the, this, that + 단수보통명사'(동일한 것)는 it으로 받는다. 그러므로 (A)의 it은 one으로, (C)의 one은 it으로 해야 한다. 선행하는 복수보통명사는 ones로 받을 수 있으나, 성질·상태·지시형용사 없이 단독으로는 받지 못한다. (D) 'These shoes'는 복수로 취급하므로 ones로 해야 하고, (E) 여기서 ones는 쓸 수 없고 some은 가능하다.

〈정답〉 (B)

4. 【해설】

(A) one은 불가산명사를 대신하지 못하므로 one을 생략해야 한다.

(B) it은 특정된 단수가산명사 즉, 'the, this, that, my 따위 + 단수보통명사'나 불가산 명사를 대신할 수 있으므로 옳은 문장이다.

(C) 명사, 대명사의 소유격이나 '소유격 + own' 다음에는 수식어가 붙지 않는 한 one을 사용치 않는다.

(D) 기수사 다음에는 one이나 ones를 사용치 않는다.

(E) of 앞의 형용사의 비교급, 최상급 다음의 one은 생략한다.

〈정답〉 (B)

5. 【해설】

(A) 앞의 about은 서술 형용사로서 to 부정사를 그 보충어로 취할 수 있다. be about to (막 ~하려고 하다)

(B) 이 that은 형용사, 부사를 수식하는 지시부사로 쓰였다. (그렇게, 그 정도로)

(C) 'they win it'의 수동태로서 틀린 것이 없다. it = the game.

(D) 주어 Those의 동사로서 옳다.

(E) its 자리에는 복수형인 things를 받는 소유격 대명사가 와야 하므로 단수의 소유격 대명사 its가 아니라 복수의 소유격 대명사 their가 와야 한다.

[해석] 성공이 거의 손에 닿을 수 있을 정도로 가까워졌을 때 그다지도 많은 사람이 포기하는지가 의아스럽다. 그들은 끊임없이 인내하다가 막 성공하려고 할 때 더 이상은 인내할 수 없다고 결정을 내린다. 성공과 실패 사이의 차이점은 그렇게 대단하지는 않다. 성공한 사람들은 단지 (그들이) 경기에 승리할 때까지 경기에 계속 남아있는 것의 가치를 배웠던 것이다. 결코 성공하지 못하는 사람들은 너무 빨리 그만두는 사람들이다. 상황이 가장 막막할 때 성공하는 사람들은 그곳에 (성공에) 거의 다 와 있다는 것을 알기 때문에 포기하기를 거부한다. 상황은 더 좋아지기 직전에 최악의 상태인 것처럼 보이는 일이 종종 있다. 산은 정상에서 제일 가파르지만 그것이 되돌아서야 할 이유는 못 된다.

〈정답〉 (E)

6. 【해설】

(A) 주어 (Toy-related injuries)가 복수이므로 복수 동사 are가 맞다. Toy-related injuries는 추정되는 것이므로 수동태로서 적당하다.

(B) those는 the estimate를 나타내므로 단수인 that으로 해야 맞다.

(C) ~(수사)보다 적은.

(D) 여기서 this는 앞 문장 (The other ~ visits)을 받는 지시대명사이다. would는 여기서 현재의 추측을 나타낸다.

[해석] 작년 동안 장난감 관련 상해들은 약 2백만 건 정도로 추산된다. 이것은 나쁜 소식이다. 그러나 좋은 소식도 있다. 좋은 소식 중의 일부는 이 수치는 작년에 대한 수치보다 약 1%가 적다는 것이다. 나머지 좋은 소식은 이러한 상해 중에 3% 이하가 응급실 방문을 요했다는 것이다. 그러나, 이것은 수많은 이러한 상해들이 심각했다는 것을 암시한다고 할 것이다.

〈정답〉 (B)

7. 【해설】

빈칸에는 가목적어 it이 대신하는 말 (that절, 동명사구, to 부정사구)인 진목적어가 와야 한다. 빈칸 앞에 to 부정사의 의미상의 주어를 나타내는 'for black Americans'가 왔으므로 빈칸에는 to 부정사가 와야 한다. 의미상 미국 흑인들이 '동화되(어지)는' 것이므로 수동태가 되어야 한다. (D)가 이 모든 자격을 충족한다.

[해석] 미국에서 복지국가(의 문제)는 1860년대의 남북전쟁 이전의 흑인 노예(제도)와 함께 시작되고, 1960년대까지 남부에서 인종차별(제도)과 더불어 계속된 인종 문제들에 의해 역시 말썽이 되어 왔다. 인종차별은 미국 흑인들이 더 큰 중산층의 문화와 그 가치에로 동화되는 것을 어렵게 만들었다.

〈정답〉 (D)

8. 【해설】

'He <u>who corrects ~ others</u> is the great man.'에서 긴 관계사절 (who 이하)을 뒤로

돌리고 주어 (he)와 동사 (is)의 자리를 바꾼 문장이다.

[해석] 우리는 모두 틀림없이 실수를 범한다. 그러나 자신의 실수를 다른 사람들보다 빠르게 바로잡는 사람이 위대한 사람이다.

〈정답〉 (B)

9. 【해설】

(A) '… of the three applicants'는 '3명의 지원자 중에서 아무도 ~아니다.'라는 뜻이므로 …에는 none이 와야 한다. neither는 '둘 중에서 아무도 아니다.'의 뜻을 나타낸다.

(B) 대명사 none은 단수 취급하므로 meet에 s가 붙었다.

(C) requirements for this position (이 자리에 필요한 자격요건)

(D) 이상이 없다.

[해석] 3명의 지원자 중 아무도 이 자리에 필요한 자격요건을 갖추지 못하여 우리는 그 자리를 공석으로 두기로 결정했다.

〈정답〉 (A)

10. 【해설】

(A) be satisfied with (~에 만족하다.)

(B) be asked to do (~하도록 요구받다.)

(C) 앞 문장 전체를 받는 지시대명사 it이 필요하다.

(D) add fuel to the flames (불길에 기름을 붇다, 더욱 기세를 돋우다.)

[해석] 근로자들은 자신들의 임금에 만족하지 못하였다. 거기다가 장시간 일하도록 요구받았을 때 그것은 불길에 기름을 부은 격이었다.

〈정답〉 (C)

11. 【해설】

(A) dispensation (분배).

(B) 빈도를 측정할 수 없는 빈도부사 never는 일반적으로 일반 동사 앞, be동사, 조동사

의 뒤에 놓는다.

(C) 이상 없음.

(D) community's를 받는 소유격 대명사가 와야 하므로 its로 해야 한다.

[해석] 그는 사회의 이익을 위한 부의 분배는 결코 무료 자선형식이 아니라 오히려 그 구성원을 위한 공동체의 책임감에 대한 버팀벽의 형식이 돼야만 한다고 생각하고 있다.

〈정답〉 (D)

12. 【해설】

'get + p.p.'는 상태의 변화 (동작 수동태)를 나타낸다(어떤 상태가 되다, ~당하다).

(A) 이 문장에서 one은 '한 사람' 또는 '사람'의 뜻을 나타내며, '어느 한쪽(사람)'의 뜻을 나타내지는 못한다. 또한, cannot과 little의 이중부정이 되어 예시문의 뜻과는 다른 뜻을 나타낸다.

(B) neither(둘 중에서 어느 쪽도 ~아니다). get much done 일을 크게 [많이] 하게 되다) the other가 대명사로 쓰일 경우에는 '다른 한쪽의 사람[것]'의 뜻을 갖는다.

(C) Neither와 little의 이중부정이 되어 의미상 맞지 않는다.

(D) with를 쓰면 '다른 한쪽의 협조로'의 뜻이 되므로 의미상 맞지 않는다.

〈정답〉 (B)

제13장

형용사(Adjective)

1. 앞말

(1) 뜻

형용사(形容詞)는 사람·사물의 성질, 상태나 색깔, 수량 등이 어떠함을 나타내는 단어의 갈래(품사)이다.

※ 영어에서 형용사는 수식어(명사나 대명사를 수식)나 보어 (주격 보어, 목적격 보어)로 쓰인다.
〈한정용법〉 〈서술용법〉

(2) 종류

1) 성상형용사(qualifying adjective)

성상형용사(性狀形容詞)란 사람·사물의 성질, 상태나 재료, 종류 등을 나타내는 형용사를 말한다. 대부분의 형용사가 이에 해당한다.

① 일반 성상형용사

본래 사람·사물의 성질이나 상태를 나타내는 형용사

ex) beautiful, pretty, kind, diligent, good, bad, large, small, new, old, famous, healthy, etc.

② 분사 형용사

현재분사나 과거분사가 성상을 나타내는 형용사로 쓰이는 것을 말한다.

a **flying** bird 날고 있는(나는) 새 a **surprising** news 놀라운 소식

amused spectators 재미있어하는 관객들 **surprised** look 놀란 표정

③ **고유형용사**

고유명사 [국명]로부터 형용사가 된 것으로 '~나라의, ~나라 사람인, ~나라말의' 등의 뜻을 나타낸다.

ex) Korean, Chinese, Japanese, American …

Korea → Korean **한국의; 한국인의; 한국어의**

America → American	Egypt → Egyptian	Italy → Italian
ersia → Persian	Russia → Russian	Germany → German
Mexico → Mexican	England → English	Ireland → Irish
Spain → Spanish	Turkey → Turkish	France → French
Holland → Dutch	Japan → Japanese	China → Chinese
Portugal → Portuguese	Greece → Greek	

▷ I'm Korean. / I'm a Korean.

I'm Korean. 나는 한국 (국적의) 사람입니다.

※ 이때의 'Korean'은 형용사로서 국적(nationality)을 뜻함.

I'm a Korean. 나는 한국 국민입니다.

※ 이때의 'a Korean'은 명사로서 국민의 한 사람을 뜻함.

④ **물질형용사**

물질명사에서 온 형용사로 물질명사 그대로를 형용사로 쓰거나 '물질명사 + en'의 형태로 물질[재료]을 나타내는 형용사로 하는 것이 있다.

• **glass** → glass

a glass bottle 유리병 glass beads 유리 구슬 a glass tray 유리 쟁반

• **iron** → iron

an iron bar an iron hat 철모 iron ore 철광석

• **paper** → paper

a paper bag 종이 봉지　　a paper cup 종이 잔

a paper tiger **〈비유적〉** 종이호랑이(겉보기에는 힘이 센 것 같으나 사실은 매우 약한 것)

• **salt** → salt

salt water 소금물　　salt flats 염전　　salt beef 소금에 절인 소고기

• **silver** → silver

a silver coin [silver coinage] 은화　　silver hair 은발

• **gold** → gold 또는 golden

a gold coin 금화　　a gold ring 금반지　　golden hair 금발

• **lead** → lead 또는 leaden

a lead pipe 납관(鉛管)　　a leaden sky 납빛으로 흐린 하늘

• **silk** → silk 또는 silken

a silk dress 비단 드레스　　silken hair 비단같이 윤기 있는 머리카락

• **wool** → wool 또는 woolen

a wool suit 모직 양복　　woolen cloth[= wool(len) fabrics] 모직물

• **wood** → wood 또는 wooden

a wood floor 나무 바닥(마루)　a wooden house 목조 가옥

• **earth** → earthen

an earthen vessel [ware] 질그릇　　an earthen wall 흙담

2) 대명형용사(代名形容詞)

대명사가 형용사적으로 사용되는 경우의 것(대명사가 명사를 수식하는 역할을 할 경우)을 말한다.

① 지시형용사(指示形容詞)

지시대명사가 명사를 수식하여 형용사로 쓰일 경우의 것

ex) this, that, these, those, such, etc.

this book, that house, these children, those students, such books….

② **소유형용사(所有形容詞)**

대명사의 소유격이 명사를 수식하여 형용사로 쓰일 경우의 것

ex) my, your, his, her, its, their

my book, your hat, his wife, her voice, its tail, their rights….

③ **부정형용사(不定形容詞)**

부정대명사가 명사를 수식하여 형용사로 쓰일 경우의 것

ex) one, other, another, each, some, any, no, few, little, many, much, etc.

one apple, other books, another person, each country, some people….

④ **의문형용사(疑問形容詞)**

의문대명사 what, which, whose가 일반의문문이나 간접의문문에서 명사를 수식하여 형용사로 쓰일 경우의 것

Whose book is this? 이것은 누구의 책이냐?

I don't know what plans he has. 나는 그가 어떤 계획들을 가지고 있는지 나는 모르겠다.

Tell me which book you prefer. 어느 책이 더 마음에 드는지 말해 보아라.

⑤ **관계형용사(關係形容詞)**

관계대명사가 형용사적으로 쓰일 경우의 것 ☞ p. 59[3]

ex) whose, what, which, whichever, whatever, whosever

I met a girl whose name was Mary. 나는 이름이 메리라는 여자애를 만났다.

You may take which book you like. 네가 좋아하는 어떤 책을 가져가도 좋다.

3) 수량·순서 형용사

부정수량(不定數量)을 나타내는 형용사와 특정수량(特定數量)이나 순서를 나타내는 형용사가 있다.

① 부정수량 형용사

불특정의 수량을 나타내어 명사나 대명사를 수식하는 형용사

❶ 부정 수(數) 형용사

ex) many, few, all, some, any, no, etc.

❷ 부정 양(量) 형용사

ex) much, little, enough, all, some, any, no, etc.

② 수사 (특정수량·순서 형용사) 및 배수 형용사

수사란 특정의 수량과 순서를 표시하는 말이며, 수사가 특정의 수량이나 순서를 나타내어 명사나 대명사를 수식할 경우에는 형용사이다. 특정 수량을 표시하는 형용사는 기수 형용사, 순서를 표시하는 형용사는 서수 형용사라고 한다. 그리고 배수 형용사는 특정수량의 '몇 배'를 표현할 때 쓰이는 형용사이다.

❶ 기수 형용사

특정의 수나 양을 나타내어 (대)명사를 수식하는 말을 가리킨다.

ex) one, two, three, ……

one man 한 사람　two teams 두 패[팀]　three apples 세 개의 사과

❷ 서수 형용사

순서를 나타내어 명사를 수식하는 말을 가리킨다.

ex) the first, the second, the third, … the twentieth (20th), the twenty-first (21), … the hundredth (100th), the thousandth (1,000th), ……

the first chapter 제1장　the twenty-first century 21세기

his hundredth proposal 그의 100번째 청혼

❸ 배수 형용사

배수 (multiple)를 나타내어 명사를 수식하는 말을 가리킨다.

ex) half, double, twofold, treble, triple, threefold, etc.

a half share 절반의 몫　a half hour 반 시간　double the price 그 가격의 두 배

This is half the size of that.　이것은 저것의 절반 크기이다.

She earns treble my salary.　그녀는 내 봉급의 세 배를 번다.

(3) 형용사 접미사

일부 순수하게 형용사로만 쓰이는 것을 제외하고, 대부분의 형용사는 명사나 동사 또는 형용사에 특정의 접미사가 붙어 만들어진 것들이다.

1) 명사에 붙는 형용사화 접미사

① **(i)al**: annual, equal, monumental, normal, postal, traditional, etc.

② **ar**: familiar, linear, regular, similar, etc.

③ **ate**: fortunate, passionate, etc.

④ **ary**: elementary, honorary, voluntary, etc.

⑤ **ed**: aged, colored, cultured, kindhearted, forested, talented, winged, etc.

⑥ **en**: golden, silken, wooden, woolen, etc.

⑦ **esque**: picturesque, statuesque, Dantesque, Romanesque, etc.

⑧ **ful**: beautiful, careful, colorful, harmful, hopeful, joyful, painful, shameful, etc.

⑨ **ic(al)**: poetic, quixotic, historical, etc.

⑩ **ish**: babyish, bookish, childish, Danish, foolish, oldish, reddish, stylish, etc.

⑪ **istic**: artistic, characteristic(특색을 이루는), deistic(이신론적인), puristic, etc.

⑫ **less**: careless, childless, colorless, endless, hopeless, peerless, useless, etc.

⑬ **like**: ball–like, childlike, lifelike, etc.

⑭ **ly**: chilly, daily, friendly, manly, kingly, weekly, yearly, etc.

⑮ **ous**: famous, joyous, nervous, etc.

⑯ **some**: handsome, troublesome, etc.

⑰ **ward**: backward, onward, etc.

⑱ **wide**: citywide, nationwide, worldwide, etc.

⑲ **y**: clayey, cloudy, dirty, mir(e)y, muddy, rainy, skyey, snowy, sunny, watery, windy, etc.

2) 동사에 붙는 형용사화 접미사

① **able/ible**: changeable, comfortable, connectible, divisible, eatable, imaginable, loveable, obtainable, saleable, sensible, etc.

② **en**: fallen, given, spoken, etc.

③ **ent**: dependent, different, etc.

④ **(e)d**: bored, frustrated, limited, revised, retired, tired, etc.

⑤ **ile**: agile, docile, hostile, missile, etc.

⑥ **ing**: boiling, boring, exciting, interesting, sleeping, singing, waiting, writing, etc.

⑦ **ive**: attractive, comparative, creative, destructive, native, substantive, etc.

⑧ **ory**: congratulatory, compulsory, etc.

3) 형용사에 붙는 형용사 접미사: –ish

ex) narrowish, oldish, reddish, etc.

2. 형용사의 용법

(1) 앞말

형용사는 기본적으로 수식 기능을 한다. 이 수식 기능이란 명사의 앞이나 뒤에서 직접 꾸며주는 경우(직접수식)와 보어로서 서술적으로 사용되는 경우 (간접수식)를 포함한다.

※ 우리말의 형용사는 독립적으로 서술어가 될 수 있으나, 영어에서 주격 보어인 형용사는 그 자체가 서술어가 되지는 못하고 be동사, 기타 자동사와 함께 서술어 기능을 한다. 주로 직접수식 기능만을 하는 형용사를 **한정 형용사**(attributive adjective), 서술 기능을 주로 하는 형용사를 **서술 형용사**(predicative adjective)라고 부르는 것이 보통이다.

■ 형용사의 한정 용법과 서술용법

A. 의의

'한정 형용사'와 '서술 형용사'의 구별과 함께 형용사의 '한정용법'과 '서술용법'은 구별을 요한다. 형용사의 한정용법이란 그것이 한정 형용사든 서술 형용사이든 명사를 직접 수식하는 쓰임을 말하고 (서술 형용사가 명사를 직접 수식하는 경우도 있는데 이는 서술 형용사의 한정용법일 뿐 서술용법이 아니다), 서술용법이란 서술 형용사가 서술적으로, 즉, 주격 보어나 목적격 보어로 쓰이는 경우를 말한다.

B. 형용사의 한정용법과 서술용법의 예

(A) 한정용법일 때나 서술용법일 때나 같은 뜻으로 쓰이는 경우

A) fine《훌륭한, 좋은, 건강한; 갠, 맑은》

Ⓐ **한정용법**

a **fine** idea 좋은 생각 (착상)　　fine weather 좋은 날씨

We have had a **fine** time. 정말 유쾌한 시간이었습니다.

Ⓑ **서술용법**

I am **fine**. 〈주격 보어〉 저는 (건강이) 좋습니다[괜찮습니다].

Weather keeps **fine**. 〈주격 보어〉 좋은 날씨가 계속되고 있다.

B) true《정말의, 진실한; 진짜의, 순수한》

Ⓐ **한정용법**

a **true** story 실화　**true** friendship 진정한 우정　**true** gold 순금

Ⓑ 서술용법

My dream came **true.** 〈주격 보어〉 나의 꿈이 이루어졌다.

Is that **true?** 〈주격 보어〉 그게 정말입니까?

C) honest《정직한; 솔직한; 공정한; 순수한》

Ⓐ 한정용법

an **honest** man 정직한 사람　an **honest** opinion 솔직한 의견

Ⓑ 서술용법

He was **honest** about it. 〈주격 보어〉 그는 그 일에 대해 솔직하게 얘기했다.

I think him (to be) **honest.** 〈목적격 보어〉 나는 그를 정직한 사람이라고 생각한다.

D) important《중요한, 중대한》

Ⓐ 한정용법

many **important** issues 많은 중요한 쟁점들

a very **important** person 중요인물 〈약: VIP〉

Ⓑ 서술용법

The matter is **important** to us. 〈주격 보어〉 그 문제는 우리에게 중요하다.

We consider this (to be) very **important.** 〈목적격 보어〉

우리는 이것을 매우 중요하다고 여기고 있다.

(B) 한정용법일 때와 서술용법일 때 다른 뜻으로 쓰이는 경우

A) present

Ⓐ 한정용법《현재의》

the **present** Cabinet 현(現)내각　the **present** tense 현재시제

at the **present** day [time] 오늘날에는

Ⓑ 서술용법《참석한》

I was **present** at the meeting. 〈주격 보어〉 나는 그 모임에 참석했다.

be **present** to the mind. 〈주격 보어〉 마음에 두고 있다; 잊지 않고 있다.

B) certain

Ⓐ 한정용법《어떤》

a **certain** Mr. Kim 김 씨라는 분　a **certain** gentleman 어떤 신사

at a **certain** place 일정한 곳에(서)　on a **certain** day 어떤 정해진 날에

I felt a certain anxiety. 나는 어딘지 모르게 불안을 느꼈다.

Ⓑ 서술용법《확실한》

I am **certain** of his honesty. [= I am **certain** (that) he is honest.]〈주격 보어〉

나는 그의 성실함을 확신하고 있다.
I am not **certain** whether it will succeed. **〈주격 보어〉**
나는 그 일이 성공할 것인지에 대하여는 확신이 없다.
The report is **certain**. **〈주격 보어〉** 그 보고는 확실하다.

C) ill

Ⓐ 한정용법 《나쁜, 부덕한》
an **ill** deed 못된 짓 an ill tongue 독설 / ill health 건강치 못함
ill manners 예의가 없음 ill management 서투른 관리
Ill weeds grow apace. (= **Ill** weeds are sure to thrive.)
잡초는 빨리 자란다. (미움받는 자가 오히려 활개 친다.)
It's an **ill** wind that blows nobody (any) good.
아무에게도 득이 되지 않게 부는 바람은 정말 고약한 바람이다. [갑의 손해는 을의 득]
Ⓑ 서술용법 《아픈, 건강(기분)이 나쁜》
He is **ill** with heart disease. 〈주격 보어〉 그는 심장이 나쁘다.
She is **ill** in bed. **〈주격 보어〉** 그녀는 병으로 누워 있다.
The sight made me **ill**. **〈목적격 보어〉** 그 광경을 보고 나는 기분이 나빠졌다.

D) late

Ⓐ 한정용법 《죽은, 이전의》
the **late** king 선왕(先王) the **late** prime minister 전 수상
my **late** mother 나의 돌아가신 어머니 his **late** office 그의 전(前) 사무실
Ⓑ 서술용법 《늦는, 늦어지는》
Spring is **late** (in) coming. **〈주격 보어〉** 봄이 오는 것이 늦다.
It is never too **late** to mend. **〈주격 보어〉** 잘못을 고치는 데 늦다는 법은 없다.
The train is ten minutes **late**. **〈주격 보어〉** 열차는 10분 늦어지고 있다.
She was **late** for the train. 그녀는 늦어 기차를 못 탔다.

E) worried

Ⓐ 한정용법 《(표정) 걱정스러운, 당황하는, 난처해 하는》
a **worried** look 걱정[근심, 당황]스러운 표정 (얼굴)
He wore a **worried** look. 그는 난처한 표정을 지었다.
Ⓑ 서술용법 《걱정하는(걱정하고 있는), 궁금해하는(궁금해 하고 있는)》
She is **worried** over the future. **〈주격 보어〉** 그녀는 미래를 걱정하고 있다.
He is **worried** about the result of the examination. **〈주격 보어〉**
그는 그 시험의 결과를 궁금해한다.

(2) 형용사의 한정용법 (attributive use)

형용사가 명사의 앞이나 뒤에서 직접 수식하는 쓰임을 말한다.

1) 한정용법으로만 쓰이는 형용사

① en으로 끝나는 형용사

ex) drunken, olden, sunken, golden, leaden, silken, wooden, woolen, etc.

a golden boy [girl] 인기 있는 남자 [여자]　　golden remedy 묘약

a golden saying 금언　　in (the) olden days 옛날엔 (= in olden times)

a leaden sky 납빛으로 흐린 하늘　　silken skin 비단결 같은 피부

sunken cheeks 홀쭉한 볼　　sunken rocks 암초

woolen cloth 모직, 옷감　　a wooden stare [expression] 멍한 눈매 [표정]

Squat grey buildings peer at us through drizzle falling half-heartedly from a **leaden sky.**

웅크린 회색 빌딩들이 납빛 하늘에서 추적추적 내리는 빗속에서 우리를 응시하고 있다.

② 비교급.최상급 형태의 형용사

ex) elder, former, latter, inner, outer, utter, utmost, upper, etc.

an [one's] elder brother [sister] 형 [누나]　　an elder officer 상관

a former minister 전직 장관　　one's former self 본디 [건강했을 때]의 자기

an inner pocket 안주머니　　one's inner thoughts 마음속의 생각

the latter half 후반부　　the latter end [10 days] of May 4월 하순

the upper story 위층　　the upper lip 윗입술

the upper currents of air 상층 기류　　the upper Nile 나일강의 상류

the outer world 외부세계 (바깥세상)　　outer garments 겉옷, 외투

utter darkness 칠흑 같은 어둠　　an utter fool 진짜 바보

an utter stranger 생판 모르는 사람　　an utter refusal 단호한 거절

in the utmost danger 극도로 위험한 상태에

to the utmost ends of the earth 지구의 끝까지

with the utmost pleasure 더없이 기뻐하며

Within each state the necessary psychological atmosphere would be kept up by complete severance from **the outer world**, and by a continuous phony war against rival states.

각 국가 내에서 필연의 심리적 분위기(번한 속셈)는 외부세계로부터의 완벽한 단절과 적대 국가들에 대한 끊임없는 모의전쟁을 지속해나가는 것일 것이다.

③ 최고, 전체, 강조의 의미를 갖는 형용사

ex) chief, lone, mere, only, sheer, solo, total, very, etc.

the chief difficulty 주된 난점

the chief element of success 성공의 주요 요인

a lone traveler 외로운 나그네　　a lone mother 홀어머니

the main force 〈군사〉 주력　　the main point 요점　　the main sea 대해(大海)

for the main part 대체로　　by main force [strength] 전력을 다해

a mere child 아주 어린 아이　　mere nothing 아무것도 아닌 것

my only friend 나의 유일한 친구　　the only master 최고의 대가

a sheer waste of time 순전한 시간 낭비

sheer nonsense [folly] 정말 어처구니없는 [어리석은] 것

a solo flight 단독비행　　a solo driver 차를 혼자 타고 다니는 사람

a total reform 전면적인 개정　　a total war 총력전

this very day 바로 오늘　　the very thing 안성맞춤인 것, 꼭 적합한 것 (for)

Germany was not on **a total war** footing until just prior to the invasion of Russia in 1941.　　독일은 1941년 러시아 침략 직전까지는 총력전 체제가 아니었다.

④ 기타 (시간·위치·방위 등의 의미를 갖는 형용사)

ex) daily, eastern, western, southern, northern, left, right, etc.

a daily newspaper 일간 신문 | Eastern Europe 동유럽

Eastern ideas 동양사상 | Western civilization 서양문명

the Western nations 서방국가들 | the western sky 서쪽하늘

a southern aspect 남향 cf.) the South Pole; the Antarctic (Pole) 남극

Northern Africa 북아프리카

the northern district [part] 북쪽지역 [북녘, 북부] cf.) the North Pole 북극

on [at] the left hand of ~: ~의 왼편에

the right answer 옳은 답 [정답] | a right line 직선

a right triangle 직각삼각형

All (is) quiet on the Western Front

서부 전선에 이상 없다 – 독일작가 레마르크 (Erich Maria Remarque)의 소설 명 –

The western sky was beautifully colored by the glow of the setting sun.

서쪽 하늘이 석양빛으로 아름답게 물들여졌다.

■ 덧붙임

1. certain, complete, pure는 보통은 한정용법에 쓰나 그 내재적 성질을 나타낼 때는 서술용법에 쓴다.

(1) 한정용법

a certain fact 틀림없는 사실 a complete fool 철저한 바보 pure water 맑은 물

(2) 서술용법

I am certain of success. 나는 성공을 확신한다.

Our object was complete. 우리의 목적이 달성되었다.

She is pure. 그녀는 순결하다.

2. elder, live는 한정용법으로만 쓰이나 old, alive는 한정, 서술용법에 모두 쓰인다.

old man **〈한정적 용법〉** 나이 먹은 사람 grow **old. 〈서술적 용법〉** 나이를 먹다.

This is a **alive** fish. **〈한정용법〉** 이것은 살아있는 물고기이다.

The fish is **alive. 〈서술용법〉** 이 물고기는 살아있다.

3. lone (lonely의 시적인 말)은 한정용법으로만 쓰이고, alone은 한정·서술용법에 모두 쓰인다.

a **lone** house 〈한정용법〉 외딴집

He was **alone**. 〈서술용법〉 그는 외톨이였다.

4. drunken은 한정용법에만 쓰이고, drunk는 서술용법에만 쓰인다.

He is a **drunken** man. 〈한정용법〉 그는 만취한 사람이다.

He is **drunk**. 〈서술용법〉 그는 술에 취했다.

5. broken은 한정용법으로만 쓰이고, broke는 서술용법으로만 쓰인다.

a **broken** promise 〈한정용법〉 깨어진 약속

He is flat **broke**. 〈서술용법〉 그는 완전 파산이다.

■ 참고– 형용사 very의 용법

1. the, this, that이나 소유격 인칭대명사와 함께 강조를 나타내어 《바로 그; 다름 아닌 그; 정말로 그》

at that very moment 바로 그 순간 on that very day 바로 그날(에)

He is **the very man** for the job. 그는 이 일에 아주 적격인 인물이다.

It happened **under my very eyes**. 그 일은 바로 내 눈앞에서 일어났다.

This is the **very** thing for our purpose. 이것이야말로 우리가 원하던 바로 그것이다.

2. 'the, 소유격 + very'의 형태로 《~조차, ~까지도(even); ~만 하여도(= mere)》

The very stones would cry out. (나쁜 짓이 너무 심하므로) 돌들(산천)조차도 소리 지르리라.

The very thought of the terrible accident makes me tremble.

나는 그 끔찍한 사고를 생각만 해도 몸서리가 쳐진다.

Your **very** presence will be enough. 당신이 계셔 준다는 것만으로도 충분합니다.

3. 'the very'의 형태로 《극한의, 정말의, 맨 ~》

at **the very** beginning of his speech 그의 연설의 맨 첫마디에

at **the very** end of the book 그 책의 맨 마지막에

the **very heart** of the matter 문제의 진짜 핵심

4. (글말체) 참다운, 진짜의; 가히 ~이라 할 수 있는; 그저 ~의 일심으로; 전적인

▸ 이 뜻으로는 종종 비교급·최상급을 쓰기도 한다.

a very fool [knave] 진짜 바보 [악당]   the very joy of living 산다는 것이 그저 기쁠 뿐

for very pity's sake 제발 (부탁드립니다.)

steal from **very hunger** 단지 배가 고파서 남의 물건을 훔치다.

The veriest rascal would not do such a thing. 아무리 악한이라도 그런 짓은 하지 않으리라.

She wept for **the very joy**. 그녀는 그저 기쁜 나머지 울었다.

I could not stay there for **very shame**. 나는 정말이지 부끄러워서 거기 있을 수가 없었다.

5. 현실의, 현행의 (actual)

He was caught in the **very** act of stealing. 그는 절도 현장에서 체포되었다.

6. 명사인 many, few, little 따위를 수식하여 《아주, 매우, 퍽》

a **very** little 지극히 조금

Very many gathered there. 아주 많은 사람이 그곳에 모였다.

7. 기타 (관용어구)

in **very** deed 틀림없이, 확실히   **very** truth 정말로, 참으로, 실제로

The **very** idea! **〈입말〉 〈놀람·실망〉** 그런 생각이야!/ 설마!/ 너무하군! / 지독하군!

거, 뭔 소리 하는 거야! (말이 되는 소리를 해라.)

2) 앞에서 꾸밈 (전위수식, premodification)

명사를 앞에서 꾸며 주는 경우를 말한다.

① 명사를 강조, 제한하는 경우

a **certain** person (= a particular person) 어떤 사람

a **worried** look 근심스러운 표정   a **lovely** girl 사랑스런 [예쁜] 소녀

a **mere** child 아직 어린아이 [아직은 아이에 불과한]   a **rare** occurrence 보기 드문 일

a **thorough** reform [investigation] 철저한 개혁 [수사]

an **only** child 무녀독남의 외아들

On the **rare** occasions when they met he hardly even dared speak to her.

어쩌다 그들이 만났을 때도 그는 그녀에게 감히 말도 건네지 못했다.

A **thorough** reform was needed, although it was always thought that that would be difficult and controversial.

비록 그것이 언제나 어렵고 또한 논란의 여지가 있을 수 있다 하였을지라도 철저한 개혁이 필요했다.

② 부사적 의미의 형용사

an **occasional** visitor 이따금 찾아오는 사람

fine except for **occasional** rain 맑고 때때로 비

an **occasional** hand 임시 사무원, 임시공

occasional decrees 임시(특별) 법령

a **hard** worker 근면한 사람

a **hard** look 집어삼킬 듯한 표정; 자세한 검토

hard dealing 학대

a **hard** saying 이해하기 어려운 말, 너무 심한 말

We need to take a long **hard look** at all the options.

모든 선택 사항들에 대해 면밀히 검토해 볼 필요가 있다.

③ 명사에서 온 형용사

a **criminal** case [action] 형사 사건 [소송]

a **criminal** operation 낙태죄

a **medical** school [college] 의과대학

medical fertilization 인공수정

a **musical** instrument 악기

a **musical** performance 연주

a **presidential** candidate 대통령 후보자

a **presidential** personal envoy 대통령의 특사

a **rural** community 농촌

rural scenery; a **rural** scene 시골의 풍경

News reporters ask questions to **presidential candidates** on behalf of the people.

뉴스기자들은 국민을 대신해서 대통령후보자들에게 질문한다.

Villages have changed since he painted his idyllic **rural** scenes, they are just another urban area which generates pollution.

그가 목가적인 시골 풍경들을 그린 이후로 마을들은 변해버렸다. 이제 그 마을들은 오염을 배출하

는 또 하나의 도시지역일 뿐이다.

④ 재료, 위치, 관계 등을 표시하는 형용사는 반드시 전위수식을 한다.

earthen ware 토기 **wooden** leg 나무 의족 **the former** instance 선례

a former minister 전직 장관 **the latter** half 후반부

a **southern** aspect 남향 **the northern** district [part] 북쪽 지역 [북녘, 북부]

my **right** hand 내 오른손 your **left** hand 너의 왼손

the upper classes 상류 계급 (사람들)

the lower classes 하층계급 [사회], 노동자계급

his **elder** sister 그의 누나 her **younger** brother 그녀의 남동생

The administration has pledged to maintain its expansionary policy in **the latter half** of the year to cope with lingering economic uncertainties at home and abroad.

정부는 국내외에서 계속되는 경제 불안정에 대처하기 위해 현재의 통화팽창정책을 올 **하반기**까지 유지하겠다고 약속했다.

Korea was annexed by Japan a century ago due mainly to the corruption of **the upper classes.**

한국은 **상류층**의 부패가 주원인이 되어 1세기 전에 일본에 의해 병합되었다.

■ 참고

1. 한정 형용사의 일반적 어순

(1) 전치한정사 (all, both, half 등)

(2) 관사 및 일반 한정사 (a, an, the, some, any, no, such, this, that, my …)

(3) 서수 (first, second, …) ▶ 기수 (one, two, …)

We spent the first three weeks of March in the country.

우리는 3월의 앞의 3주를 시골에서 보냈다.

4) 대·소 (small, big) ▶ 형태 (beautiful, ugly) ▶ 성질 (honest)을 나타내는 형용사

a tall thin woman 키 크고 마른 여자

a small cute cheerful girl 작고 귀엽고 발랄한 소녀

a long narrow street 길고 폭이 좁은 거리 a large round table 크고 둥근 탁자

(5) 신·구(young, old) ▶ 색깔(white, black) ▶ 소속, 원산지(school, Korean) ▶ 재료 (wooden, golden)를 나타내는 형용사

a new white silk dress 새로 산 하얀 비단 드레스

She is wearing black Italian leather boots. 그녀는 검정 이탈리아제 가죽구두를 신고 있었다.

I bought these three large nice new blue woolen clothes.

나는 이들 세 벌의 크고 멋지고 새로운 푸른색 양모의 옷을 샀다.

※ ㉮ (1), (2), (3)의 순서는 고정적이나, (4)와 (5) 사이의 순서나 그 내부적 순서가 절대적인 것은 아니다.

㉯ 다른 서열의 여러 형용사가 나열될 때는 그 형용사 사이에 콤마 (,)나 and를 넣어줄 필요가 없으나, 동일한 형용사를 반복하거나 같은 서열의 형용사를 나열할 경우에는 콤마나 and를 넣어주어야 한다.

a small cute cheerful girl 작고 귀엽고 발랄한 소녀

a beautiful, beautiful girl 예쁘고도 예쁜 소녀

a beautiful, charming girl; a beautiful and charming girl 예쁘고 매력적인 소녀

㉰ 서술적용법으로 형용사를 나열할 경우에는 그사이에 반드시 and를 넣어야 한다. 그리고 그 나열의 순서에 있어서도 비교적 자유롭다.

She is pretty and young. 그녀는 예쁘고 젊다.

She is young and pretty. 그녀는 젊고 예쁘기도 하다.

2. so, as, too, how, however 등과 같은 부사의 수식을 받는 형용사는 관사 앞에 나온다. [so, as, too, how, however + 형용사 + 관사 + 명사]

He is **as good a** student as I have ever met. 그는 내가 지금껏 만나 본 어느 학생보다도 뛰어나다.

He is not **so clever a** boy as his brother. 그는 그의 형만큼은 총명하지 못하다.

How fierce a dog it is! 대단히 사나운 개로군!

3. quite, rather의 경우에 있어 부정관사는 그 앞뒤에 모두 사용될 수 있다.

He played **quite a good** game. (o) 그는 대단히 훌륭한 경기를 펼쳤다.

He played **a quite good** game. (o)

That is **rather a valuable** picture. (o) 그것은 꽤 값비싼 그림이다.

That is **a rather valuable** picture. (o)

4. enough는 일반적으로 명사 앞에 오나, 뒤에 와도 의미상 차이가 없다. 특히 명사가 형용사적으로 쓰인 경우에는 (무관사) 명사 뒤에 온다.

We haven't **enough time**. (o) / We haven't **time enough**. (o) 시간이 충분치 않다.

I am fool **enough** to love her! (fool = foolish) 그녀를 사랑하다니, 내가 얼마나 바보인가.
※ enough가 부사로 쓰일 경우에는 형용사 뒤에 위치한다.
Are you warm **enough**? 그리 춥지는 않나요?
The house is large **enough** for all of us. 그 집은 우리 모두가 살기에 충분하리만큼 크다.
It is good **enough** for me. 저에게는 그만하면 됐습니다.
Be good **enough** to do so. 제발 그렇게 해 주시오.
Your argument does not go far **enough**. 너의 주장은 그리 철저하지 못하다.

3) 뒤에서 꾸밈 (후위 수식, post modification)

명사를 뒤에서 꾸며 주는 경우를 말한다.

① 척도를 나타내는 형용사

ex) deep, high, long, old, thick, wide, etc.

a building ten-stories **high** 10층짜리 건물

a river two hundred miles **long** 2천 마일의 강

ice three inches **thick** 3인치 두께의 얼음

a window three feet **wide** 3피트 너비의 창문

It is ten feet high. 그것의 높이는 10피트이다.

The garage is 2 meters **long** and 6 meters **wide**.

그 차고는 높이가 2m에 폭이 6m다.

② 2개 이상의 형용사가 대구적으로 쓰여 명사를 수식할 때

The singer is popular with people **young and old**.

그 가수는 남녀노소 모든 이들에게 인기가 있다.

He had a face **thin and worn**, but **eager and resolute**.

그의 얼굴은 야위고 초췌했으나 무언가를 열망하는 결연한 모습이었다.

③ **전치사구가 뒤에 올 때**

I have a English book **useful** for beginners.

나는 초보자에게 유용한 영어책을 가지고 있다.

She had a basket **full** of fruit. 그녀는 과일이 가득 담긴 바구니를 갖고 있었다.

④ **「some, any, no, every + -body, -one, -thing, -where」 등으로 이루어진 단어를 수식할 경우**

I'll tell you something **very important.** 내가 아주 중요한 것을 네게 말해 주겠다.

Please give me something **hot.** 따뜻한 것 좀 주세요.

I saw somebody **strange** here. 나는 여기서 낯선 사람들을 보았다.

I have nothing **particular** to say. 난 특별히 할 말이 없다.

I'll do everything **possible** to help you.

너를 도울 수 있는 가능한 일이라면 무엇이든 할게.

Let's go anywhere **quiet.** 어디(에라도) 조용한 곳으로 갑시다.

⑤ **-able, -ible로 끝나는 형용사가 「최상급, all, every + 명사」를 수식하는 경우**

▶ **〈미〉 입말체에서는 전위수식으로도 많이 쓴다.**

It was our best plan **imaginable.** 그것은 우리가 생각할 수 있는 최상의 방안이었다.

= **〈미, 입말체〉** It was our best **imaginable** plan.

This is the best method **conceivable.** 이것이 (생각) 가능한 가장 좋은 방법이다.

I had the worst day **imaginable.** 나는 상상할 수 없을 정도의 최악의 하루를 보냈다.

They had three children in the shortest time **possible.**

그들은 가능한 최단의 시간에 아이 셋을 가졌다(낳았다).

> ▷ **-able, -ible로 끝나는 한정 형용사는 명사의 앞뒤에 다 쓸 수 있다.**
>
> I'd like to speak to a **responsible** person. (o) 저는 책임자와 얘기하고자 합니다.
>
> I'd like to speak to a person **responsible.** (o) 〃

⑥ **those, all, one을 수식할 경우**

Those **present** were surprised at the news. 참석한 사람들은 그 소식에 깜짝 놀랐다.

What you say is all **fine.** 네가 말한 것은 대단히 좋다. (네 말은 대단히 옳다.)

He lay on the bed like one **dead.** 그는 죽은 사람처럼 침대에 누워 있었다.

⑦ **부사나 전치사에서 온 형용사의 경우**

He will move to the village **beyond.** 그는 건넛마을로 이사할 것이다.

The boy **there** is my brother. 저기 있는 소년은 제 동생입니다.

⑧ **라틴어·프랑스어의 어순에 따른 경우**

God **Almighty** 전능한 신 the President **elect** 대통령 당선인

an heir **male** 남계(男系) 상속인 the heir **apparent** 법정추정상속인, 명백한 후계자

Attorney **general** 법무장관, 검찰총장 a governor **general** 총독, 총통

time **immemorial** 태곳적, 먼 옛날 times **innumerable** 몇 번이고

a poet **laureate** 계관시인 (a) court **martial** 군사법원 Asia **Minor** 소아시아

(the) body **politic** 정치 단체, 정치적 통일체, 국가 England **proper** 영국 본토

literature **proper** 순수문학 a notary **public** 〈미〉 공증인(公證人)

the sum **total** 총액, 총합, 총화

The king's brother is heir presumptive to the throne until **the heir apparent** is born. 왕의 아우는 왕위의 명백한 계승자 (왕세자)가 태어날 때까지는 추정 계승자다.

The sum total of those differences over time add up to a heck of a lot of evolution 시간이 지나면서 그 변화들의 총화가 결국 수많은 진화를 이룬다.

⑨ **a로 시작하는 일부의 서술 형용사가 한정용법으로 쓰일 경우**

▶ **이들 서술 형용사는 단독으로 후위 수식을 하거나 수식어 (특히 부사) 동반하여 전위수식을 할 수 있다.**

the building **ablaze** 불타는 건물 the door **ajar** 살짝 열려있는 문

animals **alive** 살아있는 동물　　　a somewhat **afraid** soldier 다소 두려워하는 군인

a very **ashamed** girl 매우 수줍음이 많은 소녀

He left the door **ajar** in case I needed him.

그는 내가 그를 필요로 할 경우를 대비하여 문을 살짝 열어 두었다.

▷ alert와 aloof

The **alert** cat catches the mouse. 〈한정용법〉 민첩한 고양이가 생쥐를 잡는다.

She was very **alert** in answering. 〈서술용법〉

그녀의 대답은 재빨랐다. (그녀는 재빠르게 대답했다.)

Her **aloof** manner gained her few friends. 〈한정용법〉

그녀는 쌀쌀한 태도로 인해 친구가 거의 없었다.

He stood **aloof** from their arguments. 〈서술용법〉

그는 그들의 논쟁에 가담하지 않고 있었다.

⑩ 형용사절의 who is나 which is가 생략된 경우

a lovely daughter (who is) called Chun-hyang 춘향이라 불리는 어여쁜 딸

a girl (who is) seventeen years old 17세의 소녀

a book (which is) written in English 영어로 쓰인 [된] 책

▷ 전위수식, 후위 수식에 따라 그 의미가 달라지는 형용사

the members present 참석한 회원	the present member 현 회원
the issue involved 관련된 문제들	an involved pattern 복잡한 양식 [무늬]
the authority concerned 관계 당국	a concerned look 근심스런 표정
the solution adopted 채택된 해결책	an adopted son 양자(養子)
jobs wanted 구직	wanted persons 지명수배자들

the stars visible 일정 시간(계절)에만 볼 수 있는 별

the visible stars 항상 볼 수 있는 별

In order to pass the bill, the Council needs a majority of more than two thirds of **the members present**.

그 법안의 통과를 위해서는 출석의원 2/3 이상의 득표가 있어야 한다.

(3) 형용사의 서술용법 (predicative use)

형용사의 서술용법이란 형용사가 주어, 목적어에 대한 보어로서 명사 (주어, 목적어)를 수식하는 쓰임을 말한다. 즉, 형용사가 주격 보어나 목적격 보어로 쓰이는 경우를 형용사의 서술용법이라 한다. 간접수식용법이라고도 한다.

1) 서술용법에 쓰이는 형용사

① a로 시작하는 형용사

ex) adrift, afire, afloat, afraid, alike, alive, alone, ashamed, askew, aslant, asleep, aslope, astray, averse, awake, aware, etc.

She was **afire** about his rudeness. **〈주격 보어〉** 그녀는 그의 무례함에 크게 흥분했다.

She is closely **akin** to him. **〈주격 보어〉** 그녀는 그의 가까운 친척이다.

The fish is yet **alive**. **〈주격 보어〉** 그 물고기는 아직 살아있다.

I am **averse** to strenuous exercise. **〈주격 보어〉** 나는 격렬한 운동을 싫어한다.

She set her diary **afire**. **〈목적격 보어〉** 그녀는 일기장을 불태웠다.

It was him who set the rumor **afloat**. **〈목적격 보어〉** 그 소문을 퍼뜨린 사람은 그였다.

They catch animals **alive**. **〈목적격 보어〉** 그들은 동물들을 산 채로 잡는다.

The noise kept me **awake**. **〈목적격 보어〉** 그 소음 때문에 나는 잠을 자지 못했다.

② 일시적 상태를 나타내는 형용사(다음과 같은 형용사가 일시적 건강상태를 나타내는 경우)

ex) ill, healthy, pale, well, unwell, ready, etc.

She is **ill**. (o) → the ill lady. (x)

He looks **healthy**. 그는 건강해 보인다.

※ a **healthy** mind (o) **건전한 정신** a **healthy** body (o) **건강한 신체**

He looks **well** [unwell]. 그는 건강이[안색이] 좋아 [안 좋아] 보인다.

The man is **ready** to go there. 그 사람은 그곳에 갈 준비가 되어있다.

※ the ready man. (x)

③ 보충어를 취하는 형용사

▶ 서술 형용사는 그 불완전한 뜻을 보충하기 위해 그 뒤에 전치사구, 부정사구, 절을 수반하는 경우가 많다. 이때의 전치사구, 부정사구, 절을 보통 서술 형용사의 보충어 (또는 보어)라고 부른다.
☞ 자세한 것은 뒤에 '3. 형용사의 보충어' 참조

ex) able, afraid, alarmed, amazed, angry, apt, aware, capable, careful, comfortable, certain, conscious, difficult, effective, eligible, embarrassed, eager, easy, essential, excited, foolish, glad, impossible, important, inclined, likely, lucky, ready, sure, worthy, etc.

I am **certain** of his honesty. 나는 그의 성실함을 확신하고 있다.

She is **able** to speak five languages. 그녀는 5개 국어를 할 수 있다.

He was **confident** that she would succeed.
그는 그녀가 성공할 것이라고 확신하고 있었다.

▷ 형용사 like, near, opposite, past, unlike, worth 등은 동명사나 명사를 직접 그 보충어로 취하여 전치사처럼 쓰이기도 하는데, 이때의 동명사나 명사를 이들 형용사의 목적어라고 부르기도 한다.

He looks **like** winning. 그는 이길 것 같다.
He came **near** being run over by a car. 그는 하마터면 자동차에 치일 뻔했다.
She seemed **near** tears. 그녀는 금방 울 것만 같았다.
My anger was **past** bearing. 나는 울화통이 터지고 말았다.
My house stands **opposite** the post office. 나의 집은 우체국 맞은편에 있다.
He is **past** hope. 그는 (회복할) 가망이 없다.
I am **past** belief [comprehension]. 나는 믿을 [이해할] 수 없다.
Her picture is quite **unlike** her. 그녀의 사진은 실물과 너무 다르다.
Whatever is **worth** doing at all is **worth** doing well.
할 만한 가치가 있는 일이라면 훌륭하게 할 만한 가치가 있다. (이왕 하려면 잘해라.)

2) 서술 형용사가 만드는 특별한 문장형식

사실판단, 논리판단, 감정판단 등을 나타내는 서술 형용사는 특정 사실 (절이나 to 부정사로 표현됨)을 표현할 경우 5개의 문장형식 외의 특별한 문장형식을 만든다. 즉, 어떠한 사실을 나타내는 절이나 to 부정사를 서술 형용사의 주어나 보충어로 하고자 할 경우에 나타나는 문장형태로서 다음과 같은 형식이 쓰인다.

■ 서술 형용사가 만드는 문장형식 예

A. It be + 서술 형용사 + that + s + v

특정 사실을 나타내는 절을 주어로 하는 경우로 긴 주어 (진주어)를 뒤로 돌리고 가주어 it을 쓰는 문장형식이다.

B. S + be + 서술 형용사 + (for 목적어) to 부정사

A의 형식에서 that절의 주어를 강조하여 나타낼 경우로 that절의 주어를 전체주어로 내세우고 to 부정사를 서술 형용사의 보충어로 하는 문장형식이다.

C. It be + 서술 형용사 + (for 목적어 또는 of 목적어) to 부정사

특정 사실을 나타내는 to 부정사구를 주어로 하는 경우로 to 부정사구인 주어(진주어)를 뒤로 돌리고 가주어 it을 쓰는 문장형식이다.

① 사실판단을 나타내는 형용사

▶ 특정 사실에 대한 사실판단을 나타내는 다음과 같은 서술 형용사는 A 형식만이 사용된다.

ex) apparent, clear, evident, false, impossible(사실적 불가능), obvious, plain, possible(사실적 가능), true, untrue, well-known, etc.

It is true that he worked hard. 그가 열심히 일했다는 것은 사실이다.

⇒ It is true for him to have worked hard. (x)

He is true to have worked hard. (x)

It is apparent to all that he is guilty. 그가 유죄라는 것은 누가 보아도 명백하다.

It is clear that he put a lot of effort into this work.

이 작품에는 그가 고심한 흔적이 역력하다.

It is false that A and B are both true. A와 B가 둘 다 참이라는 것은 거짓이다.

It is hardly possible that you do not know about it.

네가 그것에 대해 모를 리가 만무하다.

Is it true that you're retiring soon? 곧 은퇴하신다는 게 사실이세요?

② 화자의 확신을 나타내는 형용사

▶ **특정 사실에 대한 화자의 확신(確信)을 나타내는 서술 형용사는 A나 B의 형식이 사용된다.**

ex) **certain, likely, sure, unlikely, etc.**

※ certain, sure는 화자 (I)를 주어로 하고 that절을 서술 형용사의 보충어로 하는 구문으로 나타낼 수도 있다.

It is certain that he is honest. 〈가주어 it을 주어로 하고 진주어인 that절을 뒤로 돌린 구문〉

그가 정직하다는 것은 확실하다.

⇒ He is certain to be honest. 〈that절의 주어를 전체주어로 하는 구문〉

I am certain (that) he is honest. 〈화자(I)를 주어, that절을 서술 형용사의 보충어로 하는 구문〉

It is likely that she will come. 그녀는 올 것 같다.

(= She is likely to come. / I think that she will come.)

It is sure that she will come. 그녀가 올 것이 분명하다.

(= She is sure to come. / I am sure that she will come.)

▷ **화자 (I)의 확신이 아니라 주어의 확신은 「S + be sure [certain] of ~」로 나타낸다.**
He is sure of getting it. 그는 그가 그것을 해내리라는 것을 확신한다.
I am certain of his honesty. 나는 그가 성실하다는 것을 확신한다.
(= I am certain (that) he is honest.)

③ 감정 형용사 I (감정상태, 의지·소망)

▶ **특정 사실에 대한 사람의 감정상태, 의지·소망을 나타내는 다음과 같은 형용사들은 B 형식이나 「S (사람) + be + 서술 형용사 + that절」의 형식이 사용된다.**

ex) **afraid, amazed, angry, annoyed, anxious, astonished, bored, desirous, determined, disappointed, eager, embarrassed, forgiving, frightened, furious, glad, grateful, happy, horrified, hopeful, lucky, keen, inclined, impatient, pleased, proud, regretful, relieved, sad, shocked, sorry, sure, surprised, terrified, thankful, thrilled, upset, willing, unwilling, etc.**

We are anxious for them to return home safe(ly).

우리는 그들이 무사히 집으로 돌아오기를 진심으로 바라고 있다.

[= We are anxious that they will return home safe(ly).]

He is desirous to know the truth about the affair.

그는 그 사건의 진상을 알고 싶어 한다.

(= He is desirous that he knows about the affair.)

I am embarrassed to ask a further favor. 내가 더 부탁하기가 멋쩍다.

(= I am embarrassed that I ask a further favor.)

You are fortunate to have such good friends.

그런 좋은 친구들을 가졌다니 너는 복이 많구나.

(= You are fortunate that you have such good friends.)

You are fortunate in having such good friends.

※ fortunate는 A의 형식도 가능하다.

It is fortunate that you have such good friends. (o)

You were lucky to met him then. 그때 그를 만났다니 너는 운이 좋았다.

(= You were lucky that you met him then.)

※ lucky는 A의 형식도 가능하다.

It's lucky that you met him then. (o)

④ 감정 형용사 II (주로 현재분사 형태의 감정판단을 나타내는 서술 형용사)

특정 사실에 대한 감정적 판단을 나타내는 다음과 같은 형용사는 생물.사람을 주어로 하지 못하고 A나 C [**It be + 서술 형용사 + (for 목적어) + to 부정사]의 형식**이 사용된다. A 형식을 쓸 경우에 그 that절에 가정법 현재 동사[(should) + 동사원형]를 사용하기도 한다.

ex) absurd, alarming, amazing, annoying, astonishing, astounding, boring, curious, delightful, depressing, disappointing, dreadful, embarrassing, exciting, frightening, interesting, irritating, odd, perplexing, pleasing, regrettable, ridiculous, shocking,

strange, surprising, terrifying, thrilling, wonderful, etc.

It's absurd that we (should) have to do so quickly.

그렇게 빨리 해야 한다니 어처구니가 없다.

(= It's absurd for us to have to do so quickly.)

It's irritating that they (should) waste so much time.

그들이 그렇게 많은 시간을 허비하는 것을 보니 짜증이 난다.

(= It's irritating to see them waste so much time.)

It is regrettable that he should have failed in the exam.

그가 그 시험에 떨어지다니 유감이다.

(= It is regrettable for him to have failed in the exam.)

※ He is regrettable to have failed in the exam. (x)

It is hardly surprising (that) he failed the exam.

그가 시험에 떨어진 것은 그리 놀라운 일이 아니다.

(= It is hardly surprising for him to have failed the exam.)

※ He is hardly surprising to have failed the exam. (x)

It's odd for her to remain single. 그녀가 독신으로 살고 있다니 이상하다.

(= It's odd that she (should) remain single.)

It was wonderful for us to see each other.

우리가 서로 만날 수 있었던 것은 놀라운 일이었다.

(= It was wonderful that we could see each other.)

It is embarrassing to have a friend point out my mistake.

친구에게 잘못을 지적당하는 것은 곤혹스러운 일이다.

⑤ 특정 사실에 대한 이성적 가치판단을 나타내는 형용사

사리판단을 나타내는 다음과 같은 형용사들은 that절에 가정법 현재 동사(= 동사원형)를 쓰는 **A형식[It be + 서술 형용사 + that + 주어 + (should) + 동사원형]이나 C 형식[It be + 서술 형용사 +** (for 목적어) **+ to 부정사]**이 사용된다.

ex) admirable, advisable, appropriate, compulsory, crucial, desirable, essential, good, imperative, important, inadvisable, logical, natural, necessary, proper, preferable, rational, vital, right, unnecessary, well, wrong, etc.

In order to improve its balance of current account, it is essential for Korea to remove stumbling blocks to localization of capital goods.

경상수지 개선을 위하여 한국은 자본재 국산화에 대한 장애물들을 제거하는 것이 필수적이다.

[= In order to improve its balance of current account, it is essential that Korea (should) remove stumbling blocks to localization of capital goods.]

It is necessary that he (should) come tomorrow. 그가 내일 반드시 와야만 한다.

(= It is necessary for him to come tomorrow.)

※ He is necessary to come tomorrow. (x)

It is very important that students (should) read good books.

학생이 좋은 책을 읽는 것은 매우 중요하다.

(= It is very important for students to read good books.)

It is natural that he (should) be indignant. 그가 분개하는 것도 당연하다.

(= It is natural for him to be indignant.)

It is preferable that you (should) go alone. 너 혼자 가는 편이 나을 거다.

(= It is preferable for you to go alone.)

It is quite proper that a student (should) ask questions of his teacher.

학생이 선생에게 질문하는 것은 너무도 당연하다.

(= It is quite proper for a student to ask questions of his teacher.)

It's not right that they should be treated in that manner.

그들이 그런 식으로 대우받는 것은 부당하다.

(= It's not right for them to be treated in that manner.)

It is vital that you (should) finish the work on time.

당신이 그 일을 제시간에 끝내는 것이 아주 중요합니다.

(= It is vital for you to finish the work on time.)

⑥난·이(難易)의 판단, 논리적 판단을 나타내는 형용사

특정 사실에 대한 난이(難易)의 판단이나 어떤 일의 실현 가능성에 대한 논리적 판단을 나타내는 다음과 같은 형용사들은 **C형식[It be + 서술 형용사 +** (for 목적어) **to 부정사]**만이 사용된다. 이들 서술 형용사는 to 부정사의 의미상의 주어를 문의 주어로 하는 문장으로 바꾸지 못하나, to 부정사 자체의 목적어를 문의 주어로 하는 문장으로 바꾸는 것이 가능한 것도 있다.

ex) awkward, convenient, dangerous, difficult, easy, hard, impossible, nice(입말체), pleasant, possible, tough(입말체), unpleasant, worthwhile, etc.

It is difficult for us to master English. (o) 영어에 숙달한다는 것은 어려운 일이다.

※ difficult는 to 부정사의 의미상의 주어를 문의 주어로 하는 문장으로 바꾸지 못하나, to 부정사의 목적어를 문의 주어로 하는 문장으로 바꾸는 것은 가능하다.

We are difficult to master English. (x) **English is difficult for us to master.** (o)

It is hard to climb the mountain. 그 산은 오르기가 어렵다.

(= The mountain is hard to climb.)

It is worthwhile for you to read this book carefully.

이 책은 네가 주의 깊게 읽을 만한 가치가 있다.

(= This book is worthwhile for you to read carefully.)

It is awkward for me to do that myself. 나 자신이 그 일을 하기는 좀 무엇하다.

It is not easy to act properly on every occasion.

모든 경우에 처신을 잘하기란 쉬운 일이 아니다.

▷ **possible이나 impossible 등은 사실상의 가능성을 나타내는 경우에는 ①의 용법으로 쓰이고, 이성적 판단(논리판단) 상의 가능성을 나타내는 경우에는 ⑥의 용법으로 쓰인다. 다만, possible은 ⑥의 용법으로 사용될 시에도 to 부정사의 목적어를 문의 주어로 하는 문장으로 바꿔 쓰지 못한다.**

- It is **possible** that she is a teacher. (o)

(사실상으로 볼 때) 그녀는 선생일지도 모른다.

It is possible for her to be a teacher. (x)

- It is **possible** (for us) to persuade him. (o)

(이성적으로 판단해 볼 때) 우리가 그를 설득할 수 있을지도 모른다.

It is possible that we persuade him. (x)   He is possible for us to persuade. (x)

• It is **impossible** (for us) to persuade him. (o)

(이성적으로 판단해 볼 때) 그를 설득하는 것은 불가능해 보인다.

He is impossible (for us) to persuade. (o)

We are **impossible** to persuade him. (x)

⑦ **사람의 행동에 대한 평가를 나타내는 형용사**

특정 사실과 관련하여 사람 (주어)의 행동에 대한 평가를 나타내는 다음과 같은 서술 형용사는 **B나 C[It be +서술 형용사 +** (of 목적어) **+ to 부정사]의 형식**이 사용된다. 이들 서술 형용사는 그 보충어인 to 부정사의 의미상의 주어를 문의 주어로 하는 문장으로 바꿀 수 있다.

ex) bad, brave, careful, careless, clever, considerate, cowardly, crazy, cruel, decent, foolish, generous, good, greedy, honest, impolite, intelligent, kind, mean, natured, nice, polite, reasonable, right, rude, selfish, sensible, silly, smart, stupid, thoughtful, unkind, unwise, wicked, wise, wrong, etc.

He was brave to go into the burning building.

불타는 건물 속으로 뛰어들다니 그는 용감했다.

(= It was brave of him to go into the burning building.)

You are very considerate to advise me. 제게 충고를 해주셔서 대단히 고맙습니다.

(= It is very considerate of you to advise me.)

He was generous enough to forgive me. 그는 대단히 관대하게도 나를 용서하였다.

(= It was generous of him to forgive me.)

Sam-sun is foolish to have bought such a thing.

그런 물건을 사다니 삼순이는 어리석다.

(= It is foolish of Sam-sun to bought such a thing.)

You were unwise to accept his offer.

네가 그의 제의를 받아들인 것은 현명하지 못한 일이었다.

(= It was unwise (of you) to accept his offer.)

He was right to do so. 그가 그렇게 한 것은 잘한 일이었다.

(= It was right of him to do so.)

⑧ 능력, 의무, 경향, 반응 등을 나타내는 형용사

특정한 사실과 관련한 능력, 의무, 경향, 반응 등을 나타내는 다음과 같은 형용사는 B **형식**만이 사용된다.

ex) able, apt, bound, disposed, entitled, inclined, liable, obliged, prepared, prompt, prone, qualified, quick, ready, slow, unable, wont, etc.

If the employees are not given an opportunity to empathize with customers, the products are bound to have problems.

직원들이 고객들과 공감할 기회를 갖지 않는다면 그 상품들은 문제점들이 있지 않을 수가 없다.

She is apt [liable] to cry. 그녀는 툭하면 운다.

I'm not disposed to meet him at the moment. 나는 지금은 그를 만날 마음이 없다.

They are entitled to enjoy such a boon. 그들은 그런 혜택을 누릴 자격이 있다.

I'm prepared to take that risk. 나는 그런 위험쯤은 감수할 각오가 되어있다.

He is prone to act without thinking. 그는 생각 없이 행동하는 경향이 있다.

I'm not really qualified to comment on this matter.

전 정말로 이 문제에 논평할 자격이 없습니다.

We are ready to begin. 우리는 시작할 준비가 되어있다.

He's inclined to be lazy. 그는 게으른 편이다.

He was wont to rise early. 그는 늘 일찍 일어났다. / 그는 일찍 일어나는 습관이 있었다.

3. 서술 형용사의 보충어

(1) 의의

「be + 서술 형용사」만으로는 뜻의 전달이 불완전할 경우 서술 형용사의 뒤에 전치사구, 절, 부정사 등이 와서 서술 형용사를 보충하여 완전한 뜻의 전달을 가능하게 해주는데, 이처럼 'S + be + 서술 형용사' 구문에서 서술 형용사 뒤에 와서 특별한 형식의 문장을 만드는 전치사구, 절, 부정사구를 서술 형용사의 보충어(predicative adjective complement)라 한다.

※ 이때의 형용사의 보충어는 부사구나 부사절로 파악되기도 하지만, 'be + 서술 형용사'가 하나의 타동사구 구실을 하고 형용사의 보충어가 목적어, 즉, 명사구나 명사절로 파악되는 경우도 많다.

우리말) 그는 / 사람들 앞에서 말하는 것을 / 두려워한다. **〈타동사〉**
주어 / 목적어 / 서술어

영어) He / is / afraid / of making a speech in public. **〈전치사구〉**
S / V / C 〈서술 형용사〉 / 형용사의 보충어

He / is / afraid / to make a speech in public. **〈to 부정사〉**
S / V / C 〈서술 형용사〉 / 형용사의 보충어

He / is / afraid / that he makes a speech in public. **〈that절〉**
S / V / C 〈서술 형용사〉 / 형용사의 보충어

(2) 전치사구를 보충어로 취할 수 있는 서술 형용사

1) be + 서술 형용사 + of ~

ex) afraid, appreciative, ashamed, aware, bare, capable, careless, cautious, certain, characteristic, comprehensive, cognizant, confident, conscious, contemplative, contemptuous, convinced, creative, critical, decisive, defiant, delivered, deprived, descriptive, desirous, destitute, devoid, dull, drained, eloquent, emulous, envious, exclusive, expressive, fond, free, frugal, full, hard, ignorant, impatient, inclusive, independent, indicative, jealous, joyful, negligent, nervous, possessive, possessed, proud, productive, reflective, representative, respectful, secure, seized, short, stripped, studious, suggestive,

suspected, supportive, sure, suspicious, symbolic, typical, violative, wasteful, worthy, etc.

• be afraid of ~: ~을 두려워하다 [두려워하는 것으로 보인다], 두려워하는 것 같다.

= be afraid + to 부정사; be afraid + that절

• be appreciative of ~: ~에 대해 감사하다; ~을 인식하다.

I'm most appreciative of your generosity. 당신의 호의에 대단히 감사드립니다.

They weren't appreciative of the imminent danger.

그들은 급박한 위험을 알아차리지 못했다.

• be ashamed of ~: ~을 부끄러워하다.

• be aware of ~ (= be aware that + s + v): ~을 알고 있다.

• be bare of ~: ~이 없다; ~을 빼앗기다.

The room **is bare of** furniture. 그 방은 가구가 없어 휑하다.

The tree **was bare of** leaves. 그 나무는 잎이 졌다.

• be capable of ~ (= be able + to 부정사): ~을 할 수 있다.

He **is capable of** the work. 그는 그 일을 할 능력이 있다.

She **is** no longer **capable of** doing her job properly.

그녀는 이제 더 이상 그녀의 직무를 제대로 수행할 수 없다.

※ be incapable of ~: ~을 할 수 없다.

Most small children are **incapable of** sitting for more than five minutes.

대부분의 어린아이는 5분 이상 가만히 앉고 있지를 못한다.

• be careless of [about] ~: ~에 무관심하다; ~에 부주의하다; ~에 개의치 않다.

It was very **careless of** me. 그건 정말 저의 불찰이었습니다.

• be cautious of ~: ~에 주의 [조심]하다.

He **is** very **cautious of** giving offense to others.

그는 다른 사람의 기분을 상하지 않도록 매우 조심한다.

• be [feel] certain of ~: ~에 대해서 확신하다.

(= be [make] certain + to 부정사; be [make] certain + that절)

• **be characteristic of ~**: ~의 특색 [특징]을 나타내다; 너무나도 ~답다.

The remark **is** very **characteristic of** him.

그 말은 바로 그의 본색을 나타내는 것이다.

• **be comprehensive of ~**: ~을 포함하다.

This price **is comprehensive of** VAT. 본 가격은 부가세를 포함한다.

• **be cognizant of ~**: ~을 인식하고 있다, ~을 알고 있다.

I **was** not **cognizant of** the fact. 저는 그 사실을 몰랐습니다.

• **be [feel] confident of [at] ~**: ~에 대해서 자신 [확신]하다.

(= be confident + that절)

I **am [feel] confident of** success. 나는 성공을 자신한다. (성공할 자신이 있다.)

(= I feel confident that I shall succeed.)

• **be [become] conscious of ~**: ~을 의식하다; ~을 알고 있다.

She **was conscious of** her own importance. 그녀는 잘난 척해댔다.

He **is conscious of** his responsibility. 그는 자신의 책임을 알고 있다.

• **be contemplative of ~**: ~을 숙고하고 있다; ~을 응시하고 있다.

I **am contemplative of** doing it. 나는 그것을 할까 숙고 중이다.

• **be contemptuous of ~**: ~을 경멸하다 [업신여기다].

They **were contemptuous of** colored people. 그들은 유색 인종을 멸시했다.

• **be convinced of ~**: ~을 [라고] 확신하다.

I **wasn't convinced of** the truth of what he was saying.

나는 그가 하는 말을 사실이라고 확신하지 않았다.

• **be creative of ~**: ~을 만들어 내다; ~을 창조하다.

It was you who **was creative of** the idea. 그 생각을 해낸 건 너였다.

• **be critical of ~**: ~에 비판적이다.

He **is critical of** everything. 그는 매사에 비판적이다.

• **be decisive of ~**: ~을 결정 [결말] 짓다.

It is time to **be decisive of** our plan. 우리 계획을 결정지을 때다.

• **be defiant of ~**: ~을 무시하다.

• **be delivered of ~**: 아이를 낳다; [시, 소설 따위]를 짓다, 쓰다.

She **was** safely **delivered of** a baby boy. 그녀는 사내아이를 순산했다.

• **be deprived of ~**: ~을 잃다; ~을 빼앗기다.

He **was deprived of** his parents. 그는 양친을 잃었다.

She **was deprived of** her civil rights. 그녀는 시민권을 박탈당했다.

• **be descriptive of ~**: ~을 기술 [설명, 묘사]하다.

The portrait **is descriptive of** his anguished expression.

그 초상화는 그의 고뇌에 찬 표정을 묘사하고 있다.

• **be desirous of ~**: 하기를 원하다; ~을 갈망하다.

She **was desirous of** her son's success. 그녀는 아들이 성공하기를 열망했다.

• **be destitute [devoid] of ~**: ~이 없다; ~이 빠져 있다.

She's **destitute of** common sense. 그녀는 상식이 없다.

• **be dull of ~**: ~이 느리다[둔하다]; ~이 나쁘다.

You **are dull [hard] of** hearing. 너는 귀가 어둡구나.

• **be drained of ~**: ~이 고갈되다.

Samson **was drained of** his strength. 삼손은 힘이 고갈되었다.

• **be eloquent of ~**: ~을 생생하게 표현하다[나타내다].

This painting **is eloquent of** a scene of sunrise.

이 그림은 해돋이 광경을 생생히 표현하고 있다.

• **be emulous of ~**: ~에 지지 않으려고 하다; ~을 열망하다.

• **be envious of ~** (= envy ~): ~을 부러워하다.

He **was envious of** his friend's success. 그는 친구의 성공을 부러워했다.

• **be exclusive of ~** (= exclude ~): ~을 제외시키다.

This price **is exclusive of** VAT. 본 가격은 부가세를 포함하지 않은 것이다.

• **be expressive of ~** (= express ~): ~을 표현하다.

His face **was expressive of** joy. 그의 얼굴에는 기쁜 빛이 드러나 있었다.

• **be fond of ~**: ~을 좋아하다.

• **be free of ~**: ~으로부터 벗어나다; ~에서 자유롭다.

This **is free of** charge. 이것은 무료입니다.

• **be frugal of ~**: ~을 절약하다.

She **is** very **frugal of** water. 그녀는 물을 매우 아껴 쓴다.

• **be full of [with] ~**: ~로 가득 차 있다.

• **be ignorant of ~**: ~을 모르다; ~을 인식하지 못하다.

I **am ignorant of** the reason for their quarrel. 나는 그들이 다투는 이유를 모르겠다.

• **be impatient of ~**: ~을 견디지 [참지] 못하다.

I **am impatient of** her complaining. 나는 그녀의 불평에 견딜 수가 없다.

• **be inclusive of ~ (= include ~)**: ~을 포함하고 있다; ~을 포함시키다.

All our prices **are inclusive of** value-added tax.

가격에는 모두 부가가치세가 포함되어 있습니다.

• **be independent of ~**: ~에서 독립하다; 남에게 의존하지 않다; 독자적이다.

He **is** financially **independent of** his parents.

그는 경제적으로 부모님에게서 독립했다.

• **be indicative of ~**: ~을 나타내다; ~의 뜻을 나타내다.

His answer **was indicative of** his disapproval.

그의 대답은 불찬성의 뜻을 나타내는 것이었다.

• **be jealous of ~**: ~을 질투하다; ~을 소중히 지키다.

She **was** very **jealous of** her sister. 그녀는 언니를 매우 시샘했다.

• **be joyful of ~**: ~을 기뻐하다.

• **be negligent of ~**: ~에 무관심하다 (= **neglect ~**); ~에 부주의하다.

• **be nervous of ~**: ~에 신경을 곤두세우다.

He **was nervous of** the exam. 그는 그 시험에 신경을 곤두세웠다.

• **be possessive of ~**: ~을 소유하고 있다. (= **possess ~**)

• **be proud of** ~: ~을 자랑하다; ~을 자랑스럽게 여기다.

(= be proud to 부정사; be proud + that절)

He **is proud of** being of Korean origin. 그는 한국 출신임을 자랑으로 여긴다.

• **be productive of** ~: ~을 생산하다. (= produce ~)

Poverty **is productive of** crime. 빈곤은 범죄를 낳는다.

• **be reflective of** ~: ~을 반영하다. (= reflect ~)

This novel **is reflective of** the social conditions of Korea in the nineteenth century. 이 소설은 19세기 한국의 사회상 [세태]을 반영하고 있다.

• **be representative of** ~: ~을 대표하다; ~을 나타내다 (= represent ~)

The Congress **is representative of** the people. 의회는 국민을 대표한다.

• **be respectful of** ~: ~을 중히 여기다; ~을 존중하다.

They **are respectful of** their traditions. 그들은 그들의 전통을 중히 여긴다.

• **be secure of** ~: ~을 확신하다.

• **be seized of** ~: ~을 소유 [점유]하고 있다.

She **is seized of** much property. 그녀는 많은 재산을 소유하고 있다.

• **be short of** ~: ~이 부족하다; ~에 못 미치다.

• **be stripped of** ~: ~을 빼앗기다.

He **was stripped of** his nationality. 그는 국적을 박탈당했다.

• **be studious of + ~ing**: ~하기에 열심이다; 몹시 ~하고 싶어 하다.

She **is studious of** marrying him. 그녀는 몹시 그와 결혼을 하고 싶어 한다.

• **be suggestive of** ~: ~을 연상시키다.

The scene **is suggestive of** poverty. 그 광경은 빈곤을 시사한다.

• **be suspected of** ~: ~의 혐의를 받다.

He **is suspected of** complicity in the murder.

그는 그 살인(사건)의 공모 혐의를 받고 있다.

• **be supportive of** ~ (= support ~): ~에 대해서 지지[지원]하다.

He **is supportive of** a party of the center. 그는 중도정당을 지지한다.

• **be sure of ~: ~에 대해서 자신 [확신]하다. (= be [make] sure + that절)**

He **is sure of** succeeding. 그는 성공을 자신한다.

(= He is sure that he will succeed.)

• **be suspicious of ~: ~을 의심하다. (= suspect ~)**

He was always **suspicious of** politicians. 그는 언제나 정치인들을 믿지 않았다.

• **be symbolic of ~: ~을 상징 [의미]하다. (= symbolize ~)**

The white flag is **symbolic of** surrender. 백기는 항복을 의미한다.

• **be tired of ~: ~에 싫증 나다[질리다]; ~은 질색이다.**

I'm **tired of** playing second fiddle to Jack. 나는 잭 밑에서 일하는 것은 질색이다.

• **be typical of ~: ~을 대표하다; ~을 표상하다; 의 특징이다.**

'Arirang' **is typical of** Korean folk song. '아리랑'은 한국 민요를 대표한다.

It's **typical of** you to do that. 그렇게 하다니 너답구나.

• **be violative of ~: ~을 위반 [침해]하다.**

Your action **is violative of** the law. 당신의 행동은 법에 위반됩니다.

• **be wasteful of ~: ~을 낭비하다.**

She **was wasteful of** money. 그녀는 돈을 헤프게 썼다.

• **be worthy[unworthy] of ~: ~할 만하다; ~할 만한 가치가 있다[없다].**

This subject **is worthy of** careful study. 이 주제는 신중한 연구를 할 가치가 있다.

I **am unworthy** of your kindness. 저는 당신의 호의를 받을 자격이 없습니다.

Such a conduct **is unworthy of** a gentleman. 그런 짓은 신사답지 못하다.

2) be + 서술 형용사 + about

ex) afire, aggrieved, alarmed, angry, annoyed, anxious, apologetic, apprehensive, concerned, confused, conservative, crazy, delighted, disappointed, emphatic. enthusiastic, excited, frightened, glad, halfhearted, happy, hesitant, insecure, knowledgeable, languid, mad, nervous, open, optimistic, particular, pleased, reasonable, troubled, uncertain, vain, worried, etc.

• **be afire about** ~: ~에 크게 흥분하다.

I **was afire about** his rudeness. 나는 그의 무례함에 화가 치밀었다.

• **be alarmed about** ~: ~으로 떠들어대다.

The students **were alarmed about** their new teacher.

학생들은 새 선생님에 대해 떠들어댔다.

• **be angry about[at]** ~: ~에 대해서 화를 내다.

• **be [get] annoyed about [at, by, with]**~: ~에 짜증 나다 [내다]; ~에 화나다 [화내다].

She **got** very **annoyed about[at]** my carelessness.

그녀는 나의 부주의함을 두고 매우 짜증을 냈다.

• **be anxious about [for]** ~: ~을 근심[걱정]하다.

I **am anxious about [for]** my old parents' health.

나는 연로하신 우리 부모님의 건강이 염려된다.

• **be apologetic about [for]** ~: ~에 대해서 사과하다.

He **was** very **apologetic about** breaking promise.

그는 약속을 어긴 것에 대해 매우 미안해했다.

• **be apprehensive about** ~: ~이 걱정이다 [되다].

I am **apprehensive about** this final examination. 나는 이번 기말시험이 걱정이다.

• **be concerned [worried] about [over]** ~: ~에 대해 걱정하다; ~에 관심을 가지다.

You **are** much **concerned about** saving face. 너는 너무 체면을 차린다.

• **be [become, get] confused about** ~: ~에 당황하다; ~에 어리둥절해지다.

If you **are confused about** choosing the correct fork, knife, or spoon, just watch the other guests, and follow them.

만약에 올바른 포크, 칼 또는 스푼을 선택하는 것이 당황된다면, 그저 다른 손님들을 지켜보고 따라 하세요.

• **be conservative about** ~: ~을 조심하다; ~을 절제하다.

She tried to **be conservative about** manners. 그녀는 몸가짐을 조심하고자 했다.

• **be crazy [mad] about [for, over] ~**: ~에 미치다; ~에 열광하다; ~에 열중하다.

He **is crazy about** the movies. 그는 영화에 미쳐있다.

• **be delighted about [at, with] ~**: ~에 대하여[을] 기뻐하다.

My mother **was delighted about** my selection as the class president.

어머니는 내가 반장으로 선출된 것에 기뻐하셨다.

• **be disappointed about [at, in, with] ~**: ~에 실망하다.

• **be emphatic about ~**: ~에 대해서 강조하다.

The coach **was** very **emphatic about** the importance of regular exercise.

그 지도자는 규칙적인 연습의 중요성을 대단히 강조했다.

• **be enthusiastic [crazy, mad] about [over] ~**: ~에 열광하다; ~에 열중하다.

He **is enthusiastic about** soccer. 그는 축구에 열광한다.

• **be [get] excited about [at, by, over] ~**: ~에 흥분하다; ~에 들뜨다.

I'm really **excited about** the school trip to Jejudo.

제주도로 수학 여행을 가는 것에 나는 정말 가슴이 설렌다.

• **be frightened about [at, with] ~**: ~에 놀라다; ~에 겁을 먹다.

• **be glad about [of] ~**: ~에 기뻐하다; ~이 기쁘다.

I'm **glad about** your passing the test. 나는 네가 시험에 합격해서 기쁘구나.

• **be halfhearted about ~**: ~에 내키지 않다; ~에 열중하지 않다.

He **was halfhearted about** my proposal. 그는 내 제안에 내키지 않아 했다.

• **be happy about [over, with] ~**: ~에 기뻐하다 [만족해하다]; ~이 기쁘다.

I am very **happy about** my promotion. 승진하여 나는 매우 기쁘다.

• **be hesitant about [over] ~**: ~에 대해서 망설이다.

I'm rather **hesitant about** doing it. 그것을 하는 것이 다소 망설여지는군요.

• **be [feel] insecure about ~**: ~에 대해 불안해하다; ~에 자신 없어 하다.

Teenagers **are insecure about** their future.

10대들은 자신의 장래에 대하여 불안해한다.

· **be knowledgeable about** ~: ~에 대해 많이 알다; ~의 사정에 밝다.

He **is** so **knowledgeable about** law. 그는 법에 대한 지식이 아주 많다.

· **be languid about** ~: ~에 대하여 열의가 없다.

· **be [feel] nervous about** ~: ~에 대해 애태우다; ~에 대해 우려하다.

What **are** you so **nervous about**? 너는 무슨 일로 그렇게 애태우느냐?

· **be open about** ~: ~에 대해 숨기지 않다.

She **was open about** her heart. 그녀는 속마음을 숨기지 않았다.

· **be optimistic about [for, of, over]** ~: ~에 대해 낙관적이다; ~에 대해 낙천적이다.

(= be optimistic + that절)

I **am optimistic about** my future. 나는 나의 미래를 낙관한다.

· **be particular about [over]** ~: ~에 까다롭다; ~에 까다롭게 굴다.

He **is** not **particular about** what he eats. 그는 먹는 것에[식성이] 까다롭지 않다.

· **be pleased about** ~: ~을 기뻐하다; ~이 기쁘다; ~을 만족해하다; ~이 만족하다.

I **was pleased about** [at, with] your success. 나는 네가 성공했다는 걸 듣고 기뻤다.

I **am pleased about** it. 나는 그것이 마음에 든다.

· **be [feel] sore about** ~: ~을 야속히 여기다; ~을 괴로워하다; ~에 성내다.

She's **sore about** not being invited to the party.

그녀는 파티에 초대받지 못한 것을 야속하게 여긴다.

· **be troubled about [over, with]** ~: ~으로 걱정하다; ~ 때문에 고통받다.

He **is troubled about [over, with]** money matters. 그는 돈 문제로 고생하고 있다.

· **be uncertain about of [of]** ~: ~을 확신하지 못하다; ~에 대해 불안해하다; ~을 잘 모르다.

I am **uncertain about [of]** the outcome. 나는 그 결과에 대해 확신할 수가 없다.

· **be vain about [of]** ~: ~을 자랑하다.

She is **vain about** her own beauty. 그녀는 자신의 미모를 자랑한다.

3) be + 서술 형용사 + at ~

ex) afflicted, angry, angered, apt, alarmed, amazed, amused, appalled, astonished, bad, better, brilliant, chagrined, clever, curious, delighted, dexterous, discouraged, disgusted, displeased, disturbed, domiciled, elated, embarrassed, enraged, excellent, expert, exhilarated, experienced, frightened, good, great, hard, hopeless, poor, skilled, startled, strong, terrible, useful, etc.

• be afflicted at [by] ~: ~으로 괴로워하다, ~에 마음 아파하다.

Don't **be afflicted at** such a trivial thing. 그런 사소한 일로 괴로워하지 마라.

• be [feel] aggrieved at [by] ~: ~이 불만이다; ~에 기분이 상하다.

She **was [felt]** rather **aggrieved at** not being invited to the party.

그녀는 파티에 초대받지 못한 것에 대단히 분한 마음이 들었다.

• be angry at ~: ~에 화를 내다.

They **were angry at** the indifference of the authorities to their plight.

그들은 그들의 곤경에 무관심한 당국에 화가 났다.

> ▷ be angry with + 사람 / be angry at [about] + 사물, 사건
> She **is angry with** me (for not calling to her) often.
> 그녀는 종종 (그녀에게 전화하지 않는다고) 나에게 화를 낸다.
> He **was [got] angry at** her words. 그는 그녀의 말에 화가 났다.

• be alarmed [amazed, astonished, startled] at [by] ~: ~에 깜짝 놀라다.

She **was alarmed at** the peal of thunder. 그녀는 천둥소리에 깜짝 놀랐다.

• be amused at [by, with] ~: ~을 재미있어하다; ~을 즐기다. (= be amused + to 부정사)

The children were amused at the funny movements of the monkeys at the zoo. 아이들은 동물원에서 원숭이들의 우스운 행동을 보고 재미있어했다.

• be appalled at [by] ~: ~에 간담이 서늘해지다; 어안이 벙벙해지다.

• be apt at ~: ~의 재주가 있다; ~에 능란하다.

The child **is apt at** drawing. 그 아이는 그림에 재능이 있다.

• **be bad at ~**: ~가 서투르다[미숙하다], ~에 재능이 없다.

She **is bad at** Korean. 그녀는 한국어가 서투르다.

• **be brilliant at ~**: ~에 뛰어나다.

He **is brilliant at** mathematics. 그는 수학에 뛰어나다.

• **be [feel] chagrined at [by] ~**: ~을 분하게 여기다.

The candidate **was chagrined at** his electoral defeat.

그 후보자는 선거 패배에 분해했다.

• **be clever [curious] at ~**: ~에 능하다 [뛰어나다].

He **is clever at** making excuses. 그는 변명하는 것에 도가 트였다.

• **be delighted at [by] ~**: ~에 기뻐하다; ~에 만족해하다.

= be delighted + to 부정사; be delighted + that절

I **am delighted at [with]** the notion. 그 생각을 하니 기쁘다.

• **be dexterous at [in] ~**: ~을 능란하게 잘하다; ~에 능하다.

• **be discouraged at ~**: ~에 낙담하다.

• **be [feel] disgusted at [by, with] ~**: ~으로 메스꺼워지다; ~에 넌더리 나다.

We **were disgusted at** what we saw. 우리는 우리가 본 것에 진저리를 쳤다.

• **be displeased at [by, with] ~**: ~에 기분이 상하다; ~이 마음에 들지 않다.

I **am displeased at** your rude behavior. 나는 너의 무례한 행동이 마음에 들지 않는다.

• **be disturbed at [by] ~**: ~에 대해 걱정하다. (= **be disturbed + to** 부정사)

Her mind **was disturbed at** the news. 그 소식을 듣고 그녀의 마음은 뒤숭숭했다.

• **be domiciled at [in] ~**: ~에 정주하다; ~에 주소를 정하다.

They **were domiciled at** the coast. 그들은 그 해안지역에 정주했다.

I am legally **domiciled at** Gongju. 나는 본적이 공주이다.

• **be [feel] embarrassed at [about, by] ~**: ~을 난처하게 여기다; ~에 당황하다.

I **was embarrassed at** my teacher's abrupt question.

나는 선생님의 갑작스런 질문에 당황했다.

The sportsman **felt** slightly **embarrassed at** being the centre of attention.

그 운동선수는 관심이 집중되는 것에 조금 당황하였다.

• **be elated at [by, with] ~**: ~으로 의기양양하다.

He **was** highly **elated at** becoming a class president.

그는 반장이 되어서 어깨가 대단히 으쓱하였다.

• **be [get] enraged at [by, with] ~**: ~에 격분하다.

He **got enraged at** the indignity his friend had been subjected to, as if he himself had suffered it. 그는 친구가 받은 모욕에 마치 자신이 받은 것처럼 격분했다.

• **be excellent at [in] ~** :~에 뛰어나다; ~을 뛰어나게 잘하다.

He is **excellent at** adaptation to circumstances. 그는 임기응변에 뛰어나다.

• **be exhilarated at [by] ~**: ~으로 기분이 들뜨다; ~에 기분이 명랑해지다.

My son **is exhilarated at** going on a picnic tomorrow.

내 아들은 내일 소풍 가는 것으로 기분이 들떠있다.

• **be experienced at [in] ~**: ~에 경험이 있다.

• **be frightened at [about] ~**: ~에 놀라다; ~을 두려워하다.

She **was frightened at** a big cockroach. 그녀는 커다란 바퀴벌레를 보고 깜짝 놀랐다.

• **be infuriated at ~**: ~에 격노하다.

I **was infuriated at** his excuse. 나는 그의 변명에 열불이 났다.

• **be good [great, happy] at ~**: ~을 잘하다; ~에 능하다.

• **be hard at ~**: 열심히 ~하다.

He **was hard at** work. 그는 열심히 일했다.

• **am hopeless [poor] at ~**: ~이 서툴다; ~이 형편없다 [구제불능이다].

I **am poor at** figures. 나는 셈 [계산]에 서툴다.

• **be incensed [scandalized] at [by] ~**: ~에 분개하다.

He **was incensed at** the decision. 그는 그 결정에 격분했다.

• **be present at ~**: ~에 참석하다.

• **be puzzled at ~**: ~에 당황하다; ~이 어리둥절하다.

She **was puzzled at** my proposal. 그녀는 나의 청혼에 당황해했다.

- **be quick at ~**: ~가 빠르다; ~하는데 재능이 있다.

The student **is quick at** learning a foreign language.

그 학생은 외국어를 배우는데 빠르다.

- **be rejoiced at [by] ~**: ~을 보고[듣고, 하여] 기뻐하다.
- **be skilled [skillful] at [in] ~**: ~하는데 [~에] 능숙하다.
- **be strong at [on] ~**: ~에 강하다, ~을 좋아하다; ~을 소중히 여기다.

The teachings of the school **are strong on** creativity.

그 학교의 교육은 창의력을 중시한다.

He **is strong at [on]** theory but weak on practice.

그는 이론에는 강하지만 실전에는 약하다.

- **be terrible at ~**: ~이 형편없다; ~하는 것이 매우 서투르다.

Sam-sun **is terrible at** cooking. 삼순이는 요리에는 젬병이다.

- **be useful at [with] ~**: ~을 잘하다.

Geum-sun **is** pretty **useful at** cooking. 금순이는 요리를 꽤 잘한다.

4) be + 서술 형용사 + for ~

ex) alarmed, anxious, apprehensive, appropriate, apt, available, avid, bad, booked, capped, celebrated, convenient, eager, effective, eligible, essential, famous, famed, fit, fixed, good, ideal, known, headed, impatient, irresponsible, itching, late, liable, mandatory, necessary, noted, notorious, perfect, pressed, prepared, proper, quit, ready, ripe, renowned, responsible, rushed, sentenced, sorry, spoiling, straitened, stuck, suited, suitable, valid, etc.

- **be alarmed for ~**: ~을 염려하다.

She **was alarmed for** her son's health. 그녀는 아들의 건강을 염려했다.

- **be anxious for ~**: ~을 갈망하다.

She **is anxious for** her son's safety. 그녀는 아들이 무사하길 간절히 바라고 있다.

- **be [feel] apprehensive for ~**: ~의 안부를 걱정하다.
- **be appropriate for [to] ~**: ~에 적합하다; ~에 적절하다; ~에 어울리다.

Your clothes **are** not **appropriate for** the party. 네 옷은 파티에는 적합하지 않다.

- **be apt for ~**: ~에 적합하다.
- **be avid for [of] ~**: ~을 탐하다, ~을 몹시 탐내다.

Don't **be avid for** another's thing. 다른 사람의 물건을 탐내지 마라.

- **be available for ~**: ~에 쓸모가 있다; ~동안 유효하다; ~에게 시간이 되다.

It **is not available for** our plan. 그것은 우리 계획에 쓸모가 없다.

Bookings **are** still **available for** that train. 그 열차 편은 아직 예약할 수 있습니다.

- **be bad for ~**: ~(건강)에 유해하다.

Too much coffee **is bad for** your health. 커피를 너무 많이 마시면 건강에 해롭다.

- **be convenient for ~**: ~에 편리하다.

When will it **be convenient for** you to come? 언제쯤 오시는 것이 편리하겠습니까?

- **be eager for ~**: ~을 갈망하다.
- **be effective for ~**: ~에 효과적이다; ~에 효력 [효과]가 있다; ~동안 유효하다.

This medicine **is effective for** indigestion. 이 약은 소화불량에 효과적입니다.

- **be eligible [qualified] for ~**: ~에 대한 [~할] 자격이 있다.
  (= 사람 + be eligible [qualified] + to 부정사)

He **is eligible for** the award. 그는 그 상을 받을 자격이 있다.

- **be essential for [to] ~**: ~에 필수적이다.

The possession of a passport **is essential for** foreign travel.
해외여행에는 여권의 소지가 필수적이다.

- **be famous [famed] for ~**: ~으로 유명하다.

Our locality **is famed [known] for** its scenic beauty.
우리 고장은 경치가 아름답기로 알려져 있다.

- **be fit for ~**: ~에 적합하다; ~에 적절하다.
- **be good for ~**: ~에 좋다.

Eating regular meals **is good for** health. 규칙적인 식사를 하는 것이 건강에 좋다.

• **be headed for** ~: ~으로 향하다.

This train is **headed for** Chicago. 이 열차는 시카고행입니다.

• **be ideal for** ~: ~에 이상적이다.

That region is ideal for toads' inhabitation. 그 지역은 두꺼비의 서식에 이상적이다.

• **be impatient for** ~: ~을 초조하게 기다리다; ~이 탐나서 못 견디다.

He **was impatient for** her return. 그는 그녀가 돌아오기를 애타게 기다렸다.

• **be irresponsible for** ~: ~에 대해 무책임하다; ~에 대해 책임지지 않다.

He **is irresponsible for** his saying. 그는 자신의 말에 대해 책임지지 않는다.

• **be itching [spoiling] for** ~: ~하고 싶어 못 견디다[안달이다].

You are **itching for** a fight. 네가 싸우고 싶어 안달이냐.

• **be known [renowned] for** ~: ~으로 유명하다.

The two corporations **are known for** their different management styles.

그 두 기업은 각기 다른 경영방식으로 유명하다.

• **be late for** ~: ~에 늦다.

Man–su **is** habitually **late for** school. 만수는 습관적으로 학교에 지각한다.

• **be liable [responsible] for** ~ ; ~에 대해 책임지다. (= **be in charge of** ~)

You will **be liable for** any damage caused.

야기되는 모든 손해에 대해 당신이 책임을 져야 합니다.

• **be mandatory for** ~: ~에게 의무가 되다; ~에 필수다.

The subject **is mandatory for** graduation. 그 과목은 졸업을 위해 필수다.

• **be necessary for** ~: ~에 필수적이다.

Water **is necessary for** life. 물은 생존에 필수적이다.

• **be noted for** ~: ~로 유명하다.

The beach **is noted for** its scenic beauty. 그 해변은 경치 좋기로 유명하다.

• **be notorious for** ~: ~으로 악명 높다; ~으로 소문나다.

He **is notorious for** his eccentricity. 그는 기행으로 이름이 나 있다.

• **be perfect for** ~: ~에 최고로 적합하다.

Today **is** just **perfect for** playing baseball. 오늘은 야구하기에 정말 좋다.

• **be [get] pressed for** ~: ~에 쫓기다; ~에 쪼들리다.

I **get pressed for** the deadline. 나는 마감시한에 쫓기고 있다.

• **be prepared for** ~: ~을 준비 [대비]하다 [하고 있다]; ~을 각오하고 있다.

Be prepared for all contingencies. 모든 가능성에 대비해라.

• **be proper for [to]** ~: ~에 적합하다; ~에 적절하다.

Such conduct **is** not **proper for** a gentleman.

그와 같은 행동은 신사로서 온당치가 않습니다.

• **be quit for** ~: ~만으로 그치다 [면하다]; ~을 청산하다.

I will **be quit for** this job. 저는 이 일을 그만두겠습니다.

• **be ready for** ~: ~의 준비가 되어 있다(= **be ready + to** 부정사). 기꺼이 ~하다.

I **am ready for** death. 나는 죽을 각오가 되어있다.

I **am ready to** forgive you. 나는 기꺼이 너를 용서한다.

• **be responsible for** ~: ~을 책임지다, ~에 책임이 있다; ~의 원인이 되다.

You**'re** directly **responsible for** this accident. 당신이 이 사고에 직접 책임이 있다.

Who**'s responsible for** monitoring the accounts? 고객관리 담당자가 누구죠?

The heavy rain **was responsible for** the delay of our train.

폭우 때문에 우리가 탈 기차가 연착되었다.

• **be ripe for** ~: ~의 시기 [기회]가 무르익다.

Our plan **is ripe for** execution. 우리 계획은 실행 시기가 무르익었다.

• **be rushed for** ~: ~ (시간 따위)가 모자라다; ~ (시간 따위)에 쫓기다.

I understand you**'re rushed for** time. 당신이 시간 여유가 없으신 줄 압니다.

• **be sentenced for** ~: ~죄로 형을 받다.

He **was sentenced for** perjury. 그는 위증죄의 판결을 받았다.

• **be sorry for** ~: ~해서 가엾다; ~해서 유감이다, 해서 미안하게 생각하다.

I **am sorry for** having offended you. 무례를 범해서 죄송합니다.

• **be spoiling for** ~: 〈입말체〉 ~ (싸움)하고 싶어 안달하다, 간절히 바라다.

You **are spoiling for** a fight with me. 네가 나와 싸우고 싶어 안달하는구나.

• **be straitened for** [in] ~: ~에 궁하다 [쪼들리다].

• **be stuck for** ~: ~이 부족하다; ~ (대답 따위)이 막히다.

We **are stuck for** new ideas. 우리는 새로운 착상 [아이디어]들이 부족하다.

• **be suitable for** ~: ~에 적합하다; ~에 적절하다.

Who do you think **is suitable for** the new project?

누가 새 업무에 적합하다고 생각하세요?

• **be suited for** [to] ~: ~에 적합하다 [맞다].

He **is suited for** this job 그는 이 직업에 맞는 사람이다.

• **be valid for** + 기간 명사: ~동안 유효하다. (= **be in effect for** + 기간 명사)

This agreement **is valid** [effective] **for** a year. 이 계약은 1년 동안 유효하다.

5) be + 서술 형용사 + on ~

ex) .ased, bent, contingent, dependent, hard, hung, intent, keen, reliable, set, severe, soft, sold, sour, sweet, etc.

• **be based on** ~: ~을 기초 [토대]로 하다.

His novel **is based on** historical facts. 그의 소설은 역사적 사실을 토대로 하고 있다.

• **be bent on** [upon] ~ing: ~하는 데 힘을 쏟고 있는

Man **is bent on** harrying the earth. 인간은 지구를 괴롭히는 데 열중하고 있다.

• **be contingent on** ~: ~에 달려 있다.

My life **is contingent on** your coming. 내 목숨은 당신이 와주느냐에 달려 있습니다.

• **be dependent on** ~: ~에 의존하다 ; ~에 달려 있다.

I **am dependent on** my parents for living expenses.

나는 생활비를 부모님에게 의존하고 있다.

• **be going** (on) ~: 〈입말체〉 거의 ~이다.

It **is going (on)** ten o'clock. 거의 10시가 다 됐다.

She **is going (on)** twenty. 그녀는 곧 스무 살이 된다.

- **be hard on [upon]** ~: ~에게 엄격하다; 심하게 굴다; ~에게 해를 끼치다.

He's rather **hard on** his kids. 그는 그의 아이들에게 상당히 엄하다.

- **be intent on** ~: ~에 몰두 [골몰]하다.

She **is intent on** her task. 그녀는 자신의 일에 여념이 없다.

He **is intent on** gambling. 그는 도박에 빠져 있다.

- **be rough on** ~: ~에게 거칠게[심하게] 대하다.

I'm sorry I **was** so **rough on** you. 제가 당신에게 너무 심했다면 죄송합니다.

- **be keen on** ~ ; ~에 열심이다, ~에 열을 올리다.

He **is keen on** his promotion. 그는 승진하는데 열을 올리고 있다.

- **am reliable on** ~: ~에 확실하다 [틀림없다].

I **am reliable on** duty. 저는 맡겨진 일에는 틀림없는 사람입니다.

- **is set on** ~: ~에 집착하다; ~하기로 정하다.

His heart **is set on** success in life. 그는 성공에 집착하고 있다.

I'**m set on** a career in farming. 나는 평생을 농사를 지으며 살기로 결심하고 있다.

- **be sour on** ~: 〈미, 입말체〉 ~에 적대하다; ~을 싫어하다.

The primitive tribe **was sour on** strangers. 그 원시 부족은 외부 사람들을 싫어했다.

- **be sold on** ~: ~에 열중하다; ~에 정신을 팔다.

She **is sold on** the idea of going to Jejudo this summer.

그녀는 이번 여름에 제주도에 간다는 생각에 정신이 팔려 있다

- **be soft on** ~: ~을 부드럽게 다루다; ~을 연모하다.

She **is soft on** everyone. 그녀는 모든 사람에게 부드럽게 대한다.

Chil-bok must **be soft on** my sister. 칠복이가 내 여동생을 연모하고 있는 것이 틀림없다.

- **be sharp [severe] on** ~: 남에게 심하게 굴다; ~에게 엄격하다.

- **be stuck on** ~: 〈입말〉 ~에 열중하다; ~에게 반하다; ~ 미치다[빠지다].

He **is stuck on** his girlfriend. 그는 여자 친구에게 푹 빠져 있다.

6) be + 서술 형용사 + to ~

ex) accessible, accustomed, adjacent, allied, answerable, attractive, available, averse, close, committed, comparable, dedicated, deleterious, devoted, due, engaged, entitled, equal, equivalent, essential, exposed, hazardous, inclined, identical, indifferent, inferior, irrelevant, liable, native, near, next, oblivious, opposed, opposite, pertinent, related, relevant, responsive, satisfactory, sensitive, similar, subject, subordinate, superior, susceptible, transferable, used, vulnerable, etc.

• be accessible to ~: ~에게 접근 [이용] 가능하다.

This information **is accessible to** everyone. 이 정보는 모든 사람이 이용할 수 있다.

He **is accessible to** bribery. 그는 매수되기 쉬운 사람이다.

• be accustomed to ~: ~에 익숙하다.

I'm not **accustomed to** making a speech in public.

나는 사람들 앞에서 말하는 것에 익숙하지 않다.

• be adjacent to ~: ~에 인접하다; ~에 가까이 있다.

His house **is adjacent to** the beach. 그의 집은 해변에 인접해 있다.

• be allied to ~: ~와 관련이 있다; ~와 동류이다.

The increase in natural disaster **is allied to** the rise in environmental disruption. 자연재해의 증가는 환경파괴의 증가와 관련이 있다.

Cats **are allied to** tigers. 고양이와 호랑이는 동류이다.

• be answerable to ~: ~에 대하여 책임이 있다; ~에 책임을 지다.

You **are answerable to** her for your conduct.

너는 그녀에 대한 네 행동에 책임을 져야 한다.

• be attractive to + 사람: ~에게 매력적이다.

He thinks he'**s attractive to** women. 그는 자기가 여자들에게 매력적이라고 생각한다.

• be [feel] attracted to ~: ~에 끌리다; ~에게 (성적) 매력을 느끼다.

Children **are** easily **attracted to** sweets. 아이들은 사탕에 쉽게 이끌린다.

I've **been attracted to** her. 나는 그녀에게 매료당했습니다.

• **be available to** + 사람: ~에게 이용 가능하다.

The library **is available to** everyone free of charge.

그 도서관은 누구나 무료로 이용 가능하다.

• **be averse to** ~ ; ~을 싫어하다 [꺼리다].

He seems to **be averse to** hard work. 그는 힘든 일을 하기 싫어하는 것 같다.

• **be close to** ~: ~에 가까이 있다; ~에 근접하다.

Her feeling for him **was close to** hatred. 그에 대한 그녀의 감정은 증오에 가까웠다.

She **is close to** tears. 그녀는 당장에라도 울음을 터트릴 듯하다.

• **be comparable to** ~: ~와 필적할 만하다; ~와 견줄 만하다.

Our goods **are comparable to** those of foreign nations in both design and quality. 우리의 상품은 디자인과 질 면에서 외국의 것에 필적할 만하다.

• **be committed [dedicated, devoted] to** ~: ~에 헌신 [전념]하다; ~에게 맡기다; ~를 애독하다.

We **are committed to** providing the highest quality goods.

저희는 최고 품질의 상품을 제공하는 데 전념하고 있습니다.

It should **be committed to** an expert. 그것은 전문가에게 맡겨야 한다.

I **am devoted to** The Korea Times. 나는 코리아 타임스지를 애독하고 있다.

• **be due to** ~: ~ 때문이다; ~에 의하다.

• **be engaged to** + 사람: ~와 약혼하다 [약혼한 사이다].

• **사람 + be entitled to** ~: ~에 대한 자격[권리]이 있다. (= 사람 + be entitled + to 부정사)

I'm **entitled to** 20 days paid holiday a year.

나는 1년에 20일간의 유급 휴가를 받을 수 있다.

• **be equivalent to** ~: ~와 동등하다, ~에 필적하다.

A mile **is equivalent to** about 1.6 kilometers. 1마일은 약 1.6㎞에 해당한다.

• **be exposed to** ~: ~에 노출되다.

The area **was exposed to** radiation. 그 지역이 방사능에 노출되었다.

I don't like to **be exposed to** public view. 나는 사람들의 구경거리가 되고 싶지 않다

• **사물 + be familiar to + 사람**: ~ (사물)이 누구에게 익숙하다; ~ (사물)을 잘 알다.

Your name **is familiar to** me. 선생의 존함은 들어 잘 알고 있습니다.

The subject **is familiar to** him. 그는 그 문제에 훤하다.

• **be identical to ~**: ~와 동일하다, ~와 매우 흡사하다.

A professor of immunology says that 98 percent of mouse genes **are identical to** human genes. 한 면역학 교수는 쥐 유전자의 98%가 사람의 유전자와 흡사하다고 말한다.

• **be indifferent to ~**: ~에 무관심하다.

The king **was** completely **indifferent to** popular opinion.

그 왕은 민중의 소리에 전혀 귀 기울이지 않았다.

• **be inferior to ~**: ~보다 하위이다; ~보다 열등하다.

• **be hazardous [injurious] to ~**: ~에 해가 되다, ~을 위협하다.

Smoking **is hazardous [injurious] to** the health. 담배는 건강에 해롭다.

• **be irrelevant to ~**: ~과 무관하다.

What you say **is irrelevant to** the subject under discussion.

당신이 말하는 것은 지금 논의 중인 주제와는 무관하다.

• **be liable to ~**: ~을 하기 쉽다; ~을 면할 수 없다.; ~에 걸리기 쉽다.

Every man **is liable to** error. 사람은 누구나 실수를 하기 마련이다.

The people **are liable to** taxation. 국민은 납세의 의무를 져야 한다.

Children **are** more **liable to** infection. 아이들은 더 감염되기 쉽다.

• **be native to** + 지역: ~에 기원을 두다. ~(지역) 산이다.

Beans **are native to** Korea. 콩은 한국이 원산(지)이다.

• **be next [near] to ~**: ~옆에 있다.

The ape **is next to** man. 원숭이는 인간에 가장 가깝다.

His house **is next to** her house. 그의 집은 그녀의 집 바로 옆[근처]이다.

• **be oblivious to [of] ~**: ~을 알아차리지 못하다.

They **were** quite **oblivious to [of]** the danger. 그들은 위험을 전혀 알아차리지 못했다.

He **was oblivious of** his promise. 그는 자기가 한 약속을 잊었다.

• **be opposite to** ~: ~과 반대이다; ~의 반대편에 있다.

My friend's character **is opposite to** mine. 내 친구의 성격은 나와 정반대다.

• **be opposed to** ~: ~에 반대하다. (= **object to**)

• **be pertinent[relevant, related] to** ~: ~와 관련이 [관계가] 있다.

(= be involved in ~; be concerned with ~; be associated with ~)

What you are saying **is** not **relevant to** the matter we are discussing.

당신이 말하고 있는 것은 우리가 논의하고 있는 문제와 관계가 없다.

• **be responsive to** ~: ~에 반응 [응답]하다.

He **wasn't responsive to** the policeman's inquiry.

그는 경찰의 질문에 대답하지 않았다.

• **S(사물) + be satisfactory to + 사람**: ~에게 만족스럽다.

His answer to my question **was** not **satisfactory to** me.

내 물음에 대한 그의 대답은 만족스럽지 못했다.

• **be sensitive to** ~: ~에 민감 [예민]하다; ~ (추위, 더위)을 잘 타다.

She **is sensitive to** literature. 그녀는 문학에 대한 감수성이 예민하다.

I **am sensitive[susceptible] to** heat. 나는 더위를 잘 탄다.

• **be similar to** ~: ~와 흡사하다.

Your shoes **are similar to** mine in shape and color.

네 구두는 모양과 색깔이 내 것과 비슷하다.

• **be subject to** ~: ~을 준수해야 한다; ~을 입기[걸리기] 쉽다; ~을 필요로 하다.

We **are subject to** our country's laws. 우리는 국법을 준수해야 한다.

I **am subject to** colds. 나는 감기에 쉽게 걸린다.

Her going out **is subject to** her father's approval.

그녀는 외출하려면 아버지의 허락을 받아야 한다.

• **be subordinate to** ~: ~에 종속 [부속]하다.

The power to make treaties **is subordinate to** the Constitution.

조약체결권은 헌법에 종속된다.

• **be superior to** ~: ~보다 낫다 [우수하다]; ~보다 나이가 많다.

The enemy **is superior to** our army in strength.

병력 면에서는 적군이 아군보다 우세하다.

She **is superior to** me by two years. 그녀는 나보다 두 살 위이다.

• **be susceptible to** ~: ~에 영향받기 쉽다; ~(질병)에 걸리기 쉽다.

Fat people **are** more **susceptible to** disease than thin people.

살찐 사람들은 마른 사람들보다 더 병에 걸리기 쉽다.

• **be transferable to** ~: ~에게 양도되어 질 수 있다.

This right can't **be transferable to** another person.

이 권리는 타인에게 양도될 수 없다.

• S (사람) + be [become, get] used[accustomed] to ~: ~에 [하는데] 익숙하다.

I'm not **used to** this cold weather. 전 이렇게 추운 날씨에 익숙하지가 않습니다.

It takes time to **get used to** a new job. 새 일에 적응하려면 시간이 걸린다.

I **am** not **accustomed to** TV cameras. 난 아직도 TV 카메라에 익숙지가 않습니다.

• **be vulnerable to** ~: ~에 취약한, ~의 피해를 입기 쉬운, ~에 노출되어 있는

Korea **is** especially **vulnerable to** oil price changes.

특히 한국은 석유 가격 변동에 취약하다.

Children **are vulnerable to** secondhand smoke.

어린이들은 간접흡연의 피해를 당하기 쉽다.

7) be + 서술 형용사 + with ~

ex) acquainted, affiliated, afflicted, allied, argumentative, armed, associated, attended, beforehand, bitten, blessed, bored, busy, carefree, charged, comfortable, commensurate, comparable, compatible, concerned, connected, consistent, contemporaneous, content, controversial, cursed, depressed, disappointed, disgusted, dismayed, distressed, dissatisfied, done, drunk, easy, enamored, enchanted, endowed, entangled, equipped, faced, fair, familiar, familiarized, fascinated, favored, filled, fine, friendly,

furious, happy, honest, incompatible, infatuated, infected, inflicted, impatient, intimate, jammed, left, obsessed, occupied, offended, pleased, popular, possessed, provided, quits, rife, satisfied, saturated, seized, sick, solid, stingy, strict, stricken, struck, taken, tired, troubled, uneasy, useful, etc.

- be[get, become] acquainted with ~: ~를 알다 [알게 되다]; ~와 아는 사이다; ~와 교제하다 [하게 되다].

He **is** well **acquainted with** Korean affairs. 그는 한국의 사정에 정통하다.

How did you **become acquainted with** her? 그녀와는 어떻게 사귀게 되었습니까?

- **be affiliated with** ~: ~와 특별 관계가 있다; ~에 속해 [가입해] 있다; ~와 사귀다.

We **are affiliated with** the company. 우리는 그 회사와 특별 관계가 있다.

He **is affiliated with** the Democracy Party. 그는 민주당에 속해 있다.

- **be afflicted with** ~: ~에 시달리다; ~을 앓다.

The child **is afflicted with** a heart disease. 그 아이는 심장병을 앓고 있다.

- **be argumentative[controversial] with** ~: ~와 논쟁을 하다; ~와 다투다.

He **was argumentative with** the opposing parties. 그는 반대파들과 논쟁을 벌였다.

- **be allied with** ~ ; ~와 동맹 [결연]하다.

Korea **is allied with** the United States of America. 한국은 미국과 동맹을 맺고 있다.

- **be** [get, become, grow] **angry with** ~: ~에게 성내다; ~에(게) 화가 나다.
- **be armed with** ~ :~을 갖추고 [준비하고] 있다; ~으로 무장하다[무장하고 있다].

The rebel troops **are armed with** weapons of the latest model.

그 반군은 최신식 무기로 무장하고 있다.

- **be associated with** ~: ~와 관련되다; ~이 연상되다.

He **was associated** closely **with** the accident. 그는 그 사고와 밀접하게 관련이 있었다.

- **be astir with** ~: ~로 소란을 피우다; ~로 떠들썩하다.

The field **was astir with** small animals, birds, and insects.

그 목초지는 작은 짐승들, 새들과 벌레들로 소란스러웠다.

- **be attended with** ~: ~을 수반하다; ~이 따르다.

The enterprise **was attended with** much difficulty.

그 사업에는 많은 어려움이 따랐다.

• **be beforehand with[in]~**: ~에 미리 대비하다; ~의 기선을 제압하다; ~을 앞지르다.

We should **be beforehand with** the enemy's invasion.

우리는 적의 침입에 미리 대비해야 한다.

• **be (much) bitten with[over, by] ~**: ~에 걸려들다; ~정신이 빠지다: ~에 열중 [심취]하다.

I **am bitten with** playing the guitar. 나는 요새 기타 연주에 심취해 있다.

• **be blessed with ~**: ~의 혜택을 입다; ~을 누리다.

I **am blessed with** good health. 저는 건강이야 타고났습니다. (병 없이 지낸다.)

He **is blessed with** two sons and one daughter. 그는 2남 1녀를 두고 있다.

The country **is blessed with** natural resources. 그 나라는 부존자원이 많다.

• **be bored with ~**: ~에 물리다; ~에 싫증 나다.

• **be busy with [at] ~** ; ~으로 분주하다; ~으로 바쁘다.

I **am busy with** one thing or another. 나는 이런저런 일로 바쁘다.

• **be carefree with ~**: ~에게 무관심하다; ~에 무책임하다.

• **be charged with ~**: ~로 가득 차 있다; ~을 책임지고 있다; ~의 혐의를 받다.

The atmosphere **was charged with** excitement. 분위기가 흥분으로 가득 차 있었다.

This electric line **is charged with** electric current. 이 전선에는 전류가 흐르고 있다.

I **am charged with** the task. 나는 그 일을 책임지고 있다.

The policeman **was charged with** dereliction of his duty.

그 경찰관은 직무유기로 고소당했다.

• **be comfortable with ~**: ~에 편안하다; ~이 마음에 든다; ~와 어울리다.

Are you **comfortable with** chopsticks? 젓가락을 사용할 줄 아세요?

I **am comfortable with** [in] this coat. 나는 이 코트가 마음에 든다.

He **was** not **comfortable with** his friend. 그는 친구들과 어울리지 않았다.

• **be commensurate with ~**: ~에 상응하다; ~에 적합하다.

Starting salary for all positions **is commensurate with** qualifications and experience. 모든 직의 초봉은 능력과 경력에 상응하여 지급된다.

• **be comparable with** ~: ~와 비교될 만하다; ~와 견줄 만하다.

His painting **is comparable with** masters. 그의 그림은 거장들의 그림에 비교될 만하다.

• **be compatible with** ~: ~와 양립할 수 있다.; ~와 호환 가능하다.

His interests **are** not **compatible with** mine. 그의 관심사는 나와는 맞지 않는다.

This smartphone **is compatible with** most computers.

이 스마트 폰은 대부분의 컴퓨터에 사용 가능하다.

• **be concerned with** ~: ~에 관계가 있다; ~에 관심이 있다.

• **be connected with** ~: ~와 관계가 [관련이] 있다; ~와 연결되어 있다.

The occurrence of lung cancer **is** closely **connected with** smoking.

폐암의 발생은 흡연과 밀접한 관련이 있다.

She **is connected with** him. 그녀는 그와 친척이다.

• **be consistent with** ~: ~와 일치하다.

What you say now **is** not **consistent with** what you said yesterday.

네가 지금 하는 말은 어제 한 말과 일치하지 않는다.

• **be contemporaneous with** ~: ~와 동시대다; ~와 동시대에 속하다.

The philosopher **was contemporaneous with** the tyrant.

그 철학자는 그 폭군과 동시대였다.

• **be content with** ~: ~에 만족하다.

Are you **content with** your present salary? 당신은 현재의 급여에 만족하십니까?

• **be cursed with** ~: ~(안 좋은 무엇을)를 가지고 있다.

She **was cursed with** a bad temper. 그녀는 성미가 못됐다.

I **am cursed with** a bad memory. 나는 기억력이 안 좋다.

• **be [feel] disgusted with [at, by]** ~: ~에(게) 정나미 떨어지다; ~에 넌더리 나다.

I'**m disgusted with** her complaints. 나는 그녀의 바가지에 넌더리가 난다.

• be dissatisfied with [at] ~: ~이 불만이다; ~을 불만스럽게 여기다.

• be [have] done with ~ ; ~을 끝장내다; ~와 손[인연]을 끊다; ~을 그만두다.

Are you **done with** your report? 보고서는 끝마쳤니?

I **am done with** you now. 이젠 너와는 끝이다.

• be easy with ~: 남에게 관대하다; ~에(게) 미온적이다.

• be [become] enamored with ~: ~에 열중 [골몰]하다.

• be enchanted [fascinated] with [by] ~: ~에 황홀해지다; ~에 넋을 잃다.

He **was enchanted with** her radiant beauty.

그는 그녀의 눈부신 아름다움에 넋을 잃었다.

• be endowed with ~: ~을 타고나다.

His daughter **is endowed with** musical talents. 그의 딸은 음악적 재능을 타고났다.

• be equipped with ~: ~을 갖추고 있다.

Our hotel **is equipped with** all modern comforts and conveniences.

우리 호텔은 모든 최신식의 편의시설을 갖추고 있습니다.

• be[get, become] entangled with [in] ~: ~에 걸려들다, 말려들다; ~에 관련되다.

He would not let himself **become entangled with** the matter.

그는 그 일에 얽혀들려고 하지 않았다.

• be faced with [on] ~: ~에 직면하다.

We **are faced with** the choice between war and peace.

우리는 전쟁이냐 평화냐의 갈림길과 마주쳐있다.

• be fair with [to, toward] ~: ~에게 공평하다; 편파적이 아니다.

Teachers should **be fair with** all students. 교사는 모든 학생에게 공평해야 한다.

• **S(사람) + be familiar [familiarized] with + 사물:** ~(사람)이 어떤 것에 익숙하다.

I'm not **familiar with** this type of computer.

저는 이런 (종류의) 컴퓨터에 대해서는 잘 모릅니다.

• be favored with ~: ~의 혜택을 받다.

We hope to **be favored with** your inquiry or orders soon.

우리는 곧 귀하(사)의 거래문의나 주문의 혜택을[주문을] 받기를 희망합니다.

• **be fine with** [by]~: **〈입말체〉** ~에게는 괜찮다; ~은 좋다.

Half past twelve will **be fine with** me. 저에게는 12시 30분이 괜찮을 것 같은데요.

• **be filled with** ~: ~으로 가득 차다. (=**be full of**)

• **be happy with** ~: ~에 기뻐하다; ~에 만족해하다.

(= be happy to + 동사원형; be happy that + s + v)

I've believed that I could **be happy with** him to all ages.

나는 그와 언제까지나 행복할 거라 믿었었다.

Now I'm very **happy with** my job as a teacher.

현재 나는 교사로서의 제 직업에 아주 만족합니다.

• **be honest with** ~: ~에게 정직[솔직]하다; ~에게 솔직하게 말하다; ~와 올바르게 교제하다.

I shall **be** quite **honest with** you. 내가 너에게 아주 솔직하게 말하겠다.

• **be impatient with** ~: ~에 조바심하다 [안절부절못하다]; ~을 참지 못하다.

He **was impatient with** the slow passage of time.

그는 시간이 더디게 가는 것에 안절부절못하고 있었다.

She **is impatient with** provincial life. 그녀는 시골생활을 견디지 못하였다.

• **be incompatible with** ~: ~와 양립할 수 없다; ~와 모순되다; ~와 호환되지 않다.

Environmental protection and economic development **are** essentially **in-compatible with** each other. 환경보호와 경제발전은 본질적으로 서로 양립할 수 없는 것이다.

• **be inflicted with** [by] ~: ~로 괴로움을 당하다.

The refugees **are inflicted with** hunger. 난민들은 기아로 괴로움을 당하고 있다.

• **be infatuated with** ~: ~에 열중하다; ~에 아주 반하다.

She **is infatuated with** Koran literature. 그녀는 한국문학에 심취해 있다.

• **be infected with** ~: ~에 감염되다; ~에 물들다.

Many chickens **are infected with** bird flu virus. 많은 닭이 조류독감 균에 감염되었다.

• **be infested with** ~: ~이 들끓다, ~이 횡행하다.

The street **is infested with** the gang. 그 거리는 깡패들이 설쳐대고 있다.

• **be intimate with** ~ ; ~와 친하다; ~와 친교가 있다; ~ (이성)와 깊은 관계에 있다.

I want to **be intimate with** you. 나는 당신과 친해지고 싶습니다.

• **be jammed with** ~ ; ~으로 붐비다; ~으로 꽉 차다; ~로 꽉 끼다.

The hall **is jammed with** people. 회관은 사람들로 꼭 들어차 있다.

The copier **is jammed with** paper. 종이가 복사기에 꽉 끼었다.

• **be left with** ~: ~을 계속 지니다; ~이 맡겨지다.

She **was left with** enormous burden. 그녀에게 막대한 짐이 맡겨졌다.

• **be [became] obsessed with [by]** ~: ~에 사로잡히다.

Asian countries **are obsessed with** the fear of a revival of Japanese militarism. 아시아의 국가들은 일본 군국주의의 부활에 대한 공포에 사로잡혀 있다.

She **became obsessed with** the idea that she was being watched.

그녀는 누군가가 자신을 지켜보고 있다는 생각에 사로잡히게 되었다.

• **be offended with** ~: ~에게 화를 내다; ~에 화가 나 있다.

She **was** deeply **offended with** me. 그녀는 나에게 몹시 화가 나 있었다.

• **be pleased with** ~: ~에 기뻐하다; ~에 만족해하다.

(= be pleased to + 동사원형; be pleased that + s + v)

• **be possessed with [by]** ~ ; ~에 사로잡히다; ~(귀신)이 들리다.

• **be provided with** ~: ~의 설비가 있다; ~을 가지고 있다.

The inn **was provided with** a bathroom. 그 여관은 욕실을 갖추고 있었다.

This machine **is provided with** a safety device. 이 기계에는 안전장치가 달려 있다.

• **be quits with** ~: ~에게 보복하다; ~와 대등해지다 (비기다).

• **be rife with** ~: ~으로 가득 차 있다; ~투성이다.

The paper **is rife with** false articles. 그 신문은 거짓 기사로 가득 차 있다.

• **be satisfied with** ~: ~에 만족하다.

(= be satisfied that + s + v; it is satisfying to + 동사원형)

We guarantee to refund you your money in full if you **are** not **satisfied with** your purchase. 구입품이 마음에 들지 않으시면 전액 환불을 보장합니다.

- **be saturated with** ~: ~에 흠뻑 젖어들다; ~으로 가득 차 있다.

His bandage **was saturated with** blood. 그의 붕대는 피로 젖어있었다.

- **be seized with** ~: ~(병 따위)에 걸리다; ~(공포 따위)에 사로잡히다.

The people **were seized with** the epidemic. 사람들은 전염병에 걸렸다.

He **was seized with** remorse with it. 그는 그 일로 자책감에 사로잡혀 있다.

- **be sick with** ~: ~병에 걸리다; ~으로 병나다.

She **was sick with** grief. 그녀는 슬픔으로 병이 났다.

- **be solid with** ~: ~와 사이가 좋다.

Sam-sik **is solid with** Geum-sun. 삼식은 금순과 사이가 좋다.

- **be stingy with** ~: ~을 너무 아낀다; ~을 내기 아까워하다.

My friend Man-su **is stingy with** money. 내 친구 만수는 돈 내기를 아까워한다.

- **be strict with** ~: ~에게 엄(격)하다; ~을 엄격히 대하다.

My parents **were** very **strict with** me when I was young.

우리 부모님은 내가 어릴 때 매우 엄격하게 대하셨다.

- **be stricken with** ~: ~병에 걸리다.

He **is stricken with** paralysis. 그는 뇌졸중에 걸렸다.

- **be struck with** ~: ~에 감명받다; ~에 놀라 당황하다; ~(공포 따위)에 휩쓸리다.

The audience **were struck with** the speaker's passionate speech.

청중들은 연사의 열의에 찬 연설에 감명받았다.

They **were struck with** a panic. 그들은 놀라 공황상태가 되었다.

- **be tired with [from]** ~: ~으로 피곤하다 [지치다].

- **be troubled with** ~: ~으로 고통받다 [시달리다]; ~병을 앓다.

I **am troubled with** falling hair. 나는 머리털이 빠져서 골치다.

- **be useful with [at]** ~: ~을 잘하다.

He **is** pretty **useful with** cooking. 그는 요리를 꽤 잘한다.

8) 기타의 전치사구를 보충어로 취하는 형용사

• **be diverted by [in, with] ~**: ~에 [을 보고] 즐거워하다.

The girl **was diverted by** the concert. 그 소녀는 그 음악회를 보고 즐거워했다.

• **be encircled by [with] ~**: ~에 둘러싸여 있다.

Our village **is encircled with** a cluster of small mountains.

우리 마을은 올망졸망한 산들에 둘러싸여 있다.

• **be impressed by [with] ~**: ~에 감동하다; ~에 깊은 감명을 받다.

I **was impressed by** your sincerity. 나는 너의 진실 됨에 감동받았다.

• **be surrounded by [with] ~**: ~에 둘러싸이다; ~으로 둘러싸여 있다.

• **be absent from ~**: ~에 결석하다.

• **be exempt from ~** ; ~로부터 면제받다.

He **was exempted from** military service because of his bad sight.

그는 시력이 안 좋은 이유로 병역을 면제받았다.

• **be free from ~**: ~으로부터 벗어나다.

He wanted to **be free from** the taint of city life.

그는 혼탁한 도시생활에서 벗어나고 싶어 했다.

A judge must **be free from** prejudice. 재판관은 편견이 없어야 한다.

• **be consistent in ~**: ~에 일관성을 유지하다.

He **is** not **consistent in** his action. 그는 행동이 일관되지 않다.

• **be engaged in ~**: ~에 종사하다; ~하는 데 열중하다.

She **is engaged in** an antinuclear campaign. 그는 반핵운동에 가담하고 있다.

They **are engaged in** conversation. 그들은 한창 대화를 나누고 있다.

• **be interested in ~**: ~에 관심이[흥미가] 있다.

• **be occupied in [with] ~**: ~하기에 [~으로] 바쁘다 [여념이 없다].

She **is** fully **occupied in** looking after with her children.

그녀는 아이들을 돌보느라 여념이 없다.

■ 참고

1. -ed형의 형용사가 그 보충어로 전치사구를 취하는 경우 수동태문의 형태가 되므로 능동태 문의 형태로 고칠 수 있다.

She was puzzled at my proposal. 그녀는 나의 청혼에 당황해했다.

→ My proposal puzzled her.

In-su is interested in English literature. 인수는 영문학에 흥미가 있다.

→ English literature interests In-su.

2. 전치사 뒤에 명사 대신 「접속사 + 절」 또는 부정사구가 올 경우 전치사는 흔히 생략된다. that절이 올 경우에는 반드시 생략한다.

She was not aware of the facts. 그녀는 그 사실들을 알지 못했다.

She was not aware (of) how her husband earned.

그녀는 그녀의 남편이 어떻게 수입을 얻는지를 몰랐다.

She was not aware (of ×) that he is danger. 그녀는 그가 위험에 처해 있다는 것을 알지 못했다.

3. 서술 형용사의 보충어로 ~ing(동명사)가 올 때 전치사가 결합되는 것이 원칙이나, 다음의 형용사는 그 전치사가 생략되어 나타나는 것이 일반적이다.

ex) absurd, awful, brave, busy, careful, careless, clever, content, foolish, fortunate, friendly, funny, kind, happy, honest, nice, quick, rude, sad, safe, silly, slow, strange, stupid, wrong, etc.

I am **busy** (with) getting the house redecorated. 나는 집을 새 단장(새 칠)하느라고 바쁘다.

He is **careful** (in) choosing his friends. 그는 친구를 사귀는데 신중하다.

You are **fortunate** (in) having such good parents.

그같이 훌륭하신 부모님이 계시다니 너는 행운아다.

The guests are **slow** (in) arriving. 손님들의 도착이 늦어지고 있다.

4. 형용사 like, unlike, near, opposite, worth 등은 전치사 없이 직접 명사나 동명사를 그 보충어로 취한다.

It looks **like** rain. 비가 올 것 같다.

I feel **like** taking a work. 나는 산책을 하고 싶다.

She is very **unlike** her mother. 그녀는 엄마를 전혀 닮지 않았다.

Her house is **opposite** his house. 그녀의 집은 그의 집 건너편에 있다.

This book is **worth** reading carefully. 이 책은 주의 깊게 읽을 필요가 있다.

(3) to 부정사를 보충어로 취할 수 있는 서술 형용사

ex) able, about, afraid, alarmed, amazed, amused, angry, annoyed, annoying, anxious, alarming, apt, ashamed, astonished, available, averse, awkward, bound, brave, careful, careless, certain, charmed, comfortable, competent, compulsory, concerned, confused, considerate, content, convenient, cowardly, crazy, cruel, curious, dedicated, delighted, depressed, depressing, desirous, determined, difficult, disappointed, disgusted, disposed, distracted, distressed, disturbed, due, eager, easy, eligible, embarrassed, encouraged, entitled, essential, excited, expedient, fascinated, fit, foolish, forgiving, fortunate, free, frightened, frustrated, furious, generous, glad, good, grateful, greedy, happy, hard, hesitant, impatient, impossible, important, inclined, indignant, infuriated, interested, irrational, irritating, jubilant, keen, kind, liable, likely, logical, lucky, mad, mean, nice, obligatory, pertinent, planned, pleasant, pleased, polite, possible, powerless, prepared, preferable, prompt, prone, proud, puzzled, qualified, quick, ready, reasonable, regretful, relieved, reluctant, right, rude, sad, satisfied, scheduled, set, selfish, sensible, shocked, silly, slated, sorry, stupid, sufficient, supposed, surprised, surprising, sure, thankful, tired, troubled, tough, unable, unpleasant, unqualified, unwilling, unwise, upset, used, welcome, wicked, willing, wise, worried, (un)worthy, worthwhile, wrong, etc.

- S + be able + to 부정사: ~할 수 있다.

How soon would you **be able to** start work?　　언제부터 일을 시작할 수 있겠습니까?

- S + be about + to 부정사: 막 ~하려 하다.
- S + be afraid + to 부정사: ~하기를 두려워하다; ~하기를 꺼리다.

He **is afraid to** get on the plane.　　그는 비행기를 타는 것을 무서워한다.

- S + be amused + to 부정사: ~하는 것을 재미있어하다; ~을 즐기다.

I **was amused to** see him playing up to the boss.

나는 그가 사장에게 알랑대는 것을 보니 우스웠다.

- S + be angry + to 부정사: ~을 보고 [듣고] 화를 내다.
- S + be annoyed + to 부정사: ~을 보고 [듣고, 알고] 짜증을 [화를] 내다.

• S + **be anxious** + to 부정사: ~하고 싶어 하다; ~을 갈망하다.

Journalists **are anxious to interview** the newly appointed Minister of Ministry of Agriculture, Food and Rural Affairs.

기자들은 신임 농림축산식품부 장관을 인터뷰하고 싶어 했다.

• S + **be apt** + to 부정사: ~하는 경향이 있다; ~하기 쉽다.

Such things **are apt to happen.** 이런 일은 흔히 있는 일이다.

• S + **be [feel] ashamed** + to 부정사: ~하는 것이 부끄럽다.

I'm **ashamed to let** you see my writings. 저의 작품을 보여드리기가 부끄럽습니다.

She **felt ashamed to ask** for help. 그녀는 도움을 청하기가 부끄러웠다.

• S + **be astonished** + to 부정사: ~을 보고 [듣고] 깜짝 놀라다.

• S + **be available** + to 부정사: ~하는 데 이용 [사용]하다.

What kind of conveyance **is available to go** there?

거기 가는데 어떤 종류의 교통수단을 이용할 수 있나요?

• S + **feel awkward** + to 부정사: ~해서 난처하다 [난처하게 느끼다].

※ It be + awkward + for 목적 + to 부정사: **누가 ~하는 것은 난처하다.**

I **felt awkward to find** myself short of cash.

나는 낼 돈이 모자라서 멋쩍은 생각이 들었다.

• S + **be bound** + to 부정사: 꼭 ~하게 되어있는; **〈미, 입말체〉** ~하려는 결심인

Money **is bound to** tell. 돈의 효력은 반드시 나타난다.

The weather **is bound to** get better tomorrow. 내일은 틀림없이 날씨가 좋아질 것이다.

He **is bound to** have his way. 그는 제 고집대로 할 심산이다.

• S + **be careful** + to 부정사: ~하려고 조심하다.

For social media commentator Jeff Jarvis, Twitter should **be careful** not **to** anger users by siding with censoring governments.

소셜미디어 평론가 제프 자비스에 의하면, 트위터는 검열하는 정부들과 합세해서 사용자들을 화나게 하지 않도록 주의해야 한다고 한다.

・ S + **be charmed** [**fascinated**] + **to** 부정사: ~하고 싶다; ~하는데 매료되다.

I shall **be charmed to** see you tomorrow. 내일 뵌다면 기쁘겠습니다.

I **was fascinated to** read his novel. 나는 그의 소설을 읽고서 매료되었다.

・ S + **be competent** + **to** 부정사: ~할 능력 [자격]이 있다.

※ It be competent + for 목적 + to 부정사: **~하는 것은 정당 [적법]하다.**

He **is competent to** do the task. 그는 그 일을 해낼 능력이 있다.

It **is competent** for him **to** take the post. 그가 그 지위에 앉는 것은 정당하다.

・ S + **be concerned** + **to** 부정사: ~에 관심을 두다, ~하기를 바라다.

I **am concerned to** learn how to speak English well.

나는 영어를 잘하는 방법을 알고 싶다.

・ S + **be confused** [**disturbed**, **distracted**] + **to** 부정사 :~해서 혼란스럽다; 불안해지다.

I **was confused to** learn of his latest unemployment.

나는 그가 최근 실직했다는 것을 알고 혼란스러웠다.

・ S + **be content** + **to** 부정사: ~하는 데 [인 것에] 만족하다; 기꺼이 ~하다.

You **were content to** let me shine.

당신은 저를 빛나게 하는 것으로 만족해했죠. – Bette Middler의 노래 'Wind beneath my wing' 중

I shall **be content to** help you out. 기꺼이 당신을 도와드리죠.

・ S + **be curious** + **to** 부정사: ~이 궁금하다 [알고 싶다].

Why **are** you so **curious to** know about such petty matters?

왜 그런 사소한 일까지 궁금해하십니까? (별걸 다 알려고 하는군요.)

・ S + **be crazy** + **to** 부정사: ~하는 것은 미친 일이다; ~하고 싶어서 못 견디다.

※ It is + crazy + of 목적어 + to 부정사 : **~하는 것은 미친 일이다.**

He **was crazy to** drive without headlights.

(= It was crazy of him to drive without headlights.)

전조등도 켜지 않고 운전을 하다니 그가 제정신이 아니었나 보다.

・ S + **be dedicated** + **to** 부정사: ~하는 데 전념 [헌신]하다.

We **are dedicated to** provide second to none services to our customers.

저희는 고객님들께 최고의 서비스를 제공하기 위해 노력하고 있습니다.

• S + be delighted + to 부정사: ~해서 기쁘다; 기꺼이 ~하다.

I **was delighted to** hear of your promotion to CEO of your company.

회사의 최고경영자로 승진하셨다는 소식 듣고 기뻤습니다.

I'll **be delighted to** come. 기꺼이 제가 찾아뵙도록 하겠습니다.

• S + be depressed [frustrated] + to 부정사: ~하는데 [을 알고] 낙담하다.

He **was depressed to** learn of his flunk. 그는 자신의 낙제를 알고 의기소침했다.

• S + be distressed + to 부정사: ~에 괴로워하다 [슬퍼하다].

I **was deeply distressed to** learn of your loss.

상심 되는 일을 당하셨다는 것을 알고 몹시 마음이 아팠습니다.

• S + be determined + to 부정사: ~할 것을 결심 [결정]하다.

He **was** very **determined to** succeed. 그는 기필코 성공하리라 결심했다.

• S + be disappointed + to 부정사: ~해서 [을 알고] 실망하다.

He **was disappointed to** learn that he had failed in the exam.

그는 그 시험에 떨어졌다는 것을 알고 실망했다.

• S + be disgusted + to 부정사: ~하는 것에 싫증이 나다; ~에 정나미가 떨어지다.

I **was disgusted to** see his drunk. 나는 그의 술 취한 모습을 보고 정나미가 떨어졌다.

• S + be disposed + to 부정사: ~할 마음이 있다[생기다].

I **am disposed to** accept your offer. 나는 네 제안을 받아들일 용의가 있다.

• S + be due + to 부정사: ~할 예정이다; ~하기로 되어있다.

The book **is due to** be published in May. 그 책은 5월에 발간될 예정이다.

She **is due to** arrive at seven o'clock. 그녀는 일곱 시에 도착하기로 되어있다.

• S + be eager + to 부정사: 간절히 ~하고 싶어 하다; ~하려고 애쓰다.

Many politicians **are eager to** keep their footing.

많은 정치인이 자신의 지위를 유지하려고 애를 쓴다.

• S + **be eligible** [entitled, qualified] + **to 부정사**: ~할 자격이 [권리가] 있다; ~하는데 적격이다.

You **are eligible to** vote. 당신은 투표할 자격이 있습니다.

• S + **be encouraged** + **to 부정사** : ~하도록 격려 [당부, 권고]를 받다.

Pregnant women **are encouraged** not **to** smoke during their pregnancy.

임신한 여자들은 임신 기간 동안 금연하도록 권고받는다.

• S + **be entitled** + **to 부정사**: ~할 자격 [권리]이 있다.

A victim of a crime shall **be entitled to** make a statement during the proceedings of the trial of the case involved as under the conditions prescribed by Act. 형사피해자는 법률이 정하는 바에 의하여 당해 사건의 재판절차에서 진술할 권리를 갖는다.

• S + **be fit** + **to 부정사**: ~하기에 적당 [적절]하다.

※ S + see [think] fit + to 부정사: **~하는 것이 적절하다고 생각하다.**

The food **was** not **fit to** eat. 그 음식은 먹기에 알맞지 않다.

I think **fit to** refuse his offer to give money.

나는 돈을 주겠다는 그의 제안은 거절하는 것이 적절하다고 생각한다.

• S + **be excited** + **to 부정사**: ~해서 흥분하다; ~을 보고 [듣고, 알고] 흥분하다.

• S + **be exhausted** + **to부정사**부정사: ~하는 것에 지치다.

I'm **exhausted to** take care of my baby. 나는 아기를 보는 것에 지쳤다.

• S + **be free** + **to 부정사**: ~하는 것은 자유이다. (= It be free (for 목적) + to 부정사)

You **are free to** stay as long as you like. 원하신다면 언제까지고 계셔도 좋습니다.

• S + **be frightened** + **to 부정사**: ~하는 것을 무서워하다.

• S + **be glad** + **to 부정사** : ~해서 기쁘다; 기꺼이 ~하다.

※ S + seem glad + to 부정사: **~해서 기뻐하는 것 같다.**

I **am glad to** accept your offer. 당신의 제의를 기꺼이 받아들이겠습니다.

He **seems glad to** see us. 그는 우리를 만나 기뻐하는 것 같다.

• S + **be grateful** + **to 부정사** : ~에 감사하다; ~하여 감사하다.

I'm very grateful to receive this award for best player.

제가 이 최고선수상을 받게 된 것에 대단히 감사드립니다.

• S + **be happy** + **to 부정사**: ~해서 기쁘다; 기꺼이 ~하다.

I **was** so **happy to** hear that you passed your exam.

나는 네가 시험에 합격했다는 소릴 듣고 정말 기뻤다.

I'll **be happy to** attend the meeting. 기꺼이 그 모임에 참석하겠습니다.

• S + **be hesitant** + **to 부정사**: ~하는 것에 망설이다.

He **was hesitant to** sign a contract. 그는 계약서에 서명하는 것을 머뭇거렸다.

• S + **be impatient** + **to 부정사**: 간절히 ~하고 싶어 하다; ~하고 싶어 조바심하다.

The children **are impatient** [raring] **to** go out to play.

아이들이 밖에 놀러 나가고 싶어서 안달이다.

• S + **be inclined** + **to 부정사**: ~하는 경향이 있다, ~하고 싶은 기분이 들다.

He's **inclined to** be lazy. 그는 게으른 편이다.

I **am inclined to** go for a walk. 나는 산책하고 싶다.

• S + **be indignant** + **to 부정사**: ~하여 [을 듣고, 보고, 알고] 분개하다.

• S + **be infuriated** + **to 부정사**: ~을 듣고 [보고, 알고] 화내다.

She **was infuriated to** find her purse stolen.

그녀는 자기 지갑을 도둑맞은 것을 알고 격노했다.

• S + **be interested** + **to 부정사**: ~하고 싶다 [하고 싶은 생각이 들다]; ~해서 즐겁다.

She **was interested to** know the reason. 그녀는 그 이유를 알고 싶어 했다.

• S + **be jubilant** + **to 부정사**: ~해 기쁘다.

I **was jubilant to** receive your mail. 너의 편지를 받고 기뻤어.

• S + **be keen** + **to 부정사**: 매우 ~하고 싶어 하다.

Now, the U.S. and EU **are keen to** put their divisions behind them.

이제 미국과 유럽연합은 과거의 불화를 아주 잊고 싶어 한다.

• S + **be liable** + **to 부정사**: ~하기 쉽다; 쉽게 ~한다.

We're all **liable to** make mistakes. 우리는 모두 실수를 범하기가 쉽다.

She **is liable to** cry. 그녀는 툭하면 운다.

• S + **be likely** + **to** 부정사: ~할 것 같다; ~하기 쉽다.

The situation **isn't likely to** change much. 상황이 별로 달라질 것 같지 않다.

How **likely** are we **to** get the contract? 우리가 그 계약을 따낼 가능성이 얼마나 되나요?

• S + **be lucky** + **to** 부정사: ~가 [해서] 운이 좋다; ~한 것이 다행이다.

You're rather **lucky to** get married to her. 그녀와 결혼을 하다니 너는 참 운이 좋다.

I'm **lucky to** have you for a friend. 난, 너 같은 친구가 있어서 정말 다행이야.

• S + **be mad** + **to** 부정사: ~하는 것은 미친 일이다.

He must **be mad to** do such an imprudent thing.

그런 무분별한 짓을 하다니 그 사람 미친 것이 틀림없어.

• S + **obliged** + **to** 부정사: ~하지 않으면 안 되다; 어쩔 수 없이 ~하다.

They **were obliged to** sell their house in order to pay their debts.

그들은 빚을 갚기 위해 어쩔 수 없이 집을 팔아야 했다.

• S + **be pertinent** + **to** 부정사: ~하는 것이 타당 [적절]하다.

Is it **pertinent to** do this? 이것을 하는 것이 타당할까요?

• S + **be pleased** + **to** 부정사: ~해서 기쁘다; 기꺼이 ~하다.

I **am** so **pleased to** meet you at last. 마침내 당신을 만나 뵙게 되어 매우 기쁩니다.

I'll **be pleased to** do that work. 기꺼이 그 일을 하겠습니다.

• S + **be powerless** + **to** 부정사: ~할 힘이 없다; ~에 무력하다.

The police **were powerless to** stop the unruly crowd of demonstrators.

경찰이 그 성난 시위 군중을 막기에는 무력했다.

• S + **be prepared** + **to** 부정사: ~할 준비 [각오]가 되어있다; 기꺼이 ~할 각오다.

We **are prepared to** provide a more detailed description upon request.

저희는 요청이 있으시면 더 상세히 설명해 드릴 준비가 되어있습니다.

• S + **be prone** + **to** 부정사: 곧잘 ~한다; ~하는 경향이 있다.

He **is prone to** act without thinking. 그는 생각 없이 행동하는 경향이 있다.

• S + **be proud** + **to** 부정사: ~하는 것을 자랑스럽게 여기다.

We **are proud to** be associated with your company.

저희는 귀사와 협력하게 된 것을 자랑스럽게 생각합니다.

• S + be puzzled + to 부정사: ~에 [하고] 어리둥절해 하다.

We **were puzzled to** learn of their decision. 그들의 결정을 알고 우리는 어리둥절했다.

• S + be qualified + to 부정사: ~할 자격이 있다; ~하기에 적격이다.

I think he **is qualified to** manage the project.

나는 그가 이 계획 사업 (프로젝트)을 수행하기에 적격이라고 생각합니다.

• S + be ready + to 부정사: ~할 준비가 되어있다; 지체없이 ~하다; 기꺼이 ~하다.

I **am ready to** go. 나는 언제라도 갈 준비가 되어 있다.

Are you **ready to** order? 주문하시겠어요?

• S + be relieved + to 부정사: ~에 [하고] 안심하다.

She **was relieved to** learn that he had arrived safely.

그녀는 그가 무사히 도착했다는 것을 알고 안심했다.

• S + be reluctant [unwilling] + to 부정사: ~하기를 꺼려하다.

He **was** very **reluctant to** admit his mistake. 그는 거의 마지못해 자기 잘못을 인정했다.

• S + be sad + to 부정사: ~하여 슬프다[서운하다].

※ It + be sad + (for 목적) to 부정사: ~하는 것은 슬프다[슬픈 일이다].

I'll **be sad to** see her go. 저는 그녀가 가면 서운할 거예요.

It **is sad for** her **to** have left so early. 그녀가 그렇게 일찍 떠나다니 서운하다.

• S + be satisfied + to 부정사: ~하여[하는 것에] 만족하다.

I'm **satisfied to** live in the country. 나는 시골에서 사는 것에 만족한다.

• S + be scheduled + to 부정사: ~할 예정이다.

The president **is scheduled to** visit America. 대통령은 미국을 방문할 예정이다.

• S + be set + to 부정사: ~할 준비가 되어있다.

I **am set to** begin. 나는 시작할 준비가 되어있다.

• S + be shocked + to 부정사: ~에 충격을 받다, 충격에 빠지다.

They **were shocked to** hear of the sudden death of the star actress.

그들은 그 인기 여배우의 갑작스러운 사망소식을 듣고 충격에 빠졌다.

· S + be slated + to 부정사: ~하는 것이 예정되다.

The conference **is slated to** be held next month. 그 회담은 다음 달에 열릴 예정이다.

· S + be sorry + to 부정사: ~하여 유감이다 [미안하다].

I **am sorry to** inform you that your application has been rejected.

당신의 신청서가 기각되었음을 알려드리게 되어 유감입니다.

· S + be sufficient + to 부정사: ~하기에 충분하다.

That's not **sufficient to** feed my family of four.

그것으로 우리 네 식구를 먹이기에는 충분하지 않다.

· S + be supposed + to 부정사: ~하기로 되어있다; ~할 의무가 있다.

I **was supposed to** meet him here at six o'clock.

나는 그녀를 여기서 6시에 만나기로 했었다.

You**'re supposed to** pay the bill by the end of this month.

당신은 금요일까지 그 청구서 요금을 지불해야 합니다.

· S + be surprised + to 부정사: ~하고 깜짝 놀라다.

I **was** very **surprised to** see her there. 나는 그녀를 거기서 보아서 무척 놀랐다.

· S + be sure [certain] + to 부정사: ~할 것이 확실하다; 확실히 ~하다.

He **is sure to** succeed. 그가 성공할 거라는 것은 확실하다.

(= I am sure that he will succeed. / It is sure that he will succeed.)

· S + be thankful + to 부정사: ~하는 것에 감사하다[기쁘다].

I'm very **thankful to** receive this reward.

이 상을 받게 된 것을 매우 감사하게 생각합니다.

· S + be (too) tired [exhausted] + to 부정사: ~하는 것이 (너무) 피곤하다.

I **am too tired to** walk another step. 너무 피로하여 한 걸음도 더 못 걷겠다.

· S + be surprised [astonished] + to 부정사: ~에 [하게 되어서] 깜짝 놀라다.

I **was** very **surprised to** see him there. 나는 그녀를 거기서 보고서 무척 놀랐다.

· S + be troubled + to 부정사: ~하게 돼서 힘들다 [곤혹스럽다].

I **was troubled to** learn of his problems. 나는 그의 문제를 알고 걱정했다.

• S + be unable + to 부정사: ~할 수 없다.

I'm **unable to** answer that question with any certainty.

나는 그 문제에 대해 확실하게 대답할 수 없다.

• S + be unpleasant + to 부정사: ~하는 것이 불쾌 [불편]하다.

He's **unpleasant to** talk to. 그와 말을 하면 불쾌해진다.

• S + be [feel] unqualified + to 부정사 : ~할 수 있는 자격이 있다 [있다고 생각한다].

I **feel unqualified to** speak on the subject.

저는 그 주제에 대해 말할 자격이 없는 것 같습니다.

• S + be unworthy + to 부정사: ~할 가치[자격]가 없다.

He **is unworthy to** live who lives only for himself.

자신만을 위해 사는 사람은 살 가치가 없다.

※ 여기서 who 이하는 he를 수식하는 관계사절이다.

• S + be used + to 부정사: ~에 [하는 데] 사용된다.

Some types of antibiotic **are used to** promote growth in farm animals.

어떤 항생제는 사육 동물의 성장을 촉진하기 위해 사용된다.

• S + be upset + to 부정사: ~에 불쾌(해)하다; 속상(해)하다.

She **was upset to** have to stay home while her friends went dancing.

그녀는 친구들은 춤추러 가는데, 자신은 집에 머물러 있어야 한다는 것에 속상했다.

• S + be welcome + to 부정사: ~하는 것을 환영 [찬성, 허락]한다.

You**'re welcome to** stay here whenever you like.

당신이 원한다면 언제까지라도 이곳에 있어도 좋습니다.

• S + be willing + to 부정사: ~하기를 꺼리지 않다; 기꺼이 ~하다.

I **am** quite **willing to** do anything for you.

당신을 위해서라면 무엇이든 기꺼이 할 것입니다.

Are you **willing to** swear in court that you saw him do it?

당신이 그가 그것을 하는 것을 보았다고 법정에서 증언해 주시겠습니까?

• S(사물) + be worthwhile + (for 목적격) to 부정사: ~할 가치 [필요]가 있다.

= it be worthwhile + (for 목적격) to 부정사 + 목적어(= S)

This book is worthwhile (for you) to read carefully.

이 책은 (네가) 주의 깊게 읽을 만한 가치가 있다.

⇒ It is worthwhile (for you) to read this book carefully. (o)

※ 여기서 '(for you) to read this book carefully'는 진주어이다.

It is worthwhile your reading this book carefully. (o)

※ 여기서 'your reading this book carefully'는 진주어이다.

This book is worthwhile your reading carefully. (?)

※ 이러한 구문은 worthwhile이 전치사적 형용사인 worth와 명사 while(= a period of time)이 합쳐진 것으로 while이 worth의 목적어 역할을 하므로 2중으로 다시 동명사를 목적어로 둘 수는 없으므로 틀린 것으로 보거나, worthwhile을 하나의 전치사 겸 형용사로서 그 목적어 내지 보충어로 동명사를 당연히 사용할 수 있다고 보기도 한다. 실제로도 사용되고 있다.

• S + be worthy + to 부정사: ~하기에 가치가 [자격이] 있다 [손색이 없다].

= be worthy of + (대)명사/동명사

The proposal is worthy to be considered. 그 제안은 생각해 볼 만한 가치가 있다.

He is a man who is worthy to take the lead.

그는 지도적 위치를 차지할 만한 사람이다. (지도자가 될 만한 사람이다.)

This fact is worthy of notice. 이 사실은 주목할 만한 가치가 있다.

※ worthy는 worth처럼 전치사를 겸하지는 않으므로 명사/동명사를 전치사 (of) 없이 직접 취하지 못한다. 즉, 전치사구의 보충어를 취한다.

(4) 절을 보충어로 취할 수 있는 서술 형용사

1) that절을 보충어로 취할 수 있는 서술 형용사 [S + be + 서술 형용사 + that절]

ex) afraid, alarmed, amazed, amused, angry, annoyed, anxious, ashamed, astonished, aware, careful, certain, comfortable, concerned, confident, conscious, convinced,

delighted, depressed, desirous, determined, disappointed, disgusted, embarrassed, excited, forgiving, frightened, frustrated, furious, glad, grateful, grieved, happy, hopeful, horrified, ignorant, indignant, irritated, keen, likely, lucky, mad, pertinent, pleased, proud, puzzled, relieved, regretful, sad, satisfied, shocked, sorry, sure, surprised, thankful, upset, worried, etc.

She was afraid that something might happen to the children.

그녀는 아이들에게 무슨 일이 생길까 봐 걱정하였다.

I was annoyed that he asked me with insistence.

나는 그가 집요하게 물어봐서 짜증이 났다.

Scientists are concerned that the destruction of the Amazon could lead to climatic chaos. 과학자들은 아마존이 파괴되면 기후상의 혼란이 올 수도 있다고 걱정한다.

He was confident that his team would win the game.

그는 자신의 팀이 경기에서 승리할 것이라고 확신하고 있었다.

I'm convinced that's the best way. 나는 그것이 최상의 방법이라고 확신한다.

I am desirous that we all (should) be happy. 난 우리 모두가 행복하기를 원해.

He was entirely ignorant that he was being followed.

그는 자신이 미행당하고 있다는 것을 전혀 몰랐다.

My father is keen that South and North Korea are reunified without a day's delay. 나의 아버지는 하루바삐 남북한이 통일되기를 간절히 바라신다.

I was puzzled that he had come to my house.

나는 그가 우리 집에 찾아온 것에 어리둥절했다.

I'm surprised that you of all people think that.

누구보다도 당신이 그렇게 생각한다니 놀랍군요.

I am just thankful that I was given this opportunity to play baseball again.

제게 다시 야구를 할 수 있는 기회가 주어진 것에 대해 정말 감사드립니다.

2) 의문사절이나 whether절 [또는 if절]이 서술 형용사의 보충어로 쓰이는 경우

ex) alarmed, aware, careful, certain, clear, doubtful, frightening, puzzled, sad, surprised, sure, unaware, unclear, uncertain, unsure, upset, etc.

I don't think you're aware (of) how much this means to me.

이것이 나에게 얼마나 의미가 있는지 당신은 모를 겁니다.

Be careful what you say; our conversation may be being bugged.

말을 조심하세요. 우리 대화가 도청되고 있을지도 모릅니다.

Are you certain who will deliver the speech?

누가 그 연설을 할 것인지 확실히 아세요?

I am not clear where she went. 그녀가 어디로 갔는지가 분명치 않다.

I am doubtful whether [if] the team will succeed.

나는 그가 성공할 것인지가 의문스럽다.

I am quite puzzled how you came to that conclusion.

네가 어떻게 그런 결정을 하게 됐는지 나는 너무도 당혹스럽다.

I am not sure why he came. 나는 그가 왜 왔는지를 모르겠다.

I'm unclear (about) what you want me to do.

내가 어떻게 하길 네가 바라는지 난 잘 모르겠다.

She was very upset when she heard her son had failed the exam.

그녀는 아들이 시험에 떨어졌다는 말을 듣고 몹시 당황했다.

> **▷ 서술 형용사 앞에 부정어가 오거나 형용사가 부정적 뜻을 나타낼 경우 그 보충어로 흔히 whether/ if절 이나 「의문사 또는 whether + to 부정사」가 온다.**
>
> I am doubtful whether [if] he will succeed. 나는 그가 성공할 것인지가 의문스럽다.
>
> I am not sure what to order. 무얼 (주문) 시켜야 할지 모르겠어요.
>
> I was puzzled what to answer. 나는 뭐라고 대답해야 할지 몰라 난처했다.
>
> I am uncertain whether to go away or stay where I am.
> 나는 가야 할지 그대로 있어야 할지를 잘 모르겠다.
>
> I am undecided whether to go. 나는 가야 할지 말아야 할지 결정하지 못하고 있다.

3) it be + 서술 형용사 + 의문사절/ if [whether] 절

It is not clear how they were able to do it.

그들이 어떻게 그것을 할 수 있었는지는 분명치 않다.

It is not clear whether [if] he will attend. 그가 참석할지는 분명치 않다.

It's doubtful whether the rumor is true or not.

그 소문이 사실인지 어떤지가 의심스럽다.

It is frightening when you see just what is in the cigarettes.

여러분이 담배 개피들 안에 들어있는 것을 보았을 때를 생각만 해도 두렵다.

It would be sad if it were true. 그것이 (사실이 아니지만 행여) 사실이라면 유감입니다.

It is unclear why he quitted his job. 그가 왜 직장을 그만두었는지는 불분명하다.

4. 수량·순서 형용사

(1) 부정 수량형용사(不定 數量形容詞)

특정되지 않은 수량을 나타내는 형용사를 말한다.

ex) many, much, few, little, etc.

1) 형용사 many

불특정의 수(數)에 사용한다.

① 복수 명사 앞에 쓰여: 많은, 다수의 〈opp.〉 few

Many people think so. 많은 사람이 그렇게 생각한다.

There are many such flowers in the garden. 정원에는 그러한 꽃들이 많다.

② 'a(an) + 단수 명사'를 수반하여: 여러, 많은 〈단수취급〉

many a man 많은 사람 (= many men)

※ 'many a man'과 'many men'의 뜻은 거의 같으나, 'many a man'은 글말체에 쓰이고 개별성에 중점을 두는 데 비해서 many men은 글말체, 입말체에 다 쓰이고 총체적으로 본다는 데에 차이가 있다.

many a time 여러 번 자주 (= many times)　　many a day 몇 날 며칠

Many a student has repeated the same mistake.

(= Many students have repeated the same mistake.)

수많은 학생이 같은 잘못을 되풀이해왔다.

Many a little makes a mickle [muckle].

작은 것이 많이 모여 큰 것을 만든다. [티끌 모아 태산]

③ 입말체에서 many는 보통 부정문, 의문문에 쓰며, 긍정문에서는 주어를 수식하거나, 막연한 다수를 나타낼 때나 as, so, too, how가 있을 경우에 쓴다.

※ 입말체의 긍정 평서문에서는 many대신 a lot of, lots of, a (large) number of, a great [good] many, plenty of, quite a few 등을 대신 쓰는 경향이다.

I haven't seen him for **a good many** years. 〈부정문〉

나는 꽤 여러 해 동안이나 그를 만나지 못했다.

There are **many** sights to see in Gongju. 〈주어 수식〉　　공주는 구경할 곳이 많다.

Many people like football.　　많은 사람이 축구를 좋아한다.

People try to catch **as many** leaves **as** they can in one hand.

사람들은 한 손에 가능한 한 많은 나뭇잎을 잡으려고 한다.

There are **too many** whys in this affair.

이 사건에는 이해할 수 없는 점이 너무나 많다.

④ **한마디로 하는 대답에는 many를 쓰지 않는다. 다만, 부정일 때에는 many만을 사용한다.**

"How **many** books do you have?"

– "A lot [또는 Lots]." 많이 갖고 있습니다. "Many." (x)

"Not **many**." 별로 갖고 있지 않습니다. "Not a lot." (x), "Not lots." (x)

⑤ **관용어구**

- **a good [great] many + 복수 명사**: 많은 (수의)~(= a great [large] number of)

She was so attractive that **a great many** gentlemen used to court her.

그녀는 아주 매력적이어서 아주 많은 남자가 구애하고는 했다.

- **as many ~**: (선행하는 수사와 상관적으로 써서) 같은 수만큼의 (것)

He made ten mistakes in **as many** lines. 〈as many = ten〉

그는 열 줄에서 열 개의 실수를 했다.

- **as many again**: (같은 수의 것이) 다시 또

There were five of us and **as many again** of them.

우리는 다섯 사람이 있었고 그들은 그 배나 있었다.

- **so many ~**: 아주 많은 ~, 어떤 수로 (몇몇으로)

He has **so many** books. 그는 아주 많은 책을 소장하고 있다.

Apples are sold at **so many** a hundred won. 사과는 천 원씩 (단위로)에 팔린다.

- **like so many ~**: (마치) 같은 수의 ~처럼

They worked **like so many** ants. 그들은 마치 개미떼처럼 일했다.

The wooden houses flamed up **like so many** match-boxes.

그 목조 건물들은 마치 성냥갑들처럼 불길이 타올랐다.

- **in so many words**: 누누이; 글자 그대로; 분명하게, 노골적으로

I have told you **in so many words** that it is not true.

내가 그것은 사실이 아니라고 너에게 누누이 말했잖아.

Can you state **in so many words** what the meaning is?

그 의미가 무엇인지를 분명하게 말씀해 주시겠습니까?

- **be one too many**: 하나만큼 더 많은, 남는; 도가 지나친 (= **excessive**); 불필요한

There **is one too many.** 하나가 [한사람이] 남는다.

I feel that I am **one too many** in this company.

이 회사에서는 내가 불필요한 사람처럼 느껴진다.

- **one too many for ~**: ~보다 한 수 위다, ~의 힘에 겹다.

Man-su is **one too many for** me. 만수는 나보다 한 수 위다. (힘에 벅차다.)

- **many another**: 다른 많은 (사람, 것)

We still have **many another.** 우리는 아직도 다른 점이 많다.

I, like **many another,** used to think so.

나도 다른 많은 사람처럼 그렇게 생각을 했었다.

2) 형용사 much

불특정의 양(量)을 나타내는 데 쓴다.

① 불가산명사의 앞에 붙여서: 다량의, 많은 〈opp.〉 little

❶ 긍정문에서: 〈주어를 수식하거나, how, as, so, too 등을 앞에 두어〉 많은; 다액의

much profit [damage, confusion, trouble] 많은 이득 [피해, 혼란, 고생]

Much coin, much care. 재물이 많으면 근심도 많다. – 속담 –

Have as much food as you like. 음식을 먹고 싶은 만큼 [대로] 드시오.

❷ 부정문, 의문문에서

She does not have much company. 그녀는 사귀는 친구들이 그다지 많지 않다.

※ '친구, 동료'의 뜻으로서 company는 추상명사이므로 much로 수식한다. 추상명사로서의 company는 복수형을 갖지 않으므로 'many companies'로 쓸 경우에는 보통명사로서 '많은 회사'를 뜻한다.

There isn't much furniture in my house. 내 집에는 가구가 그리 많지 않다.

② **입말체에서는 긍정 평서문에서 주어를 수식하는 경우나 관용어구 이외에는 much대신 a lot of, lots of, plenty of, a good [great] deal of, a great [large] quantity of 등을 많이 쓴다.**

Too **much** light can damage your eyes and cause vision problems. **〈주어 수식〉**

과도한 빛은 눈을 손상시키고 시력 문제를 일으킬 수 있다.

It doesn't cost a lot of money to keep them at home.

집에서 그것들을 기르는데 돈은 많이 들지 않습니다.

③ **관용어구**

- **as much ～:** (앞에 나온 양과) 같은 정도로

He drank three bottles of beer and **as much** wine.

그는 맥주 세 병과 같은 양의 포도주도 마셨다.

- **as much … as ～:** ～와 같은 양 [정도]의 … ; ～할 만큼의 …

I will give you **as much** money **as** you want. 돈은 네가 원하는 대로 주겠다.

There is **as much** money **as** is needed. 필요한 만큼의 돈은 있다.

- **like so much:** (같은 양의) ～처럼 (= **as so much**)

The white snow on the roof seemed like so much sugar.

지붕 위에 흰 눈이 마치 그만큼의 설탕처럼 보였다.

- **not so much A as B:** A라기보다는 오히려 B이다.

He is not so much (as) scholar as a statesman. 그는 학자라기보다는 정치인이다.

- **Much good may it do you! 〈반어적 표현, 여기서 much는 no의 의미〉**

그게 너한테 퍽 좋기도 하겠다. (그게 좋을 리가 없지; 그건 별 소용이 없을걸.)

3) 형용사 few

① 앞에

한정적 용법으로 쓰여 복수 명사를 수식하거나, 서술적 용법으로 쓰여 '수가 적은'의 뜻

을 나타낸다.

② 용법

▶ 부정관사(a, an)가 있고 없음에 따라 긍정적인 뜻 (조금은 있는)과 부정적인 뜻 (거의 없는)의 뜻을 나타내는 것은 주관적인 것이며 반드시 객관적 수량의 많고 적음을 나타내는 것은 아니다.

❶ a를 붙이지 않은 부정적 용법: 거의 없는, 조금 [소수]밖에 없는 〈opp.〉 many

▶ 비교급은 fewer이며 이는 양을 나타내는 little의 비교급 less와 대조된다.

He has few friends. 그는 친구가 거의 없다.

※ 입말체에서는 few보다는 very few나 not many, hardly any를 즐겨 쓴다.

He has very few friends. 그는 친구가 거의 없다.

He does not have many friends. 그는 친구가 거의 없다.

He had but few chances of success. 그가 성공할 가망은 거의 없었다.

As rural incomes increase, fewer farmers migrate to find work.

농촌의 소득이 늘어나면서 더 적은 수의 농부들이 일자리를 찾기 위해 이주한다.

There are fewer clients than yesterday. 어제보다 손님이 적다.

※ 수(數)에는 few의 비교형인 fewer를 쓰는 것이 원칙이나, 특정 수를 수반하면 흔히 less를 쓴다.

There were less [not less] than ten applicants.

신청자는 열 명도 못 됐다 [열 명 이상이나 됐다].

We are always complaining that our days are few.

우리는 우리 생애가 얼마 되지 않는다고 항상 불평한다.

❷ a 또는 다른 한정사와 함께 긍정적 용법으로: 조금은 있는; 다소의, 얼마간의

〈opp.〉 no, none ※ 비교급은 없다.

A few leaves remain on the branches. 나뭇잎 몇 장이 나뭇가지에 달려 있다.

He will come back home in a few days. 그는 며칠 있으면 집에 돌아올 것이다.

one of the few friends (that) he has 그의 몇 안 되는 친구 중의 한 사람

※ 특정한 것 [사람]을 가리킬 때는 a가 the나 one's로 된다.

the first few pages of the book 그 책의 처음 몇 페이지

He played **his last few** dollars. 그는 마지막 몇 달러를 걸었다.

③ **관용어구**

- **a good few** 〈영, 입말〉 꽤 많은 수의; 상당한 수의 (= quite a few; not a few)
- **every few days** 며칠에 한 번; 며칠마다
- **no fewer than ~**: ~ (만큼)이나 (= as many as) * 수가 의외로 많은 것을 강조한다.

There are no fewer than ten flights a day between the island and Bang-kok. 그 섬과 방콕을 연결하는 비행기는 하루에 10대나 운항한다.

- **not a few** 상당한 수의 (↔ only a few, but few: 극소수의); 〈입말체〉 꽤, 상당히

We had not a few visitors. 방문객은 꽤 많았다.

That news interested me not a few. 그 소식은 꽤 흥미로웠다.

- **not fewer than ~**: ~이상의; 적어도 ~만큼의

There were not fewer than one hundred people present.

100명 이상의 [적어도 100명의] 참석자가 있었다.

- **only [just] a few** 불과 몇 안 되는; 극히 소수의(= but a few); 근소한

He has only a few friends. 그는 친구가 불과 몇 안 된다.

Only a few people were present. 극소수의 사람들만이 출석했다.

- **quite a few** 〈입말〉 꽤 많은; 상당한 수의

Quite a few people were invited to his wedding ceremony.

꽤 많은 사람이 그의 결혼식에 초대되었다.

- **very few** 극소수의

Very few snakes are poisonous. 극소수의 뱀이 독을 갖고 있다.

There are very few places left on the course. 그 강좌에는 빈자리가 거의 남지 않았다.

4) 형용사 little

little은 크게 볼 때 '크기가 작은'의 뜻과 '양이 적은'의 뜻을 나타낸다. '크기가 작은'의 의

미로는 형용사로만 쓰이며 그 반의어는 big이나 large이고, '양이 적은'의 의미로는 형용사, 부사, (대)명사로 쓰이며 그 반의어는 much이다. '양이 적은'의 의미로 쓰일 경우 little 다음에는 단수 명사가 오며, little에 a가 붙으면 긍정적, a가 붙지 않으면 부정적인 뜻을 갖는다.

① 가산명사를 직접 수식하거나 서술적으로 쓰여 《작은 (↔ big, large); 적은, 소수의 (↔ large); 나이가 적은 (young); 사소한》

▶ **비교급, 최상급은 littler, littlest를 쓰지 않고 smaller, smallest를 대신 쓴다. 다만, 미, 입말체에서는 littler, littlest를 쓴다. small이 단순히 크기가 작다는 것을 나타낸다면 little은 애정, 경멸 따위의 감정적 색채를 띠는 때가 많다.**

the little people [folk] 작은 요정들

Little drops of rain pierce the hard marble.

작은 물방울들이 단단한 대리석을 뚫는다. [낙숫물이 댓돌을 뚫는다.]

the little Kims (= Kim's children) 김 씨네 (집안의) 아이들

my little brother [sister] 내 남동생 [여동생]

cf.) my littlest brother [sister] 나의 막내 남[여]동생

a little mistake 작은 (사소한) 실수   a little problem 사소한 문제

When I was little, I used to play with Dal-rae. **〈서술용법〉**

어렸을 때 나는 달래와 놀고는 했었다.

② 불가산명사를 수식하여 〈비교형 (비교급·최상급): less, least〉

❶ a little의 형태로 긍정적 용법으로: 조금은 (있는), 다소간의, 약간의

〈opp.〉 no, none

a little time [money] 약간의 시간 [돈]   a little learning 어설픈 지식

Will you have a little wine [= some wine]?   포도주(술)를 (좀) 드시겠습니까?

He had a little difficulty (in) looking for a job.

그는 직장을 구하는 데 조금 애를 먹었다.

❷ a를 붙이지 않는 부정적 용법으로: 조금밖에 없는, 거의 없는; 아주 적은 〈opp.〉 much

have little rain [snow] 비가[눈이] 적게 오다.

He had very little experience in business. 그는 실무 경험이 거의 없었다.

There was little change for the better. 호전될 기미가 거의 없었다.

③ 명사의 종류와 관계없이 한정용법으로만 쓰일 경우: 사랑스러운; 귀여운; 가련한; 〈시간·거리 등이〉 짧은; 힘이 없는; 유치한, 어리석은

my dear little mother 나의 사랑하는 어머니 my little darling 나의 사랑하는 사람

a little voice 가는 [작은] 목소리 a little smile 엷은 미소

a little mind 옹졸한 마음 a little soul 소인배 a little coward 쩨쩨한 겁쟁이

Little things amuse little minds.

소인배는 하찮은 일에 흥겨워한다. (놀아난다.) – 속담 –

Won't you come a little way with us? 우리와 잠시 함께 가지 않겠습니까?

I know your little ways. 나는 너의 유치한 수법을 안다.

④ 관용어구

- **a little bit** 조금, 약간
- **a little bit of a** 대수롭지 않은; 작은

Its' a little bit of an incident you don't have to pay attention.

이것은 당신이 신경 쓰지 않아도 될 대수롭지 않은 일이에요.

- **but little [= only a little]** 거의 없는, 극히 적은

There was but little time. 시간이 거의 없었다.

- **go but a (very) little way to ~**: ~에 불충분하다, 부족하다.

This success goes but a little way to satisfy me.

이번의 성공으로는 내가 만족하기에 부족하다.

- **no little [= not a little; quite a little]** 적지 않은, 상당한; 정말 많은 (= **very much**)

※ **모두 글말체에서 쓰는 표현으로 no little이 not a little보다 강한 의미를 나타낸다.**

You've been no little help (to me). 덕분에 상당한 도움이 되었습니다.

He has not a little money. 그는 돈을 꽤 많이 가지고 있다. (상당히 부자다.)

(= He has quite a lot of money.) ※ 이처럼 쓰는 것이 보통이다.

• **only a little [= but little]** 극히 적은, 조금뿐인; 거의 없는

It was only a little shower. 잠깐 내리는 소나기였을 뿐이다.

• **some little** 소량의; 다소의, 꽤 많은

I have some little acquaintance with French. 나는 프랑스어를 조금 안다.

There was some little water left. 물은 꽤 남아있었다.

• **the [what] little** 적지만 있는 대로의; 적지만 전부의

The little money we have will hardly keep us in food.

우리가 가진 적은 돈으로는 먹고 살아가기에는 거의 어려울 것 같다.

I gave the bagger what little money (that) I had.

얼마 안 되지만 내가 가진 돈 전부를 그 걸인에게 주었다.

• **very little** 아주 적은; 거의 없는.

He has very little sense. 그는 매우 지각이 없는 사람이다.

■ 참고– 부사 little의 용법

1. 앞에

부사 little은 형용사, 부사, 동사를 수식한다. 〈비교형〉 less, least

2. a 없이 부정적으로

(1) 거의 ~이 아니다; 거의 ~하지 않다. 〈opp.〉 much

※ 이 용법에는 흔히 very가 그 앞에 온다.

little known writers 무명작가들

She was **little** surprised. 그녀는 거의 놀라지 않았다.

I slept **very little** last night. 나는 지난밤에 거의 잠을 안 잤다.

(2) believe, care, dream, expect, guess, imagine, know, question, realize, suppose, suspect, think, understand, be aware of 등과 함께 쓰여 《전혀 [조금도] ~

아니다.》

They little knew what awaits them. 그들은 무엇이 자신들을 기다리고 있는지 전혀 몰랐다.

They were little aware of the approaching danger.

그들은 위험이 다가오는 것을 전혀 알아차리지 못했다.

3. a가 있어 긍정적으로 《(때때로 비교급의 형용사·부사와 함께) 조금, 약간, 다소》

sleep only a little 조금밖에 잠을 안 자다.

This problem is a little too hard to solve. 이 문제는 풀기가 좀 까다롭다.

She seemed to be a little ashamed. 그녀는 조금 부끄러워하고 있는 것처럼 보였다.

She is a little over forty. 그는 마흔 살이 조금 넘었다.

She is a little older than I. 그녀는 나보다 약간 나이가 많다.

4. 관용어구

- **little better than ~**: ~나 마찬가지의(나쁜, 못한); ~나 별다름 없는

He was little better than a beggar. 그는 거지나 마찬가지였다.

- **little less than ~**: ~와 거의 같은 정도의 (nearly); 거의 ~인[한], ~이나 다름없는

She saved little less than a million won by working part-time.

그녀는 아르바이트해서 거의 백만 원 가까이 모았다.

It is **little less than** swindle. 그것은 사기나 다름없다.

- **little more than ~**: ~와 거의 마찬가지로 적은[짧은]; ~에 지나지 않는; ~가량

He left little more than an hour ago. 그가 떠난 지는 한 시간도 안 됐다.

The company is little more than a name. 그 회사는 이름에 지나지 않는다. (유명무실하다.)

It costs little more than a dollar. 그것은 값이 1달러가량이다.

- **little short of ~**: 거의 (~ 나 다름없는) (= almost); ~에 가까운

His performance was little short of perfection.

그의 연기[연주, 솜씨 등]는 거의 완벽에 가까웠다.

Our national team's victory was little short of a miracle.

우리 국가대표팀의 승리는 거의 기적에 가까웠다.

- **not a little** 〈**입말체**〉 적지 않게; 매우

She was not a little disappointed at the news. 그녀는 그 소식을 듣고 적잖이 실망했다.

He lost not a little in gambling. 그는 노름으로 적지 않게 돈을 잃었다.

- **only a little 조금뿐; 다만 조금**

I slept **only a little** last night. 나는 어젯밤에 조금밖에 안 잤다.

(2) 특정의 수량, 순서, 배수를 나타내는 형용사

1) 기수형용사(cardinal numeral adjective)

기수형용사(基數 形容詞)란 특정된 수와 양을 나타내는 형용사를 말한다.

※ 기수형용사는 한정사(the, these, those, my …)의 뒤에 놓인다.

the **three** young man 그 세 젊은이　my **two** daughters 나의 두 딸

these **three** men 이들 세 남자

2) 서수 형용사 (ordinal numeral adjective)

서수형용사(序數 形容詞)란 순서를 나타내는 형용사를 말한다.

※ 서수형용사는 정관사 (the) 및 일반 한정사의 뒤에 놓인다.

the thousandth visitor 1000번째 방문자　his **hundredth** proposal 그의 100번째 청혼

> **▷ 기수와 서수를 같이 쓸 경우, 서수 → 기수의 순으로 쓴다.**
> I read only the first three pages of the book. 나는 그 책의 처음 세 쪽만을 읽었다.
> Business is always stronger during the first ten days of the month.
> 장사는 항상 매달 첫 열흘 동안은 더 잘된다.

3) 배수 형용사 (multiple adjective)

① 의의

배수(倍數)를 나타내는 말을 배수사(multiplicative numeral)하고, 형용사로서 명사를 수식하는 배수사를 배수 형용사(倍數 形容詞)라 한다.

② 배수 형용사

- 반: **half**(명사, 형용사, 부사)
- 2배: **double**(명사, 형용사, 부사), **twofold**(형용사, 부사), **twice**(부사)
- 3배: **treble**(명사, 형용사), **triple**(명사, 형용사), **threefold**(형용사, 부사), **thrice**(부사); three times(부사적)
- 4배: **quadruple**(명사, 형용사), **fourfold**(명사, 형용사, 부사); four times(부사적)

- 5배: quintuple(명사, 형용사) [= pentuple], fivefold(형용사, 부사); five times(부사적)
- 6배: sextuple(명사, 형용사) [= hextuple]; six times(부사적)
- 7배: septuple(명사, 형용사); seven times(부사적)
- 8배: octuple(명사, 형용사); eight times(부사적)
- 9배: nonuple(명사, 형용사); nine times(부사적)
- 열 배: decuple(명사, 형용사); ten times(부사적)
- 100배: centuple(명사, 형용사); hundredfold(형용사, 부사); a hundred times(부사적)
- 1000배: a thousandfold(형용사, 부사); a thousand times(부사적)

③ 배수 형용사는 일반 한정사 (관사, 소유격, 기타 한정사)의 앞에 놓인다.

half an hour 반 시간 (= a half hour) half the work 그 일의 반

double the price 그 가격의 두 배 double my age 내 나이의 곱절

treble my earnings 내 수입의 세 배

④ 배수 형용사를 사용한 '(…의) ~배'의 표현방법

배수 형용사를 사용하여 명사를 수식하면 된다. 배수 형용사는 일반 한정사(관사, 소유격 등)의 앞에 놓인다. **[배수 형용사 + (한정사) + 명사]**

❶ 배수 형용사: half, single, double, treble, triple, quadruple, quintuple, sextuple, etc.

I had to pay double the usual price. 나는 통상가격의 두 배나 지불해야 했다.

I'm double (또는 twice) your age. 내 나이는 네 나이의 곱절이다.

We need quadruple the number of players. 우리는 선수의 수를 네 배로 늘려야 한다.

> ▷ 비교급을 사용한 배수의 표현
> 「부사적 배수사 (…times) + 크기, 길이, 무게, 부피 등의 형용사의 비교급 + than ~」으로 한다.
> This box is **three times bigger than** that one. 이 상자는 저 상자보다 세 배 더 무겁다.
> This is **ten times longer than** that one. 이것은 저 것 보다 열 배 더 길다.

⑤ 기타 배수 관련 표현

❶ 같은 크기 [수, 양, 정도 등]의 표현 (동등비교): as large [many, much 등] as

I have as many as you. 나는 너와 같은 수만큼 갖고 있다.

Your room is as large as mine. 네 방은 내 방과 크기가 같다.

❷ 1배 반의 수 [크기, 무게, 양, 정도 등]의 표현

: half as many [large, heavy, much 등] + (명사) + again as

half again as many [large, heavy, much 등] as

He has about half as many books again as I.

그는 나보다 약 한 배 반 수의 책을 갖고 있다.

She earns half as much again as I do. 그녀는 나의 한 배 반을 번다.

My room is half as large again as yours. 내 방은 네 방의 1.5배 크기이다.

❸ 2배의 크기 [수, 양, 길이]의 표현 : as large [many, much, long 등] again (as~)

I will give you as much again as them. 나는 당신에게 그들의 두 배만큼 주겠소.

❹ 배수사를 사용한 비교 (배수비교)

▶ 배수사를 사용하여 비교를 나타낼 때는 「부사적으로 쓰이는 배수사 (half, twice, three times 등) + as + 원급의 형용사 또는 부사 + as」 또는 「부사적으로 쓰이는 배수사 + the 명사 (크기, 길이, 무게, 부피 등의 척도를 나타내는 명사) + of ~」와 같이 나타낸다.

This is half as large as that. 이것은 저것의 반 만 하다.

(= This is half the size of that.)

It would cost twice as much as that. 그렇게 하면 비용이 배가 든다.

(= It would cost as much again as that.)

He has twice as much money as I have. 그는 내가 가진 돈의 곱절을 가졌다.

※ 이와 같이 「as + 형용사 (원급) + 명사 + as ~」의 형태를 쓸 수도 있다.

Last year Americans spent six times **as much** money on pet food **as** they did on baby food.

지난해 미국인들은 유아식에 소비한 돈의 여섯 배를 애완동물 먹이에 소비했다.

China is about one hundred times as large as Korea.

중국은 면적이 한국의 약 100배이다.

(= China is about one hundred times the area of Korea.)

영어의 수(數)의 표현

1. 수사 (Numerals)

(1) 의의

수사(數詞)란 수량이나 순서 등 수적 관계를 표시하는 말을 가리킨다. 영어의 수사에는 수효를 나타내는 내는 기수(基數)와 순서를 나타내는 서수(序數)가 있다.

※ 우리말에서 수사는 명사와 공통되는 기능을 가지고 있으므로 명사 내지 대명사의 일종으로 취급하기도하고, 따로 독립된 품사로 분류하기도 한다. 영어에서 수사는 명사의 역할을 할 때는 명사로, 명사를 수식하는 역할을 할 경우에는 형용사로 본다.

(2) 종류

1) 기수(cardinal [simple] number)

기수란 개수(個數)나 특정의 양을 나타내는 수를 말한다.

① 1~ 20

one(1), two(2), three(3), four(4), five(5), six(6), seven(7), eight(8), nine(9), ten(10), eleven(11), twelve(12), **thirteen**(13), fourteen(14), **fifteen**(15), six-teen(16), seventeen(17), eighteen(18), nineteen(19), twenty(20)

② 21~99까지는 십의 단위 수와 일의 단위 수 사이에 hyphen (-)을 붙인다.

twenty-one, **thirty**(30), **forty**(40), **fifty**(50), sixty(60), seventy(70), eighty(80), ninety(90), ninety-nine(99)

③ 100 이상의 수에는 hundred 다음에 and를 넣고 읽는다. 미에서는 and를 생략하는 경우가 많다.

100(백): a(one) hundred 135(백삼십오): one hundred (and) thirty-five

567(오백육십칠): five hundred (and) sixty-seven

④ 1000 이상의 수는 천 단위로 읽는다.

- 1,000(천): a(one) thousand
- 3,021(삼천이십일): three thousand and twenty-one
  thirty hundred (and) twenty-one

※ 이처럼 100(백)의 단위가 없을 때는 천 단위로 읽는 게 보통이나 백 단위로 읽기도 한다. 천 단위로 읽을 경우 and를 생략하지 않는다.

- 5,397(오천삼백구십칠): five thousand three hundred (and) ninety-seven
- 10,000(만): ten thousand 또는 a myriad 〈옛말〉
- 100,000(십만): one hundred thousand

⑤ 백만(1,000,000): a(one) million

- 1,234,567(백이십삼만 사천오백육십칠):
  one million, two hundred (and) thirty-four thousand, five hundred (and) sixty-seven

※ 만 이상의 숫자는 3자리씩 끊어 읽는다.
367,259,418(삼억육천칠백이십오만 구천사백십팔): three hundred and sixty seven million, two hundred and fifty nine thousand, four hundred and eighteen.

⑥ 10,000,000(천만): ten million

⑦ 100,000,000(억): a hundred million

⑧ 1,000,000,000(십억): a thousand million 〈영〉, one billion 〈미〉

⑨ 10,000,000,000(백억): ten thousand million 〈영〉, ten billion 〈미〉

⑩ 100,000,000,000 (천억) : a hundred billion

⑪ 1,000,000,000,000(조): a million million 또는 a biullion 〈영〉, a trillion 〈미〉

⑫ 10,000,000,000,000(경): ten-million billion

▷ 주의

1. hundred, million 등은 수사의 수식을 받을 경우 일반적으로 복수가 되지만 화폐나 시간, 거리, 가격 등과 같이 단일개념의 의미로 쓰일 때는 단수 취급한다.

Ten million books **were** sold. 1,000만 권의 책이 팔렸다.

Two hundred years **is** a long time. 2000년은 긴 시간이다.

2. hundred, thousand, million, dozen, score 등은 '다수'의 의미로 명사로 쓰이기도 하는데 이 경우에는 복수 형태로 쓰기도 한다. 그러나 이들 앞에 숫자나 several 등이 결합할 경우에는 복수 형태로 쓰지 않는다.

They came together by **thousands**. 그들 수천 명이 동시에 왔다.

Millions of people die every year from starvation. 한 해에 수백만의 사람들이 기아로 죽는다.

※ Two million of these men are French man. 이들 이백만 명은 프랑스 사람들이다.

3. 「복수 수사 + 명사 and 명사」에서 복수 수사는 명사의 합친 수를 나타낸다.

Six policemen and demonstrators were injured.

경찰과 시위자 합쳐서 6명이 부상당했다.

2) 서수 (ordinal number)

서수란 순서(順序)를 나타내는 수를 말한다.

※ 서수는 the와 결합하여 쓰이며 가산명사 앞에서만 쓰인다.

① first, second, third 이외에는 기수에 -th를 붙여 만들며, 원칙적으로 the를 붙여서 읽는다.

the first, the second, the third, the fourth, **the fifth**, the sixth, the seventh, the eighth, **the ninth**, the tenth, the eleventh, **the twelfth**, the thirteenth, the fourteenth, **the fifteenth**, the sixteenth, the seventeenth, the eighteenth, the nineteenth

② 20 ~ 90의 서수: 기수의 -ty를 -tieth로 바꾼다.

20th: the twentieth 30th: the thirtieth 40th: the fortieth

50th: the fiftieth 60th: the sixtieth 70th: the seventieth

80th: eightieth 90th: the ninetieth

③ 21 이상의 서수: 십의 자리는 기수, 일의 자리는 서수로 한다.

21th: the twenty-first 33th: the thirty-third

154th: the one hundred and fifty-fourth

④ 100, 1000, …: '기수 + th'로 한다.

100th: the hundredth 1,000th: the thousandth

■ 덧붙임

1. 세기를 표시할 땐 서수를 쓴다.

the twenty first century 21세기

2. 서수가 주격 보어로 쓰일 땐 무관사이다.

Saudi Arabia's reserves are **second** only to those of Kuwait.

사우디아라비아의 석유 매장량은 쿠웨이트 다음이다.

3. every + 서수 + 단수 명사 《~마다 (= every + 기수 + 복수 명사)》

every third day 3일 마다 (= every three days)

4. the first (~) but one 《두 번째 (~) (= the second)》

He was **the first but one** to arrive. 그가 두 번째로 도착했다.

Take **the first** turning **but one** on your right.

두 번째 모퉁이에서 오른쪽으로 도세요.

5. a second 《또 하나의; 다른; 부가의; 부(副)의, 제2의》

Do it **a second** time. 그것을 다시 (한 번) 해봐라.

Habit is **(a) second** nature. 습관은 제2의 천성이다.

6. second only to ~ 《~ 다음가는, 버금가는; 두 번째 가는》

It is **second only to** my wife in my affections.

그것은 내가 내 아내 다음으로 아끼는 것이다.

the greatest city **second only to** Seoul 서울 다음가는 대도시

= the next largest city to [after] Seoul

7. 순서 표시법

(1) 임의적으로 순서를 정할 수 있는 것

「무관사의 명사 + 기수」의 형식으로 나타낸다.

track 2: track two 2번 주로(트랙)   gate 3: gate three 3번 문

room 123: room one hundred twenty three 123번 방

(2) 임의적으로 순서를 정할 수 없는 것

(1)의 형식 또는「the + 서수 + 명사」의 형식으로 나타낸다.

Chapter I: Chapter one 또는 the first chapter 제1장

Book Ⅱ: Book two 또는 the second book 제2권

Article 3: Article three 또는 the third article 제3조

Lesson IV: lesson four 또는 the fourth lesson 제4강

page 5: page five 또는 the fifth page 제5쪽(페이지)

line 10: line ten 또는 the tenth line 제10행

World war Ⅱ: World war two 또는 The second world war 제2차 세계대전

cf.) 제3차 세계대전(미정): a third world war

제3세계의 전쟁: a third-world war

※ 이 경우 제3차 세계대전과 표기의 혼란을 방지 위해 하이픈을 둔다.

2. 분수 (fractional number)의 표현

(1) 앞에

영어에서 분수는 기수(분자)와 서수(분모)를 사용하여 나타낸다. 분수는 가산명사, 불가산 명사에 모두 쓰이며 한정사 앞에 올 수 있다.

(2) 분수 읽기 또는 쓰기

1) 분자(numerator) → 분모(denominator)의 순으로 읽으며, 분자는 기수로, 분모는 서수로 읽고 쓴다. 분자 1은 a 또는 one을 쓰며, 분자가 2 이상이면 분모에 s를 붙이고 분자와 분모 사이에 -(하이픈)을 긋는다. 그리고, 분모 2는 half를, 분모 4는 quarter나 fourth를 쓴다.

1/2: a [one] half　1/3: a [one] third　2/3: two-thirds

1/4: a [one] quarter[fourth]　3/4: three-quarters　4/5: four-fifths

9⅜: nine and three-eighths

2) 분자, 분모가 두 자리 이상인 분수는 분자, 분모 모두 기수로 쓰며, 분자 over [또는 by] 분모로 읽는다. 분수의 사칙연산에는 한 자리의 수라도 이처럼 나타내는 것이 보통이다.

15/61: fifteen over sixty-one

123/4567: a hundred twenty three over [by] four thousand, five hundred sixty-seven

4/5 + 6/7 = 58/35: Four over five plus six over seven equals fifty-eight over thirty five.

a^2 + b/2: a square(d) + plus b over [divided by] two

3) 분수를 사용한 배수 (몇 분의 몇)의 표현: 분수 + as + 원급의 형용사 또는 부사 + as ~ / 분수 + the + 명사 (크기, 길이, 무게, 부피 등) + of ~

This is one-third as long as that.　이것은 길이가 저것의 1/3이다.

(= This is one-third the length of that.)

Tokyo's statue is a quarter as large as New York's.

도쿄의 여신상은 크기가 뉴욕 여신상의 4분의 1이다.

(= Tokyo's statue is a quarter the size of New York's.)

3. 가감승제의 표현

(1) 더하기 (addition)

1) 덧셈 읽기

+(더하기)는 plus로, =(등호, equal sign)은 equals 또는 is equal to로 읽는다.

3+4=7: Three plus four equals [= is equal to] seven.

2) 덧셈의 표현

덧셈의 표현에는 +(더하기)의 의미로는 plus 또는 and를 사용하고 =(같음)의 의미로는 is, equals, makes, are 등을 사용한다.

3+2=5: 3 plus [또는 and] 2 is [are, equals, makes] 5

3 더하기 2는 5이다 [5와 같다, 5가 된다].

3+4=7: Add 3 to 4 is 7 또는 Three added to four make(s) seven.

4에 3을 더하면 7이다.

What's [How much] three and four? 3 더하기 4는 얼마인가?

(2) 빼기 (subtraction)

1) 뺄셈 읽기

−(빼기)는 minus로 =(등호, equal sign)은 equals 또는 is로 읽는다.

8−3=5: 8 minus 3 equals[or is] 5

2) 뺄셈의 표현

① 비교적 작은 수의 뺄셈의 표현에는 −(빼기)의 의미로 「B from A」와 「A take away B」를 사용하며 =(같음)의 의미로는 is 나 leaves를 사용한다.

Three from ten is [leaves] seven. 10 빼기 3은 7이다.

(= Ten take away three is [leaves] seven.)

How much seven minus five? 7 빼기 5는 얼마인가?

(= What's five from seven?)

② **비교적 큰 수의 뺄셈의 표현에는 빼기(−)의 의미로 minus를 사용하며 = (같음)의 의미로는 equals를 사용하는 것이 보통이다.**

Four hundred and fifty six **minus** three hundred and twenty one **equals** one hundred and thirty five. 456 빼기 321은 135이다.

(3) 곱하기 (multiplication)

1) 곱셈 읽기

×(곱하기)는 multiplied by나 times로 읽고 =(등호)는 equals 또는 is로 읽는다.

3×7=21: Seven times [multiplied by] three equals [= is] twenty-one.

삼 곱하기 칠은 이십 일이다.

2) 곱셈의 표현

① **비교적 작은 수의 곱셈의 표현 [multiplication table(구구단)]에는 기수를 연속하여 사용하며 뒤에 나오는 기수에 −s를 결합한다. =(같음)의 뜻으로 are를 사용한다. 격식체에서는 '기수 multiplied by 기수'의 형식을 쓰며 =(같음)의 뜻으로는 is나 makes를 쓴다.**

2×1=2: Two ones are two. 또는 Two times one is two.

3×2=6: Three twos are six. 또는 Three times two is six.

3 곱하기 2는(2의 3배는) 6이다.

4×2=8: 4 multiplied by 2 is(= makes) 8 4 곱하기 2는 8이다.

What [= How much] are [is] five fives? 5 곱하기 5는 얼마인가?

(= What [How much] are [is] five times five?)

② **비교적 큰 수의 곱에서는 곱하기(×)의 의미로 times를 사용하고 =(같음)의 의미로는 equals를 쓴다.**

5×10=50: Five times ten equals fifty. 5 곱하기 10은 50이다.

Twenty-one **times** three hundred and forty-five **is** [**makes**] seven thousand two hundred and forty-five.(= 21 multiplied by 345 **equals** 7245.)

21 곱하기 345는 7245이다.

(4) 나누기(division)

1) 나눗셈 읽기

÷(나누기)는 divided by로 읽고 =(등호)는 equals 또는 is로 읽는다.

9÷3=3: Nine **divided by** three equals [= is] three. 9 나누기 3은 3이다.

2) 나눗셈의 표현

① **비교적 작은 수의 나눗셈에는 A÷B의 의미로 「B into A」를 사용하며 =(같음)의 의미로는 goes를 사용한다.**

Two **into** six **goes** three. 6 나누기 2는 3이 된다.

② **격식체에서는 ÷(나누기)의 의미로 divided by를, =(같음)의 의미로 equals [= is, goes]를 사용한다.**

6 divided by 3 equals [is, gives] 6 나누기 3은 2이다.

= Divide 6 by 3, and you get 2. Divide 3 into 6, and you get 2.

When six is divided by three, the quotient is two.

6을 3으로 나누면 그 몫은 2가 된다.

Divide 15 **by** 5. 15를 5로 나누어라.

What do you get if you divide 515 by 5? 515를 5로 나누면 얼마인가?

■ 수학용어와 수학에서 많이 쓰는 표현

정수: integer 실수: real number 자연수: natural number 양수: positive number
음수: negative number 약수: divisor 허수: imaginary number
유리수: rational number 무리수: irrational number 소수(2, 3, 5,…): prime number
복소수: complex number 역수: reciprocal number 배수: multiple
십진법: decimal system 이진법: binary notation 인수분해: factorization
소인수분해: prime factorization 공약수: common divisor 공배수: common multiple
최대공약수: greatest common measure 최소공배수: least common multiple 집합: set
교집합: intersection set 합집합: union set 차집합(A – B): difference of two sets
공집합: empty set; null set 항: term 단항식: monomial 다항식: polynomial
방정식: equation 연립방정식: simultaneous equations
일차방정식: linear equation; first order equation 이차방정식: quadratic equation
삼차방정식: third order equation 정비례: direct proportion 반비례: inverse proportion
정다각형: regular polygon 정다면체: regular polyhedron
수직이등분선: perpendicular at midpoint 쌍곡선: hyperbola
좌표축: coordinates axis 좌표평면: coordinate plane 합동: congruent
함수: function 이차함수: quadratic function 삼각함수: trigonometric function
제곱근: square root 지수: exponent 로그: logarithm 행렬: matrix
역행렬: inverse matrix 수열: progression[or sequence]
등차수열: arithmetic progression 등비수열: geometric progression
조화수열: harmonic progression 무한수열: infinite sequence 해(근): solution
미분: differentiation 적분: integration 미적분: differential and integral calculus
solve the equation for x: x에 관하여 방정식을 풀다.
substitute A for B: A를 B에 대입하다. factorize ~: ~을 인수분해하다.
extract the square root of ~: ~의 제곱근을 구하다.
transpose 이항하다. multiply out 전개하다 cancel it out 지우다.
be in direct proportion to ~: ~에 정비례하다.
be in verse proportion to ~: ~에 반비례하다.
differentiate: 미분하다. take the derivative with respect to x: x에 관해 미분하다.

4. 기타 숫자 관련 읽기 및 표현

(1) 소수(decimal)

소수는 소수점(point, decimal)이하 숫자를 한 자리씩 따로따로 읽는다.

0.1: decimal(= point) one, one tenth

0.01: decimal(=point) o(혹은 naught, zero) one, one hundredth

0.204: zero point two o(or zero) four

0.3417: nought point three four one seven

4.21: four point two one 6.305: six point three zero five

34.805: thirty-five point eight nought five

100.71: one hundred point seven one

The interest rate is 5.75(five point seven five 또는 five and three quarters) in my account. 내 계좌의 이자율은 5.75%다.

The NASDAQ composite index held about even, going up only zero point eight nine points to close at five thousand three hundred forty five point six seven.

나스닥 지수는 보합세를 보여, 단지 0. 89포인트 오른 5345.67에서 마감했습니다.

(2) 전화번호·주소 관련 수의 읽기 및 표현

숫자를 하나씩 따로따로 읽는 것이 보통이다.

1) 전화번호 읽기

확고하게 정해진 규칙은 없으나 숫자를 하나씩 하나씩 따로 읽는 것이 보통이다. 하지만 일반 숫자와 같이 전체적으로 읽어도 무방하다. 특히 00이나 000과 같이 0이 겹치는 번호는 전체적으로 읽는 것이 더 간편하므로 일반 숫자와 같이 많이 읽는다. 또한 네 자리 번호는 두 자리씩 끊어 읽기도 한다. 두 자리씩 끊어 읽을 경우 같은 숫자가 겹치면 'double + 겹치는 숫자'처럼도 읽는다. -은 대시(dash)라고 하거나, 한 호흡 끊어 주어도 되며 그냥 무시해도 지장은 없다. 이를 표기할 때는 dash 또는 콤마로 나타낼 수 있다.

952–7653: Nine five two(–, dash) seven six five three. 구오이에 칠육오삼 번

456–0123: Four five six(,) zero[또는 O] one two three. 사오육에 영일이삼 번

※ 숫자 0을 개별적으로 읽을 때는 zero나 O [óu] 또는 naught라고 읽는다.

752–2000: Seven five two(,) two thousand. 칠오이에 2천 번

700–7700: Seven O O dash seven seven O O. 칠공공에 칠칠공공 번

Seven hundred dash Seventy–seven hundred. 칠백에 칠천 칠백 번

Seven hundred(,) double seven double zero[or O]. 칠백에 칠 둘 영(공) 둘 번

041–123–4560: Zero four one (dash) one two three (dash) four five six O.

영사일 대시 [에] 일이삼 대시 [에] 사오륙공 번

※ 맨 앞에 오는 영(0)은 zero로 읽는 것이 보통이다. –는 말할 때는 dash로, 표기 시는 콤마로 할 수 있다.

Please call 955–200l (nine five five, two thousand one) for further questions regarding your recent catalog order.

최근 카탈로그를 보고 주문하신 물품에 관해 더 궁금한 게 있으시면 955–2001번으로 전화해 주세요.

2) 주소 (address)의 표현 및 번지수, 우편번호 등 읽기

미국에서 주소는 번지수, 도로 명 또는 아파트 번호, 도시 명, 주 명의 순으로 적으며, 편지 봉투에 적을 경우에는 보통 사람 이름·건물 이름, 번지수, 도로이름·아파트 번호, 도시 명, 주 명, 우편번호, 나라 명 순으로 쓴다. 이때 호수나, 번지수, 우편번호 등의 숫자를 읽을 때는 전화번호를 읽는 법과 같은 방식으로 하면 된다.

1234(one, two, three, four; twelve thirty–four 등) Western Ave, Los Angeles

162 Geumseong–Dong, Gongju–Si, Chungcheongnam–Do, Korea

Tom A. Miller, 4321, 5th Avenue New York, NY 12345

The White House, 1600 Pennsylvania Avenue NW, Washington, DC 20500 U.S.

(3) 연도 관련 읽기·쓰기

1) 연도는 보통 앞에서부터 2자리씩 끊어서 읽는다. 다만 끝자리 두 개가 0으로 끝날 때는 hundred를, -02처럼 셋째 자리에 0이 나오면 o [óu]라고 읽는다. 또 2002처럼 천과 백의 자리가 0이면 원칙대로 두 자리씩 끊어 읽거나 thousand를 쓴다.

100 B.C.: one hundred B.C. 270 B.C.: two seventy B.C.

313 A.D.: three thirteen A.D. 123년: one twenty-three (year)

1800년: eighteen hundred

1801년: eighteen hundred and one, eighteen one

1907년: nineteen o seven

1998년: nineteen ninety-eight, nineteen hundred and ninety-eight
one thousand nine hundred and ninety-eight

1999년: nineteen ninety-nine 2000년: two thousand

2002년: twenty o two, two thousand (and) two

2017년: twenty seventeen

2) 년.월.일을 함께 쓸 경우 연도는 맨 뒤에 위치시킨다.

2017년 5월 20일 → The twentieth of May 2017; 20(th) May, 2017

또는 May the twentieth, 2017; May 20(th), 2017

Bill Gates was born in Seattle on October the twenty-eighth, nineteen fifty five. 빌게이츠는 1955년 10월 28일에 시애틀에서 태어났다.

3) 아라비아 숫자를 사용하는 경우 the나 of는 생략되며 서수형 어미 -th도 종종 생략된다.

20(th) August 2007 또는 August 20(th), 2007

4) 10년 단위의 연대의 경우도 두 자리씩 끊어 쓰되, 뒤의 두 자리 숫자 10, 20… 등을 tens, twenties와 같이 복수형으로 쓴다. 그리고 앞에는 일정 부분을 나타내

는 the를 쓴다.

1910년대: the nineteen tens [= the 1910(')s]

1950년대: the nineteen fifties [= the 1950(')s]

1990년대: the nineteen nineties [= the 1990(')s]

2000년대: the two thousands [= the 2000(')s]

2010년대: the twenty tens [= the 2010(')s]

He received a bachelor's degree and master's degree from Yale in the nineteen hundreds. 그는 1900년대에 예일 대학에서 학사와 석사학위를 받았다.

For women in the 1920(')s, it was in mode to wear the hair short.

1920년대의 여성들에게는 머리를 짧게 자르는 것이 유행이었다.

Miniskirts were the craze in the 1960(')s all over the world.

1960년대에 미니스커트가 전 세계적으로 유행했었다.

The styles of the 1980s come into wear again.

복장에 1980년대의 유행형식(스타일)이 다시 돌아왔다.

5) 연대의 전반기, 중반기 그리고 하반기의 표현은 각각 the early 90s, the mid-90s, the late 90s와 같이 표현한다.

The OPEC cartel was the villain during the last three, in the early and late 1970s and in 1990.

석유수출국기구는 1970년대 초반과 후반 그리고 1990년도 세 번에 걸쳐 악당의 역할을 했었다.

In the mid-eighties, Madonna was a popular singer and actress.

1980년대 중반에 마돈나는 인기 있는 가수 겸 배우였다.

6) 몇 대 나이도 「the + 10단위의 복수형」으로 나타내며, 몇 대 나이의 초반, 중반, 말(년)은 「in the (또는 소유격) + early(mid, late) + 10단위의 복수」의 형태로 나타낸다.

The teens are an important time in life. 10대는 인생에서 중요한 시기이다.

She looks in her mid twenties. 그녀는 20대 중반으로 보인다.

He is in the(or his) thirties. 그는 30대이다.

She's in the(or her) early(mid, late) thirties 그녀는 삼십 대 초반 (중반, 말)이다.

(4) 월·일·요일 관련 표시방법

1) 월·일은 「월(月) + 날짜(日)의 서수」 혹은 「the + 날짜의 서수 + of + 월」로 나타낸다.

3월 25일: March (the) twenty(–)fifth 〈이와 같이 쓸 경우 보통 the를 생략한다.〉

the twenty(–)fifth of March

※ 미, 입말체에서는 월·일을 보통 「월(月) + 기수(日)」로 나타낸다.

3월 25일: March twenty five

New Year's Day is on **January the first.** 설날은 1월 1일이다.

I hope that both of you can join the dinner party on the evening of **May tenth.** 5월 10일 저녁에 있을 만찬에 너희 둘 다 왔으면 해.

2) 월·일과 요일을 같이 나타낼 때는 요일을 제일 앞에 쓴다.

It's on **Tuesday the first of August.** 8월 1일 화요일이야.

On Friday of last week, I received word that $100,000 (one hundred thousand dollars) was received in my account on July twentieth.

지난주 금요일에 6월 20일 자로 10만 달러가 내 계좌에 들어왔다는 얘길 들었습니다.

(5) 시간 관련 읽기

1) 시각은 숫자와 오전, 오후를 나타내는 영문자를 그대로 읽어 준다.

9:30 a.m. → nine thirty a.m. [ei:em] 〈a.m. = ante meridiem〉

7:30 p.m. → seven thirty p.m. [pi:em] 〈p.m. = post meridiem〉

2) 정각, 15분, 30분, 45분

10:00 → ten o'clock 10:15 → ten **fifteen** 또는 a **quarter past** ten

10:30 → ten **thirty** 또는 a **half past** ten

10:45 → ten **forty-five** 또는 **a quarter to [of]** ten

3) 몇 시에서 몇 분이 지나갔다고 할 때는 「지난 분 + past [after (미)] + 지난 시」를, 몇 분 전 몇 시라고 할 때는 「남은 분 + to [of (미)] + 다가오는 시」를 쓴다.

7:05 → five past seven 또는 seven five 7시 5분

〈미〉 five (minutes) after seven

2:55 → five to three 5분 전 3시 two fifty-five 2시 55분

〈미〉 five (minutes) of three

4) 기타

day 12:00: twelve noon 낮 열두 시(= high noon); 정오

night 12:00: twelve midnight 밤 열두 시; 자정

01:00 (0100 hours): O one **hundred hours** 영 한 시; 오전 한 시

> ▷ **24시간제 표시 (군대, 교통기관 등에서 사용)에는 콜론을 쓰지 않고 숫자로만 표시하여 '0100 hours'와 같이 표기하고 'O one hundred (hours)'와 같이 읽는다. 그리고 a.m., p.m.도 붙이지 않는다.**
>
> **09:05 (0905):** O nine O five (hours) 공 아홉 시 공 오 분; 오전 아홉 시 오 분
>
> **13:45 (1345):** thirteen forty-five (hours) 열세 시 사십오 분; 오후 한 시 사십오 분
>
> **23:00 (2300):** twenty-three hundred (hours) 스물세 시; 밤 열한 시

(6) 왕 등의 몇 세(世)를 나타내는 로마숫자는 서수로 읽는다.

Louis ⅩⅣ → Louis **the Fourteenth** 루이 14세(世)

Elizabeth Ⅱ → Elizabeth **the Second** 엘리자베스 2세(世)

Napoleon Ⅲ → Napoleon **the Third** 나폴레옹 3세(世)

(7) 금액 읽기와 표현

'금액이 얼마다.'라고 말할 때는 기수를 그대로 쓴다. 미국에서 dollar는 보통 buck이나 greenback이라고도 한다. 또, 1,000달러는 grand라고 부르기도 한다.

$1: a [one] dollar 1달러

$2.50: two dollars (and) fifty (cents), two dollars and a half 2달러 50센트

$9.23: nine dollars and twenty-three cents 또는 nine twenty-three

$3,000: three thousand dollars 또는 three grand

$7.5 million: seven and a half million dollars 또는 seven point five million (dollars) 7백오십만 달러

$5 billion: five billion dollars 50억 달러

The cheapest seats are half a dollar each. 가장 싼 좌석이 1인당 50센트다.

I was given one pound fifty pence change. 나는 1파운드 50펜스의 거스름돈을 받았다.

(8) 면적(square measure) 단위, 체적(cubic measure) 단위, 규격표시의 읽기와 표현

cm^2: square centimeter 제곱센티미터 m^2: square meter 제곱미터

km^2: square kilometer 제곱킬로미터 $mile^2$: square mile 제곱마일

cm^3: cubic centimeter 세제곱센티미터 m^3: cubic meter 세제곱미터

12′×10′ → twelve feet (wide) by ten feet (long) 가로 12피트 세로 10피트

12′×5′×6′ → twelve feet (wide) by five (long) by six (high)

가로 12피트 세로 5피트 높이 6피트

a room (of) 12ft. by 15(ft.). 폭 (가로) 12피트에 길이(세로) 15피트의 방

The city has [covers] an area of 300 square miles. 그 도시의 면적은 300제곱마일이다.

The dam has the capacity to store 150 million cubic meters of water.

그 댐은 1억 5천만 세 제곱미터의 저수 용량을 갖고 있다.

This bookshelf is 1.5m wide and 50cm long and 2m high.

이 책장은 가로가 1.5m, 세로 (깊이)가 50cm, 높이가 2m이다.

(= This bookshelf measures 1.5m in width, 50cm in length, and 2m in height.)

(9) 쪽(페이지), 행 읽기 및 표현

3쪽 → page 3(three) 또는 the third page 10행 → line 10 또는 the tenth line

50쪽 셋째 줄 → p. 50. l. 3 : page 50, line 3(three)

Please open your book at page 123. 책 123쪽을 펴세요.

Please look at the last line of page 3 in your copy of the report.

보고서 사본 3쪽의 마지막 행을 보도록 하십시오.

(10) 대비 / 운동경기 점수 관련 표현

15:5 = 3:1 Fifteen is to five as [what] three is to one.

1/4:1 = 2:8 One fourth is to one as two is eight.

10승 2무 3패: 10wins 2draws 3losses (승: win 무승부: draw 패: loss)

The game ended in a tie three all. 그 경기는 3대 3으로 비겼다.

We're winning by one goal. 우리가 한 골 차로 앞서고 있다.

We are down 1 to 2. 우리가 1대2로 뒤지고 있다.

The Red Socks were defeated by the Yankees in overtime by a score of 1 to 0.

레드삭스는 연장에서 양키스에 1대0으로 패했다.

※ 1 to 0: one to zero 또는 one to nothing

(11) 승(乘)의 읽기

8^2: eight square(d) 또는 the square of eight) 8^3: eight cube(d)

8^4: eight (raised) to the fourth (power) 또는 the fourth power of 8

※ 네 제곱 이상: 예를 들어 8의 네 제곱부터는 8 (raised) to the fourth[fifth, …] (power)나 the fourth [fifth, …] power of 8과 같이 나타낸다.

$\sqrt{a}$: the square[second] root of a

$\sqrt{a+b}$: the square root of the quantity of a plus b

$\sqrt[3]{a}$: the cube [third] root of a

$\sqrt[3]{8} = 2$: the cube root of eight equals two

$a^2 - b^2 = (a+b)(a-b)$: a squared minus b squared equals the quantity a plus b times the quantity a minus b. 또는 a squared minus b squared equals a plus b times parenthesis a minus b.

$(a-b)^2 = a^2 - 2ab + b^2$: The quantity a minus b squared equals a squared minus two a b plus b squared.

(12) 온도의 표현

95°F: ninety-five degrees Fahrenheit [fǽrənhàit] 화씨 95도

2.3℃: two point three degrees Celsius (= Centigrade) 섭씨 2.3도

Water boils at 212°F (two hundred and twelve degrees Fahrenheit).

물은 화씨 212도에서 끓는다.

Water freezes at nought degrees Centigrade. 물은 섭씨 0도에서 언다.

It's supposed to fall (down) below zero tonight. 오늘 밤은 기온이 영하로 내려가겠습니다.

The weatherman says the mercury will drop to 6 degrees below zero in the afternoon. 일기 예보에 따르면 오후에는 수은주가 영하 6도로 떨어질 거라고 합니다.

Temperatures will drop to 10 degrees below zero tomorrow and blizzard conditions will prevail.

내일은 기온이 영하 10도까지 떨어지겠으며 전국에 걸쳐 강한 눈보라가 일겠습니다.

5. 혼동하기 쉬운 형용사들

(1) amiable 상냥한, 호감을 주는, 붙임성 있는 | amicable 우호적인, 원만한

General Thomas Gage, an amiable English gentleman with an American-born wife, commanded the garrison at Boston, where political activity had almost wholly replaced trade.

전적으로 정치적 활동이 무역을 대신하여 활기를 띠던 당시의 보스턴에는 아메리카 태생의 아내가 있는 온후한 영국신사인 토머스 게이지 장군이 영국군 수비대를 지휘하고 있었다.

I would hope we can come to some amicable agreement as soon as possible.

나는 우리가 가능한 한 빨리 다소 원만한 합의에 도달할 수 있기를 바란다.

(2) beneficial 유익한, 유용한 | beneficient 선행하는; 인정 많은; 친절한

It is beneficial to health to get up early. 일찍 일어나는 것은 건강에 유익하다.

He is beneficient to the poor. 그는 가난한 사람들에게 인정을 베푼다.

(3) classic(문학·예술) 일류의; 전형적인; 고전적인(= classical); 그리스·로마 (풍)의, 고풍의; 유서 깊은; classical 고전문학의, 고전주의의; 정통파의; 그리스·로마 문학, 예술의; 인문적인

modern classic writers 현대의 일류 작가들

a classic example 전형적인 예

a classic style 고전 양식[풍]

a classic method 대표적인 방법

classic myths 그리스·로마의 신화

classic ground 고적; (~로) 유서 깊은 땅(for ~)

a classical atmosphere 고전적인 분위기

One recent study even found sudden emotional shock can trigger life-threatening heart symptoms that many doctors mistake for a classic heart attack.

최근 한 연구에서는 갑작스러운 감정 충격은 많은 의사가 전형적인 심장마비로 오인할 수 있는 생명을 위협하는 심장 증상을 유발할 수도 있다는 것을 밝혀내기까지 했다.

Many studies show that classical music not only boosts brain power, but soothes minds.

많은 연구결과를 보면 고전음악은 뇌의 능력을 향상시킬 뿐 아니라 마음을 진정시키는 효과가 있다.

(4) clean 깨끗한, 청결한 | cleanly 깨끗한 버릇이 있는

With regard to personality he is always clean. 인격 면에 있어서 그는 청렴하다.

Are cats cleanly animals? 고양이는 깨끗한 버릇이 있는 동물인가요?

(5) comic 희극의; 웃기기 위한 | comical 우스꽝스러운

I like a comic film. 나는 희극[코믹]영화를 좋아한다.

He put on a comical hat. 그는 우스꽝스러운 모자를 쓰고 있다.

(6) comparative 비교의, 비교적으로 | comparable 필적하는, 비교할 수 있는

He lives in **comparative** comfort. 그는 비교적 안락하게 산다.

His paintings are **comparable** to the work of Pablo Picasso.

그의 그림은 파블로 피카소의 작품에 비길 만하다. (필적한다.)

(7) considerable 상당히 많은; 중요한 | considerate 사려 깊은; 이해심 있는; 감사하는

He bought it at a considerable expense. 그는 상당한 돈을 들여 그것을 구입했다.

It is very considerate of you to buy this for my brother.

이것을 제 동생에게 사주시다니 대단히 고맙습니다.

(8) contemptible 비웃음을 받을 만한 | contemptuous 비웃는; 멸시하는

His remark was a contemptible one. 그가 한 말은 비웃음을 받을만한 것이었다.

His remark was a contemptuous one. 그의 말은 멸시하는 투였다.

(9) continual (가끔 중단은 있으나) 거듭 되풀이되는

continuous (중단 없이) 계속되는; 끊이지 않는

Life is a continual struggle. 인생은 되풀이되는 투쟁이다. (인생은 투쟁의 연속이다.)

Time does not appear to him as a continuous, uninterrupted process.

그에게 시간은 간단없는, 즉 중단 없이 계속되는 과정으로 보이지 않았다.

(10) childish 유치한, 철없는 | childlike 어린애 같은(순수하고 순진한), 귀여운

I thought her nice but rather childish. 나는 그녀가 예쁘기는 하지만 다소 철이 없다고 생각했다.

She looked at me with her big childlike eyes.

왕방울처럼 크고 어린아이 같은 (맑은) 눈으로 그녀가 나를 바라보았다.

(11) credible 믿을 수 있는 | creditable 명예가 되는; 칭찬할 만한

credulous 잘 속는; 잘 믿는

It seems hardly credible that she has grown so tall in one year.

그녀가 1년 동안에 그렇게 커버렸다는 것이 도저히 믿기지 않는다.

He began to suppress some of less creditable features of his part.

그는 그의 직분에서 오점이 될 만한 것들을 자제해 나가기 시작했다.

She was credulous enough to believe it. 그녀는 그것을 믿을 정도로 아주 잘 속았다.

(12) desirable 바람직한 | desirous 원하는

It is most desirable that he should do it. 그가 그것을 하는 것이 제일 바람직하다.

I am desirous that we all (should) be happy. 난 우리 모두가 행복하기를 원한다.

(13) economic 경제의 | economical 절약하는, 검소한

The economic situation has improved greatly. 경제(의) 상황이 크게 호전되었다.

His wife is a most economical housewife. 그의 아내는 대단히 검소한 주부이다.

(14) healthy 건강한; 건장한 | healthful 건강에 좋은

The children look very healthy. 그 아이들은 매우 건강해 보인다.

Jogging is a very healthful exercise. 조깅(느린 구보)은 건강에 매우 좋은 운동이다.

(15) historic 역사적인; 역사적으로 의미 있는 | thistorical 역사에 관한

Lincoln made his historic speech at Gettysbug.

링컨은 게티즈버그에서 역사적인(역사적으로 유명한) 연설을 하였다.

Historical point of view will provide us with understanding of the event.

역사적 관점에서 살펴보면 그 사건들을 이해할 수 있게 된다.

(16) imaginable 상상할 수 있는, 생각할 수 있는 | imaginative 상상력이 풍부한

imaginary 상상에 의한; 가공의; 비현실적인; 신경성의

imaginary number 허수 imaginary root 허근 imaginary demand 가수요(假需要)

We had the greatest difficulty imaginable (in) getting here in time.

우리는 제시간에 여기에 도착하느라 상상할 수 없을 만큼의[무척] 애를 먹었다.

He is an imaginative writer. 그는 상상력이 풍부한 작가이다.

A theory often involves an imaginary model that helps scientists picture the way an observed event could be produced.

이론은 흔히 과학자로 하여금 관찰된 어떤 사건이 발생할 수 있는 방식을 시각적으로 연상시킬 수 있도록 도와주는 가상적 모델을 포함한다.

Your illness is simply imaginary. 네 병은 순전히 신경성이다.

(17) industrial 공업의, 산업의 | industrious 근면한

By the end of the next decade industrial robots will in widespread use.

다음 10년 말까지 산업용 로봇은 널리 보급되어 쓰일 것이다.

Min-ho was an industrious and brilliant student. 민호는 부지런하고 총명한 학생이다.

(18) ingenious 재주 있는; 독창적인; 정교한 | ingenuous 솔직한; 순진한

His idea was an ingenious one. 그의 착상은 독창적인 것이었다.

Mr. Kim is an ingenuous man. 김 선생은 솔직한 사람이다.

(19) intelligible 이해할 수 있는; 알기 쉬운 | ntelligent 총명한; 지적인

intellectual 지력의; 지식의; 지적인 n. 지식인, (the ~s) 지식 계급

intellectual faculties 지능 an intellectual occupation 지적 직업

His description will be intelligible to an outsider.

그의 설명은 문외한에게도 이해하기 쉬울 것이다.

Seon-hui is an intelligent girl. 선희는 총명한 소녀다.

Advances in technology pose new security challenges for companies that rely on intellectual property.

과학기술의 발전은 지적재산권에 의존하는 회사들에게 새로운 보안 문제들을 제기하고 있다.

He's quite bright but he's not what you would describe as intellectual.

그는 상당히 총명하지만 지식인이라고 평할 수 있는 사람은 아니다.

(20) literal 문자상의; 문자 그대로의; 융통성이 없는

literary 문학의, 문학적인; 문필에 조예가 깊은; 문어적인

a literal error 오자, 오식 a literal translation 직역 literary property 저작권

literary works [writings] 문학작품 a literary man 문학가

literary style 글말체(= 문어체)

His interpretation of the new book was rather too literal.

그 새 책에 대한 그의 해설은 좀 지나치게 평이하다.

He is a very literary man. 그는 문학을 매우 좋아하는 사람이다.

(21) luxurious 사치스런; 사치를 좋아하는; 호화로운; 고급스러운

luxuriant 무성한, 울창한; 풍부한; 다산의; 화려한

a luxurious hotel 호화로운 호텔

luxuriant soil 기름진 땅 a luxuriant imagination 풍부한 상상력

the luxuriant vegetation of the tropics 열대지방의 울창한 초목

The restaurant is known throughout the city as the most luxurious and the most expensive. 그 음식점은 그 도시를 통틀어 가장 고급스럽고 비싼 곳으로 이름이 나 있다.

The trees have grown luxuriant. 수목이 울창하게 자랐다.

(22) memorable 기억할 만한; 잊히지 않는

memorial 기념의; 기억의 n. 기념물, 기념비 [관]

a memorable occasion [trip] 기억할 만한 행사 [여행]

a memorial service 기념회　the Lincoln Memorial 링컨기념관

The movie was memorable for its beautiful image.

그 영화는 그 아름다운 영상 때문에 기억할 만하다.

They held a memorial festival. 그들은 기념 축제를 개최했다.

A war memorial stood there. 그곳에는 전쟁기념비가 서 있었다.

(23) momentary 순간의, 덧없는, 찰나의 | momentous 중대한, 중요한, 소중한

momental (기계) 운동량의, 모멘트의

a momentary impulse 순간적인 충동　a momentous decision 중대한 결정

momentous changes 중요한 변화　momental resistance 기계의 운동저항

momental excitation 운동 자극

The thief leads his life in momentary fear of an exposure.

그 도둑은 순간순간 발각의 두려움 속에서 그 생활을 해나갔다. (계속했다.)

The solution of the problem is very momentous to the development of our economy. 그 문제의 해결은 우리의 경제발전에 매우 중요하다.

(24) practical 실제의, 실제적인; 실용적인; 경험이 풍부한

practicable 사용할 수 있는, 실행 가능한

a practical test 실기시험　a practical method 실용적인 방법

a practical wife 전업 주부　a practicable scheme 실행 가능한 계획

a practicable solution 실행 가능한 해결책　a practical man 실무가

He lacks practical experience in business. 그는 사업에서 실제 경험이 부족하다.

Her furniture was more aesthetic than practical.

그녀의 가구는 실용적이기보다는 미적이었다.

He's very practical when it comes to mending things.

사태를 개선하는 데는 그가 아주 노련하다.

There are many cases where such a principle is not practicable.

그러한 원리가 실제 사용될 수 없는 경우도 많다.

(25) regretful 후회하는, 뉘우치는; 애석해 하는 | regrettable 유감스러운

I am regretful for what I have done. 나는 내가 한 일을 후회한다.

He felt regretful over his vanished youth. 그는 사라진 청춘을 두고 애석해 했다.

It is highly regrettable that you made such a mistake.

네가 그런 실수를 하다니 대단히 유감이다.

(26) respectable 상당한; 훌륭한

respectful 경의를 표하는; 공손한; 정중한, 예의 바른

respective 각각의, 각기의, 각자의 ※ 복수 명사를 수반하는 것이 보통임

a respectable family 어엿한 집안 a respectable persona [citizen] 훌륭한 인물 [시민]

the respective countries 각 나라들 our respective rooms 우리들 각자의 방

He earns a respectable salary. 그는 상당한 보수를 받는다.

Go to your respective jobs. 각기 제 할 일을 해라

They are each well-known in their respective fields.

그들은 각자 자신의 분야에서 잘 알려져 있다.

(27) sensible 지각 있는, 분별 있는, 현명한 | sensitive 민감한, (감수성이) 예민한; 섬세한

sensuous 감각적인; 감각에 호소하는; 미적인 | sensual 관능적인, 육감적인

a sensitive tongue 민감한 혀 [미각] sensitive diplomatic issues 민감한 외교 문제

a sensuous woman 감각적인 여자 a sensuous gesture 감각적인 몸짓

sensual pleasure 육체적 쾌락 a sensual painting 관능적인 그림

Paul is a sensible man. 폴은 분별 있는 사람이다.

She is unusually sensitive to the cold [the heat]. 그녀는 남달리 추위 [더위]를 탄다.

Sculpture is a sensuous art. 조각은 감각적인 예술이다.

Marilyn Monroe has sensual lips. 메릴린 먼로는 육감적인 입술을 가졌다.

(28) eatable a. 먹을 수 있는; 식용에 적합한 (= edible) n. (~s) 먹을 수 있는 것, 식료품

edible 먹을 수 있는; 식용에 알맞은

be eatable [edible] 먹을 수 있다. (= be good to eat)

eatables and drinkables 음식물 wine and some eatables 술과 안주

edible fat [oil] 식용 지방 [기름] an edible snail 식용 달팽이

an edible [agreeable] food 맛깔스러운 음식

The whole fish is edible. 그 물고기는 통째 먹을 수 있다.

(29) readable 재미있게 읽을 수 있는 (읽을 만한); 읽기 쉬운 (= legible); 읽을 수 있는

legible 〈필적·인쇄가〉 읽기 쉬운(판독이 쉬운); 명료한

a compulsively readable book 안 읽고는 못 배기게 만드는 책

a highly readable style [article] 대단히 읽기 쉬운 문체 [글]

a legible hand 읽기 쉬운 필적 be legible 읽기(알기) 쉽다.

The book is readable. 그 책은 읽을 만하다. (= The book is worth reading.)

His handwriting is so bad that it is barely legible.

그의 필체는 너무 나빠서 거의 읽을 수가 없다.

His signature is still legible. 그의 서명이 아직도 선명하다.

(30) fatherly 아버지(로서)의; 아버지다운; 자애 깊은

paternal 아버지의; 아버지다운[같은] (= fatherly); 부계(父系)의; 온정주의의

paternal affection 아버지의 사랑　paternal authority 아버지의 권위

one's paternal grandfather 친할아버지　be paternal (= be fatherly). 아버지답다.

He takes quite a fatherly interest in me.　그는 나를 친자식처럼 보살펴 준다.

I am still under my paternal roof.　나는 아직도 아버지한테 얹혀서 산다.

(31) motherly 어머니의[로서의], 어머니 같은, 어머니다운(= maternal); 인자한, 자애로운

maternal 어머니의, 어머니로서의, 어머니다운 (= motherly); 모계의, 외가의

motherly love 어머니의 사랑, 모성애　a motherly lady 어머니같이 자애로운 부인

maternal love [affection] (= mother's love) 어머니의 사랑, 모성애

one's maternal grandmother 외할머니

arouse somebody's maternal instincts ~의 모성 본능을 자극하다.

She has a motherly [mother's] affection for her pupils.

그녀는 학생들을 어머니와 같은 애정으로 대한다.

She's my maternal aunt.　그분은 우리 이모이시다.

(32) 기타

1) lunar 달의, 태음(太陰)의; 달 같은; 초승달[반달] 모양의; 달의 작용에 의한

the lunar calendar 음력　the solar calendar 양력

the fifteenth day of the eighth month of the lunar calendar 음력 8월 15일

Today is the lunar New Year's day, a holiday for us Koreans.

오늘은 음력설로 우리 한국인에게는 명절이다.

A total lunar eclipse occurs whenever the moon passes through the earths' shadow.　개기월식은 달이 지구의 그림자를 통과할 때마다 일어난다.

2) **marine**: 바다의; 바다에 사는; 해운업의; 선박의; 항행의; 해군의

marine transport(ation) 해운 marine pollution 해양 오염

The sea horse is a very small **marine** animal. 해마는 아주 작은 바다 동물이다.

Overfishing is damaging the **marine** ecosystem.

물고기 남획이 해양생태계를 훼손시키고 있다.

3) **visible**: 눈에 보이는, (육안으로) 볼 수 있는; 명백한, 보아 알 수 있는(= perceptible)

visible rays 가시선(可視線) visible stars 눈에 보이는 별

visible differences [changes] 명백한 차이 [변화] a visible clothes 눈에 잘 띄는 의상

with visible impatience 눈에 보이게 초조한 빛을 띠고

He was portrayed as a weak leader with no visible assets, save his ability to defy repeated calls for his resignation.

그는 거듭되는 사임 요구를 물리치는 재능 말고는 눈에 띌만한 재능이라고는 없는 무능한 지도자로 그려졌다.

The star is not visible to the naked eye. 그 별은 육안으로 보이지 않는다.

She has no visible means of support. 그녀에게는 이렇다 할 부양수단이 없다.

4) **urban** [ə́ːrbən]: 도시의, 도시 특유의; 도시에 익숙한; 도시에 사는 〈opp.〉 rural

the urban poor 도시 빈민 urban renewal 도시재개발

a bleak urban landscape 삭막한 도시의 풍경

I am unaccustomed to urban life [= city life]. 나는 도시 생활에는 익지 않다.

6. the + 형용사

다음과 같이 'the + 형용사'는 명사구로 쓰이는 경우가 많다. 이를 '형용사의 명사적 용법'이

라고도 한다.

(1) 「the + 형용사」는 일반적으로 복수 명사로 취급한다.

The strong must help the weak. 강자는 약자를 도와야만 한다.

The wounded were given first aid. 부상자들이 응급처치 되었다.

The young should respect the old. 젊은 사람들은 노인들을 존경(존중)해야 한다.

▷ 대조적인 의미의 형용사가 함께 올 때는 the가 생략된다.
ex) rich and poor, young and old

(2) 단수 명사로 쓰이는 경우

the accused 피고(인) the assured 피보험자 (보험금 수취인)

the beloved 사랑하는 사람 the condemned 사형수

the deceased[dead] 고인(故人)

※ deceased가 더 형식적인 말이며 주로 법률용어에 사용되며, 둘 다 단수 또는 복수로 사용될 수 있다.

Although the accused is a first-time offender, it is inevitable to imprison him because he denied his offense and did not show any sign of remorse, the judge added.

피고가 비록 초범이지만 자신의 범행을 부인하고 아무런 반성의 기미도 보이지 않아 징역형이 불가피하다고 판사는 덧붙였다.

The beloved can be separated from a crowd by looking deep into their eyes.

그들의 눈을 깊이 들여다보는 것으로 여러 사람 속에서 사랑하는 사람을 구별해 낼 수 있다.

(3) 추상명사로 쓰이는 경우

the true 진실(= truth) the false 거짓(= falsehood)

the beautiful 아름다움(= beauty) the sublime 숭고, 장엄(= sublimity)

the humorous 익살(= humor), 익살 재치 (유머 감각)

The beautiful is higher than the true. 미는 진실만큼이나 고귀하다.

He has no sense of the humorous. 그는 유머 감각이 없다.

(4) 구체적 사람·사물을 나타내는 경우

the unknown 미지의 것 [사람] the unusual 이상한 물건, 생소한 것

the enclosed 동봉된 것 the impossible 불가능한 [무리한] 일(= an impossible thing)

The animosity and fear from **the unknown** quickly goes away once you realize that they are not so different from you after all.

알지 못하는 사람들에게서 느끼는 적대감과 공포는 결국 그들도 당신 자신과 크게 다르지 않다는 것을 깨닫자마자 곧 사라진다.

I apologize for not returning **the enclosed** sooner.

동봉된 것을 바로 돌려드리지 못한 것에 대해 사과드립니다.

(5) 사물의 일부분을 나타내어

the thick of the town 도심 번화가 the white of egg 달걀 흰자위

in the middle of the night 한밤중에

(6) 관용어구에서

They are always **on the alert.** 그들은 언제나 **빈틈없이** 경계하고 있다.

She is, **on the whole**, very selfish. **대체로 볼 때** 그녀는 매우 이기적이다.

The long and the short of it is that you will be forced to go.

요점은 (요약해 말하면) 너는 가지 않고는 못 배길 것이라는 것이다.

(7) the + 고유형용사 + (s)

국민 전체를 나타내며 복수 동사를 취한다. ☞ **p. 53 참조**

복합형용사 (Compound Adjective)

1. 복합형용사의 의의

두 개 이상의 단어가 합쳐져서 된 형용사를 말한다. 복합형용사도 복합명사와 마찬가지로 특정한 규칙 없이 관련 단어들을 하이픈으로 연결하거나 구나 문장의 단어 사이에 하이픈을 넣어 만드는 경우도 있으나, 다음과 같은 일정한 규칙에 따라 만들기도 한다. 복합형용사는 단어 사이에 하이픈(–)을 넣어 만드는 것이 대부분이다.

2. 복합형용사의 형태 (예시)

(1) 형용사 + 형용사

blue–black 진한 남빛의, 검푸른 red–hot 작열의; 열광적인; 최신의 good–looking 잘생긴

easy–going 마음편한; 태평한; 낙천적인 blue–eyed 푸른 눈을 가진

good–natured 선량한 (마음을 가진) middle–aged 중년의

(2) 부사 + 형용사

evergreen overdue fast–changing (the) longest–running

full–grown hard–earned badly–behaved badly–paid

frequently–occurring highly–enriched well–made

(3) 명사 + 형용사

life-long snow-white seasick pain-killing heart-warming

government-owned man-made terror-stricken

(4) 형용사 [수사] + 명사 + (명사 or 형용사)

이때는 수사가 복수일 경우에도 명사는 단수형을 쓴다.

- first-class 1등(석)의: a first-class ticket 1등석 표
- **second-hand**: a second-hand car 중고자동차 second-hand smoking 간접흡연
- **second-rate〈입말〉 2류의, 열등한; 평범한**: second-rate movie 2등급 영화(작품성이 없는 저급한 영화)

  cf.) B-grade movie B급 영화(저예산 영화)

- **two-hour** 두 시간의; 두 시간 동안의; 두 시간짜리의

a two-hour delay 두 시간의 지연 a two-hour movie 두 시간짜리 영화

a two-hour written examination 두 시간 동안의 필기시험

- **three-time** 제3회의, 세 번째의; 3관왕의

three-time World Champion 3관왕인 세계 우승자

- **four-star** 별 네 개의; 4성(四星)의; 최고급의; 우수한

a four-star general a four-star hotel [restaurant] 최고급 호텔 [식당]

- **five-pound** 5파운드의

five-pound note 5파운드 지폐

- **six-foot-tall** 키가 6피트 이상의

six-foot-tall players 키가 6피트 이상인 선수들

- **six-pack** (복근이) 잘 단련된(王자가 새겨진)

six-pack stomach 잘 단련된 (王자가 새겨진) 복부

- **ten-minute** 10분간의

a ten-minute walk 10분 거리

a ten-minute standing ovation 10분간의 기립박수

- **18-year-old** 18세의

a 18-year-old high school student 18세의 고등학생

- **19th-century** 19세기의

19th-century history 19세기의 역사

- **30-percent-off** 30% 할인의

30-percent-off shopping 30% 할인 상품

- **56-inch** 56인치의

56-inch UHD TV sets 56인치 UHD(초고해상도) TV

※ UHD : Ultra High Definition 초고해상도

(5) 어군·어절

여러 품사의 단어가 결합하거나, 한 어절 자체를 형용사로 사용하는 경우도 있다.

bumper-to-bumper case-by-case state-of-the-art 최신식의; 최첨단의

do-it-yourself study-till-you-drop 녹초가 되어 쓰러질 때까지 공부시키는

I-don't-care 나는 관심 없어'라고 하는 (투의)

3. 복합형용사를 만드는 법 (예시)

(1) 2형식의 동사 + 형용사 (보어) ⇒ 형용사-현재분사

보기) look good → good-looking

easy-going green-growing hard-working red-turning

strange-looking sweet-smelling

(2) 타동사 + 목적어(명사) ⇒ 명사-현재분사

보기) The drug kills pain. → pain-killing

English-speaking self-effacing

(3) be + p.p. + by + 명사 ⇒ 명사-과거분사

보기) is owned by the government → government-owned 국유의; 국영의

government-sponsored 정부지원 (후원)의 male-dominated 남성주도형 (우위)의

male-dominated 남성(이) 지배적인 man-made science-dominated

state-controlled 국가의 통제를 받는

(4) be + 부사 + p.p. ⇒ 부사-과거분사

보기) be well known → well-known

badly-behaved badly[ill]-dressed newly-elected newly-painted

well-dressed 좋은 옷을 입은; 옷을 잘 입는 well-paid 보수가 많은 [센]

(5) have + 목적어 [형용사 + 명사] / with + 형용사 + 명사 ⇒ 형용사 + 명사(단수형)-ed

보기) have blue eyes 또는 with blue eyes → blue-eyed 푸른 눈을 가진

deep-rooted good-natured noble-minded red-haired

red-colored long-tailed warm-blooded

(6) 기수-형용사 [odd, sided 등] + 명사

1) 기수-odd + 명사 《〈입말〉 …여의 ~》

10-odd books (= 10(ten) books odd) 10여 권의 책

cf.) ten odd books 열권의 이상한 책

30-odd years ago 30여 년 전

2) 기수-sided (+ 명사) 《…(측) 면이 있는 ~; …각의 ~》

one-sided two-sided six-sided polygon 6각형

※ many-sided 다방면의, 다방면에 걸친; 다재다능한

(7) 기수-fold (+ 명사) 《~배의; ~겹의》

3-fold [= threefold] 3배의; 세 겹의 ※ 숫자를 영문으로 쓸 경우에는 fold와 합쳐 쓴다.

3-fold increase 3배 증가 a six-fold screen 6쪽으로 된 병풍

(8) all, ex, half, quasi, self 등에 하이픈으로 연결하여 만드는 경우

all-important 가장 중요한 ex-service 퇴역한, 제대한 half-boiled 설익은; 반숙의

quasi-legislative 준입법적인 (기능을 가진) self-accusing 자책하는

self-made 자력으로 성공한; 자수성가한

– REVIEW EXERCISES –

1. 괄호에 알맞은 형용사 혹은 명사를 넣어라.

(1) 동양 사상: (　　　) ideas
(2) 서방 국가들: the (　　　) nations
(3) 서쪽 하늘: the (　　　) sky
(4) 근심스러운 표정: a (　　　) look
(5) 철저한 개혁: a (　　　) reform
(6) 임시(특별) 법령: (　　　) decrees
(7) 5월 하순: the (　　　) end of May
(8) 위층: the (　　　) story
(9) 칠흑 같은 어둠: (　　　) darkness
(10) 단호한 거절: an (　　　) refusal
(11) 지구의 끝까지: to the (　　　) ends of the earth
(12) 전면적인 개정: a (　　　) reform
(13) 선례: the (　　　) instance
(14) 10층짜리 건물: a building ten-stories (　　　)
(15) 3인치 두께의 얼음: ice three inches (　　　)
(16) 영어로 쓰인[된] 책: a book (　　　) in English
(17) 관계 당국: the authority (　　　)
(18) 전업주부: a (　　　) wife
(19) 중고자동차: a (　　　) car
(20) 간접흡연: (　　　) smoking
(21) 10여 권의 책: 10-(　　　) books
(22) 30여 년 전: 30-(　　　) years ago

2. 밑줄 그은 두 단어 중에서 옳은 것을 골라라.

(1) 그것을 다시 (한 번) 해봐라.

Do it a second / the second time.

(2) 그는 우스꽝스러운 모자를 쓰고 있다.

He put on a comic / comical hat.

(3) 인생은 되풀이되는 투쟁이다. (투쟁의 연속이다.)

Life is a continual / continuous struggle.

(4) 크고 어린아이 같은 (맑은) 눈으로 그녀가 나를 바라보았다.

She looked at me with her big childlike / childish eyes.

(5) 그녀는 그것을 믿을 정도로 아주 잘 속았다.

She was credulous / credible enough to believe it.

(6) 그의 아내는 대단히 검소한 주부이다.

His wife is a most economic / economical housewife.

(7) 조깅은 건강에 매우 좋은 운동이다.

Jogging is a very healthy / healthful exercise.

(8) 링컨은 게티즈버그에서 역사적인 (역사적으로 유명한) 연설을 하였다.

Lincoln made his historic / historical speech at Gettysbug.

(9) 그는 상상력이 풍부한 작가이다.

He is an imaginable / imaginative writer.

(10) 그의 설명은 문외한에게도 이해하기 쉬울 것이다.

His description will be intelligible / intellectual to an outsider.

(11) 그 새 책에 대한 그의 해설은 좀 지나치게 평이하다.

His interpretation of the new book was rather too literal / literary.

(12) 그는 문학을 매우 좋아하는 사람이다.

He is a very literary / literal man.

(13) 네가 고생하는 것도 한때[순간]일 뿐이다.

Your suffering is only momentous / momentary.

(14) 그 문제의 해결은 우리의 경제발전에 매우 중요하다.

The solution of the problem is very momentous / momental to the development of our economy.

(15) 그는 사업에서 실제 경험이 부족하다.

He lacks practical / practicable experience in business.

(16) 그러한 원리가 실제 사용될 수 없는 경우도 많다.

There are many cases where such a principle is not practicable / practical.

(17) 나는 내가 한 일을 후회한다.

I am regretful / regrettable for what I have done.

(18) 네가 그런 실수를 하다니 대단히 유감이다.

It is highly regretful / regrettable that you made such a mistake.

(19) 조각은 감각적인 예술이다.

Sculpture is a sensitive / sensuous art.

(20) 그의 필체는 너무 나빠서 거의 읽을 수가 없다.

His handwriting is so bad that it is barely legible / readable.

3. 밑줄 친 형용사의 쓰임이 어법상 틀린 것은?

(A) He played quite a good game.

(B) That is rather a valuable picture.

(C) We haven't time enough.

(D) Saudi Arabia's reserves are second only to those of Kuwait.

(E) He is drunken.

4. 다음 중 어법상 틀린 것은?

(A) It is possible (for us) to persuade him.

(B) He is possible for us to persuade.

(C) It is impossible (for us) to persuade him.

(D) He is impossible (for us) to persuade.

(E) It is difficult (for us) to master English.

5. '그런 좋은 친구들을 가졌다니 너는 복이 많구나.'의 영역으로 어법상 옳지 않은 것은?

(A) You are fortunate that you have such good friends.

(B) It is fortunate that you have such good friends.

(C) You are fortunate to have such good friends.

(D) It is fortunate for you to have such good friends.

(E) You are fortunate in having such good friends.

6. 다음 우리말을 영어로 가장 잘 옮긴 것은? [공무원 9급]

「사람의 키는 자신의 가운뎃손가락 길이의 약 20배 정도 된다고 한다.」

(A) A human body is said to have twenty times as length to his or her middle finger.

(B) A human body is said to be twenty times high than his or her middle finger.

(C) The height of a human body is said to be about twenty times as long as the length of his or her middle finger.

(D) The height of a human body is said to be as longer about twenty times as the length of his or her middle finger.

7. 다음 중 어법상 틀린 것은? [수능]

Falling in love is (A) alike being wrapped in a magical cloud. The air feels fresher, the flowers smell sweeter, food tastes more delicious, and the stars shine more (B) brilliantly in the night sky. You feel light and happy (C) as though you are sailing through life. Your problems and challenges suddenly seem (D) insignificant. Your body feels alive, and you jump out of bed each morning (E) with a smile on your face. You are in a state of supreme delight.

※ Choose the one word or phrase that best completes the sentence. [8~9]

8. Because the new contracts were so favorable, the accounts were not at all _ about signing them. [토익 유형]

(A) hesitancy (B) hesitant (C) hesitated (D) hesitation

9. Husbands and wives teach each other and learn from each other. Many of the troubles and misunderstandings of married life are caused because they forget this. Husbands and wives should realize that they are not equally ______ in all things.

(A) partial (B) compound (C) profound (D) competent

10. **Choose the underlined part that is not grammatically correct.**

On questioning himself with regard to the origin of this mechanical hab-it Freud came to the followed (A) conclusion: "This is what (B) my reflection discovered (C), for none of it (D) had until then been present in my mind."

= 해설·정답 =

1. 〈정답〉

(1) Eastern (2) Western (3) western (4) worried (5) thorough (6) occasional (7) latter (8) upper (9) utter (10) utter (11) utmost (12) total (13) former (14) high (15) thick (16) written (17) concerned (18) practical (19) second-hand (20) second-hand (21) odd (22) odd

2. 〈정답〉

(1) a second (2) comical (3) continual (4) childlike (5) credulous (6) economical (7) healthful (8) historic (9) imaginative (10) intelligible (11) literal (12) literary (13) momentary (14) momentous (15) practical (16) practicable (17) regretful (18) regrettable (19) sensuous (20) legible

3. 【해설】

(A), (B) quite, rather는 부정관사의 앞이나 뒤 어디에나 올 수 있다.

(C) enough는 일반적으로 명사 앞에 오나, 뒤에 놓기도 한다.

(D) 서수가 주격 보어로 쓰일 땐 정관사 the 없이 쓴다.

(E) drunken은 한정용법에만 쓰이고 서술용법에는 쓰이지 않는다.

〈정답〉 (E)

4. 【해설】

(A), (B), (C), (D)

possible이나 impossible 등은 사실상의 가능성을 나타내는 경우에는 'it be + possible, impossible + that절'의 형식으로 쓰고, 논리적 판단 상의 가능성을 나타내는 경우에는 'it be + 서술 형용사 + (for 목적) to 부정사'의 형식으로 쓴다. 후자의 경우 im-possible은 to 부정사의 목적어를 주어로 하는 문장을 만들 수 있으나 possible은 만들지 못한다.

(E) 특정 사실에 대한 난·이(難易)의 판단이나 어떤 일의 실현 가능성에 대한 논리적 판단을 나타내는 서술 형용사는 'It be + 서술 형용사 + (for 목적어) to 부정사'의 형식을 사용한다. 이때 'for + 목적어'의 목적어를 주어로 하는 문장으로 바꿀 수는 없으나, to 부정사 자체의 목적어를 주어로 하는 문장으로는 바꿀 수가 있다. 즉, (E)를 'English is difficult for us to master.'로 바꿀 수가 있다.

〈정답〉 (B)

5. 【해설】

형용사 fortunate는 「S + be + fortunate + (for 목적) to 부정사」, 「S (사람) + be + fortunate + that절」, 「It be fortunate + that절」, 「S + be + fortunate + in + ~ing」의 형식으로 쓰며, 「It + be + fortunate + (for 목적) to 부정사」의 형식으로는 쓰지 않는다.

〈정답〉 (D)

6. 【해설】

'사람의 키 (the height of a human body)'가 주어이므로 (A)와 (B)는 실격이다. 그리고 배수비교는 「부사적 배수사 (half, twice, three, four, …) times 등 + as + 원급의 형용사 또는 부사 + as」나 「부사적 배수사 + the + 명사 (크기, 길이, 무게, 부피 등 척도를 나타내는 명사) + of ~」와 같이 나타낸다. S + be said + to 부정사 (S는 ~라고 한다, ~라고 말해진다)

〈정답〉 (C)

7. 【해설】

(A) 서술 형용사 alike는 그 보충어를 요하지 않는다. like는 전치사 적으로 쓰이는 형용사로서 동명사나 명사를 그 보충어 (목적어)로 취할 수 있으므로 여기의 alike 대신

like는 가능하다.

(B) 동사 shine을 수식하는 부사 brilliantly의 비교급을 써서 '더욱 찬란하게'의 뜻으로 more brilliantly는 알맞다.

(C) as though (= as if)는 '마치 ~인 것처럼'의 뜻으로 양태 부사절을 이끄는 종속접속사이다.

(D) seem은 2형식 동사로서 '~으로 보이다, ~인듯하다.'의 뜻으로 형용사, 명사, to 부정사를 보어로 할 수 있으므로 여기서 insignificant(하찮은, 사소한)는 이상이 없다.

(E) with a smile on your face는 「with + 목적 + 분사[형용사, 부사]」의 부대 상황을 나타내는 분사구문의 일종이다. with a smile on your face (얼굴에 미소를 머금은 채).

[해석] 사랑에 빠지는 것은 마법의 구름에 둘러싸이는 것과 같다. 공기는 더 신선하게 느껴지고 꽃들에서는 더욱 향긋한 내음이 나고, 음식 맛이 더 좋아지고, 밤하늘의 별은 더욱 찬란하게 반짝이게 된다. 마치 인생을 잘 헤쳐 나가고 있는 것인 양 상쾌함과 행복을 느낀다. 당신의 고민과 어려운 문제들이 갑자기 대수롭지 않은 것으로 보이게 된다. 몸에는 활력을 느끼고, 아침마다 얼굴에 미소를 띤 채 잠자리에서 후다닥 일어나게 된다. 당신은 최고로 즐거운 상태에 있는 것이다.

〈정답〉 (A)

8. 【해설】

빈칸에는 서술 형용사가 필요하다. be hesitant about (~에 대해 망설이다 [주저하다])

[해석] 그 새 계약서들이 대단히 유리하였으므로 회계사들은 그것에 서명하는 것을 전혀 망설이지 않았다.

〈정답〉 (B)

9. 【해설】

each other (서로), many of ~ (~의 다수 → 많은 ~), married life (부부 [결혼] 생활)
in all things (모든 것에, 만사에)

(A) partial (일부분의; 불공평한; 편파적인)

(B) compound (합성의, 복합의).

(C) profound (깊은; 심오한).

(D) competent (능력이 있는, 적당한, 충분한)

[해석] 부부들은 서로 가르치며 서로 배운다. 부부 [결혼] 생활의 많은 문제와 오해들은 그들이 이것 [앞에 말한 것]을 망각하기 때문에 일어난다. 부부들은 그들이 모든 것에 동등하게 능력이 있지는 않다는 것을 깨달아야만 한다.

〈정답〉 (D)

10. 【해설】

(A) '다음의, 다음의 계속되는' 뜻의 형용사는 following이다.

(B) what은 명사절 (보어절)을 이끄는 선행사를 포함하는 관계대명사로 쓰였다.

(C) 이상이 없다.

(D) 'none of + 단수 (대)명사'(조금도 [전혀] ~않다 [없다]. 여기서 for는 이유를 나타내는 등위접속사이다.

[해석] 이러한 기계적인 습관의 기원에 관하여 스스로 질문했을 때, 프로이트는 다음과 같은 결론에 이르렀다. 즉, "이것은 나의 깊은 사고가 발견한 것이다. 왜냐하면 그때까지 그것은 전혀 내 마음속에 존재해 오고 있지 않았기 때문이다."

〈정답〉 (A)

제14장

부사(Adverb)

1. 앞말

(1) 의의

부사(副詞)는 문장 내에서 동사, 형용사, 다른 부사를 수식.강조하는 것을 주 기능으로 하는 단어의 갈래(품사)이다.

(2) 종류

1) 의미에 따른 분류

부사는 그 나타내는 의미에 따라 장소(위치·방향) 부사, 시간(시점·기간) 부사, 빈도(횟수) 부사, 양태(모습, 상태, 방법)부사, 정도(크기·양 등)부사 등으로 분류할 수 있다.

2) 기능에 따른 분류

부사는 문장에서의 역할(기능)에 따라 단순(수식) 부사, 지시 부사, 초점 부사(= 제한 · 중점표시 부사), 의문부사, 관계부사, 접속부사, 독립부사 등으로 분류할 수 있다.

※ 단순수식 부사는 동사, 형용사, 부사를 수식.강조하는 기능을 하는 일반적 의미의 부사를 말하는 것으로 1)의 의미에 따른 부사가 모두 이에 속한다.

2. 부사의 기능

동사, 형용사, 다른 부사를 수식·강조하는 것이 부사의 주된 기능이나, 때로는 명사·대명사나 부사구·절, 문장 전체를 수식·강조하거나, 보어의 역할을 하는 경우도 있다.

(1) 동사의 수식, 강조

동사를 뒤나 앞에서 수식, 강조한다. 가장 기본이 되는 (단순) 부사의 기능이라고 할 수 있다.

She married **early**. 그녀는 일찍 결혼했다.

He speaks English **well**. 그는 영어를 잘한다.

The river **often** overflows. 그 강은 자주 범람한다.

So be it! / Let it be **so**! / Be it **so**!

그렇게 하도록 해라; 멋대로 하라고 그래; 그렇다면 할 수 없지.

I **thoroughly** agree with you in your opinion. 나는 당신의 의견에 전적으로 동감합니다.

(2) 형용사의 수식, 강조

형용사를 수식, 강조한다. 일반형용사는 물론 분사형 형용사, 전치사성형용사도 수식, 강조할 수 있다.

They are **usually** rich in sugar and have around 130~150 calories and one and a half units of alcohol per bottle.

그것은 **일반적으로** 당분이 풍부하며 약 130~150의 열량을 가지며 병당 1.5(단위)의 알코올 함유량을 갖는다.

It is a **very** amusing story. 그거 **매우** 재미있는 이야기이구나.

I'm **completely** exhausted. 나는 **완전히** 지쳤다.

This book is **well** worth reading. 이 책은 **충분히** 읽을 가치가 있다.

(3) 부사의 수식

다른 부사의 앞이나 뒤에 놓여 수식한다.

We enjoyed ourself **very** much. 우리는 매우 즐겁게 놀았다.

You know well **enough** what I mean. 너는 내 의도가 뭔지 충분히 잘 알겠지.

She cooks **quite** well. 그녀는 요리를 매우 잘한다.

(4) 부사구·절의 수식

부사구나 부사절을 수식할 수 있다.

He left **entirely** of his own volition. **〈부사구〉** 그는 전적으로 자진해서 떠났다.

I did it **only** [**simply**] because I felt it to be my duty. **〈부사절〉**

저는 단지 그 일이 제가 해야 할 임무라고 느꼈기 때문에 했습니다.

(5) 문장 전체의 수식 ☞ 독립부사 (p. 487)

일부의 부사는 문장의 앞 또는 문중 (일반 동사 앞, be동사.조동사 뒤)이나 문미에 놓여 문장 전체를 수식·강조하기도 한다.

Obviously, they will not finish the work on time.

분명히 그들은 제시간 내에 그 일을 끝내지 못할 것이다.

= They **obviously** will not finish on time.

They will not finish on time, **obviously**.

(6) 명사, 대명사의 수식·강조

몇몇 시간부사(yesterday, afterwards, before 등)나, 장소부사(abroad, ahead, back, below, here, home, there 등)는 명사나 대명사를 뒤에서 수식하기도 하며, almost, alone, also, even, just, mainly, merely, neither, nor, only, purely, quite, simply

등의 초점 부사, 강조 부사는 명사, 대명사를 수식·강조하는 것이 그 주요 용법이다.

The meeting **yesterday** was both informative and productive.

어제 회의는 유익하고도 생산적이었다.

It had been fine the day **before.** 그 전날은 날씨가 좋았다.

I am preparing for a trip **abroad.** 나는 해외여행 준비를 하고 있다.

the room **below** 아래층의 방 / the court **below** 하급 법원

a building with ten stories above ground and three **below**

지상 10층, 지하 3층의 건물

Almost everyone laughed. 거의 모든 사람이 웃었다.

Man shall not live by bread **alone.** 사람은 빵만으로는 살 수 없다.

Even Homer sometimes nods.

호머조차도 때로는 실수한다. [원숭이도 나무에서 떨어질 때가 있다.]

Only you can do it. 오직 너만이 그것을 할 수 있다.

You've been **quite** a stranger these days.

너 요즘 얼굴 본 지가 꽤 오래구나. (정말 오랜만이구나.)

She is **simply** a woman. 그녀는 그저 여자일 뿐이다.

(7) 보어 기능

away, down, forth, in, on, off, over, out, through, up 등의 부사들이 보어 (주격 보어, 목적격 보어) 역할을 하는 경우가 있다.

He's **away** on business. **〈주격 보어 역할〉** 그는 출장 중이다.

Put it **away.** **〈목적격 보어 역할〉** 그것을 치워라.

The dollar was **down** against the yen and the euro. **〈주격 보어 역할〉**

달러화가 엔화와 유로화에 대해 값이 내렸다.

He sent a cry **forth.** **〈목적격 보어 역할〉** 그는 큰 소리로 울었다.

The 7:30 train is **in.** **〈주격 보어 역할〉** 7시 30분 열차가 도착했다.

Summer is **in**. **〈주격 보어 역할〉** 여름이 왔다.

She is **off** with him. **〈주격 보어 역할〉** 그녀는 그와의 인연을 끊었다.

I had my cellular phone **off**. **〈목적격 보어 역할〉** 나는 내 휴대전화기를 꺼 놓았다.

'Macbeth' is **on**. **〈주격 보어 역할〉** '맥베스'가 상연되고 있다 .

The water is not **on**. **〈주격 보어 역할〉** 물이 안 나온다 .

The project is **on** schedule. **〈주격 보어 역할〉** 그 계획은 예정대로이다. (예정대로 진행한다.)

He has been **on** for three years here. **〈주격 보어 역할〉** 그는 3년째 여기서 일하고 있다.

She is **out** shopping. **〈주격 보어 역할〉** 그녀는 시장 보러 나가 있다.

I am **through** for the day. **〈주격 보어 역할〉** 나는 오늘은 일이 끝났다.

The moon is **up**. **〈주격 보어 역할〉** 달이 떴다.

It's all **up** with him. **〈주격 보어 역할〉** 그는 이제 다 틀렸다.

He was **up** on his knees. **〈주격 보어 역할〉** 그는 (몸을 일으켜) 무릎을 꿇었다.

We remain **up** during the vacation. **〈주격 보어 역할〉**

우리는 방학 중에도 학교(의 소재지)에 남아있다.

I'm afraid our time is **up**. **〈주격 보어 역할〉** 유감스럽지만 시간이 다 되었다.

(8) 접속사의 기능 (접속부사)

다음과 같은 부사들은 두 문장을 연결하는 접속사의 기능을 하기도 한다.

ex) besides, moreover, (and) then, (and) so, therefore, thus, however, less, meanwhile, nevertheless, though, still, yet, etc.

I am tired; **besides**, I am sleepy and hungry.

나는 피곤하다. 게다가 졸리고 배도 고프다.

I think; **therefore** I am. 나는 생각한다, 그러므로 나는 존재한다.

I feel sleepy, **and yet** I must finish my homework.

졸립다, 그래도 나는 숙제를 끝내야만 한다.

3. 부사의 형태

부사의 모습에는 본래부터 부사인 것과 다른 품사로부터 만들어진 부사가 있다.

(1) 고유한 형태인 것

ex) already, always, even, quite, seldom, soon, still, then, too, etc.

Reality is sad, and that handsome parasite that is the imagination will **always** be preferred to it.

현실은 슬프다. 그래서 상상력이라는 아주 잘 생긴 식객이 항상 현실보다 더 선호되기 마련이다. (현실 자체는 슬프지만 슬프지 않다는 상상을 항상 함으로써 슬픈 현실을 망각하게 된다.)

Flowers hold secrets and abilities that we never **even** knew they had, until now.

꽃들은 그것들이 가지고 있는지조차 지금껏 우리가 결코 알지 못했던 비밀과 능력들을 갖추고 있다.

(2) 형용사와 같은 형태인 부사

ex) ful, back, broadcast, collect, daily, early, enough, far, fast, friendly, half, hard, high, ill, last, late, left, lively, little, long, lovely, low, motherly, monthly, much, near, right, orderly, short, still, straight, timely, weekly, well, wide, wrong, yearly, etc.

The **early** bird catches the worm. **〈형용사: 이른, 일찍 일어나는〉**

일찍 일어나는 새가 벌레를 잡는다. – 속담 –

I got up **early** this morning. **〈부사: 일찍〉** 나는 오늘 아침에 일찍 일어났다.

He drives with the very **fast** speed. **〈형용사: 빠른〉** 그는 매우 빠른 속도로 운전한다.

Cars moved very **fast** on the highway. **〈부사: 빨리〉** 고속도로에서 차들은 매우 빨리 달렸다.

You are quite **right**. **〈형용사: 옳은, 올바른, 맞는〉** 네 말이 꼭 맞다.

He will act **right**. 〈부사: 올바르게〉 그는 올바르게 행동하려고 한다.

▷ **costly, comely, cowardly, homely, lonely, manly, silly, ugly, womanly 등은 형용사로만 쓰인다.**

In their report, the OECD felt that these costs and procedures were too **costly** and difficult, making investment unattractive for foreign investors.

그들의 보고서에서 OECD는 이러한 비용이 너무 많이 들고 절차가 까다로워서 외국인 투자자들이 투자하는데 매력을 못 갖게 한다고 생각했다.

These questions might sound **silly**, but some scientists have actually spent time and money to research them.

이러한 질문들이 바보 같게 들릴지도 모르지만, 어떤 과학자들은 실제로 그것을 탐구하기 위해 시간과 금전을 들여왔다.

(3) '형용사 + ly'형의 부사

부사의 많은 수가 형용사에 ly를 붙여 만든 것이다.

1) 형용사에 ly가 결합되는 모습

① 형용사 + ly

보기) accidental → accidentally careful → carefully

ex) accidentally, awkwardly, beautifully, carefully, certainly, cleverly, finely, finally, fondly, gladly, indignantly, kindly, mainly, magnificently, naturally, quickly, slowly, surely, strangely, totally, thoughtfully, truthfully, wisely, etc.

Pompeii **essentially** disappeared for more than 1,600 years until 1748, when the city was **accidentally** rediscovered.

폼페이는 이 도시가 우연히 다시 발견된 1748년까지 1,600년 이상 완전히 자취를 감췄다.

If this is so, then pumping reflective material into the atmosphere to reduce sunlight should be **totally** ineffective.

만약 그것이 사실이라면, 햇빛을 감소시키기 위해 반사 물질을 대기 중으로 뿜어내는 것은 전혀 효과적이지 못할 것이다.

② **형용사의 끝 형태가 '자음 + y'인 때에는 y를 i로 고치고 ly를 결합시킨다. [-ily]**

보기) angry → angrily ready → readily

ex) angrily, crazily, easily, greedily, happily, heavily, prettily, readily, etc.

King Sejong created Hangul for his people to learn letters **easily**.

세종대왕은 백성들이 글자를 쉽게 배울 수 있도록 한글을 창제했다.

We need to be extra careful as we live in a world where all kinds of information is **readily** available just a few keystrokes away.

우리는 모든 종류의 정보가 자판을 몇 번 두드려대면 손쉽게 얻어지는 세상에 살고 있으므로 더욱 특별한 주의가 필요하다.

③ **형용사의 끝 형태가 -le인 때에는 le를 생략하고 ly를 결합시킨다.**

보기) gentle → gently idle → idly

ex) gently, idly, nobly, possibly, simply, etc.

It is small wonder that so many of our constituents now find themselves with debts that cannot **possibly** be repaid.

그렇게 많은 유권자가 이제 도저히 상환할 수 없는 빚을 지고 있는 것을 알게 되는 것이 별로 이상한 일은 아니다.

More people are choosing bicycles instead of cars **simply** because of rising gas prices.

더 많은 사람이 단순히 상승하는 휘발유 가격 때문에 자동차 대신 자전거를 선택하고 있다.

▷ **형용사의 끝 형태가 -le일 때 그대로 ly를 붙이는 것도 있다.**

sole → solely whole → wholly

④ **형용사의 끝 형태가 -ue인 때에는 e를 생략하고 ly를 결합시킨다. [-uly]**

보기) due → duly true → truly

It is clearly stated in the disclosure statement **duly** signed by yourself.

그것은 당신 자신이 정식으로 서명한 공개진술서에 명확하게 서술되어 있다.

> ▷ 형용사의 끝 형태가 -ue일 때 그대로 ly를 붙이는 것도 있다.
> unique → uniquely vague → vaguely

⑤ **형용사의 끝 형태가 -ll인 때에는 y만 결합시킨다. [-lly]**

보기) full → fully dull → dully shrill → shrilly

The sun was beating **fully** into his face. 햇살이 그의 얼굴 가득히 쏟아지고 있었다.

His face had begun to twitch, and his voice rose **shrilly**.

그의 얼굴은 씰룩대기 시작했고 목청이 날카롭게 올라갔다.

⑥ **형용사의 끝 형태가 -ic인 때에는 al을 붙인 다음 ly를 결합시킨다. [-ically]**

보기) basic → basically scientific → scientifically

ex) basically, dramatically, economically, ethically, geographically, historically, logically, pacifically, philosophically, etc.

As university tuition increases **dramatically** each year, it seems that the employment rate of university graduates decreases along with it.

대학 등록금은 매년 극적으로 오르고 있는데, 대학 졸업생들의 취업률은 그에 맞춰 (오히려) 떨어지고 있는 것으로 보인다.

Whether looked at **logically, ethically, economically** or socially, this is wrong.

논리적이든, 윤리적이든, 경제적이든 아니면 사회적이든, 그 어떤 측면에서 보아도 이것은 옳지 않다.

> ▷ 형용사의 끝 형태가 -ic일 때 그대로 ly를 붙이는 것도 있다.
> public → publicly

2) 형용사와 같은 형태와 '형용사 + ly'형태의 두 가지 부사형을 쓰는 경우

이때의 두 부사는 구별 없이 동일하게 쓰이는 것도 있으나, 의미나 용법에서 차이를 보이는 것이 보통이다. 동일하게 사용하는 경우 형용사와 같은 형태의 부사를 쓰는 것이 더 입말 적이다. 그리고 '형용사 + ly' 형의 부사는 동사 앞에 사용할 수 있으나 형용사와 같은 형태의 부사는 동사 앞에는 쓰지 않는 것이 일반적이다.

①부사 bright / brightly

■ 쓰임 예

가. 형용사 bright: 빛나는, 눈부신; 밝은; 맑은; 멋진; 머리가 좋은; 명랑한

a bright smile 밝은 미소　bright prospects 밝은 전망

a bright idea 멋진 생각　a bright answer 재치 있는 대답

나. 부사 bright: (보통 shine과 함께) 밝게 (= brightly)

bright and early 아침 일찍이

The stars are shining bright(ly). 별이 밝게 빛나고 있다.

다. 부사 brightly: 밝게, 환히, 선명하게; 명랑하게, 즐겁게

smile brightly 환히 웃다.

The fire burned up brightly. 불이 활활 타올랐다.

② 부사 cheap / cheaply

■ 쓰임 예

가. 형용사 cheap: 싼; 가치 없는; 비열[천박]한; 인색한

a cheap ticket 〈영〉 할인 표　a cheap victory 쉬운 승리 (낙승)

feel cheap 부끄럽게 여기다; 풀이 죽다; 기분이 언짢다.

hold a person [thing] cheap 아무를 [무엇을] 낮춰보다.

나. 부사 cheap: 싸게 (= cheaply), 염가로

buy cheap and sell dear. 싸게 사서 비싸게 팔다.

I got it cheap. 나는 그것을 싸게 손에 넣었다.

다. 부사 cheaply: 싸게; 경멸적으로

buy [sell, get] something cheaply. 무엇을 싸게 사다[팔다, 얻다].

That which is bought cheap(ly) is the dearest.

싸구려를 사는 것은 돈만 낭비하는 짓이다. [싼 것이 비지떡이다.] – 미, 속담 –

③ 부사 clean / cleanly

■ 쓰임 예

가. 형용사 clean: 깨끗한; 결점 없는; 능숙한; 완전한 (= complete); 당연한

clean gold 순금　a clean sweep (선거에서) 압도적 승리

keep one's hands clean 양심의 가책을 느낄 일이 없다; 청렴결백하다.
make a clean breast of ~: ~을 몽땅 털어놓다.
That's the clean thing to do. 그것은 마땅히 해야 할 일이다.

나. 부사 clean: 깨끗이 (= cleanly); 보기 좋게; 정통으로; 공정하게; 아주, 완전히
sweep a room clean 방을 깨끗하게 청소하다.
play the game clean 공정하게 시합을 하다.
I clean forgot about it. 나는 그것을 완전히 까먹고 있었다.
He is clean mad. 그는 완전히 미쳤다.

다. 부사 cleanly: 솜씨 있게; 깨끗하게; 청렴하게; 쉽게, 순조롭게
dress oneself clean(ly) 말끔하게 차려입다.
He cleanly cut the Gordian knot. 그는 그 어려운 문제를 솜씨 있게 단번에 해결했다.

라. 형용사 cleanly: **〈경향·습관·성격〉** 깔끔한, 깨끗한 것을 좋아하는; **〈말이〉** 품위 있는
She is a very cleanly person. 그녀는 매우 깔끔한 것을 좋아하는 사람이다.

④ 부사 clear / clearly

■ 쓰임 예

가. 형용사 clear: 맑은; 밝은; 빛나는; 명백한; 명석한; 안전한; 결점 없는; 한산한
a clear month **꼬박 한 달**　a clear profit **순이익**　clear majority **절대다수**
a clear channel **전용 채널**
get clear of ~: ~에서 떨어지다[벗어나다], ~을 피하다.
make oneself clear 자기 생각을 남에게 이해시키다.
I have a clear day today. 오늘은 할 일이 없는 한가한 날이다.
They were clear of the danger. 그들은 위험에서 벗어났다.
Do I make myself clear? 내 말을 알겠습니까?

나. 부사 clear: **명료하게**; 떨어져서 (= apart); 완전히; 줄곧 (= all the time(way)
get clear away [off] 완전히 떨어지다; 완전히 헤어지다; 달아나다.
run [walk] clear to ~: ~까지 줄곧 달리다[걷다].
speak loud and clear. 크고 분명하게 말하다.
The horse ran clear off the track. 그 말은 주로를 완전히 벗어나 달렸다.
He stands clear of the problem concerned. 그는 그 문제와는 전혀 관계가 없다.

다. 부사 clearly: 명료하게; 명확히, 확실히; 똑똑히; 밝게; 깨끗하게
The moon shines clearly. 달이 밝게 비치고 있다.

Clearly, it is a mistake. (= It is clearly a mistake.) 분명히 그것은 실수이다.
The teacher spoke so clearly that I could hear every word.
선생님은 또박또박 말씀하셨으므로 나는 그분의 말을 모두 알아들을 수 있었다.

⑤ 부사 close / closely

■ 쓰임 예

가. 형용사 close: 가까운 (near), 밀접한; 친밀한; 닫은
a close resemblance 아주 비슷함 a close translation 직역
close investigation 정밀 조사 close privacy 비밀, 극비
She is close to tears. 그녀는 당장에라도 울음을 터트릴 듯하다.

나. 부사 close: 밀접하게; 곁에; 빽빽이; 면밀히
sit [stand] close to ~: ~의 바로 곁에 앉다[서다].
pack things close. 차곡차곡 빈틈없이 채워 넣다.
listen [look] close. 경청[주시]하다.

다. 부사 closely: 가까이, 밀접하게; 친밀히; 빈틈없이; 단단히; 검소하게; 인색하게
shut closely 밀폐하다. listen closely 가만히 (차근히) 귀를 기울이다.
Shut your eyes closely [close]. 눈을 꼭 감아라.
He resembles his father closely. 그는 그의 아버지를 똑 닮았다.
Her skirt fits closely. 그녀의 스커트는 몸에 꼭 맞는다.
Children's toys are inspected closely to ensure their safety.
어린이 장난감은 안전 보장을 위해 엄격하게 검사를 받는다.

⑥ 부사 dear / dearly

■ 쓰임 예

가. 형용사 dear: 친애하는, 사랑하는; 귀여운; 귀중한
Dear [My dear] Mr. Kim Sam-sik. 경애하는 김삼식 씨; 김삼식 씨께
My dear fellow! 여보게!

나. 부사 dear: 비싸게, 애정 깊게 (= dearly)
He paid dear for his errors. 그는 그의 잘못에 대한 대가를 비싸게 지불했다.

다. 부사 dearly: 진정으로, 끔찍이; 애정 깊게; 비싸게
I love him dearly. 나는 그 사람을 진정으로 사랑합니다.
I paid dearly for it. 나는 그것 때문에 비싸게 대가를 치렀다. (= It cost me dear.)

⑦ 부사 deep / deeply

■ **쓰임 예**

가. 형용사 deep: 깊은, 강한, 심한; 심원한; 골몰하고 있는
a deep drinker 술고래 a deep bow 큰절 a deep dive 급강하
a deep secret 극비 a pond ten feet deep 깊이가 10피트인 연못
His cheerful manner belied a deep feeling of sadness.
그는 유쾌한 태도로 깊은 슬픔을 감추었다.
He's a deep one. 그는 비밀스러운 사람이다.

나. 부사 deep: 깊이, 깊게
deep in the past 오래전에, 옛날에 deep into the night 밤 깊도록
drink deep 과음하다. go deep (신념 따위가) 강하다, 중대하다.
Still waters run deep. 잔잔히 흐르는 물이 깊다. (말 없는 사람이 생각이 깊다) – 속담 –

다. 부사 deeply: 깊이, 짙게; 철저히; 교묘히
I am deeply grateful to you for your help. 도와주셔서 정말 감사합니다.
She felt her mother's death deeply. 그녀는 어머니의 죽음이 절절히 느껴졌다.
His speech was deeply moving. 그의 연설은 대단히 감동적이었다.

⑧ 부사 direct / directly

■ **쓰임 예**

가. 형용사 direct: 똑바른; 직접의 (= immediate); 정면의; 솔직한; 명백한; 직류의
direct rays 태양의 직사광선 a direct flight 직행 항공편
a direct descendant 직계비속 a direct election 직접선거
a direct answer 솔직한 답변

나. 부사 direct: 똑바로; 직접(으로); 직행 적으로; 전적으로
go direct [= directly] to London 곧바로 런던에 가다. (런던으로 직행하다.)
Answer me direct. 내게 똑바로 (솔직히) 대답해라.

다. 부사 directly: 곧장, 똑바로; 직접(적)으로; 즉시로; 솔직하게; 정비례하여
look directly at me 나를 정면으로 쳐다보다.
directly concerned with the problem 그 문제와 직접적으로 관련이 있는
I'll be with you directly. 곧 당신께 가겠습니다.
You're directly responsible for this accident. 당신은 이 사고에 직접 책임이 있다.

⑨ 부사 fair / fairly

■ **쓰임 예**

가. 형용사 fair: 공평한, 공정한; 순조로운; 살결이 흰, 그럴듯한, 정당한
fair wages 적정한 임금　a fair income 상당한 수입
a fair wind 순풍 **〈반〉**　a foul wind 역풍　a fair complexion 흰 살결
a fair promise 그럴듯한 약속　fair weather 갠 날씨
All's fair in love and war.
사랑과 전쟁에는 모든 것이 정당하다. (수단.방법을 가리지 않는다.)

나. 부사 fair: (play, fight 등과 함께) 정정당당히; 정중히; 깨끗하게; 똑바로, 정면으로
play [fight] fair 정정당당히 행동하다[싸우다].　speak fair 정중하게 말하다.
copy [write out] fair 정서(淨書)하다.
be struck fair in the face 얼굴을 정면으로 얻어맞다.

다. 부사 fairly: 공평히; 상당히(tolerably); **〈일상어〉** 완전히; 적당하게, 합법적으로
fairly and squarely 공정하게, 당당하게　fairly good 꽤 좋은
be fairly visible 똑똑히 보인다.　be fairly exhausted 녹초가 되다.
Both of you must play fairly [fair]. 너희 둘 모두 공정하게 시합해야 한다.

⑩ 부사 fine / finely

■ **쓰임 예**

가. 형용사 fine: 훌륭한; (반어적) 형편없는; 맑은; 예리한; 섬세한, 기분이 좋은
a fine view 절경, 장관　a fine character 훌륭한 인물
gold 24 karats fine 순도 24금의 금
fine rain 이슬비　a fine lady 세련된 숙녀; 고상한 체하는 숙녀
fine tastes 고상한 취미
That's a fine excuse. 구실이 좋군.
Fine feathers make fine birds. 화려한 깃털이 예쁜 새를 만든다. [옷이 날개다.]

나. 부사 fine: 〈입말체에서〉 훌륭하게; 미세하게

talk fine 고상한 말씨를 쓰다; 그럴듯하게 말하다.

cut the vegetable fine 채소를 잘게 썰다.

cut [run] it fine **〈시간·돈 등을〉** 최대한으로 절약하다; 시간에 빠듯하게 대다.

work fine (일이) 잘되다.

The hat will suit you fine. 그 모자가 당신에게 썩 잘 어울립니다.

다. 부사 finely: 아름답게, 훌륭하게; 잘게, 가늘게; 엷게; 정교하게

finely cut vegetables 잘게 썬 채소

These instruments are very finely set. 이 기계 [악기]들은 매우 정교하게 조립되어 있다.

⑪ 부사 hard / hardly

■ **쓰임 예**

가. 형용사 hard: 굳은; 튼튼한, 건전한; 곤란한, 이해하기 어려운; 참기 어려운

hard common sense 건전한 상식 hard information 확실한 정보

a hard look 집어삼킬 듯한 표정 [눈초리], 자세한 검토 a hard blow 강타

a hard saying 이해하기 어려운 말, 너무 심한 [가혹한] 말

The times are hard with us. 요즘 들어 우리는 살기가 어렵다.

She is hard to please. 그녀는 성미가 까다롭다. (= It is hard to please her.)

나. 부사 hard: 열심히; 겨우; 몹시, 지나치게; 단단히; 가까이, 접근하여

be frozen hard 꽁꽁 얼다. hold on hard. 단단히 붙들고 놓지 않다.

work hard 열심히 일[공부]하다. think hard 깊은 생각에 잠기다.

His car followed hard after mine. 그의 차는 내 차를 바싹 뒤쫓아 왔다.

There is hard any time left. 시간이 거의 남아있지 않다.

다. 부사 hardly: 거의 ~않다 [아니다], 조금도 [전혀] ~아니다; ~하자마자; 가혹하게

I can hardly believe it. 나는 그것을 거의 믿을 수가 없다.

Hardly/ Scarcely had we arrived, when it began to rain.

우리가 도착하자마자 비가 오기 시작했다.

⑫ 부사 high / highly

■ 쓰임 예

가. 형용사 high: 높은, 높은 곳에 있는; 고결한 (= noble); 대단한 (= very great)

high (= atmospheric) pressure 고기압 a high manner 건방진 태도

a high boast 호언장담 high words 과격한 말[격론] a high folly 바보 같은 짓거리

high summer 한여름

on the high horse 뽐내어, 젠체하여 feel high 기분이 좋아지다.

Mount Everest is eight thousand, eight hundred and forty eight meters high.

에베레스트 산은 높이가 8,848m다.

다. 부사 high: 높이, 높게; 세게; 크게; 고가로; 사치[호화]스럽게

climb high 높이 오르다. fly high 높이 날다; 희망에 가슴이 부풀어 있다, 의기양양하다.

cost high 비용이 많이 들다. live high 호화롭게 살다.

The sea runs high. 파도가 높이 친다. The wind blows high. 바람이 세차게 분다.

Aim high and you will strike high. 겨누는 곳이 높으면 맞는 곳도 높다.

When they go low, we go high. – Michelle Obama –

그들이 저급하게 갈 경우라도, 우리는 품위 있게 가자.

다. 부사 highly: 매우, 대단히

speak highly of ~: ~을 격찬[칭송]하다.

think highly [much] of ~: 누구를 크게 존경하다; ~을 높이 평가하다; 중요시하다.

I feel highly honoured to be invited. 초대되어 영광으로 생각합니다.

He is highly rated as a novelist. 그는 소설가로서 높이 평가받는다.

The goods on display are all very highly priced.

진열된 상품들은 모두 대단히 고가이다.

⑬ 부사 late / lately

■ 쓰임 예

가. 형용사 late: 늦은, 지각한; 더딘, 철 늦은; 요즈음의; 작고한

my late mother 나의 돌아가신 어머니 the late prime minister 전 수상

be in one's late thirties [teens]. 30대 후반[10대 후반의 젊은이]이다.

The train is ten minutes late. 열차는 10분 늦어지고 있다.

It is never too late to mend. 잘못을 고치는 데 늦다는 법은 없다. – 속담–

나. 부사 late: 늦게, 더디게; 밤늦어; 최근까지; 요즈음(= lately)
late in the evening [morning] 밤 [아침] 늦게
late in the nineteenth century 19세기 말에
ripen late 결실이 늦다, 늦게 여물다.　　stay [sit] up late 밤늦도록 자지 않다.
He arrived an hour [one train] late. 그는 한 시간 [한 열차] 뒤늦게 도착했다.
Better late than never. 늦게 하더라도 안 하느니보다는 낫다. – 속담 –

다. 부사 lately: 최근에, 요즈음
I haven't seen him lately. 나는 요즘 그를 보지 못했다.
Has he been here lately? 그가 최근 여기에 온 적 있습니까?

⑭ 부사 loud / loudly

■ **쓰임 예**

가. 형용사 loud: 시끄러운; 큰 (목)소리의; 뻔뻔스러운; **〈입말체〉** 야한, 화려한; 역겨운
loud applause 대갈채　　a loud lie 새빨간 거짓말　　loud clothes 화려한 옷
a loud fish smell 고약한 [역겨운] 생선 비린내
be loud in praises 크게 칭찬하다.　　be loud in demands 귀찮게 요구하다.

나. 부사 loud: **〈주로 talk, speak, laugh, play 등의 동사와〉** 큰 소리로; 야하게, 천하게
loud and clear 분명하게, 명료하게
Dont' talk so loud. 그렇게 큰 소리를 내지 마라.

다. 부사 loudly: 큰 (목)소리로; 시끄럽게; 강하게 (= aloud); 야하게; 천하게
be loudly dressed 옷을 화려하게 입고 있다.
The dog barked loudly. 개가 시끄럽게 짖었다.
I spoke loudly so as to be heard by everyone.
나는 모두에게 들릴 수 있도록 큰 소리로 말했다.

⑮ 부사 most / mostly

■ **쓰임 예**

가. 형용사 most: 가장 큰 [많은]; 최대 [최고]의; 대개의, 대부분의
most people 대부분의 사람들　for the most part 대개(는), 대개의 경우
in most cases 대개는
Most fame is fleeting. 대개의 명성이란 덧없는 것이다.

나. 부사 most: 〈much의 최상급〉 가장, 가장 많이; 거의

a most beautiful woman 매우 아름다운 여자

This troubles me (the) most. 내게는 이것이 제일 곤란하다.

It appeals to most everybody. 그것은 거의 누구에게나 호소력을 갖는다.

다. 부사 mostly: 대개는, 대부분은; 보통은, 주로

These articles are mostly made in Korea. 이 물품들은 대부분이 한국제이다.

We're mostly out on Sundays. 우리는 일요일에는 대개 외출을 한다.

Somalia is mostly desert. 소말리아는 대부분이 사막이다.

The company's profits fell nearly 20 percent, due mostly to investment losses.
그 회사의 수익은 20% 가까이 하락했는데, 이는 주로 투자손실에 따른 것이다.

⑯ 부사 near / nearly

■ 쓰임 예

가. 형용사 near: 가까운; 친한; 밀접한; 흡사한; 인색한 〈영〉 (도로 따위의) 좌측의

a near concern 깊은 이해관계 a near race 접전; 우열을 가리기 힘든 경주

a matter of near consequence to me 나에게는 중요한 영향을 끼치는 문제

on a near day 근일[근간]에 in the near future 가까운 장래에

take a near view of ~: ~을 가까이 가서 보다.

He's near with his money. 그는 돈에 인색한 사람이다.

나. 부사 near: 가까이(에); 밀접하게; 흡사하여; 거의; 친밀하게; 인색하게

a period of near ten years **〈미, 입말체〉** 근 10년간

near-related terms 밀접하게 관련이 있는 말

live near 검소하게 살다. sit near 옆에 앉다.

She is not near so pretty. 도저히 그녀를 예쁘다고 할 수 없다.

He was very near dead. 그는 거의 죽은 것과 다름없었다.

다. 부사 nearly: 거의, 대략; 밀접하게; 친밀하게; 공들여; 간신히; 하마터면

nearly twelve o'clock. 거의 12시 nearly every day 거의 매일

examine it nearly 세밀하게 조사하다. not nearly ~: 도저히 [결코] ~ 아니다.

We're nearly there now. 우린 이제 거의 그곳에 다 왔다.

It's nearly time to leave. 거의 떠날 시간이다.

He is not nearly so clever as his brother.
그는 (재주로는) 도저히 그의 형을 따르지 못한다.

⑰ 부사 pretty / prettily

■ 쓰임 예

가. 형용사 pretty: 예쁜, 귀여운; 훌륭한, 멋진; 재미있는; 상당한

a pretty voice 기분 좋은 목소리　a pretty stroke (골프 등) 멋진 타구

a pretty sum of money 상당한 금액

나. 부사 pretty: 꽤; 비교적, 상당히; 거의; 매우

It is pretty cold. 날이 꽤 춥다.

This apple is pretty good. 이 사과는 아주 좋다.

This is pretty much the same thing. 이것은 거의 같은 것이다.

다. 부사 prettily: 예쁘게; 점잖게; 명백히; 적절히

She decorated her room very prettily. 그녀는 방을 아주 예쁘게 장식했다.

⑱ 부사 quick / quickly

■ 쓰임 예

가. 형용사 quick: 빠른, 민첩한; 즉석의 (= prompt); 눈치 빠른; 성미 급한; 회전이 급한

quick of apprehension 이해가 빠른　quick to learn 사물을 빨리 깨치는

at a quick pace; with quick short steps 총총걸음으로

be quick of foot [in action] 발이 빠르다[동작이 민첩하다].

be quick at figures 계산이 빠르다.　be quick to do: ~하는 것이 잽싸다.

have quick wits 재치 있다.　have a quick temper 성마른 사람이다.

나. 부사 quick: 빨리, 급히; 〈분사와 함께 복합어를 이루어〉 빨리

quick forgotten 곧 잊혀지는　quick-growing 빨리 성장하는

a quick-acting medicine 빨리 듣는 약

quick-frozen food 급속냉동식품　run [walk] quick 빨리 달리다[걷다].

다. 부사 quickly: 빨리, 급히, 서둘러; 금방, 곧

arrive quickly 곧 도착하다.

Bad news travels quickly [fast]. 나쁜 소식은 빨리 퍼진다.

⑲ 부사 short / shortly

■ 쓰임 예

가. 형용사 short: 짧은; (키) 작은; 모자라는; 성마른; (맥박이) 빠른; (지식·견해) 얕은

a short answer 무뚝뚝한 대답   a short crop 흉작

a short time ago 바로 조금 전에   short notice 돌연한 통고 [호출]

in short supply 공급이 달려

be short of ~: ~이 부족하다 [모자라다]; ~에 못 미치다.

be short on brains. 머리가 모자라다.   have a short memory 잘 잊다.

She is short in common sense. 그녀는 상식이 모자란다.

I'm one dollar short. 내게 돈이 1달러가 모자란다.

Her age is short of thirty. 그녀의 나이는 아직 서른 살이 못 되었다.

나. 부사 short: 간단히; 부족하여; 냉담하게; 갑자기

bring [pull] up short. 갑자기 [급히] 멈추다.

come [fall] short 미치지 못하다; (기대 따위)에 어긋나다.

cut short 갑자기 끝내다 [가로막다]; 바짝 줄이다.   go short 없이 지내다 [해나가다].

speak short 간략히 말하다.   stop short 갑자기 멈추다.

다. 부사 shortly: 곧, 즉시; 머지않아; 잠시; 조금; 간단히; 냉랭하게

shortly before noon 정오 조금 전에   shortly afterwards 잠시 후에

He will shortly arrive in Korea. 그는 머지않아 한국에 도착할 예정이다.

I'll be starting dinner shortly, can you wait until then?

금방 저녁 준비할게요. 그때까지 기다릴 수 있죠?

The tsunami struck shortly after 5p.m.

오후 5시 조금 지나서 쓰나미(지진해일)가 닥쳤다.

"Go away." said Sam-sun shortly. '가버려.'라고 금순이가 무뚝뚝하게 말했다.

⑳부사 slow / slowly

■ 쓰임 예

가. 형용사 slow: 느린; 효과가 늦은; 불경기의; 이해가 늦은; 〈서술용법〉 시간에 늦는

slow of comprehension 머리가 나쁜   a slow student[mind] 이해가 더딘 학생[사람]

a slow month 장사가 부진한 달

Slow and [but] steady wins the race.

느려도 꾸준히 하면 이긴다. [드문드문 걸어도 황소걸음]

Business is slow. 경기가 불황이다.
I am slow to learn. 나는 기억력이 나쁘다./ 나는 공부를 못 한다.
The guests are slow in arriving. 손님들의 도착이 늦다.

나. 부사 slow: 〈동사 drive, go, run, speak 등의 뒤에 쓰여〉 늦게; 천천히 (=slowly)
Drive slow 서행 go slow 천천히 가다[하다]; 태업(怠業)하다.

다. 부사 slowly: 천천히, 느릿느릿
drive [walk] slowly 천천히 운전하다 [걷다].
How slowly [= slow] the time passes! 시간이 이다지도 더디게 가는지!

㉑ 부사 sure / surely

■ 쓰임 예

가. 형용사 sure: 확실한; 안전한; 믿을 수 있는; 반드시 ~하는 (~ to do)
a sure method 틀림없는 방법 a sure victory 확실한 승리
a sure adviser 믿을 수 있는 조언자 a sure conclusion 당연한 결론
He is sure to win. (= I am sure (that) he will win.) 그는 반드시 이긴다.

나. 부사 sure: 〈미, 입말체〉 틀림없이, 정말로; 물론; (as sure as ~의 형태로) 반드시
sure enough 정말이지, 아니나 다를까, 과연
She'll come, as sure as the sun sets in the West.
해가 서쪽으로 지듯이 그녀는 반드시 온다.

다. 부사 surely: 확실히, 틀림없이; (대답) 물론이지, 그럼요; (부정문에서) 설마
Surely, you will succeed. 틀림없이 너는 성공할 것이다.
(= You will surely succeed. / You will succeed, surely.)
"Will you help me?" 나 좀 도와주겠니? – "Surely!" 물론이지!
Surely you don't believe it! 설마 너는 그걸 믿는 것은 아니겠지.

㉒ 부사 thin / thinly

■ 쓰임 예

가. 형용사 thin: 얇은; 가는; 야윈; 희박한, 성긴; 묽은; 빈약한, 힘없는

the thin late afternoon sunshine 늦은 오후의 여린 햇살

a thin excuse 빤히 들여다보이는 변명

give a thin smile 보일 듯 말듯 미소 짓다. vanish into thin air 온데간데없이 사라지다.

The population is thin. 인구가 적다. The market is thin. 시장이 불경기다.

He is thin on top. 그는 머리숱이 적다. That is too thin. 그것은 속이 빤히 들여다보인다.

나. 부사 thin: 얇게, 가늘게; 드문드문, 성기게

Slice the cheese thin(ly). 치즈를 얇게 썰어라.

다. 부사 thinly: 얇게, 가늘게; 희박하게; 빈약하게

a thinly veiled threat 눈에 보이는 위협 thinly populated 인구가 적은

The hill is thinly [sparsely] wooded. 그 언덕에는 나무가 듬성듬성 심어져 있다.

㉓ 부사 tight / tightly

■ 쓰임 예

가. 형용사 tight: 단단한; 바짝 죈; 엄격한; 물이 [공기가] 새지 않는; 몸에 꼭 맞는; 대등한

a tight smile 굳은 미소 a tight game 팽팽한 경기

a tight feeling 답답한 느낌 a tight schedule 꽉 차 있는 예정

This shirt fits tight across the shoulders. 이 셔츠는 어깨가 꼭 짼다.

나. 부사 tight: 단단히, 굳게; 꽉; 밀접해서

hold a rope tight 밧줄을 단단히 잡다. turn a screw tight 나사를 꼭 죄다.

The door was shut tight. 문이 꼭 잠겨 있었다.

다. 부사 tightly: 단단히, 팽팽하게, 꽉

fasten the door tightly 문을 꼭 닫다.

wear [tie] a towel around one's head tightly 수건을 머리에 질끈 동여매다.

He held my hand tightly. 그가 내 손을 꼭 잡았다.

㉔부사 wide / widely

■ 쓰임 예

가. 형용사 wide: 폭넓은 (=broad); 드넓은; 해박한; 헐렁한; 일반적인
a wide knowledge of law 법에 관한 해박한 지식   wide culture 일반교양
with wide eyes 눈을 동그랗게 뜨고   be of wide distribution 널리 분포되어 있다.

나. 부사 wide: 널리; 크게 열어 [뜨고]; 빗나가서; 동떨어져
travel far and wide 도처를 [두루] 여행하다.
have one's eyes wide open 정신을 바짝 차리다.
The bullet fell wide of the target. 총알은 표적을 크게 벗어났다.

다. 부사 widely: 널리; 먼 곳에; 크게, 대단히
a widely distributed Koreans 널리 퍼져 있는 한국인들
differ widely in opinions 의견이 크게 다르다.
He is very widely read. 그는 매우 폭넓게 독서를 한다.

(4) 명사·대명사와 같은 형태의 부사

ex) abroad, above, broadcast, close, downtown, enough, here, high, home, long, most, much, now, pretty, right, then, there, today, tomorrow, yesterday etc.

We are always hospitable to visitors from **abroad**. 〈명사〉

저희는 외국에서 오신 방문객을 언제나 환영합니다.

She is designing that she will study **abroad**. 〈부사〉

그녀는 해외에서 공부할 [유학 갈] 생각을 하고 있다.

※ abroad, home, downtown, here, there **등은 방향 및 장소를 동시에 나타내는 부사이기도 하므로 자동사 다음에 와서 부사로 쓰였을 경우 그 앞에 전치사를 붙여서는 안 된다.**
He came **home**. **그는 집에 왔다.**
She goes **downtown** on Saturdays. **그녀는 토요일에는 시내에 나간다.**

an order from **above** 〈명사〉   위로부터의 명령

the floor **above** 〈부사〉   위층

This is the **most** I can do. **〈대명사〉** 이것이 내가 할 수 있는 최대한도 [전부]다.

This troubles me (the) **most**. **〈부사〉** 이것이 나를 제일 곤란하게 한다.

My **pretty**! **〈명사〉** 여보! **※ 아내를 부르는 말**

This is **pretty** much the same thing. **〈부사〉** 이것은 거의 같은 것이다.

Enough is **enough**! 〈명사〉 이제 됐다!; 그쯤 해둬.

I've had **enough** of Mang-gu! 〈명사〉 맹구라면 이제 질색이다.

He is an honest fellow **enough**. **〈부사〉** 그는 그런대로 정직한 친구야.

I cannot thank you **enough**. **〈부사〉** 어떻게 감사드려야 할지 모르겠습니다.

※ 'cannot [can never] do enough' 아무리 ~해도 모자라다.

■ 참고

1. 전치사적 부사 (prepositional adverb)

전치사 중에 그 목적어 없이 부사로 쓰이는 것을 가리킨다. 많은 수의 전치사가 그 목적어 없이 부사로도 쓰이나 **at, beside, from, for, into, of, till, until, with** 등은 전치사로만 쓰이고 부사로는 쓰이지 않는다.

Let's go **along** the street. **〈전치사〉** 길을 따라가 봅시다.

Let's go **along**. **〈부사〉** 쭉 가자.

She lives **in** this house. **〈전치사〉** 그녀는 이 집에서 산다.

Come **in**, please. **〈부사〉** 들어오십시오.

He fell **down** the stairs. **〈전치사〉** 그는 계단에서 굴러떨어졌다.

Please sit **down**. **〈부사〉** 앉으십시오.

He has a hat **on** his head. **〈전치사〉** 그는 머리에 모자를 쓰고 있다.

He has a hat **on**. **〈부사〉** 그는 모자를 쓰고 있다. (= He has on a hat.)

He was climbing very slowly **over** the fence. 〈전치사〉 그는 아주 천천히 담을 기어 넘고 있었다.

He went **over** (the sea) to England. **〈부사〉** 그는 바다를 건너서 영국에 갔다.

He went **out** the room. **〈전치사〉** 그는 그 방을 나갔다.

She went **out** for a walk. **〈부사〉** 그는 산책하러 밖으로 나갔다.

His office is **up** the stairs. **〈전치사〉** 그의 사무실은 위층에 있다.

He jumped **up** from his chair. **〈부사〉** 그는 의자에서 벌떡 일어났다.

2. 부사적 소사 (adverbial particles) ☞ p. 151[1] 참조

(전치사적) 부사 중에 동사와 결합하여 동사구를 만들 수 있는 것을 **부사적 소사(小辭)**라고도 한다.

※ **소사(小辭 또는 小詞): 어형 변화를 갖지 않는 말을 가리킨다. 관사, 전치사, 접속사 따위가 있다. 불변화사(不變化詞)라고도 한다.**

ex) **about, across, along, around, aside, away, back, behind, by, down, forth, in, off, on, over, out, through, under, up, etc.**

We **called** the meeting **off**. → We **called off** the meeting. 우리는 모임을 취소했다.

I can't **shake** this cold **off**. → I can't **shake off** this cold. 내 감기가 떨어지질 않는다.

He **took** his hat **off**. → He **took off** his hat. 그는 모자를 벗었다.

She **turned** the TV **on** [off]. → She **turned on [off]** the TV. 그녀는 TV를 켰다 [껐다].

Put your hand **out**. → **Put out** your hand. 손을 내 봐요.

Put your hands **up**! → **Put up** your hands! 손들어! (움직이지 마!)

Throw your hands **up**! → **Throw up** your hands! 손들어! (항복해라!)

It is hard work to **bring** children **up**. → It is hard work to **bring up** children.
아이들을 기른다는 것은 어려운 일이다.

4. 부사의 위치

(1) 일반적 위치

1) 자동사를 수식할 때

① 일반적으로 자동사 뒤에 두며, 보어가 있으면 보어 뒤에 둔다.

She sang **well**. 그녀는 노래를 잘 불렀다.

He is ready **enough** to accept the offer. 그는 전적으로 그 제의를 받아들일 태세이다.

② be동사 뒤에, 조동사와 자동사 사이에 둘 수 있다.

He is **sometimes** late for school. 그는 이따금 학교에 늦는다.

I have **never** been abroad. 나는 외국에 나가본 경험이 없다.

2) 타동사를 수식할 때

① 보통은 목적어 뒤에 둔다. 다만, 입말체에서는 타동사 앞에 두기도 한다.

She speaks English **well**. 그녀는 영어를 잘 말한다.

She opened the box **carefully**. 그녀는 그 상자를 조심스럽게 열었다.

He **carefully** locked the apartment door behind him. **〈입말체〉**

그는 아파트 문을 꼼꼼하게 잠그고 나왔다.

② 목적어가 구나 절로서 길면 부사는 타동사와 목적어인 구나 절 사이에 둔다.

She heard a voice like that of her husband **distinctly**.

→ She heard **distinctly** a voice like that of her husband.

그녀는 남편의 것인 듯한 목소리를 분명히 들었다.

I know **well** what he is up to. 나는 그가 무엇을 꾀하고 있는지 잘 알고 있다.

3) 형용사나 부사를 수식할 때에는 그 앞에 둔다.

He is **very** kind. 그 사람은 매우 친절하다.

They are working **pretty** hard. 그들은 대단히 열심히 일하고 있다.

▷ **부사 enough는 형용사나 부사 수식 시 그 뒤에 둔다.**

He's old **enough** to do some work. 그는 일을 할 수 있는 나이이다.

She plays well **enough** for a beginner. 그녀는 초보자치고는 꽤 잘한다.

4) 부정사를 수식할 때에는 그 뒤에 둔다.

It will be wiser to drive **slowly**. 차를 천천히 운전하는 게 좋을 것이다.

▷ **not, never 등의 부정어는 부정사 바로 앞에 둔다.**

The doctor told me **never** to eat raw fish. 의사는 나에게 날생선을 절대 먹지 말라고 했다.

5) how로 시작되는 감탄문에는 how 뒤에 둔다.

How **hard** you work! 대단히 열심이시군요! / 일하기 힘드시죠!

6) −ly형의 부사는 문장이 수동태이면 과거분사 전후에 다 둘 수 있다.

The work had been **carefully** done. 그 일은 신중하게 처리되어졌다.

= The work had been done **carefully**.

7) go out, come in과 같은 동사구가 있을 때 −ly 형의 부사는 그 동사구의 앞이나 뒤에 둘 수 있다.

He **quietly** went out. / He went out **quietly**. 그는 조용히 밖으로 나갔다.

8) 명사, 대명사 수식 시에는 수식하는 명사, 대명사 바로 앞에 둔다.

Almost every country is interested in the peacetime uses of atomic energy.

거의 모든 나라가 핵에너지의 평시 사용에 관심이 있다.

Even a worm will turn. 벌레라도 밟으면 몸을 뒤튼다.

Only Tom phoned Mary today. 톰 한사람만이 오늘 메리에게 전화했다.

You are **simply** a student. 너는 단지 학생에 지나지 않는다.

9) 문장 전체를 수식할 때에는 문장의 맨 앞에 두는 것이 보통이나 일반 동사 앞, be 동사나 조동사 뒤에 두기도 한다.

Generally we hold a monthly meeting at the end of the month.

통상적으로 우리는 월말에 월례회를 갖는다.

Unfortunately he was robbed of all the money he had.

불행히도 그는 가지고 있던 돈을 모두 강탈당했다.

It may be **safely** left to his judgment.

그것은 그의 판단에 맡겨도 틀림이 없을 것이다.

She will **surely** come back and marry you soon.

그녀는 반드시 돌아올 것이고 곧 당신과 결혼할 것이다.

I am **always** at home on Sunday. 나는 일요일에 항상 집에 있다.

※ 다음의 부사들도 기본적으로 위에서 설명한 부사의 일반적 위치에 따라 위치하나, 때로는 그 성격에 따라 특수한 위치관계의 설정을 가지므로 이를 설명하고자 한다.

(2) 장소표시 부사 (place adverb)의 위치

1) 종류

① 위치 또는 방향에 쓰이는 부사

ex) above, along, anywhere, around, away, back, below, by, down, elsewhere, everywhere, far, here, home, in, locally, near, off, opposite, out, over, past, somewhere, there, under, up, within, etc.

The child trotted **along** after his mother. 그 아이는 졸래졸래 엄마의 뒤를 따라갔다.

People crowded **around** to look at the star.

그 인기인을 보려고 사람들이 주위에 떼 지어 모였다.

The plane flew **around** over the city. 〈미〉 비행기가 그 도시 상공을 빙 선회했다.

I did not go **anywhere** yesterday. 나는 어제 아무 데도 가지 않았다.

She turned (her face) **away** sharply so that he should not notice the tears in her eyes.

그녀는 눈 속에 맺힌 눈물을 그가 눈치채지 못하도록 재빨리 얼굴을 돌렸다.

She sat **opposite** to him during the meal. 그녀는 식사할 동안 그의 맞은편에 앉았다.

The ship went **under** by big wave. 그 배는 큰 파도에 의해 침몰했다.

The sun is **up**. 〈미〉 해가 떴다. (= The sun rose.)

Is the elevator going **up**? 이 엘리베이터는 올라갑니까?

② 방향에만 쓰이는 부사

ex) aside, backward(s), forward(s), inward(s), left, right, outward(s), sideway(s), upward(s), etc.

He laid the book **aside.** 그는 책을 (그만 읽으려고) 옆으로 밀어 놓았다.

She drove a car **backward** slowly. 그녀는 천천히 차를 후진시켰다.

Could you move your chair **forwards** a little?

의자를 조금 앞으로 옮겨 주시겠습니까?

He looked **sideways** at her. 그는 그녀를 곁눈질해 보았다.

She tilted her face **upward.** 그녀는 얼굴을 위쪽으로 돌렸다.

Property prices are moving **upwards.** 부동산 가격이 오르고 있다.

2) 위치

① 일반적으로 문장의 뒷부분 (동사나 목적어의 뒤)에 위치한다.

He took one step **forward.** 그는 앞으로 한 걸음 나아갔다.

I came across my old friend **on the street.** 나는 거리에서 옛 친구와 우연히 마주쳤다.

※ 장소를 강조하기 위하여 장소부사(구)를 글머리에 쓸 수 있다.

On the street I came across my old friend.

② 2개 이상의 장소표시 부사를 같이 쓸 때는

❶ 방향부사→ 위치(장소)부사(구)의 순으로 쓴다.

Turn **left** there. 거기서 왼쪽으로 도세요.

He went **down** to his hometown in the country. 그는 시골의 고향으로 내려갔다.

❷ 좁은 장소 → 넓은 장소를 나타내는 부사(구)의 순으로 쓴다.

▶ 해석은 역으로 넓은 장소(뒤)에서 좁은 장소(앞) 순으로 한다.

I met her at a book store at Jongno in Seoul.

나는 서울 종로에 있는 한 서점에서 그녀를 만났다.

❸ 방향부사구끼리는 동작(동사)이 나타내는 의미의 순이나 이동순서 순으로 쓴다.

He came **to Gongju** <u>from Seoul</u>. 그는 서울에서 공주로 왔다.

※ come은 도착에 중점을 두므로 도착지점을 앞에 쓴다.

She went **from Seoul** <u>to Rome</u>. 그녀는 서울에서 로마로 갔다.

※ go는 출발에 중점을 두므로 출발지점을 앞에 쓴다.

The wind changed **from south** <u>to north</u>. 풍향이 남쪽에서 북쪽으로 바뀌었다.

❹ 두 개 이상의 장소를 나타내는 부사(구)가 겹쳐있는 경우 그중 하나를 글머리로 내보내어 쓸 수 있으며 그때는 제일 넓은 장소를 나타내는 부사(구)를 내보낸다.

I met her <u>at a book store</u> <u>at Jongno</u> <u>in Seoul</u>.

→ **In Seoul** I met her <u>at a book store</u> <u>at Jongno</u>.

(3) 시간부사 (time adverb)의 위치

ex) ago, afterward(s), already, before, early, just, late, later, now, presently, soon, still, then, today, yesterday, yet, now and then, etc.

1) 일반적으로 문장의 뒤에 놓인다.

We first met three years **ago**. 우리는 3년 전에 처음 만났다.

They lived happily ever **afterward(s)**. 그 후로 그들은 내내 행복하게 살았습니다.

I had supper **already**. 나는 이미 저녁을 먹었다.

We arrived an hour [one train] **late**. 우리는 한 시간 [한 열차] 뒤늦게 도착했다.

She will be back **next Sunday**. 그녀는 다음 일요일에 돌아올 것이다.

※ '~요일 (날)에'라고 할 때는 요일 명사에 전치사 on을 붙여 쓰는 것이 원칙이다. 다만, 입말체에서는 on 없이 부사로 사용하여 앞의 뜻으로 쓴다. 그리고 '지난주에 [다음 주에]'의 뜻으로 on을 쓸 경우에는 on Sunday last [next]와 같이 쓰며 on last [next] Sunday처럼은 못 쓴다.
last Sunday 지난 일요일에 (= on Sunday last) 〈괄호 안의 형식은 주로 영국〉
next Sunday 다음 일요일에 (= on Sunday next)

▷ **nowadays는 보통 글머리에 놓인다.**

Nowadays, most women prefer public life to marriage.
오늘날 대부분의 여성은 결혼보다는 사회생활을 선호한다.

2) 다음과 같은 시간을 나타내는 부사는 본동사 앞에 놓일 수 있다.

ex) already, just, lately, presently, recently, formerly, since, soon, eventually, etc.

She **already** know the answer. 그녀는 이미 대답을 알고 있다.

He has **just** come back. 그는 방금 돌아왔다.

※ just는 완료형과 함께 '지금 막, 방금'의 뜻으로 쓰이면 반드시 have와 과거분사 사이에 놓인다.

She has **lately** returned from Paris. 그녀는 파리에서 최근에 돌아왔다.

He **presently** lives in Busan. 〈미〉 그는 **현재** 부산에 살고 있다.

※ 여기서 presently는 '현재(at present)'의 뜻으로 쓰였으며, '이윽고, 이내'의 뜻으로는 문장의 앞에 쓰는 것이 보통이다.

Presently, I heard her leave the house. **이윽고 그녀가 집을 나서는 소리가 들렸다.**

The house **formerly** belonged to a millionaire. 그 집은 전에는 백만장자의 소유였다.

They have **since** become more friendly. 그들은 그 후로 한층 친밀해졌다.

We **soon** got there. 우리는 곧 그곳에 이르렀다.

It **eventually** caused a great trouble. 그것은 결국 큰 문제를 일으키고야 말았다.

3) 시점을 강조하기 위하여 시간부사를 글머리에 놓을 수 있다. 다만, 입말체에서는 강조하고자 하는 시점을 나타내는 시간부사를 문장의 끝에 놓는 경향이 있다.

Afterwards he said such demands are not important.
나중에 그는 그와 같은 요구는 중요하지 않다고 말했다.

Now you rarely see horse-drawn carriages. 요즘엔 마차를 거의 볼 수 없다.

Yesterday we submitted the report to the committee.
(바로) 어제 우리는 그 보고서를 위원회에 제출했다.

※ I'll see you on Saturday, **at six p.m.** 〈입말체〉 토요일에 만나기로 하자. 오후 여섯 시에.

4) 두 개 이상의 시간부사(구)가 겹칠 경우에는 더 긴 시간 관계를 나타내는 부사(구)를 뒤에 위치시킨다. 다만, 더 긴 시간을 나타내는 말이 단일부사이거나 더 짧은 부사구일 경우에는 더 짧은 시간을 나타내더라도 길이가 긴 부사구를 뒤에 둘 수 있다.

I was born at eight in the evening on the eighth of August, 1988(nineteen and eighty eight). 나는 1988년 8월 8일 오후 8시에 태어났다.

I met her at half past seven in the evening yesterday.

→ I met her **yesterday** at half past seven in the evening.

나는 어제저녁 7시 반에 그녀를 만났다.

5) 두 개 이상의 시간을 나타내는 부사(구)가 겹쳐있는 경우 그중 하나를 글머리로 내보내어 쓸 수 있으며 그때에는 가장 긴 시간을 나타내는 부사(구)를 옮긴다.

I met her at half past seven in the evening yesterday.

→ **Yesterday** I met her at half past seven in the evening.

(4) 빈도부사 (frequency adverb)의 위치

빈도부사란 어떤 행위가 반복되는 기간이나 횟수를 나타내는 부사를 말한다.

1) 빈도를 측정할 수 있는 부사(구)

ex) again, annually, daily, hourly, weekly, monthly, once, twice, three times, everyday, every other day, once a month, twice a week, several times, etc.

① 일반적으로 문장 끝에 위치한다.

I have been in Singapore **once.** 나는 싱가포르에 **한 번** 가본 적이 있다.

We have English lessons **every other day.** 우리는 **이틀에 한 번씩** 영어수업이 있다.

② 짧은 기간의 빈도부사 → 긴 기간의 빈도부사 순으로 쓴다.

▶ 해석은 장소표시 부사와 마찬가지로 긴 기간의 빈도부사(뒤)에서 짧은 기간의 빈도부사(앞) 순으로 한다.

You should take the medicine three times **daily.** 이 약을 매일 세 번씩 드십시오.

③ 빈도를 강조 시 문두에 둘 수 있다.

Every so often, somebody does something that others emulate, and we make progress.

때때로 어떤 사람들은 다른 사람들이 모방하는 무언가를 한다. 그리하여 우리는 진보한다.

④ 두 개 이상의 빈도부사가 있을 경우 가장 긴 시간을 나타내는 빈도부사를 문두로 내보낼 수 있다.

The nurses felt his pulse hourly **each day.**

→ **Each day** the nurses felt his pulse hourly.

간호사들은 매일 매시간마다 그의 맥박을 짚어 보았다.

2) 빈도를 측정할 수 없는 부사

ex) always, ever, generally, frequently, hardly, never, often, regularly, seldom, sometimes, usually, etc.

① 일반적으로 일반 동사 (본동사) 앞에 놓인다.

She **always** comes at eight o'clock. 그녀는 항상 여덟 시에 온다.

Have you **ever** read this book before? 이 책을 전에 읽어 본 적 있으세요?

I **never** slept a wink all night. 나는 밤새 한잠도 못 잤다.

I **sometimes** have my words stick in my throat.

나는 이따금 너무 흥분하여 말문이 막힐 때가 있다.

He **usually** gets in at around 7:30. 그는 보통 일곱 시 반쯤에 차를 탄다.

②be동사, 조동사의 뒤에 놓는다. 다만, be동사나 조동사가 강조될 때는 그 앞에 놓을 수 있다.

I am **always** at home on Sundays. 일요일에 나는 항상 집에 있다.

He **always** ís late. 그는 항상 늦는다.

You can **never** tell what will happen in the future.

장차 어떤 일이 일어날지는 결코 알 수 없다.

You **never** cán tell what life is going to bring you.

어떤 인생이 펼쳐질지는 함부로 말할 수 없는 거다.

③ 빈도부사가 used to와 함께 쓰이면 used 앞이나 뒤에 쓸 수 있다.

I **always** used to call you. 항상 내가 너에게 전화를 걸고는 했지.

(= I used **always** to call you.)

④ never, seldom 등 부정의 의미를 갖는 빈도부사를 강조를 위해 문장의 앞에 쓰는 경우에는 어순 바꿈 문장으로 한다. 즉, be, have, 조동사는 주어 앞으로 나오며, 일반 동사의 경우에는 do동사를 시점에 맞게 주어 앞에 써준다.

I have **never** heard of such a thing.

→ **Never** have I heard of such a thing. 나는 그런 일은 한 번도 들어본 적이 없다.

We **seldom** find him at home.

→ **Seldom** do we find him at home. 그가 집에 있는 일은 좀처럼 드물다.

⑤ often은 보통은 동사 앞에 두나, quite나 very로 수식되는 경우에는 문장의 앞이나 뒤에 두기도 한다.

I **often** travel by train. 나는 종종 기차 여행을 한다.

That sort of things happen **quite often**. 그런 일은 아주 자주 발생한다.

Very often she irritates me. 매우 자주 그녀는 나를 화나게 한다.

It rains here **very often**. 이곳은 비가 아주 자주 내린다.

(= It very often rains here.)

■ 시간 관련 부사의 어순

기간표시 부사 → **빈도** 부사 → **시간(시점) 표시** 부사 순으로 위치시킨다.

I'd like to see you again(빈도) soon(시간). (곧) 다시 뵙기를 바랍니다.

I used to go there for a day or two(기간) every week(빈도) during my schooldays(시간(시점)).

학창시절에 나는 매주 하루나 이틀은 그곳에 가고는 했다.

(5) 정도부사 (degree adverb)의 위치

빈도부사가 시간적 크기를 나타내는 부사라면 정도부사는 질·양적 크기를 나타내는 부사라고 할 수 있다. 빈도부사가 동사만을 수식하는 반면에 정도부사는 동사는 물론, 형용사, 부사를 수식할 수 있다.

ex) almost, barely, certainly, clearly, completely, deed, enough, exactly, extremely, fairly, hardly, highly, much, nearly, quite, rarely, somewhat, scarcely, too, very, etc.

1) 일반적으로 수식어구 (일반 동사, 형용사, 부사) 앞에 온다.

I **hardly** know him. 나는 그를 거의 모른다.

He **nearly** resembles his father. 그는 그의 아버지와 아주 많이 닮았다.

A typical loam soil feels **somewhat** sticky. 전형적인 롬 흙은 다소 끈적거리는 느낌이 난다.

She was **much** surprised at the news. 그녀는 그 소식을 듣고서 깜짝 놀랐다.

He behaved **extremely** badly. 그는 몹시 부정하게 행동했다.

She is **quite** the most charming young lady in the village.

그녀는 그 마을에서 단연 가장 아리따운 아가씨이다.

2) be동사, 조동사의 뒤에 놓인다.

The wether is **very** hot this summer. 올여름은 날씨가 매우 덥다.

Flu is **highly** infectious. 감기는 매우 전염성이 높다.

I can **scarcely** understand his words. 나는 그의 말들을 거의 이해할 수 없다.

3) 정도부사끼리 연속하여 쓸 수 없다. 그러나, 서로 떨어져 쓰는 것은 괜찮다.

The wether is very really hot. (x)

→ The wether is very hot really. (o) 날씨가 정말 매우 덥다.

4) barely, rarely, scarcely 등 부정의 의미를 갖는 정도부사를 강조를 위해 문장의 앞에 쓰는 경우에는 어순 바꿈 구문으로 한다. 즉, be, have나 조동사는 주어 앞으로 나오며, 일반 동사는 do동사를 시점에 맞게 주어 앞에 써준다.

She is **rarely** seen without a smile on her face.

→ Rarely is she seen without a smile on her face.

얼굴에 미소가 없는 그녀는 거의 볼 수가 없다. → 그녀는 언제나 얼굴에 미소를 띠고 있다.

A single piece of software only rarely renders a computer unusable.

→ Only **rarely** does a single piece of software render a computer unusable.

아주 드물지만 소프트웨어 한 조각이 컴퓨터를 못 쓰게 만든다.

(6) 양태부사 (manner adverb)의 위치

모습, 상태, 태도, 방법 등을 나타내는 부사를 양태부사라 한다.

ex) badly, beautifully, carefully, deeply, distinctly, frankly, gladly, heartily, immediately, rightly, quickly slowly, well, etc.

1) 일반적으로 문장의 뒤 (목적어 뒤)에 놓이나, 동사 바로 뒤에도 많이 놓인다.

I miss you **badly**. 난 네가 너무도 그리워.

I regret **deeply** it. 나는 그것에 대해 가슴 깊이 후회한다.

The situation requires that this should be done **immediately**.

이 일이 즉각적으로 행해져야 하는 상황이다.

2) 동사의 의미를 강조할 경우 타동사의 앞에 둘 수 있다.

I **gladly** accepted the invitation. 나는 기꺼이 (기쁘게) 그 초대를 받아들였다.

I **deeply** regret it. 나는 뼈저리게 그 일에 대해 후회한다.

3) 목적어가 길 경우 목적어 앞에 올 수 있다.

She heard a voice like that of her husband **distinctly**.

→ She heard **distinctly** a voice like that of her husband.

그녀는 남편의 것인 듯한 목소리를 분명히 들었다.

4) well은 조동사 may, might 등이 있으면 그 뒤에 놓인다.

It may **well** be that he will come back within a few days.

아마 그는 며칠 안에 돌아올 것이다.

I might **well** consider it later. 그건 나중에 생각해 보는 게 좋겠다.

▷ **양태부사 well은 일반형용사를 수식 못 하고 특수 서술 형용사나 전치사 구실을 겸하는 형용사를 수식한다.**

He is well rich. (×) He is **well** off. (o) 그는 아주 부유하게 산다.

She was **well** aware of the danger. 그녀는 그 위험을 잘 알고 있었다.

He is **well** out of danger. 그는 완전히 위험에서 벗어났다.

He must be **well** past forty. 그는 마흔이 훨씬 넘었음이 틀림없다.

He is **well** up in the list. 그는 명단에서 (이름이) 훨씬 앞에 있다.

I am **well** forward with my work. 나의 일은 꽤 진척돼 있다.

The book is **well** worth reading. 이 책은 읽을 만한 가치가 충분히 있다.

■ 각 부사 (구)의 배열순서

1. 보통 『방법 (도구·수단) → 장소 → 시간』의 부사(구) 순으로 놓인다.

Sam-dol was working with a hoe in the field all day long.

삼돌은 하루 종일 들에서 괭이를 들고 일하고 있었다.

※ 시간을 강조할 때는 시간부사(구)를 문두에 둘 수 있다.

All day long Sam-dol was working with a hoe in the field.

2. 동사가 be동사나 왕래 발착 동사(ex: go, come, arrive, return)가 올 때는 『장소 → 양태 (방법) → 시간』의 부사(구) 순으로 놓인다.

He came to Korea by ship last year. 그는 작년에 배로 한국에 왔다.

※ 왕래 발착 **동사**가 올 경우에는 『 장소·방향 → 빈도→ 기간』의 부사(구) 순으로도 많이 쓰인다.

She has been to Jejudo several times this year. 그녀는 올해 여러 번 제주도에 갔다 왔다.

3. 『짧은 부사구 → 긴 부사구』의 순으로 쓰인다. (위 순서와 관계없이)

I was studying earlier in the library. 나는 일찌감치 도서관에서 공부하고 있었다.

5. 기능상의 분류에 따른 각 부사의 용법

(1) 지시부사 (demonstrative adverb)

구체적인 어떤 대상을 가리키거나 장소, 방향, 정도 등의 뜻을 나타내면서 부사나 형용사를 수식하는 부사를 지시부사라 한다. 이에는 this, that, the, there, here, as, so 등이 있다.

1) 지시부사 this / that

this와 that은 거의 지시대명사나 지시형용사로 사용되며, 지시부사로는 입말체에서 so의 의미로 수량, 정도를 나타내는 말 (형용사, 부사)을 수식할 때 사용될 정도다.

《이만큼, 이렇게, 이 정도로; 그만큼, 그렇게, 그 정도로》

Can you spare me **this** much? **이만큼** 가져도 좋습니까?

I didn't realize it was going to be **this** hot. 날씨가 **이 정도**로 더워질 줄은 몰랐다.

I hope he'll be **that** lucky. 그에게 **그 정도의** 운이 트였으면 좋겠어요.

I didn't realize he was **that** clever. 나는 그가 **그렇게** 똑똑한 줄은 몰랐다.

It was **that** cold, (that) I could hardly get to sleep.

너무도 추워서 나는 잠이 들 수가 없었다.

2) 지시부사 the

the는 형용사, 부사의 비교급 앞에 쓰여 '그만큼 (더), 오히려 더, 더욱 (더)'의 뜻을 나타내어 지시부사로 쓰인다.

He studied **the** harder in order to pass the exam.

그는 그 시험에 합격하기 위하여 **더욱더** 열심히 공부했다.

I like him all **the** better for his faults. 나는 그가 결점이 있기 때문에 **도리어** 더 좋아한다.

That makes it all **the** worse. 그렇게 하면 그 일을 **더욱더** 악화시킨다.

The sooner, **the** better. 빠르면 빠를수록 **그만큼** 더 좋다.

※ 앞의 the는 관계부사이고 뒤의 the는 지시부사이다.

The more I see of him, **the** more I like him. 나는 그를 만나면 만날수록 그가 더욱더 좋아진다.

The more she practiced, **the** better she played.

연습을 하면 할수록 그녀는 점점 더 연주 실력이 좋아졌다.

3) 지시부사로 쓰일 경우의 there / here

① 지시부사로 쓰일 경우의 there

❶ 장소, 방향을 나타내어 《그 곳에[그곳에서], 거기에[거기에서]; 그곳으로, 거기로》

He was on his way **there** then. 그는 그때 그곳으로 가는 도중이었다.

Hello, is Miss. Kim **there**? 〈전화에서〉 여보세요, (거기) 김 양입니까?

❷ 대화, 사건, 동작 등의 계속 중에 글머리나 글 꼬리에 써서 《그 점에서, 그 일에 관해서》

There I agree with you. 그 점에서 나는 너와 동감이다.

You have me **there**. [= **There** you have me.] 그것에 관해서는 내가 너에게 손들었다.

Your anger was justified **there.** 그 일로 네가 화낸 것도 무리는 아니었다.

There's the problem. 거기 [지금까지 말한 것]에 문제가 있다.

❸ 'There + v + S (명사)' 또는 'There + S (인칭대명사) + v'의 형태로 눈앞의 동작을 가리키거나, 주의를 환기시키려 할 때 및 감탄사적으로 써서 《저기!; 이봐!; 자!》

There goes Sam-sun! 저기, 삼순이가 간다! **There** you go! 이봐 당신!

That man **there** is my friend. 저기 있는 저 사람은 내 친구입니다.

② 지시부사로 쓰일 경우의 here

❶ 장소, 방향을 나타내어 《여기에, 이곳에; 이쪽으로》

Here are three apples. 여기에 사과 세 개가 있다.

Bring it **here.** 그것을 이쪽으로 가져와라.

❷ 'Here + v + S (명사)' 또는 'Here + S (인칭대명사) + v'의 형태로 눈앞의 동작을 가리키거나, 주의를 환기시키려 말할 때 《여기; 저기; 이봐; 자!》

Here he comes! 여기, 그 사람이 오는군!

Here's a cup of coffee for you! 자! 커피 한 잔 드세요!

Here you are. (= Here it is) 자, 여기 있습니다./ 자, 보세요 [생각해 보세요].

Here ye! (법정에서 판사가 입장할 때) 자, 여러분 → 모두 일어서십시오!

※ ye: you의 일상어

❸ 대화, 사건, 동작 등의 계속 중에 글머리나 글 꼬리에 써서 《이 점에서, 여기서; 이때, 지금》

Here he is wrong. 이 점에서 그는 잘못하고 있다.

Even my wife doesn't agree with me **here.**

이 점에서는 내 아내조차 나와 생각이 다르다.

Let's have a break **here.** 이쯤에서 잠시 쉬자. **Here** it is March. 지금은 3월이다.

❹ 〈입말체〉 명사 뒤에 써서 《(가까이 있는 사람·물건을 가리키거나 전화에서) 여기에 있는, 이쪽은》

my friend **here** 여기 있는 내 친구

The question **here** is a complex one. 이 문제는 골치 아프다

Tom Smith **here**. 〈전화〉 여기는[저는] 톰 스미스입니다만.

4) 지시부사 as / so

① **지시부사로서 as와 so는 비교 구문이나 비교의 성격을 갖는 문장에서 비교의 대상을 지시한다. 이때 비교의 대상은 이미 말한 것이거나 이후 말하는 것일 수도 있다.**

This is **as** beautiful a flower as that. 이것은 저 꽃만큼이나 아름다운 꽃이다.

※ 앞의 as는 지시부사로서 뒤의 as that을 가리킨다.

It is not **as** [so] difficult as you might think.

그것은 네가 생각하는 만큼 어렵지는 않다.

※ as가 사용된 비교 구문이 부정문과 의문문일 경우 so가 사용되기도 하나 as를 더 많이 사용한다.

What takes you only three hours may take me **as** many days.

당신이 단지 3시간 걸린다고 해도 나에게는 **그만큼(= three)**의 날들이 걸릴 것 같다.

Tom can't understand that, he is **so** stupid.

톰은 그것을 이해 못 한다, 그는 그만큼이나 우둔하다.

No one is **so** old but that he may learn.

배울 수 없을 만큼 늙은 사람은 없다. (아무리 늙었어도 배울 수는 있다.)

② So + be동사, do동사, 조동사 (will, have, can, must, should 등) + S 《S 또한 [역시] 그렇다.》

※ 이때의 So도 지시부사로 볼 수도 있으나 지시대명사로 보기로 한다. ☞ p. 169 참조

(2) 유도부사 there

there는 그 실질적인 의미는 갖지 않고 「there + vi. (be동사 등) + 명사 상당 어구」 형태의 문장을 이끄는 역할을 하기도 한다. 이처럼 그 실질적인 의미를 갖지 않으면서 특정한 형식의 문장을 이루게 하는 경우의 there를 it과 더불어 허사(expletive)라고 한다. 허사 there에 대하여는 'there + vi.(be동사 등) ~'의 고정된 형식의 문장을 이끄는 역할을 하는 부사의 일종으로서 이를 유도부사 또는 '서두의 there(introductory 'there')'라고도 한다.

※ 이러한 형식에 쓰이는 동사로는 be동사 외에 appear, begin, come, go, fall, live, remain, seem, stand, used to 등의 존재, 상태를 나타내는 자동사들이다.

There are some books on the desk. 책상 위에 몇 권의 책이 있다.

There will be no school[class] tomorrow. 내일은 수업이 없다.

There appears to have been an accident. 무언가 사고가 난 것 같다.

There remain many things wrong with the system in Korea.
한국에는 잘못된 체제가 아직 많이 남아있다.

There seems (to be) no need to hurry. 서두를 필요는 없을 것 같다.

There stands a castle on the hill. 언덕 위에 성이 하나 서 있다.

There used to be many tall poplars around the playground.
전에는 운동장 주변에 키 큰 포플러 나무가 많이 있었다.

■ there의 용법

1. 앞말

there의 용법은 크게 보아 장소, 방향을 나타내거나, 눈앞의 동작을 가리키거나 주의를 환기하려 할 때 쓰는 지시부사로서의 용법, 감탄문에 사용되는 감탄사로서의 용법, 그리고 그 실질적인 의미가 없이 형식어로 쓰이는 허사로서의 용법으로 나눌 수 있다.

2. 지시부사로서 ☞ 앞의 지시부사 there 참조

3. 감탄사로서 《어이구!; 자아!; 그것 봐라!; 봐라!; 그래그래!, 저런!》

There! It's done. 어이구, 끝났다.

There! Didn't I tell you so? 그것 봐, 내가 네게 뭐라고 말했느냐.

There! there! Don't cry! 자 자, 그만 울 거라!

Hello **there!** **〈인사말〉** 여러분 안녕하십니까.

4. 형식어로서

(1) 의의

there가 그 실질적인 뜻을 가지지 않으면서 특정한 문장에서 형식적으로 쓰이는 경우가 있다. 즉, 「there + 자동사 (be 등) + 명사 상당 어구」(~이 있다.)의 구문이나, 「there is no + ~ing」(~하기란 불가능하다.)과 같은 구문을 형성하거나, 때로는 준동사 앞에 놓여 준동사의 의미상의 주어 역할을 하는 경우도 있다. 이때의 there는 그 실질적인 뜻을 갖지 않고 형식적으로 쓰여 특별한 문장형식을 이루게 하는 역할을 한다. 즉, 허사로 쓰인다. 이를 '서두의(introductory) there'라고도 한다. 이때의 there의 품사에 대하여는 특정한 문장을 이끄는 부사(유도부사)로 보는 견해와 대명사로서 문의 (형식적) 주어이며 명사 상당 어구는 보어가 된다고 보는 견해가 있다. 이러한 형식어로서의 there에는 강세를 두지 않는다.

(2) there be + 명사(상당어)구

there를 부사로 보든, 대명사로 보든 이때의 명사구를 실질적인 주어로 보는 것이 보통이므로 이 명사구를 주어 (S) 또는 주(어)부로 표기하기도 한다. 본서도 간략한 표기를 위해 명사구 대신 주어 (S) 또는 주어부로 표기하기로 한다.

1) 앞에

'~이 있다.'라는 의미로 '존재'를 나타내는 용법이다. (이러한 문장을 '존재문'이라고도 한다) 이러한 용법은 생생한 상황묘사나, 세세한 인물의 표정이나 성격묘사에도 사용된다.

2) 용법

① 'There be ~' **구문은 주로 새로운 것이나, 알려지지 않은 것을 소개하여 말할 때 쓰므로,** be

동사 다음의 주어 (S)로는 보통 a, no, some, much, many 등의 부정(不定) 한정사나 수사가 붙는 명사나 불가산명사 등이 오며, the, all, every, each, this, that, 소유격 등의 한정사가 붙는 명사나 대명사, 고유명사를 포함하는 명사구 등은 오지 않는다.

There are **many children** in the playground. 운동장에는 많은 아이들이 있다.

There is **something** peculiar about him. 그에게는 어딘가 색다른 점이 있다.

There is **nothing** to choose between them [the two]. 양자는 우열을 가리기가 어렵다.

There is **much room** for consideration. 고려할 여지가 충분히 있다.

There are **three apples** on the table. 탁자 위에는 사과가 세 개 있다.

There are all guests in the living room. (x)

There is every apple on the table. (x)

There is my mother in the kitchen. (x)

There was the book on the desk. (x)

There are these books on the bookshelf. (x)

There are them in the room. (x)

There is Tom waiting for me outside. (x)

I have many things to do, there is my homework in the first place. (o)

나는 할 일이 많다. 우선은 숙제가 있다.

※ 이처럼 언급된 것이나, 알려진 것을 다시 가리켜 말할 경우에도 'there be ~'구문을 쓰기도 하는데, 그런 경우에는 the, this, that, all, every, my 등의 한정사가 붙는 명사를 쓸 수 있다. 또한, 특정한 것이 아니라도 관용적으로 'the + 명사'의 형태로 쓰거나 'the + 최상급 + 명사는 'there be ~'구문의 주어로 할 수 있다.

There's the bell ringing! 종이 울린다! (= There goes the bell ringing!)

Of course, there is the opposite side. 물론 반대의 상황도 있습니다.

3There is not the slightest doubt about it. 그것에는 의심스러운 점이 조금도 없다.

② **주어가 복수이면 be동사도 복수로, 주어가 단수이면 be동사도 단수로 일치시킨다. 주어부에 2개 이상의 명사가 나열되어 있을 때는 첫 번째 명사가 단수 명사이거나 불가산명사이면 단수 동사를, 복수 명사이면 복수 동사를 쓴다. 다만, 입말체에서는 주어가 복수인 경우에도 단수 (is)를 쓰기도 한다.**

There **is** an apple and a pear in the basket. 바구니에 사과 한 개와 배 한 개가 있다.

There **is** a man and three women in the house.

그 집에는 한 남자와 세 여자가 있다.

There **are** three boys and three girls in the playground.

운동장에는 남자아이 셋과 여자아이 셋이 있다.

"Anything to read?" 읽을 만한 것 좀 있냐?

– "Well, there's **[= is (입말체)]** **some magazines** on the self."

그래, 책장에 잡지 몇 권이 있어.

③ **주어(부)의 형태**

❶ there be + 주어부 [명사(구)/ 명사 + 수식절]

There was **a large attendance.** 참석자가 많았다.

(= There were a large number of attendants.)

There was **a puff of smoke.** 연기가 훅 피어올랐다.

There will be **a lot of people** at the party on Saturday.

토요일 모임에 많은 사람이 참석할 것이다.

There were scarcely **ten people** present. 참석자는 겨우 열 명이었다.

There was **nothing more** he could say. 그는 더 이상 할 말이 없었다.

There are **widespread rumors** that his marriage will take place this month.

그가 이번 달에 결혼한다는 소문이 쫙 퍼져있다. (파다하다.)

There was really **nothing** he could do about the situation.

정말로 그 상황에서 그가 할 수 있는 것은 없었다.

If there is **anything** I can do for you, please let me know.

제가 해 드릴 수 있는 일이 있으면 말해 주십시오.

If that is really the case, there is **nothing** we can do. 정 그렇다면 어쩔 수 없지.

While there is **life**, there is **hope**.

목숨이 있는 한 희망은 있다. [하늘이 무너져도 솟아날 구멍은 있다.]

Where there is **a will**, there is **a way**. 뜻이 있는 곳에 길이 있다. – 속담 –

❷ there be + 주어부 [명사(구) + 부사구 (부사, 전치사구)]

There is a commotion **outside**. 밖이 떠들썩하다.

There is not the least wind **today**. 오늘은 바람이 전혀 불지 않는다.

There was a thin haze **over the pond**. 호수 위에는 엷은 안개가 끼어 있었다.

There was a sudden lump **in her throat**. 그녀는 갑자기 목이 메었다.

There was a slight tremble **in his voice**. 그의 목소리가 약간 떨렸다.

There was a strained atmosphere **throughout the meeting**. 회의 내내 긴장된 분위기가 흘렀다.

There is a 30% discount **on all goods**. 모든 제품을 30% 할인 판매합니다.

There is reason **in what you say**. 너의 말은 일리가 있다.

There was not a scintilla of truth **in his saying**.

그의 말에 진실이라고는 털끝만큼도 없었다.

There is no help **for it**. 이젠 어찌할 도리가 없다.

There is no royal road **to learning**. 학문에는 왕도가 없다.

There is no charge **for admission**. 입장은 무료입니다. (= Admission (is) free.)

There is no other way **than that**. 그 이외에 다른 방법이 없다.

There can be no doubt **about it.** 그것에 대해서는 의심의 여지가 없다.

There has been no rain **for months.** 몇 달간이나 비가 전혀 내리지 않고 있다.

There must have been a misunderstanding **between us.**

우리 사이에 오해가 있었던 게 틀림없다.

❸ there be + 주어부 [명사(구) + 형용사구 (형용사, 현재분사, 과거분사)]

There is a man **available** for the job. 그 일에 쓸 수 있는 사람이 한 명 있다.

There are no tables **available** for five right now.

5명이 앉을 수 있는 자리가 지금은 없습니다.

There are no more seats **available.** 더 이상 좌석이 없습니다.

There must be something **wrong** with her.

그녀에게 뭔가 잘못된 일이 있는 게 틀림없다.

There was a breeze **stirring the branches of the trees.**

산들바람은 나뭇가지를 살랑살랑 흔들고 있었다.

There was no more run **left** in him. 그는 더 이상 뛸 힘이 없었다.

There may have been 20 passengers **injured** in the accident.

그 사고로 다친 승객은 20명으로 추정된다.

There is hardly any time **left.** 시간이 거의 남아 있지 않다.

There have been many mistakes **made.** 많은 잘못들이 저질러져 왔다.

❹ there be + 주어부 [명사(구) + 부정사구]

There is nothing further **to say.** 더 이상 할 말이 없다.

There are many things **to do.** 해야 할 일들이 많다.

There is no need **to panic.** 당황해할 필요가 없다.

There is no reason **for me to give up.** 내가 포기할 이유는 없다.

There is nothing **to choose between them[the two].**

양자는 우열을 가리기가 어렵다.

There was no way **for you to persuade her.** 네가 그녀를 설득할 방법은 없었다.

There are only three days **to go.** 앞으로 3일밖에 없다.

What more is there **to say?** 이 이상 더 말할 것이 무엇이 있는가.

❺ there be + 주어부 [명사(구) + 관계사절]

▶ 주로 부정을 강조하기 위해 쓰며 'there be'의 주절과 관계사절을 모두 부정할 수 있다.

There's a person (who) **wants to see you.** 당신을 만나고자 하는 사람이 있습니다.

There wasn't a student **who didn't pass the exam.**

시험에 합격하지 않은 학생은 한 명도 없었다.

There are three students who passed the exam. 시험에 합격한 학생이 셋 있다.

There is no one but [who] wishes to succeed.
성공하는 것을 바라지 않는 사람은 없다.

There is someone at the door who wants to see you.
당신을 만나고자 하는 사람이 문간에 있습니다.

There are many issues which threaten world peace.
세계 평화를 위협하는 문제들이 많이 있다.

There are two reasons why I applied to this corporation.
제가 이 기업에 지원하게 된 데에는 이유는 두 가지가 있습니다.

There is no rule but has some exceptions. 어느 정도의 예외 없는 규칙은 없다.

There were fewer applicants than might have been expected.
예상했던 것보다 지원자가 적었다.

④ 「there be + S」의 의문문

'there be + S'의 의문문은 be동사가 there의 앞으로 나온다. 그 대답으로는 yes, no와 함께 'there is [isn't]~.'로 할 수 있다. 'there be ~' 구문에 대한 부가의문문으로는 'be there?'를 사용한다. '몇 개의 ~이 있습니까?'라는 물음은 'How many + 복수 명사 + are there?'로 하고, 그 대답으로는 yes나 no 없이 There is [are]~로 한다.

"**Is there** a book on the desk?" 책상 위에 책이 있습니까?
– "Yes, **there is**." 예, 있습니다.
"No, **there isn't**." / "No, **there's not**." 아니요, 없습니다.

"**Is there** any water? 물 (남아) 있니?
– "Yes, **there is** (some left)." 그래 (어느 정도) (남아)있어.
"No, **there isn't any**." 아니, 조금도 없어.

"How many days **are there** in August?" 8월은 며칠이 있습니까?
– "**There are** 31 (days)." 31일이 있습니다.

"How many people **are there** in your family?" 당신의 가족은 몇 명입니까?
– "**There are** five (people in my family)." 다섯 명입니다.

"**There's** some more drink in the refrigerator, isn't there?"
냉장고에 술이 좀 더 있지, 그렇지?
– "Yes, **there is** (some more)." 그래, 더 있어.
"No, **there isn't** (any more)." 아니, 더 없어.

"**There aren't** many days left till the exam, are there?"
시험까지 며칠 남지 않았지, 그렇지?
– "Yes, **there are** (many days left)." 아니, 날이 많이 남아 있어.
"No, **there aren't**." 그래, 며칠 남지 않았어.

"**There was** nothing wrong, **was there**?" 아무 일 없었던 거지, 그렇지?
– "Yes, **there was**." 아니, 있었어. / "No, **there wasn't**." 그래, 없었어.
Are there any (other) questions? (그밖에) 질문 있습니까?
Is there any great likelihood of rain this evening?
오늘 밤에 비가 올 가능성이 큰가요?
Is there anyone available to replace him? 그를 대신할 사람이 있습니까?
Is there any truth in the rumor? 그 소문이 정말일까?
Is there a place where I can plug in my laptop?
휴대용 컴퓨터를 사용할 수 있는 곳이 있나요?
Is there some reason why you're here? 여긴 왜 오셨죠?
Is there any student whose name hasn't been called?
이름을 부르지 않은 학생은 없습니까?
Are there any seats left on the 10:30 train to Busan?
부산행 10시 30분 열차에 좌석이 남아 있나요?
What **was there** in the box? 상자 안에는 무엇이 있었나요?
Why **is there** water all over the floor? 왜 바닥이 온통 물바다인가요?

⑤ 「there be ~」의 부정문

'there be ~'의 부정문은 'there be not ~'이다. 이때 be not은 isn't, aren't 등의 축약형을 쓰는 것이 보통이다. 'there be ~'의 부정의문문은 「Isn't 등 + there + S?」이다.

There isn't any water in the bottle. 병에는 물이 조금도 남아 있지 않다.
There isn't anything (that) you can do to help.
네가 도와줄 수 있을 만한 게 없는 것 같다.
There isn't much call for such things these days.
요즈음에는 그런 것들에 대한 요구가 많지 않다.
There wasn't anybody else to do it except him.
그것을 할 사람이 그 사람 밖에는 아무도 없었다.
There wasn't much to do. 할 일이 별로 없었다.
Isn't there a better way to do that? 그것을 하는 데 더 좋은 방법은 없나요?
Isn't there a cash machine around here? 이 근처에 현금인출기 없나요?

(3) there + be 이외의 동사 + 주어(부) [S]

이 구문에는 올 수 있는 동사로는 존재, 상태, 발생, 동작 등을 나타내는 동사들이다. 이러한 구문은 의문문이나 부정문의 형식으로는 사용하지 않는다. 그리고 주어(부) 수식어로 형용사나 분사를 쓰지 못한다. '제시의 there 구문'이라고도 한다.

ex) begin, exit, remain, live, appear, arise, arrive, begin, come, develop, emerge, enter, fall, follow, grow, hang, happen, lie, pass, result, rise, seem, sit, stand, step out, take place, etc.

There **exist** better methods than that. 그보다 더 나은 방법들이 있다.

There **remains** a problem to solve. 풀어야 할 문제가 남아 있다.

There once **lived** a pretty princess. 옛날 옛날에 예쁜 공주님이 한 분 살았습니다.

There **appeared** little doubt about that. 그것에 관해서는 거의 의심할 바가 없었다.

There never **arose** any incident. 어떤 사건도 일어나지 않았다.

There **arrived** a package in the mail. 우편으로 소포 하나가 도착했다.

There **began** the ceremony of awarding a prize. 시상식이 시작되었다.

There may **come** a time when we shall meet again.
우리가 다시 만날 때가 올지도 모른다.

There **entered** three men, who introduced themselves.
세 남자가 들어와서 자신들을 소개했습니다. (자신들의 신분을 밝혔습니다.)

There **fell** a stillness upon them. 그들 사이에 정적이 감돌았다.

There **followed** a gap of four years, during which William joined the Army.
4년의 공백기가 이어졌고, 그동안에 윌리엄은 군에 입대했다.

There **happened** a couple of earthquakes last night. 지난밤에 두 차례의 지진이 있었다.

There **lay** many difficulties in the way. 도중에 많은 어려움이 있었다.

There **occurred** a strike. 파업이 일어났다.

There **passed** a weary time. 지루한 시간이 지나갔다.

There **seems** (to be) no need to hurry. 서두를 필요는 없을 것 같다.

There **stands** a big tree in the field. 들판에 큰 나무 한 그루가 서 있다.

▷ 제시의 there 구문은 문장의 주부로는 쓰지 않는다. 다만, 존재의 there 구문은 문장의 주부로 쓸 수 있다.

That there stands a castle on the hill is very magnificent. (x)

That there is a castle on the hill is very magnificent. (o)

(4) There be p.p. to be ~

수동태문의 일종이다.

ex) acknowledge, allege, believe, consider, expect, fear, feel, know, presume, report, say, suppose, think, etc.

There was believed to be goblins in the forest.
그 숲 속에는 도깨비들이 있다고 믿고 있었다.

There is expected to be further damage due to the typhoon.

태풍에 의한 큰 피해가 예상되어진다.

There are known to be over one hundred thousand species of bee on earth.

지구 상에는 십만 종 이상의 벌이 있다고 알려져 있다.

(5) there be + likely [unlikely], bound, certain, sure 등 + to be + 명사(구)

어떤 사실의 발생이 확실함을 나타내는 표현이다.

There is likely to be a salary raise next month. 다음 달에 급여 인상이 있을 것 같다.

There is certain to be some opposition to your suggestion.

너의 제안에 어느 정도 반대가 있을 것이 분명하다.

There are bound to be price increases next year.

내년에 가격이 상승할 것이 틀림없다.

There is sure to be some problems. 어느 정도의 문제점이 있을 것은 분명하다.

(6) there is no + ~ing

'~하기란 불가능하다.'의 뜻을 나타낸다.

There is no knowing whether Sam-sun likes Sam-Dol.

삼순이가 삼돌이를 좋아하는지는 알 수 없다.

There is no knowing how it will come out. 결과가 어떻게 될지 알 수 없다.

There is no knowing what he will do. 그 사람이 무슨 일을 저지를지 모른다.

There is no going back. 이제 되돌아갈 수는 없다.

There is no mistaking the fact. 그 사실이 틀릴 리가 없다.

There is no accounting for tastes. 취미를 설명하는 것은 불가능하다. [취미는 가지각색]

(7) there가 준동사의 의미상 주어로 쓰일 경우

'there + be + ~' 구문은 분사구문의 형식[there being~]이나 부정사구의 형식[there to be ~], 그리고 동명사구의 형식[there being ~]을 사용하기도 하는데, 이때 there는 준동사의 의미상의 주어 역할을 한다.

There being nothing to do, I went to the movies. 〈분사구문의 의미상의 주어〉

할 일이 없었기 때문에 나는 영화 보러 갔다.

I don't want **there** to be any misunderstanding. 〈부정사의 의미상의 주어〉

어떠한 오해도 없기를 바란다.

For there to be life there must be air and water. 〈부정사의 의미상의 주어〉

그곳에 생명이 존재하기 위해서는 공기와 물이 있어야만 한다.

There being no proof whatsoever for anything is no problem for people capable of handling uncertainty. **〈동명사의 의미상의 주어〉**

결코, 어떠한 증거도 없다는 것은 불확실성에 대처할 줄 아는 사람들에게는 문제가 안 된다.

He was disappointed at **there** being so little to do. 〈동명사의 의미상의 주어〉
그는 일거리가 거의 없어서 낙담했다.
What is the probability of **there** being life on another planet? 〈동명사의 의미상 주어〉
다른 행성에 생물이 존재할 가능성은 (어떤가)?

(3) 초점 부사(focusing adverb)

초점 부사(제한·중점표시 부사)란 수식어구(= 중점어구)의 바로 앞이나 뒤에 쓰여 그 뜻을 제한하거나 강조하는 부사를 말한다. 이들 부사는 명사·대명사의 앞 또는 뒤에 놓여 그것을 직접 수식할 수 있다.

ex) almost, alone, also, even, just, mainly, merely, only, purely, quite, simply, too, as well, etc.

1) only, also는 일반적으로 중점어구 앞에 온다.

Only Tom phoned Mary today. 톰 한 사람만 오늘 메리에게 전화했다.
Tom **only** phoned Mary. 톰은 메리에게 전화만 했다.
Tom phoned **only** Mary today. 톰은 오늘 메리에게만 전화했다.
Tom phoned Mary **only** today. 톰은 단지 오늘만 메리에게 전화했다.
Only three people turned up. 오직 세 사람만이 모습을 드러내었다.
Tom phoned **also** Mary today. 톰은 오늘 메리에게도 전화했다.
Tom phoned Mary **also** today(or today also) 톰은 오늘도 메리에게 전화했다.
Tom, **also** [too], phoned Mary today. 톰도 역시 오늘 메리에게 전화했다.

2) almost, just, mainly, merely, purely, simply 등은 중점어구 앞에 오며, alone은 뒤에 온다.

He is **almost** a professional. 그는 **거의** 전문가에 가깝다.
That is **just** the point. 그것이 **바로** 중요한 점이다.
You can get a B grade **just** for that answer.

단지 그와 같은 대답은 B점을 받을 수 있을 뿐이다.

You can get a B grade for that answer **alone**.

그와 같은 대답**만으로는** B점을 받을 수 있을 뿐이다.

I came **just** because you asked me to come. 나는 네가 오라고 했으니까 왔을 **따름**이다.

Money is **merely** a convenient medium of exchange – nothing more and nothing less. 돈은 **단지** 편리한 교환의 매개물이며 그 이상도 그 이하도 아니다.

This is **purely** the work of greedy scientists, and not something humans were ever meant to do.

이것은 **순전히** 탐욕스러운 과학자들의 짓거리일 뿐 인간이 이제껏 하고자 했던 것이 아니다.

They **simply** say whatever they think will garner votes; clear thinking, sincerity and honesty are nowhere in sight.

그들은 표를 모을 수 있다고 생각하면 그저 무슨 말이라도 한다; 명확한 사고, 진심과 정직함은 눈을 씻고 보아도 없다.

3) even은 보통 수식어구 앞에 오며, too나 as well은 그 뒤에 온다.

Even a child could understand it. 어린애**라도** 그것을 이해할 것이다.

The store is open **even** on Sunday. 그 가게는 일요일**에도** 연다.

He, **too**, went there. 그도 그곳에 갔다.

He speaks Korean, English, Spanish and Mongol **too** (= **as well**).

그는 한국어, 영어, 스페인어뿐 아니라 몽골어도 한다.

4) (주의) only, even, quite 등은 관사 앞에 올 수도 있지만, 명사에 형용사가 결합된 경우는 관사 뒤에 온다.

He is only a good student. (x)

He is a **only** good student. (o) 그는 **아주** 뛰어난 학생이다.

■ **주어 지향(= 주어 수식) 부사**

동사를 수식할 뿐만 아니라 그 문장의 주어와도 밀접한 관계를 갖는 부사들을 특별히 주어지향부사 또는 주어 수식 부사라고 부르기도 한다. 이들 부사는 주어의 의지, 심정이나 주어에 대한 화자의 감정을 드러내는 것으로 주어에 가까이 둔다. (주어의 바로 뒤에 두는 것이 보통이며, 강조 시에는 주어 앞에 둔다.)

ex) bitterly, cordially, deliberately, graciously, humbly, intentionally, kindly, painfully, please, resentfully, reluctantly, wistfully, etc.

He **bitterly** regrets all the misdeeds he has done.
그는 자신이 저지른 모든 악행들에 대해 쓰라리게 후회한다.
He **deliberately** mislead us. 고의적으로 그가 우리를 속였다.
She **kindly** showed me the way. 그녀는 친절하게 내게 길을 가르쳐 주었다.
He **humbly** offered his apologize. 겸손하게도 그는 사과했다.
Very **reluctantly** I've consented to lend him the money.
정말이지 마지못해 나는 그 돈을 그에게 빌려주는 데 동의했다.

※ 주어 지향 부사 중에 kindly와 please만이 명령문에 쓰일 수 있으며, 특히 kindly는 명령문에서 문두에 놓인다.

Kindly leave me alone. 부디 나를 그냥 내버려두세요.
= **Please** leave me alone. / Leave me alone, **please**.

(4) 의문부사 (interrogative adverb)

시간, 장소, 방법, 정도, 이유 등을 나타내어 의문문 (직접의문문이나 간접의문문)을 이끄는 부사를 의문부사라 한다.

※ 상대방에게 직접 묻는 방식의 보통의 의문문을 직접의문문이라 하며 '의문부사 + 동사 + 주어 ~?'의 형식으로 쓴다. 그리고 직접의문문이 어느 문장의 일부 즉, 종속절 (주어절, 목적절, 주격 보어절, 동격절)로 들어간 경우, 그 종속절 자체를 간접의문절 또는 간접의문문이라 한다. 간접의문절은 '의문부사 + 주어 + 동사 ~'의 어순으로 쓴다.

1) 의문부사 when

① 직접의문문에서 때나 상황을 물어: When + do [be동사, 조동사] + 주어 (+ 동사 ~)?
《언제; 어느 경우에》

When did you get married? 언제 결혼하셨나요?

When is it convenient for you to meet with me?

저와 언제 만나는 게 편하겠습니까?

When have you read the book? 언제(몇 번이나) 그 책을 읽어본 적이 있나요?

※ when은 일반적 과거를 나타내므로 **특정 과거 표시 어구**나 **현재완료**와는 같이 쓰지 않는 것이 원칙이지만, 경험을 나타내는 현재완료와는 같이 쓸 수 있다.

② to 부정사나 절을 이끌어 명사구나 명사절 (= 간접의문절)을 형성하여: when + to 부정사구/ when + 주어 + 동사 ~ 《언제》

I don't know when to do it. 나는 언제 그것을 할지를 모르겠다.

When are they to arrive? 그들은 언제 도착할 예정입니까?

I don't know when I should do it. 나는 언제 그것을 해야 할지를 모르겠다.

2) 의문부사 where

① 직접의문문에서: where + do [be동사, 조동사] + 주어 (+ 동사 ~)?

❶ 장소, 방향, 도착점을 물어 《어디에; 어디로; 어디를》

Where in Korea does she live? 그녀는 한국 어디에 살고 있나요?

Where am I? 〈의식을 되찾았을 때〉 여기가 어디지?

〈낯선 장소에서〉 여기가 어디죠? (= Where are we?; What place is this?)

Where does this road lead? 이 길은 어디로 가나요?

Where have you been all day? 하루 종일 어디 갔었어요?

❷ 관련, 출처를 물어 《어떤 점에서; 어떤 출처에서》

Where is he to blame? 그가 어떤 점에서 잘못입니까?

Where does this affect us? 이것은 어떤 점에서 우리에게 영향을 끼칩니까?

Where did you get that idea? 그 생각은 어디서 난 거야?

❸ 입장, 상태를 물어 《어떤 입장[상태]에》

Where do you stand on this question? 당신은 이 문제에 대해서 어떤 입장입니까?

Where will his family be if he retires from office?

만약 그가 퇴직하면 그의 가족은 어떤 처지가 될까요?

Without her, where is he? 그녀가 없다면 그는 어떻게 되는 거지?

② to 부정사나 절을 이끌어 명사구나 명사절 (= 간접의문절)을 형성하여: where + to 부정사구 / where + 주어 + 동사 ~ 《어떤 장소[부분, 점]에》

Tell me **where** to put this refrigerator [= **where** I should put this refrigerator]. 이 냉장고를 어디에다 놓을지 말씀해 주십시오.

He asked **where** there was a good hotel. 그는 어디에 좋은 호텔이 있는지를 물었다.

Where did you say you bought it? 그것을 어디서 샀다고 하셨지요?

Will you tell me **where** I am wrong? 제가 어디가 잘못됐는지 말씀해주세요?

③ 관용어구

Where have you been? (그동안 어디서 뭘 했기에) 그런 것도 몰라?

Where to? (택시 운전사 등이) 어디로 가시죠?

3) 의문부사 why

① 직접의문문에서 이유·원인·의도 등을 물어: why + do [be동사, 조동사] + 주어 (+ 동사 ~)? 《왜, 어째서, 무슨 까닭으로》

Why do you call me names? 너는 왜 내 욕을 하는 거지?

"Why were you absent from school yesterday?" 너는 어제 왜 결석했니?

– "Because I was sick." 몸이 아팠습니다.

※ 의문부사 why가 이유·원인·의도 등을 물을 때는 원칙적으로 because로 대답한다. 물론, 관계와 상황에 따라 다른 대답도 가능하다.

"Why did you go there?" 거기는 왜 갔니? – "To see Sam-sun." 삼순이를 만나려고.

Why don't you know how to save? 왜 너는 아낄 줄을 모르느냐?

Why won't you believe what I'm saying? 왜 사람 말을 못 믿는 겁니까?

Why not let him do as he likes? 왜 걔가 하고 싶어 하는 대로 하게 하지 않는 거죠?

② not 또는 원형부정사와 함께 권유, 제안을 나타내어

Why don't you have dinner with me this evening?

오늘 저녁 나와 식사 같이하는 게 어때요?

Why not go and see the doctor? 병원에 가보는 게 어떨겠어?

③ 명사절 (= 간접의문절)을 이끌어: why + 주어 + 동사 ~《왜 [어째서] ~했는지》

I am not sure **why** it's so. (그게) 왜 그런지 모르겠네요.

I wonder **why** she wants to do that. 그녀가 왜 그러는 건지 모르겠네요.

Do you know **why** she is so angry? 그녀가 왜 저다지도 화가 났는지 알아요?

Why do you think I did it?

너는 내가 왜 그것을 했다고 생각하는가? / **너는 왜** 내가 그것을 했다고 생각하는가?

④ 관용어구

- **Why don't you (~)?** 당신은 왜 ~하지 않지요?; ~하는 것이 어떤가?, ~하지 않겠나?

※ 손윗사람에게는 쓰지 않는다. 생략형은 Why not?

Why don't you have some beer? 맥주를 마시는 게 어떨겠습니까?

※ Some 대신 any를 쓰면 '왜 맥주를 마시지 않습니까?'의 뜻이 된다.

Make a lap, why don't you? 앉는 게 어때.

※ 'Why don't you?'는 문미에 둘 수도 있다.

- **Why not (~)?** **〈부정의 말에 반론하여〉** 왜 안 되느냐?; 왜 안 하느냐? **〈권유, 제안〉** ~하면 어떤가?; **〈권유, 제안에 동의하여〉** 좋지; 그러지.

"You had better not wear the red dress." 그 빨간 색 옷을 입지 않는 게 좋겠어.

– "Why not?" 왜 안 되는 데요?

"Will he approve?" 그 사람이 승낙할까?

– "I don't see why not." 승낙하지 않으리라고는 생각되지 않네.

"Let's go swimming." 수영하러 가자. – "Why not?" 좋아, 가자.

Why not try (it) again? (그것을) 다시 한 번 해보지그래?

If today won't do, why not tomorrow? 오늘이 안 된다면 내일은 어때?

- **Why is it that ~?** ~하는 것은 어째서인가?

Why is it that I'm always at fault? 왜 늘 내게만 잘못이 있다는 것인가요?

- **that's why!** **〈글 꼬리에 붙여〉** 그렇게 된 거야!; 그런 까닭이야!

Because I don't want to go alone, that's why.

그야 내가 혼자 가기 싫어서야, 그게 이유야.

4) 의문부사 how

how의 의문부사로서 용법에는 동사, 형용사, 부사를 수식하는 용법과 감탄문을 만드는 용법이 있다.

① 방법, 절차, 수단을 물어: 어떻게, 어떻게 하여, 어떤 방법으로; 어떤 수단으로

❶ 일반 의문문에서

How do I go there? (= How can I get there?) 거기에는 어떻게 가면 됩니까?

"Where is Catherine?" 캐서린은 어디 있니?

– "How do [should] I know?" 내가 어떻게 안단 말이냐? / 내가 알게 뭐야.

How [What (영)] is he called? 어떻게 [뭐라고] 그를 부릅니까? / 그의 이름이 뭐지?

How can I ever thank you? 정말이지 어떻게 감사의 말씀을 드려야 할지요?

❷ to 부정사구나 절 (= 간접의문절)을 이끌어: how + to 부정사구 / how + 주어 + 동사 ~

《~하는 방법; 어떻게 ~하는지》

She is learning how to drive a motorcar. 그녀는 자동차 운전(하는 법)을 배우고 있다.

Can you know me how to get to the station?

역에 어떻게 가는지를 알려주시겠습니까?

I don't know how they found out. I didn't even open my mouth.

나는 그들이 어떻게 해서 찾아냈는지 알 수가 없다. 나는 입도 뻥끗하지 않았는데 말이다.

Can you tell me how the accident came about?

그 사고가 어떻게 일어났는지 말해 주겠어요?

② 정도를 나타내어

❶ 일반의문문에서 《어떻게; 얼마에》

How do you sell this salt? 이 소금은 어떻게 [어떤 단위로] 팝니까?

"How do you like your coffee?" 커피를 어떻게 드릴까요?

– "I like it hot." 뜨거운 거로 주세요.

❷ 형용사나 부사를 수반하여: how + 형용사.부사 + do동사 [be동사, 조동사] ~? 《얼마만큼; 어느 정도; 얼마나》

How high is the mountain? 저 산의 높이는 얼마나 되나요?

(= What is the height of the mountain?)

How long is it going to take him to arrive? 그가 도착하는 데 얼마나 걸릴는지요?

How many students are there in your class? 너희 반의 학생 수는 몇 명이나 되지?

How much does it cost to send this parcel?

이 소포를 보내는 데 요금이 얼마나 들까요?

❸ 절을 이끌어 (= 간접의문절): how + 주어 + 동사 ~ 《~인지》

I don't know how many are coming. 몇 명이 올지 몰라요.

Let me know how many copies you want. 사본이 몇 부나 필요한지 알려주세요.

Do you know how long turtles live? 바다거북이 얼마나 오래 사는지 아니?

How long do you think it will take to be delivered?

그것이 배달되는 데 얼마나 걸릴까요?

③ 상태, 형편을 물어《어떤 상태로; 어떤 모양으로》

▶ 건강·감각 (기분)·날씨 따위의 일시적 상태를 묻는 의문부사로서 보어로 쓰이는 경우이다.

How do you find yourself this morning? 오늘 아침 기분은 어떠세요?

How do I look in this suit? 내가 이 옷을 입으니까 어때요?

How do you think you did on the test? 시험은 어땠어? (시험은 잘 본 것 같니?)

How are you getting along these days? 요즈음 어떻게 지내고 계십니까?

④ 이유, 의도를 물어《무슨 이유로, 어째서; 어떤 뜻으로, 어쩔 셈으로》

How could you talk such nonsense?

어떻게 너는 그렇게 말도 안 되는 소리를 할 수가 있지?

How is it that you are always behind time? 네가 늘 지각하는 것은 무슨 이유냐?

How do you mean that? 그게 무슨 뜻 [말씀]이시죠?; 그걸 어쩔 셈이죠?

(= What do you mean by that?)

⑤ 감탄문에

❶ 형용사, 부사를 수반 (강조)하여《참으로, 정말》

How beautiful a girl (she is)! 정말 아름다운 아가씨이군!

= What a beautiful girl (she is)!

※ 'How beautiful a girl she is!'보다는 'What a beautiful girl (she is)!'를 많이 쓰고 'How beautiful she is!'도 쓴다. 복수형으로 'What beautiful girls (they are)!'는 되지만 'How beautiful girls (they are)!'는 안 된다.

How seldom I go there! 내가 그곳에 가는 일은 정말 없을 거다.

❷ 형용사, 부사를 수반하지 않고 문장 전체를 강조하여《정말, 참》

How I envy you! 나는 네가 정말 부럽다.

How it rains! 무슨 비가 이렇게 많이 온담.

How I wish I had passed the exam then.

내가 그때 그 시험에 합격했더라면 얼마나 좋을까.

❸ 형용사, 부사를 수반하여 절을 이끌어

I cannot express **how happy** I was then.

그때 내가 얼마나 행복했는지 말로 표현할 수가 없습니다.

You cannot imagine **how boring** his speech was.

그의 강연이 얼마나 지루했는지 너는 상상도 못 할 것이다.

I cannot tell you **how wonderfully** he played.

그가 얼마나 멋지게 경기를 펼쳤는지 너에게 이루다 말할 수가 없다.

⑥ 호칭에 《어떤 이름으로》

How does one address the president's wife? 대통령의 부인을 어떻게 부릅니까?

⑦ 관용어구

- And how! 그렇고말고, 확실히; 〈문미에서〉 무척, 대단히

"You mean it, Tomas?" 토마스 네가 제정신으로 말하는 거니? – " And how!" 물론이지.

Prices are going up, and how! 물가가 이만저만 오르는 게 아냐!

- God knows [no one knows] how 어떤 방법으로 아는지 (모르겠지만), 얼마쯤의(some); 꽤

Rats know the sinking ship, and leave her, **no one knows how** or whither. 쥐가 어떻게 아는 것인지 또 어디로 가는지는 모르겠지만 배가 침몰하는 것을 알고 배를 떠나버린다.

- How come + s + v ~? 어째서 ~인거지?

※ 〈미, 입말〉 why 보다 놀람, 비난 등의 감정을 더 직접적으로 드러내는 표현이다.

How come you didn't tell me that's what happened?

어째서 너는 무슨 일이 일어났는지를 내게 말하지 않은 거지?

• **How come you to do ~?** 어째서 그렇게 하는가?

How come you to say that? 어째서 그런 소리를 하는 거지?

• **That's how it is with ~:** ~이란 (게) 그런 것이다.

That's how it is with our lives. 우리의 삶이란 게 그런 것이다.

• **This is [That's] how it is.**

다음에 말씀드리는 [이미 말씀드린] 것이 그 이유입니다; 이유 [사연]인 즉 이렇습니다.

5) 의문부사 what

① **what은 주로 대명사 (의문대명사, 관계대명사)와 형용사 (의문형용사, 관계형용사)로 쓰이나, 간혹 동사를 수식하거나, 감탄문, 특정 구문에서 (의문)부사로도 쓰인다. 《어떻게, 어느 정도, 얼마만큼》**

What does it matter? (= So what?) 그것이 **얼마나** 중요한가?; 상관없는 일 아닌가?

What is he the better for it? 그것이 **얼마나** 그에게 도움 [이득]이 된다는 거야?

What do you care about it? (그런 것은) 네가 상관할 [알] **바가** 아니잖아.

What he has suffered! 그는 **얼마나** 고통스러웠을까!

② **관용어구**

• **what with one thing and another** 이런저런 일로

What with one thing and another I was busy last week.

이런저런 일로 지난주에 내가 바빴다.

• **what with A and (what with) B (= what between A and B):** A다 B다 하여; A 하거나 B 하거나 하여

What with school and (what with) work to earn my living, I had little time to play. 학업이다, 생활비를 버는 일이다 하여 나는 놀 틈이 거의 없었다.

(5) 접속부사 (conjunctive adverb)

접속부사란 두 문장을 연결할 때 쓰이는 부사를 말한다. 즉, 부사이면서 (등위, 종속) 접속사의 역할을 하는 말을 접속부사라 한다.

※ 우리말에서 접속부사는 문장을 연결할 때 사용하는 부사의 한 종류로서 이를 접속사라고도 하는 것이 보통이나, 영어에서는 접속부사와 접속사는 다른 것으로 구별한다. 영어에서 접속부사란 <u>두 문장을 이어 쓸 경우</u> 유연한 연결을 위하여 넣어 주는 부사를 가리키고(우리말의 접속사와 유사한 개념), 접속사란 대등한 관계로 두 문장을 연결하거나(등위접속사), 복문의 종속절 앞에 놓여 종속절을 주절에 이어주는 기능을 하는 말(종속접속사)을 가리킨다. 우리말에서 접속사는 부사의 하나로 보나, 영어에서 접속사는 부사와는 다른 품사의 하나로 취급한다. 우리말에는 영어 상의 접속부사나 등위접속사와 같은 것은 존재하나, 종속접속사와 같은 것은 없다. ☞ p. 100[3] (접속사와 접속부사) 참조

1) 접속부사(구)의 의미에 따른 분류

① 시간

ex) afterward, eventually, later, next, (and) then, meantime, meanwhile, at last, at the same time, etc.

I will eat lunch, **and afterward** I will go to see you.

내가 점심을 먹고 나서 널 보러 갈게.

Until now we have learned adjectives, **and next** we are going to learn adverbs. 지금까지 우리는 형용사를 배웠고 다음에는 부사를 배우겠습니다.

She came home **and then** went out. 그녀는 귀가한 뒤 바로 외출했다.

The train leaves in half an hour; **Meanwhile [In the meantime]**, let's have some food. 기차는 30분 후에 출발한다. 그동안 뭐 좀 먹자.

Then that cool air is warmed, and it rises. **At the same time**, the warm air that has risen cools down.

그러면 그 찬 공기는 더워지고 위로 올라간다. 그와 동시에 위로 올라간 더운 공기는 식게 된다.

② 조건

ex) else, otherwise, then, in that case, etc.

Take care, **or else** you will fall. 조심해라, 그렇지 않으면 떨어진다.

You can go alone, **or else** with me.

너 혼자 가도 좋고, 그렇지 않으며 나와 같이 가도 좋다

You will pay your taxes on time; **otherwise**, you will be punished.

세금을 제때에 내야 합니다. 그렇지 않으면 처벌받게 됩니다.

If you are ill, **then** you must stay in bed. 아프면 누워 있어야 한다.

You've already made up your mind. **In that case**, there's no point discussing it. 당신은 이미 결정을 내렸군요. 그렇다면 논의할 필요가 없지요.

③ 요약, 결과

ex) therefore, so, thus, accordingly, consequently, hence, namely, subsequently, thus, as a result, as a consequence, in other words, that is, etc.

She was sick; **therefore** she didn't go to school.

그녀는 아팠다. 그로 말미암아 그녀는 학교에 가지 못했다.

He looked honest, **and so** I lent him that money.

그는 정직해 보였다. 그래서 나는 그 돈을 꾸어주었다.

I was in Fortune's lap **and thus** could buy the rare book.

나는 운수가 좋아서 그 진귀한 책을 살 수 있었다.

There has been much rain **and consequently** the river is in flood.

비가 많이 내려서 강이 범람했다.

People have been burning fossil fuels like petroleum, coal and natural gas. **As a result**, environmental pollution brought us a serious weather change.

사람들은 석유, 석탄, 천연가스 같은 화석 연료를 태워왔다. 그 결과, 환경오염으로 심각한 기상변화를 초래했다.

I missed the bus this morning **and as a consequence** was late for work.

나는 오늘 아침 버스를 놓친 탓에 회사에 늦었다.

④ 양보

ex) anyhow, anyway(미는 anyways를 많이 씀), **however, nevertheless, nonetheless, still, though**(입말체, 문중이나 문미에 놓임), **(and 또는 but) yet, at any rate, on the contrary, etc.**

The vague rumor proved to be false; **nevertheless**, some skepticism lingers on. 그 막연한 소문은 거짓으로 판명 났다. 그럼에도 불구하고 다소의 의구심은 남아 있다.

I can see your point of view; **still** I don't agree with you.

네가 말하는 취지를 알기는 하지만, 그래도 나는 네 생각에 동의하지 않는다.

I feel sleepy, **and yet** I must finish my homework.

졸립다, 그래도 나는 숙제를 끝내야만 한다.

It doesn't seem bad to me; **on the contrary**, I think it's rather good.

내가 볼 때 그것은 나쁜 것 같지 않아요. 오히려, 난 그것이 꽤 좋은 것 같습니다.

⑤ 비교, 대조

ex) likewise, however, nevertheless, still, yet, similarly, whereas, while, by contrast, on the contrary, on the other hand, etc.

Not long after, he went to the daughter who had married the tile-maker, **and likewise** inquired of her how she fared.

얼마 지나지 않아 그는 타일장이와 결혼한 (둘째) 딸에게 갔다. (첫째 딸에게 물었던 것과) 마찬가지로 (그리고 역시) 그녀에게도 잘살고 있는지를 물었다. – Aesop's Fables(이솝우화) 중에 –

Whale has its own song and communicates with other whales using the song. **Similarly**, mother lions make gentle sounds to call their babies.

고래는 자신의 고유한 울음소리를 갖고 있으며 그 울음소리를 이용하여 다른 고래와 의사소통을 한다. 이와 유사하게 어미 사자는 자기 새끼들을 부를 때는 부드러운 소리를 낸다.

He is old, **and still** he is able. 그는 늙었지만 그래도 아직 유능하다.

I dislike to eat it, **and yet** I am stingy about giving it to the dog.

나는 그것을 먹기 싫다. 그렇다고 개 주기도 아깝다.

Koreans are said to avoid revealing their emotions. **On the other hand**, we can say that Westerners not only show no hesitation about laughing in public but allow many other emotions to show.
한국 사람은 감정을 드러내는 것을 피한다고 말들 한다. 반면에 우리는 서구인들은 여러 사람 앞에서 주저함 없이 웃을 뿐만 아니라 여타의 감정도 스스럼없이 드러낸다고 말할 수 있다.

⑥ **첨가, 예시**

ex) additionally, also, besides, either, further, furthermore, likewise, moreover, neither, nor, (and) then, for example, for instance, etc.

He is young and good-looking, **and also** very rich.
그는 젊고 잘생긴 데다가 또한 아주 부자다.

Her performances was excellent, **and likewise** her dress was very elegant and beautiful. 그녀의 연기는 훌륭했다. 게다가 그녀의 의상 또한 매우 우아하고 아름다웠다.

I don't want to go out; **moreover** it is beastly cold out(side).
나는 외출하고 싶지 않다. 게다가 밖은 매섭게 춥다.

Tom can't go, **and neither** can I. 톰은 갈 수 없고 나도 역시 갈 수가 없다.
(= Tom can't go, **and** I can't **either**.)

She doesn't like it, **and nor** do I. 그녀는 그것을 좋아하지 않는데 나도 또한 그렇다.
(= She doesn't like it, and I don't **either**.)

I like my job, **and then** it pays well. 나는 내 직장이 마음에 든다. 게다가 보수도 좋다.

During the French Revolution of 1789, women were extremely active in the fight against the old feudal regime. **For example**, it was women who led the demonstrations that forced the king away from his palace at Versailles.
1789년 프랑스 혁명 중 여성들은 낡은 봉건 체제에 대항한 투쟁에서 대단히 활동적이었다. 예를 들어, 베르사유의 궁전에서 왕을 몰아낸 시위운동들을 이끈 것도 바로 여성이었다.

⑦ 화제의 전환

ex) incidentally, now, in the meantime, by the way, etc.

I didn't ask you to come. **Incidentally**, why have you come?

난 너보고 와 달라고 하지 않았어. 그런데 왜 온 거야?

This question is solved. **Now** for the next question.

이 문제는 해결되었습니다. 자, 그럼 다음 문제로 넘어갑니다.

That's good idea. **By the way**, when will you pay me back?

그거 좋은 생각이다. 그건 그렇고 내 돈을 언제 갚을래?

2) 접속부사의 위치

접속부사는 부사이면서 문장과 문장을 연결하는 접속사의 역할도 하므로 그것이 속한 문장 앞에 놓이는 것이 보통이나, 문중(be동사, 조동사의 뒤, 본동사의 뒤)이나 문미에 둘 때도 있다.

① 일반적으로 (그것이 속한) 문장의 앞에 놓인다.

❶ 접속부사의 앞에는 피리어드 (마침표)로 끝난 문장을 그대로 놓거나, 연결성을 강조하기 위해 세미콜론을 찍는다. (비격식체, 입말체에서는 세미콜론 대신 콤마를 찍기도 함) 그리고 이때의 접속부사의 뒤에도 콤마를 찍는 것이 보통이다.

I have not yet passed the primary examination. **However**, I shall keep trying 나는 아직 1차 시험에 합격한 적이 없다. 그래도 나는 계속해 볼 것이다.

I don't like that new clothes; **besides**, they're too expensive.

나는 그 새 옷이 마음에 들지 않는다, 게다가 그것은 너무 비싸기까지 하다.

I can see your point of view; **still**, I don't agree with you.

네가 말하는 취지를 알기는 하지만, 그래도 나는 네 생각에 동의하지 않는다.

He was sick; (**therefore**) he didn't go to school. 그는 아파서 학교에 가지 않았다.

※ 때로는 세미콜론만을 두고 문두의 접속부사를 생략하기도 한다.

❷ 접속부사가 절의 앞에 와서 접속사처럼 쓰일 경우 접속사와의 구별이 어려워지는 경우가 있으므로 글말체에서는 그 앞에 and, but 등의 접속사를 써서 부사임을 확실히 하는 것이 보통이다. 이 경우에는 그 앞에 콤마를 찍을 수도 있고 찍지 않을 수도 있다.

I don't know what happened to him **and further** [**furthermore**] I don't care. 나는 그에게 무슨 일이 있었는지 모르며 더군다나 알고 싶지도 않다.

I racked my brains **but still** could not recall her address.

내 아무리 머리를 짜내도 그녀의 주소가 생각나지 않았어.

The speaker drank a glass of water **and then** proceeded with his speech.

연사는 물을 한 잔 마시고 나서 연설을 계속했다.

The wind died down for a while **but then** resumed its assault.

바람이 잠시 잦아드는 듯했으나 다시 몰아치기 시작했다.

The Korean won dropped sharply against the US dollar today, **and also** fell against the Japanese yen.

오늘 한국 원화는 미 달러화에 대해 급락했으며, 일본 엔화에 대해서도 하락세를 나타냈습니다.

It was well on in the night, **but yet** there were many people in the street.

밤이 상당히 깊었는데도 거리에는 사람들이 많았다.

② 다음과 같은 접속부사는 문중 (be동사, 조동사의 뒤, 본동사의 앞)에 놓이기도 한다.

▶ 문중에 놓이는 접속부사의 앞·뒤에는 콤마를 찍는 것이 원칙이다.

ex) however, nevertheless, therefore, though, etc.

You are quite right; I cannot, **however**, approve of it.

당신 말이 꼭 맞다. 그렇다 해도 나는 그것을 승인할 수 없다.

No matter what people say, it is, **nevertheless**, the truth.

사람들이 이러쿵저러쿵 말할지라도 그것은 사실이다

He ran out of money; He, **therefore**, had to look for a job.

그는 돈이 떨어졌다. 그래서 일자리를 구해야 했다.

A peace agreement was drawn up. The delegates, **though**, refused to sign it. 평화 합의안이 작성되었었다. 하지만 대표들이 서명을 거부했다.

③ **다음과 같은 접속부사는 문미에 놓이기도 한다.**

▶ **문미에 놓이는 접속부사의 앞에는 콤마를 찍는 것이 원칙이다.**

ex) anyhow, anyway, however, though, otherwise, etc.

I'm afraid I can't come to your party, but thanks, **anyhow**.

당신 파티에 갈 수 없어 유감입니다만, 어쨌든 감사합니다.

I don't think they need me, but I'll go there, **anyway**.

나는 그들이 날 필요로 하지 않는다고 생각한다. 어쨌거나 나는 그곳에 갈 것이다.

I hate this kind of wok. I will do this time, **however**.

나는 이런 일이 정말 싫다. 하지만, 이번만은 하겠다.

I believed she was in safe hands; I wouldn't have left her, **otherwise**.

나는 그녀가 안전한 상태에 있다고 믿었다. 그렇지 않았더라면 나는 그녀를 떠나지 않았을 것이다.

Our team lost. It was a good game, **though**. 우리 팀이 졌다. 하지만 훌륭한 경기였다.

(6) 독립부사 (independent adverb)

문장의 구성요소와는 독립적으로 쓰여 문장 전체를 수식하는 부사를 독립부사라 한다. 문장부사(sentence adverb)라고도 부른다.

1) 화자가 말을 하는 심적 상태나 표현 방식을 나타내는 독립부사

ex) candidly, frankly, honestly, seriously, truly, approximately, briefly, broadly, figuratively, generally, literally, privately, roughly, etc.

Candidly, I think you're being very unreasonable.

솔직히 말해서, 나는 네가 너무 이성적이지 못하다고 생각한다.

Honestly, this is above me. 솔직히 말해서 이것은 내가 감당할 수 없다.

Seriously, I'm going to be fine. 정말이지 (농담이 아니라) 난 괜찮아.

Truly, she is a fair woman. 참말이지 그녀는 아름다운 여인이야.

Briefly, he is a man of great ability. 간단히 말하자면 그는 대단한 수완가이다.

I was **literally** bored to death! 글자 그대로 난 지루해서 죽는 줄 알았다.

2) 문장의 내용에 대한 화자의 확신을 나타내는 독립부사

① 객관성 있는 확신을 나타내는 독립부사

ex) apparently, clearly, evidently, obviously, plainly, etc.

Clearly, it is a mistake. 명백히, 그것은 실수이다. (= It is clearly a mistake.)

Evidently, he has made a mistake. **분명(히)** 그가 잘못한 것이다.

Obviously he was one of the chief agents in the plot.

분명히 그는 음모 주모자의 한 사람이었다.

He **plainly** intended to ignore my advice. 그는 내 충고를 무시하려는 것이 **분명했다**.

> **▷ apparently를 '명백히, 분명히'의 뜻으로 사용하는 경우는 드물며 '겉보기에, 외관상으로는 (seemingly), 아무래도 ~같은' 의 뜻으로 쓰는 것이 보통이다.**
>
> **Apparently**, Tom wanted to meet Jane. 분명히, 톰은 제인을 만나고 싶어 했어.
>
> She is **apparently** about forty years of age. 그녀는 겉보매 나이가 마흔쯤 되어 보인다.
>
> **Apparently** they're getting divorced. 아무래도 그들은 이혼할 것 같다.

② 주관적 (추정적) 확신을 나타내는 독립부사

ex) admittedly, certainly, definitely, indeed, likely, maybe, perhaps, possibly, presumably, probably, supposedly, surely, undoubtedly, etc.

The technique is painful, **admittedly**, but it benefits the patient greatly.

그 요법은 고통스럽기는 하지만 **명백히** 환자에게는 대단히 도움이 된다.

The first people to reach North America almost **certainly** did so without knowing they had crossed into a new continent.

북아메리카에 처음 도착한 사람들은 그들이 새로운 대륙에 건너온 것도 모르고 그와 같이 한 것이 거의 확실하다.

Indeed, it is unlikely that any human organization could either be formed or long maintained without language.

확실히 [실로], 언어 없이는 인간의 조직(사회)이 형성되거나 오랫동안 유지될 것 같지도 않다.

Perhaps it will rain tomorrow. **아마** 내일 비가 올지도 모른다.

I cannot **possibly** go. 나는 **도저히** 갈 수 없다

She will come on time most **probably**. 그녀는 **십중팔구** 제시간에 올 것이다.

This knowledge **supposedly** spread from China to Europe via traders traveling along the Silk Road.

이러한 지식은 아마도 비단길을 따라 이동하던 상인들을 통해 중국에서 유럽으로 퍼져나갔을 것이다.

▷ **추정 (주관적 확신)을 나타내는 부사들의 확신도**

- **확신도 50% 이하:** possibly, conceivably, perhaps, maybe
- **확신도 50~90%:** likely, presumably, doubtless, probably
- **확신도 90% 이상:** inevitably, necessarily, definitely, unquestionably, certainly, undoubtedly

3) 화자의 (감정적·이성적) 가치평가를 나타내는 독립부사

ex) cleverly, curiously, foolishly, fortunately, surprisingly, justly, naturally, regrettably, strangely, wisely, wrongly, etc.

Fortunately, the insurance will cover it. **다행히** 그것은 보험처리가 될 거예요.

Surprisingly, only two percent of the sunlight filters down to the forest floor. **놀랍게도** 햇빛의 2%만이 그 숲의 바닥까지 다다른다.

Although we can be **justly** proud of what has been achieved thus far, the biotechnology sector as we understand it, is still in its infancy.

우리가 이제껏 이뤄온 것을 **당연히** 자랑스러워 할 수 있지만 우리가 아는 한에서 생명공학 부문은 여전히 걸음마 단계에 있다.

If we cannot live without smartphones, we should learn how to use the gadget **wisely**.

스마트폰을 사용하지 않고는 살 수가 없다면 우리는 그 도구를 현명하게 이용하는 방법을 익혀야 한다.

4) 독립부사의 어순

보통 문장의 앞에 두나, 문 중(be동사 뒤, 조동사 뒤, 본동사 앞)이나 문장의 뒤에 둘 수 있다. 다만 의문문 [때로는 부정문 (indeed)]에서는 문장의 앞이나 뒤에는 두지 않는다.

Obviously, they will not finish the work on time.

분명히 그들은 제시간 내에 그 일을 끝내지 못할 것이다.

= They **obviously** will not finish on time.(o)

They will not finish on time, **obviously**. (o)

Indeed, did you finish the job? (x) / Did you finish the job **indeed**? (x)

→ Did you **indeed** finish the job? (o) 정말 그 일을 마쳤니?

■ 참고– 부사가 문두로 오는 경우의 어순 (어순 바꿈)

1. 부정어가 문두에 오는 경우: 부정어(부사) + 동사 [또는 조동사] + 주어 + (본동사)

In no other case can an exception be made. 예외가 만들어지지 않는 경우란 없다.

Not until he loses all his money will he stop gambling.

그는 돈을 다 잃고 나야 도박을 그만둘 것이다.

Not only is she very beautiful **but** she is also very intelligent.

그녀는 매우 예쁠 뿐만 아니라 매우 똑똑하다.

2. 초점(제한·중점) 부사가 문두에 오는 경우: 제한·중점표시 부사 + 동사 [또는 조동사)]+ 주어 (+ 본동사)

Only [또는 So] **after an operation** will he be able to walk again.

수술 후에라야 그는 다시 걸을 수 있을 것이다.

Only once has he done such a thing. 그에게 그 같은 일은 단지 한 번 해본 적이 있을 뿐이다.

3. 장소·방향 부사 + v + s (명사) [또는 대명사 + v]

There stood the tallest man she had ever seen.

거기에는 그녀가 본 사람 중에 키가 제일 큰 남자가 서 있었다.

Here you are. 자, 여기 있습니다. (= Here it is); 자, 보세요 [생각해 보세요].

6. 주요 부사의 용법

(1) 부사 very / much

부사 very는 동사를 수식하지 않고 오로지 형용사, 부사를 수식한다. 부사 much는 동사를 수식할 수 있다.

1) 부사 very의 용법

① 원급의 형용사, 부사를 수식·강조한다.《매우, 대단히, 몹시》

She is very [much(×)] tall. 그녀는 키가 매우 크다.

I am very fond of soccer. 나는 축구를 무척 좋아한다.

* 'I am fond of soccer very much.'라고는 쓰지 않는다.

You spoke very carefully. 당신은 말을 매우 신중하게 하시는군요.

② 현재 분사형의 형용사를 수식·강조한다.《대단히, 매우, 몹시》

ex) amusing, boring, dazzling, exciting, interesting, shocking, surprising, etc.

a very interesting story 매우 재미있는 이야기

Baseball is a very exciting game. 야구는 매우 흥미진진한 운동경기다.

It is very shocking that she is in love with the man.

그녀가 그 남자를 사랑하고 있다니 너무 놀랍다.

③ 과거분사는 much로 수식하는 것이 보통이지만 과거분사라도 tired처럼 완전히 형용사로 되어 버린 것은 very로 수식한다. 그리고 수동의 의미를 갖지 않고 주어의 감정, 심리상태를 나타내는 다음과 같은 과거 분사형의 형용사는 very로 수식한다 (미).《매우, 대단히, 몹시》

ex) amused, astonished, celebrated, delighted, disappointed, excited, frightened, interested, pleased, puzzled, surprised, satisfied, worried, etc.

She was very [much] surprised at the news. 그녀는 그 소식에 무척 놀랐다.

They wore a very worried look. 그들은 무척 걱정스러운 표정을 하고 있었다.

■ 덧붙임

1. 위의 예시된 과거 분사들 다음에 by, with, at 등의 전치사를 동반하여 수동태문이 확실하면 much로 수식하는 것이 보통이었으나 현재는 very도 많이 사용한다. 특히 by 이하가 사람이 아닐 때는 very를 쓰는 것이 보통이다. (미)

I were **much** pleased with your letter. 저는 당신의 편지를 받고 매우 기뻤습니다.

Your kindness is **(very) much** appreciated by me.

제게 베푸신 친절 매우 감사하게 생각합니다.

He was **very** disturbed by her cold attitude.

그녀의 냉담한 태도에 그는 매우 마음이 혼란스러웠다.

2. 물건의 상태를 나타내는 과거분사 changed, damaged 따위도 much보다 very로 수식할 때가 많다.

I am a **very** changed person now. 나는 이제 아주 딴사람이 되었습니다.

The car was **very** badly damaged. 그 차는 아주 심하게 손상되었다.

④ afraid, alike, alone, awake, aware 따위의 a-로 시작되는 서술 형용사는 much로 수식하는 것이 보통이지만 (영), 미에서는 very (much)로 수식하는 경우가 많다.

They were much [very] afraid to do so. 그들은 그렇게 하는 것을 몹시 두려워했다.

We are much [very] alike in character. 우리는 성격이 아주 비슷하다.

⑤ '정말(이지), 실로, 바로, 확실히'의 뜻으로 최상급, best, first, end, next, same, opposite, own 등의 앞에서 강조적으로 쓰인다.

▶ 최상급을 강조할 때 very는 the나 소유대명사 따위의 뒤에 놓는다.

the very first 맨 처음의 (= the very beginning)

the very end 맨 끝의, 맨 마지막의(= the very last)

the very best quality 진정 최고의 품질 the very best thing 그야말로 최선의 일

the very latest fashion 최신 유행 the very next day 바로 다음 날

the very same thing as before 바로 전과 같은 일

Do the very best you can. 실로 네가 할 수 있는 최선을 다하여라.

He does his very best in everything. 그는 모든 일에 최선을 다한다.

I have the very same problem as you. 정말이지 나도 너와 똑같은 문제를 가지고 있다.

This is the very last thing I expected. 이것은 정말이지 전혀 뜻밖의 일이다.

⑥ **부정어와 함께 쓰여 '별로 그다지 ~않다; 전혀 ~않다.'의 뜻을 나타낸다.**

This movie is **not very** interesting. 이 영화는 별로 재미가 없다.

That is **not** a **very** good job. 그것은 그다지 잘한 일이 못 된다.

"Do you like pizza?" 피자 좋아하세요?

– "No, not **very**." 아니요, 그다지 (좋아하지 않아요).

This watch is **not** of **very** much use. 이 시계는 별로 쓸모가 없다.

I'm **not** feeling **very** well now. 내가 지금 전혀 기분이 좋지 않다.

⑦ **과거 분사형의 형용사가 명사 앞에서 직접 수식하는 경우 very로 강조한다.**

You are a **very** valued friend of mine. 너는 나의 매우 소중한 친구야.

He is a **very** celebrated architect. 그는 매우 유명한 건축가이다.

⑧ **관용어구**

- **Very good** (명령·지시에) 알았습니다; 좋습니다.

Very good, sir. 알겠습니다, 선생님. Very good, let's do that. 좋다, 그렇게 하자.

- **all very well(fine) 〈보통 but과 함께〉** 아주 좋은(괜찮은) 일이지만; 상관없는 일이지만

"I bought a new computer." 나, 새 컴퓨터를 샀다.

– "That's all very well, but where did you get the money?"

그거 아주 잘 됐구나, 그런데 그 돈은 어디서 났니?

- **at a very early age** 어린 나이에; 이른 나이에

2) 부사 much의 용법

① 동사 또는 문장 전체를 수식하여《매우, 대단히, 전혀》

▶ much가 동사를 수식하는 경우 동사의 뒤에 위치하는 것이 일반적이나 admire, appreciate, prefer, regret, surpass 등의 동사와 같이 쓸 경우에는 동사 앞에 온다.

She likes shopping very much. 그녀는 장보기 (쇼핑)를 매우 좋아한다.

※ 긍정문의 뒤에 much가 올 때에는 보통 그 앞에 very, so, too 등을 붙인다.

I don't much like music [like music much]. 나는 음악을 별로 좋아하지 않는다.

This book is much read. 이 책은 많이 읽히고 있다.

※ 여기서 read는 과거분사로서 much가 그 앞에서 수식하고 있다.

Do you see her much? [see much of her?] 그녀를 자주 만나십니까?

Much you care about my feelings. 너는 내 감정 같은 것은 전혀 개의치 않는단 말이냐.

Much as I'd like to go, I cannot now. 너무 가고는 싶지만 제가 지금은 갈 수가 없습니다.

Much to my disappointment, she got married during my military service. 너무나 낙심천만하게도 내가 군대에 가 있는 동안에 그녀는 결혼해버렸다.

② 형용사, 부사의 비교급·최상급을 강조하여《훨씬, 단연코》

I feel much better today. 나는 오늘 기분이 훨씬 좋다.

(= I'm feeling much better today.)

I like soccer much better than baseball. 나는 야구보다 축구를 훨씬 더 좋아한다.

This is **much the better** of the two. 둘 중에서 이쪽이 훨씬 낫다.

※ much가 「the + 비교급, 최상급」을 수식할 경우 the 앞에 위치한다.

This is much the longest. 이것이 가장 긴 것이다.

This movie is much the best I have seen. 이 영화는 내가 본 중에서 단연코 최고다.

> **▷ much대신 (by) far로도 비교급 또는 최상급의 형용사나 부사를 수식·강조할 수 있다.**
> We need far more time. 우린 훨씬 더 많은 시간이 필요하다.
> Today will be by far the best day ever in your lifetime.
> 오늘은 여태까지의 당신 생애에서 최고의 날이 될 것입니다.

③ 과거분사를 수식, 강조하여《대단히, 매우, 몹시》

▶ much는 보통 부정문과 의문문에서 과거분사를 강조하여 쓰인다. 긍정문에 쓰이면 annoyed, confused, distressed, surprised 등 부정적 뉘앙스를 갖는 과거분사를 수식한다.

Were you not much pleased by what you saw?

무엇을 보았기에 너는 그렇게도 기분이 나빴었니?

I shall be very much obliged if you will help me.

당신이 저를 도와주신다면 대단히 감사하겠습니다.

④ too, rather 또는 형용사구로 쓰이는 전치사구를 수식할 때《매우, 몹시, 아주, 정말(로)》

much too young (o) 너무도 어린 → **too much young** (x)

much too late (o) 너무도 늦은 → **too much late** (x)

You are much [far] too nice. 너 정말 멋지구나.

This box is much too heavy for one person to lift.

이 상자는 한 사람이 들어 올리기에는 너무 무겁다.

I'd much rather not go there. 나는 그곳에 별로 가고 싶지 않다.

It is much too late to restore nature to its former condition.

자연을 그 본래 상태로 되돌려 놓기에는 너무도 늦었다.

much to one's disappointment [annoyance, disgust, horror, sorrow]

매우 실망스럽게도 [난처하게도, 불쾌하게도, 섬뜩하게도, 슬프게도]

This is **much** to my taste. 이것은 매우 내 마음에 든다[취향에 맞는다].

Our company is **much** in need of new ideas.

우리 회사는 새로운 아이디어들이 매우 필요합니다.

(= Our company needs new ideas very much.)

⑤ **much는 일반형용사의 원급을 직접 수식하지 못하나, 비교의 개념이 내포된 superior, preferable, different 따위나 afraid, alike, ashamed, alert, aware 따위의 a-로 시작되는 원급의 형용사는 수식할 수 있다. 또, 보어인 good을 수식하기도 한다.**

▶ **미국에서는 a-로 시작하는 형용사는 very로 수식하는 것이 보통이다.**

The enemy are much superior in number to us.

적은 수적으로 우리보다 훨씬 우세하다.

A diplomatic solution is much preferable to war.

외교적 해결이 전쟁보다는 훨씬 더 바람직하다.

And the situation between South and North Korea is much different than the reunification of East and West Germany.

그리고 남·북한 사이의 상황은 동·서독의 통일 상황과는 많이 다르다.

She is much afraid of the dark. 그녀는 어둠을 무척 무서워한다.

I'm not much good at mathematics. 나는 수학은 별로 잘하지 못한다.

⑥ **'같은, 비슷한'의 의미를 나타내는 말 앞에서 《거의 (= nearly), 대체로》**

much the same 거의 비슷한 much of an age 거의 같은 나이의

much of a size 거의 같은 크기인[로] much of a sort 거의 같은 종류의

This is much like the others. 이것은 대체로 다른 것들과 같다.

She speaks very much as her mother used to.

그녀는 그녀의 어머니가 쓰던 말투와 아주 비슷하게 말한다.

⑦ **관용어구**

- **as much as to say ~:** 마치 ~라고 말하려는 듯이 (= as if to say)

He looked at me as much as to say, "You are kidding!"

그는 "농담이겠지." 라고 말하려는 하는 듯이 나를 바라보았다.

- **as much** **〈앞에 나온 수사와 호응하여〉** 같은 양(액수)만큼; 꼭 그만큼;

〈앞의 내용을 받아서〉 (바로) 그것처럼, 그럴 만큼

I will give you a thousand won, and Tom as much.

나는 너에게 1,000원을 주겠고, 톰에게도 그 액수만큼 줄 것이다.

"She was deceived into buying such a thing." 그녀는 속아서 저런 물건을 샀다.

– "I thought[guessed] as much." 내 그러리라고 생각했지. (= "I thought so.")

• **as much (…) as ~:** ~만큼 (많이); ~못지않게; **〈본동사 앞에서〉** 거의, 사실상

Take as much (of it) as you like. 네가 원하는 만큼 가져라.

It is as much your fault as mine. 나만이 아니라 너도 마찬가지로 잘못이야.

They have as much as agreed to it. 그들은 그것에 대해 사실상 동의했다.

• **as much as possible** 되도록 (많이); 가능한 한

You need to make spare as much as possible. 가능한 한 절약해야 한다.

• **be not up too much** 그다지 좋지 않다; 건강이 시원치 않다.

Her songs aren't up to much. 그녀의 노래는 그다지 좋지 않다.

• **How much ~?** 얼마만큼; (값이) 얼마; (상대방의 말을 잘 알아듣지 못해서) 뭐라고요?

You know how much you mean to me. 네가 얼마나 내게 소중한지 알지.

"Will you marry me?" 저와 결혼해 주겠어요?

– "Will you how much?" 무얼 하자고요?

• **much as [though] ~:** 몹시 ~이긴 하지만; ~하고 싶은 마음은 굴뚝같지만

Much as I'd like to go, I cannot. 나도 가고 싶은 마음은 간절하지만 갈 수가 없다.

• **much of a 〈부정문·의문문에서〉** 심한, 지독한; **〈부정문에서〉** 대단한, 큰

It's too much of a nuisance. 그것은 너무나 성가신 일이다.

I am sorry I have not been much of a host to you.

대접이 시원찮아서 송구스럽습니다.

Am I being too much of a bother? 제가 너무 부담스럽나요?

He's not much of a actor. 그는 대단한 배우는 아니다.

• **much of a sort** 거의 같은 종류의

The two plants are much of a sort. 그 두 식물은 거의 같은 종류이다.

• **not much more than(= neither more nor less than)** 꼭, 정확히, 바로

The amount was not much more than ten thousand won.

그 액수는 꼭 만원이었다.

• pretty much 대체로, 거의

This is pretty much the same thing. 이것은 거의 같은 것이다.

The weather tomorrow will be pretty much like today's.

내일 날씨는 오늘의 날씨와 대체로 비슷하겠습니다.

■ 참고

1. good, terrible, real, pretty + 형용사 ⇒ very + 형용사

It is **pretty** cold today. (= very) 오늘은 날이 무척 춥다.

2. good, nice, fine, rare, lovely, poor + and + 형용사 ⇒ very + 형용사

The boy is **rare and** honest. (= very) 그 아이는 대단히 정직하다.

(2) 부사 enough / quite

1) 부사 enough

부사 enough는 긍정의 의미로서 형용사나 부사 또는 동사의 바로 뒤에서 수식한다.

① 충분히, 필요한 만큼, ~할 정도로

It is good enough for me. 그만하면 됐습니다.

Are you warm enough? 충분히 따뜻하니? (춥지는 않니?)

Do you know him well enough to be able to borrow money from him?

당신은 그에게서 돈을 꿀 수 있을 정도로 잘 아는 사이입니까?

▷ 형용사(…) + enough + (for 목적) + to 부정사(~)

= so + 형용사 + that + s + can ~ 《매우 …해서 ~할 수 있다.; …할 정도로 ~이다.》

She was rich enough to buy the big house.

그녀는 그 큰 집을 살 수 있을 정도로 아주 부자였다.

(= She is so rich that she can buy the big house.)
그녀는 매우 부자여서 그 큰 집을 살 수 있었다.
The child is old enough to go to school. 그 아이는 학교에 갈 수 있는 나이이다.
(= The child is so old that he can go to school) 그 아이는 나이가 되어서 학교에 갈 수 있다.
This book is easy enough for me to read. 이 책은 내가 읽을 수 있을 정도로 아주 쉽다.
(= This book is so easy that I can read it) 이 책은 아주 쉬워서 나도 읽을 수 있다.

② 부사나 형용사를 강조하여 《상당히, 꽤; 아주, 잘; 너무》

She speaks Korean well **enough**. 그녀는 한국어를 꽤 잘한다.

You know well **enough** what I mean. 너는 내가 의도하는 바를 잘 알겠지.

The house is plenty large **enough**. 그 집은 아주 크다.

It is natural **enough** that he (should) not understand it.

그가 그것을 이해하지 못하는 것은 너무도 당연하다.

I was foolish **enough** to believe him. 그를 믿다니 내가 너무 어리석었다.

③ 기타(관용어구)

- **be kind [good] enough to do** 친절하게도[고맙게도] ~하다.

He was kind enough to wait me. 그는 친절하게도 나를 기다려 주었다.

You are kind enough to come (and see me) all the way.

먼 길 오시느라 고생하셨습니다.

Would you be kind enough to help me? 수고스러우시겠지만 좀 도와주시겠습니까?

- **cannot [can never] do enough** 아무리 ~하여도 모자라다.

I cannot thank you enough. 어떻게 감사드려야 할지 모르겠습니다.

- **enough for anything** **〈형용사 뒤에서〉** 아주, 정말

I feel great enough for anything. 나는 기분이 정말 좋다.

- **likely [naturally] enough** 당연한 일이지만; 아마도; 십중팔구

He will be at the drinking house likely enough. 십중팔구 술집에 있을 것이다.

- **ready enough to do** 기꺼이 [언제라도] ~하는

I am ready enough to accept your offer.

나는 언제라도 너의 제안을 받아들일 준비가 되어있다.

• **sure enough** 과연, 아니나 다를까, 어김없이 (= certainly); **〈대답으로〉** 그렇고말고요.

Sure enough he succeeded. 과연 그는 성공했다.

I said it would rain, and sure enough it did.

내가 비가 올 거라고 했는데 아니나 다를까 비가 왔다.

• **well enough** 아주 [상당히] 잘, 참 훌륭하게; (멸시 조로) 제법, 그런대로

She speaks Korean well enough. 그녀는 한국어를 아주 잘한다.

'He does well enough.' 그 사람 제법 하네.

■ 참고– 형용사 enough

1. (수량이) 충분한; 필요한 만큼의(sufficient)

(1) 한정용법

형용사 enough는 한정적용법으로 쓰일 경우 명사의 앞이나 뒤에 다 올 수 있으나 앞에 오는 경우가 더 강조적이다.

enough eggs → eggs enough 충분한 달걀 enough money → money enough 충분한 돈

※ 명사가 형용사적으로 쓰인 경우 (무관사)에는 enough는 그 형용사 뒤에 온다.

You are fool(= foolish) **enough** to do such a thing. 그런 짓을 하다니 넌 바보스럽구나.

(2) 서술적용법

That is not nearly enough. 그것으로는 어림도 없다.

2. (~하기에) 족한, ~할 만큼의 (= enough … + to do)

enough money [= money enough] to buy a house 집을 사기에 충분한 돈

enough sense [= sense enough] to realize one's mistakes 자기 잘못을 깨달을 만한 지각

No growing child has enough time to play.

성장기의 아이들에겐 아무리 놀아도 놀 시간이 모자란다.

3. 관용어구

- be enough to make a saint swear 몹시 화나다.
- be enough to make the angels weep 아주 절망적이다, 무자비하다.
- That's enough. (= Enough is enough.) 그것으로 충분하다; 이제 (그만) 됐다.

2) 부사 quite

① 동사, 형용사, 명사를 수식하여: 아주, 완전히(= completely), 전적으로(= wholly)

❶ agree, finish, understand 등의 동사를 수식하여

I quite agree with you. 전적으로 당신 의견에 찬성합니다.

I cannot quite understand his motive [idea]. 나는 전혀 그의 셈속을 알 수가 없다.

❷ another, alone, certain, harmless, impossible, obvious, perfect, sure, right, wrong 등 비교급이 없거나 잘 쓰지 않는 형용사를 수식하여

quite certain(sure) 아주 확실한 quite right [wrong] 전적으로 옳은 [틀린]

That's quite another question. 그것은 전혀 별개의 문제다.

Are you quite certain [sure]? 너 정말 자신 있니?

You are quite right in saying so. 당신이 그렇게 말하는 것은 당연하다.

❸ 명사 opposite, reverse 등을 수식하여

The truth is quite the reverse [opposite]. 진실은 완전히 그 정반대다.

❹ 부정어와 함께 일부 부정을 나타내어 《완전히 [전부] ~은 아니다; 다소간 ~한》

I'm not quite finished with that book. 내가 그 책을 완전히 다 읽은 것은 아니다.

"Are you ready?" 준비됐어? – "No, not quite." 아니, 아직 다 안 됐어.

It's not quite proper. 그건 다소 부적절하다.

② 〈주로 영국, 입말체에서〉 꽤, 상당히, 분명

I've been quite busy. 내가 요즘 꽤 바빴다.

He is quite intelligent. 그는 상당히 머리가 좋다.

She quite likes him, but not enough to marry him.

그녀는 분명 그를 좋아는 하지만 결혼할 정도로 좋아하는 건 아니다.

③ **quite a(n) + 형용사 + 단수 명사 〈영〉 / a quite + 형용사 + 단수 명사 〈미〉 《상당히 [아주] ~한 …》**

quite a [또는 a quite] pretty girl 상당히 예쁜 아가씨

quite a [또는 a quite] sudden change 아주 갑작스러운 변화

He's a quite [또는 quite a] nice fellow. 걔는 아주 괜찮은 녀석이다.

④ **quite a [some] + 단수 명사 《〈미, 입말체〉 사실상; 거의; 아주, 정말, 실로; 상당한》**

quite a [some] house 아주 멋진 집 quite a [some] man 대단한 남자 [사람]

quite a number of ~: 상당수의 ~

You are quite a man! 너는 이제 거의 어른이다; 너도 이제 어른 구실을 할 나이다.

You've been quite a stranger these days. 정말 오랜만이군요.

The house had been empty for quite some time.

그 집은 상당한 기간 동안 비어 있었다.

⑤ **관용어구**

• (Oh) Quite. / Quite so. / Yes, quite. **〈영〉** 그렇고말고요. (= I quite agree.),

그러게 말이야. **※ 앞의 내용이 긍정문이든 부정문이든 사용할 수 있다.**

"You never should have done it!" 네가 그 일을 하는 게 아니었는데.

– "Quite." 그러게 말이야.

• **quite a few [a little, a bit] 〈미, 입말체〉** 꽤 많은, 상당수의

• **quite the thing** 유행하고 있는 것, 좋게 여겨지고 있는 것

be quite the thing 크게 유행하고 있다.

• **That's quite all right. 〈대답에〉** 정말 괜찮습니다; 염려 마십시오.

(3) 부사 too

부사 too는 보통 긍정문에서 형용사, 부사를 수식하여 '너무 ~하여, 지나치게~하여'의 뜻을

나타내거나, 문장 끝에 놓여 '~도 또한, 게다가'의 뜻으로 문장 전체를 수식하기도 한다.

1) 문장 전체를 수식하여

① 긍정문의 문미에 써서 《~도 또한 (= also), 그 위에; 게다가, 더구나》

▶ too가 문장 끝에 올 경우 의미상의 혼란을 줄 수 있을 경우에는 too를 구체적으로 꾸미는 말 (명사나 대명사가 보통) 뒤에 두기도 한다. 이때는 보통 too의 앞·뒤에 콤마를 둔다.

"I like movies." 나는 영화를 좋아한다.

– "I do too." 나도 그래. (= So do I. 또는 Me too.)

"Tom is ready." 톰은 준비가 돼 있다.

– "I am too." 나는 또한 그렇다. (= I'm ready too.)

I can play the guitar(,) too.

〈I에 강세 시〉 나도 역시 기타를 연주할 수 있다.; 〈guitar에 강세 시〉 나는 기타도 연주할 수 있다.

I, too, can play the guitar. 나도 (역시) 기타를 칠 수 있다.

She is young, clever, and beautiful too.

그녀는 젊고, 똑똑하며, 게다가 예쁘기까지 하다.

It is snowing, and in April too. 눈이 오네요, 더구나 4월인데도 말예요.

② 미, 입말체에서 《〈부정적 말에 반박하여〉 그런데, 실은》

"I don't meet her often". 나는 그녀를 자주 안 만나.

– "You do **too**." (무슨 소릴 하는 거야) 실은 자주 만나면서.

■ 참고– too / also / either

1. too나 also 모두 '~도 또한, 게다가'의 뜻으로 쓰인다. also가 다소 형식을 차린 말이며 입말체에 서는 too나 as well을 많이 쓴다.

2. also는 일반 동사 앞에, be동사 뒤에, 조동사가 있을 때는 조동사 뒤에 둔다. too나 as well은 문두에 쓰지 않는다. 다만, 미국에서는 문두에도 사용한다.

We **also** heard of the news. 우리도 그 소식을 들었습니다.

He has **also** been to Geumgang Mountain. 그는 금강산에 가본 적도 있다.

Too, there were rumors that he was a spy. 게다가 그가 간첩이라는 소문들도 있었다. 〈미〉

3. 부정문에서는 too나 also대신 (not ~) either를 쓴다. 단, 긍정의 뜻을 가진 부정의문문(권유의문문)이나 too나 also가 부정어 앞에 있을 때는 too나 also를 그대로 쓴다.

I can**not** play the guitar, **either**. 〈I에 강세〉 나도 기타를 연주할 줄 모른다.

〈guitar에 강세〉 나는 기타도 연주할 줄 모른다.

Won't you come with me, **too**? 당신도 나하고 같이 가지 않겠어요?

I, **too**, **haven't been** there before. 나도 여태까지 그곳에 가본 적이 없다.

I did not go, and he **also** did **not**. 나는 가지 않았고 그도 또한 가지 않았다.

2) 형용사, 부사를 수식하여

① 보통의 문장에서 《너무; 아무리; 필요 이상으로》

too hot a day (= a too hot day) 너무 더운 날

※ (주의) 복수 또는 불가산명사를 수식하는 형용사 앞에서는 too를 쓸 수 없다. 단, much, little이 있을 때는 불가산명사와 같이 쓸 수 있다.

too hot days (x) too hot weather (x)

too much time (o) 너무 많은 시간 too little money (o) 너무 적은 돈

You cannot be too diligent. 아무리 근면해도 지나치지는 않는다.

I hope you're not too (much) bothered by her saying.

너는 그녀의 말에 너무 신경 쓰지 말길 바란다.

※ 과거분사를 수식하는 too 다음에는 much를 붙여주는 것이 보통이다.

It's much too cold for swimming. 수영하기엔 너무 춥다.

※ too는 very, quite, pretty 등의 수 식을 받지 않고 a little, a lot, much, far, rather 등의 수식을 받는다.

He's rather too sure of himself. 그는 자신을 너무도 과신한다.

② 입말(체)에서 《매우(very), 대단히, 무척, 너무도; 〈부정문에서〉 그다지, 그리 (~하지 않다.)》

I am only too glad to hear it. 그 말을 들으니 더없이 기쁩니다.

That's too bad. 그거 정말 안됐군요. / 그거 정말 난처하군요.

I am not too pleased with his behavior. 나는 그의 행동이 그다지 맘에 들지 않는다.

"How's everything?" 잘 지내십니까? – "Not too bad." 그다지 나쁘진 않습니다.

③ too … for ~

❶ 〈자격〉 ~하기에는 너무 …하다; 〈조건〉 ~로(서)는 너무 …하다; 너무 …해서 ~할 수 없다.

You are too young for this sort of work. 너는 이런 일을 하기에는 너무 어리다.

She is too beautiful for words. 그녀는 말로 다 할 수 없을 만큼 아름답다.

It was too hot for comport indoors. 너무 더워서 방에 있을 수가 없었다.

❷ ~에게는 너무 …하다; 너무 …하여 ~에게 힘겹다 [벅차다].

This is too good for me. 이것은 저에게 너무 과분할 정도입니다.

This problem is too difficult for me. 이 문제는 나에겐 너무 어렵다.

It was too difficult a problem for him. 그것은 그에게 너무 어려운 문제였다.

※ 'too + 형용사 + a + 명사'의 어순이다.

❸ too … (for –) to ~《 너무 …해서 (–는) ~할 수가 없다; (–가) ~하기에는 너무 …하다.》

▶ 'too …'의 주체와 'to (do)'의 의미상의 주어가 일치할 때 to 부정사의 의미상의 주어는 명시하지 않는다.

This box is too heavy (for me) to lift.

이 상자는 너무 무거워서 (내가) 들어 올릴 수가 없다

※ lift는 타동사이고, This box는 이 문장의 주어인 동시에 타동사 lift의 목적어로 쓰이고 있으므로 'lift it'과 같이 다시 lift의 목적어를 써서는 안 된다.

The night was too dark (for us) to move on.

날이 너무 어두워서 우리는 계속 나아갈 수가 없었다.

※ (주의) 'too …'의 주체와 'to (do)'의 의미상의 주어가 다를 땐 그 의미상 주어를 'for + 목적격'의 형태로 명시한다. 다만, 그것이 one, us 따위처럼 일반적인 사람을 지칭할 경우나, 특정한 사람이라도 문맥으로 보아 자명할 때에는 생략하는 것이 보통이다.

This stone is too heavy to lift. (= This stone is so heavy that I cannot lift it.)

It was too cold to go out. (= It was so cold that we could not go out.)

The news is too good to be true. 그 소식은 너무 좋아서 믿어지지 않는다.

She was too much frightened to speak. 그녀는 너무 놀라서 말도 할 수 없었다.

He is too wise not to see that. 그는 영리하기 때문에 그것을 보고도 모를 리가 없다.

■ 덧붙임

1. 문맥으로 보아 분명한 경우에는 too 다음의 to 부정사 이하는 생략할 수 있다.

The grass is too short (to cut). 이 잔디는 자르기에는 너무 짧다.

2. 'too … to ~'는 'so … that + s + can't ~'구문으로 바꿀 수 있다.

She was **too** sick **to** go to school. 그녀는 너무 아파서 학교에 갈 수 없었다.

→ She was **so** sick **that** she couldn't go to school.

3. '(only) too … to ~'는 보통은 부정의 뜻을 가지나 긍정의 뜻을 가질 때도 있다.

You are **too** kind **to** show me the way to the station.

역까지 저를 안내해 주셔서 너무나 감사합니다.

I shall be only **too** glad **to** help you! 기꺼이 당신을 도와 드리겠습니다.

④ cannot + 동사원형 + too + 형용사, 부사 《아무리 ~ (형용사·부사)해도 지나치지 않는다; 〈입말체〉 그다지 ~하게 …할 수는 없다.》

We cannot be too careful of our health.

우리는 건강에 아무리 주의해도 지나치지 않는다.

I cannot thank you too much. 아무리 감사해도 오히려 부족합니다.

He can't be too good. 〈입말체〉 그가 그렇게 뛰어난 사람일 리가 없다.

⑤ too + apt, inclined, liable, ready, willing + to 부정사 《걸핏하면 ~하다. (매우 ~하다.)》

He is too apt to break his promise. 그는 걸핏하면 약속을 어긴다.

She is too liable to despise the poor. 그녀는 걸핏하면 가난한 사람들을 멸시한다.

She is too ready to talk. (= She is too talkative.) 그녀는 틈만 나면 지껄여 댄다.

4) 관용어구

• all too ~: 정말이지 [유감스럽게도] 너무 ~하다.

The baseball game ended all too soon.

그 야구경기는 정말이지 [어이없게도] 너무 일찍 끝났다.

• but too 유감스럽게도 (= only too)

He is honest but too tactless. 그는 성실하지만 유감스럽게도 재치가 없다.

• too (a bit) much for ~: (사람·일이) ~에게 힘겹다[벅차다]; ~가 이해[처리]할 수 없다.

The task seems too much for a young and fragile woman.

그 일은 어리고 연약한 여자에게는 힘에 겨운 것 같다.

• none too ~: 조금도 ~ 하지 않은; ~하기는커녕 …한

He was none too early for the meeting. 그는 그 모임에 겨우 맞춰 갔다.

• only too 유감이지만; 할 나위 없이; 기꺼이

It is only too true. 유감스럽지만 그건 사실이다.

I shall be only too pleased to help if I can.

내가 도울 수 있다면 기꺼이 도와 드리겠습니다.

• too much 너무 심하다, 못 견디다; 〈흔히 for one과 함께〉 힘에 겨운 [벅찬]; 〈미, 속어〉 멋지다, 훌륭하다.

The noise finally became too much for him so he went and complained.

끝내는 소음을 더 견딜 수가 없어서 그는 가서 항의했다.

I cannot praise him too much. 그는 아무리 칭찬해도 지나치지 않다.

The book is too much (for me). 그 책은 (나에게는) 벅차다.

This car is too much. 〈미, 속어〉 이 자동차는 멋지다.

• **too much of a good thing** 좋은 것이지만 지나쳐서 달갑지 않은 것

One [You] can have too much of a good thing.

아무리 좋은 것이라 할지라도 지나치면 달갑지 않은 것이 될 수 있다.

• **not too much to say that ~:** ~라고 말해도 과언이 아닌

It is not too much to say that he is one of the top [best] players of our time.

그는 우리 시대의 최고의 연주가 [배우, 선수] 중의 한 명이라고 해도 과언이 아니다.

• **too too.** 무척 훌륭한, 〈비꼬는 투로〉 너무나

This is too too. 이거 정말 훌륭 [근사]하군. / 이거 정말 꼴불견이군.

(4) 부사 almost

부사 almost는 보통 '거의 (= nearly), 대부분, 대체로'의 뜻으로 쓰여 동사, 형용사, 부사를 수식하거나 '거의 ~라고 해도 좋을 정도로'의 뜻으로 한정용법의 형용사처럼 쓰여 명사를 수식할 경우도 있다. ☞ p. 222 (almost와 most의 비교) 참조

1) 거의, 대체로, 대부분

almost가 '거의, 대체로'의 뜻으로 쓰일 경우 명사를 직접 수식하지 못한다. (관사, some, 소유격이 붙은 명사라도 직접 수식하지 못한다.) 즉, 이 경우 almost는 all, every, any, no, 수사 등의 한정사가 있는 명사를 수식한다.

Almost all the people were opposed to the government's polices.

거의 모든 국민이 정부의 정책들에 반대했다.

He calls her almost every day. 그는 거의 매일 그녀에게 전화한다.

Almost no one believed him. 거의 아무도 그를 믿지 않았다.

This illness in almost all cases is fatal. 이 질병은 거의 모든 경우에 치명적이다.

It's almost six o'clock. 거의 여섯 시이다.

We have almost finished our work. 우리는 일을 거의 끝냈다.

These two photographs are almost alike. 이 두 사진은 거의 비슷하다.

She's almost always out. 그녀는 늘 외출하다시피 한다.

2) 명사를 수식·강조하여

글말에서 강조어로서 한정용법의 형용사처럼 쓴다.

《거의 ~라고 할 수 있는; 거의 ~이라고 해도 좋을 정도인》

He is almost a professional. 그는 거의 전문가에 가깝다.

The singer has been on the road for almost a month.

그 가수는 거의 한 달째 지방 순회공연 중이다.

Such advice as he was given proved almost worthless.

그가 받은 그런 충고는 거의 쓸모가 없는 것으로 드러났다.

Is it almost time to go home yet? 퇴근 시간이 거의 안 됐나?

3) 관용어구

- **almost all** 거의 전부(의)

Almost all people who live alone both young and old admit that feeling lonely sometimes is a problem.

젊었거나 나이가 들었거나 혼자 사는 거의 모든 사람은 때때로 느끼는 고독감이 문제라고 시인한다.

- **almost never [no, nothing]** 거의 ~않다; 거의 없다.

It almost never rains here. 이곳은 거의 비가 오지 않는다.

Almost no one believed him. 거의 아무도 그를 믿지 않았다.

The speaker said almost nothing worth listening to.

그 연설자는 들을 만한 가치가 있는 말은 거의 하지 않았다.

- **almost the whole** 거의 대부분의

■ 덧붙임

1. almost와 nearly는 거의 같은 뜻으로 쓰이는데, 입말체에서는 almost를 많이 쓴다. 또 almost는 단순히 '거의 ~에 가까운'이라는 사실을 나타낼 뿐인 데 비해서 nearly는 어떤 감정적 요소가 덧붙여지는 경우가 많다.

It's **almost** nine o'clock. 대략 9시이다.

It's **nearly** ten o'clock. 거의 9시가 다 되었구나.

※ 여기서 nearly는 '벌써 시간이 그렇게나 되었나.', '서둘러야겠구나.' 등의 감정을 내포한다.

2. 미국에서는 almost를 부정어와 함께 쓰지만, 영국에서는 대신에 hardly [scarcely] (any)를 쓴다.

I **cannot almost** speak English at all. 〈미〉 나는 거의 영어를 할 줄 모른다.

I can **hardly** speak English at all. 〈영〉

I had **almost no** sleep last night. 〈미〉 나는 어젯밤에 거의 못 잤다.

I had **hardly [scarcely] any** sleep last night. 〈영〉

(5) 부사 so

부사 so는 크게 보아 양태·방식을 나타내어 '그렇게'의 뜻을, 정도·강조를 나타내어 '그만큼, 대단히'의 뜻을 나타낸다.

1) 양태, 방식

① 앞에 나왔거나 문맥상으로 보아 명백한 것을 가리켜 《그렇게, 그와 같이, 그런 식으로; 그대로》

The building is broken and has long been so.

그 건물은 파손되어 오랫동안 그대로 있다.

You must not behave so. 네가 그런 식으로 행동해서는 안 된다.

② 문두에 쓰여

❶ 어떤 일에 대한 결과 상태를 나타내어 《그런 까닭으로, 그래서; 그렇게 (해서)》

So you don't love me. 그런 까닭으로 당신은 나를 사랑하지 않는군요.

So ended the play, and the audience arose and cheered.

그렇게 연극이 끝나자 관객들은 기립박수를 보냈다.

❷ 입말의 말머리에 쓰여 놀람, 반박, 의문 등을 나타내어 《그럼; 자; 드디어; 그랬군; 그렇다면》

So we have met at last. 드디어 우리가 만나게 되었군요.

So there you are! 그래, (네가) 그런 사정이 있구나!

(= So that's how things are! / So that's the situation!)

So, that's who did it. 그랬군, 저 사람이 그것을 했단 말이지.

I will do what I want, so what? 나는 내가 하고 싶은 일할 거야, 그래서 뭐?

So, what do you think about the issue?

그렇다면 당신은 이 문제에 대해 어떻게 생각하나요?

③ and so의 형태로 접속부사로 쓰여 《그리고, 그리하여; 그다음에, 이어서》

I felt very tired, **and so** went to bed at once.

나는 무척 피곤해서 곧바로 잠자리에 들었다.

The audience was seated, **and so** the famous play began.

관객은 자리에 앉았고, 이어서 그 유명한 연극이 시작되었다.

④ just, exactly 등에 수식되어 《가지런히, 반듯하게 정돈되어》

Her hair is always just so. 그녀의 머리는 언제나 단정하게 다듬어져 있다.

His desk is always exactly so. 그의 책상은 언제나 가지런히 정리되어 있다.

2) 정도, 강조

① 형용사, 부사를 수식·강조하여

❶ 〈의문문·부정문·조건문에서〉 이렇게, 그렇게

Why do you look so worried this morning?

오늘 아침에 왜 그렇게 걱정스러운 표정을 하고 계십니까?

You shall see her if you are so anxious to.

네가 그토록 그녀를 만나고 싶다면 내가 만나게 해 주겠다.

❷ 〈긍정문에서〉 그[이] 정도로, 그[이]만큼, 이토록, 너무

I caught a very big fish. It was so long.

내가 무척 큰 고기를 잡았었는데 그 길이가 이쯤 되었다.

I'm sorry I'm so late. 너무 늦어서 죄송합니다.

❸ 〈입말체〉 대단히

I am so glad [pleased]. 나는 매우 기쁘다.

You are so kind! 정말 친절하시군요. / 친절히 해 주셔서 감사합니다.

Thank you so much. 대단히 감사합니다. (= Thank you very much.)

② 동사를 수식하여 《몹시, 무척, 지독하게; 굉장히; 꼭, 반드시》

My time is **so** filled up. 내게는 전혀 틈이 없다.

Sam-dol loved Sam-sun **so**! 삼돌은 삼순을 무척이나 사랑했다.

She wanted **so** to see the sea. 그녀는 바다를 무척이나 보고 싶어 했다.

I do **so** hope you can come. 당신이 꼭 왔으면 합니다.

③ 'so ~ as …'의 형태로

❶ 부정어의 뒤에 와서 《…만큼(은) ~; …와 같은 정도로 (~은 아니다.)》

I do**n't** have **so** many friends [so much money] **as** you have.

나는 너만큼 친구가 많지는 않다 [돈이 많지는 않다].

I **never** feel **so** happy **as** when I am reading books.

나는 책을 읽을 때만큼 행복하게 느끼는 일은 없다.

The importance of world peace has never been **so** keenly felt **as** it is to-day. 세계 평화의 중요성이 오늘날만큼 강렬하게 느껴진 적은 없었다.

It's **not so** cold **as** yesterday. 날씨가 어제만큼 춥지는 않다.

❷ 정도를 강조하여 《…만큼[처럼] ~한》

You would scarcely find another **so** heartless **as** he.

저 사람 만큼 몰인정한 사람은 다시없을 겁니다.

Nothing gives us **so** great a pleasure **as** this. 이렇게 기쁜 일은 없을 거예요.

④ 정도, 결과를 나타내어

❶ so … that ~ 《~할 만큼 …하여; 대단히 …해서 ~(하다.)》

Geum-sun looked **so** beautiful **that** she took my breath away.

금순은 내 숨이 멎을 만큼 너무나 아름다웠다.

She gave **so** witty an answer **that** everyone burst out laughing.

그녀가 아주 재치 있는 대답을 하여 모두가 웃음을 터뜨렸다.

❷ so … as to ~ 《~할 만큼 …하여; 매우 …해서 ~하다; ~하게(하도록) …하다.》

He is **so** foolish **as to** believe that. 그는 그것을 믿을 만큼 어리석다.

Nobody is **so** stupid **as to** believe that. 아무도 그것을 믿을 정도로 바보는 아니다.

I got up **so** late **as to** miss the train. 나는 너무 늦게 일어나서 기차를 놓쳤다.

He spoke **so** loudly **as to** be heard by everyone.

그는 모두에게 들릴 정도로 큰 소리로 말했다.

⑤ 상대의 부정적인 말에 반박하여 《〈입말체〉 실제로, 정말로; 그런데; 그렇게 했으면서》

"You don't mean it." 설마 그러려고. – "Oh, I do **so**." 정말로 그렇다니까.

"You did not tell the truth." 너는 사실을 말하지 않았어.

– "I did **so** tell the truth." 나는 정말로 사실을 말했다고.

4) 기타(관용어구)

• **and so forth** 따위, 등등 (= and so on)

• **be so for ~**: ~에 적용된다. (= be true of)

The rule is so for this case. 그 규칙은 이 경우에 적용된다.

• **ever so much** 〈입말체〉 매우 (= very much)

The patient is ever so much better today. 환자의 용태가 오늘은 매우 좋다.

• ~ **or so**: ~정도, ~안팎 [쯤]

one hundred or so 100 정도 [안팎] a beggar or so 거지 비슷한 사람

• **not so much as ~**: ~조차 없다 [않다]; ~정도는 아닌

He did not so much as say he was sorry. 그는 미안하다는 말조차 하지 않았다.

Not so much as you think. 네가 생각하는 것만큼은 아니야.

• **so be it. [be it so. / let it be so]** 그렇다면 좋다 [할 수 없지]; 멋대로 하라지.

If you go with me, so be it. 네가 나와 같이 가려 한다면 좋을 대로 해라.

• **so far** 이제[여기, 지금, 이점]까지(는)

Now that we've come so far, we may as well go all the way.

여기까지 왔으니 끝까지 가는 편이 좋겠다.

• **so [as] far as possible** 가능한 한, 가급적

So far as possible I want to live long. 가능한 한은 나는 오래 살고 싶다.

• **so much** 정말의; 순전한; ~에 지나지 않는 (= **nothing but**); 그만큼의; 그만큼; 얼마만큼(의)

I enjoyed this book so much. 이 책 아주 재미있었어요.

Those speeches are just so much noise. 그러한 연설은 단지 소음일 뿐이다.

I can do so much. 나도 그 정도까지는 할 수 있다.

They work for so much a week. 그들은 주급으로 일한다.

• **so much as ~**: 〈**not, never, without** 등과 함께, 또는 조건절에〉 ~조차도, ~까지도

She never so much as smiled. 그녀는 미소도 한 번 짓지 않았다.

(= She did not smile even once.)

If you so much as look at me in the wrong way, I will personally lock you in a cell. 네가 나한테 조금이라도 허튼수작 부린다면 내가 직접 감옥에 처넣을 테다.

• **so much for ~: ~은 이만; (비꼬아) ~란 그런 것**

So much for today [my story]. 오늘은 [내 이야기는] 이만 하도록 하자.

He made a mistake again, so much for his doing!

그는 또 실수를 저질렀다, 그가 하는 일이 그렇다.

• **so much so that ~: 매우 그러하므로 ~하다.**

He is diligent in his studies. So much so that he is always at the top of his class. 그는 열심히 공부한다. 대단히 그러하므로 그는 항상 반에서 1등이다.

• **so much the better 〈if절 따위를 받아〉 더욱더 좋다!; 그것으로 더욱더 좋은**

If you would go with me, so much the better.

네가 나와 같이 갈 수 있다면 그것은 더욱더 좋다.

• **so so 좋지도 않고 나쁘지도 않은, 그저 그만한**

Her performance is so so. 그녀의 연기는 그저 그만하다.

(6) 부사 either / neither

1) 부사 either

① 부정문의 뒤에서 《~도 또한 (~아니다, 않다.)》

▶ 긍정문에서 '~도 또한'은 too나 also이다. 'not ~ either'는 neither와 같은 뜻이지만 전자가 보다 일반적이다. 이때의 either 앞에 콤마를 두는 것은 선택적이다.

I don't like meat. I don't like fish, either.

나는 육류를 좋아하지 않는다. 또한 생선도 안 좋아한다

cf.) I like meat, I like fish, too. 나는 육류도 좋아하고 생선도 좋아한다.

He is not rich or handsome either. 그는 부유하지도 않고 잘생기지도 않았다.

"I won't go." 나는 가지 않겠어. – "Nor I either." 나도 안 가.

If you do not go, I shall not either. 네가 가지 않는다면 나도 가지 않겠다.

② 긍정문에 이어지는 부정문에 붙여 《그 위에, 게다가; 또한; ~라고는 해도》

She is very pretty and is not idiotic either.

그녀는 아주 예쁘다. 거기다 백치도 아니다.

This is very expensive, and not useful, either.

이것은 매우 비싼 데다가 또한 쓸모도 없다.

③ 〈입말체〉 의문문, 조건문, 부정문에 붙여 《게다가, 그런 데다; 역시 마찬가지로》

Do you want that one either? 당신은 그것도 원하십니까?

If you had been more careful or the other driver either, the accident wouldn't have happened.

상대방 운전사도 마찬가지지만 네가 좀 더 주의했더라면 그 사고는 나지 않았을 텐데.

I can't stand it anymore either. 나 역시도 더 이상은 참지 못해.

■ 덧붙임

1. 'not ~ either'의 어순은 성립해도 'either ~ not'의 어순은 성립하지 않는다.

2. 나도 역시 그렇다. / 나도 역시 그렇지 않다.

"Tom can speak Korean." 톰은 한국말을 할 줄 안다.
– "I can(,) **too.**" 나도 (역시) 할 줄 안다. (= So can I. / Me, too.)
"Tom can't speak Korean." 톰은 한국말을 할 줄 모른다.
– "I can't(,) **either.**" 나도 (역시) 할 줄 모른다.
(= Neither [Nor] can I. / Me, either [neither].)

2) 부사 neither

부사로서 neither는 부정문이나 부정의 절에 이어서 또는 부정문에 대한 응답으로 '…도 또한 (~) 않다 [아니다].'의 뜻을 나타낼 때 쓰인다. 이때의 neither는 항상 문이나 절의 앞에 놓이며, 그 뒤는 「(조)동사 + 주어」의 어순을 취한다.

He doesn't smoke, (and) **neither** does he drink.

그는 담배도 피우지 않으며 술도 마시지 않는다.

(= 〈**입말체**〉 He doesn't smoke, (and) he doesn't drink(,) either.)

I can't sing, (and) **neither** can I dance. 나는 노래도 부를 줄 모르고 춤도 출 줄 모른다.

If you do not go, **neither** shall I [= I shall not, either].

당신이 가지 않는다면 나도 안 가겠다.

"I don't like it at all." 나는 그것을 조금도 좋아하지 않는다.

– "**Neither** do I." 나도 마찬가지다.

"You cannot do that. 넌 그걸 못하냐.

– "**Neither** can you." 너도 못하잖아.

(7) 부사 just / already / still / yet

1) 부사 just

① 명사, 부사, 구·절을 수식하여 《바로, 틀림없이, 꼭》

She is **just** the woman I've been looking for. 그녀는 바로 내가 찾고 있던 여자이다.

It happened **just** like this. 그 일은 바로 이런 식으로 일어났다.

This is **just** what I mean. 이것이 바로 내가 말하고자 하는 바입니다.

It is **just** nine o'clock. 정각 12시이다.

② 〈종종 only just로〉 겨우, 간신히, 가까스로

I had **only just** begun to realize how important she is to me.

나는 그녀가 나에게 얼마나 중요한지를 겨우 깨닫기 시작했다.

The car **only just** cleared the train. 그 차는 가까스로 열차와의 충돌을 피했다.

③ 완료형, 과거형과 함께 《지금 막, 방금》

▶ **just가 '지금 막, 방금,'의 의미로 쓰일 경우 보통 현재완료와 함께 쓰나, 미에서는 과거시제와 도 같이 쓴다. 현재완료와 함께 쓸 때는 have동사와 과거분사 사이에, 과거시제 동사와 함께 쓸 때는 그 앞에 놓인다.**

She has **just** gone out. 그녀는 방금 나갔다. (= She **just** went out. 〈미〉)

He only **just** went out of the office. 그는 지금 막 사무실을 나갔습니다.

④ 진행형, be about to, be going to와 함께 《마침, 바로, 곧》

I'm **just** about to leave. 나는 지금 막 떠나려던 참이다.

I was **just** going to call you. 너에게 막 전화 하려던 참이었어.

⑤ 완곡한 의뢰, 강한 명령 《잠깐, 좀; 잔말 말고》

Just a moment, please. 잠깐만 기다리세요.

Could you **just** stand up for a moment, please? 잠깐 좀 일어나 주시겠습니까?

Just have a look at this. 이걸 좀 보라고.

Just eat it. 잔말 말고 먹어.

⑥ 〈입말체〉 단지, 그저 ~뿐인; 〈부정어 뒤에서 일부 부정을 나타내어〉 단지 ~하고만 있을 뿐 아니라

I **just** saw her. 나는 그녀를 잠깐 만났을 뿐입니다.

He is **just** an ordinary man. 그는 그저 평범한 남자에 불과하다.

He doesn't **just** love her.

그는 그녀를 단지 사랑하고만 있는 게 아니다; 그는 그녀에게 푹 빠져 있다.

⑦ 기타(관용어구)

- **be just the thing** 안성맞춤이다.
- **just as it is** 있는 그대로, 바로 그대로
- **just as you please** 좋으실 대로
- **just in case** 만약을 위해서
- **just like that** 〈미, 입말체〉 쉽사리; 말한 그대로이다
- **That is just it[the point].** 바로 그것[점]이다.

2) 부사 already

긍정문에서는 본동사 앞이나 문미에, 완료시제 문장에서는 조동사와 본동사 사이에, 의문문에서는 문미에 놓이는 것이 일반적이다.

① 긍정문에서 《이미, 벌써; 이전에》

▶ **긍정문에서는 be, know, have와 함께 사용하는 경우를 제외하고 보통 완료시제와 함께 쓴다. '이미, 벌써' 의 의미로 긍정문에서는 already를 의문문·부정문에는 yet을 쓰는 것이 보통이다.**

I **already** knew it. 나는 이미 그것을 알고 있었다. (= I had **already** known it.)

This time tomorrow I shall **already** be there.

내일 이 시간에 나는 이미 그곳에 있을 것이다.

② 의문문, 부정문에서 놀람 등을 나타내어 《〈의문문〉 (아니) 벌써, 그렇게 빨리; 〈부정문〉 (설마) 벌써》

Is it twelve o'clock **already**? 벌써 열두 시 [정오]냐?

Have you seen it already? 그것을 벌써 봤군요?

※ 완료시제의 부정문, 의문문에는 yet을 주로 사용하는데, 의아함, 놀라움과 함께 긍정의 대답을 기대할 경우의 의문문에는 already를 쓴다.

Have you finished it **yet**? 〈단순히 완료 여부를 물어〉 **그것을 이미 끝냈습니까?**

Have you finished it **already**? 〈이미 완료한 것에 놀람을 나타내어〉

당신은 벌써 그것을 끝냈군요?

You're not leaving **already**, are you? 너 벌써 가려는 건 아니지?

She has not come **already**, has she? 설마 그녀가 벌써 오지는 않았겠지?

③ 〈미, 입말〉 당장 (= right now); 어서, 빨리

Let's go **already**. 어서 [빨리] 가자.

■ 덧붙임

1. already는 동작동사의 현재형과는 같이 쓸 수 없다.

Tom already finishes the work. (x)

2. already는 동작동사의 현재 완료형과 같이 쓸 때 기간을 나타내는 부사(구)를 같이 쓸 수 없다.

Jane has already gone for three years. (x)

3. already는 상태 동사의 현재 완료형과는 같이 쓸 수 없으나 현재형과는 같이 쓸 수 있다. 다만, 기간을 나타내는 부사(구)가 있을 때는 상태 동사의 현재 완료형과 같이 쓸 수 있다.

He has already known you. (x)

I believe he already knows you. (o) 난 그 사람이 널 이미 알고 있다고 생각한다.

We've already known this before. (o) 우리는 이것을 이미 이전부터 알고 있었다.

3) 부사 still

'아직도, 여전히'의 뜻으로서 일정한 시점까지 어떤 상태나 동작이 지속되고 있는 상태를 나타낸다. 흔히 긍정문에 쓰이지만 부정의 행위가 계속됨을 강조하는 경우에는 부정문에도 쓰인다. 후자의 경우에는 부정어 앞에 위치한다.

① 상태를 나타내는 동사나 진행형 또는 완료형과 함께 사용하는 것이 보통이다.

The matter is still unsettled. 그 문제는 아직 해결되지 않고 있다.

He has still been studying it. 그는 여전히 그것을 공부하고 있다.

※ still은 앞의 동작이나 상태가 그때 여전히 계속되고 있는 경우에 쓰며, yet은 동작이나 상태의 완료 여부 (이미 끝났는가, 아직 끝나지 않았는가?)를 말할 경우에 쓴다.

Are you **still** here? 너 아직도 여기 있니?

She is not here **yet**. 그녀는 아직 오지 않았다.

② 긍정문, 부정문에 모두 쓰인다.

I still feel the same about it. 나는 그것에 대하여 여전히 같은 생각이다.

I still don't see the point you're making.

나는 아직도 네 말의 요점이 뭔지를 모르겠다.

You still haven't answer my question. **〈대답을 재촉할 때〉**

너는 여전히 내 말에 답하고 있지 않다.

③ 본동사 앞에, be동사 뒤에, 조동사와 본동사 사이에, 부정의 조동사 앞에 놓이는 것이 보통이다.

He is still standing outside her house. 그는 그녀의 집밖에 여전히 서 있다.

cf.) He was standing still in front of her house. **〈이때의 still은 형용사〉**

그는 그녀의 집 앞에 꼼짝도 하지 않고 서 있었다.

There is still a great deal of snobbery in our society.

우리 사회에는 여전히 속물근성이 대단하다.

I can still feel you here. 난 아직도 네가 여기에 있는 것처럼 느껴진다.

I still can't express how I feel. 난 아직도 내 감정을 표현하는 법을 잘 모릅니다.

I still have not heard anything from you.

나는 아직 그로부터 어떠한 얘기도 듣지 못하고 있다.

④ another, other와 함께 《게다가, 그 위에》

I've found still another mistake. 게다가 나는 또 하나 잘못을 발견했다.

There are still other ways. 또 다른 방법들도 있다.

⑤ 접속부사로 《그래도 (역시); 그럼에도 불구하고》

I can see your point of view; **still** I don't agree with you.

네가 말하는 취지를 알기는 하지만, 그래도 나는 네 생각에 동의하지 않는다.

He has his faults. **Still**, I like him. 그는 결점이 있다. 그래도 역시 나는 그를 좋아한다.

⑥ **비교급의 강조어로 《한층; 더욱더》**

It was hot yesterday, but today it is **still** hotter.

어제도 날이 더웠지만 오늘은 한결 더 덥다.

It's **still** better not to know things sometimes.

때로는 (어떤 일을) 모르는 편이 더 났다.

⑦ **관용어구**

- still and all **〈미, 입말체〉** 그럼에도 불구하고; 그래도 역시

Still and all, the government didn't give up to push for the policy.

그럼에도 불구하고, 정부는 그 정책을 추진하는 것을 포기하지 않았다.

- still less **〈부정문을 받아서〉** 더욱이; 하물며; 더군다나

If you don't know, still less do I. 네가 모른다면 더욱이 나야 알 턱이 없지.

- still more **〈긍정문을 받아서〉** 더욱이, 더욱더 잘; 하물며; 더군다나

He can speak French, still more English.

그는 프랑스어를 할 줄 안다. 영어야 더욱더 잘할 줄 안다.

4) 부사 yet

still과는 달리 기대되는 일이 지금까지 불확실 하거나 (의문문에서: 이미, 벌써), 또는 지금까지의 기대, 예상과 반대되는 경우 (부정문: 아직, 아직까지)에 주로 사용된다.

① **부정문 속에서(아직; 아직 [지금]까지는); 〈종종 just yet 형태로〉 지금 당장은; 아직 얼마 동안은》**

▶ 보통 문장 끝이나 부정어의 바로 뒤에 온다.

I haven't seen him yet. 나는 아직 그를 만나지 못했다. (= I didn't see him yet.)

"Are you ready?" 준비됐어? – "Not yet." 아직 안 됐어.

Aren't you ready yet? 아직도 준비가 안 되었단 말야?

※ 부정의문문은 놀람·안타까움을 나타낸다. 《아직도》

Haven't you been there yet? 아직까지 거기에 가본 적이 없습니까?

The child is not yet old enough to go to school.

그 아이는 아직 학교에 갈 나이가 안됐다.

I can't go there just yet. 제가 지금 당장은 그곳에 갈 수가 없습니다.

② 긍정의 의문문 속에서 《이미, 벌써; 이제》

Do you have to go yet? 벌써 가야만 합니까?

Is it raining yet? 벌써 (또는 지금) 비가 오고 있습니까?

cf.) Is it still raining? 아직도 비가 오고 있습니까?

Is Dol-soe up yet? 돌쇠는 이제 일어났느냐?

Has she come home yet? 그녀는 이제 집에 돌아왔나요?

※ yet 대신에 already를 의문문에 쓸 경우는 놀람, 미심쩍음 등을 나타낸다.

Has she come **already**? 〈놀람〉 그녀가 벌써 돌아왔어요.

③ 긍정문에서

❶ 아직, 아직도, 아직껏

I seem to see her yet. 아직도 그녀가 내 눈앞에 있는 것 같다.

There is yet time. 아직 시간이 있다.

❷ 이윽고; 언젠가(는); 머지않아, 조만간

He will be the great writer yet. 그는 언젠가는 대작가가 될 것이다

He may yet be happy. 그에게는 언젠가 행복하게 될 날이 있을 것이다.

❸ be yet to do, have yet to do 《아직 ~ 않다; 이제부터 ~하다 [~할 참이다].》

The point is yet to come. 진짜 이야기는 이제부터다.

I have yet much to do. 나는 아직도 할 일이 많다.

I have yet to learn it. 나는 아직껏 그걸 모르겠다.

④ another, more 앞에서 《다시 (더); 더욱; 그 위에》

yet another time (= yet once more) 다시 또 한 번　yet more people 더 많은 사람

more and yet more 더더욱　a yet more interesting story 더욱더 재미있는 이야기

There's yet another chance. 아직 한 번 더 기회가 있다.

Stock prices yet another hit a new high only one day.

주가가 하루 만에 또다시 최고치를 경신했다.

He spoke yet more harshly. 그는 더욱더 거친 어조로 말했다.

Yet once more I forbid you to go. 다시 한 번 말하지만 나는 너를 가게 하지 않겠다.

⑤ 비교급을 강조하여 《한층 더, 더욱(더), 그 위에(still, even)》

▶ 이 용법에는 보통 still을 쓴다.

She spoke a yet milder tone. 그녀는 더욱 부드러운 어조로 말했다.

Our provisions are likely to be yet scarcer. 우리의 식량이 더욱더 부족해질 것 같다.

⑥ 최상급과 함께 《이제까지 (= ever), 현재까지로는》

This is the best film I've seen yet. 이것은 지금까지 본 중에서 최고의 영화이다.

The book is the best yet published. 그 책은 이제까지 출판된 것으로서는 제일 좋다.

⑦ nor와 함께 강조적으로 《~ 도 또 (~않다.); (그뿐만 아니라) ~까지도 (~않다.)》

I have never seen him, **nor yet** intend to.

나는 그를 본 일도 없고 또 만나볼 생각도 없다.

He wouldn't listen to me **nor yet** to his teacher.

그는 내 말이야 어쨌든 간에 그의 선생님의 말씀조차도 들으려고 하지 않았다.

⑧ **and [또는 but] yet의 형태로 접속부사로 쓰여 《그렇지만; 그런데도; (~) 했음에도; 게다가》**

I am tired, **and yet** I must finish this work.

피곤하지만 그래도 나는 이 일을 끝마쳐야 한다.

A man may get rich, **and yet** not be any the happier for it.

사람이 부자가 되어도 그로 인해 조금도 더 행복해지지 않는 수가 있다.

It was well on in the night, **but yet** there were many people in the street.

밤이 상당히 깊었는데도 거리에는 사람들이 많았다.

⑨ **관용어구**

- **another and yet another** 차례차례, 잇따라

Traffic accident occurred another and yet another on that point.

그 지점에서 교통사고가 잇따라 발생했다.

- **as yet** 아직(까지); 이제껏

She has not come as yet. 그녀는 아직까지 오지 않았다.

Little is known about it as yet. 아직까지는 그것에 관해서는 알려진 것이 거의 없다.

- **may yet** 언제 ~하지 않으리라고 장담 못 하다.

The enemy may yet win if we relax our efforts.

방심하면 언제 적에게 당하지 않으리라 장담 못 한다.

- **yet again [= yet once (more)]** 다시(또) 한 번

Though he had a generous nature, he balked at picking up the check yet again. 그는 후한 인간성을 가졌지만, 다시 또 계산하는 것에는 주저했다.

※ pick up the check [tab, bill]: **계산서를 집다. → 계산을 [지불] 하다.**

(8) 부사 ago / before / since

1) 부사 ago

① 말하는 현재를 기준으로 '지금부터 ~전'의 뜻으로서 확실한 과거와 함께 쓰며 현재완료와는 같이 쓰지 못한다. 또한 과거 동사와 함께 쓰였을지라도 일정한 수사 없이 단독으로는 쓰지 못한다.

I met him three years ago. 나는 삼 년 전에 그를 만났다.

cf.) I have met him three years ago. (x) / I met him ago. (x)

I met her ten years ago today[this day ten years ago].

나는 10년 전 오늘 그녀를 만났다.

② 가정법 과거완료 구문 [should have p.p.]과는 같이 쓸 수 있다.

I should have met them three days ago. 나는 삼 일 전에 그들을 만났어야 했는데.

The bus should have arrived here ten minutes ago.

버스는 십 분 전에 이곳에 도착했어야 했다.

③ 부사 long과 같이 써서 《이전에》

long, long ago 옛날 옛날에

The theory was discredited long ago. 그 학설은 오래전에 설득력을 잃었다.

How long ago was it? 그건 언제 적의 일인가?

> **▷ 과거의 어느 시점을 기준으로 하여 그 이전의 일을 나타낼 때는 before를 사용한다. 따라서 직접화법에서 ago를 사용한 것을 간접화법으로 표현할 때에는 before가 된다.**
>
> He said, "I met her three days **ago**." "나는 3년 전에 그녀를 만났어."라고 그는 말했다.
>
> → He said that he had met her three years **before**.
>
> 그는 3년 전에 그녀를 만났다고 말했다.

2) 부사 before

단독으로 쓰일 경우에는 과거, 현재완료, 과거 완료시제와 함께 쓸 수 있으나, 시간을 나타내는 어구(the day before, two days before 등)와 함께 쓰일 때 동사는 과거 완료시제를 쓴다.

① 확실한 과거 표시 어구가 있을 때는 과거완료와 함께 쓸 수 있다. 《(과거를 기준으로) 그때보다 그 이전에; 그때까지에》

She said she had met him two years before.

그녀는 그를 그 당시로부터 2년 전에 만났다고 말했다.

I called at Tom's house, but he had left a couple of hours before.

내가 톰의 집에 들렀으나 그는 그 두 시간 전에 나가고 없었다.

② 단독으로 쓰여 막연한 과거를 나타낼 때는 과거완료는 물론 과거나 현재완료와도 같이 쓸 수 있다. 《그 전에, 이미; 이전에, 지금보다 앞에; 지금까지(에)》

I had seen the movie **before.** 나는 그 전에 그 영화를 본 적이 있다.

I met [have met] him **before.** 나는 이전에 그를 만났다[이전에 만난 적이 있다.].

※ 확실한 과거 표시 어구가 있을 경우에는 과거나 현재완료와 같이 쓰지 못한다.

I **met [have met]** him yesterday [three days 등] before. (x)

I knew it just now, not **before.** 난 그것을 방금 안 것이지 이전에 안 건 아니다.

Haven't we met somewhere **before**? 우리 전에 어디선가 만난 적이 없습니까?

③ (정해진 시각보다) 일찍, 미리(= earlier)

You should have told me so **before.** 네가 좀 더 일찍 그렇게 말해 주었으면 좋았을 것이다.

Begin at six, not **before.** 여섯 시 정각에 시작해라. 그보다 미리 해서는 안 된다.

④ (위치·방향) 앞에, 전방에, 앞(장)서

The child has lost two teeth **before.** 그 아이는 앞니가 두 개 빠져있다.

go before 앞(장)서서 가다.

※ 이 경우에는 before 대신 ahead를 쓰는 것이 보통이다.

⑤ **관용어구**

- as before 종전대로, 여느 때와 같이
- long before 훨씬 이전에
- (the) day before 그 전날 (에)
- (the) night before (그) 전날 밤에

3) 부사 since

① 현재 완료문장의 끝에 쓰여 과거의 어느 시점에서 현재까지의 계속을 나타낸다.

《그(이) 후로 줄곧》

I have not seen her **since.** 그 이후로 나는 그녀를 만나지 못했다.

I have lived here **ever since.** 나는 그 후로 줄곧 이곳에 살고 있다.

※ 계속의 뜻을 강조하기 위해 ever를 since 앞에 놓기도 한다.

We met ten years ago and we have been friends ever **since.**

우리는 십 년 전에 만난 이래로 죽 친구로 지내오고 있다.

② 현재완료의 have와 과거분사 사이에 와서 《그 후 (지금까지의 사이에)》

We have **since** become more friendly. 우리는 그 후로 한층 친해졌다.

The building was burnt down three years ago and has **since** been re-built. 그 건물은 3년 전에 불탔으나 그 후 재건축되었다.

③ (현재보다) 전에; ~ 전에

▶ 이 뜻으로는 과거, 현재완료, 과거완료와 함께 쓸 수 있고, 기간표시 어구와 함께 ago나 before 대신 쓸 수 있다.

My grandfather died twenty years **since.** (= ago)

우리 할아버지는 이십 년 전에 돌아가셨다.

I had met her a week **since.** (= before) 나는 일주일 전에 그녀를 만났었다.

④ **관용어구**

• **long since** 훨씬(이) 전에, 오래전에

The bridge has long since been out of use.

그 다리는 오래전부터 사용되지 않고 있다.

• **not long since** 최근, 요즈음에, 얼마 전에

I saw her not long since. 나는 최근 그녀를 만났다.

• **a moment since** 조금 전에

He went away a moment since. 그는 바로 조금 전에 떠났다.

(= He went away a little while since.)

(9) 부사 ever / once / never

1) 부사 ever

어떤 행위의 유무에 관해서 말하는 부사로서 보통 의문문·부정문·조건문·비교문에 쓴다.

① **의문문에서 《지금까지; 언젠가 (전에), 그동안에; 이제는; 〈비난하고 따질 때〉 (도)대체》**

"Have you **ever** been to Gongju?" 공주에 가본 적이 있습니까?

※ ever가 완료시제와 함께 사용될 경우 경험을 나타내는 것이 보통이다.

– "Yes, I have (once)." 예, (한 번) 가본 적 있습니다.

"No, I have not (once)." 아니요, (한 번도) 가본 적이 없습니다.

Did you ever see Gyeongbok Palace when [while] you were (staying) in Seoul? 서울에 있는 동안에 경복궁을 보셨습니까?

※ 'Did you ever ~?'와 'Have you ever + 과거분사?'는 거의 같게 쓰이지만, 예문과 같이 과거를 나타내는 종속절이 뒤따를 때는 'Did you ever ~?'만을 쓴다.

Can you **ever** forgive me? 이제 날 용서해줄 거지?

Was his assist **ever** any good? (언젠가 전에) 그의 협조가 쓸모가 있었나요?

Shall we **ever** see the like of him again?

도대체 [세상에] 저 사람 같은 사람이 또 있을까요?

② 부정문에서 《언젠가, 일찍이; 언제고 다시 (~하지 않다.); 〈no, nobody, nothing 등의 부정대명사와 함께〉 일찍 [지금까지] (~하는 일이 없다); 결코 [전혀] (~않다, 아니다.)》

I don't **ever** recall having met him. 나는 (언젠가) 그를 만났던 일이 기억나지 않는다.

(= I don't recall **ever** having met him.)

I don't **ever** want to see you again. 앞으로 다시는 당신을 보고 싶지 않아.

No sun **ever** gets into the room. 그 방은 볕이 전혀 들지 않는다.

No one has **ever** heard of it. 아무도 그것에 대해 들어 본 적이 있는 사람은 없다.

Nothing **ever** made her happy. 어떤 것도 그녀를 행복하게 하지는 못했다.

③ 조건문을 강조하여 《~(하는) 일이 있으면[있다고 하더라도]; 언젠가; 어쨌든》

Come to see me if you should **ever** come this way.

언젠가 이 근방에 들릴 일이 있으면 날 찾아와라.

Will you go with me if you **ever** go there?

네가 그곳에 간다면 나와 같이 가는 게 어떠냐?

If you were **ever** so rich, you should not look down upon[on] the poor.

네가 아무리 부자라 할지라도 가난한 사람들을 깔보아서는 안 된다.

④ 비교급, 최상급 뒤에서 《이제까지[껏], 지금까지, 일찍이 (없을 만큼)》

You're looking lovelier than ever. 이렇게 아름다운 당신을 여태까지 본 적이 없소.

※ 비교의 접속사 than 다음에 'you are looking lovely'가 생략된 경우이다.

This is the best work that you have ever done.

이것은 네가 이제껏 한 일(것) 중 최고다.

It is more necessary than ever for all of you to work hard.

어느 때보다도 너희들 모두 열심히 일하는 것이 더욱 필요하다.

⑤ **긍정문에서 《〈옛적 표현〉 언제나, 늘, 항상; 〈복합어를 형성하여〉 늘》**

▶ **ever since, ever after(ward), ever the same 등 다음과 같은 표현 외에는 ever를 긍정문에 사용치 않는다.**

He went to the U.S.A in 1960 and has lived there **ever since (then).**

그는 1960년에 미국에 가서 그때부터 그곳에서 살고 있다.

They lived happily **ever after(ward).** 〈동화의 끝 맺음말〉

그들은 그 후 내내 행복하게 살았습니다.

He is **ever** making the same mistake. 그는 늘 같은 잘못을 저지르고 있다.

an ever-present danger 상존하는 위험

the ever-increasing costs of living 언제나 늘어가기만 하는 생활비

⑥ **강조어로 《〈as ~ as의 뒤에 써서〉 될 수 있는 대로 [한] ~; 〈so (much), such의 앞에 써서〉 대단히, 매우; 참, 정말; 〈의문사의 뒤에 써서〉 도대체, 대관절, 당최; 〈의문형식의 감탄문에서 주어 다음에 와서〉 매우, 참으로》**

as much [little] as ever I can 될 수 있는 대로 [한] 많이 [적게]

Thank you **ever so** much. 대단히 감사합니다.

She's **ever such** a beautiful woman. 그녀는 정말 미인이다.

What **ever** do you think you're doing?

도대체 당신은 자신이 무슨 일을 하고 있는 지나 압니까?

What **ever** made you get up so early? 무슨 바람이 불어서 그렇게 일찍 일어났니?

What **ever** can it be? 당최 그럴 수가 있는가?

Where [When, How] **ever** did you lose it?

대체 너는 그것을 어디서[언제, 어떻게] 잃어버린 거니?

Why **ever** didn't you tell us before? 도대체 왜 전에 우리에게 말을 안 해주었니?

How can I **ever** thank you (enough)?

정말이지 감사의 말씀 이루 다 드릴 수가 없습니다.

⑦ **관용어구**

- **as ever** 변함[다름]없이, 전과 같이

The old shade tree stood there as ever.

그 늙은 정자나무는 변함없이 그곳에 서 있었다.

- **as ~ as ever** 여전히~; 여느 때처럼

She was as lovely as ever. 그녀는 여전히 아름다웠다.

- **as ~ as ever ~ can** 될 수 있는 대로

Be as quick as ever you can! 될 수 있는 대로[한] 서둘러라.

- **as if ever ~**: 절대로 [결코] ~않다; 설마 ~은 않을 테지.

As if I should ever make such a mistake! 내가 누군데 그런 잘못을 저지르겠어!

As if he would ever do such a thing! 설마 그 사람이 그런 일을 할 리는 없지.

- **ever since (then)** 그 후로 죽 [내내]

The country's economy has been in a state of growth [decline] ever since this government came to power.

현 정부가 집권한 이후 죽 나라의 경제가 성장 [쇠퇴] 일로에 있다.

- **ever more** 〈형용사·부사의 앞에서〉 더욱 (더); 다시 (더); 점점 ~하여; 항상, 영원히

He became ever more nervous as time went by.

시간이 갈수록 그는 점점 더 초조해졌다.

Ever more he was lost in thought. 그는 늘 생각에 잠겨있었다.

Ever more I will love you. 영원토록 당신을 사랑할 겁니다.

- **ever so** 〈영, 입말체〉 매우, 대단히; 〈양보절에서〉 비록 아무리 (~하더라도)

She talked for ever so long. 그녀는 대단히 오랫동안 이야기를 하였다. (늘어놓았다.)

Home is home, be it ever so humble. 비록 아무리 초라해도 내 집만 한 곳은 없다.

- **if ever there was one**: ~(그)야말로; 대단히, 정말; 확실히, 틀림없이

He is a teacher, if ever there was one. 그분이야말로 (선생다운) 선생이다.

If ever there was one, he is a dead man. 확실히 그는 죽은 목숨이다.

- **for ever** 영원히, 길이; 언제나, 늘 ※ 미국에서는 forever로 붙여 쓴다.

I am for ever indebted to you. 당신에게 평생 갚지 못할 빚을 졌군요.

He is for ever losing his umbrella. 그는 항상 우산을 잃어버린다.

- **hardly [scarcely] ever** 거의 [좀처럼] ~ (하지) 않다.

He is hardly ever at home on Sundays. 그는 일요일에 거의 집에 있지 않는다.

2) 부사 once

① 동사, 조동사의 뒤 또는 문미에 와서 《한 번, 한 차례; 한 때》

I have been there once. 나는 그곳에 한 번 가본 적이 있다.

A man can die but once. 사람은 단 한 번 죽는다. (= We die but once.)

② 보통 문두 또는 동사의 앞에 와서 《이전에, 일찍이; 옛날에》

Once upon a time 옛날 옛날에 **※ 옛날이야기의 시작 첫머리에**

He once visited London. 그는 이전에 영국을 방문했었다.

Once there was a great king whose name was Alfred the Great.

옛날에 알프레드 대왕이라는 위대한 왕이 있었습니다.

③ 부정문, 조건문에서 《〈부정문〉 한 번도~(하지 않은); 〈조건문〉 일단 ~(하면), 한 번 ~ 하면》

I have not been there once. 나는 한 번도 그곳에 가본 적이 없다.

If you once get into the habit of smoking, you cannot give it up easily.

담배를 피우는 버릇이 한 번 들면 쉽게 끊을 수 없다.

④ 〈미래에, 장차〉 언젠가 한 번은

I would like to see my hometown **once** before I die.

죽기 전에 한 번 내 고향에 가보고 싶다.

⑤ **관용적으로《한 번, 일 회, 한 곱》**

once a day [week, month, year] 하루[일주에, 한 달에, 일 년에] 한 번

※ '한 번, 두 번'이라고 할 때는 one time이나 two times를 쓰지 않고 once, twice를 쓰고, '세 번'의 경우는 thrice보다 three times를 쓰는 것이 보통이다.

Once two is two. 2 곱하기 1은 2이다. (2x1=2)

Once bit, twice shy. 한 번 혼나면 두 번째는 겁낸다. [자라 보고 놀란 가슴 솥뚜껑 보고 놀란다.]

⑥ **관용어구**

• **(every once) in a while [way (영)]** 이따금, 때때로, 종종

Oh, I wondered what happened. Those kinds of things happen every once in a while. 어이쿠, 난 또 무슨 일인가 했네요. 그런 일은 종종 일어나요.

• **(for) this once 〈입말체〉** 이번만은, 이번에 한하여

• **if [when] ~ once** 일단 ~하면; 한 번이라도 ~하면

If you blow it once then learn from it. 실수를 한 번 하면 그것으로부터 배워라. **〈미, 속어〉**

• **more than once** 한 번 이상으로; 몇 번이고, 여러 번에 걸쳐

We may be willing to tell a story twice, but are never willing to hear it more than once. 같은 얘기를 두 번 하고 싶어 하기는 해도, 한 번 이상 듣고 싶어 하진 않는다.

• **not once** 한 번도 [결코] ~ 안 하다.

I never have told a lie to you not once. 나는 한 번도 너에게 거짓말을 한 적이 없다.

• **once over** 다시 한 번

Tell me how much you love me once over.

얼마나 나를 사랑하는지 다시 한 번 말해 주세요.

• **once and again** 거듭해서

I apologize to you once and again. 거듭 사과드립니다.

• **once and away** 이따금, 때때로; = **once (and) for all**

Give me a call once and away. 가끔씩 내게 전화 연락해라.

• **once (and) for all** 단지 한 번 만, 이번뿐; 딱 잘라서; 영원히; 최종적으로

Let's settle the dispute once and for all. 그 논쟁을 이번만으로 결말짓자.

It's time we had it out once and for all.

이젠 그것을 딱 부러지게 결판을 지어야 할 때다.

I'm warning you once and for all. 내가 마지막으로 네게 경고하는 거야.

• **once in a long while** 극히 드물게, 아주 가끔, 가물에 콩 나듯이

I go to the movies once in a long while. 나는 아주 가끔 영화 보러 간다.

■ 참고

1. once가 접속사로 쓰일 경우 《일단 한 번~하면; ~하자마자》

Once the first trial is made, the rest is easy. 일단 한번 시작하면 나머지는 쉽다.

Once the baby awoke, she began to cry. 그 아기는 잠에서 깨자마자 울기 시작했다.

2. once가 전치사의 목적어[명사]로 쓰일 경우 (관용어)

• all at once 갑자기, 동시에

All at once it began to rain. 갑자기 비가 내리기 시작했다.

• at once 즉시, 곧 (just)

• for once 한 번만

• at once A and B A 하기도 B 하기도 한

He is at once firm and beneficient. 그는 사람이 견실하기도 하고 인정도 많다.

3. 형용사 once 《이전의; 옛날의(= former)》

my once friend 나의 옛 친구

my once master 나의 옛 스승

3) 부사 never

never는 'not + ever'의 뜻으로 not보다 강한 부정을 나타낸다.

① 용법

❶ 일반적으로 동사의 앞, 조동사 뒤에 온다.

I have never seen it. 나는 이제껏 그것을 본 적이 없다.

> ▷ 조동사를 강조할 때에는 그 앞에 둔다.
> You **never** can tell. 아무도 알 수가 없지. / 누가 알겠어.

❷ 강조하기 위해 never가 글머리에 나오면 be, have, 조동사 (일반 동사의 경우는 do를 부가)는 주어 앞으로 나와 도치된다.

Never have I heard of such a thing. 나는 그런 일은 한 번도 들어본 적이 없다.

Never did I tell you so. 결코 나는 네게 그렇게 말한 적이 없다.

❸ 종종 after, before, since, yet 등을 수반한다.

Never before have I heard of such a thing.

결코 나는 전에 그런 일을 한 번도 들어본 적이 없다.

I have never heard of her since. 나는 그 후로 그녀에 대한 소식을 전혀 듣지 못했다.

I have never yet been there. 나는 아직 그곳에 한 번도 가본 적이 없다.

② 쓰임 예

❶ 일찍이 ~(한 적이) 없다; 언제나 [한 번도] ~(한 적이) 없다.

"Have you ever been abroad?" 외국에 가본 적 있으세요?

– "No, I never have." 아니요, 한 번도 없습니다.

※ 본동사가 생략될 경우에는 never는 have 앞에 둔다. 따라서 'I have never.'는 잘못이다.

I never failed to do what I would.

나는 내가 하고자 마음먹은 일을 못 한 적은 한 번도 없었다.

Never was a man more conscientious than he.

그 사람만큼 양심적인 사람은 여태껏 없었다.

※ never가 강조를 위해 문두에 놓이면 주어와 조동사, be동사가 자리를 바꾼다. 일반 동사의 경우에

는 주어 앞에 do동사를 놓는다.

Never did I dream that he had deceived me.

나는 그 당시 그자가 나를 속였으리라고는 꿈에도 생각지 않았다.

Thailand is the only Southeast Asian country never to have been taken over by European powers.

태국은 한 번도 유럽 열강에 의해 점령된 적이 없는 유일한 동남아 국가이다.

Never to have sinned [To have never sinned] is difficult.

한 번도 죄를 짓지 않고 살아가기는 어렵다.

> ▷ never가 완료부정사를 부정할 경우에는 'never to have + p.p.'와 같이 쓰는 보통이나, 'to have never + p.p.'같이도 쓴다. 다만, 단순부정사의 경우에는 'never to do'만을 쓴다.
> Never to err is impossible. 한 번도 [전혀] 실수를 하지 않는다는 것은 불가능하다.

❷ 결코 ~하지 않다. (= not at all); 하나 [한 사람]도 ~ 않다. (= never a + 명사).

Koala never eat anything but eucalyptus leaves.

코알라는 유칼립투스 잎 이외는 절대로 아무것도 먹지 않는다.

He never so much as ask me sit down. 그는 내게 앉으라는 말조차 하지 않았다.

She spoke never a word. 그녀는 한마디 말도 하지 않았다.

Never a day passes unless the man and wife have a quarrel.

그 부부가 싸움하지 않는 날은 하루도 없다.

Never [It is never] too late to mend.

마음 고쳐먹는 데 너무 늦다는 법은 없다. – 속담 –

❸ 〈입말체에서〉 의심, 감탄, 놀라움을 나타내어 《설마 ~은 아니겠지.》

You have never forget your promise! 설마 네가 한 약속을 잊어버린 것은 아니겠지.

Never tell me! 설마 농담이겠지요.

④ never the + 비교급 《조금도 않다.》

▶ 'none the ~'가 일반적이다.

I am never the worse for a single failure. 나는 한 번쯤 실패해도 아무렇지 않다.

I was never the wiser for it.

그래도 역시 나는 그것을 전혀 알 수가 없었다. /그래도 내가 그것을 모르기는 마찬가지였다.

The scientist was never the nearer in his practice.

그 과학자는 그의 실험에서 그 이상의 진전을 보지 못했다.

⑤ 관용어구

• **never too early [late]** 결코 이르지 [늦지] 않은

It's never too early to admit your fault.

잘못을 인정하는 데는 너무 이르다는 법은 없다.

• **never(-)to(-)be(-)forgotten** 언제까지나 잊히지 않는 [잊을 수 없는]

It was a moment never to be forgotten in my life.

그것은 내 인생에서 평생 잊을 수 없는 순간이었다.

• **Never(-)say(-)die!** 죽는소리하지 말라; 비관하지 말라; 용기를 내라.

• **now or never [= now for it]** 바로 지금인; 지금이야말로 절호의[다시없는] 기회다.

If you want to ask her to marry you, it's now or never. Tomorrow may be too late. 네가 그녀에게 청혼하려면 지금이 절호의 기회야. 내일이면 너무 늦을지도 몰라.

• **never ever** (never의 강조형) 결코 ~않다; 절대, 두 번 다시

Never ever take your eyes off the ball. 절대로 공에서 눈을 떼지 마라.

• **Never never.** 염려 없어.

• **never so much as ~**: ~ 조차하지 않는다. (= not even)

She never so much as said "Good-bye." 그녀는 '안녕'이라는 말조차 하지 않았다.

• **Never mind!** 괜찮아; 염려 마라.

• **never no more** 이 이상 결코 [두 번 다시는] ~ 않다.

Never no more will I let you be alone. 두 번 다시는 너를 홀로 있게 하지 않겠다.

• **never so** 〈양보절에서, 옛말〉 아무리 ~일지라도. (= **no matter how, ever so**)

Be it never so humble, there's no place like home.

아무리 누추할지라도 내 집보다 더 좋은 곳은 없다.

• **Never is a long time [word].** '결코'라는 말은 쉽게 하는 것이 아니다. – 속담 –

(10) 부사 later / hence

1) 부사 later

① '지나서, ~후에'의 뜻으로 과거 사실을 나타내어

three hours later 3시간 후에 (a few) days later 며칠 후에

We met again some time later. 우리는 얼마 후에 다시 만났다.

Three days later a rash appeared. 3일이 지나자 발진이 돋았다.

② '뒤에, 나중에'의 뜻으로 미래의 일을 나타내어

later on 뒤 [나중]에, 후에

I'll see you **later on** this afternoon. 이따가 오후에 봅시다.

I'll tell it to you **later on**. 그것은 나중에 얘기하지요.

You can do it later. 그 일을 나중에 해도 된다. (뒤로 돌려도 좋다.)

③ 〈미, 속어〉 그럼; 다시; 안녕

(I'll) See you later (on). 그럼 다음에 또. / 안녕

④ 관용어구

• **later than usual** 평소보다 늦게

He got up one hour later than usual. 그는 평소보다 한 시간 늦게 일어났다.

• **sooner or later** 머지않아, 조만간, 언젠가

Sooner or later he will be better. 조만간에 그는 좋아질 것이다.

2) hence

① '지금부터, 앞으로 (from now); ~이 지나면, ~이 지난 후에'의 뜻으로 미래 사실을 나타낸다.

a mile hence 지금부터[여기서부터] 1마일　fifty years hence 지금부터 50년 후

My father will come a week hence. (= in a week)

우리 아버지가 1주일 후에 오실 것이다.

The result of the examination will only be known several weeks hence.

그 검사의 결과는 몇 주 후에나 알게 될 것이다.

② 접속부사로 《따라서, 이 때문에, 그러므로; 〈동사를 생략하여〉 여기서 ~이 유래하다.》

▶ 이때의 hence는 앞선 진술에 대한 필연적 결론을 주는 데 쓰이며, 흔히 therefore와 바꿔 쓴다. 주로 법률문서·계약서 등 격식을 차리는 딱딱한 문체에 쓰인다.

He was diligent, hence (came) his success.　그는 근면했기 때문에 성공했다.

※ hence 다음에 go, come 등의 동사가 올 경우 그 동사는 생략되는 경우가 많다.

Hence, there is little reason to be pessimistic about the matter.

따라서 그 문제에 대하여 비관할 이유가 거의 없다.

Hence (comes) the name Cape of Good Hope.　여기에서 희망봉의 이름이 나왔다.

– REVIEW EXERCISES –

1. 주요문장 복습(영역)

(1) 나는 당신의 의견에 **전적으로** 동감합니다.

I **thoroughly** agree with you in your opinion.

(2) 저는 **단지** 그 일이 제가 해야 할 임무라고 느꼈기 때문에 했습니다.

I did it **only [simply]** because I felt it to be my duty.

(3) 달이 **밝게** 비치고 있다.

The moon shines **clearly**.

(4) 선생님은 **또박또박** 말씀하셨으므로 나는 그분의 말을 모두 알아들을 수 있었다.

The teacher spoke so **clearly** that I could hear every word.

(5) 그의 차는 내 차를 **바싹** 뒤쫓아 왔다.

His car followed **hard** after mine.

(6) 바람이 **세차게** 분다.

The wind blows **high**.

(7) 문이 **꼭** 잠겨있었다.

The door was shut **tight**.

(8) 이것이 나를 **제일** 곤란하게 한다.

This troubles me**(the) most**.

(9) 그는 그의 의자에서 **벌떡** 일어났다.

He jumped **up** from his chair.

(10) 그는 아파트 문을 **꼼꼼하게** 잠그고 나왔다.

He **carefully** locked the apartment door behind him.

(11) 우리는 **이틀에 한 번씩** 영어수업이 있다.

We have English lessons **every other day**.

(12) 당신은 이 문제에 대해서 **어떤** 입장입니까?

Where do you stand on this question?

(13) **정말이지 어떻게** 감사의 말씀을 드려야 할지요?

How can I **ever** thank you?

(14) 네가 그것을 몰랐다니 **대체 어찌 된 이유냐**?

How comes it(that) you didn't know?

(15) 내가 볼 때 그것은 나쁜 것 같지 않아요. **오히려** 난 그것이 꽤 좋은 것 같습니다.

It doesn't seem bad to me; **on the contrary**, I think it's rather good.

(16) **정말이지** 나도 너와 똑같은 문제를 가지고 있다.

I have the **very** same problem as you.

(17) 당신은 내가 **얼마나(많이)** 당신을 사랑하고 있는지를 모릅니다.

You don't know **how much** I love you.

(18) 너는 내 감정 같은 것은 **전혀** 개의치 않는구나.

Much you care about my feelings.

(19) **너무나** 낙심천만하게도 내가 군대에 가 있는 동안에 그녀는 결혼해버렸다.

Much to my disappointment, she got married during my military ser-vice.

(20) 대접이 **시원찮아서** 송구스럽습니다.

I am sorry I have **not** been **much of a** host to you.

(21) 내일 날씨는 오늘 날씨와 **대체로** 비슷하겠습니다.

The weather tomorrow will be **pretty much** like today's.

(22) 너도 이제 **철들 때**가 **되었다.**

You **are old enough to know better.**

(23) 그 일은 어리고 연약한 여자**에게는 힘에 겨운** 것 같다.

The task seems **too much for** a young and fragile woman.

(24) 그는 또 실수를 저질렀다, 그가 하는 일이 **그렇다.**

He made a mistake again, **so much for** his doing!

(25) **그래.**(네가) 그런 사정이 있구나!

So there you are! / So that's how things are! / So that's the situation!

2. 다음 중 there의 용법으로 잘못이 있는 것은?

(A) There I agree with you.

(B) There! there! Don't cry!

(C) There are all guests in the living room.

(D) I have many things to do, there is my homework in the first place.

(E) There remains a problem to solve.

3. 다음 중 밑줄 친 부사의 쓰임으로 잘못이 있는 것은?

(A) She just went out.

(B) I already knew it.

(C) I should have met them three days ago.

(D) I met him yesterday before.

(E) I have lived here ever since.

4. 다음 중 어법상 옳은 문장은?

(A) I have met him three years ago.

(B) Have you finished it already?

(C) He is well rich.

(D) I have met three days before.

(E) Have you ever seen Gyeongbok Palace when you were(staying) in Seoul?

5. 다음 빈칸에 알맞은 것은? [공무원 9급]

This attitude – that nothing is easier than to love – has continued to be the prevalent idea about love in spite of the overwhelming evidence__________.

(A) in vain (B) in addition (C) by and large (D) to the contrary

※ Choose the one word or phrase that best completes the sentence.

6. The new project is on schedule although it could fall behind due to obligation from the previous contract. [토익 유형]

(A) most current (B) current (C) currently (D) more current

7. Yet two years later, the bill ________.

(A) still has not passed (B) has still not passed

(C) has not still passed (D) has not passed still

※ Identify one underlined word or phrase that should be corrected or rewritten.

8. Having spent(A) her childhood in Germany,(B) Mary is able to(C) speak German rather good(D).

9. Among her icy snow men, snow bears, and snow doll's(A) house in the white garden, the small girl tracks about(B) on(C) her incredible(D) gorgeous snowshoes.

10. Questioned(A) by his son how soon(B) he'd be enough old(C) to do just as he pleased, a wise father answered: I don't know, son — nobody has ever lived that long,(D) yet.

11. 다음 밑줄 친 부분에 들어가기에 가장 적합한 것은? [공무원 7급]

The early industrial revolution contributed to the demise of the feudal lords and the rise of the bourgeoisie. ________, the new technological revolution may herald major social and economic changes in the societies of the future.

(A) Likewise (B) However (C) Rather (D) On the contrary

※ Choose the underlined part that is not grammatically correct.

12. Theoretically(A), a good screwdriver should last life time, but it rarely has(B), usually because it is used at one time or another(C) as a substitute for some other tools(D).

= 해설·정답 =

2. **【해설】**

(A) 지시부사로 쓰인 there.

(B) 감탄사로 쓰인 there.

(C) 'There be ~'구문(존재 문)은 주로 새로운 것이나, 알려지지 않은 것을 소개하여 말할 때 쓰이므로, be동사 다음의 a [an], no, some, much, many 등의 부정한정사나 수사가 붙는 가산명사나 불가산명사가 오며, the, all, every, each, this, that, 소유격 등의 한정사가 붙는 명사나 대명사, 고유명사를 포함하는 명사구 등은 오지 못한다.

(D) 다만, 이미 언급된 것이나, 알려진 것을 다시 가리켜 말할 경우에는 the, this, that, all, every, my 등의 한정사가 붙는 명사를 쓸 수 있다.

(E) be 이외에 exit, remain, live, appear, arise, arrive, begin, come, emerge, enter, fall, happen, lie, pass, result, seem, stand 등의 자동사도 'there + vi. + 주어'의 형태로 쓸 수 있다.

〈정답〉 (C)

3. **【해설】**

(A) just가 '지금 막, 방금,'의 의미로 쓰일 경우 보통 현재완료와 함께 쓰나, 미국에서는 과거시제와도 같이 쓴다.

(B) already는 긍정문에서는 보통 완료시제와 함께 쓰나, be, know, have 등의 과거시제와도 함께 쓴다.

(C) ago는 확실한 과거와 함께 쓰며 현재완료와는 같이 쓰지 못한다. 또한 과거 동사와 함께 쓰였을지라도 일정한 수사 없이 단독으로는 쓰지 못한다. 가정법 과거완료(should have p.p.)와는 같이 쓸 수 있다.

(D) before는 단독으로 쓰일 경우에는 과거, 현재완료, 과거 완료시제와 함께 쓸 수 있으

나, 확실한 과거 표시 어구가 있으면 과거나 현재완료와 같이 쓰지 못한다.

(E) since는 현재완료에 쓰여 과거의 어느 시점에서 현재까지의 계속을 나타낸다.

〈정답〉 (D)

4. 【해설】

(A) ago는 과거시제와 함께 쓰며 현재 완료시제와는 같이 쓰지 못한다.

(B) 완료를 나타내는 문장에서 부정문·의문문에는 yet을 주로 사용하는데, already가 의문문에 사용될 때는 의아함, 놀라움과 함께 긍정의 대답을 기대할 때 쓴다.

(C) 양태부사 well은 일반형용사를 수식하지 못하고 특수 서술 형용사나 전치사 구실을 겸하는 형용사를 수식한다. (ex: He is well off. / She was well aware of the danger. / He must be well past forty)

(D) before는 단독으로 쓰여 막연한 과거를 나타낼 때는 과거완료는 물론 과거, 현재완료와도 같이 쓸 수 있으나, 확실한 과거 표시 어구가 있을 경우에는 과거나 현재완료와 같이 쓰지 못한다.

(E) '지금까지 ~한 일이 [~한 적이] 있나요?'의 뜻으로 'Did you ever + 동사원형 ~?'와 'Have you ever + 과거분사 ~?'는 거의 같게 쓰이지만, 과거를 나타내는 종속절이 뒤따를 때는 'Did you ever +동사원형 ~?'만을 쓴다.

〈정답〉 (B)

5. 【해설】

핵심어는 양보 내지 역접 관계를 나타내는 전치사구 in spite of이다. 이 in spite of 뒤에는 앞 내용과 대조적인 내용이 와야 의미가 통한다. 즉, 앞 내용과는 '다른 [반대되는] ~것이 있음에도 불구하고'의 뜻이 뒤따라야 한다. 따라서 접속 부사구 'to the contrary(그 반대로, 반대 결과로)'가 적당하다. (A) 헛되이, 무익하게 (B) 게다가 (C) 대체로, 대충

[해석] 이러한 태도는 – 즉 사랑하는 것보다 더 쉬운 것은 아무것도 없다 라는 – 계속해서 사랑에 대한 지배적인 관념이 되어왔다. 압도적인 증거가 그 반대인데도 불구하고 말이다.

〈정답〉 (D)

6. **【해설】**

전치사구(부사구)인 on schedule이 불완전 자동사 is의 보어이다. 빈칸에는 부사구를 수식하는 부사가 와야 한다. currently(ad. 현재, 일반적으로)

[해석] 이전 계약에 따른 책임 때문에 비록 늦어질 수도 있겠으나 현재 그 새 계획은 예정대로 (진행 중)이다.

〈정답〉 (C)

7. **【해설】**

여기서 Yet은 양보의 접속사. 부사 still은 보통 본동사 앞에, be동사 뒤에, 조동사와 본동사 사이에, 부정문의 조동사 앞에 놓인다. 그러므로(A)가 알맞다.

[해석] 2년이나 지났는데도 그 법안은 통과되지 않고 있다.

〈정답〉 (A)

8. **【해설】**

(A), (B) 이유관계를 나타내는 분사구문(그녀의 어린 시절을 독일에서 보냈으므로).

(C) 현재에서의 일반적인 능력, 가능은 can이나 be able to를 모두 쓸 수 있으나, 현재에서의 구체적인 능력, 가능을 강조할 때는 be able to를 쓰는 것이 보통이다.

(D) 동사 speak를 수식하는 부사가 필요하다. 형용사 good을 부사 well로 고친다.

[해석] 어린 시절을 독일에서 보냈으므로 메리는 독일어를 꽤 잘할 수 있다.

〈정답〉 (D)

9. **【해설】**

(A) snow doll's house(눈으로 만든 인형의 집).

(B) track about(걸어 다니다, 발자국을 남기다.)

(C) 여기서 전치사 on은 '부착, 소지, 착용'의 뜻을 나타낸다.

(D) 형용사 gorgeous를 수식하는 부사형으로 해야 한다. incredible을 incredibly로

고친다.

[해석 눈으로 덮인 하얀 정원에서 눈사람들과 눈으로 만든 곰들과 눈으로 만든 인형의 집 사이에서 작은 소녀는 믿을 수 없을 만큼 눈부신 눈으로 된 신을 신고서 발자국을 남기며 다니고 있다.

〈정답〉 (D)

10. **【해설】**

(A) 때를 나타내는 분사구문이다. '아들에게 질문을 받았을 때'

(B) 얼마나 빨리, 언제쯤

(C) 형용사 old를 수식하는 부사 enough는 old 뒤에 위치한다. old enough to do(~할 만큼 [정도로] 충분히 나이가 든)

(D) 그렇게 오래도록. that은 지시부사이다.

[해석] 얼마나 있어야 자기 하고 싶은 대로 할 수 있는 만큼의 나이가 되는지를 아들에게 질문받았을 때 현명한 아버지는 "나도 모른단다, 아들아. 아직까지 아무도 그렇게(그것을 알 정도로) 오래도록 산 사람은 없었단다."라고 대답했다.

〈정답〉 (C)

11. **【해설】**

접속부사(구)를 묻고 있다. 빈칸의 앞뒤의 내용을 파악해 보면 서로 비슷한 내용이 나오고 있으므로 순접 관계의 접속부사가 필요하다. 순접 관계를 나타내는 접속부사는 (A) 밖에 없다. herald(vt. 알리다, 전달하다, 예고하다.)

[해석] 초기 산업혁명은 봉건영주의 몰락과 부르주아(자본가계급)의 성장에 공헌했다. 마찬가지로, 새로운 기술혁명은 미래의 사회에서 중대한 사회적, 경제적 변화를 예고할지도 모른다.

〈정답〉 (A)

12. 【해설】

(A) 여기서 Theoretically는 문장부사(독립부사)로서 독립적으로 쓰여 문장 전체를 수식하고 있다.

(B) rarely는 정도부사로서 일반 동사, 형용사, 부사의 앞에, be동사, 조동사의 뒤에 놓인다. 여기서 has는 현재완료의 조동사로서 'lasted life time'이 생략되어 있다고 볼 수 있다. 그러므로 rarely는 has 뒤에 놓여야 한다.

(C) at one time or another(한 번 이상, 시간이 있을 때마다, 때때로)

(D) as a substitute for ~(~ 대용품으로).

[해석] 이론적으로 스크루드라이버는 평생을 가야(쓸 수 있어야) 한다. 그러나 그것이 평생 가는 경우는 거의 없다. 대개 그것은 수시로(어떤 몇몇의) 다른 공구의 대용품으로 사용되기 때문이다.

〈정답〉 (B)

제15장

비교 변화와 비교 구문

1. 의의

영어에서 성상형용사나 양태부사, 정도부사는 그 차이의 정도를 나타내기 위해 형태변화를 한다. 이처럼 차이의 정도를 나타내기 위해 형용사나 부사의 형태가 변하는 것을 **비교 변화**(comparison)라 한다. 그 비교 변화의 모습에는 비교급과 최상급이 있다.

■ 비교급 / 최상급 / 비교 변화

비교급(Comparative Degree)**이란** 어떤(두) 대상 중에 성질·상태, 크기·양 따위의 정도가 더 나음을 나타내기 위해 원래의 형용사 또는 부사 [이처럼 그 차이의 정도를 나타내지 않는 비교급과 최상급의 기준이 되는 보통의 형용사 또는 부사의 형태를 원급(positive degree)이라고 한다.]에 –er을 붙이거나 more를 그 앞에 붙인 형태를 말하고, **최상급**(Superlative Degree)**이란** 어떤(셋 이상) 대상 중에서 성질·상태 따위의 정도가 제일 나음을 나타내기 위해 원급의 형용사에 –est를 붙이거나 그 앞에 (the) most를 붙인 형태를 말한다. 이렇게 (원급의) 형용사나 부사가 성질·상태, 크기·양 따위의 차이 정도를 나타내기 위하여 비교급, 최상급으로 그 형태를 바꾸는 것을 **비교 변화**(comparison)라고 하고, 이때의 원급, 비교급, 최상급을 통틀어 비교(변화)의 급(degree of comparison)이라고 한다. 그리고 어떤 대상 사이에 나는 차이의 정도를 나타내기 위해 원급, 비교급, 최상급의 형용사나 부사를 사용하여 문장을 구성하는 것을 비교 구문(Comparative Construction)이라고 한다.

※ 명사가 복수, 속격을 나타내기 위해, 동사가 인칭.수의 변화에 맞추거나 시제, 법, 태 등을 나타내기 위하여 그 형태의 변화(= 굴절)를 갖는다면, 성상형용사와 양태·정도부사는 그 차이의 정도를 나타내기 위해 그 형태의 변화(= 굴절)를 갖는다.

2. 비교급, 최상급을 만드는 법

(원급의) 형용사 또는 부사 뒤에 −er, −est를 붙이거나 그 앞에 more, most를 써서 만드는 것이 일반적이며, 그 외 불규칙적인 변화의 모습을 갖는 것이 있다.

(1) 형용사의 규칙비교변화

1) 원급의 형용사 뒤에 비교의 굴절접사 −er, −est가 붙는 경우

① 1음절의 (성상) 형용사

ex) big, brave, deep, fast, fat, gay, great, gloomy, hard, hot, large, long, old, poor, shot, strong, warm, wise, young, etc.

brave − braver − bravest　deep − deeper − deepest

fast − faster − fastest　long − longer − longest

near − nearer − nearest　old − older − oldest

rich − richer − richest　strong − stronger − strongest

warm −warmer − warmest

■ 덧붙임

1. 1음절의 형용사의 끝 글자가 e로 끝나는 경우 그 비교급, 최상급은 −r, −st만 붙인다.

fine − finer − finest　large − larger − largest　true − truer − truest

wise − wiser − wisest

2. 1음절 형용사의 끝 형태가 「단모음(짧게 발음되는 모음 한 개) + 단자음(자음 한 개)」 인 경우 그 비교급, 최상급은 단자음을 중복하고 −er, −est를 붙인다.

big − bigger − biggest　fat − fatter − fattest　hot − hotter − hottest

sad − sadder − saddest　thin − thinner − thinnest

3. 1음절의 형용사의 끝 형태가 「자음 + y」 인 경우 그 비교급, 최상급은 y를 i로 고치고 -er, -est를 붙인다.

dry - drier - driest 또는 dryer - dryest

4. 1음절인 형용사의 끝 형태가 「모음 + y」인 경우 그 비교급, 최상급은 그대로 -er, -est를 붙인다.

gay - gayer - gayest gray - grayer - grayest

② 2음절 이상의 형용사는 more, most를 그 앞에 써서 비교급, 최상급을 만드는 것이 원칙이나 -er, -le, -ow, -some, -ture, -(l)y 등으로 끝나는 2음절의 형용사에는 보통 -(e)r, -(e)st를 붙인다.

ex) bitter, clever, tender, able, idle, noble, simple, mellow, narrow, shallow, handsome, burdensome, lonesome, tiresome, wholesome, mature, easy, busy, early, friendly, happy, heavy, lovely, lucky, manly, pretty, showy, tiny, etc.

able - abler - ablest bitter - bitterer - bitterest
clever - cleverer - cleverest idle - idler - idlest
noble -nobler - noblest humble - humbler - humblest
simple - simpler - simplest narrow - narrower - narrowest
shallow - shallower - shallowest mature - maturer - maturest
handsome - handsomer - handsomest

■ 덧붙임

1. 2음절 형용사의 끝 형태가 '자음 + y'로 끝나는 경우 y를 i로 고친 다음 -er, -est를 붙인다.

busy -busier - busiest early - earlier - earliest easy - easier - easiest
friendly - friendlier - friendliest happy - happier - happiest
lucky - luckier - luckiest manly - manlier - manliest
pretty - prettier - prettiest tiny - tinier- tiniest

2. 2음절 형용사 common, distant, exact, handsome, often, polite, remote, simple, sincere 등은 -er, -est나 more, most 어느 쪽이나 붙일 수 있다. 또, cruel, pleasant, quiet, solid 등은 과거엔 more, most를 붙였으나 지금은 -er, -est를 붙인다.

common – commoner; more common – commonest; the most common
polite – politer; more polite – politest; the most polite

cruel – crueler – cruelest
quiet – quieter – quietest
pleasant – pleasanter – pleasantest
solid – solider – solidest

3. 비교의 굴절접사 –er, –est를 취하는 2음절의 형용사에 부정접두사 un–, ig–, im– 등이 붙어 3음절 어가 되는 경우 –er, –est나 more, (the) most 어느 쪽도 가능하다.

impolite – impoliter; more impolite – impolitest; (the) most impolite
ignoble – ignobler; more ignoble – ignoblest; (the) most ignoble
uncommon – uncommoner; more uncommon – uncommonest; (the) most uncommon
uneasy – uneasier; more uneasy – uneasiest; (the) most uneasy
unhappy – unhappier; more unhappy – unhappiest; (the) most unhappy
unlucky – unluckier; more unlucky – unluckiest; (the) most unlucky

---

2) 형용사 앞에 more, (the) most를 써서 비교급, 최상급을 만드는 경우

① 2음절 이상의 (성상) 형용사

▶ 보통 –able, –ent, –ful, –less, –ile, –ing, –ish, istic, –ive, –ous 등의 접미사가 붙은 형용사이다.

ex) **active, agile, attractive, beautiful, careful, careless, changeable, charming, characteristic, curious, delicious, dependent, different, difficult, eatable, expensive, famous, foolish, hopeful, hostile, important, instructive, joyful, joyous, stylish, useful, useless, etc.**

active – more active – (the) most active
beautiful – more beautiful – (the) most beautiful
careful – more carful – (the) most careful
careless – more careless – (the) most careless
charming – more charming – (the) most charming
different – more different – (the) most different
difficult – more difficult – (the) most difficult
expensive – more expensive – (the) most expensive

famous – more famous – (the) most famous

important – more important – (the) most important

instructive – more instructive – (the) most instructive

useful – more useful – (the) most useful

③ 음절 수와 관계없이 more, (the) most를 붙이는 경우

❶ 서술용법에만 쓰이는 형용사

ex) afraid, alike, alive, alone, ashamed, aware, conscious, content, liable, etc.

alive – more alive – (the) most alive

ashamed – more ashamed – (the) most ashamed

liable – more liable – (the) most liable

❷ 분사(형) 형용사

ex) amused, amusing, bored, boring, developed, developing, drunk, drunken, encouraged, excited, exciting, interested, interesting, surprised, surprising, worn, wounded, etc.

amused – more amused – (the) most amused

boring – more boring –(the) most boring

developed – more developed – (the) most developed

drunk – more drunk – (the) most drunk

encouraging – more encouraging – (the) most encouraging

excited – more excited – (the) most excited

interesting – more interesting – (the) most interesting

surprised – more surprised – (the) most surprised

wound – more wound – (the) most wound

❸ **동일인, 동일 물의 성질·상태를 비교급 구문을 사용하여 나타낼 경우**

He is **more** good **than** bad. 그는 악한 사람이라기보다는 착한 사람이다.

She is **more** shy **than** unsocial. 그녀는 비사교적이라기보다는 부끄럼을 많이 탈뿐이다.

The news made me **more** angry **than** glad.

그 소식은 나를 기쁘게 하기보다는 화나게 만들었다.

It is **more** hot **than** warm. 날씨가 덥다기보다는 차라리 뜨겁다.

❹ **비교급을 여럿 열거할 경우**

Women are **more** charitable, **more** kind, **more** sensitive **than** men (are).

여성은 남성보다 더 자애롭고 다정스러우며 감수성이 더 풍부하다.

■ 참고

1. 다음과 같은 형용사의 비교급은 -er, -est를 붙여 만들 수 있으나 습관적으로 more, most를 붙이는 것이 보통이다.

ex) apt, bored, false, fond, guilty, honest, just, kind, like, likely, often, real, right, strange, tired, worth, wrong, etc.

bored: boreder – boredest / more bored – (the) most bored

fond: fonder – fondest / more fond – (the) most fond

honest: honester – honestest / more honest – (the) most honest

kind: kinder – kindest / more kind – (the) most kind

often: oftener – oftenest / more often – most often

right: righter – rightest / more right – (the) most right

strange: stranger – strangest / more strange – (the) most strange

tired: tireder – tiredest / more tired – (the) most tired

worth: worther – worthest / more worth – (the) most worth

2. 복합형용사의 비교 변화

(1) 복합형용사의 첫 말이 형용사나 부사로서 비교 변화할 수 있는 경우에는 독립적으로 쓰이는 경우처럼 그것을 비교 변화시킬 수 있다.

deep-rooted: deeper-rooted / deepest-rooted

fine-looking: finer-looking / finest-looking

far–flung: farther–flung / farthest–flung
good–looking: better–looking / best–looking
good–natured: better–natured / (the) best–natured
hard–working: harder–working / hardest–working
ill–natured: worse–natured / (the) worst–natured
open–hearted: opener–hearted / openest–hearted
quick–witted: quicker–witted / quickest–witted
well–known: better–known / best–known

(2) 복합형용사의 끝말이 형용사로서 비교 변화할 수 있는 경우에는 그 끝말을 독립적으로 쓰이는 경우처럼 비교 변화시키기도 한다.

good–natured: good–natureder / good–naturedest
ill–natured: ill–natureder / ill–naturedest

(3) 어느 말이나 비교 변화가 가능한 복합형용사는 그 모두를 변화시키는 경우도 있다.

good–natured: better–natureder / (the) best–naturedest
ill–natured: worse–natureder / worst–naturedest

(4) 변화시킬 말(형용사)이 없는 경우에는 more, (the) most를 써서 비교급·최상급을 만든다.

out–of–date: more out–of–date / (the) most out–of–date
up–to–date: more up–to–date / (the) most up–to–date

(5) 복합형용사의 첫말이 비교 변화할 수 있는 말이라도 다른 말(들)과 밀접하게 결합되어 있는 경우에는 more, (the) most를 써서 비교급·최상급을 만들기도 한다.

good–natured: more good–natured / (the) most good–natured
kind–hearted: more kind–hearted / (the) most kind–hearted
warm–hearted: more warm –hearted / (the) most warm–hearted
well–to–do: more well–to–do / (the) most well–to–do

(6) 관용적으로 more, most를 붙이는 경우도 있다.

praise–worthy: more praise–worthy / (the) most praise–worthy

(2) 형용사의 불규칙 비교 변화

1) 원급이 두 가지인 것

① good / well – better – best

■ 각각의 용법

가. 형용사 good의 용법 〈원급〉

(가) 좋은, 훌륭한; 착한, 선량한; 친절한(kind); 적합한; 유능한, 능숙한; 예쁜, 믿을만한, 많은

She can speak good English. 그녀는 질 높은 영어를 한다.

A good beginning makes a good ending. 시작이 좋으면 끝도 좋다. – 속담 –

give a person a good scolding 남을 호되게 꾸짖다.

have a good meal 식사를 충분히 하다.

She wanted a good cry. 그녀는 실컷 울고 싶었다.

That's a good long time ago. 그건 꽤 오래전의 일이다.

(나) 관용어구

• (all) well and good **〈어쩔 수 없이 하는 동의 등에〉** 좋아; 할 수 없지.

That's all well and good, but I don't have the money.

그거야 좋지만 내게는 그 돈이 없다.

If it's an order than I'm all well and good. 그것이 명령이라면 제가 어쩌겠습니까.

good and[gudn] 대단히, 아주(very, entirely)

※ 이 good은 뒤따르는 형용사에 대하여 very, entirely의 뜻으로 강조 부사의 역할을 한다.

good and happy 아주 행복한　　good and hungry 몹시 배가 고픈

good and tired 너무 지친　　good and cold 몹시 추운

good and ready 완전히 준비된

• good for ~: ~에 유익한, ~에 적합한; ~동안 유효한; ~을 지불할 만한; ~할 의향 [욕망, 시간] 이 있는

What's good for one person may be bad for another.

한 사람에게 좋은 것은 다른 사람에게는 나쁜 것일 수도 있다.

a license good for five years 5년간 유효한 면허증

This car's good for another tens of thousands of kilometers.

이 차는 아직도 수만 킬로미터는 더 탈 수 있다.

in good time 때마침; 알맞게 때를 맞추어; 충분한 시간 여유가 있게; 곧, 당장에

• **keep good** 썩지 않다; 유지하다, 견디다.

Try to keep good posture at your desk and sit properly on your chair.

책상 앞에 앉을 때는 좋은 자세를 유지하도록 하고, 의자에 바르게 앉도록 하세요.

Not so good! 이것 참 큰 잘못이로군!; 이것 참 큰일이군!

• **say a good word for ~**: ~을 추천 [변호]하다; ~을 칭찬하다; ~을 중재 [조언]하다.

There's [That's] a good boy [girl, fellow].

〈아이를 달래며〉 착한 아이는 말 잘 듣는 거다; **〈칭찬으로〉** 녀석, 착하기도 하지.

나. well의 용법

well은 '잘, 능숙하게'의 뜻으로 부사로 제일 많이 쓰인다. 부사 well은 원칙적으로 형용사를 수식하지 못한다. 또, 형용사로서 well은 '건강한'의 뜻으로 서술적으로 쓰이는 것이 보통이다. 다만, 〈미〉 입말에서는 '건강한'의 뜻으로 한정적으로 쓰기도 한다. 후자의 경우에는 비교급과 최상급이 없다.

(가) 형용사 well 〈원급〉

가) 〈서술적으로〉 건강한, 튼튼한; 건전한 〈opp.〉 ill; 〈syn.〉 healthy

▶ 이 뜻으로 최상급을 쓰는 일은 드물다.

"How are you?" 건강[안녕]하세요? / 잘 지내시죠?

– "(I am) Quite [Very] well, thank you." 아주 건강합니다[잘 지냅니다], 감사합니다.

나) 〈한정적으로, 미, 입말체〉 건강한 〈opp.〉 sick

▶ 이 쓰임의 비교급, 최상급은 없음.

He is a very well man. 그는 매우 건강한 사람이다.

다) 〈서술적으로〉 (형편이) 좋은; 잘되어; 운이 좋아;

〈보통 very well로 동의·승낙을 나타내어〉 좋아, 괜찮아; 알았다.

Things are well enough. 상황은 꽤 좋다.

It is well with him. 그는 무사하다.

I am very well where I am. 나는 지금의 위치에 매우 만족하고 있다.

라) 관용어구

• (just) as well ~: ~해도 좋은; ~하는 편이 좋은

You might just as well leave now. 이제 돌아가셔도 좋겠습니다.

It would be (just) as well to phone and say we may be late.

전화해서 우리가 늦을지도 모른다고 말하는 것이 좋겠다.

• **just as well ~**: ~하는 것이 운이 좋은[때마침 좋은]; ~하는 것이 오히려 나은

It's just as well that we didn't leave any later or we'd[should, would〈미〉] have missed our school bus.

우리가 조금이라도 더 늦게 나서지 않은 게 다행이다. 그렇지 않았더라면 통학버스를 놓치고 말았을텐데.

(나) 부사 well 〈원급〉

가) 동사를 수식하여《잘; 능숙하게; 충분히, 완전히; 알맞게; 친절하게; 침착하게; 아마도》

Well begun is half done. 잘 시작된 것은 반이 끝난 것과 같다. – 속담 –

Everyone thinks [speaks] well of him.모두가 그를 좋게 생각한다 [말한다].

I can't well decline her offer. 나는 그녀의 제의를 쉽게는 거절할 수가 없다.

※ cannot, could not 뒤에 쓰여: 쉽게 ~할 수가 없다.

나) 부사(구), 전치사, 서술 형용사 등을 수식하여

㉮ 부사(구) 앞에서《꽤, 상당히; 훨씬》

She must be well on in her forties. 그녀는 40세를 훨씬 넘었음이 틀림없다.

㉯ 때·장소의 부사, 전치사 앞이나 able, advanced, aware, worth 등의 서술용법의 형용사 앞에 써서 《매우, 훨씬; 충분히, 상당히》

She got home well after ten o'clock. 그녀는 열 시가 훨씬 지나서 집에 도착했다.

This book is well worth reading. 이 책은 읽을 가치가 충분히 있다. [꽤 읽을 만하다.]

㉰ 〈입말체에서〉 perfectly, jolly, bloody, damn 등의 부사 뒤에 쓰여《충분히; 전적으로》

You know perfectly well what I mean. 내가 하는 말이 무슨 뜻인지 잘 알겠지.

다) 관용어구

• **as well** 게다가, 더욱이; 또한, ~도; 마찬가지로, 같이(= equally)

I didn't eat any breakfast and then skip ped lunch as well.

나는 오늘 아침도 못 먹었고 또한 점심도 건너뛰었다.

• **as well ~ might [may]** ~한 것도 당연하다; ~한 것도 무리는 아니다.

She nearly fainted at the news, as well she might.

그 소식을 듣고 거의 실신할 뻔했는데, 그것도 무리는 아니었다.

• **be well on** 충분히 진척되고[나아가고] 있다; 내기에 이길 가능성이 충분히 있다.

It is well on in the night. 밤이 상당히 깊었다.

It is well on in March, but yet it is almost as cold as midwinter.

3월이 된 지도 꽤 되었는데 거의 한겨울처럼 날씨가 춥다.

• **be well out of ~**: ~을 잘 [많이, 멀리] 벗어나 있다

The top shelf is well out of her reach.맨 위 선반에는 그녀의 손이 많이 못 미친다.

I wish I was well out of this job. 나는 이 일에서 아주 손을 떼고 싶다. 〈가정법〉

- **come off well** 잘 되어가다; 좋은 결과가 되다; 운이 좋다.

Everything is coming off well. 모든 것이 잘되어가는 중이다.

- **do well** 잘되다, 성공하다; **〈진행형으로〉** 건강이 회복되다; **〈to 부정사와 함께〉** (~하는 것은) 당연하다, ~하는 것이 좋다.

Mother and child are both doing well. 산모와 아이가 모두 건강합니다.

You would do well to say nothing about it.

그 일에 대해서는 아무 말도 안 하는 것이 좋겠다.

- **just as well 〈대답으로〉** 지장[상관]이 없다, 괜찮다.

"I'm sorry, I don't have cash." 미안하지만 현금이 없습니다.

– "A credit card will do just as well." 신용카드라도 상관없습니다.

- **leave well enough alone** 좋은 데로 그대로 두다; 긁어 부스럼 만들지 않다.

It's so good that you better leave it well enough alone.

그것은 너무도 좋으니 그대로 내버려 두는 것이 나을 것이다.

- **speak [think] well of ~**: ~의 일을 좋게 말하다 [생각하다].

다. better의 용법

(가) 형용사 better 〈opp.〉 worse

가) 형용사 good의 비교급: 보다 좋은; ~보다 나은

one's better feelings 양심, 본심 　　one's better self 자기의 양심; 자기분별

Better the last smile than the first laughter.

처음에 크게 웃는 것보다 마지막에 미소 짓는 게 더 낫다. – 속담 –

나) 형용사 well의 비교급: 더 잘하는; 병세가 차도가 있는; 기분이 보다 좋은

Which of the two is the better runner? 그 둘 중에서 누가 달리기를 잘하니?

He will get better soon. 그는 곧 회복될 겁니다.

다) 관용어구

- **have seen better [one's best] days** 한창때 [전성기]도 있었다.

He has seen better days. 그도 떵떵거리던 때가 있었다.

- **so much the better** (그렇다면) 더욱더 좋다.

If it is true, so much the better. 그게 사실이라면 더욱더 좋지.

Things could [might] be better. 별로야; 좋지 않아.

Things couldn't be better. 만사가 잘돼간다.

(나) 부사 better 〈부사 well의 비교급〉

가) 보다 좋게; 보다 잘; 더욱; (better yet, better still의 형태로 접속사적으로) 오히려; 남짓

She behaves for me better than before.

그녀의 나를 대하는 태도가 전보다 더 좋아졌다.

Go to a police station, or, better still, you had better keep the matter in the dark.경찰서에 가보던지, 아니면 차라리 그 일에 대해서는 가만히 있는 게 좋겠다.

Better leave it unsaid. 말을 하지 않고 두는 것이 차라리 나을 때가 있다. – 속담 –

better than two miles to my house 우리 집까지 2마일 남짓

나) 관용어구

• **(all) the better for ~:** ~ 때문에 그만큼 더[많이]

I like him (all) the better for it. 그것 때문에 나는 한층 더 그를 좋아한다.

• **be better off** 전보다 살림살이가[형편이] 낫다; ~하는 편이 낫다.

We are better off than we used to be. 우리는 예전보다 잘살고 있다.

You're better off without him. 당신에게는 그 사람이 없는 편이 나아요.

know no better 그 정도의 지혜 [머리]밖에 없다.

I guess he knows no better than that. 그는 그 정도밖에는 모를 것 같아요.

• **think better of ~:** ~을 고쳐 생각하다; ~을 다시(달리) 보다. [보게 되다.]

Now I think better of you. 이제 너를 다시 생각해 보게 되는구나.

(다) 명사 better

가) a better, the better의 형태로: 보다 좋은 것[일, 사람]

• **the better of the two** 둘 중에서 더 나은 것

There is no better. 이보다 더 좋은 것은 없다.

나) one's betters로: 누구보다 윗사람; 누구보다 뛰어난 사람; 누구의 선배

one's (elders and) betters 누구의 손윗사람들, 누구의 선배들 (superiors)

one's better 누구보다 훌륭한 사람

다) 관용어구

• **get [gain, have] the better of ~:** ~에게 이기다; ~을 극복하다; 병이 낫다.

She always gets the better of their quarrels with her husband.

남편과의 싸움에서는 그녀가 언제나 이긴다.

• **take a turn for the better[worse]** 호전되다[악화되다].

Finally his illness has taken a turn for the better [worse].

드디어 (결국) 그의 병이 호전 [악화]되었다.

It couldn't be better. 더할 나위 없이 좋다.

라. best의 용법

(가) 형용사 best * 형용사 good의 최상급 〈opp.〉 worst

가) 가장 좋은; 대부분의; 지독한

- one's best days: ~의 전성시대 [최성기] the best families 명문, 명가(名家)

Young-hui is the best student in the class.영희는 학급에서 가장 우수한 학생이다.

※ best는 삼자 이상의 비교에 쓰는 것이 원칙이나, 입말체에서는 흔히 양자에 관해서도 쓴다. 또, 보통은 the best 이나 서술용법에서는 흔히 the를 생략한다.

I think it best to do the work now.나는 지금 그 일을 하는 것이 가장 좋다고 생각한다.

the best [or better] part of a day 하루의 대부분; 거의 하루 종일

나) 관용어구

- put[set] one's best leg [foot] foremost [forward] 힘껏 일을 서두르다; 길을 급히 재촉하다; 〈**미, 입말체**〉 될 수 있는 대로 좋은 면을 보이다.

They promised to their manager that they would put the best leg foremost.

그들은 지배인에게 전력을 다하겠다고 약속했다.

(나) 부사 best * 부사 well의 최상급 〈opp.〉 worst

가) 가장 잘; 최고로; 가장 좋게; (과거분사와 함께 복합어를 만들어) 몹시, 가장

He laughs best who laughs last. 최후에 웃는 자가 가장 좋게 웃는다. – 셰익스피어 –

(= He who laughs last laughs best.)

the best-abused movie 가장 평판이 나쁜 영화

나) 관용어구

- as best (as) one can[may] 될 수 있는 대로 잘; 힘이 닿는 데까지

He helped her as best as he could. 그는 힘닿는 데까지 그녀를 도왔다.

- (the) best of all (~) 무엇보다도; 특히; 단연, 첫째로; ~중에 제일

I like Baek Seok best of all the modern poet of Korea.

나는 한국 현대 시인 가운데서는 백석을 가장 좋아한다.

- come off second best 지다; 차점[또는 그 이하]이 되다.

I always come off second best in an argument with her.

나는 그녀와 논쟁을 하면 언제나 지고 만다.

- had [would (미)] best ~: ~하는 것이 제일 좋다; 꼭 ~해야 한다.

We had best get home in a hurry. 서둘러 집에 돌아가는 게 제일 좋겠다.

(다) 명사 (the) best

가) 최상, 가장 좋은 것; (복수취급) 최고 [일류]의 사람들; 가장 좋은 옷 (Sunday best); 안부

- **the second [next] best** 차선(次善) (의 것)

One must make the best of things. 사람은 만족할 줄 알아야 한다.

나) 관용어구

- **(all) for the best** 제일 좋다고 생각하고; 좋은 결과가 되도록

All is for the best! 모든 것을 좋은 쪽으로 생각해라; 모든 것이 하늘의 뜻이다.

Hope for the best! 일이 잘될 것이라고 생각해라; 좋을 때가 있겠지!

- **get [have] the best of it**: ~을 이기다, 능가하다.

He got the best of it in the game. 그는 그 경기에서 이겼다.

- **make the best of ~**: ~을 최대한 이용하다; ~를 어떻게든 극복하다.

Make the best of your time. 네게 주어진 시간을 잘 이용하라.

- **to the best of ~**: 하는 한, ~이 미치는 한

what is the best of all 게다가 가장[더욱더] 좋은 것은; 금상첨화로

② bad / ill – worse – worst

■ 각각의 용법

가. 형용사 bad의 용법 〈원급〉

(가) 나쁜, 불량한; 해로운; 불충분한; 거짓의; 상한, 고약한; 틀린, 무효인; 기분 나쁜, 아픈; 미안한, 후회하는; 불리한; (한정 용법으로만, 입말체) 심한, 중한

be bad for the health 건강에 해롭다. bad management 서툰 [방만한] 경영

bad milk 상한 우유 go bad (음식물이) 상하다.

feel bad about it 그 일에 대해서 미안하게 생각하다.

a bad time 형편이 안 좋은 때, 불경기(= bad times); 어려운 고비

I have a bad headache. 두통이 심하다.

(나) 관용어구

- **be bad with ~**: ~을 앓고 있다; ~으로 고생하고 있다.

She is bad with toothache. 그녀는 치통을 앓고 있다.

• **get into bad ways** 미치다.

He was about to get into bad ways when he failed in the exam.

그는 시험에 떨어지자 미칠 것만 같았다.

• **go from bad to worse** 갈수록 더 악화되다.

• **have a bad time (of it).** 혼이 나다; 불쾌한 [힘든] 시간을 보내다.

She has been having a bad time of it lately with the anxiety and depression. 그녀는 요즘 근심과 우울함으로 힘든 시간을 보내고 있다.

• **in a person's bad books** 남의 마음에 들지 않아; 남에게 평판이 나빠

He is in his superior's bad books. 그는 상사의 눈 밖에 나 있다.

• **make the best of a bad job[business]** 어려운 사태를 잘 이겨내다[수습하다].

That can't be bad! **〈일상어〉** 그거 잘됐다!; 좋았어!

나. badly의 용법

(가) 부사 badly

가) 나쁘게, 서투르게; 부정하게; 심하게; (입말체, need, want 등의 동사와) 대단히; 슬퍼하여

speak badly of a person 누구를 나쁘게 말하다.

be badly wounded 중상을 입다. badly want 몹시 탐내다 [필요로 하다].

I badly need your help. 네 도움이 몹시 필요하다. (= I need your help badly.)

나) 관용어구

• **badly done by [to]** 냉대받아, 부당히 취급받아; 화가 나서

He quitted [quit] his office because he was badly done by his boss.

그는 상사에게 부당하게 취급을 받자 사직했다.

• **be badly off for ~:** **〈입말〉** ~이 없어서 곤란하다.

The refugees are badly off for blankets, and even worse off for food.

피난민들은 담요가 부족한 데다 음식은 더더욱 부족하여 고통받고 있다.

to put it badly 심하게 말해서

(나) 형용사 badly 《아픈 (sick); 기분이 언짢은; 슬퍼하는, 유감스러운》

▶ 〈미, 입말체〉 보통 feel badly의 형태로 서술적 용법으로 쓰인다.

I feel badly. 내 기분이 언짢다 [몸이 아프다.]

I feel badly about that. 그것에 대해선 내가 유감스럽게 생각한다.

나. ill의 용법

(가) 형용사 ill

가) 병이 난[든]; 기분이 안 좋은; 사악한; 심술궂은; 재수 없는; 불행한; 서투른; 불충분한

ill health 편치 않음, 건강치 못함

※〈영〉에서는 '병이 난, 건강이 나쁜'의 뜻으로는 ill health를 제외하고는 서술용법으로만 쓰며, 한정 용법으로 쓰는 경우에는 sick을 쓴다. 〈미〉에서는 이 뜻으로 보통은 sick을 쓴다.

be taken ill 병이 나[들]다. (= become [fall, get] ill.)

be ill in bed 병으로 누워 있다.

Her saying made me ill. 그녀의 말을 듣고 나는 기분이 나빠졌다.

나) 관용어구

- **ill at ease** 마음 놓이지 않는; 안절부절못하는, 거북한

I felt quite ill at ease before her.그녀 앞이라 나는 상당히 거북했다.

- **take ~ in ill part**: ~을 나쁘게 해석하다; ~을 악의로 받아들이다.

Don't take my words in ill part. 내 말을 악의적으로 받아들이지는 마라.

(나) 부사 ill

가) 나쁘게; 부정하게; 운 나쁘게; 가혹하게; 불친절하게; 불충분하게; 부적당하게; (보통 본동사 앞에 와서) 거의 ~않다.

- **use a person ill**: ~을 혹사시키다; ~을 학대하다.

I can ill afford to buy a car. 나는 차를 살 형편이 안 된다.

It ill becomes you to do such a thing. 그런 일을 하다니 너답지가 않다.

나) 관용어구

- **be ill off** 살림 [형편]이 어렵다.
- **speak ill of ~**: ~을 나쁘게 말하다; ~의 욕을 하다

Don't speak ill of others behind their backs.남의 뒷전에서 욕을 하지 마라.

다. worse의 용법

(가) 형용사 worse: 형용사 bad, ill의 비교급 〈opp.〉 better

가) 더 나쁜; 더 서투른; 형편이 더 나쁜; (건강 상태가) 악화된; 해로운

His bark is worse than his bite.

그는 말이 비록 거칠기는 하지만 본심이 그렇게 나쁜 사람은 아니다.

Company losses were 50 percent worse than in the corresponding period last year.회사의 손실은 지난해의 같은 시기보다 50% 더 나빠졌다.

나) 관용어구

• **be none the worse for ～:** 에도 불구하고 같은 상태이다.

He is none the worse for drinking spirits.그는 독한 술을 먹어도 아주 말짱하다.

• **be the worse for ～:** ～때문에 더 나빠지다.

She is the worse for her dieting.그녀는 다이어트 때문에 건강이 도리어 더 나빠졌다.

• **be worse than ～:** ～정도가 아니다; 전혀 ～하다.

Nothing could be worse than this.이보다 더 나쁜 것은 없을 것이다.

It couldn't be worse.최악의 상태다; 죽을 지경이다.

It could've been worse than that.그만하길 다행이다

• **nothing worse than** 기껏 ～만

He managed to escape with nothing worse than a few scratches.

그는 단지 약간의 찰과상을 입고서 탈출했다.

(나) 부사 worse ※ 부사 badly, ill의 비교급

가) 더 나쁘게; 더 서투르게; 보다 심하게

He is worse off than ever. 그의 살림살이는 이전보다도 더 어려워졌다.

나) 관용어구

• **can [could, might] do worse than (to) do:** ～하는 것도 나쁘지는 않다.

You could sing a song worse than to forget fear.

두려움을 잊기 위해서 노래를 부르는 것도 나쁘지 않다.

• **think none the worse of ～:** ～을 여전히 중히 여기다[존경하다].

I think none the worse of him because he is my rival.

그가 나의 경쟁 상대이지만 내가 그를 존경하는 마음에는 변함이 없다.

(다) 명사 worse: 더욱 나쁨; 〈the worse〉 더욱 나쁜 쪽; 불리; 패배

• **change for the worse** (날씨·병 따위가) (차츰 더) 나빠지다.

The weather is changing for the worse.날씨가 차츰 나빠지고 있다.

• **for better (or) for worse [= for better or worse]** 좋든 나쁘든, 어떤 일이 있더라도

It's done, and, for better or worse, we can't change it now.

그건 이미 저질러진 일이야. 결과가 좋든 나쁘든 인제 와서 바꿀 수 없어.

라. worst의 용법

(가) 형용사 worst ※ 형용사 bad, ill의 최상급 〈opp.〉 best

《〈보통 the worst로〉 가장 나쁜; 제일 심한; 〈보통 the 없이〉 (용태가) 가장 나쁜, 가장 해로운》

• **the worst snowfall in ten years [in years]** 10년 만의 [수년만의] 최악의 폭설

The worst wheel of the cart always creaks most.

제일 나쁜 수레바퀴가 항상 가장 많이 삐걱거린다. [빈 수레가 요란하다] – 속담 –

(나) 부사 worst : 부사 badly, ill의 최상급 〈opp.〉 best

가) 가장 나쁘게, 최악으로; 가장 서투르게; 가장 심하게, 아주 지독하게

Tom drives worst of all my friends. 톰은 내 친구 중에 제일 서툴게 운전한다.

Manufacturing industry was worst affected by this sudden rise in oil price.

제조업이 이번 유가 급등으로 가장 심하게 영향을 받았다.

She needs the scholarship worst. 그녀는 장학금을 아주 절실히 필요로 하고 있다.

나) 관용어구

• **worst of all** 무엇보다도 나쁜 것은, 제일 곤란한 것은

Worst of all we had to fight the enemy with bare hands.

무엇보다 나쁜 것은 우리는 맨손으로 적과 싸워야 했다는 것이다.

(다) 명사 (the) worst 《최악의 것[사람]; 최악(의 상태)》

• **at (the) worst** 최악의 상태에(= **at one's worst**); 아무리 나빠도; 기껏해야

You will lose only one dollar at worst. 기껏해야 너는 1달러밖에 손해를 안 볼 것이다.

• **come off worst (in ~)** 지다, 패배하다(= **get [have] the worst of**); 혼나다.

Our army went off worst in the battle. 아군은 그 전투에서 패배했다.

• **get the worst of it** 혼쭐이 나다; 참패하다.

The team got the worst of it in the final match. 그 팀은 결승전에서 참패했다.

• **make the worst of ~**: ~을 가장 나쁘게 여기다; ~을 큰일인 것처럼 말하다; ~을 비관하다.

I make the worst of lying. 나는 거짓말하는 것을 가장 나쁘게 생각한다.

The worst of it is that ~: 가장 곤란한 일은~이다.

The worst of it is that we cannot prove his guilt.

제일 곤란한 것은 그의 유죄를 입증할 수 없다는 점이다.

③ many / much – more – (the) most

■ 각각의 용법

가. more의 용법

(가) 형용사 more의 용법

가) 형용사 many 또는 much의 비교급으로: 더 많은, 더 큰: 더욱 훌륭한; 더 높은

more status 더 높은 지위 [신분] more intelligence 지능이 더 뛰어난

나) 수.양의 추가를 나타내어: 더 이상의; 여분의; 덧붙인

▶ **이 뜻으로 쓰이는 more 앞에는 종종 수사, some, any, no 등이 놓인다.**

- ten or more men 열사람 또는 그 이상의 사람 (= ten men or more) **〈열이 포함됨〉**

  cf.) more than ten men 열 사람보다 많은 사람 **〈열 사람은 제외됨. 즉, 열한 사람이나 그 이상〉**

I need two more tickets for the concert. 그 음악회의 입장권이 두 장 더 필요합니다.

Don't use more words than are necessary. 필요 이상의 말은 하지 마라.

How much more time do you have till the game?

그 시합까지 앞으로 시간이 얼마나 더 남았는가?

(나) 부사 more의 용법

가) 부사 much의 비교급으로 동사, 부사구를 수식하여 《더 많이, 한층 더》

I hope to see more of you. 앞으로 더 자주 뵙고 싶습니다.

Not that we love Caesar less, but that we love Rome more.

카이사르(시저)를 덜 사랑해서가 아니라, 로마를 더 사랑하기 때문이다.

나) 형용사·부사를 수식하여 비교급을 만들어 《더(욱), 한층》

You look even more attractive in person. 실제로 보니까 훨씬 더 잘 생기셨네요.

The more learned a man is, the more modest he should be.

사람은 배우면 배울수록, 더 겸손해져야 한다.

다) 그 위에, 또한(further); 차라리, 오히려(rather)

one more 하나 더 once more 한 번 더 (= one more time)

He is more a politician than a professor. 그는 교수라기보다 정치인이다.

[= a politician rather than a professor.]

라) 관용어구

• **all the more** 그만큼 더; 더욱더; 오히려

I like him all the more for his reticence. 말이 없어서 나는 더 그를 좋아한다.

Left all alone, she felt all the more sad. 혼자 남으니 그녀는 더욱 슬퍼졌다.

• **and much more** 그밖에 많이 [많은]; 기타 다수

Mr. Kim is here now with me to talk about his life, his career and much more.

김 선생님께서는 그의 인생, 경력, 그 밖에 많은 것에 대한 이야기를 들려주시기 위해 오늘 이 자리에 저와 함께하셨습니다.

• **and no more** 그것뿐이다; ~에 지나지 않다.

I said so in fun, and no more. 난 농담으로 그렇게 말했을 뿐이다.

It is your imagination and no more. 그것은 너의 착각에 지나지 않는다.

• **(and,) what is more** 게다가 또; 그 외에 (moreover)

• **little more than ~**: ~와 마찬가지인; ~에 지나지 않는; ~정도, ~가량:

• **more often [times] than not** 매우 빈번히 (= as often as not); 반 이상; 꼭은 아니나 대개

More often than not, a hastily performed task turns out to be unsuccessful.

대개 성급히 해치우는 일은 결국에 가서는 성공하지 못한다.

• **more or less** 다소, 어느 정도; 약, 대체로 (= a little, somewhat, to a degree)

You are also more or less responsible for the matter.

너도 그 일에 어느 정도 책임이 있다.

A man is more or less what he looks. 사람은 대체로 외모대로다.

• **more than** 〈수사 앞에서〉 ~보다 많이, ~이상(의); 〈동사·형용사·부사·명사 따위 앞에서〉 ~이상으로; 대단히; 〈more than + 절〉 …을 ~할 수 없다.

More than half the world's tropical forests have been destroyed in the past fifty years.

세계의 열대 숲의 반 이상이 지난 50년 동안에 파괴되었다.

I'm more than unhappy about it. 그 일은 참으로 유감입니다.

His behavior is more than I can understand. 나는 그의 행동을 이해할 수가 없다.

It is more than we can believe that he is on our side.

그가 우리 편이라는 것이 믿기지가 않는다.

• **more than one** 〈단수취급〉 하나뿐만 아니라; 많은

More than one person has protested against the proposal.

많은 사람이 그 제안에 이의를 제기했다. / 그 제안에 이의를 제기한 사람은 한 사람만이 아니다.

※ 'more ~ than one'처럼 쓸 경우에는 항상 복수형의 동사를 취한다. 이때의 more는 형용사이다.

More persons than one were found guilty. 많은 사람이 유죄판결을 받았다.

More students than one have complained. 많은 학생이 불평했다.

• **more than you know** 〈입말체〉 당신이 생각하는 이상으로; 당신은 모를 만큼; 대단히

I miss you more than you know. 난 그대가 너무도 그립습니다.

• **neither more nor less than ~**: ~이상도 그 이하도 아니다; 바로; 정확히~에 지나지 않다.

He is neither more nor less than fortunate. 그는 바로 운이 좋은 사람이다.

There were neither more nor less than fifty students in the classroom.

그 교실에는 정확히 30명의 학생이 있었다.

• **not any more** 이제는 [다시는] 하지 않다; 이미 ~아니다.

Not any more. I left there about two months ago.

이제는 안 다녀요. 두 달 전에 거기 그만두었어요.

• **not ~ any more** 이제는 [더 이상] ~이 아닌

I can't endure it any more. 나는 더 이상 그것에 참을 수 없다.

• **the more …, the more ~**: …하면 할수록 더욱더 ~

The more I hear, the more interested I become. 들으면 들을수록 흥미가 더해진다.

나. (the) most의 용법

(가) 형용사 most

가) many 또는 much의 최상급으로 《(보통 the most의 형태로) 가장 큰 [많은]; 최대 [최고]의》

the most points 가장 많은 점수 [득점]; 최고 점수

the most votes 최고 득표

나) 관사 없이 명사를 수식하여: 대부분의; 대개(의)

Most people desire happiness and success.

대부분의 사람들은 행복과 성공을 바란다.

다) 관용어구

• **in most cases** 대개는

Nowadays wars between nations are in most cases fought on economic grounds.

오늘날 국가 간의 전쟁은 대개 경제적인 이유 때문에 치러진다.

• **most likely** 아마; 필시; 가장 ~일[할] 것 같은

Most likely it will prove true. 아마 그것은 사실일 것이다.

Where is this conversation most likely taking place?

이 대화가 일어날 가능성이 가장 높은 장소는?

(나) 부사 most

가) much의 최상급으로 동사를 수식하여 《가장, 제일; 가장 많이; 최대한으로 (= least)》

What pleased her most? 무엇이 그녀를 제일 기쁘게 했나요?

나) 2음절 이상의 형용사·부사의 앞에 놓여 최상급을 만들어 《가장, 제일》

the most Korean (food) 가장 한국적인 (음식) (the) most popular 가장 인기 있는

(the) most happily 가장 행복하게 (the) most wisely 가장 현명하게; 가장 빈틈없이

다) 형용사를 강조하여 very의 뜻으로 《매우, 대단히; 정말, 아주》

It was most kind of you to take me to my house.

저를 우리 집까지 데려다주셔서 정말 고맙습니다.

Your remark was most opportune. 너의 발언은 아주 시의적절했다.

라) 〈미, 입말에서〉 all, every, any 등을 수식하여 《거의 (= almost)》

▶ **most는 all, every, any 등과 같은 순위의 한정사로서 원칙적으로 같이 쓰지 못한다. 다만, 〈미〉 입말에서는 부사 almost의 축약형으로 all, every, any 등과 같이 사용한다.**

I like most any kind of music. 나는 거의 모든 종류의 음악을 좋아한다.

He comes here most every day. 그는 여기에 거의 매일 오다시피 한다.

마) 관용어구

• **most of all** 무엇보다도; 누구보다도; 우선 첫째로

I miss you most of all. 누구보다도 나는 당신이 그립습니다.

2) 비교급이 두 가지인 것

little – less / lesser – least

▶ less가 주로 수량에 쓰는 것에 반해, lesser는 주로 가치·중요성에 대해 쓴다. 또한, lesser는한정적 용법으로만 쓰며 than을 수반하지 않는다.

■ **각각의 용법**

가. little의 용법 ☞ p. 363, 366 참조

나. less의 용법 ※ little의 비교급 중의 하나이다.

(가) 형용사 less: 형용사 little의 비교급 중의 하나

《더 적은, 보다 적은; 보다 작은; (~ 보다) 못한; ~만 못한; 그다지 중요하지 않은》

spend less time at work than at play. 일보다도 노는 데 더 많은 시간을 보내다.

I have one less children than you. 나는 너보다 어린애가 하나 적다.

※ 수가 더 적음을 나타낼 때는 fewer를 쓰는 것이 원칙이나, 입말체에서는 less도 사용한다. 특히, 수사가 오는 경우에 쓴다. (위 예문)

less lights 별로 중요하지 않은 인물들 in (less than) no time 곧, 당장, 즉시

(나) 부사 less: 부사 little의 비교급 중의 하나

가) 형용사, 명사를 수식하여 《보다[더] 적게; ~만 못하여》

less exact 그다지 정확하지 않은 less than promising 가망성이 희박한

He was less a fool than I had expected. 그는 내가 생각했던 것만큼 어리석지 않았다.

나) 동사를 수식하여 《(보다) 적게》

She was less hurt than surprised. 그녀는 불쾌감을 느꼈다기보다는 오히려 놀랬다.

다) 부정문에 이어 much, still, even, far 등을 앞에 놓고: 하물며 [더욱더] ~가 아니다.

I could barely pay for the price for my meal, much [still] less for that of my friend.

나는 내 밥값도 겨우 내는데 하물며 친구의 것까지 낼 수는 없었다.

I don't ever suggest that he is negligent, still [much] less that he is dishonest.

나는 그가 태만하다고 말하는 것이 아니며, 정직하지 않다는 것은 더욱더 아니다.

라) 관용어구

• less than: 〈정도부사로서 형용사를 수식하여〉 결코 ~아니다. (not at all)

I was less than interested in politics. 나는 정치에는 조금도 관심이 없다.

• never less ~ than …: …보다 훨씬 [매우] ~한

He is never less clever than his elder brother. 그는 그의 형보다 훨씬 똑똑하다.

• no less ~ than: ~못지않게, ~와 마찬가지로

She is no less beautiful than her sister. 그녀는 언니 못지않게 예쁘다.

• none the less [= not the less, no less] 그래도 (역시), 그럼에도 불구하고

He had some faults, but was loved none the less. [was not loved the less.]

그에게는 결점이 있었지만, 그래도 역시 사랑을 받았다.

• not ~ any the less (그렇다고 해서) 조금도 ~않다.

I don't think any the less of him for[because of] his faults.

나는 그가 결점이 있다고 해서 조금도 그를 업신여기지는 않는다.

• nothing less than: 아주 ~인, 참으로 ~한; 적어도 ~이상; 다름 아닌, 바로 ~인; 전혀 ~않는

We expected nothing less than a reward.

우리는 적어도 보상이 있을 것쯤은 생각했었다.

That is no thing less than a trick. 그것은 다름 아닌 속임수이다.

They expected nothing less than(= anything rather than) an eruption
그들은 설마 화산폭발이 있으리라고는 생각도 못 하였다.

• **think less of ~: ~을 낮게 [하찮게] 생각하다; ~을 업신여기다.**

다. lesser의 용법 ※ little의 비교급의 하나

less가 주로 수량에 쓰는 것에 반해 lesser는 주로 가치·중요성에 대해 쓴다. 한정적 용법으로만 쓰며 than을 수반하지 않는다.

(가) 형용사 lesser ※ 형용사 little의 비교급의 하나

《보다 작은[적은] (쪽의); 보다 중요치 않은 (쪽의); 더 못한; 시시한》

lesser powers [nations] 약소국　lesser parties 군소 정당
lesser work 시시한 작품

(나) 부사 lesser ※ 부사 little의 비교급의 하나 《〈복합어를 이루어〉 보다 적게》

lesser-known 별로 유명하지 않은

(다) 명사 lesser 《더 못한 것, 시시한 것》

Choose the lesser of two evils. 두 재앙 중에서 덜한 쪽을 택하라. – 속담–

라. least의 쓰임 ※ little의 최상급

(가) 형용사 (the) least ※ 형용사 little의 최상급

가) 가장 작은, 가장 적은; (가치가) 가장 낮은; (미, 속어) 시시한, 하찮은

the least distance 최단 거리　the least sum 최소액
I have least money among us. 나는 우리 중에 돈을 가장 적게 갖고 있다.

나) 관용어구

• **not the least 조금의 ~도 없는 (= not in the least); (not을 강조 시) 적잖이**

They had not the least knowledge of her.
그들은 그녀에 대해서는 전혀 아는 바가 없었다.
There's not the least danger.
조금의 위험성도 없다. / 〈not 강조 시〉 적지 않은 위험이 있다.

(나) 부사 (the) least ※ 부사 little의 최상급. 《가장 적게 [작게]》

• **the least important ~: 중요성이 가장 적은 ~**

(The) least said (the) soonest mended.
말수는 적을수록 좋다. (= The less said the better.)

Last but not least. 중요한 말이 하나 남았는데.

(다) 명사 (the) least 《최소(한의 것), 최소량[액, 정도]》

- at (the) (very) least: (수사 앞에 써서) 최소, 적어도
- (opp.) at most; 아무튼, 어쨌든
- a monthly income of at least a million won 최소 100만 원의 월수입

That tree must measure at least 30 meters.
저 나무는 재보면 적어도 높이가 30m는 나오겠다.
You might at least apologize. 적어도 사과 정도는 할 만하잖아.

- least of all 가장 ~아니다; 무엇보다도 ~않다.

I like it least of all. 나는 그것을 전혀 좋아하지 않는다. (그것이 제일 싫다.)
Least of all do I want to hurt you.
무엇보다도 너를 다치게 하고 싶은 생각은 조금도 없다.

- not (~) in the least 조금도[결코] ~ 않다, 전혀 ~ 아니다. (not at all); 어림도 없다.

He was not surprised in the least. 그는 결코 놀라지 않았다. (= He was not surprised at all.)
I didn't expect to see her in the least.
나는 그녀를 만나리라는 기대를 전혀 하지 않았다.

- to say the least (of it) 아무리 줄잡아 말하더라도

Lying is a bad habit, to say the least of it.
줄잡아서 말해도, 거짓말은 나쁜 습관이다.
This is the least I can do.
이것이 내가 할 수 있는 최소한의 것이다. / 천만의 말씀이십니다.

3) 비교급, 최상급이 각각 2가지인 것

① old – older / elder – oldest / eldest

▶ 미국에서는 elder, eldest의 뜻으로 older, oldest를 쓰는 일이 많다.

He is two years older than my oldest brother. 그는 우리 큰형보다 두 살 위다.

I have three elder sisters. 나는 누나 [언니]가 셋이 있다.

※ elder, eldest는 명사 앞에 쓰이는 한정적 용법뿐이며, elder는 than과도 함께 쓸 수 없다.

He is the second oldest [eldest] of five brothers. 그는 5형제 중 둘째이다.

He established his eldest son in business. 그는 장남을 사업에 종사하게 했다.

▷ one's eldest brother[sister, child] 맏형 [맏누이, 맏아이]
one's eldest son/daughter 맏아들 (장남)/ 맏딸 (장녀)
an eldest statesman 정계의 원로
The younger should give precedence to the elder.
더 젊은 사람은 더 나이 든 사람에게 우선권을 주어야 한다. [장유유서(長幼有序)]

② late – later / latter – latest / last

■ 각각의 용법

가. late의 용법 〈원급〉

(가) 형용사 late 《늦은; 지각한; 더딘; 철 늦은; 말기의; 이전의; 고(故); 최근의》

late spring[summer] 늦봄 [늦여름]
a late marriage 늦은 결혼 [만혼]
her late residence 그녀의 전 주소 [그전 집]
his late father 그의 선친
of late years 근년, 요 몇 해
at a late hour 밤늦게
have a late night 밤늦게 자다.
keep late hours 늦게 자고 늦게 일어나다.
The train is ten minutes late. 열차는 10분 늦어지고 있다.

(나) 부사 late 《늦게, 뒤늦게; 밤늦도록; 전에, 최근까지 (= formerly); 최근 (= lately)》

arrive an hour late 한 시간 늦게 도착하다.
arrive late for the train 기차가 출발한 뒤 도착하다.
study late 밤늦도록 공부[일]하다.
sit[stay] up (till) late 밤늦도록 자지 않고 있다.

- as late as ~: 바로 ~만큼 최근에

I saw her as late as yesterday. 바로 어제 그녀를 보았다.

- late of ~: 최근까지 ~에 거주 [소속]하고 있었던

Professor Kim, late of Seoul University 최근까지 서울대학교에 재직했던 김 교수

나. later의 용법

(가) 형용사 later ※ 형용사 late의 비교급의 하나. 최상급은 latest 〈opp〉 earlier
《더 늦은; 더 뒤의, 더 최근의; 후기의》

in one's later life 만년(晩年)에
in later years 후년에

(나) 부사 later ※ 부사 late의 비교급

《(더) 늦게, (더) 뒤에, (더) 나중에; 〈미, 속어〉 나중에 다시; 안녕》

- one hour later 1시간 후에

He got up later than usual. 그는 평소보다 늦게 일어났다.

Later today will be fine. 오늘 늦게가 좋겠습니다.

- later on 나중에, 다음에

I'll tell it to you later on. 나중에 얘기할게요.

- sooner or later 조만간 (before long, in time)

  cf.) in no time 즉시 (at once)

다. latter의 용법 ※ 형용사 late의 비교급의 하나. 최상급은 last

《뒤쪽의, 뒤[나중]의; 후반의, 끝의; 요즈음의, 근래의; 〈대명사적으로〉 후자》

the latter half 후반부 the latter half of the year 그해의 후반 (6개월)

In the latter years of her life, she lived alone. 만년에 그녀는 혼자 살았다.

The latter is better than the former. 후자가 전자보다 낫다.

라. latest의 용법 ※ late의 최상급의 하나

(가) 형용사 latest ※ 형용사 late의 최상급의 하나. 비교급은 later

《최신의, 최근의; 가장 늦은; 맨 뒤의; 최후의》

the latest model 최신 모델 the latest thing 최신 발명품, 신기한 것

the latest arrival 마지막 도착자

※ 마지막의 것이 동시에 최근의 것이 되는 경우에도 latest를 쓸 수 있다.

at the very latest 아무리 늦어도

(나) 부사 latest ※ 부사 late의 최상급의 하나. 비교급은 later

《가장 늦게(= last)》

He arrived latest. 그는 가장 늦게 도착했다.

(다) 명사 latest

(the) latest 최신의 것; 최신 뉴스; 최신유행 at (the) latest 늦어도

That's latest. 〈영〉 (비난·비웃음) 그거 놀라운걸.

마. last의 용법

(가) 형용사 last ※ 형용사 late의 최상급의 하나. 비교급은 latter

형용사 late의 최상급으로서는 the last의 형태로 쓰인다. last는 연속하는 것 또는 순번의 '최후

의, 마지막의'의 뜻을 나타내며 뒤에 계속되는 것이 없으나, 또 하나의 최상급인 latest는 연속되는 것 중 가장 최근의 것을 나타내며 뒤에 계속되는 것이 있을 수 있다.

가) 최후의, 마지막의; 결정적인, 극단적인; 종말의; 임종의; 최근의; 최신의; 가장 부적당한; 최상의, 비상한; 최하위의

the last man I want to see 내가 가장 만나고 싶지 않은 사람

the last thing we expect 우리가 가장 예상치 못할 일

He is the last person to deceive us. 그는 결코 우리를 속일 사람 같지는 않다.

You are the last to criticize. 자네는 비평할 자격이 없네.

of (the) last importance 극히 중요한

the last term of contempt 더없는 경멸의 말

나) 「전치사 + the last」의 형태로

《최근[지난] ~동안(에); ~의 마지막 기간에; (관사 없이) 지난~, 앞선~; 바로 전의; 요전의 (↔ next); 개개의; 어느 것이나 모두》

for the last three years. 요 [지난] 3년 동안에

for the last month [year] (or so) 요 한 달 [1년] 내외에

※ year나 month 앞에 one을 붙이지 않는다.

다) 관용어구

in the last place 최후로, 마지막으로

You will always find something in the last place you look.

찾고자 하는 것은 항상 마지막에 찾아보는 곳에서 발견된다.

- **on[upon] one's last legs** 쓰러지기 직전에; 죽음에 이르러; 궁지에 빠져; 끝이 가까운

My car is on its last legs; I'll have to replace it soon.

내 차는 수명이 다 되어 곧 바꿔야 할 것 같다.

- **put the last hand [touch] to ~**: ~을 마무리 짓다; ~의 마지막 손질을 하다.

The writer put the last hand to his novel. 그 작가는 자신의 소설을 마무리 지었다.

- **the last (~) but one[two]** 끝에서 두 [세] 번째 (~)

He was the last but one to arrive. 그가 끝에서 두 번째로 도착했다.

- **to the last man** 마지막 한 사람까지, 한 사람도 남김없이; 철저하게; 만장일치로

(나) 부사 last ※ 부사 late의 최상급의 하나. 비교급 없음. the 없이 단독으로 쓰임.

가) 최후에; 맨 끝에; 요전에, 최근; (과거분사와 함께 복합형용사를 이루어) 마지막의

He laughs best who laughs last. 최후에 웃는 자가 가장 좋게 웃는다.

It's a long time since I saw him last. 전번에 그를 만나고 나서 오래되었다.

나) 관용어구

- **first and last** 전부 통틀어; 전체를 통하여, 시종일관하여

The Great King Sejong was the greatest monarch in Korean history first and last. 세종대왕은 한국 역사를 통틀어 가장 위대한 군주였다.

He remained cool [calm] first and last. 그는 시종일관 침착했다

(다) (대)명사 last ※ the last나 one's last의 형태로 쓰인다.

가) 최후의 사람 [것]; 맨 뒤의 사람 [것]; 최후, 종말; 말기; 죽음, 임종; 마지막 모습; 마지막 소식; (월·주의) 말

the night before last 그저께 밤　the month before last 지지난달

The Emperor Sunjong was the last of the Joseon Dynasty.

순종은 조선왕조의 마지막 황제였다.

He breathed his last. 그는 숨을 거두었다.

I said it in my last. 제가 요전번 편지 [전화]에서 그것을 말씀드렸지요.

the last of this week [month] 이번 주[월]말

나) 관용어구

at the last 최후에(는); 막판에, 막바지에

He won the race with a splendid burst of speed at the last.

그는 막바지에 놀라운 속력을 내어 그 경주에서 이겼다.

from first to last 처음부터 끝까지, 시종

He kept silent from first to last. 그는 시종 침묵했다[말이 없었다].

leave ~ till last: ~을 제일 뒤로 하다.

Leave the least important point till last. 가장 중요하지 않은 것을 제일 뒤로 두어라.

③ far – farther / further – farthest / furthest

▶ farther와 further는 모두 far의 비교급으로서, 원칙적으로 farther는 거리에, further는 정도, 시간, 수량에 쓴다. 그러나 이러한 원칙이 실상에 있어서는 지켜지지 않고 있으며 어느 경우에나 further를 쓰는 경향이다.

■ 각각의 용법

가. 형용사 far의 용법 〈원급〉

(가) 먼, 멀리의, 아득한; (둘 중에서) 보다 먼; 먼 쪽의; 건너 쪽의, 저쪽의; 극단적인

in the far distance 아주 멀리에　　in the far past 먼 옛날에

in the far future 먼 장래에

The emergency exit is in the far corner. 비상구는 저쪽 구석에 있다.

the far left [right] 극좌 [극우](파)　　(few and) far between 극히 드문

(나) 관용어구

- **a far cry from ~**: ~에서 아주 먼 거리에 있는; ~과는 전혀 다른 것

It is a far cry from New York to Los Angeles. 뉴욕에서 LA까지는 아주 먼 거리다.

Saying is a far cry from doing. 말하는 것과 행하는 것은 전혀 다르다.

- **the far [four] corners of the earth [world]** 세계의 구석구석

나. 부사 far의 용법

(가) (거리·공간) 멀리(에); 아득히; 먼 곳으로; (시간) 멀리, 오래, 이슥토록

far away[off] 멀리 떨어진 곳에　　sit far back 뒷전에 멀찍이 앉다.

The post office is not far from here. 우체국은 이곳에서 멀지 않다.

※ 거리를 나타내는 부사 far는 의문문·부정문에 쓰이며, 긍정문에서는 보통 a long way 등을 쓴다.

"How far is it to your house?" 집이 먼가요?

– "Don't go too far." 그리 멀지 않습니다.

It is a long way to Seoul. 서울까지는 멀다.

far into the future 먼 장래에　　far into the night 밤늦게까지

The night was far advanced. 밤이 꽤 깊었다.

(나) (정도) 현격하게, 매우; 크게; 단연; (비교급, 최상급을 수식하여) 매우, 훨씬

far better 훨씬 나은　　far different 크게 달라서　　far distant 아득히[훨씬] 먼

(다) 관용어구

• **as [so] far as it goes** 어느 정도(까지)는

Your plan looks fine as far as it goes. 네 계획은 어느 정도는 괜찮아 보인다.

• **as [so] far as that goes[is concerned]** 그것에 관해 말하자면; 실제로는

• **far ahead** 훨씬 전방에; 아득한 장래에

Courtesy might come far ahead of honesty if one were listing priorities.

만약 우선순위를 정한다면 예의가 정직보다 훨씬 앞에 올 것이다.

He was far ahead of his times. 그는 시대를 한 참 앞서갔다.

• **far and wide [= near and far]** 널리, 곳곳에

You will have to seek far and wide to find such a man.

사방팔방 찾아보아도 그런 사람은 찾기 힘들 것이다.

• **far away** 아득히 저쪽에[으로]; 아주 멀리 떨어진 곳에; 먼 옛날에

• **far from ~:** ~에서 멀리; ~와는 거리가 먼, 전혀 ~이 아닌; ~이기는커녕

The public toilet is far from here. 공중화장실은 여기서 멉니다.

I am far from a fool. 나는 결코 바보가 아니다.

• **(so) far from ~ing** ~하기는커녕

Far from being precocious as a small child, Einstein was actually somewhat slow in-learning to talk.

아인슈타인은 어린애로서 조숙하기는커녕 실제로 말을 배우는데 있어서도 약간 느렸다.

• **far out** 〈미〉 멀리 밖에; 보통이 아닌; 파격적인; 과격한, 극단적인; 난해한

A ship is faintly discerned far out at sea.

멀리밖에 바다에 배 한 척이 희미하게 보인다.

Her fashion sense is far out. 그녀의 패션 감각은 파격적이다.

• **go too far** 지나치다, 너무하다; 과장하다.

I have gone too far to retreat. 너무 깊이 들어서서 이젠 물러설라야 물러설 수가 없다.

Do not go too far with your jokes. 농담을 해도 정도껏 해라.

• **in so far as ~:** ~하는 한에서는

That's the truth, in so far as I know it. 내가 아는 한에서 그것은 사실이다.

• **so far** 이 [그] 점까지는, 지금 [그때]까지(로)는; 이만큼 해둡시다.

So far so good. 거기 [여기]까지는 좋다; 지금까지는 잘 돼가고 있다.

다. farther의 용법

(가) 형용사 farther ※ 형용사 far의 비교급의 하나. 최상급은 farthest

《(거리) 더 먼[앞의]; 건너편의; (시간상으로) 더 뒤[나중]의; (정도가) 더 앞선, 뒤따른; 그 위의, 그 이상의》

the farther side of the river 강의 저쪽 [강 건너 쪽]

in the farther future 먼 장래에
a farther stage of development 더 발달한 단계
Have you anything farther to say? 더 할 말이 있습니까?
make no farther objection 더 이상 반대하지 않는다.

(나) 부사 farther ※ 부사 far의 비교급의 하나. 최상급은 farthest

가) 〈거리·공간·시간이〉 더 멀리, 더 앞으로; 더 오래; 〈정도가〉 더 나아가, 그 이상

We walked a mile farther [further] down the road.
우리는 그 길을 따라서 1마일을 더 걸었다.
Endure a little more, it's only a few steps farther.
조금만 더 버텨라. 몇 걸음만 더 가면 된다.
Let's discuss it no farther. 이 이상은 논하지 말기로 합시다.

나) 관용어구

- **farther back** 더 뒤에 [로]; 더 오래전에

This story goes farther back in time than we had imagined.
이 이야기는 우리가 전에 상상했던 것보다 더 이전의 시간으로 거슬러 올라간다.

- **farther on** 더 나아가서 [멀리], 더 앞 [뒤]에

He is farther on than you. 그는 당신보다 앞서 있다.
I'll see you farther [further] first. 천만에; 그건 안 되겠다.

라. farthest의 용법

거리, 시간에 사용한다.

(가) 형용사 farthest

※ 형용사 far의 최상급의 하나. 비교급은 farther
《가장 먼; 최대한의; 가장 긴》

Japan is the nearest and farthest country at the same time.
일본은 가장 가까운 나라인 동시에 가장 먼 나라이다.

(나) 부사 farthest ※ 부사 far의 최상급의 하나. 비교급은 farther

《가장 멀리(에); 최고로, 가장(most)》

Who ran (the) farthest? 누가 가장 멀리 달렸나요?
He is the farthest advanced of all the students.
그는 모든 학생 중 가장 앞선 학생이다.

(다) 관용어구(명사 farthest)

• **at (the) farthest** (아무리) 멀어도; (아무리) 늦어도

It's ten kilometers away, at the farthest. 그곳은 멀어봐야 10㎞ 떨어져 있다.

I will return in two times at (the) farthest.

아무리 늦어도 두 시간 안에 돌아오겠습니다.

마. further의 용법

farther는 보통 '거리'에, further는 '정도·시간·수량'에 쓴다고 하나, 실제로는 엄밀하게 구별하지 않고 있으며, 입말에서는 어느 경우에나 further를 쓰는 경향이다.

(가) 형용사 further ※ 형용사 far의 비교급의 하나. 최상급은 furthest

《더 먼; 더 앞의; 저쪽의[건너 쪽의]; 그 이상의, 한층 더한, 더 자세한[상세한]》

on the further side of the East Sea 동해 바다 저편에

further education 성인교육　　further test 추가 검사; 정밀검사

It was agreed to call a further meeting on the 10th.

10일에 확대회의를 소집하자는 데 의견이 일치됐다.

Have you any further questions?

질문 더 있습니까? (= Are there any further questions?)

For further details, see page 100. 더 자세한 사항은 100쪽을 참조할 것

(나) 부사 further ※ 부사 far의 비교급의 하나. 최상급은 furthest

가) (공간·시간적으로) 더 멀리, 훨씬 멀리; 더 나아가서, 그 이상으로, 게다가; 다른 곳에서

as far as this but no further 여기까지만

not further than ten miles from here 여기에서 10마일이 안 되는 곳에

Blocked further on. 〈게시〉 전방 통행 불가

Let me further tell you that ~: ~을 한 마디 더 말씀드리겠습니다만

나) 관용어구

• **further on** 더 앞으로(계속하여), 더 앞에; 더 가서

My home is ten miles further on. 우리 집까지는 이제 10마일 남았다.

A little further on we came across a monstrous castle.

조금 더 가자 거대한 성이 하나 나타났다.

• **go any further** (질병·소문 등이) 더욱더 번지다 [진전되다].

As it was hot and stuffy, the contagious went any further.

날씨가 무더웠기 때문에 전염병은 더욱더 번졌다.

• **go further** 더욱더 나아가다[말하다].

Every time we talk you go further out on a limb.

얘기를 나눌 때마다 당신은 점점 더 위험한 곳으로 [삐딱하게, 엇갈리게] 나아가시는군요.

• **thus far and no further** 여기까지 (더 이상은 안 돼)

My patience is thus far and no further.

내 인내심은 여기까지다. (더 이상 참지 않겠다.)

바. furthest의 용법

(가) 형용사 furthest ※ 형용사 far의 최상급의 하나. 비교급은 further

《가장 먼, 가장 멀리 떨어진》

the furthest point 가장 먼 곳 [지점]　　the furthest extreme 최극단

The furthest way about is the nearest way home.

가장 멀리 돌아가는 길이 집으로 가는 가장 가까운 길이다. [급할수록 돌아가라.]

When the moon in its orbit is furthest away from the earth, it is at its apogee.

궤도 상에서 달이 지구와 가장 멀리 떨어져 있을 때 달은 원지점에 있는 것이 된다.

(나) 부사 furthest ※ 부사 far의 최상급의 하나. 비교급은 further

《가장 멀리; 〈미〉 가장 (= most)》

Who can swim (the) furthest? 누가 가장 멀리 헤엄칠 수 있습니까?

(다) 관용어구

at furthest (= at farthest) 아무리 늦어도, 아무리 멀어도; 고작

(3) 라틴어에서 온 비교급 형용사

다음과 같은 라틴어에서 온 형용사는 원급과 최상급이 없고 그 자체에 비교의 의미를 내포하고 있으며, 다른 비교급이 접속사 than과 결합한 비교의 대상을 갖는 것에 비해 전치사 to와 결합한 비교의 대상을 갖는다.

ex) anterior, exterior, inferior, interior, junior, major, minor, posterior, prior, senior, superior, preferable, similar, etc.

• anterior to ~: ~보다 앞서, 보다 앞쪽에
• posterior to ~: ~보다 후에, ~보다 뒤쪽에
• prior to ~: ~에 앞서, ~하기 전에
• superior to ~: ~보다 더 우수한

- **inferior to** ~: ~보다 더 열등한
- **senior to** ~: ~보다 나이가 더 많은
- **junior to** ~: ~보다 나이가 어린

The event was **anterior to** World War II. 그 사건은 제2차 세계대전 전에 일어났다.

This novel of his is **inferior to** the previous one. 그의 이번 소설은 먼저 것만 못하다.

He is three years **junior to** me. 그는 나보다 세 살 아래다.

(= He is **junior to** me by three years.)

She is two years **senior to** you. 그녀는 너 보다 두 살 위(연상)다.

(= She is **senior to** me by two years. / She is two years older than I.)

She is **superior [inferior] to** me in Korean. 그녀는 나보다 한국어를 잘 [잘못]한다.

(= She is better[worse] than I in Korean.)

This song is infinitely **preferable to** the others. 이 노래가 다른 것들보다 훨씬 좋다.

Your opinion is **similar to** mine. 네 견해는 내 것과 비슷하다.

■ 덧붙임

1. 라틴어에서 온 비교급 형용사는 그 자체로서 비교의 의미를 갖는 말로서 비교문에만 쓰는 것 이 원칙이나, 실상에서는 more, most를 이들 앞에 써서 비교급, 최상급을 나타내는 경우가 많다.

superior – more superior – (the) most superior

preferable – more preferable – (the) most preferable

Nationalism is the belief that your culture is **more superior** to any other.

국수주의는 자국의 문화가 다른 나라의 문화보다 더 우수하다는 신념이다.

Although there are many concerns to confront, democracy is still **the most preferable** form of government.

비록 직면한 문제들이 많이 있지만, 민주주의는 여전히 가장 바람직한 정부의 형태이다.

2. A is preferable to B [(동)명사] 《A가 [하는 것이] B보다 [하는 것보다] 낫다.》

= A is more desirable than B; A is better than B; would rather B than A

Death **is preferable to** dishonor. 죽을지언정 (살아서) 치욕은 당하지 않겠다.

(= I would rather[sooner] die than suffer disgrace.)

I think country life is infinitely **preferable to** living in the city.

나는 시골생활이 도시생활보다 비교할 수 없을 정도로 더 낫다고 생각한다.

Poverty is **much preferable to** dishonesty. 가난하게 사는 것이 부정직하게 사는 것보단 낫다.

※ preferable to는 much로 강조하며 very나 more로는 강조하지 못한다. preferable 속에 이미 비교의 뜻을 포함하고 있기 때문이다.

3. (as) compared to [with] ~ 《~과 비교하면; ~에 비하여 [비하면]》

▶ compared는 라틴어 기원인 동사 compare에서 형용사화한 말이다.

Compared to last year, the price of rice has gone up. 작년과 비교하면 쌀값이 올랐다.

Compared to the others, he is the most diligent (in his class).
다른 사람들에 비하면, (그 부류에서) 그는 제일 부지런하다.

The total sum showed a 10 percent rise, compared **with** the figure from 2015.
총금액은 2015년 수치와 비교하면 10% 증가했다(증가를 보였다).

■ 참고

1. 비교를 생각할 수 없는 형용사에는 비교급이 없다.

ex) perfect, unique, matchless, full, empty, square, round, circular, wooden, monthly, complete, daily, triangular, right, wrong, etc.

This is a more unique example. (x)

※ perfect는 현재 more, most를 붙여서 비교급, 최상급을 만들기도 한다.
It is the more perfect of the two. 이것이 둘 중에서 더 우수하다.
Silence is the most perfect expressing of scorn. 무언은 최고로 완벽한 경멸의 표현이다.

2. 전치사에서 파생된 비교급형태 형용사의 비교변화 (최상급)

• (in) → inner (안쪽의) – in(ner)most (맨 안쪽의)

inner life 정신생활 inner conflict [doubt] 내적 갈등 [의심]
one's inner self 내적 자아 innermost feelings [thoughts] 마음속 깊이 품은 감정[생각]
in the innermost recesses of one's mind 아무의 마음 가장 깊은 곳에
reveal innermost feelings [thoughts] 속내를 드러내다[털어놓다].

• (out) → outer(외부의, 멀리 떨어진) – out(er)most(제일 밖의, 가장 먼)

outer garments 겉옷, 외투 outer wall 외벽 the outer skin 표피
the outer world 외부세상 outer reality 객관적 현실
the exploration of outer space 외계 탐사 the outermost limits 최대 범위
the outermost planet 지구에서 가장 먼 행성
The outermost part of the Sun's atmosphere is so hot that its gas(es) continually expand away from the Sun.

태양 대기의 가장 바깥 부분은 너무 뜨거워서 그것의 가스는 태양으로부터 끊임없이 팽창한다.

• (up) → upper (더 위쪽의, 상부의) – uppermost (최상의, 최상부의, 최우위의)

the upper [lower] eyelid 위 눈꺼풀 [아래 눈꺼풀]

the upper[lower] eyebrows 윗눈썹 [아랫눈썹]

the upper [lower] half of the body 상[하]반신

the upper currents of air 상층 기류

the upper Nile 나일 강 상류 the upper[lower] chamber (의회) 상[하]원

the upper [lower] limit 상한 [하한] an upper-bracket taxpayer 고액 납세자

an upper-case A 대문자 A / a lower-case 'a' 소문자 a

the uppermost peaks of the mountain 그 산의 최고 높은 봉우리

the uppermost class of society 사회의 최상류층

one's uppermost thoughts 우선 먼저 머리에 떠오른 생각

a subject of uppermost importance 가장 중요한 주제

(4) 부사의 비교변화

비교 구문을 만들 경우 형용사를 써야 할 경우에는 형용사 비교 구문을, 부사를 써야 할 경우에는 부사 비교 구문을 써야 한다. 이에 부사 역시 형용사와 마찬가지로 비교급, 최상급으로의 비교변화를 가지며, 그 원급이나 비교급, 최상급을 사용한 비교 구문을 만들 수 있다. 부사의 비교변화에 있어서도 형용사와 마찬가지로 -er, -est 또는 more, most를 앞에 붙여서 비교급, 최상급을 만들 수 있는 것과 불규칙 비교변화를 갖는 것이 있다.

1) 부사의 규칙 비교변화

① -er, -est를 붙이는 것

❶ early – earlier – earliest

He has come an hour earlier than before. 그는 이전보다 1시간 빨리 왔다.

I got up earliest of all this morning.

나는 오늘 아침에 모두 중에 가장 먼저 일어났다.

❷ soon – sooner – soonest

We got home sooner than we had expected. 우리는 생각보다 빨리 집에 도착했다.

I want to be out of here the soonest I can. 나는 가능한 한 빨리 이곳을 나가고 싶다.

❸ hard – harder – hardest

My teacher admonished me to work harder for the exams.

선생님은 시험공부를 더 열심히 하라고 나에게 훈계를 하셨다.

He worked hardest of all. 그는 누구보다도 열심히 [모두 중에 가장 열심히] 일했다.

❹ fast – faster – (the) fastest

Tom swims faster than I. 톰은 나보다 빠르게 헤엄친다.

Tom swims (the) fastest of all. 톰은 누구보다도 빠르게 헤엄친다.

⑤ 형용사에 ly를 붙여서 만드는 부사는 more, most를 붙여 비교급, 최상급을 만든다.

▶ 부사의 최상급을 만들 경우 most 앞에는 the를 붙이지 않는 것이 보통이다.

carefully – more carefully – (the) most carefully

diligently – more diligently – most diligently

easily – more easily – most easily

frequently – more frequently – most frequently

happily – more happily – most happily

keenly – more keenly – most keenly

kindly – more kindly – most kindly

quickly – more quickly – most quickly

slowly – more slowly – most slowly

She drives more carefully than he. 그녀는 그보다 주의 깊게 운전한다.

Min–ho drives (the) most carefully of all my friends.

민호는 나의 모든 친구 중에 가장 주의 깊게 운전한다.

2) 부사의 불규칙 비교변화

well – better – best　　**good** – better – best　　**badly** – worse – worst

much – more – most　　**little** – less – least

George can ski better than I.　　조지는 나보다 스키를 잘 탈 수 있다.

I work best early in the morning.　　나는 이른 아침에 일이 가장 잘된다.

He came when we least expected him.　　그가 오리라고는 기대하지 않던 참에 그가 왔다.

3. 비교 구문의 종류

이에는 어느 대상 사이의 성질, 상태의 동등한 정도를 나타내는 **동등비교 구문**, 그 정도가 더욱 못함을 나타내는 **열등비교 구문**, 그 정도가 더욱 나음을 나타내는 **우등비교 구문**이 있다.

(1) 동등비교 구문

말하고자 하는 두 대상 사이의 성질, 상태의 동등한 정도를 나타내는 것으로서, 「A … **as** + **원급**(형용사, 부사) + **as** B (…)」의 구문을 말한다. **〈A도 B만큼 ~ (원급) 한 (하게)〉**

He is **as diligent as** she (is).　　그도 그녀만큼이나 부지런하다.

He studies **as hard as** she does.　　그는 그녀만큼이나 열심히 공부한다.

At the moment of lift-off, heat **as high as** 3,000 degrees was ejected down toward earth.　　발사 순간에 3,000도에 달하는 열이 지상으로 내뿜어졌다.

I like you **as much as** (I like) her.　　나는 그녀를 좋아하는 것만큼이나 너를 좋아한다.

※ 여기서 you는 like의 목적어로서 목적격이므로 as 이하의 동일한 부분을 생략할 경우 you와 같은 격인 목적격 her가 와야 한다. (격의 일치)

To go too far is **as wrong as** to fall short.　　과한 것은 부족한 것만큼이나 좋지 않다.

(= Too much is just as bad as too little.)

너무 많은 것은 너무 적은 것과 마찬가지로 똑같이 나쁘다.

The boy **just as clever as** his brother. 그 아이는 그 애 형만큼이나 총명하다.

※ 동등비교의 'as ~ as'의 앞에는 just, exactly, nearly 등의 (정도) 부사가 강조어로 오는 경우가 많다.

Today is **just as** hot **as** yesterday. 어제 더웠던 것만큼이나 꼭 그렇게 오늘도 덥다.
(= It is **just as** hot today **as** it was yesterday.)

You look **exactly as** old **as** you are. 너는 꼭 네 나이로 보여.

The fish was **nearly as** large **as** a person. 그 물고기는 크기가 거의 사람만 했다.

■ 덧붙임

1. 동등비교의 'as 원급(~) as'에서 앞의 as는 지시부사이고 뒤의 as는 '~만큼(이나)'의 뜻을 나타내어 비교의 종속절 (부사절)을 이끄는 접속사이다. 따라서 뒤의 as 뒤에는 원칙적으로 절이 와야 한다. 다만, 종속절에서는 반복을 피하기 위해 주절과 같은 부분은 생략할 수 있다. 하지만, as 이하가 주절과 같은 형태의 절임을 명확히 하기 위해 자동사 또는 「타동사 + 목적어」를 대신해 대동사 do를 (수, 시제에 맞게) 쓰는 것이 보통이다. (주절에 be동사가 있는 경우에는 그대로 be동사만을, 「조동사 + 본동사」 가 있는 경우에는 조동사만을 수, 시제에 맞게 써준다.) 이때 종속절의 주어가 길거나, do가 대신하는 동사가 흔한 동사 (love, know, speak 등)인 경우에는 주어와 do, be, 조동사를 바꾸어 (= 도치하여) 쓰기도 한다. 또한, 앞 문장과 시제가 동일할 경우에는 대동사나 조동사, be동사까지도 생략하기도 한다. 이처럼 종속절에 주어만 남기는 경우, 입말체에서는 뜻의 혼동을 주지 않는 경우 접속사 as를 전치사처럼 취급하여 그 뒤에 주격 대신 목적격 대명사를 쓰기도 한다.

I love her **as much as** you do. 네가 그녀를 사랑하는 만큼이나 나도 그녀를 사랑한다.
I love you **as much as** he (does). 나는 그 사람만큼이나 [못지않게] 당신을 사랑합니다.
She is as tall as he (is). 그녀는 키가 그 사람만 하다; 그녀는 그처럼 키가 크다.
I can run **as rapidly as** he (can).
그가 빠르게 달리는 만큼이나 나도 빠르게 달릴 수 있다.
I can speak English **as well as** can the other students. 〈긴 주어와 (조)동사의 도치〉
나도 다른 학생들만큼 영어를 잘할 수 있다.
He studies as hard as her. 〈입말(체)〉 그는 그녀만큼이나 열심히 공부한다.

2. 동등비교의 종속절 (= as가 이끄는 절)의 시제는 주절의 시제와 관계없이 자유롭게 쓸 수 있다.

It **is** just as hot today as it was yesterday. 어제 더웠던 것만큼이나 꼭 그렇게 오늘도 덥다.

She **was** as beautiful as I **had** imagined. 그녀는 내가 상상했었던 것과 같이 아름다웠다.

3. 동등비교의 종속절에는 부정형을 사용해선 안 된다.

She doesn't like as much as I don't. (x) → She likes him as little as I (do). (o)

내가 그를 좋아하지 않는 것처럼 그녀도 그를 좋아하지 않는다.

4. 동등비교의 as ~ as 사이에는 강조어나 비교급을 넣을 수 없다.

She is **as** very diligent **as** he (is). (x)

5. 동등비교의 비교 대상이 명백할 때는 뒤의 as 이하를 생략할 수 있다.

He runs fast, but my younger brother runs as fast (as he does).

그는 빨리 달린다. 그러나 내 남동생도 그만큼이나 빨리 달린다.

6. 동등비교의 접속사 as 다음에 오는 가주어 it은 생략한다.

He is doing **as well as** (it 생략) could be expected. 그는 예상했던 만큼 잘하고 있다.

7. 서로 다른 성질의 것을 동등비교 구문으로 나타낼 수도 있다.

Socrates was **as wise as** he was ugly. 소크라테스는 못생긴 만큼이나 현명했다.

8.「배수의 부사 + as ~ as」의 형태로 배수의 비교를 나타낸다.

This is **half as large as** that. 이것은 저것 크기의 반이다.

The man is **twice as old as** I. 그 남자의 나이는 내 나이의 두 배다.

[= He is as old again as I. / He is twice (of) my age.]

8. as + 원급 형용사 + 명사 + as절

이러한 구문은 비교 구문은 아니고 (유사) 관계대명사 as가 이끄는 비교의미를 나타내는 관계사 구문일 뿐이다. 이때의 as는 종속절의 주어나 목적어를 겸한다. ☞ **p. 49[3] 참조**

There are **as** good fish in the sea as ever came out of it.
〈as: 주격 관계대명사〉

바닷속에는 여태까지 잡혀 나왔던 것 못지않게 많은 물고기가 있다. (기회는 많이 있다.)

He has **as** much money as you have. 그는 네가 가진 만큼이나 많이 돈을 가지고 있다.
〈as: 목적격 관계대명사〉

(2) 열등비교 구문

말하고자 하는 두 대상의 성질, 상태에 있어 보다 못한 정도를 나타내는 것으로서 「A … less + **원급** + than B (…)」나 「A … **not so [또는 as]** + **원급** + **as** B (…)」의 구문을 말한다. 후자가 더 많이 쓰이고 있다. 《A는 B보다 덜 ~ (원급) 하다.》

Sam-sun is less careful than Geum-sun (is). 삼순이는 금순이보다 찬찬치 못하다.

(= Sam-sun is not so careful as Geum-sun (is).)

This was less susceptible to damage than the earlier design.

이것은 이전의 디자인에 비해 손상이 덜 된다.

The child was not so quick a learner as his brother (was).

그 아이는 그 애 형만큼은 학습이 빠르지 못했다.

I can't run as fast as Jack can. 나는 잭만큼은 빨리 달릴 수 없다.

It's not as easy as it seems. 그것은 보기처럼 쉬운 것은 아니다.

It's not nearly as simplistic as you think.

그것은 결코 네가 생각하는 것처럼 단순하지가 않다.

It wasn't quite as simple as I thought it would be.

그것은 내가 생각했던 것만큼 꼭 그렇게 간단하지는 않았다.

▷ not quite so [as] ~ as … 《… 만큼 (꼭) (그렇게) ~하지는 않다.》

He is **not quite so** learned as his wife. 그는 그의 아내만큼 그렇게 학식이 많지는 않다.

It's **not quite as bad as** we had feared. 그것은 우리가 우려했던 만큼 그렇게 나쁘진 않았다.

(3) 우등비교 구문

말하고자 하는 두 대상의 성질, 상태에 있어 보다 나은 정도를 나타내는 것으로서, 「A … more + **원급** + than B (…)」, 「A … **비교급** + than B (…)」, 「A … the + **비교급** + of the two」 등의 구문을 말한다. 《A는 B보다 더 ~하다; A가 그 둘 중에서 더 ~하다.》

Sam-wol is more kind than O-wol (is). 삼월이는 오월이 보다 상냥하다.

The pen is mightier than the sword. 펜은 [글의 힘] 창 [무력]보다 더 강하다.

The sea is deeper than the mountains are high.	바다는 산이 높은 것보다 더 깊다.
He runs faster than you do.	그는 당신보다 더 빨리 달린다.
I play tennis better than he does.	나는 그보다 테니스를 더 잘한다.
She is the taller of the two.	그녀는 그 두 사람 중 키가 더 크다.
Sam-dol is poorer than Dol-soe (is).	삼돌이는 돌쇠보다 더 가난하다.

※ 이처럼 부정적으로 정도가 더한 경우를 나타낼 때도 우등비교 구문을 쓸 수 있다.

Jack is the more stupid of the two boys. 잭은 그 두 남자애 중에 더 미련하다.

■ 참고- than이 있는 비교급 구문과 관련하여

1. 비교급 구문 (열등비교, 우등비교)에 쓰이는 than은 '~보다(도)'의 뜻을 나타내는 비교의 종속절(부사절)을 이끄는 접속사이다. 비교급 구문에 쓰이는 than도 앞의 동등비교에서 설명한 as에 관한 설명이 그대로 적용된다. 즉, 반복을 피하기 위해 주절과 같은 부분은 생략할 수 있고, than 이하가 주절과 같은 형태의 절임을 명확히 하기 위해 (자)동사 또는 「타동사 + 목적어」를 대신해 대동사 do를 사용할 수도 있다. 또한, 동등비교 구문의 접속사 as와 마찬가지로 입말체에서는 than 이하에 주격 대명사만이 올 경우 than을 전치사로 취급하여 목적격의 형태로 쓰기도 한다. 다만, 공식적인 시험 (글말을 원칙)에서는 목적격을 인정하지 않는다.

She loves you **more than** (she loves) me. 그녀는 나보다 당신을 더 사랑하고 있다.

He is **taller than** I (am). 그는 나보다 키가 크다.

I like her **better than** he (likes her).

나는 그가 그녀를 좋아하는 것보다 더 그녀를 좋아한다.

Sam-sik is **less** strong **than** Sam-dol (is strong). 삼식은 삼돌보다 힘이 세지 않다.

I love her **more than** you **do** (= love her). 나는 네가 사랑하는 것보다도 더 그녀를 사랑한다.

Tom is **younger than** I[me]. 〈me를 쓰는 것은 입말체〉 톰은 나보다 어리다.

He is **wiser than** we[us] all. 〈us를 쓰는 것은 입말체〉 그는 우리 모두보다 더 현명하다.

2. 비교급 구문의 종속절 (than이 이끄는 절)의 시제는 주절의 시제와 관계없이 자유롭게 쓸 수 있다.

The boy **is** taller than I **was** at his age. 그 소년은 내가 그 애의 나이였을 때보다 키가 크다.

He **comes** much oftener here than (he **did**) before. 그는 전에 비해 이곳에 아주 자주 온다.

3. 우등·열등비교의 접속사 than 뒤에 오는 가주어 it은 생략한다.

The next war will be more cruel **than (it 생략)** can be imagined.
다음 전쟁은 생각할 수 있는 이상으로 잔인할 것이다.

4. than이 이끄는 절이 앞서는 명사의 동격절이 되는 경우 that절을 쓴다. 이때의 that절에는 보통 should가 쓰인다.

There is <u>nothing</u> I want more than **that you should be happy.**
네가 행복한 것 이상으로 내가 원하는 것은 아무것도 없다.
Is there <u>something</u> more than **that you would like to be doing?**
당신이 하고 싶어 하는 것보다 더 나은 어떤 게 있습니까?

5. more + 명사 + than절

이러한 구문은 비교 구문은 아니고 (유사)관계대명사 than이 이끄는 비교의미를 나타내는 관계사 구문 일뿐이다. 이때의 than은 종속절의 주어나 목적어를 겸한다. ☞ **p. 51[3] 참조**
Don't use more words <u>than are necessary.</u> **〈than: 주격 관계대명사〉** 필요 이상의 말은 쓰지 마라.
He has saved more money <u>than I have saved.</u> **〈than: 목적격 관계대명사〉**
그는 내가 저축하는 것보다 많은 돈을 저축했다.

6. 입말체에서는 열등비교의 경우 「비교급(less) + 원급 + than」의 표현보다는 「A … not as + 원급 ~ + as B」의 표현을 더 많이 쓴다.

I am **less** happy **than** you. 나는 너보다 행복하지 못해.
(= I am **not as** happy **as** you.) 나는 너만큼 행복하지는 않아.

4. 비교 구문의 형태

(1) 원급을 사용한 비교 구문

1) 동등비교의 경우: A … as + **원급**(~) + as B (…) 《A도 B만큼 ~하다. (A = B)》
「A … as + **원급** + as B (…)」의 부정은 「A … not so[as] + **원급**~ + as B (…)」로서 'A는 B만큼은 ~(원급) 하지 못하다.'의 뜻의 열등비교 구문이 된다.

He is **as** tall **as** I (am). 그는 키가 나만 하다. / 그는 나만큼 키가 크다.

Dol-soe is **as** strong **as** Man-geun (is). 돌쇠는 만근이 만큼이나 힘이 세다.

I love her **as** much **as** you do. 네가 그녀를 사랑하는 만큼이나 나도 그녀를 사랑한다.

※ 여기서 do를 생략하고 you만 쓸 경우 강조하는 말이 무엇이냐에 따라서 해석이 달라질 수 있다. 즉, I와 you에 강세를 두면 '네가 그녀를 사랑하는 만큼이나 나도 그녀를 사랑한다.'(= I love her as much as you love her.)의 뜻이 되고, her와 you에 강세를 두면 '나는 너를 사랑하는 만큼이나 그녀도(를) 사랑한다.' (= I love her as much as I love you.)의 뜻을 나타내게 된다.

He does**n't** work **as** hard **as** he used to. 그는 예전만큼은 열심히 일하지 않는다.

She was **not so** beautiful **as** I had imagined.

그녀는 내가 상상했었던 것만큼은 아름답지 않았다.

She is **not so** [**as** 〈입말체〉] tall **as** I. 그녀는 나보다 키가 크지 않다.

※ 이 문장은 실제에 있어, 내가 키가 작다면 '그녀도 나처럼 키가 크지 않다 (= 키가 작다).' (= She is as short as I.)의 뜻으로 사용할 수도 있을 것이다. 다만, 일반적 해석으로는 키가 크고 작음을 떠나 '그녀는 나보다 키가 크지 않다.'로 해야 할 것이다. 그리고 'She is not so tall as I am.'처럼 쓸 경우에는 '그녀도 나처럼 키가 크지 않다(= 키가 작다].' (= She is as short as I.)의 뜻으로 해석해야 할 것이다.

■ 덧붙임

1. 'as + 원급 + as'에서 원급으로 형용사가 들어가야 할지, 부사가 들어가야 할지를 잘 구별하여 써야 한다.

He is as diligently as she (is). (x)

He is as **diligent** as she (is). (o) 그도 그녀만큼이나 부지런하다.

※ 위 예문에서 be는 불완전 자동사로서 보어가 필요하고 보어가 될 수 있는 것은 형용사이므로 부사 diligently가 아닌 형용사 diligent를 써야 한다.

I can run as **rapid** as he (can). (x)

I can run as **rapidly** as Tom (can). (o) 나도 톰만큼 빨리 달릴 수 있다.

※ 위 예문에서 run은 완전자동사로서 그 뒤에 올 수 있는 것은 부사이므로 형용사 rapid가 아닌 부사 rapidly를 써야 한다.

2. 'as + 원급 + as'의 형태는 문장 내에서 여러 가지 형태로 생략되어 쓰인다.

I can run as fast (as you). 나는 (너만큼) 빨리 달릴 수 있다.

She is (as) white as snow (is white). 그녀는 (얼굴이, 살결이) 눈처럼 희다.

Today isn't (as) cold as yesterday. 오늘은 어제만큼은 춥지 않다.

3. S + ~ as + 원급(A) + as + (S + ~) + 원급(B)

▶ 동일인의 성질 비교를 나타낸다. 《B와 같을 정도로 A 하다.》

She is as clever as (she is) beautiful. 그녀는 아름다운 만큼이나 똑똑하기도 하다.

4. S …배수의 부사 [or 분수] + as ~ as A ☞ p. 370 참조

▶ 비교를 이용하여 배수를 나타내는 표현이다. (배수비교) 《S는 A보다 …배 더 ~하다.》

This box is **twice as large as** that one. 이 상자는 저 상자보다 두 배 더 크다.

He ate **twice as much as** I did. 그는 내가 먹은 것 보다 두 배나 많이 먹었다.

Tom is **twice as old as** Sam. 톰은 샘보다 나이가 두 곱이 더 많다.

The job took only **half as long as** I had expected.
그 일은 내가 예상했던 것의 절반 정도밖에 시간이 안 걸렸다.

The population of Seoul is about **seven times as large as** that of Dajeon.
서울의 인구 규모는 대전의 약 7배가량이다.

This is **one-third as long as** that. 이것은 저것의 길이의 1/3이다.

This building is **twice as high as** that one. 이 건물은 저 건물보다 2배가 높다.
(= This building is twice the height of that one.)

This building is two times higher than that one. **〈입말체〉**

※ 「twice + 비교급」은 쓰지 않는다.

This building is twice higher than that one. (x)

※ 배수비교 구문의 'as + 형용사 + as'에 쓰인 형용사 old, high, tall, long, wide, many, large 따위 대신에 age, height, length, width, number, size 따위의 명사를 써서 문장을 전환할 수 있다.

A is **twice** [**three times** 등] **as large** [**tall** 등] **as** B
→ A is **twice** [**three times** 등] **the size** [**height** 등] **of** B

This building is **three times as high as** that one.
이 건물은 저 건물보다 세 배가 높다.
→ This building is **three times the height of** that one.
이 건물의 높이는 저 건물의 높이의 세 배이다.

▷ '(as) +형용사 + as …'가 비유적으로 쓰이는 경우

앞의 as는 종종 생략된다.

- as big as a house 집처럼 큰 (집채만 한, 매우 큰)
- as bold as brass 고관들처럼 뻔뻔스러운 (아주 뻔뻔스러운, 낯이 두꺼운)
- as brave as a lion 사자처럼 용감한 (대단히 용감한)
- as busy as a bee 벌처럼 바쁜 (몹시 바쁜)
- as clean as a whistle 휘파람을 불어 먼지 하나 날리지 않을 정도로 깨끗한 (매우 깨끗한, 안전한)
- as clear as a bell 종소리처럼 맑은 (매우 맑은); 〈입말〉 명백한
- as cheap as dirt 쓰레기처럼 값이 싼 [아주 (값) 싼]
- as cool as a cucumber 오이처럼 차가운 (아주 냉정한, 아주 침착한)
- as cunning[sly, wily] as a fox 여우처럼 교활한 (매우 교활한, 빈틈없는)
  = 〈미, 입말〉 as crazy as[like] a fox
- as curious as a cat 고양이 같이 호기심 많은 (몹시 캐묻기 좋아하는, 호기심이 강한)
- as dead as a doornail 대갈못처럼 죽은 (완전히 죽은)
- as deaf as a doornail[a post, a stone] 대갈못(기둥, 돌)처럼 귀가 먹은 (전혀 못 듣는)
- as deep as the ocean 바다처럼 깊은 (매우 깊은)
- as dry as dust 재처럼 메마른 (무미건조한; 몹시 목이 타는; 아주 지겨운)
- as drunk as a (drowned) mouse (물에 빠진) 생쥐처럼 취한 (몹시 취한)
- as dull as a dishwater 내용 없는 얘기처럼 지루한 (매우 지루한)
- as easy as falling[rolling] off a log 통나무 위에서 떨어지는 것 [통나무를 굴리는 것]처럼 쉬운 (매우 쉬운, 식은 죽 먹기인)
- as flat as a pancake 팬케이크처럼 납작한 (아주 납작한, 〈입말〉 재미없는)
- as free as a bird 새처럼 자유로운 (아주 자유로운)
- as fresh as a daisy 데이지 꽃처럼 신선한 (매우 신선한, 발랄한)
- as good as gold 금처럼 좋은 [(아이, 동물 등이) 매우 얌전한; 예의 바른; 매우 신뢰할 수 있는; 썩 좋은]
- as greedy as a wolf 늑대처럼 탐욕스런 (매우 탐욕스런)
- as happy [gay] as a lark 종달새처럼 행복한 (몹시 즐거운)
- as hard [firm, solid, steady] as a rock 바위처럼 단단한 (매우 단단한, 믿을 수 있는)
- as hard [tough] as nails 못처럼 단단한 (아주 건장한, 매우 건강한; 냉혹한, 무자비한)
- as harmless as a kitten 새끼고양이처럼 순진한 (아주 순진한)
- as high as a kite 연처럼 높이 올라간 (〈입말〉 (술 따위에) 취하여, 몽롱하여)
- as hungry as a wolf 늑대처럼 굶주린 (극도로 굶주린)
- as keen as mustard 겨자처럼 강렬한 (〈입말〉 아주 열심인; 열망하여)
- as light as a feather 깃털처럼 가벼운 (아주 가벼운)

- as like [alike] as two peas (in a pod) (한 꼬투리 속의) 두 완두콩처럼 닮은 (똑 닮은, 흡사한)
- as nervous as a cat (on a hot tin roof) (뜨거운 양철지붕 위의) 고양이같이 신경질적인 (몹시 신경질적인)
- as nice [good] as pie 파이처럼 좋은 (《미, 입말》 아주 상냥한, 아주 예의 바른)
- as poor as a church mouse 교회 쥐처럼 가난한 (아주 가난한)
- as quick as lightning [a wink] 번개[눈짓]처럼 빠른 (굉장히 빠른)
- as red as a beet 홍당무처럼 빨간 (새빨간, 홍당무 같은)
- as right as nails 못처럼 똑바른 (아주 올바른; 딱 들어맞는]
- as smooth as a billiard ball 당구공처럼 반질반질한 (매우 반질반질한)
- as soft as a pillow 베개처럼 폭신한 (매우 폭신한)
- as stiff as a post 기둥처럼 경직된 [(사람이) 잔뜩 언]
- as strong as an ox 소처럼 힘센 (아주 힘이 센)
- as sweet as honey 꿀처럼 달콤한 (꿀처럼 감미로운; 대단히 상냥한; 매우 유쾌한)
- as thick as a pea soup 콩죽처럼 걸쭉한 (매우 짙은, 매우 진한)
- as tight as a drum 북처럼 팽팽하게 죄어진 (인색한; 〈속어〉 만취한)
- as warm as toast 구운 빵처럼 따뜻한 (기분 좋게 따뜻한, 훈훈한)
- as weak as a kitten 새끼고양이처럼 약한 (《입말》 (사람이) 매우 약한(힘이 없는)
- as white [pale] as a sheet 홑이불처럼 하얗게 된 (새파랗게 질린, 백지장같이 된)

2) 원급의 비교 구문을 사용한 '최상'의 뜻 표현

① as + 원급 + as + any + 단수 명사

❶ as + 원급 + as + any (other) + 단수 명사 《어느 누구[무엇]보다도 ~한; 누구 [무엇] 못지않게 ~한》

She is as beautiful as any (other) woman in the village.

그녀는 그 동네에서 (다른) 어느 여인보다도 예쁘다. (그녀 그 마을에서 가장 예쁘다.)

He is as qualified as any man in our office.

그는 우리 회사에서 누구 못지않게 적임인 사람이다.

He runs as fast as any (other) student in the school.

그는 학교에서 (다른) 어느 다른 학생보다도 빨리 달린다.

❷ as + 원급 + as + any + 단수 명사 + that ever lived 《지금까지 (살았던) 어느 누구보다도 ~한, 지금까지 없었던 가장 ~한》

= as + 원급 + a[an] + 명사 + as ever lived / 최상급 + 명사 + that ever lived

He is as great as any poet that ever lived.

※ 여기서 that 이하는 선행사 poet을 수식하는 관계대명사절이다. (이때의 that은 주격)

(= He is as great a poet as ever lived.)

그는 지금까지 살았던 어느 시인보다도 위대하다.

※ 이 문장은 비교 구문은 아니며 'as ever lived'의 관계대명사절이 선행사인 a poet을 수식하는 관계사 구문이다. 즉, 'as ever lived'의 as는 비교의 절을 이끄는 종속접속사가 아니라 선행사인 a poet 앞의 as와 상관하여 쓰이는 (유사) 관계대명사이다.

He is the greatest poet that ever lived. 그는 지금까지 없었던 가장 위대한 시인이다.

❸ as + 원급 + as + any + 단수 명사 + alive 《현재 살아있는 … 중에 가장 ~한》

He is as great as any writer alive. 그는 현존하는 작가 중에 가장 위대하다.

(= He is as great as any writer in the world.)

그는 이 세상에서 가장 위대한 작가이다.

② as + 원급 + as ever 《여전히(= still); 전과 다름없이; 여느 때와 같이》

He is as idle as ever. 그는 여전히 게으르다.

She is as beautiful as ever. 그녀는 전과 다름없이 아름답다.

I feel as well as ever. 나는 여전히 건강하다.

③ no (other) + 단수 명사 + so [as] + 원급(A) + as + ~ 《어떠한 … [명사]도 ~만큼 A 한 것은 없다.》

No (other) girl in the class is so diligent as she.

그 학급에서 그녀만큼 열심히 공부하는 (어떠한) 여학생도 없다.

= There is no other girl in the class so diligent as she.

She is the most diligent student in the class.

④ no (other) + 단수 명사 + as ever + (in + 단체, 장소) + v + so + 원급(A) + as + S 《(지금까지의) 어떠한 ~ (것)도 S만큼 A 한(하는) 것은 없다. 》

No (other) student as ever in her class is so diligent as she.

그녀의 반에서 지금껏 그녀만큼 열심히 공부하는 (어떠한) 학생도 없다. (그녀는 반에서 가장 열심히 공부하는 학생이다.)

No (other) athlete [sportsman] in Korea is so great as he.

한국에서 그만큼 위대한 운동선수는 없다. (한국에서 어떠한 운동선수도 그 선수만큼은 위대하지 않다.)

⑤ nothing [no one, none] is so + 원급 + as + ~ 《~만큼 …한 것은 없다. (= ~이 가장 … 하다.)》

Nothing is so precious as time. 시간만큼 귀중한 것은 없다.

Nothing is so unpalatable as a lovers' quarrel.

연인 [부부] 사이의 싸움처럼 싱거운 것은 없다. [부부싸움은 칼로 물 베기.]

No one in the class is as tall as Tom.

그 학급에서 누구도 톰만큼 키가 큰 사람은 없다.

Of all the institutions that have come down to us from the past, none is in the present day so disorganized and derailed as the family.

과거로부터 우리에게 전해 내려온 제도 가운데 오늘날에 가족제도만큼이나 해체되고 탈선한 것은 없다.

3) 원급의 비교 구문을 사용하는 관용적 표현

① as + 원급 + as + S + can 《가능한 한 ~하게, 될 수 있는 대로 ~하게》

I will help you as far as I can. 내가 할 수 있는 한 너를 돕겠다.

(= I will help you as far as possible.)

As far as I can recollect, her name is Kim Sam-sun.

내가 기억해 낼 수 있는 한에서 그녀의 이름은 김삼순이다.

Try to speak as clearly as you can. 될 수 있는 한 말을 명확히 해라.

② as + 원급 + as (~) can be 《아주(매우) ~한; 더할 나위 없이 ~한》

She is as kind as kind can be. 그녀는 매우 친절하다.

(= She is as kind as anything. / She is nothing if not kind.)

The weather is as fine as (fine) can be. 날씨가 아주 좋다.

I am as happy as (happy) can be. 나는 (지금) 더없이 행복하다.

③ as long as 《(때나 조건의 부사절을 이끌어)~하는 동안은; ~하기만 한다면, ~하는 한》

As long as it doesn't rain, we can play tennis.

비가 오지 않을 시에는 우리는 테니스를 할 것이다.

Any book will do as long as it is interesting. 재미있는 것이라면 어떤 책이든 좋다.

④ so long as 《(조건부사절을 이끌어) ~하기만 한다면; ~하는 한》

▶ as long as는 때를 나타낼 경우에 쓰고, so long as는 조건을 나타낼 경우에 쓰는 것이 원칙이나 실상 (입말)에서는 그 어느 경우에나 as long as를 쓰는 경향이다.

You can go out, so [as] long as you promise to be back shortly.

곧 돌아오기로 약속만 한다면 밖에 나가도 좋다.

So long as we live, we must work. 살아있는 한은 우리는 일을 해야 한다.

⑤ as [so] far as 《(거리, 범위, 정도) ~까지; ~하는 한》

I went as far as Busan. 나는 부산까지 갔다.

I've read as far as the third chapter. 나는 제3장까지 다 읽었다.

So far as I know, that is highly unlikely.

내가 아는 한에서는 그것은 결코 사실일 것 같지 않다.

⑥ **as good as 《~에 못지않은; (사실상) ~나 다름없는; ~에 충실한》**

He is as good as a begger. 그는 거지나 마찬가지이다.

(= He is no better than a begger.)

This used car is as good as new. 이 중고차는 새것이나 다름없습니다.

He is as good as his words. 그는 자신의 말에 충실하다(책임진다).

⑦ **as early as 《(미래 일에) 빠르면 ~에(까지); 〈과거 일에〉 이미(일찍이) ~에(는)》**

As the autumn stays longer, it gets dark as early as at 5 o'clock.

가을이 더 깊어져 5시만 되면 (빠르면 5시에) 어두워진다.

I finished up the work as early as in May. 나는 이미[일찍이] 5월에 그 일을 끝냈다.

Papyrus was the chief writing materials of ancient times and was used as early as 3000 B.C.

파피루스는 고대의 주된 필기용구였으며, 일찍이 기원전 3,000년에 사용되었다.

⑧ **as late as ~ 《바로 ~만큼 최근에, (바로) ~에 이르기까지(도); 요사이》**

As late as the 1950s, tuberculosis was still a fatal illness.

1950년대에 이르기까지도 결핵은 여전히 치명적인 병이었다.

His first novel is published as late as October 1st.

그의 첫 소설은 바로 10월 1일에야 출판된다.

I saw him as late as yesterday. 바로 어제야 그를 보았다.

⑨ **(as) likely as not 《아마도 (probably); 십중팔구》**

She knows nothing about it as likely as not.

그녀는 아마도 그 일을 전혀 모르고 있을 것이다.

As likely as not he'll be late. 십중팔구 그는 늦을 것이다.

⑩ A as little as B 《B가 ~않는(아닌) 것처럼 A도 ~않다(아니다).》

She likes him as little as I (do).

내가 그를 좋아하지 않는 것처럼 그녀도 그를 좋아하지 않는다.

⑪ as many as / as much as 《만큼이나 많이》

▶ as many as는 수(數)에, as much as는 양(量)에 쓰인다.

As many as ten thousand people were invited to the cinema preview.

그 영화 시사회에 초대된 사람은 10,000명에 달했다.

She spent as much as a hundred thousand dollars for it.

그녀는 그것에 십만 달러나 썼다.

I love you just as much as I ever did.

난 지금까지 그래 왔던 것처럼 똑같이 널 사랑한다.

⑫ as often as not 《매우 자주(= very frequently)》

As often as not he ran away from home throughout his school years.

그는 학창시절 동안에 매우 자주 가출을 했다.

⑬ as soon as ~ 《~하자마자》

Give me a call as soon as you get there. 거기 도착하자마자 전화 줘.

⑭ A as well as B 《B뿐만 아니라 A까지도; B는 물론 A도》

He has experience as well as knowledge. 그는 지식뿐만 아니라 경력도 갖췄다.

⑮ not so much A as B [= not A so much as B] 《A라기보다는 (차라리) B이다.》

He is not so much a scholar as a writer. 그는 학자라기보다는 작가이다.

= He is not a scholar so much as a writer.

He is rather a writer than a scholar.

He is a writer rather than a scholar.

He is more a writer than a scholar.

He is less a scholar than a writer.

It's not so much a matter of choice as of survival.

그것은 선택의 문제가 아니라 생존의 문제이다.

A man's worth lies not so much in what he has as in what he is.

사람의 가치는 재산보다는 그 사람의 인품에 있다.

⑯ may [might] as well A (동사원형) as B (동사원형) 《B 하느니 차라리 A 하는 것이 낫다 (좋다, 하겠다).》

You may as well read some book as look at the ceiling.

너는 (멍하니) 천장을 쳐다보고 있기보다는 책이라도 읽는 게 낫겠다.

You might as well expect the river to flow backward as hope to move me. 내 맘이 바뀌길 바라느니 차라리 강물이 거꾸로 흘러가기를 바라는 것이 좋을 것이다.

⑰ none too [so] + 원급 《결코 그 이상은 아니다 (to no extent, not at all); 알맞게》

His pay is none too high. 그의 봉급이 결코 너무 많은 것이 아니다.

He came none too high [soon]. 그는 마침맞게 왔다.

I was none so pleased. 나는 조금도 기쁘지 않았다.

(2) 비교급을 사용한 비교 구문

1) 우등비교의 경우: 비교급(~) + than … 《…보다 더 ~한(하여)》

The earth is bigger than the moon. 지구는 달보다 더 크다.

(= The moon is smaller than the earth.) 달은 지구보다 더 작다.

Health is more important than wealth. 건강은 재산보다 더 중요하다.

(= Wealth is not so important as health.) 재산이 건강보다 더 중요하지는 않다.

He is older than I by five years. 그는 나보다 다섯 살 더 먹었다.

(= He is senior to me by five years.)

※ 정도나 양을 비교할 때는 by를 사용하여 위 문장처럼 뒤에 놓거나, 아래 문장처럼 수·양을 비교급 앞에 놓는다.

He is five years older than I. 그는 나보다 다섯 살 더 먹었다.

Sam-dol is poorer than Dol-soe (is). 삼돌은 돌쇠보다 더 가난하다.

※ 이와 같이 부정적으로 우등한 경우도 우등비교 구문으로 나타낼 수 있다.

2) 열등비교의 경우: less + 원급 + than … 《…보다 덜 ~한(하여)》

Dol-soe is less strong than Man-geun. 돌쇠는 만근이보다 힘이 세지 못하다.

= Dol-soe is not so strong as Man-geun. 돌쇠는 만근이만큼 힘이 세지는 못하다.

Man-geun is stronger than Dol-soe. 만근이는 돌쇠보다 힘이 더 세다.

3) 비교급의 비교 구문을 사용한 '최상'의 뜻 표현

① 비교급 + than any (other) + 단수 명사 《어떤 다른 …보다도 더 ~한》

Chan-ho is taller than any other boy in his class.

찬호는 그의 학급에 있는 어떤 다른 학생보다도 키가 크다.

The development of the plow was more important to agriculture than any other technological advance.

농사에 있어 쟁기의 개발은 다른 어떤 기술적 진보보다도 더 중요했다.

Scientists say the last few decades have been warmer than any comparable period in the past several hundred years.

과학자들은 지난 몇십 년 사이에 지난 수백 년 동안에 비해 지구가 더 온난해졌다고 말한다.

The present economic crisis is worse than any that have gone before.

현재의 경제위기는 이전에 지나간 어느 것 [경제위기]보다 더 심하다.

※ 여기서 any 뒤에는 'other economic crisis'가 생략된 것으로 볼 수 있으며 that 이하는 any (other economic crisis)를 수식하는 관계대명사 절이다. (that은 주격의 관계대명사)

② **비교급 + than + any one (else)/ anything (else) 《누구(무엇)보다도 (더) ~한》**

Mr. Kim is more diligent than any one else in this office.

김 씨는 이 사무실에 있는 어느 누구보다도 부지런하다.

Health is more important than anything else.

건강은 어떤 다른 것보다도 더 중요하다.

I miss my mother more than anybody else.

다른 그 누구보다도 나의 어머니가 더 그립다.

He did better than any (one else) before him.

그는 어느 전임자보다도 일을 잘했다.

She arrived sooner than anyone else. 그녀는 다른 누구보다도 일찍 도착했다.

③ **비교급 + than all the other + 복수 명사 《다른 모든 …(명사)보다도 더 ~한》**

O-wol is more beautiful than all the other girls in town.

오월이는 마을의 다른 모든 여자애보다도 더 아름답다.

④ **No (other) + 단수 명사 + in + 단체•장소 + 비교급 + than + 주어 《(다른) 어떤 것도 …보다 더 ~하지 못하다.》**

No (other) mountain in the world is higher than Mt. Everest.

세계의 어떤 산도 에베레스트 산보다 더 높지는 않다.

(= Mt. Everest is the highest mountain in the world.)

에베레스트 산은 세계에서 가장 높다.

No (other) student in the class is taller than Chan-ho.

그 학급의 다른 어떤 학생도 찬호보다 더 키가 크지는 않다.

⑤ **Nothing [Nobody] + is + 비교급(~) + than A《어떤 것(사람)도 A보다 더 ~한 것(사람)은 없다.》**

Nothing is more important than health. 건강보다 더 중요한 것은 아무것도 없다.

Nothing is harder to bear than poverty. 가난보다 더 견디기 힘든 것은 없다.

⑥ **Nobody + v(~) + 비교급 + than A: A보다 더 ~하는 사람은 없다.**

Nobody understands the situation better than you.

당신보다 더 상황을 잘 아는 이는 없습니다.

▷ **위의 문장들에서 집합을 나타내는 명사 속에 주어가 포함되지 않을 때 (동종이 아닐 때)에는 other나 else를 쓰지 못한다. 다만, 실상에서는 이때에도 other나 else를 쓰고 있는 것으로 보인다.**

Chan-ho is taller than any **other** boy in his class. (o)

찬호는 그의 학급에 있는 어떤 다른 학생보다도 키가 크다.

※ 그의 학급 속에 찬호도 포함되므로 other를 쓸 수 있다.

Chan-ho is taller than any other boy of his friends. (x)

※ 그의 친구들 속에 찬호는 포함되지 않으므로 other를 쓰지 못한다.

→ Chan-ho is taller than **any** (boy) of his friends. (o)

찬호는 그의 친구 중의 그 어떤 아이보다도 키가 크다.

He is braver than any one else of his friends. (x)

※ 그의 친구들 속에 그는 포함되지 않으므로 else를 쓰지 못한다.

→ He is braver than **any** of his friends. (o)

그는 그의 친구 중의 어느 누구보다도 용기가 있다.

4) 동일인, 동일 사물의 서로 다른 성질, 상태를 비교하는 비교 구문

같은 사람, 같은 사물의 서로 다른 성질이나 상태의 비교에는 형용사의 음절 수와 관계없이 「more + **원급**(A) + than + **원급**(B)」이나 「less + **원급**(A) + than + **원급**(B)」 형식의 비교급 구문을 쓴다.

He is more timid than good. 그는 착하다기보다는 차라리 소심하다.

(= He is timid rather than good.)

She is more clever than pretty. 그녀는 얼굴이 예쁘기보다는 머리가 똑똑하다.

※ 두 사람·사물의 성질, 상태를 비교할 때는 각 원급의 형용사가 취하는 비교급을 사용한다.

She was **cleverer than** her sister. 그녀는 언니보다 더 똑똑하다.

It was more hot than warm yesterday. 어제는 날씨가 덥다기보다는 차라리 뜨거웠다.

I was less alone than lonesome. 나는 고독하다기보다는 쓸쓸한 마음이 더했다.

She is less fat than she was. 그녀는 이전만큼 뚱뚱하지 않다.

■ 덧붙임

1. than 없이 비교급만 쓰는 경우

(1) 내용으로 보아서 비교 부분이 분명한 경우 (than 이하를 생략한 비교 구문)

Never before did he work **harder** (than now).

그는 전에는 결코 지금보다 열심히 일하지 않았다.

Could I have a **bigger** one (than this), please? (이것보다) 좀 더 큰 것으로 주시겠어요?

(2) 비교급 뒤에 if절이 수반될 경우

You will understand it **easier** <u>if you consult this book</u>.

이 책을 참고하면 그것을 더 쉽게 이해할 수 있을 겁니다.

(3) 비교급이 명사 또는 대명사 one을 수식하는 경우

I want a **better** <u>job</u>. 나는 좀 더 나은 직장 (직업)을 원한다.

Bring me a **smaller** <u>one</u>. 좀 작은 것으로 주세요.

(4) 서술적 용법에 쓰이는 경우

He is **better** now. 그는 지금 전보다 몸 상태가 [기분이] 좋아졌다.

It is **warmer** this morning. 오늘 아침은 날씨가 꽤 포근하다.

They have the house **bigger**. 그들은 비교적 큰 집을 가지고 있다.

You must keep your work **cleaner**. 네 일을 좀 더 분명하게 처리하도록 해라.

(5) 비교의 대상이 2개인 경우: the + 비교급 + of the two 구문에서

It is **the larger** <u>of the two</u>. 그것이 그 둘 중에 더 크다.

Jack is **the more stupid** <u>of the two boys</u>. 잭은 그 두 남자애 중에 더 미련하다.

(6) 한정적 용법으로만 쓰는 비교급 형용사일 경우

ex) inner, outer, upper, former, later, lesser, utter, elder 등

The **inner** beauty lasts much longer than momentary attractions.
내적 아름다움은 순간적인 매력보다 훨씬 더 오래 지속한다.
He renounced his **former** business partners. 그는 이전의 사업동반자와 결별했다.

(7) 「비교급 + and + 비교급」 구문에서

The days are getting **shorter and shorter.** 날이 점점 더 짧아지고 있다.
Our world is getting **smaller and smaller.** 세상은 점점 더 작아 (좁혀)지고 있다.

(8) 라틴어에서 온 형용사의 비교 구문에서

He is two years **senior** to you. 그는 너보다 두 살 위다.
(= He is two years older than I.) 그는 나이가 나보다 두 살이 더 많다.

2. the + 비교급

비교급 앞에는 the를 붙이지 않는 것이 원칙이지만, 다음과 같은 경우에는 'the + 비교급'의 형태로 쓴다.

(1) of A and B 또는 of the two 등이 있는 양자비교의 경우에

1) Of A and B, ~ + the + 비교급 《A, B 둘 중에서 ~가 더 …하다.》
Of the sun and the moon, which is **the larger**? 해와 달 중에서 어느 것이 더 크냐?
Of iron and gold, the former is **the more** useful. 쇠와 금 중에서 전자가 더 유용하다.

2) the + 비교급 + of the two 《(둘 중에서 어느 한쪽이) 더 ~한》
Which is **the taller of the two**? 그 둘 중에 누가 키가 더 큰가요?
He is **the more** agreeable **of the two.** 그 두 사람 중에서 그가 더 마음에 든다.
This is **the heavier of these two** bags. 이 두 가방 중에서 이것이 더 무겁다.

※ 양자의 비교라도 of A and B, of the two 등이 없으면 the가 붙지 않는다.
She is taller than her elder sister. 그녀는 언니보다 더 키가 크다.
Which is taller, she or her elder sister? 그녀와 그녀의 언니 중에 누가 더 키가 큰가요?

(2) (all) the + 비교급 + for/because 《· · · 때문에 (더욱, 오히려) 더 ~한》

이유 접속사(because, for, as)가 이끄는 부사구·절이나, 이유 전치사구(because of, on account of) 등이 이끄는 부사구가 있을 때 또는 양보표시 어구(for 등)가 있을 때는 비교급 앞에 the를 쓴다. 이때의 the는 지시부사로서 '오히려; 더(욱)' 등의 뜻을 나타낸다.
I like him (all) the better for his faults.
나는 그가 단점이 있기 때문에 (오히려) 더 그를 좋아한다.
(= As he has faults, I like him **the better.**)

He has faults, so I like him **the better**.
그는 단점을 가지고 있다. 그래서 나는 그를 더 좋아한다.
I do not like her **the less** for her faults.
나는 그가 단점이 있다고 해서 그를 덜 좋아하는 것은 아니다.
She love him (all) **the more** for his wealth.
그가 부유했기 때문에 그녀는 그를 더 많이 사랑했다.

※ 「the + 비교급 + for(전치사)/ because(접속사)」 앞에 all, none, so much 등의 부사를 놓아 비교급의 뜻을 강조할 수 있다.

all the better (for 등) ~: ~때문에 그만큼 더[많이]
so much the better (for 등): 그럴수록 더욱 좋은
none the better (for 등): 조금도 더 낫지 않는
none the less (for 등): 그럼에도 불구하고 (조금도 덜 ~하지 않다.)
If he is young, it is so much the better. 만약 그가 젊다면 그만큼 더 좋다.
He is **none the better** for his experience.
그는 많은 경험에도 불구하고 더 나아진 것이 없다.
I like him **none the less** on account of his failure.
나는 그가 실패했다고 해서 그를 덜 좋아하지는 않는다.

(3) 조건절 (if절) 등을 받아 the가 지시부사로서 비교급을 수식할 경우

If you begin now, you'll finish it the sooner.
네가 바로 시작한다면, 그것을 더 빨리 끝낼 수 있다.
If he is young, it is (all) the better. 그가 젊다면 그만큼 더 좋다.
That makes it (all) the worse. 그렇게 하면 오히려 그것이 더 나빠진다.

(4) the + 비교급 S + V …, the + 비교급 + s + v ~《…하면 할수록 더욱더 ~하다.》

▶ 앞의 the는 '…하면 할수록'의 뜻으로 비교급을 수반하여 부사절을 이끄는 관계부사이고 뒤의 the는 '그만큼 (더)'의 뜻으로 앞의 부사절을 가리키는 지시부사이다.

The more we have, **the more** we want.
우리는 더 많이 가지면 가질수록 더 많은 것을 원한다.
The more dangerous it is, **the more** he likes it.
그것이 위험하면 할수록 그는 그것을 더 좋아한다.
The more expensive gas becomes, **the less** people drive.
차의 기름값이 오르면 오를수록 사람들이 그만큼 더 운전을 덜 하게 된다.

※ 「the + 비교급 S + V …, the + 비교급 + s + v ~」구문에서의 생략과 어순 바꿈

㉮ 의미상 혼동이 없을 때는 다음과 같이 생략된 형식으로 쓸 수 있다.

The sooner[more] (it is), **the better** (it is).
더 빠르면 빠를수록[많으면 많을수록] 더 좋다.
The more laws (there are), **the more** offenders (there are).
법이 많으면 많을수록 위반자 (범죄자)도 많을 뿐이다.

㉯ 이때 지시부사 the가 이끄는 절 (주절)의 주어와 동사는 종종 도치시켜 쓰기도 한다.

The higher one goes, the rarer becomes the air.

높이 올라가면 올라갈수록 공기는 더 희박해진다.

(5) 절대 비교급에

the higher class 고위층 the lower animal 하등동물

(6) 관용적 표현에서

all the better 오히려; 더욱 더

The more, the merrier. 사람이 많으면 많을수록 즐겁다.

3. 비교급 + and + 비교급 《점점 더 ~한(하게 되다.)》

It is getting **hotter and hotter** day by day. 날이 하루하루 점점 더 더워지고 있다.

※ 비교급을 하나만 써서 위와 같은 뜻을 표현할 수도 있다.

It is getting hotter day by day. 매일 매일 날씨가 더 더워지고 있다.

Things are getting **worse and worse**. 사태가 갈수록 점점 더 악화되고 있다.

4. 기타 비교급 관련 어구

(1) no(또는 not) + 비교급(···er) + than ~

1) no fewer than ~ 《(생각보다 많음) ~(만큼)이나 (= as many as); 최소한(= at least)》

The couple had no fewer than 11 children. 그 부부는 아이가 무려 11명이나 되었다.

No fewer than thirty persons were present. 적어도(최소한) 30명은 출석했다.

2) no [not] later than ~ 《~ (이전)까지는, 늦어도 ~에는》

※ 이전(以前): 기준 시(일)를 포함함.

It takes about forty-five minutes to get to the airport, so we'll need to leave no later than six-fifteen. 공항까지 45분쯤 걸리니까 늦어도 6시 15분에는 떠나야겠어요.

Applications are due no later than the 25th of the month.

신청서는 이번 달 25일 (이전)까지 제출해야 한다.

Please submit your visa application no later than Tomorrow.

늦어도 내일까지는 비자 신청서를 제출해주시기 바랍니다.

3) no longer than ~ 《~보다 길지 않은, ~을 넘지 않는; 길어야 ~인》

The doctors told him that he would expect to live no longer than six months.

의사는 길어야 6개월을 살 수 있을 것이라고 그에게 말했다.

4) no taller than ~ 《~보다 키가 크지[높이가 높지] 않은; 같은 키의》

You're no taller than I am. (= You are exactly as tall as I am.)

네가 나보다 키가 크지는 않다. / 네 키는 내 키와 똑같다.

He is not taller than I (am). 그는 키가 나보다 크지 않다.

※ 보통 'no + 비교급 + than ~'은 'not + 비교급 + than ~'보다 강조적 표현으로서 비교되는 것 사이에 결코 차이가 없음을 나타내고(no는 not at all의 의미를 가짐), 'not + 비교급 + than ~'은 비교되는 것이 거의 같은 수준이거나 보다 못할 수도 있음을 나타낸다. 같은 견지에서 키와 관련하여 말할 때도 'no taller than ~'은 '~보다 키가 (결코) 더 크지 않은, 키가 똑같은'의 뜻을 나타내고, 'not taller than ~'은 단지 '~보다 키가 크지는 않다.'의 뜻으로 키가 같거나 더 작을 수도 있음을 나타낸다.

(2) no better than / not better than

1) no [little] better than ~ 《~이나 다름없는, ~이나 마찬가지인》

He is no better than an orphan. 그는 고아나 다름없다.

He was no better than he should be dead. 그는 거의 죽은 것과 마찬가지였다.

2) not better than ~ 《~보다 나을 것 없는, ~보다 나쁜》

He is not better than a beggar [beast]. 그는 거지 [짐승]보다 나을 게 없다.

(3) A no better ~ than B 《B가 ~하지 못한 것과 마찬가지로 A도 ~하지 못하다.》

He has no better right to the property than I have.

내가 그 재산에 권리가 없는 것과 마찬가지로 그도 권리가 없다.

(4) no more than / not more than

1) no more than ~ 《~에 불과한; 단지, 겨우 (= as few[little] as); 더도 덜고 아니고 딱 그만큼》

You are no more than a student. 너는 단지 학생에 불과하다.

We had no more than three thousand won among us.

우리가 가진 돈을 모두 합쳐도 3,000원밖에 안 되었다.

I have no more than ten apples. 나는 딱 열 개의 사과를 갖고 있다.

※ no + 비교급 + than ⇒ as + 원급 (비교급의 반대어) + as

no more than = as little as = only   no less than = as many [much] as

2) not more than ~ 《〈수사 앞〉 ~보다 많지 않은, 기껏해야 (많아야) ~(= at most)》

He has not more than ten dollars. 그는 많아야 10달러를 가지고 있다.

※ not + 비교급 + than ⇒ at + 최상급

not more than = at most (많아야, 기껏해야)   not less than = at least (최소한, 적어도)

(5) no less than / not less than

1) no less than ~ 《~만큼이나; 꼭 ~만큼의 (= as much [many] as); ~와 마찬가지의》

She has no less than three children. 그녀는 애가 셋이나 있다.

No less than a thousand students attended the professor's lecture.

천 명이나 되는 학생들이 그 교수의 강의를 들었다.

You will have to wait no less than two weeks. 당신은 2주일은 기다려야 할 것이다.

2) not less than ~ 《적어도 ~만큼은(at least); (적어도) ~이상의》

구체적 뜻에는 다소 차이가 있으나 실상에서는 'no less than ~'과 구분하지 않고 거의 같은 뜻으로 쓰는 경우가 많다.

He has not less than ten dollars. 그는 적어도 10달러는 가지고 있다.

Not less than one hundred people were present at the meeting.

적어도 100명 이상의 사람들이 그 모임에 참석했다.

You will have to wait not less than two weeks. 적어도 2주일은 기다려야 할 겁니다.

Write a short story of not less than 1,000 and not more than 2,000 words on any subject.

어떤 주제든 상관없이 1,000단어 이상 2,000단어 이하의 짧은 글을 하나 쓰시오.

(6) no less + 형용사… + than ~ / not less + 형용사… + than ~ / no less + 명사 + than ~

1) no less + 형용사 … + than ~ 《~만큼 …한(= as many[much] as)》

She is no less pretty than her sister. 그녀는 그녀의 동생만큼이나 (못지않게) 예쁘다.

(= She is as pretty as her sister.) 그녀는 여동생과 마찬가지로 예쁘다.

2) A is not less + 형용사 + than B 《A는 B 못지않게(그 이상으로) ~하다.》

The boy is not less intelligent than his brother. 그 아이는 그의 형 못지않게 총명하다.

I am not less anxious than you to go abroad. 나도 당신 못지않게 외국에 가고 싶다.

Sunlight is not less necessary than air (is) to our body.

햇볕은 공기 못지않게 우리 몸에 필요하다.

3) no less + 명사 + than ~ 《다른 사람 아닌 바로 ~》

He was a person no less a person than the president.

(= He was a person no other than the president.)

그는 다름 아닌 대통령 자신이었다.

4) no less + 명사 + than + s + v(~) 《대단히 …(명사) 해서 s가 ~하다.》

= so great + 명사 + as + s + v

No less a statesman than Gladstone praised him.

글래드스턴이 칭찬할 만큼 그는 위대한 정치가였다.

5) A is no less B than C is D[또는 B] 《C가 D인 것과 같이 A는 B이다.》 * 양자 긍정

A whale is no less a mammal than a horse (is).

말이 포유류인 것처럼 고래도 포유류이다.

He is no less guilty than you are (guilty). 네가 유죄인 것처럼 그도 유죄다.

(7) no longer / no more

1) no longer ~ 《(시간, 정도) 더 이상 ~ 아니다]; 이미 ~아니다. (= not ~ any longer)》

She is no longer a child. (= She is not a child any longer.)

그녀는 이제 (더 이상) 아이가 아니다.

I could wait for him no longer. (= I could not wait for him any longer.)

나는 그 이상 더 그를 기다릴 수 없었다.

2) no more 《(양, 정도) 더 이상 ~아니다 (= not ~ any more)》

I can eat no more. 나는 더 이상 먹을 수 없다. (= I can't eat any more.)

There can be no more lies.

더 이상 거짓이 있어서는 안 됩니다. (= There can't be any more lies.)

※ no longer나 not ~ any longer 대신에 no more나 not ~ any more를 쓰기도 한다. 다만, no more는 '시간'에 대하여는 쓰지 않는 것이 보통이며, not ~ any more는 '시간'에 대해서도 쓴다.

I can stand it **no longer**. 나는 더 이상은 참을 수가 없다.

⇒ I can stand it **no more**. (o) / I can**not** stand it **any more**. (o)

He **no longer** drinks. 그는 이제는(더 이상은) 술을 마시지 않는다.

⇒ He **no more** drinks. (x) / He does **not** drink **any more**. (o)

She is **no longer** a child. 그녀는 이제(더 이상) 아이가 아니다.

⇒ She is no **more** a child. (x) / She is **not** a child **any more**. (o)

(8) A is no more B than C is D[or B] / A is not more ~ than B is (~)

1) A is no more B than C is D[or B] 《A가 B가 아닌 것은 C가 D (or B)가 아닌 것과 같다. / C가 D가 아닌 것과 마찬가지로 A도 B가 아니다.)》

▶ C와 A의 서로 부정을 나타낸다. than 이하에서 B가 반복되면 생략된다.

= A is not B any more than C is D [or B] / A is not B, just as C is not D

A whale is no more a fish than a horse is (a fish).

고래가 물고기가 아닌 것은 말이 물고기가 아닌 것과 같다.

= A whale is not a fish any more than a horse is (a fish).

A home without love is no more a home than a body without soul is a man.

정신이 없는 육체가 더 이상 사람이 아닌 것과 마찬가지로 사랑이 없는 가정은 더 이상 가정이 아니다.

I can no more play the piano than a pig can fly.

내가 피아노를 못 치는 것은 돼지가 날지 못하는 것과 다름없죠.

Work is not the object of life any more than play is.
노는 것만이 인생의 목적이 아니듯이 일만 하는 것도 인생의 목적은 아니다.

2) A is no less B than C is D [or B] 《A가 B인 것은 C가 D[or B]인 것과 같다. (= C가 D인 것과 마찬가지로 A는 B이다.)》

A whale is no less a mammal than a horse is (a mammal).
고래가 포유류인 것은 말이 포유류인 것과 같다.
He is no less diligent than she is. 그녀가 부지런한 것과 마찬가지로 그도 부지런하다.
(= He is as much diligent as she is.)

3) A is not more ~ than B 《A는 B만큼 ~하지 않다.》 ※ **보통의 비교급 구문의 부정형이다.**

This question is not more difficult than that one. 이 문제는 저것만큼 어렵지는 않다.

(9) much more / much less

1) much more ~ 《〈긍정문 다음에〉 하물며 ~은 말할 것도 없다; 더욱더 ~하다. (= still more)》

She can speak Korean, much more Japanese.
그녀는 일본어는 말할 것도 없고 한국어도 잘한다.
(= She can speak Korean, still more Japanese.)
그녀는 한국말을 할 줄 알며 일본말은 더욱더 잘할 줄 안다.

2) much less~ 《〈부정문 다음에〉 하물며 ~은 말할 것도 없다; 더욱더 ~하지 않다. (= still less)》

I cannot afford to buy a car, much less a house.
나는 자동차를 살 형편이 못 된다. 하물며 집이야 말할 것도 없다.
(= I cannot afford to buy a car, still less a house.)
나는 자동차를 형편이 못되며 집은 더욱더 살 형편이 못 된다.

(10) no other than ~ 《바로 그 ~인(= none other than); ~할 수밖에 없는》

What he said was **no other than** this. 그가 말한 것은 바로 이것이었다.
(= What he said was none other than this.)
I can do **no other than** smile. 나는 웃을 수밖에 없었다.

(11) no other ~ than 《~ 이외에는 없는》

I love no other woman than you. 당신 이외에(밖에) 사랑하는 여자는 없소.

(12) none the + 비교급

1) none the + 우등비교급 《(…하다고 해서) 그만큼 한 것은 아니다; 여전히 ~하지 못하다. (조금도 ~않다.)》

He is none the happier for his wealth. 부자라고 해서 그만큼 더 행복한 것은 아니다.

I'm afraid I am none the wiser [better] for your explanation.

당신의 설명에도 저는 여전히 잘 모르겠습니다.

She is none the better for taking the medicine.

그녀는 약을 먹었음에도 (불구하고) 여전히 차도가 없다.

2) none the + 열등비교급 《아무렇지도 않은; 여전히 ~하는》

I am none the worse for a single failure. 나는 한번 실수로(는) 아무렇지도 않다.

I like him none the less on account of his failure.

나는 그가 실패했다고 해서 그를 덜 좋아하지는 않는다.

(= 그가 실패했지만 그래도 여전히 나는 그를 좋아한다.)

※ none the less **그럼에도 불구하고; 그래도 역시** (nevertheless)

(13) know better than to + 동사원형 《~할 만큼 어리석지 않다; ~하지 말아야 된다는 것쯤 다 안다.》

He knows better than to quarrel. 그는 싸울 만큼 어리석지 않다.

(= He is not so foolish as to quarrel.)

You should know better than to say so.

너는 그렇게 말하지 말아야만 했다. (그렇게 말하다니 넌 어리석은 줄을 알아라.)

(14) more than + 수사 《~ 이상의》

More than 10 million people live in this city.

천만 명 이상의 사람이 이 도시에 살고 있다.

(15) Which [Who] … 비교급(~) A or B? 《A와 B 중에서 어느 쪽이 더 ~한가?》

▶ **'A와 B 중 어느 것이[누가] 더 ~합니까?'라는 선택 비교의문문이 된다.**

Which do you like better, coffee or tea? 커피와 홍차 중 어느 것을 더 좋아하세요?

Who is younger, John or Mary? 누가 더 어립니까, 존이요, 아니면 메리요?

Who got up earlier, you or your brother?

누가 더 일찍 일어났습니까, 당신이요, 아니면 당신 형이요?

※ 「Which + 명사 ~ + 비교급, A or B?」의 형태로도 쓰인다.

Which bridge is longer, this or that? 어느 다리가 더 깁니까, 이것이요, 저것이요?

■ 절대 비교(급) / 상대 비교(구문) / 2중 비교(구문)

1. 절대 비교(급)

두 대상을 비교하는 것이 아니라 상·하, 내·외, 신·구, 강·약, 경·중 등의 상대적 개념을 비교급을 사용하여 나타내는 경우가 있는데 이를 절대 비교라 한다. 그리고 이때의 비교급을 절대 비교급이라고 한다. 절대 비교급 앞에는 보통 the를 쓴다.

ex) the greater part 대부분

the higher animal 고등 동물	the lower animal 하등동물
the higher[upper] class 고위층	the lower class 하위층
the higher education 고등교육	the lower regions 저승
the outer world 외부세계(바깥세상)	the inner world 내면세계
the younger generation 신세대	the older generation 구세대
the weaker sex 여성	the stronger sex 남성

The greater part of the students are teenagers. 그 학생들 대부분은 10대이다.

Much is expected of the younger generation. 젊은(신) 세대에게 많은 것이 기대된다.

2. 상대비교 구문

하나의 일을 다른 상대와 직접 비교하는 일반의 비교를 상대비교라고 한다. 특히, 앞에 나온 명사와 비교할 때 뒤에는 반드시 that으로 받는다.

The population of Seoul is larger than **that** of London. 서울은 인구가 런던보다 많다.

The pleasure of reading a book is greater than **that** of watching a movie.

책을 읽는 즐거움은 영화를 보는 즐거움에 비할 바가 아니다.

The climate of the country is similar to **that** of our country.

그 나라의 기후는 우리나라의 기후와 비슷하다.

3. 이중비교 구문

주어의 비교 대상을 원급과 비교급 구문을 사용하여 비교하는 구문으로, 원급 구문과 비교급 구문이 접속사에 의해 연결되어있는 비교 구문을 말한다.

He is as tall as, **if not taller than**, you. 그는 키가 너보다 더 크진 않더라도 너만은 하다.

(= He is as tall as you, **if not taller.**)

※ 이와 같이 주어의 비교 대상 (you)을 원급 구문 뒤에 바로 놓을 경우, 비교급 구문의 than은 생략된다.

He likes total strangers as much as, **if not more than**, his friends.

그는 생판 모르는 사람도 그의 친구들 보다 더는 아닐지라도 친구들만큼이나 좋아한다.

(= He likes total strangers as much as his friends, **if not more.**)

He is as rich as **or even richer than** his father. **〈or = if not(~은 아니라 하더라도)〉**
그는 그의 아버지보다 훨씬 더 부자는 아니라 하더라도 그의 아버지만큼은 부자이다.
She is as clever as **or possibly cleverer than** you are.
그녀가 너보다 더 똑똑하지 않을지는 몰라도 너만큼은 똑똑하다.

(3) 최상급을 사용한 비교 구문

셋 이상의 사람이나 사물을 비교할 때 최상급 구문을 쓴다.

1) 원칙

「the + 최상급」의 형태로 비교(최상)를 나타낸다.

① (the) + 최상급 (+ 명사) + 절/ in + (장소나 범위의) 단수형 명사 《… 중에서 제일 ~한 / 어디에 있는 … 중에서 제일 ~한》

Oliver is the youngest (boy) in his family. 올리버는 그의 집안에서 가장 어리다.

Mt. Everest is the highest mountain in the world.
에베레스트 산은 세계에서 가장 높은 산이다.

We needed hundreds of notebooks for the convention, so we bought the least expensive ones we could find. **〈부정의 최상급〉**
그 회의를 위해서는 수백 권의 필기장이 필요했다. 그래서 우리는 우리가 구할 수 있는 것 중에 가장 저렴한 필기장들을 구입했다.

② (the) + 최상급 (+ 명사) + of + 비교의 대상이 되는 복수형 명사 《(모든)…중에서 가장 ~한》

He is the tallest of all the boys in his class.
그는 그의 반의 모든 학생 중에 가장 키가 크다.

Michael can swim fastest of all.

마이클이 모든 이들 중에서 가장 빠르게 수영을 할 수 있다.

She is the youngest (girl) of them all. 그녀는 그들 모두 중에 가장 어리다.

Helium is the most difficult of all gases to liquefy and is impossible to solidify at normal air pressure.

헬륨은 모든 기체 중에서 액화시키기가 가장 어렵고, 정상기압에서 응결시키는 것도 불가능하다.

This is the most interesting book of the five.

이것이 그 다섯 권의 책 중에서 가장 재미있는 책이다.

Tom drives most carefully of us all.

우리 모두 중에서 톰이 가장 주의 깊게 운전을 한다.

This ball-point pen is the least expensive of them all. **〈부정의 최상급〉**

이 볼펜이 그것들 모두 중에 가장 싸다.

③ the + 최상급 + 명사 + that + s + (have) ever + p.p. 《(지금까지) …한 [했었던] 중에 가장 ~한》

▶ that 이하는 선행사인 명사를 수식하는 관계사절이다.

He is the greatest artist that Korea has ever produced.

그는 한국이 낳은 가장 위대한 미술가이다.

This is the coldest weather we have ever had [known].

겪어본 추위 중에 오늘이 가장 춥다. (살다 살다 이런 추위는 처음 겪어 본다.)

That is the best thing (that) I ever heard.

그것은 여태껏 들어 보지 못한 가장 좋은 일이다.

It was the worst film (that) I had ever seen. **〈부정의 최상급〉**

그것은 내가 본 영화 중에 최악이었다.

■ 덧붙임

1. 셋 이상의 사람이나 사물을 비교할 때 최상급을 사용한다.

He is the tallest between the twins. (x)

2. 최상급 앞에 서수를 쓸 수 있다. [the + 서수사 (…) + 최상급(~)] 《…번째로 ~한》

This is **the third** longest tunnel in Korea. 이것이 한국에서 세 번째로 긴 터널이다.

What is **the second** biggest city in England? 영국에서 두 번째로 큰 도시는 어디입니까?

2) 무관사 최상급 [the 없이 쓰는 최상급]

① 서술적 용법으로 쓰는 경우

▶ 형용사의 최상급이 주격 보어가 되는 경우이다.

Express trains are **best** for long distance travel.

고속 열차는 장거리 여행에 가장 좋다.

The first impression is **most important.** 첫인상이 제일 중요하다.

Where is it **cheapest** to purchase the hat? 그 모자를 어디서 사야 제일 싼가요?

② 동일인, 동일물의 성질·상태를 나타낼 때

▶ 서술적 용법의 하나이다.

He was (the) **youngest.** 그가 가장 나이가 어렸다.

※ 최상급 뒤에 비교의 대상이 되는 집단을 쓸 때는 the를 생략하지 못한다.

He was youngest of the team members. (x)

→ He was **the** youngest of the team members. (o)

그 팀원 중에서 그가 가장 나이가 어렸다.

I am **happiest** when (I am) dancing. 나는 춤을 출 때가 제일 행복합니다.

This valley is **narrowest and steepest** at this point.

이 계곡은 이 지점이 가장 좁고 가장 가파릅니다.

cf.) Of many lakes in this district, this one is **the widest** (one).

이 지역의 많은 호수 중에 이 호수가 가장 넓다.

※ the widest 다음에 one(= lake)이 생략되었으며, 여럿 중에 하나를 가리키므로 the가 쓰였다.

The lake seen from here is **most** beautiful.

저 호수는 이곳에서 바라보는 것이 가장 아름답다.

③ 최상급 앞에 소유격이 올 때

He is my **best** friend. 그는 나의 제일 친한 친구이다.

It is his **greatest** pleasure to drive a car.

자동차를 운전하는 것이 그의 제일 큰 즐거움이다.

She was at her **best** this morning. 그녀는 오늘 아침에 (기분, 몸) 상태가 최고였다.

My **eldest** brother is five years older than I. 나의 맏형은 나보다 5살이 위이다.

④ 부사의 최상급

▶ **부사의 최상급 앞에는 the를 붙이지 않는 것이 원칙이나, 실상에서는 부사의 최상급에도 종종 the를 붙인다.**

He worked **(the) hardest** of them all. 그들 모두 중에서 그가 가장 열심히 일했다.

I like physical education **best** of all my subjects.

나는 학과 가운데 체육을 가장 좋아한다.

My father gets up **earliest** in my family.

우리 아버지가 우리 식구 중 가장 일찌감치 일어나신다.

Those who mount **highest** can see farthest.

가장 높게 오르는 자가 가장 멀리 볼 수 있다.

The sea-gull sees **farthest** who[that] flies highest.

가장 높이 나는 갈매기가 가장 멀리 본다

– Richard Bach의 'Jonathan Livingston Sea-gull' 중에 –

He came in **(the) latest** of them all. 그가 그들 모두 중에서 가장 늦게 들어왔다.

What pleased her **most**? 무엇이 그녀를 가장 기쁘게 했는가?

⑤ **형용사 most가 '대부분의'란 뜻으로 쓰이는 경우**

most people 대부분의 사람들　in most cases 대개는

I like **most** vegetables. 나는 대부분의 채소를 좋아한다.

3) 최상급의 특수한 용법

① **부정문에서 최상급이 주어를 수식할 경우 양보를 나타낸다. 《~일지라도; ~조차도(= even)》**

The best student couldn't answer the question.

아무리 우수한 학생이라도 그 문제에 답할 수 없을 것이다.

(= Even the best students he couldn't answer the question.)

The wisest man does not know everything.

아무리 지혜로운 사람일지라도 세상 모든 것을 알지는 못한다.

The fastest rocket could not reach the sun in one day.

가장 빠른 로켓이라 하더라도 하루에 태양에 도달할 수는 없을 것이다.

② **the + 최상급 + 단수 명사 + but one … 《두 번째로 가장 ~한; …을 제외하고 가장 ~한》**

= the second + 최상급 +단수 명사

She is the tallest girl but one in our class.

그녀는 우리 반에서 두 번째로 키가 큰 여학생이다.

(= She is the second tallest girl in our class.)

Other than one, she is the tallest girl in our class.

한 사람을 제외하고 그녀가 우리 반에서 키가 제일 크다.

③ **one of the + 최상급 ~ + 복수 명사 《가장 ~한 것 중의 하나》**

▶ **객관적으로 최상의 것임을 확신할 수 없는 경우에는 최상급의 의미로 말하는 경우라 하더라도 '가장 ~ 한 것'이라고 말하기보다는 이와 같이 '가장 ~한 것 중의 하나'라고 완곡하게 말하는 것이 보편적이다.**

She is one of the most famous singers in Korea.

그녀는 한국에서 가장 유명한 가수 중의 한 사람이다.

Steve Jobs was praised as one of the greatest CEOs in the world.

스티브 잡스는 세계에서 가장 훌륭한 최고경영자 중의 한 사람으로 칭송받았다.

④ the last + 명사 + to 부정사《결코 ~할 사람이 아닌; 마지막으로》

He is the last man to betray me. 그는 결코 나를 배신할 사람이 아니다.

(= He is not a man to betray me. / He is a man not to betray me. / He is above betraying me.)

He was the last (man) to leave the room. 그가 마지막으로 그 방에서 나갔다.

(= He was the last man that leave the room.)

■ 참고

1. 비교급, 최상급을 강조하는 어구

(1) 비교급, 최상급을 모두 강조하는 것

ex) much, far, by far, by no means

Yours is **much [far]** better than mine. 네 것이 내 것보다 훨씬 좋아.

※ the 없는 비교급을 강조할 때는 far를 the + 비교급을 강조할 때는 by far를 사용한다. by far로 the 없는 비교급을 강조할 때는 by far를 비교급 뒤에 둔다.

This car is far better than that one. 이 자동차가 저 자동차보다 훨씬 좋다.

(= This car is better **by far** than that one.)

That is **by far** the better of the two. 둘 중 저것이 훨씬 좋다.

I am **by no means** weaker than Jack. 나는 결코 잭보다 약하지 않다.

We are **by no means** better off than we used to be.

우리는 형편 [살림]이 예전에 비해 나아진 것이 조금도 없다.

This is **much** the best of all. 이것이 모두 중에 단연 좋다 (최고다).

He is **much** the tallest player in the team. 그는 팀에서 단연 가장 키가 큰 선수이다.

She is **by far** the best actor of our time. 그녀는 이 시대의 단연 가장 뛰어난 배우이다.

Skiing is **by far** the most popular winter sports.

스키는 단연코 가장 인기 있는 겨울 운동이다.

(2) 비교급만을 강조하는 것

ex) even, no, some, still, yet, a bit, a little, a lot, a great [good] deal, rather, etc.

Victoria is **even** more beautiful than her sister. 빅토리아는 언니 [동생]보다 훨씬 더 미인이다.

Its babies are **no** bigger than a little button. 그것의 새끼는 작은 단추보다도 결코 크지 않다.

Would you like **some** more coffee? 커피 좀 더 드실래요?

Rebecca is tall, but Antony is **still** tall [or tall still].

레베카도 키가 크지만 안토니는 더욱 (훨씬) 크다.

That would be **a great deal** better. 그것이 훨씬 더 좋은 것일 것이다.

※ 명사를 수식하는 better의 강조어로 a great deal 등 부정관사가 들어가는 것은 쓰지 못한다.

That would be a great deal better thing. (x)

You must work **yet** harder. 너는 더욱더 열심히 일해야 한다.

She used to weigh **a lot** more than she does now.

그녀는 전엔 지금보다 훨씬 몸무게가 많이 나갔었다.

(3) 최상급만을 수식, 강조하는 것

ex) far and away, out and away, the very, etc.

He's **far and away** the best actor in the movie. 그는 단연코 최고의 영화배우이다.

It was **out and away** the best food I had ever had.

그것은 내가 여태껏 먹어본 것 중에서 단연 최고의 음식이었다.

This is **the very** best novel that ever written.

이것은 이제껏 쓰인 것 중 단연 최고의 소설이다.

It was **the very** last thing we expected. 그것은 우리가 전혀 예기치 못한 일이었다.

2. 비교급 강조어 still, much, even, far, by far의 특별한 용법

(1) 긍정문 + 비교급 강조어 [still, much, even, far, by far] + more ~《게다가(하물며) ~에 있어서는 더욱더 (잘한다) (= let alone, not to speak of)》

She can speak French, **much more** English.

그는 프랑스어를 말할 줄 안다, 영어야 더욱더 잘 말할 줄 안다.

(2) 부정문 + 비교급 강조어 [still, much, even, by far] + less ~《더구나 ~은 더더욱 (아니다.)》

= let alone, not to speak of, not to refer to, to say nothing of, not to mention

He can't speak English, **still less** French.

그는 영어를 말할 줄 모르며, 프랑스어는 더더욱 말할 줄 모른다.

Culture is not an ornament to decorate a phrase, **still less** to show off your knowledge.

교양은 말을 치장하기 위한 장식품이 아니며, 더더욱 자신의 지식을 뽐내기 위한 장식품도 아니다.

3. 절대최상급

다른 상대와의 비교가 아닌, 즉 '~ 중에서'라고 한정하는 말이 없이 막연히 쓰인 최상급을 말한다.

I am **happiest** when (I am) dancing. 나는 춤을 출 때가 제일 행복하다.

I dont' have **the slightest** idea. 〈입말〉 (무엇에 대해 아느냐는 질문에) 난 전혀 모르겠다.

I'll do so with **the greatest** pleasure. 제가 기꺼이 그렇게 하지요.

The worst is **cheapest**. 제일 나쁜 것이 가장 싸다. [싼 게 비지떡이다.]

She is a **most** beautiful woman. 그녀는 매우 아름다운 여인이다.

※ 이처럼 most가 very (매우, 대단히)의 의미로 쓰일 경우도 절대 최상급의 용법으로 보기도 한다.

It's **most** kind of you to do so. 그렇게 해 주시다니 대단히 고맙습니다.

He behaved (the) **most** carefully. 그는 매우 신중하게 행동했다.

4. at + 최상급

at (the) best 좋아 봐야, 기껏해야

at last 마침내at

(the) latest 늦어야(도)

at (the) worst 최악의 경우라도

at (the) most 기껏해야 (= not more than)

at (the) least 적어도

at (the) earliest 일러야

5. second [next] to none 《누구 [무엇]에도 뒤지지 [빠지지] 않는; 최고 [최상]의, 1등의》

Her performance was **second [next] to none**. 그녀의 연기는 최고였다.

He is **second [next] to none** in his field. 그는 그의 분야에서 누구에게도 빠지지 않는다.

※ **be second to none in ~**: ~에 있어서는 아무에게도 뒤지지 [빠지지] 않는다.

I am **second to none in** song. 나는 노래라면 아무한테도 빠지지 않는다.

– REVIEW EXERCISES –

1. 괄호 안에 형용사나 부사의 비교급과 최상급을 넣어라.

(1) fast: (   ) – (   )
(2) warm: (   ) – (   )
(3) wise: (   ) – (   )
(4) thin: (   ) – (   )
(5) able: (   ) – (   )
(6) simple: (   ) – (   )
(7) handsome: (   ) – (   )
(8) easy: (   ) – (   )
(9) happy: (   ) – (   )
(10) beautiful: (   ) – (   )
(11) important: (   ) – (   )
(12) useful: (   ) – (   )
(13) fine-looking: (   ) – (   )
(14) well-known: (   ) – (   )
(15) bad: (   ) – (   )
(16) ill: (   ) – (   )
(17) early: (   ) – (   )
(18) soon: (   ) – (   )
(19) hard: (   ) – (   )
(20) carefully: (   ) – (   )
(21) happily: (   ) – (   )

2. 비교 관련 문장 복습 (영역)

(1) 너라면 그만한 돈은 **틀림없이** 갚을 테니까 내가 100달러를 빌려주겠다.

I'll lend you one hundred dollars because I know you're **good** for the money.

(2) 그녀는 열 시가 **훨씬** 지나서 집에 도착했다.

She got home **well** after ten o'clock.

(3) 3월이 된지도 **꽤 되었는데** 거의 한겨울처럼 날씨가 춥다.

It **is well on in** March, but yet it is almost as cold as midwinter.

(4) 나는 이 일에서 **아주 손을 떼고** 싶다.

I wish I **was well out of** this job.

(5) 그것은 너무도 좋으니 **그대로 내버려 두는** 것이 나을 것이다.

It's so good that you better **leave it well enough alone.**

(6) 그녀는 요즘 근심과 우울함으로 **힘든 시간을 보내고 있다.**

She has been **having a bad time of it** lately with the anxiety and depression.

(7) 실제로 보니까 **훨씬 더** 잘 생기셨네요.

You look **even more** attractive in person.

(8) 재고가 다 팔리고 나면 **더는** 이 가격으로 제품을 구입할 수 없습니다.

Once our stock is depleted, there will be **no more** available at these prices.

(9) 우리 집에서 학교까지는 **약** 2km다.

It's two kilometers, **more or less**, from my home to the school.

(10) 천 명이 **넘는** 거주자들이 그 청원서에 서명했다.

More than a thousand inhabitants have signed the petition.

(11) **무엇보다도** 그의 성실성이 칭찬받았다.

More than all, his sincerity was complimented.

(12) **나중에** 얘기할게요.

I'll tell it to you **later on.**

(13) 그것은 내가 **전혀 예기치 못한 일**이다.

It is **the very last thing I expected.**

(14) 그는 시대를 **한 참 앞서갔다.**

He was **far ahead of** his times.

(15) 그는 **단연** 당대 **제일의** 작가이다.

He is **far and away the best** writer of today.

(16) 그녀의 패션 감각은 **파격적이다.**

Her fashion sense is **far out.**

(17) **너무 깊이 들어서서** 이젠 물러서라야 물러설 수가 없다.

I have **gone too far** to retreat.

(18) 조금만 더 버텨라. 몇 걸음만 **더** 가면 된다.

Endure a little more, it's only a few steps **farther**.

(19) 이 이야기는 우리가 전에 상상했던 것보다 **더 이전의** 시간으로 거슬러 올라간다.

This story goes **farther back** in time than we had imagined.

(20) **더** 상세한 내용은 구입처에 문의하시오.

For **further** particulars[details] apply to the place of purchase.

(21) 그것은 **결코** 네가 생각하는 **것처럼** 단순**하지가 않다**.

It's **not nearly as** simplistic **as** you think.

(22) 난 지금까지 그래 왔던 **것처럼 똑같이 [변함없이]** 널 사랑한다.

I love you just **as much as** I ever did.

(23) **내적** 아름다움은 순간적인 매력**보다 훨씬 더 오래** 지속한다.

The **inner** beauty lasts **much longer than** momentary attractions.

3. 우리말을 영어로 옮긴 것 중 옳지 않은 것을 고르시오. [공무원 9급]

(A) 인생이 깊고 강해지기 위해 슬픔과 접촉하고 또 슬픔이 섞여야 한다.

Life, to be deep and strong, must be touched and tempered by sadness.

(B) 나의 자식들이 그들의 피부색에 의해서가 아니라 그들의 인격에 따라 평가되는 나라에서 살게 될 날이 올 것이라는 꿈이 나에게는 있습니다.

I have a dream that my children will one day live in a nation where they will not be judged by the color of their skin but by the content of their character.

(C) 자본주의는 사람들로 하여금 남들의 욕구를 창조적으로 충족시키도록 유도함으로써 기능 한다.

The way capitalism does work is by inducing people to satisfy the appetites of others in imaginative ways.

(D) 나는 문명이 인간의 마음을 누그러지게 하기보다는 무감각하게 했다고 말하겠다.

I would say that civilization has not hardened men's hearts any more than it has softened them.

4. **다음 중 어법상 옳은 것은?**

(A) He was youngest of the team members.

(B) She is the taller than her sister.

(C) More than one person have protested against the proposal.

(D) More persons than one were found guilty.

(E) She is as very diligent as he (is).

5. **어법상 틀림이 없고 뜻이 자연스럽게 통하는 것은?**

(A) The scenario may as sound far-fetched as it is not.

(B) The scenario is not as far-fetched as it may sound.

(C) The scenario is not far-fetched as it may as sound.

(D) The scenario may not sound as it is as far-fetched.

※ Choose the one word or phrase that best completes the sentence. [6~7]

6. I am happiest now. = __________.

(A) I have never been happier.　(B) I have never been happy

(C) I have been happiest　(D) I am very happy.

7. The _______ drivers understand the way that traffic signals function, the less frustrated they will be when waiting for signal changes. [토익 유형]

(A) much　(B) more　(C) most　(D) many

※ **Choose the underlined part that is not grammatically correct.**

8. If a company is found to hire a high (A) percentage from one group of applicants (B) than another (C), the company can be legally challenged (D) by the government.

9. Choose the best translation of the following Korean sentence.

「지난 반세기 동안에 우리는 바다에 대해서 그 이전까지의 오랜 역사를 통해서 우리가 알았던 것보다 더 많은 것을 알게 되었다.」

(A) More has been learned about the nature of the ocean in the last half-century than during all preceding history.

(B) We have learned as much about the nature of the ocean in the last half- century as we learned during all preceding history.

(C) Fifty years ago, we did not learn about the nature of the ocean.

(D) We have learned more about the nature of the ocean during all preceding history than in the last half-century.

= 해설·정답 =

1. 〈정답〉

(1) faster, fastest (2) warmer, warmest (3) wiser, wisest

(4) thinner, thinnest (5) abler, ablest (6) simpler, simplest

(7) handsomer, handsomest (8) easier, easiest (9) happier, happiest

(10) more beautiful, (the) most beautiful

(11) more important, (the) most important

(12) more useful, (the) most useful

(13) finer–looking, finest–looking (14) better–known, best–known

(15) worse, worst (16) worse, worst (17) earlier, earliest

(18) sooner, soonest (19) harder, hardest

(20) more carefully, (the) most carefully (21) more happily, most happily

3. 【해설】

(A) to be deep and strong(깊고 강해지기 위해서). 부사적 용법의 수동 부정사가 끼움구로 들어간 경우이다. 본문은 3형식 동사 'touch and temper + 목적어'의 수동태 문이다.

(B) not A but B (A가 아니고 B다.)의 상관접속사가 쓰인 구문이다.

(C) capitalism does work은 선행사 the way를 수식하는 관계부사절이다.

(D) not A any more than B (A라기보다는 B이다). 지문은 반대의 의미로 쓰였다. 'I would say that civilization has not softened men's hearts any more than it has hardened them.'으로 해야 한다.

〈정답〉 (D)

4. **【해설】**

(A) 서술적으로 쓰인 최상급의 the는 생략할 수 있지만 최상급 뒤에 비교의 대상이 되는 집단을 쓸 때는 the를 생략하지 못한다. youngest 앞에 the를 넣는다.

(B) 양자의 비교라도 of A and B, of the two 등이 없으면 the를 붙이지 않는다. the를 뺀다.

(C) 'More than one + 단수 명사'는 뜻은 복수이지만 단수 취급하므로 동사는 단수를 취한다. have를 has로 고친다.

(D) 'more + 복수 명사 + than one'이 주어인 경우에는 항상 복수형의 동사를 취한다.

(E) 동등비교의 'as ~ as' 사이에는 강조어나 비교급을 넣을 수 없다.

〈정답〉 (D)

5. **【해설】**

열등비교 구문은 'A … not so [as] + 원급 (형용사, 부사) + as B (…)'나 'A … less + 원급 (형용사, 부사) + than B (…)'이다. [A는 B보다 덜 ~ (원급)하다.]

[해석] 그 영화각본은 들리는 것만큼(사람들이 말하는 것만큼) 억지스럽지는 않다.

〈정답〉 (B)

6. **【해설】**

서술적용법의 최상급에는 정관사를 붙이지 않는다. '나는 지금 가장 행복하다.' = (A) 나는 (지금보다) 더 행복했던 적은 없었다. happier 뒤에 than now가 생략되어 있다. 내용으로 보아서 비교 부분이 분명한 경우 than 이하를 생략할 수 있다.

〈정답〉 (A)

7. **【해설】**

'the + 비교급(…), the + 비교급(~)' (하면 할수록 더욱더 [덜] ~하다.)

[해석] 운전자가 교통신호 체계의 방식을 더 잘 이해하면 할수록 교통신호가 바뀌기를 기다릴 때 덜 불만감을 느낄 것이다.

〈정답〉 (B)

8. **【해설】**

(A) 뒤에 비교의 접속사 than이 오고 있으므로 원급이 아니라 비교급을 써야 한다. high를 higher로 고친다. (B), (C), (D)는 이상 없음.

[해석] 만약 회사가 한 그룹의 응시자들을 다른 그룹의 응시자들보다 더 높은 비율로 고용한 것이 발견되면 그 회사는 정부로부터 법적 조사를 받을 수 있다.

〈정답〉 (A)

9. **【해설】**

지난 반세기 동안에 [in (during) the last half-century], all preceding history (이전의 모든 역사)

(A) More (더 많은 것)를 주어로 하는 수동태 구문이다. more가 주어일 경우 단수취급하고 뒤에 접속사는 than을 사용한다. 예시문과 의미가 통한다. '지난 모든 역사 동안보다 지난 반세기 동안에 바다의 본질에 관하여 더 많은 것을 배우게 되었다.'

(B) 동등비교 구문. '우리는 우리가 이전의 모든 역사 동안에 배운 만큼 지난 반세기 동안에 바다의 본질에 대하여 배우게 되었다.'는 의미가 통하지 않는다.

(C) '50년 전에 우리는 바다의 본질에 관하여 배우지 않았다.'는 의미가 통하지 않는다.

(D) '지난 반세기 동안 보다 이전의 모든 역사 동안에 바다의 본질에 대하여 더 많이 배우게 되었다.'는 의미도 통하지 않고, 명백한 과거 시점을 나타내는 말(during all preceding history)과 현재완료와는 같이 쓸 수 없으므로 잘못된 문장이다.

〈정답〉 (A)

찾아보기(Index)

※ [ ] 안의 숫자는 본권(제2권) 외의 권의 수를 표시합니다.
예) 170[1] 〈제1권의 170쪽〉, 59[3] 〈제3권의 59쪽〉

[ㅇ]

[ㅈ]

[ㅊ]

[ㅌ]

[ㅎ]

[M]

[N]

[O]

[Q]

[P]

[R]

[S]

[T]

[W]

[Y]

영문법 대계 II

펴낸날 2017년 5월 25일

지은이 김강석
펴낸이 주계수 | **편집책임** 윤정현 | **꾸민이** 윤정현

펴낸곳 밥북 | **출판등록** 제 2014-000085 호
주소 서울시 마포구 월드컵북로 1길 30 동보빌딩 301호
전화 02-6925-0370 | **팩스** 02-6925-0380
홈페이지 www.bobbook.co.kr | **이메일** bobbook@hanmail.net

ISBN 979-11-5858-275-3 (세트) (14740)
ISBN 979-11-5858-277-7 (14740)

※ 이 도서의 국립중앙도서관 출판시도서목록(CIP)은 e-CIP 홈페이지(http://www.nl.go.kr/cip)에서 이용하실 수 있습니다. (CIP2017012337)